Paul Volken

Die internationale Rechtshilfe in Zivilsachen

Die internationale Rechtshilfe in Zivilsachen

von

Dr. Paul Volken
Professor an der Universität Freiburg

Schulthess Polygraphischer Verlag Zürich 1996

© Schulthess Polygraphischer Verlag AG, Zürich 1996
ISBN 3 7255 3442 X

Vorwort

Das internationale Zivilprozessrecht der Schweiz hat in den letzten Jahren grundlegende Veränderungen erfahren.

Eine ursprünglich bunt gefleckte, schwergewichtig auf kantonalen Bestimmungen beruhende Materie ist mit Hilfe des Bundesgesetzes über das internationale Privatrecht von 1987 und des Lugano-Übereinkommens von 1988 sanft in einheitliches Bundesrecht überführt worden. Dabei konnten insbesondere die Fragen der gerichtlichen Zuständigkeit sowie der Anerkennung und der Vollstreckbarerklärung ausländischer Urteile auf eine neue rechtliche Grundlage gestellt werden.

Als drittes und vorläufig abschliessendes Element dieses Reformprozesses ist nun, etwas retardiert, auch die internationale Rechtshilfe in Zivilsachen hinzugekommen. Die Schweiz hat nämlich auf Anfang 1995 die neuen Haager Rechtshilfe-Übereinkommen über die Zustellungs-, die Beweisaufnahme- und die Kostenhilfe in Kraft gesetzt.

Die vorliegende Publikation enthält eine dogmatische Bearbeitung des schweizerischen Rechts der internationalen Rechtshilfe in Zivilsachen. Zugleich stellt sie eine systematische Kommentierung der neu ratifizierten Rechtshilfe-Übereinkommen dar. Dabei wurden auch die weiteren einschlägigen Bestimmungen des nationalen sowie des internationalen Rechts der schweizerischen Zivilrechtshilfe in die Diskussion einbezogen.

Bei der Arbeit an diesem Buch durfte ich auf die wertvolle Mithilfe mehrerer Personen zählen. Meine Assistenten lic. iur. *Michael Asche*, lic. iur. *Christophe Bernasconi* und lic. iur. *Herbert Brogli* haben das Manuskript korrigiert, mich zu einheitlicher Zitierweise gezwungen und mit Umsicht das Sach- sowie das Gesetzesregister erstellt. Und Frau *Madeleine Tschur-Clément* hat in mehreren Versionen ein holpriges Manuskript zur druckfertigen Reinschrift geführt. Ihnen allen möchte ich ganz herzlich danken.

Fribourg, im Dezember 1995 Paul Volken

Inhaltsübersicht

Inhaltsverzeichnis	IX
Abkürzungsverzeichnis	XVIII
Literaturverzeichnis	XXIII

Kapitel 1: Die Grundlagen

I.	Begriff und Gegenstand	1
II.	Die nationalen Quellen	9
III.	Die Staatsverträge	16

Kapitel 2: Die Zustellungshilfe

I.	Die Arten und Formen der Zustellung	29
II.	Die Zustellungshilfe nach schweizerischem Recht	35
III.	Die Haager Zivilprozess-Übereinkunft von 1954	36
IV.	Das Haager Zustellungs-Übereinkommen von 1965	44
V.	Die Zustellungswege und die Modalitäten der Zustellung	56

Kapitel 3: Die Beweisaufnahmehilfe

I.	Der Beweis und das Beweisrecht	65
II.	Die Arten und Formen der Beweisaufnahmehilfe	77
III.	Die Beweisaufnahmehilfe nach schweizerischem Recht	83
IV.	Die Haager Zivilprozess-Übereinkunft von 1954	86
V.	Das Haager Beweiserhebungs-Übereinkommen von 1970	91
VI.	Das Ersuchungsschreiben	106
VII.	Die Beweiserhebung durch Diplomaten, Konsuln oder gerichtliche Beauftragte (Commissioners)	114
VIII.	Die Beweiserhebung und das Pre-Trial-Discovery-Verfahren	126

Kapitel 4: Die Rechtsanwendungshilfe

I.	Die Rechtsanwendung und die Rechtsanwendungshilfe	139
II.	Die Hilfsmittel zur Feststellung und Anwendung ausländischen Rechts	144

III.	Die Rechtsanwendungshilfe nach schweizerischem Recht	148
IV.	Die Rechtsanwendungshilfe in Staatsverträgen	151
V.	Das Europäische Übereinkommen betreffend Auskünfte über ausländisches Recht	154

Kapitel 5: Die Rechtsdurchsetzungshilfe

I.	Begriff und Gegenstand	165
II.	Die Rechtsdurchsetzungshilfe nach schweizerischem Recht	174
III.	Die Rechtsdurchsetzungshilfe im internationalen Unterhaltsrecht	176
IV.	Die Rechtsdurchsetzungshilfe im internationalen Minderjährigenschutz	187
V.	Die Rechtsdurchsetzungshilfe im internationalen Vermögensrecht	199

Kapitel 6: Die Kostenhilfe

I.	Die Prozesskosten und Prozesskostenhilfe	203
II.	Die Arten und Formen der Kostenhilfe	206
III.	Die Kostenhilfe nach schweizerischem Recht	211
IV.	Die Haager Zivilprozess-Übereinkunft von 1954	216
V.	Die Kostenhilfe in anderen Staatsverträgen	222
VI.	Das Haager Übereinkommen über den internationalen Zugang zur Rechtspflege	228
VII.	Das Europäische Übereinkommen betreffend Übermittlung von Gesuchen um Kostenhilfe	236

Kapitel 7: Die Individualgarantien   255

Anhang

Text der wichtigsten behandelten Übereinkommen   261

Register

Staatsvertragsregister	321
Gesetzesregister	333
Sachregister	343

Inhaltsverzeichnis

Kapitel 1: Die Grundlagen

I. Begriff und Gegenstand ... 1
    1. Der Begriff der Rechtshilfe ... 1
    2. Der Gegenstand der Rechtshilfe ... 2
    3. Der Name ... 2
    4. Die Arten und Formen der Rechtshilfe ... 3
    5. Die Verpflichtung zur Rechtshilfe ... 6
    6. Der Anspruch auf Rechtshilfe ... 7

II. Die nationalen Quellen ... 9
    1. Übersicht ... 9
    2. Die kantonale Rechtshilfe ... 10
    3. Die interkantonale Rechtshilfe ... 11
    4. Die internationale Rechtshilfe ... 14

III. Die Staatsverträge ... 16
    1. Die Haager Zivilprozess-Übereinkunft ... 16
    2. Die Zusatzabkommen zur Haager Übereinkunft ... 18
        a. BR Deutschland ... 18
        b. Frankreich ... 20
        c. Italien ... 21
        d. Österreich ... 22
        e. Belgien und Luxemburg ... 22
        f. Polen, Tschechien, Slowakei und Ungarn ... 23
        g. Türkei ... 24
    3. Die bilateralen Abkommen ... 25
        a. Griechenland ... 25
        b. Grossbritannien ... 26
    4. Der vertragslose Zustand ... 27
    5. Die neuen multilateralen Übereinkommen ... 27

Kapitel 2: Die Zustellungshilfe

I. Die Arten und Formen der Zustellung ... 29
    1. Die Zustellung als Hoheitsakt ... 29
    2. Die zustellungsbedürftigen Prozessdokumente ... 30

3.	Einfache oder qualifizierte Zustellung	30
4.	Effektive oder fiktive Zustellung	32
5.	Die Ersatzzustellung	33
6.	Der Zustellungsbevollmächtigte	34

II. Die Zustellungshilfe nach schweizerischem Recht 35
1. Übersicht 35
2. Die Prozessgesetze des Bundes und der Kantone 35
3. Das IPR-Gesetz 36

III. Die Haager Zivilprozess-Übereinkunft von 1954 36
1. Die zuzustellenden Schriftstücke 37
2. Der Gegenstand 38
3. Der ordentliche Zustellungsweg 38
4. Die vereinfachten Zustellungswege 39
5. Die Verkehrssprache 41
6. Die Formen der Zustellung 42
7. Die Ablehnungsgründe 42
8. Die Kosten 43

IV. Das Haager Zustellungs-Übereinkommen von 1965 44
1. Die Revision der Zivilprozess-Übereinkunft von 1954 44
2. Der Gegenstand des Zustellungs-Übereinkommens 46
3. Der räumliche Geltungsbereich 46
4. Der verbindliche Charakter 47
   a. Die Rechtsprechung (Schlunk) 47
   b. Stellungnahme 49
5. Die gerichtlichen und aussergerichtlichen Schriftstücke 52
6. Die Zivil- und Handelssachen 53

V. Die Zustellungswege und die Modalitäten der Zustellung 56
1. Der ordentliche Zustellungsweg 56
2. Die subsidiären Zustellungswege 57
3. Der Zustellungsnachweis 60
4. Die Modalitäten der Zustellung 61
5. Die Sanktionen bei nicht gehöriger Zustellung 62
6. Die Verkehrssprache 63
7. Die Ablehnungsgründe 63
8. Die Kostenfrage 64

Kapitel 3: Die Beweisaufnahmehilfe

I. Der Beweis und das Beweisrecht	65
1. Der Beweis	65
2. Das auf den Beweis anzuwendende Recht	65
3. Das Recht der Beweislast	66
4. Beweisrecht und Formrecht	68
5. Die verschiedenen Beweismittel	70
a. Der Zeugenbeweis	70
b. Der Urkundenbeweis	72
c. Der Augenschein	74
d. Die Visitation	75
e. Der Sachverständige	75
II. Die Arten und Formen der Beweisaufnahmehilfe	77
1. Der Beweis und die Beweisaufnahmehilfe	77
2. Die wichtigsten Formen der Beweisaufnahmehilfe	77
3. Das Ersuchungsschreiben	80
4. Die Durchführung der Beweisaufnahmehilfe	81
III. Die Beweisaufnahme nach schweizerischem Recht	83
1. Übersicht	83
2. Die Prozessgesetze des Bundes und der Kantone	84
3. Das IPR-Gesetz	85
IV. Die Haager Zivilprozess-Übereinkunft von 1954	86
1. Der Gegenstand des Ersuchungsschreibens	86
2. Die Übermittlung des Ersuchungsschreibens	86
3. Die Ausführung des Ersuchungsschreibens	88
4. Die Ablehnungsgründe	89
5. Die Sprache	90
6. Die Kosten	90
V. Das Haager Beweiserhebungs-Übereinkommen von 1970	91
1. Die Revision der Zivilprozess-Übereinkunft von 1954	91
2. Der Gegenstand des Beweiserhebungs-Übereinkommens	93
a. Im allgemeinen	93
b. Der persönlich-räumliche Geltungsbereich	93
c. Der sachliche Geltungsbereich	93
1° Im allgemeinen	93
2° Im besonderen	94
d. Die Zivil- und Handelssache	96
1° Ausgangspunkt und erste Entwicklung	96

    2° Die Reaktion der Haager Konferenz   97
    3° Rechtshilfeansprüche für Klagen auf «punitive damages»   98
  3. Der verbindliche Charakter des Übereinkommens   99
   a. Der Entscheid Aerospatiale   99
   b. Zu den Erwägungen   100
    1° Die Geschichte des Übereinkommens   101
    2° Die Textbeispiele   102
    3° Der Kontext   103
   c. Stellungnahme und Ausblick   103
    1° Die Stellungnahme   103
    2° Ausblick   105

VI. Das Ersuchungsschreiben   106
  1. Der Inhalt   106
  2. Die Übermittlung   107
  3. Die Durchführung   108
  4. Die Ablehnungsgründe   110
  5. Die Zeugnisverweigerung   111
  6. Die Sprache   113
  7. Die Kosten   113

VII. Die Beweiserhebung durch Diplomaten, Konsuln oder gerichtliche Beauftragte (Commissioners)   114
  1. Zu einigen Unterschieden im Beweisverfahren des Civil Law- und des Common Law-Prozesses   115
  2. Die Auswirkungen auf den grenzüberschreitenden Beweisaufnahmeverkehr   116
  3. Die Bedeutung des zweiten Kapitels des Beweiserhebungs-Übereinkommens   117
  4. Die Zulässigkeit der Beweiserhebung durch Diplomaten, Konsuln oder gerichtlich bestellte Beauftragte   120
   a. Der generelle Vorbehalt   120
   b. Die Gestaltungsrechte   121
  5. Die Befugnisse der zur Beweisaufnahme ermächtigten Diplomaten, Konsuln oder Beauftragten   122
  6. Die Garantien zugunsten der Beweisbelasteten   123
  7. Die Modalitäten der Beweisaufnahme   125
  8. Das Verhältnis zwischen rogatorischer und delegierter Beweisaufnahme   126

VIII. Die Beweiserhebung und das Pre-Trial-Discovery-Verfahren   126
  1. Die unterschiedlichen Beweisverfahren   127
  2. Das Pre-Trial-Discovery-Verfahren   128
  3. Das US-amerikanische Discovery-Verfahren   130

  4. Die Rule 26 FRCP   132
  5. Die Auswirkungen des Discovery-Verfahrens im
    US-amerikanischen Prozess   133
  6. Das Discovery-Verfahren und Art. 23 des Haager
    Beweiserhebungs-Übereinkommens   134
  7. Umfang des Art. 23-Vorbehalts   136

Kapitel 4: Die Rechtsanwendungshilfe

I. Die Rechtsanwendung und die Rechtsanwendungshilfe   139
  1. Die richterliche Rechtsanwendung   139
  2. Die Anwendung ausländischen Rechts   140
  3. Die Rechtslage im Ausland   141
  4. Die Rechtslage in der Schweiz   142
  5. Das IPR-Gesetz   143

II. Die Hilfsmittel zur Feststellung und Anwendung
  ausländischen Rechts   144
  1. Die Ausbildung   144
  2. Die Informationsvermittlung   144
  3. Die Rechtsanwendungshilfe   145
  4. Die Rechtsanwendungshilfe als Teil der Rechtshilfe   147

III. Die Rechtsanwendungshilfe nach schweizerischem Recht   148
  1. Übersicht   148
  2. Das Bundesamt für Justiz   149
  3. Das Schweizerische Institut für Rechtsvergleichung   150

IV. Die Rechtsanwendungshilfe in Staatsverträgen   151
  1. Die bilateralen Rechtshilfeverträge   151
  2. Die multilateralen Übereinkommen   152

V. Das Europäische Übereinkommen betreffend Auskünfte über
  ausländisches Recht   154
  1. Übersicht   154
  2. Der Auskunftsanspruch   155
  3. Der Kreis der Auskunftsberechtigten   156
  4. Die Behördenorganisation   157
  5. Die Durchführung des Auskunftsbegehrens   158
  6. Die Sprache   159
  7. Die Kosten   160
  8. Die bilateralen Zusatzvereinbarungen   161
  9. Das Zusatzprotokoll   161

Kapitel 5: Die Rechtsdurchsetzungshilfe

I. Begriff und Gegenstand 165
   1. Die Rechtsdurchsetzung und die Rechtsdurchsetzungshilfe 165
   2. Die Rechtsdurchsetzungshilfe als Teil der allgemeinen Rechtshilfe 166
   3. Die Schwerpunkte der internationalen Rechtsdurchsetzungshilfe 167
      a. Übersicht 167
      b. Das Recht des internationalen Handels 168
      c. Das Familienrecht und der Minderjährigenschutz 169
   4. Die Arten und Formen der Rechtsdurchsetzungshilfe 170
      a. Die Sachgebiete 170
      b. Die Art der Tätigkeit 171
      c. Die Organisationsformen 173

II. Die Rechtsdurchsetzungshilfe nach schweizerischem Recht 174
   1. Übersicht 174
   2. Die analoge Anwendung nationalen Rechts 174
      a. Die Eheverkündung 175
      b. die Nachlassicherung 175
      c. Der Kindesschutz 175
   3. Das IPR-Gesetz 176

III. Die Rechtsdurchsetzungshilfe im internationalen Unterhaltsrecht 176
   1. Übersicht 176
   2. Das New Yorker Übereinkommen von 1956 178
      a. Grundzüge 178
      b. Die Aufgaben der Empfangs- und Übermittlungsstellen 179
   3. Die Haager Unterhalts-Übereinkommen 179
      a. Übersicht 179
      b. Die Inkassohilfe 180
      c. Rückerstattung von Bevorschussungen 181
   4. Das Verhältnis des New Yorker zu den Haager Übereinkommen 182
      a. Abgrenzung 182
      b. Die Realisierung des Unterhaltsanspruchs 183
      c. Problemfälle 184
         1° Grossbritannien 184
         2° Deutschland und Österreich 185

IV. Die Rechtsdurchsetzungshilfe im internationalen Minderjährigenschutz 187
   1. Übersicht 187
   2. Das Haager Minderjährigenschutz-Übereinkommen von 1961 188
      a. Grundzüge 188
      b. Behördliche Zusammenarbeit 189

3. Die Adoptions-Übereinkommen 190
    a. Das Haager Adoptions-Übereinkommen von 1965 190
    b. Das Europäische Adoptions-Übereinkommen von 1967 191
    c. Das Haager Adoptions-Übereinkommen von 1993 192
    d. Die behördliche Zusammenarbeit 192
4. Das Haager und das Europäische Übereinkommen betreffend Kindesentführungen 193
    a. Grundzüge 193
    b. Die Aufgaben der zentralen Behörden 196
    c. Übersicht 198

V. Die Rechtsdurchsetzungshilfe im internationalen Vermögensrecht 199
  1. Übersicht 199
  2. Die internationale Nachlassverwaltung 199
  3. Das internationale Konkursrecht 201

Kapitel 6: Die Kostenhilfe

I. Die Prozesskosten und die Prozesskostenhilfe 203
  1. Die Prozesskosten 203
  2. Die Kostentragung 204
  3. Die Kostenhilfe 205

II. Die Arten und Formen der Kostenhilfe 206
  1. Übersicht 206
  2. Die unentgeltliche Prozessführung 207
  3. Der unentgeltliche Rechtsbeistand 209
  4. Die Prozesskaution und die Befreiung davon 210

III. Die Kostenhilfe nach schweizerischem Recht 211
  1. Übersicht 211
  2. Die kantonalen Zivilprozessordnungen 212
  3. Das Bundesrecht 213
  4. Der Art. 4 BV 213
  5. Das Konkordat von 1903 215
  6. Das IPR-Gesetz 215

IV. Die Haager Zivilprozess-Übereinkunft von 1954 216
  1. Die Befreiung von der Prozesskaution 216
  2. Die erleichterte Vollstreckbarerklärung von Kostenentscheiden 218
  3. Die Kostenvollstreckungsbegehren von und nach der Schweiz 220
  4. Die unentgeltliche Prozessführung 221
  5. Der Nachweis der Bedürftigkeit 221

V. Die Kostenhilfe in anderen Staatsverträgen 222
   1. Die bilateralen Zusatzvereinbarungen zur Haager Zivilprozess-Übereinkunft 222
   2. Andere bilaterale Abkommen 223
   3. Die Kostenhilfe in multilateralen Spezialverträgen 225

VI. Das Haager Übereinkommen über den internationalen Zugang zur Rechtspflege 228
   1. Die Revision der Zivilprozess-Übereinkunft von 1954 228
   2. Der Gegenstand 229
   3. Die Zentralbehörden 230
   4. Die Prozesskostenhilfe 231
   5. Die Prozesskaution 233
   6. Die Vollstreckung von Kostenentscheiden 234
   7. Die Registerauszüge und Abschriften von Urkunden 235

VII. Das Europäische Übereinkommen betreffend Übermittlung von Gesuchen um Kostenhilfe 236

VIII. Übersicht über die Kostenhilfe (Kaution) im Verhältnis zu verschiedenen Staaten 238

Kapitel 7: Die Individualgarantien

   1. Übersicht 255
   2. Der freie Zutritt zu den Gerichten 256
   3. Die Partei- und die Prozessfähigkeit 257
   4. Die Befreiung von Prozesskaution und Personalhaft 258
   5. Das freie Geleit 259

Anhang

A. Haager Übereinkunft vom 1. März 1954 betreffend Zivilprozessrecht 261

B. Haager Übereinkommen vom 15. November 1965 über die Zustellung gerichtlicher und aussergerichtlicher Schriftstücke im Ausland in Zivil- und Handelssachen 272

C. Haager Übereinkommen vom 18. März 1970 über die Beweisaufnahme im Ausland in Zivil- und Handelssachen 283

D. Haager Übereinkommen vom 25. Oktober 1980 über den internationalen Zugang zur Rechtspflege 296

E. Europäisches Übereinkommen vom 27. Januar 1977 über die
Übermittlung von Gesuchen um unentgeltliche Rechtspflege ... 308
F. Europäisches Übereinkommen vom 7. Juni 1968 betreffend
Auskünfte über ausländisches Recht ... 314

Register

Staatsvertragsregister ... 321

Gesetzesregister ... 333

Sachregister ... 343

Abkürzungsverzeichnis

1. Allgemeine Abkürzungen

a.A.	anderer Ansicht
a.a.O.	am angeführten Ort
Abk.	Abkommen
Abs.	Absatz
a.E.	am Ende
A.G.	Aktiengesellschaft
a.M.	anderer Meinung
Anm.	Anmerkung
Art.	Artikel
Aufl.	Auflage
Ausg.	Ausgabe
Bd.	Band/Bände
bearb.	bearbeitet (durch)
Bem.	Bemerkung
betr.	betreffend
BGer	Bundesgericht
BJ	Bundesamt für Justiz (Schweiz)
Bst.	Buchstabe
bzw.	beziehungsweise
Cass.	Cour de cassation (Frankreich)
CCI	Chambre de commerce internationale
CDCJ	Comité directeur de coopération juridique (Europarat)
CE	Conseil de l'Europe
chap.	chapitre/chapter
dergl.	dergleiche
d.h.	das heisst
dies.	dieselben
D.I.P.	Droit international privé
Doc.	Dokument/document
dt.	deutsch
éd.	édition

Eidg.	Eidgenössisch
EJPD	Eidg. Justiz- und Polizeidepartement
EuGH	Gerichtshof der Europäischen Gemeinschaften
ev.	eventuell
Fasc.	Fascicule, Faszikel
f./ff.	folgend/folgende
gl. M.	gleicher Meinung
insbes.	insbesondere
IPR	Internationales Privatrecht
i.S.	in Sachen
i.V.	in Vertretung
IZPR	Internationales Zivilprozessrecht
Kap.	Kapitel
lit.	littera
Maschschr.	Maschinenschrift
m. W.	meines Wissens
N./Nr./N°	Nummer/Numéro
Rdz.	Randziffer; **1**/10 (Kap./Rdz.)
rev.	revidiert
RH	Rechtshilfe
S.	Seite
s.	siehe
sc.	scilicet
sect.	section
sog.	sogenannt(e)
t.	tome
u.a.m.	und andere mehr
u.U.	unter Umständen
v.	von, vom
vol.	volume
Vorbem.	Vorbemerkung
z.B.	zum Beispiel
Ziff.	Ziffer
zit.	zitiert
z.T.	zum Teil
z.Zt.	zur Zeit

2. Gesetze, Sammlungen und Zeitschriften

ABA Journal	American Bar Association Jounal
ABGB	Allgemeines Bürgerliches Gesetzbuch (Österreich)
AcP	Archiv für civilistische Praxis
Actes	Conférence de La Haye de droit internationa privé: Actes des différentes sessions (1894–1956), La Haye
Actes et Documents	Conférence de La Haye de droit international privé: Actes et Documents des différentes sessions (1960–1994), La Haye
AJIL	American Journal of International Law
AmJCompL	American Journal of Comparative Law
AWD/RIW	Aussenwirtschaftsdienst des Betriebsberaters – Recht der Internationalen Wirtschaft
BBl	Bundesblatt (Schweiz)
BG	Bundesgesetz
BGB	Bürgerliches Gesetzbuch (BR Deutschland)
BGE	Entscheidungen des Bundesgerichts
BRB	Bundesratbeschluss
BV	Bundesverfassung der Schweiz. Eidgenossenschaft (1874)
BZPO	BG vom 4. Dez. 1947 über den Bundeszivilprozess
Ccfr	Code civil français
Ccit	Codice civile italiano
CCS	Code civil suisse
Clunet	Journal du droit international
CMR	Convention du 9 mai 1956 relative au contrat de transport international des marchandises par route
Col.L.R.	Columbia Law Review
Cprcit	Codice di procedura civile italiano
DIZPR	Deutsches Internationales Zivilprozessrecht
DZPO	(Deutsche) Zivilprozessordnung vom 30. Januar 1877
Encyclopaedia	International Encyclopaedia of Comparative Law (under the Auspices of the International Association of Legal Science), Tübingen, Den Haag, Paris, New York
Encycl. Dalloz	Encyclopédie Dalloz, Répertoire de droit international, Paris
FamRZ	Zeitschrift für das gesamte Familienrecht
FRCP	Federal Rules on Civil Procedure (U.S.A.)

GG	Gerichtsgesetz (Kantone)
GO	Gerichtsorganisation (Kantone)
GOG	Gerichtsorganisationsgesetz (Kantone)
GVG	Gerichtsverfassungsgesetz (Kantone)
HFG	BG betr. die persönliche Handlungsfähigkeit vom 22.5.1881
ICC	International Chamber of Commerce
ICLQ	The International and Comparative Law Quarterly
IPRax	Praxis des internationalen Privat- und Verfahrensrechts
IPR-Gesetz	BG über das internationale Privatrecht (Schweiz)
Juris Classeur	Juris Classeur de droit international, Paris
JZ	Juristenzeitung (BR Deutschland)
MDR	Monatsschrift für Deutsches Recht
NAG	BG v. 25.6.1891 betr. die zivilrechtlichen Verhältnisse der Niedergelassenen und Aufenthalter
NCPC	Nouveau code de procédure civile (Frankreich)
NILR	Netherlands International Law Review
NJW	Neue Juristische Wochenschrift
OG	BG vom 16.12.1943 über die Organisation der Bundesrechtspflege
OR	BG vom 30.3.1911 betr. die Ergänzung des Schweizerischen Zivilgesetzbuches (Fünfter Teil: Obligationenrecht)
ÖJZ	Österreichische Juristen-Zeitung
RabelsZ	Rabels Zeitschrift für ausländisches und internationales Privatrecht
Rec. des Cours	Académie de droit international de La Haye, Recueil des Cours
Rép. Dalloz	Répertoire (Dalloz) de droit international
Rev. crit.	Revue critique de droit international privé
Rev. dr. comp.	Revue de droit international et de droit comparé
RiDIPP	Rivista di diritto internazionale privato e processuale
RIW	Recht der Internationalen Wirtschaft
RiZ	Richter Zeitung
RO	Recueil officiel (des lois suisses)
RS	Recueil systématique (des lois suisses)
R.S.C.	Rules of the Supreme Court
SchKG	BG vom 11.4.1889 über Schuldbetreibung und Konkurs
SJIR	Schweizerisches Jahrbuch für internationales Recht

SJK	Schweiz. Jurist. Kartothek
SJZ	Schweizerische Juristen-Zeitung
SSIR	Schweizer Studien zum internationalen Recht
StGB	Schweizerisches Strafgesetzbuch vom 21.12.1937
SZIER	Schweiz. Zeitschrift für internationales und europäisches Recht
Trv. com. fr.	Travaux du Comité français de droit international privé
VE	Vorentwurf
VEB/VPB	Verwaltungsentscheide der Bundesbehörden – seit 1973: Verwaltungspraxis der Bundesbehörden
WuR	Wirtschaft und Recht
ZbJV/ZBJV	Zeitschrift des bernischen Juristenvereins
ZfRVgl	Zeitschrift für Rechtsvergleichung
ZfvglRW	Zeitschrift für vergleichende Rechtswissenschaft
ZGB	Zivilgesetzbuch (Schweiz)
ZgSRW	Zeitschrift für die gesamte Strafrechtswissenschaft
ZIP	Zeitschrift für Wirtschaftsrecht
ZPO	Zivilprozessordnung (plus Kanton abgekürzt)
ZPÜ	(Haager) Zivilprozessübereinkunft
ZSR	Zeitschrift für Schweizerisches Recht
ZstV	Zivilstandsverordnung (schweizerische)
ZVW	Zeitschrift für Vormundschaftswesen
ZZP	Zeitschrift für Zivilprozess

Literaturverzeichnis

Quellensammlungen und Standardwerke

Botschaft v. 8. Sept. 1993 betr. Genehmigung von vier Übereinkommen im Bereich der internationalen Rechtshilfe in Zivil- und Handelssachen, BBl 1993 III 1261-1359; Separatum 93.074, S. 1–99 (zit. Botschaft, Separatum, S. 1–99).

Bülow, A./Arnold, H., Der internationale Rechtsverkehr in Zivil- und Handelssachen, Loseblattsammlung, München und Berlin 1954–1960.

Bülow, A./Böckstiegel, K.H./Geimer, R./Schütz, R.A., Internationaler Rechtsverkehr in Zivil- und Handelssachen, Loseblattsammlung, 3. Aufl., München und Berlin 1989 (Stand: Mai 1993).

Bundesgesetz über das internationale Privatrecht (IPR-Gesetz)

- Botschaft v. 10. Nov. 1982, BBl 1983 I 263–527; Separatum 82.072, S. 1–264.
- Schlussbericht der Expertenkommission (Verf. F. Vischer/P. Volken), SSIR Bd. 13, Zürich 1979, XV, 360 S.
- Bundesamt für Justiz, Darstellung der Stellungnahmen (Vernehmlassungen) aufgrund des Gesetzesentwurfs der Expertenkommission und des entsprechenden Begleitberichts, Bern 1980, XLVIII, 659 S.

Chatin, L., Entraide judiciaire internationale en matière civile, commerciale et administrative, Recueil pratique de conventions, Paris 1978, 995 S.

Chatin, L./Sturlèse, B., Recueil pratique de conventions sur l'entraide judiciaire internationale, Paris 1990, 1092 S.

Conférence de La Haye de droit international privé

- Actes des différentes sessions (1894-1956), La Haye.
- Actes et Documents des différentes sessions (9e [1960]–15e [1985]), La Haye.
- Manuel pratique sur le fonctionnement de la Convention de La Haye du 15 novembre 1965 relative à la signification et la notification à l'étranger des actes judiciaires et extra-judiciaires en matière civile ou commerciale, Loseblattsammlung, Antwerpen, 1ère éd., 1983, 141 S., 2ème éd. 1992, 191 S.
- Manuel pratique sur le fonctionnement de la Convention de La Haye du 18 mars 1970 sur l'obtention des preuves à l'étranger en matière civile ou commerciale, Loseblattsammlung, Antwerpen 1984, 154 S.
- Recueil des conventions (1951–1988), La Haye 1989, 355 S.

Geimer, R., Internationales Zivilprozessrecht, 2. Aufl., Köln 1993, 904 S.

Guldener, M., Das internationale und interkantonale Zivilprozessrecht der Schweiz, Zürich 1951, XVI, 208 S.; Supplement 1959, 39 S. (zit. M. Guldener, IZPR).

– Schweizerisches Zivilprozessrecht, 3. Aufl., Zürich 1979, LXVIII, 667 S. (zit. M. Guldener, ZPR).

Habscheid, W.J., Droit judiciaire privé suisse, Mémoires publiés par la Faculté de droit de Genève, No 48, 2. Aufl., Genève 1981, XXVI, 589 S., (zit. Droit jud.).

– Schweizerisches Zivilprozess- und Gerichtsorganisationsrecht, Das Recht in Theorie und Praxis, Basel 1986, LVIII, 504 S., (zit. ZPO).

Nagel, H., Internationales Zivilprozessrecht, 3. Aufl., Münster 1991, 867 S.

Staehelin, A./Sutter, T., Zivilprozessrecht nach den Gesetzen der Kantone Basel-Stadt und Basel-Landschaft unter Einbezug des Bundesrechts, Zürich 1992.

Schack, H., Internationales Zivilverfahrensrecht, München 1991, 399 S.

Vogel, O., Grundriss des Zivilprozessrechts, 4. Aufl., Bern 1995, 431 S.

Walder, H.U., Einführung in das internationale Zivilprozessrecht der Schweiz, Zürich 1989, 295 S.

Walder-Bohner, H.U., Zivilprozessrecht nach den Gesetzen des Bundes und des Kantons Zürich unter Berücksichtigung anderer Zivilprozessordnungen, Zürich 1983, 591 S.; Supplement 1991, 100 S.

Walter, G./Jametti Greiner, M., Texte zum internationalen Privat- und Verfahrensrecht, Loseblattsammlung, Bern 1993, (Stand Febr. 94).

Weitere Literatur

Alexandre, D., Aide mutuelle judiciaire internationale, Juris Classeur, Fasc. 589-B-1.

Amram, Ph. W., Rapport explicatif sur la Convention de La Haye sur l'obtention des preuves à l'étranger en matière civile et commerciale, Actes et Documents, 11e session (1968), t. IV, S. 202–216 (zit. Rapport explicatif); Manuel pratique – Obtention des preuves, S. 20–61.

– Unites States Ratification of the Hague Convention on Taking of Evidence Abroad, AJIL 1973, S. 104.

Arnold, H., Rechtshilfeordnung in Zivilsachen, MDR 1957, S. 385.

– Über die Haager Konferenz für internationales Privatrecht aus Anlass ihrer 10. Tagung, JZ 1965, S. 708.

Aubert, J.-F., Traité de droit constitutionnel suisse, Neuchâtel, Paris 1967/82.

Audit, B., Droit international privé, Paris 1991, 452 S.

Augustine, R., Obtaining International Judicial Assistance under the Federal Rules of Evidence and the Hague Convention on the Taking of Evidence Abroad in Civil and Commercial Matters, Georgia Journal of International and Comparative Law 1980, S. 101.

Baechler, W., Fragen des internationalen Minderjährigenschutzes aus schweizerischer Sicht, ZVW 1975, S. 1.

Bar, von, Chr., Internationales Privatrecht, München, Bd. I 1987, 565 S., Bd. II 1991, 605 S.

Bartoli, C., Considerazioni sulla posizione del giudice rispetto al problema della conoscenza del diritto straniero a seguito della Convenzione di Londra del 7 giugno 1968, RiDIPP 1983, S. 333.

Batiffol, H., La Onzième session de la Conférence de La Haye de droit international privé, Rev. crit. 1969, S. 238.

– La Quatorzième session de la Conférence de La Haye de droit international privé, Rev. crit. 1981, S. 231.

Batiffol, H./Lagarde, P., Droit international privé, Bd. 1, 8. Aufl., Paris 1993; Bd. 2, 7. Aufl., Paris 1983.

Baumbach, A./Lauterbach, W., Zivilprozessordnung, 43. Aufl. (bearb. P. Hartmann), München 1985, 2497 S.

Baumgärtel, G., Gleicher Zugang zum Recht für alle, Köln 1976, 207 S.

Bellet, P., Commission rogatoire (matière civile), Rép. Dalloz, Bd. I, Paris 1968, S. 346.

Boehmer, Ch., Das Europäische und das Haager Übereinkommen über internationale Kindesentführungen von 1980, IPRax 1984, S. 282.

– *Boehmer, Ch./Siehr, K.*, Das gesamte Familienrecht, Loseblattsammlung, München 1979.

Böckstiegel, K.H./Schlafen, D., Die Haager Übereinkommen über Zustellung und Beweisaufnahme im Ausland, NJW 1978, S. 1073.

Broggini, G., Die Maxime «iura novit curia» und das ausländische Recht, AcP 1956, S. 469.

Bruillard, G., La Convention européenne relative à l'information sur les droits étrangers, Rev. internationale de droit comparé 1973, S. 389.

Bucher, A., Adoption, Haager Adoptionskonvention von 1965, SJK 161.

– L'avant-projet d'une Convention de La Haye sur l'adoption internationale, SZIER 1993, S. 153-182.

Bucher, A./Jametti Greiner, M., La dix-septième session de la Conférence de La Haye de droit international privé, SZIER 1994, S. 55–102.

Cesari, de, P., Le nuove convenzioni dell'Aja in materia di obligazioni alimentari, RiDIPP 1983, S. 42.

Chatin, L., Régime des commissions rogatoires internationales de droit privé, Rev. crit. 1977, S. 611.

Coester-Waltjen, D., Internationales Beweisrecht. Das auf den Beweis anwendbare Recht in Streitigkeiten mit Auslandbezug, Ebelsbach 1983, 504 S.

Daum, H., Zivile Rechtshilfeersuchen im schweizerischen internationalen Rechtshilfeverkehr, Zürich 1938, 66 S.

Degoumois, V., Pensions alimentaires. Aide au recouvrement et avances. Application des art. 290 et 293 al. 2 CCS, Lausanne 1982, 288 S.

Deschenaux, B., La Convention de La Haye sur les aspects civils de l'enlèvement international d'enfants, SJIR 1981, S. 119.

Dicey, A.V./Morris, J.H.C., The Conflict of Laws, 2 Bde., 10. Aufl., London 1980, 1350 S.

Droz, G.A.L., La Conférence de La Haye et l'entraide judiciaire internationale, Rec. des Cours 1980 II, S. 159.

– La protection des mineurs en droit international privé français depuis l'entrée en vigueur de la Convention de La Haye du 5 octobre 1961, Clunet 1973, S. 603.

Duchek, A./Schwind, von, F., Internationales Privatrecht, Wien 1979, 204 S.

Dutoit, B./Mercier, P., La Onzième session de la Conférence de La Haye de droit international privé, RiDIPP 1969, S. 367.

Edwards, D.M., Taking of Evidence Abroad in Civil and Commercial Matters, ICLQ 1969, S. 646.

EUGH (Hrsg.), Internationale Zuständigkeit und Urteilsanerkennung in Europa, Köln 1993, 375 S.

Farnsworth, E.A., An Introduction to the Legal System of the United States, New York 1975, 184 S.

Foyer, J., Adoption, Rép. Dalloz, Bd. I, Paris 1968, S. 57.

Frei, L., Discovery, Secrecy and international mutual Assistance in civil Matters, in Litigation of Business Matters, Bern 1984, S. 169.

- The Service of Process and the Taking of Evidence on Behalf of U.S. Proceedings – the Problem of Granting Assistance, WuR 1983, S. 106.

Gavalda, Ch., Les commissions rogatoires internationales en matière civile et commerciale, Rev. crit. 1964, S. 15.

Gentinetta, J., Das schweizerische Bundesgericht und die Überprüfung der Anwendung ausländischen Rechts, Fribourg 1964.

Gerber, D.J., Extraterritorial Discovery and the Conflict of Procedural Systems: Germany and the United States, AmJCompL 1986, S. 745–788.

Goldmann, B./Lalive, P., Rapport explicatif sur la Convention sur l'administration internationale des successions, Actes et Documents, 12e session (1972), t. II, 311 S.

Gouguenheim, P., XIe Session de la Conférence de La Haye de droit international privé. Convention sur l'obtention des preuves à l'étranger en matière civile et commerciale, Clunet 1969, S. 315.

Gremaud, J., L'entraide internationale en matière fiscale, Colloque sur l'entraide judiciaire internationale, Genève 1986, S. 169–215.

Habscheid, W.J., Der Justizkonflikt mit den Vereinigten Staaten von Amerika, Bielefeld 1986.

- *(ed.)*, Effektiver Rechtsschutz und verfassungsmässige Ordnung. Die Generalberichte zum VII. Internationalen Kongress für Prozessrecht, Würzburg 1983, Bielefeld 1983, 568 S.

Heck, A., Die Haager Konvention über die Beweisaufnahme im Ausland aus der Sicht der amerikanischen Prozessgerichte sowie der amerikanischen Regierung, ZfvglRW 1985, S. 208.

Heidenberger, P., Haager Beweisübereinkommen und Urkundenvorlage deutscher Parteien in den USA, RIW 1985, S. 437.

Henkel, H., Die Anordnung von Kindesschutzmassnahmen gemäss Art. 307 ZGB, Zürich 1977, S. 235.

Herzfelder, F., Les obligations alimentaires en droit international privé conventionnel, Paris 1985, 344 S.

Hollmann, H.H., Auslandzustellung in US-amerikanischen Zivil- und Verwaltungssachen, Zulässigkeit und Schutzmöglichkeiten nach deutschem und internationalem Recht, RIW 1982, S. 784.

Honegger, P.C., Amerikanische Offenlegungspflichten in Konflikt mit schweizerischen Geheimhaltungspflichten, Zürich 1986, 268 S.

Horlick, G.N., Service of Process and other Documents Abroad, ABA, Problems in Transnational Litigation, 1980, S. 23.

Hülsen, von, H.-V., Gebrauch und Missbrauch US-amerikanischer «pre-trial discovery» und die internationale Rechtshilfe, RIW 1982, S. 225.

Jaccottet, C., Les obligations alimentaires envers les enfants dans les Conventions de La Haye, Berne 1982, 265 S.

Junker, A., Discovery im deutsch-amerikanischen Rechtsverkehr. Abhandlungen zum Recht der internationalen Wirtschaft, Bd. 4, Heidelberg 1987, 490 S.

Junod, Ch.-A./Hirsch, A. (éd.), Colloque. Entraide judiciaire internationale en matière pénale, civile, administrative et fiscale. Etudes suisses de droit européen, vol. 30, Genève 1986, 543 S.

Kegel, G., Internationales Privatrecht, 6. Aufl., München 1987, 796 S.

Keller, M./Siehr, K., Allgemeine Lehren des internationalen Privatrechts, Zürich 1986, 714 S.

Kiralfi, A.K.R., The Englisch Legal System, 7th ed., London 1984, 301 S.

Kirchhofer, E., Soll die Rechtshilfe unter den Kantonen bundesrechtlich auf die Vollstreckung von Steueransprüchen ausgedehnt werden? ZSR 1907, S. 531.

Kolloquium zum 40jährigen Bestehen des Max-Planck-Instituts, Materialien zum ausländischen und internationalen Privatrecht, Bd. 10, Tübingen 1968.

Krispi-Nikoletopoulos, M., Le recouvrement des aliments à l'étranger selon la Convention internationale de New York de 1956, Revue hellénique 1969, S. 1.

Kropholler, J., Das Haager Abkommen über den Schutz Minderjähriger, 2. Aufl., Bielefeld 1977, 136 S.

– Europäisches Zivilprozessrecht. Kommentar zu EuGVÜ und Lugano-Übereinkommen, 4. Aufl. Heidelberg 1993, 544 S.

Lagarde, P., Assistance judiciaire, Rép. Dalloz, Bd. 1, Paris 1968, S. 173.

Lagarde, P./Maury, J., Caution «judicatum solvi», Rép. Dalloz, Bd. I, Paris 1968, S. 267.

Lalive, P., La douzième session de la Conférence de La Haye de droit international privé. L'administration internationale des successions, SJIR 1972, S. 61.

– Tendances et méthodes en droit international privé, Rec. des Cours 1977 II, S. 224.

Langan, P.St./Henderson, L.D.J., Civil Procedure, 3rd ed., London 1983, 448 S.

Lange, D.G., Zur ausschliesslichen Geltung des Haager Beweisaufnahmeübereinkommens bei Rechtshilfeersuchen aus den U.S.A., RIW 1984, S. 504.

Lansky, R., Neue Abkommen zum internationalen Unterhaltsrecht, FamRZ 1962, S. 193.

Lausanner Kolloquium über den deutschen und den schweizerischen Gesetzesentwurf zur Neuregelung des internationalen Privatrechts. Veröffentlichungen des Schweizerischen Instituts für Rechtsvergleichung, Bd. 1, Zürich 1984, 340 S.

Lévy, L., L'entraide internationale en matière civile, Colloque sur l'entraide judiciaire internationale, Genève 1986, S. 53–114.

Loewenfeld, A.F., Discovery-Verfahren und internationale Rechtshilfe, IPRax 1984, S. 51.

Maier, U., Die interkantonale Rechtshilfe im Beweisverfahren des Zivilprozesses mit Verweisungen auf Gegebenheiten im internationalen Bereich, Zürich 1971, 198 S.

Manfrini, P.L., L'entraide internationale en matière administrative, Colloque sur l'entraide judiciaire internationale, Genève 1986, S. 115–167.

Markees, C., Die Vornahme von Prozesshandlungen auf schweizerischem Gebiet zuhanden eines ausländischen Verfahrens im Lichte des Art. 271 StGB, SJZ 1969, S. 34.

– Zum Haager Übereinkommen über die Beweisaufnahme im Ausland, SJIR 1968, S. 131.

Martens, D.-R., Erfahrungen mit Rechtshilfeersuchen aus den USA nach dem Haager Beweisaufnahme-Übereinkommen, RIW 1981, S. 725.

Maul, R., Rapport explicatif relatif à la Convention de La Haye sur l'adoption, Actes et Documents, 10e session (1964), t. II, S. 409.

Meier, I., Iura novit curia, Zürich 1975.

Meili, F., Das internationale Civilprozessrecht, Zürich 1904.

Meili, F./Mamelok, A., Das internationale Privat- und Zivilprozessrecht aufgrund der Haager Konventionen, Zürich 1911.

Mentz, A., Das «Pre-Trial Discovery» Verfahren im US-amerikanischen Zivilprozessrecht, RIW 1981, S. 73.

Möller, G., Rapport explicatif sur la Convention tendant à faciliter l'accès international à la justice, Actes et Documents, 14e session (1980), t. IV. S. 260.

Muther, P.S., The Reform of Legal Aid in Sweden, The International Lawyer 1975, S. 475.

Nagel, H., Nationale und internationale Rechtshilfe im Zivilprozess; das europäische Modell, Baden-Baden 1971, 283 S., (zit. Rechtshilfe).

Neuhaus, P.H., Die Grundlagen des internationalen Privatrechts, Beiträge zum ausländischen und internationalen Privatrecht, Bd. 30, 2. Aufl., Tübingen 1976, 488 S.

Neyroud, Ph., L'entraide judiciaire internationale en matière pénale, Colloque sur l'entraide judiciaire internationale, Genève 1986, S. 14–51.

Otto, G., Die gerichtliche Praxis und ihre Erfahrungen mit dem Europäischen Übereinkommen vom 7.6.1968 betr. Auskünfte über ausländisches Recht, Festschrift für Karl Firsching zum 70. Geburtstag, München 1985, S. 209.

Overbeck, von, A.E., La reconnaissance des rapports d'autorité «ex lege» selon la Convention de La Haye sur la protection des mineurs, Festgabe für H. Deschenaux zum 70. Geburtstag, Fribourg 1977, S. 447.

– Le remariage du conjoint divorcé selon la Convention de La Haye sur la reconnaissance des divorces, Rev. crit. 1970, S. 45.

– Les nouvelles conventions de La Haye sur les obligations alimentaires, SJIR 1973, S. 135.

Panchaud, A., La Dixième session de la Conférence de La Haye de droit international privé, Notification des actes judiciaires et extra-judiciaires, SJIR 1965, S. 23.

Pérez-Vera, E., Rapport explicatif concernant la Convention sur les aspects civils de l'enlèvement international d'enfants, Actes et Documents, 14e session (1980), t. III, S. 426.

Pfeil-Kammerer, Ch., Deutsch-amerikanischer Rechtshilfeverkehr in Zivilsachen. Studien zum ausländischen und internationalen Privatrecht, Bd. 17, Tübingen 1987 (Maschschr.), 595 S.

Pfennig, G., Die internationale Zustellung in Zivil- und Handelssachen, Köln 1988, 156 S.

Platto, Ch./Lee, M., Obtaining Evidence in Another Jurisdiction in Business Disputes, 2nd ed., London 1993, 214 p.

Pocar, F., L'assistenza giudiziaria internazionale in materia civile, Padova 1967.

Ponsard, A., La Convention de La Haye du 1er mars 1954 relative à la procédure civile, Trav. com. fr. 1960-62, S. 39, (zit. Conv. de La Haye 1954).

– Loi étrangère, Rép. Dalloz, Bd. II, Paris 1969, S. 264.

Reymond, Ph., Convention de La Haye et Convention de Strasbourg, ZSR 1981 I, S. 329.

Riezeler, E., Internationales Zivilprozessrecht und prozessuales Fremdenrecht, Beiträge zum ausländischen und internationalen Privatrecht, Bd. 20, Berlin/Tübingen 1949, S. 710.

Rupp, R., La Dixième session de la Conférence de La Haye de droit international privé, SJIR 1965, S. 34.

Sarcevic, P./Tebbens, H.D., On Dutch adopters, Yugoslav children and ingenious Dutch courts, NILR 1981, S. 117.

Schack, H., Internationales Zivilverfahrensrecht, München 1991, 399 S.

Schlosser, P., Internationale Rechtshilfe und rechtsstaatlicher Schutz von Beweispersonen, ZZP 1981, S. 369.

Schneider, E., Die neuere Rechtsprechung zum Prozesskostenhilferecht, MDR 1985, S. 441.

– Prozesskostenhilfe – Reformziel und Realität, Festschrift R. Wassermann, 1985, S. 819.

Schnyder, A.K., Die Anwendung des zuständigen fremden Sachrechts im internationalen Privatrecht, SSIR, Bd. 23, Zürich 1981, 267 S.

Schurtmann, W./Walter, O.-L., Der amerikanische Zivilprozess, Deventer 1978.

Schütze, R.A., Deutsches internationales Zivilprozessrecht, Berlin 1985, 317 S.

– *Wieczorek, B.*, Zivilprozessordnung und Nebengesetze auf Grund der Rechtsprechung kommentiert, Internationales Zivilprozessrecht, Bd. 5, 2. Aufl., Berlin/New York 1980, S. 1–776.

Scoles, E.F./Hay, P., Conflict of Laws, St. Paul, Minn. 1982, 1085 S.

Siehr, K., Anerkennung ausländischer, insbesondere schweizerischer, Adoptionsdekrete in der Bundesrepublik, Das Standesamt 1982, S. 61.

– Selbstjustiz durch Kindesentführung ins Inland. Ein höchstrichterlicher Lichtblick mit deprimierendem Nachspiel, IPRax 1984, S. 309.

Simon-Depitre, M., Entraide judiciaire (matière civile), Rép. Dalloz, Bd. I, Paris 1968, S. 744.

Steiger, von, W., Rapport explicatif relatif à la Convention sur la protection des mineurs, Actes et Documents, 9e session (1960), t. IV, S. 219.

Stiefel, E.C., «Discovery»-Probleme und Erfahrungen im Deutsch-Amerikanischen Rechtshilfeverkehr, RIW 1979, S. 509.

Stiefel, E.C./Petzinger, W.F., Deutsche Parallelprozesse zur Abwehr amerikanischer Beweiserhebungsverfahren?, RIW 1983, S. 242.

Stoffel, W., Die völkervertraglichen Gleichbehandlungsverpflichtungen der Schweiz gegenüber den Ausländern. Eine Untersuchung über die Bedeutung der Gleichbehandlungsklauseln in den Niederlassungsverträgen, SSIR, Bd. 17, Zürich 1979, 319 S.

Stürner, R., Der Justizkonflikt zwischen USA und Europa, in: Habscheid, W.J. (ed.), Der Justizkonflikt mit den Vereinigten Staaten von Amerika, Bielefeld 1986, S. 1.

- Der Justizkonflikt zwischen USA und Europa, Colloque sur l'entraide judiciaire internationale, Genève 1986, S. 217–248.
- Die Gerichte und Behörden der USA und die Beweisaufnahme in Deutschland, ZfvglRW 1982, S. 159.
- Rechtshilfe nach dem Haager Beweisübereinkommen für Common Law-Länder, JZ 1981, S. 521.

Sykes, E.L./Pryles, M.D., Australian Private International Law, Melbourne 1979, IXV, 529 S.

Verwilghen, M., Rapport explicatif relatif aux Conventions sur les obligations alimentaires, Actes et Documents, 12e session (1972), t. IV, La Haye 1975, S. 384.

Verwilghen, M./Houtte, van, H., Conflits d'autorités et de juridictions relatifs à la protection de la personne du mineur, Revue belge de droit international 1980, S. 410.

Vischer, F., Abkommen über die Anerkennung von Scheidungen und Trennungen, SJIR 1968, S. 117.

Vischer, F./Planta, von, A., Internationales Privatrecht (zit. IPR), 2. Aufl., Basel 1982, 225 S.

Volken, P., Adoptionen mit Auslandbeziehungen (Haager Adoptionsabkommen), Veröffentlichungen Verwaltungskurse an der Hochschule St. Gallen, Bd. 14, St. Gallen 1979, S. 75–109.

- Art. 11 IPRG, in: IPRG Kommentar, Zürich 1993, S. 95.
- Die fünfzehnte Session der Haager Konferenz für internationales Privatrecht, Zukünftige Arbeiten, SJIR 1985, S. 39.
- Haager Konferenz für Internationales Privatrecht, Arbeitsprogramm 1988–1993, SJIR 1989, S. 153–172, (zit. Arbeitsprogramm).
- Internationale Rechtshilfe in Zivilsachen heute und morgen (zit. Rechtshilfe), ZbJV 1982, S. 441–464.
- Konventionskonflikte im internationalen Privatrecht (zit. Konventionskonflikte), SSIR, Bd. 7, Zürich 1977, XXVII, 329 S.
- Vierzehnte Session der Haager Konferenz für internationales Privatrecht, Internationale Rechtshilfe in Zivilsachen, SJIR 1981, S. 109–118.
- Vor Art. 11 IPRG, in: IPRG Kommentar, Zürich 1993, S. 88–94.
- Vor Art. 166–175 und Art. 166 IPRG, in: IPRG Kommentar, Zürich 1993, S. 1413–1432.

Voyame, J., L'Etat et l'arbitrage commercial international, Swiss Essays on International Arbitration, Zürich 1984, S. 15–22.

Walker & Walker, The English Legal System, 6th ed., London 1985, 709 S.

West's Federal Civil Judicial Procedure and Rules, St. Paul, Minn. 1985, 881 S.

Woelki, Ch., Das Haager Zustellungsabkommen und die USA, RIW 1985, S. 530.

Wolf, A., Das Europäische Übereinkommen vom 7. Juni 1968 betr. Auskünfte über ausländisches Recht, NJW 1975, S. 1583.

Wollny, D., Auskünfte über ausländisches Recht, RiZ 1984, S. 479.

Zaech, R., Litigation of Business Matters in the United States and International Legal Assistance, Bern 1984, 249 S.

Zajtay, I., The Application of Foreign Law, International Encyclopaedia of Comparative Law, Vol. III, Chap. 14, 45 S.

Zemans, F.H., Recent Trends in the Organization of Legal Services, in Generalberichte zum VII. Internationalen Kongress für Prozessrecht, Würzburg 1983, Bielefeld 1983, S. 373.

Kapitel 1: Die Grundlagen

I. Begriff und Gegenstand

1. Der Begriff der Rechtshilfe

In gerichtlichen Verfahren, die Berührungspunkte zum Ausland aufweisen, kommt es oft vor, dass gewisse Prozesshandlungen im Ausland vorgenommen werden müssen: Eine Partei ist im Ausland zu laden, ein Zeuge im Ausland zu vernehmen oder ein Beweisstück im Ausland zu edieren.

Die Vornahme gerichtlicher Handlungen stellt eine hoheitliche Tätigkeit dar. Ein Gericht darf solche Handlungen grundsätzlich nur innerhalb seines eigenen Zuständigkeitsbereiches vornehmen. Das gilt schon interkantonal[1]; es trifft in noch stärkerem Masse für den Verkehr mit dem Ausland zu[2]. Die Vornahme gerichtlicher Handlungen in einem anderen Staat käme einem Eingriff in die Gebietshoheit und damit einer Verletzung der Souveränitätsrechte jenes Staates gleich. In solchen Fällen muss ein Ersuchen um Rechtshilfe an den Staat gerichtet werden, in dem die Rechtshilfehandlung vorzunehmen ist[3].

---

[1] *M. Guldener*, IZPR, S. 18; *U. Maier*, S. 5; *O. Vogel*, S. 69, N. 78a; *H.U. Walder*, S. 383; Art. 1, 9 des *Konkordates* über die Gewährung gegenseitiger Rechtshilfe in Zivilsachen vom 26.4., 8./9.11.1974 (SR 274).

[2] *H. Daum*, S. 1ff.; *M. Guldener*, IZPR, S. 17; *W. Habscheid*, Droit jud., S. 82; *ders.*, ZPO, S. 64; *M. Keller/K. Siehr*, IPR, S. 602ff.; *E. Riezeler*, S. 674; VEB 26 (1956) 5; VPB 49 (1985) 16; *P. Volken*, in: IPRG-Kommentar, N. 2 zu Art. 11.

[3] Nach schweizerischer Auffassung und jener zahlreicher anderer europäischer Staaten (Belgien, BRD, Frankreich, Italien, Luxemburg, Niederlande) gelten die Zustellung gerichtlicher Aktenstücke sowie die Beweiserhebung in Zivilsachen als Hoheitsakte, welche in die Kompetenz der staatlichen Organe fallen, vgl. für Deutschland z.B. *R. Geimer*, S. 114, N. 371.

Die Schweiz hat bereits bei der Ratifikation der Haager Zivilprozess-Übereinkunft von 1905 (SR 0.274.11) eine entsprechende Erklärung abgegeben. Vgl. auch Kreisschreiben des EJPD vom 20. Juli 1928; *C. Markees*, SJZ 1968, S. 33.

Entsprechend werden behördlich nicht bewilligte private Zustellungen bzw. Beweiserhebungen auf schweizerischem Hoheitsgebiet als eine verbotene Handlung für einen fremden Staat und damit als eine Verletzung von Art. 271, ev. von Art. 273 StGB (wirtschaftl. Nachrichtendienst) angesehen; vgl. auch Schweiz. *amicus curiae*-Note vom 13.3.1984 an den Court of Appeals, New York, i.S. Marc Rich A.G. Zug, SJIR 1984, S. 167; VPB 49 (1985) 16; BGE 105 Ia 307, 114 IV 130.

3   Unter internationaler Rechtshilfe hat man ein behördliches, meistens ein gerichtliches Handeln zugunsten eines ausländischen Verfahrens zu verstehen[4]. Rechtshilfe ist sachlich geboten im Interesse eines fairen Prozesses und im Bestreben um ein gerechtes Urteil.

2. Der Gegenstand der Rechtshilfe

4   Beim Rechtshilfevorgang nimmt das ersuchte für ein ersuchendes Gericht richterliche Handlungen vor, die das letztere wegen der territorialen Begrenzung seiner Jurisdiktionsgewalt selber nicht vornehmen kann[5]. Die Gewährung zwischenstaatlicher Rechtshilfe entspricht einem praktischen Bedürfnis. Sie wird nicht aus blosser Gefälligkeit geleistet, sondern in der Erwartung auf «Gegenrecht». Durch praktische Bedürfnisse bedingt, war die Rechtshilfe in Übung, lange bevor sie durch Gesetze oder Staatsverträge geordnet wurde[6]. Das spätere Aufkommen gesetzlicher und staatsvertraglicher Bestimmungen hat im Grunde nur einen bestehenden Rechtszustand anerkannt.

5   Mit der internationalen Rechtshilfe wird ausländische Gerichtstätigkeit in Anspruch genommen, um die eigenen Verfahrensaufgaben besser erledigen zu können und umgekehrt. Sie stellt eine Hilfeleistung, eine dem Hauptverfahren zudienende Tätigkeit dar, welche eine ausländische Behörde in einer der inländischen Gerichtshoheit unterstehenden Angelegenheit vornimmt. In diesem Sinn ist Rechtshilfe grundsätzlich eine staatliche Tätigkeit, die im Bereich zwischen Judikative und Verwaltung anzusiedeln ist. Ausgangspunkt der Rechtshilfe ist in der Regel eine richterliche Tätigkeit, doch kann ihre Durchführung durchaus administrativen Charakter annehmen[7].

3. Der Name

6   Eine über das formal-deskriptive hinausgehende Begriffsumschreibung der internationalen Rechtshilfe fehlt bisher. Es ist auch schwer, eine solche zu formulieren. Einmal steht der Ausdruck internationale Rechtshilfe für eine

---

[4]   *H. Daum*, S. 6; *M. Guldener*, IZPR, S. 18; *U. Maier*, S. 15; *H. Nagel*, IZPR, S. 202, N. 476; *ders.*, Rechtshilfe, S. 43f.; *E. Riezeler*, S. 672; *P. Volken*, in: IPRG-Kommentar, N. 6, Vor Art. 11.
[5]   *W. Habscheid*, Droit jud., S. 82; *ders.*, ZPO, S. 64; *E. Kirchhofer*, S. 531; *U. Maier*, S. 15.
[6]   *H. Daum*, S. 2; *R. Geimer*, S. 496, N. 2096; *E. Riezeler*, S. 674.
[7]   *U. Maier*, S. 15; s. für Deutschland *R. Geimer*, S. 517, N. 2156.

Vielzahl sachlich recht unterschiedlicher Verfahrensvorgänge (Zustellungen, Beweiserhebungen, unentgeltliche Rechtshilfe, Prozesskostenbefreiung, Rechtsdurchsetzungshilfe, Verfahrensgarantien)[8]. Zum anderen sind in den verschiedenen Sprachen unterschiedliche Umschreibungen im Gebrauch.

In der deutschsprachigen Literatur hat sich der Begriff der internationalen Rechtshilfe seit *F. Meili*[9] durchgesetzt. Ein einheitlicher Begriff wird mit «assistenza giudiziaria internazionale» auch im Italienischen verwendet[10]. In der französischen Terminologie bisweilen anzutreffen, aber nicht allgemein anerkannt ist der Ausdruck «entraide judiciaire internationale». Geläufiger sind die Ausdrücke «assistance judiciaire», womit aber lediglich die unentgeltliche Rechtshilfe (Armenrecht) gemeint ist, ferner die «signification et notification d'actes judiciaires», worunter die Zustellungs-, und die «commissions rogatoires», worunter die Beweiserhebungshilfe zu verstehen ist[11]. Ähnlich verhält es sich im Englischen. Zwar trifft man vereinzelt auf den Ausdruck «international legal assistance», der im Sinne eines Oberbegriffes verwendet wird. Gebräuchlicher sind hingegen die Bezeichnungen «service abroad» für die Zustellung, «evidence abroad» für die Beweiserhebung, «legal aid» für die unentgeltliche Rechtshilfe und «security for costs» für die Prozesskostenhilfe[12].

4. Die Arten und Formen der Rechtshilfe

Rechtshilfe wird nicht nur in Zivil-, sondern auch in Straf- und Verwaltungssachen, etwa in Sozialversicherungs- oder in Steuerangelegenheiten gelei-

---

[8] *H. Nagel*, Rechtshilfe, S. 23; *H. Arnold*, MDR 1957, S. 385; *A. Bülow-Böckstiegel*, N. 900, S. 6; *O. Capatina*, Rec. des Cours 1983 I, S. 324; *G.A.L. Droz*, Rec. des Cours 1980 II, S. 124f., 161f.; *H. Nagel*, Rechtshilfe, S. 23; *M. Simon-Depitre*, Rép. Dalloz, No 3. Demgegenüber verstehen *C. Markees* (Auslieferung und int. Rechtshilfe in Strafsachen, Le fonctionnaire de Police 1968, S. 257), *P. Schmid* u.a. (ZSR 1981 II, S. 249, 258) und ihnen folgend das Bundesamt für Polizeiwesen (VPB 49 [1985] 16) unter Rechtshilfe nur die Handlungen, mit denen die Behörden des ersuchten Staates ein Verfahren im ersuchenden Staat unterstützen (also im wesentlichen bloss Zustellungen und Beweiserhebungen). Dieses von der internationalen Strafrechtshilfe her geprägte Rechtshilfeverständnis wird den facettenreichen Aufgaben der modernen zwischenstaatlichen Rechtshilfetätigkeiten nicht gerecht. Kritisch auch *Ph. Neyroud*, S. 15.
[9] Das internationale Civilprozessrecht, Zürich 1906, S. 45.
[10] *F. Pocar*, L'assistenza, S. 11.
[11] *D. Alexandre*, Juris Classeur, Fasc. 589-B-1 No 1f.; *P. Lagarde*, Rép. Dalloz, No 1; *M. Simon-Depitre*, Rép. Dalloz, No 3.
[12] *A.V. Dicey/J.H.C. Morris*, S. 1194-1198; *H. Nagel*, IZPR, S. 202; *I. Szaszy*, International civil procedure, A comparative study, Budapest 1967, S. 643.

stet[13]. Auf diesen letzteren Gebieten ist allerdings die internationale Ausgestaltung der Rechtshilfe weit weniger fortgeschritten als im Zivilrecht. Im vorliegenden Zusammenhang beschränken wir uns auf die Rechtshilfe in Zivilsachen.

9   Inhaltlich lassen sich bei der zwischenstaatlichen Rechtshilfe in Zivilsachen verschiedene Stufen der Intensität unterscheiden[14]:

10 – Eine erste, einfache Form der Rechtshilfe beschränkt sich auf die blosse Entgegennahme ausländischer gerichtlicher Mitteilungen und deren Weiterleitung an Parteien oder Sachverständige im Inland. Diese Form der Rechtshilfe kann als *Zustellungshilfe* bezeichnet werden. Hierzu gehören die Übermittlung von Prozessladungen, die Zustellung von Klagen und Klageantworten, von Aufgeboten zu gerichtlichen Terminen oder von schriftlichen Urteilseröffnungen[15].

11 – Einen Schritt weiter gehen Rechtshilfehandlungen, bei denen der inländische Richter selber gewisse Verfahrenshandlungen zugunsten eines ausländischen Prozesses vornimmt. In Frage kommen insbesondere die Einvernahme von Parteien, die Befragung von Zeugen, die Anhörung von Sachverständigen oder die Vornahme von Augenscheinen. In solchen Fällen leistet der inländische Richter *Beweisaufnahmehilfe* zugunsten eines ausländischen Prozesses[16].

---

[13] Zur schweizerischen internationalen Rechtshilfe in *Strafsachen* vgl. *W. de Capitani*, Internationale Rechtshilfe. Eine Standortbestimmung, ZSR 1981 II, S. 375ff.; *P. Schmid* u.a., ZSR 1981 II, S. 249ff.; *P. Neyroud*, S. 15.
Zur internationalen Rechtshilfe in *Verwaltungssachen* vgl. Europäisches Übereinkommen vom 24.11.1977 über die Zustellung von Urkunden in Verwaltungssachen im Ausland (CE, STr 94); Europäisches Übereinkommen vom 15.3.1978 über die Informations- und Beweisbeschaffung im Ausland in Verwaltungssachen (CE, STr 100); *P.L. Manfrini*, S. 117.
Zur internationalen Rechtshilfe in *Steuersachen* vgl. Entwurf zu einem Europäischen Übereinkommen über die internationale Rechtshilfe in Steuersachen; ferner: *J. Gremaud*, S. 171; *K. Locher*, Internationale Zusammenarbeit in Fiskalsachen aus schweizerischer Sicht, Archiv 50, S. 98; *C. Mossu*, Mesures contre la fraude fiscale, Commentaire, S. 183; *R. von Siebenthal*, Der Austausch von Informationen im Rahmen der Abkommen zur Vermeidung der Doppelbesteuerung aus schweizerischer Sicht, Steuerrevue 1979, S. 392.

[14] Vgl. *H. Arnold*, MDR 1957, S. 385; *G.A.L. Droz*, Rec. des Cours 1980 II, S. 124; *R. Geimer*, S. 804, N. 3634; *P. Volken*, ZbJV 1982, S. 442; *ders.* in: IPRG-Kommentar, N. 7, Vor Art. 11.
Zu eng ist VPB 49 (1985) 16, S. 79, wo nur Zustellungen und Beweiserhebungen zur Zivilrechtshilfe gezählt werden. Diese Auffassung übersieht, dass nach den neueren Übereinkommen auf dem Gebiet des Minderjährigenschutzes oder des Unterhaltsrechts von *Vollstreckungshilfe* von Behörde zu Behörde geleistet werden muss. Gleiches gilt auf dem Gebiet der *Kostenhilfe*, wo die Behörden im Wohnsitzstaat des Gesuchstellers zu Handen des ausländischen Urteilsgerichtes Mitteilungen zu machen haben über die finanzielle Lage des Gesuchstellers.

[15] Hinten, Rdz. 2/2, 3.

[16] Hinten, Rdz. 3/47.

– Materiell noch stärker involviert ist die inländische Rechtshilfebehörde 12
in Fällen, in denen sich ihre Tätigkeit nicht bloss auf die Übermittlung
von Akten oder die Vermittlung von Beweisen beschränkt, sondern wo
sie im Inland durch die Einleitung eines Erkenntnisverfahrens oder die
Durchführung einer Zwangsvollstreckung selber aktiv wird, um Rechts-
positionen einer ausländischen Partei zu wahren. In solchen Fällen hat
man es mit eigentlicher *Rechtsdurchsetzungshilfe* zu tun. Diese Form
der Rechtshilfe ist neueren Datums. Sie ist ursprünglich im internationalen Unterhaltsrecht und im Minderjährigenschutz entwickelt worden.
Heute begegnet man ihr zunehmend auch im internationalen Vermögensrecht, z.B. im internationalen Erb- oder Insolvenzrecht. Sie ist vor allem
durch die neueren einschlägigen Staatsverträge entwickelt worden[17].

– Als gleichsam flankierende Massnahme, welche die traditionellen 13
Rechtshilfehandlungen ergänzt und den Bereich der internationalen
Rechtshilfe um einen wichtigen Aspekt erweitert, ist in neuerer Zeit die
sog. Rechtsauskunftei oder *Rechtsanwendungshilfe* hinzugekommen.
Auch diese Aufgabe, die Wesentliches zur richtigen Anwendung und
Durchsetzung vor allem des ausländischen Rechts beiträgt, beruht zumeist
auf staatsvertraglicher Verpflichtung. Danach sind auf Ersuchen des
Gerichtes eines Vertragsstaates die Behörden eines anderen Vertrags-
staates verpflichtet, für hängige Verfahren Auskünfte über ihr Zivil- und
Handelsre cht zu erteilen[18].

– Zur optimalen Durchführung von Prozessverfahren mit Auslandberüh- 14
rung gehören schliesslich gewisse *Individualgarantien*. Bei diesen handelt es sich nicht um Rechtshilfetätigkeiten im streng technischen Sinn,
wohl aber um Verfahrensgarantien, die gewöhnlich mit der Rechtshilfe
eng zusammenhängen. Gemeint sind die Grundsätze der Nichtdiskriminierung, der Gleichbehandlung von In- und Ausländern, der unentgeltlichen Rechtshilfe, der Befreiung von der Prozesskaution, der Sicherheit
vor Schuldverhaft sowie des freien Geleits für Zeugen und Sachverständige. Auch diese Garantien beruhen zur Hauptsache auf Staatsverträgen[19].

---

[17] Hinten, Rdz. **5**/18ff, 23ff.
[18] Hinten, Rdz. **4**/20-26.
[19] Hinten, Rdz. **6**/7-9; **7**/1-4.

5. Die Verpflichtung zur Rechtshilfe

15 Die Idee der Rechtshilfe ist so alt wie das Recht selber. Die Rechtsordnung und deren Anwendung durch den Richter war immer territorial organisiert. Überall dort, wo die wirksame Durchsetzung einer Rechtsposition des rechtlich relevanten Handelns ausserhalb des eigenen Hoheitsgebietes bedarf, war und ist man notwendigerweise auf die Mitwirkung der Hoheitsträger dieses anderen Rechtsgebietes angewiesen[20]. Dieses Faktum hat *F. Contuzzi*[21] schon für die griechisch-römische Antike nachgewiesen. Jene Rechtshilfehandlungen beruhten allerdings nicht auf systematisch geregelten Rechtspflichten; sie entsprangen freundnachbarlicher Gefälligkeit und beruhen vor allem auf der Erwartung, dass im Umkehrfall Gegenrecht gehalten wird.

16 Mit dem Aufkommen der Nationalstaaten und vor allem mit der weltweiten Entwicklung des Handels hat das Bedürfnis nach gegenseitiger Rechtshilfe erheblich an Aktualität gewonnen. Es fand seinen Niederschlag in den zahlreichen bilateralen Freundschafts- und Niederlassungsverträgen, welche im 19. und 20. Jahrhundert entstanden sind. In jenen Staatsverträgen wurde immer auch zu Fragen der Rechtshilfe, zumindest zur Frage der Rechtsstellung des Ausländers im inländischen Prozess, Stellung genommen[22].

17 Ihren international verbindlichen Charakter hat die Rechtshilfe in Zivilsachen teils durch die nationalen Rechtspflegegesetze, teils durch Staatsverträge erhalten. Wo entsprechende Texte fehlen oder unvollständig sind, kann die Gewährung der zwischenstaatlichen Rechtshilfe auch auf Gefälligkeit und diplomatischer Gepflogenheit beruhen. Eine völkerrechtliche Pflicht, insbesondere eine solche aus Völkergewohnheitsrecht, gibt es hingegen nicht[23].

18 Zum ersten Mal grundsätzlich und für die weitere Entwicklung wegleitend ist die internationale Rechtshilfe in Zivilsachen an der ersten Haager Konferenz für internationales Privatrecht von 1893 an die Hand genommen

---

[20] *H. Daum*, S. 1; *R. Geimer*, S. 803, N. 3630; *U. Maier*, S. 9-14; *E. Riezeler*, S. 672.
[21] Commentaire théorique et pratique des Conventions de La Haye, Paris 1904, S. 131.
[22] *W. Stoffel*, insbes. S. 97ff.
[23] Für die Verpflichtung aufgrund nationaler Rechtspflegegesetze vgl. z.B. *H. Nagel*, Rechtshilfe, S. 24; für die Verpflichtung aufgrund von Staatsverträgen *M. Simon-Depitre*, Droit international judiciaire, Juris Classeur, Fasc. 589-B-1, S. 3ff. Zur völkerrechtlichen Grundlage der internationalen Rechtshilfe vgl. *H. Nagel*, IZPR, S. 205-209; *R. Geimer*, S. 803, N. 3631. Das Institut de droit international hatte 1877 auf einer Tagung in Zürich versucht, die zwischenstaatliche Rechtshilfe aus Regeln des allgemeinen Völkerrechts abzuleiten, doch blieb der Vorschlag ohne Erfolg (Annuaire de l'Institut, édition nouvelle abrégée, Bruxelles 1928, S. 93, 201).

worden[24]. Die Arbeiten jener Konferenz haben zur ersten Haager Zivilprozess-Übereinkunft von 1896 geführt. Mehr noch als durch ihre positive Geltung – sie wurde bloss von sechs Staaten gezeichnet – hat diese Übereinkunft durch ihren Modellcharakter die spätere Entwicklung beeinflusst. Im Kern enthielt sie schon fast alles, was in den späteren Haager Zivilprozess-Übereinkünften von 1905 und 1954 zu finden war. Und wesentlich anderes enthalten auch die Revisions-Übereinkommen von 1965 (Zustellung), 1970 (Beweiserhebung) und 1980 (erleichterter Zugang zur Rechtspflege) nicht[25].

6. Der Anspruch auf Rechtshilfe

Rechtshilfe, so wird in der Literatur oft vertreten, sei eine Angelegenheit von Staat zu Staat oder von Regierung zu Regierung. Ihre Gewährung und ihre Durchführung seien grundsätzlich Sache der Justizverwaltung; hingegen habe die an der Rechtshilfe direkt interessierte Partei selber keinen Rechtshilfeanspruch gegenüber dem ersuchten Staat; ihr Anspruch richte sich höchstens gegen die Behörde des eigenen Staates, die das Rechtshilfeverfahren zu veranlassen habe[26].

In solcher Absolutheit trifft diese Aussage nicht zu. Sie mag vielleicht noch im staatsvertragslosen Bereich eine gewisse Berechtigung haben. Die moderne internationale Rechtshilfe beruht jedoch zum grösseren Teil auf staatsvertraglicher Vereinbarung. Soweit Staatsverträge bestehen, ist die Frage nach dem Rechtshilfe*anspruch* differenzierter zu beantworten. Was zunächst die sog. *Individualgarantien* betrifft, so hat schon die Haager Übereinkunft von 1905 unmittelbare Rechtsansprüche zugunsten des direkt Betroffenen geschaffen[27]. Die Erneuerungs-Übereinkommen von 1954 und 1980 haben diese Ansprüche weiter ausgebaut. Danach kann heute der Berechtigte seinen Anspruch auf unentgeltliche Rechtshilfe, auf Befreiung von der Prozesskaution, auf freies Geleit oder auf Schutz vor Schuldverhaft vor dem ausländischen Gericht selber unmittelbar geltend machen[28].

Gleiches gilt für die *Rechtsdurchsetzungshilfe*. So kann der direkt Interessierte nach Art. 3 des New Yorker Übereinkommens von 1956 das Verfah-

19

20

21

---

[24] Actes de la Conférence de La Haye de droit international privé, La Haye 1904, t. II, S. 3ff., 1904, S. 155ff.; zur Geschichte *M. Gutzwiller*, Das Internationalprivatrecht der Haager Konferenzen: Vergangenheit und Zukunft, SJIR, Bd. II, 1945, S. 11, 42.
[25] *P. Volken*, SJIR 1981, S. 111f.; *ders.* ZbJV 1982, S. 445.
[26] *H. Daum*, S. 6; *M. Guldener*, IZPR, S. 17, 18; *U. Maier*, S. 5, 20.
[27] Hinten, Rdz. 7/10-12.
[28] Vgl. die Art. 17-24 der Haager Zivilprozess-Übereinkunft von 1954 sowie die Art. 14, 19 des Haager Übereinkommens vom 25.10.1980 über den internationalen Zugang zur Rechtspflege, BBl 1993 III 1339-1354.

ren auf Eintreibung seines Unterhaltsanspruchs im Ausland selber unmittelbar auslösen. Die gleiche Möglichkeit hat die Person, die nach Art. 8 des Haager Kindesentführungs-Übereinkommens von 1980 ein ihr vorenthaltenes Kind an dessen bisherigen gewöhnlichen Aufenthalt zurückführen lassen oder nach Art. 4 des Europäischen Übereinkommens von 1980 über die Anerkennung von Sorgerechtsentscheidungen im Ausland einen entsprechenden Entscheid vollstrecken lassen will[29].

22 Die traditionelle Aussage, wonach die Rechtshilfe eine reine Angelegenheit der zwischenstaatlichen Zusammenarbeit zwischen Behörden sei, trifft in erster Linie für die *Rechtsauskünfte* sowie die klassischen *Zustellungs-* und *Beweisaufnahmehilfen* zu. Aber auch für die letzteren beiden Bereiche sind zwei wichtige Einschränkungen vorzunehmen.

23 Einmal sind in Art. 15 und 16 des Haager Zustellungs-Übereinkommens von 1965 wichtige Schutzvorschriften zugunsten des Beklagten aufgenommen worden. Danach hat der ausländische Urteilsrichter das Verfahren auszusetzen, bis feststeht, dass die Ladung dem Beklagten selbst oder zu seinen Handen tatsächlich zugestellt worden ist (Art. 15); und falls ein Kontumazialurteil ergangen ist, weil der Beklagte von der Ladung nicht rechtzeitig Kenntnis erhalten hat, ist dieser wieder in den vorherigen Stand einzusetzen (Art. 16). Beide Ansprüche kann der Beklagte unmittelbar aus eigenem Recht geltend machen[30]. Nicht anders verhält es sich mit Art. 17 des Haager Beweiserhebungs-Übereinkommens von 1970. Nach dieser Bestimmung kann sich in Staaten, wo die Beweisaufnahme Sache der Parteien ist, die interessierte Partei zur Beweisaufnahme berechtigen lassen[31].

24 Zum anderen verfügt die im ausländischen Urteilsverfahren unterlegene Partei zumindest indirekt über einen Anspruch auf Einhaltung des Rechtshilfeweges und damit über einen Schutz gegen dessen Nichteinhaltung. Die meisten von der Schweiz abgeschlossenen Staatsverträge über die Anerkennung und Vollstreckung und auch Art. 27 Abs. 2 IPRG verlangen nämlich als Anerkennungsvoraussetzung, dass die unterlegene Partei gehörig, d.h. in der Regel auf dem ordentlichen, staatsvertraglich vorgesehenen Rechtshilfeweg geladen worden ist[32].

---

[29] Hinten, Rdz. **5**/45, 105, 109.
[30] Hinten, Rdz. **2**/85.
[31] Hinten, Rdz. **3**/114, 121, 122.
[32] Vgl. z.B. für das Verhältnis BRD-Schweiz, *P. Volken*, ZbJV 1982, S. 451, 452: Nach Art. 1-4 des schweizerisch-deutschen Anerkennungs- und Vollstreckungsabkommens vom 2.11.1929 (SR 0.276.191.361) sind gerichtliche Entscheidungen über vermögensrechtliche Ansprüche anzuerkennen und zu vollstrecken, wenn das Urteil von einem nach dem Abkommen für zuständig bezeichneten Gericht ausgesprochen wurde, in Rechtskraft erwachsen ist und nicht dem Ordre public des Vollstreckungsstaates widerspricht; im Falle eines Versäumnisurteils muss der Beklagte gehörig, d.h. auf dem ordentlichen Rechtshilfeweg geladen worden sein. Die gleiche Regelung ist in den Vollstreckungsabkommen mit *Belgien* (Art. 1 lit. d), *Italien*

Wegen des engen Zusammenhangs zwischen Rechtshilfe und Vollstreckung sollten die Prozessparteien bereits im Urteilsverfahren über den Rechtshilfeweg für grenzüberschreitende Zustellungen und Beweiserhebungen mitreden können. Anderenfalls muss sich der Kläger im späteren Vollstreckungsverfahren eine Nichteinhaltung des Rechtshilfeweges entgegenhalten lassen, obwohl er im Urteilsverfahren auf diese Frage keinen Einfluss hatte. Daher wäre für zwischenstaatliche Vereinbarungen über die Rechtshilfe in Zivilsachen regelmässig der Abschluss eines Staatsvertrages anzustreben und nicht einfach ein Briefaustausch zwischen nationalen Verwaltungsstellen vorzunehmen.

II. Die nationalen Quellen

1. Übersicht

Die innerstaatliche Rechtshilfe in Zivilsachen beruht in der Regel auf verfassungsrechtlichen Grundsätzen. Sie ist Rechtspflicht. Auch die internationale Rechtshilfe kann im nationalen Recht begründete Pflicht sein, nämlich dann, wenn der nationale Gesetzgeber sie den nationalen Gerichts- und Verwaltungsbehörden vorschreibt. Im schweizerischen Bundesstaat haben wir drei Stufen der Rechtshilfe zu unterscheiden: die *innerkantonale*, die *interkantonale* und die *internationale* Rechtshilfe. Ihnen entsprechen drei verschiedene Stufen von Rechtsquellen, nämlich das kantonale, das Bundes- und das Staatsvertragsrecht.

(Art. 1 Ziff. 4), *Liechtenstein* (Art. 1 Ziff. 4), *Österreich* (Art. 1 Ziff. 4), *Schweden* (Art. 4 Ziff. 5), der *Slowakei* (Art. 1 Ziff. 4), *Spanien* (Art. 6 Ziff. 2) und der *Tschechei* (Art. 1 Ziff. 4) vorgesehen.

Ähnliche Bestimmungen finden sich auch in den multilateralen Übereinkommen, namentlich im Lugano-Übereinkommen (Art. 27 Nr. 2), aber auch in den Haager Übereinkommen über die Anerkennung von Ehescheidungen und Ehetrennungen von 1970 (Art. 8) bzw. über die Anerkennung und Vollstreckung von Unterhaltsentscheidungen von 1973 (Art. 6), im Europäischen Übereinkommen über die Anerkennung und Vollstreckung von Sorgerechtsentscheidungen von 1980 (Art. 9 Abs. 1 lit. a), ferner im Genfer Abkommen von 1927 (Art. 2 lit. b) bzw. im New Yorker Übereinkommen von 1958 (Art. V Abs. 1 lit. b) über die Anerkennung und Vollstreckung von Schiedssprüchen.

Kapitel 1

2. Die kantonale Rechtshilfe

27 Die *inner*kantonale Rechtshilfe ist Sache des jeweiligen kantonalen Rechts. Entsprechende Regeln – sie sind meistens sehr knapp gehalten – finden sich in den kantonalen Gerichtsverfassungs- oder Zivilprozessgesetzen. Alle kantonalen Prozessgesetze sehen zumindest Bestimmungen über die Zustellung gerichtlicher Akten (Ladungen, Mitteilungen, Rechtsschriftenverkehr, Eröffnung von Entscheiden) vor. Diese erfolgen überall entweder durch eingeschriebene Postsendung oder durch einen Gerichtsweibel. In einzelnen Kantonen können Ladungen für eine nächste Gerichtssitzung oder für die Urteilseröffnung auch direkt in der vorausgehenden Verhandlung mündlich erfolgen. Wird die Zustellung durch einen Weibel vorgenommen, so hat er ein Zustellungsprotokoll zu verfassen oder eine Empfangsbestätigung austellen zu lassen. Sind Wohn- oder Aufenthaltsort des Adressaten nicht bekannt, lassen alle Kantone die Ediktalzustellung mittels öffentlicher Ausschreibung im Amtsblatt zu.

28 Für Rechtshilfehandlungen im engeren Sinn (Zeugeneinvernahmen, Augenschein, Akteneinsicht, Urkundenedition) kennen die kantonalen Rechte zwei Systeme: Entweder ist jedes kantonale Gericht befugt, Amtshandlungen auf dem ganzen Gebiet des Kantons vorzunehmen, oder die kantonalen Gerichte werden ausdrücklich zu gegenseitiger Rechtshilfe verpflichtet[33].

---

[33] ZÜRICH: *Zustellung* erfolgt durch Post, einen Kanzleiangestellten, ausnahmsweise durch die Polizei (§ 177 GVG) gegen Empfangsschein oder amtliche Bescheinigung (§ 180 GVG). Kann eine Vorladung (oder eine andere Urkunde) nicht zugestellt werden, wird sie im Amtsblatt veröffentlicht (§ 183 Abs. 1 GVG). Diese Vorschriften gelten auch für die Mitteilung von Gerichtsentscheiden. Bei öffentlicher Publikation beschränkt man sich auf die Angabe von Personen, Streitgegenstand, Dispositiv und Fristen (§ 187 GVG). *Rechtshilfe*: Gerichte können Amtshandlungen im ganzen Kanton vornehmen (§ 112 GVG).
BERN: *Zustellung* erfolgt durch Post gegen Empfangsschein (Art. 102, 110 ZPO), durch Weibel, Gemeindeschreiber oder Ortspolizei (Art. 103, 110 ZPO) oder durch Publikation im Amtsblatt (Art. 112 ZPO). *Rechtshilfe*: Gerichte des Kantons sind zu gegenseitiger Rechtshilfe verpflichtet (Art. 16 ZPO).
LUZERN: *Zustellung* erfolgt durch Post, Polizei (§ 74 ZPO) oder auf dem Ediktalweg (§ 76 ZPO). *Rechtshilfe*: Die Richter des Kantons sind zu gegenseitiger Rechtshilfe verpflichtet; sie können Amtshandlungen im ganzen Kanton vornehmen (§ 4 ZPO).
URI: *Zustellung* erfolgt durch Post, ausnahmsweise durch Weibel (Art. 65 ZPO) oder bei unbekanntem Aufenthaltsort auf dem Ediktalweg (Art. 67 ZPO). *Rechtshilfe*: Gerichte des Kantons sind zu gegenseitiger Rechtshilfe verpflichtet; sie können Amtshandlungen im ganzen Kanton vornehmen (Art. 3 ZPO).
SCHWYZ: *Zustellung* erfolgt durch Post, Kanzleipersonal, Polizei oder Publikation im Amtsblatt (§ 114, 119 OG). Die gleichen Vorschriften gelten für die Erstellung von Rechtschriften und Arbeiten (§ 110, 140 OG) *Rechtshilfe*: Gerichte können Amtshandlungen im ganzen Kanton vornehmen (§ 71 OG).
OBWALDEN: *Zustellung* erfolgt durch Post, Weibel oder öffentliche Auskündigung (Art. 64

3. Die interkantonale Rechtshilfe

Sie gehört im Bundesstaat zu den Sachbereichen, die den Verkehr zwischen den Gliedstaaten betreffen. Zu erwarten wäre, dass die Bundesgesetzgebung 29

ZPO). *Rechtshilfe*: Gerichte des Kantons sind zu gegenseitiger Rechtshilfe verpflichtet (Art. 22 Abs. 1 ZPO).
NIDWALDEN: *Zustellung* erfolgt durch Post, Boten oder Veröffentlichung im Amtsblatt (Art. 57 GG, § 66 ZPO). *Rechtshilfe*: -
GLARUS: *Zustellung* erfolgt durch Post, Unparteiischen (Art. 60 Abs. 1 ZPO) oder auf dem Weg der Ediktalladung (Art. 64 ZPO). Die Urteilszustellung erfolgt durch Post oder Weibel (Art. 253 ZPO). *Rechtshilfe*: -
ZUG: *Zustellung* erfolgt durch Post, Weibel oder durch Publikation im Amtsblatt (§ 86 GO). *Rechtshilfe*: Gerichtsbehörden können Amtshandlungen im ganzen Kanton vornehmen (§ 51 Abs. 2 GO).
FREIBURG: *Zustellung* erfolgt durch Post, Weibel oder Publikation im Amtsblatt (Art. 19, 21, 29 ZPO). *Rechtshilfe*: Gerichte können Amtshandlungen im ganzen Kanton vornehmen (Art. 116 GO, Art. 78 ZPO).
SOLOTHURN: *Zustellung* erfolgt durch Post, Weibel oder öffentliche Auskündigung (§ 72 ZPO). *Rechtshilfe*: Sind Prozesshandlungen ausserhalb des Gerichtskreises vorzunehmen, so ist der örtlich zuständige Richter um Rechtshilfe anzugehen. Er kann Selbstvornahme bewilligen (§ 25 ZPO).
BASEL-STADT: *Zustellung* erfolgt durch Post, Gerichtsbeamten oder auf dem Ediktalweg (§ 33 Abs. 1 ZPO). *Rechtshilfe*: -
BASEL-LAND: *Zustellung* erfolgt durch Post, persönliche Zustellung oder öffentliche Vorladung (§ 64, 65 ZPO). *Rechtshilfe*: Gerichte des Kantons sind zu gegenseitiger Rechtshilfe verpflichtet (§ 43 GVG).
SCHAFFHAUSEN: *Zustellung* erfolgt durch Post, Weibel oder öffentliche Vorladung (Art. 44, 46 ZPO). *Rechtshilfe*: Rechtshilfebegehren anderer Gerichtsstellen im Kanton hat jede richterliche Behörde in ihrem Amtskreis zu entsprechen, sofern dies nicht einen Eingriff in die eigene Gerichtsbarkeit bedeutet (Art. 8 ZPO).
APPENZELL AUSSERRHODEN: *Zustellung* erfolgt durch Post, Boten oder öffentliche Vorladung (Art. 68 ZPO). *Rechtshilfe*: -
APPENZELL INNERRHODEN: *Zustellung* erfolgt durch Post, Gerichtsdiener oder öffentliche Zustellung (Art. 79, 80 ZPO). *Rechtshilfe*: -
ST. GALLEN: *Zustellung* erfolgt durch Post, wenn notwendig durch Polizei, bei unbekanntem Aufenthaltsort durch Veröffentlichung (Art. 73 GO). *Rechtshilfe*: Richter des Kantons sind zu gegenseitiger Rechtshilfe verpflichtet; sie können Amtshandlungen im ganzen Kanton vornehmen (Art. 3 ZPO).
GRAUBÜNDEN: *Zustellung* erfolgt im *gleichen* Kreis durch Post oder Weibel, in einem *anderen* Kreis durch Post oder durch Vermittlung des Kreisamtes (Art. 54 Abs. 2 ZPO). Bei unbekanntem Aufenthalt wird Ediktalladung vorgenommen (Art. 55 Abs. 1 ZPO). *Rechtshilfe*: Bei Zeugeneinvernahme oder Aktenedition im Kanton obliegt die Rechtshilfepflicht dem Kreispräsidenten am Wohn- oder Aufenthaltsort der einzuvernehmenden Person bzw. des Inhabers der Urkunde (Art. 161 ZPO). Zeugen ausserhalb des Gerichtssprengels können vorgeladen oder an ihrem Wohnsitz direkt oder durch Vermittlung des dortigen Bezirksgerichtspräsidenten einvernommen werden (Art. 185 ZPO).
AARGAU: *Zustellung* erfolgt durch Post (§ 92 ZPO), bei unbekanntem Wohnsitz oder Aufenthalt öffentlich (§ 94 ZPO), allenfalls an den Zustellungsbevollmächtigten (§ 93 Abs. 2 ZPO). *Rechtshilfe:* Gerichte können Amtshandlungen im ganzen Kanton vornehmen (§ 40 ZPO).

11

solchen Fragen besondere Aufmerksamkeit schenkt[34]. Im schweizerischen Recht ist dem allerdings nicht so. Das Bundesrecht regelt die interkantonale Rechtshilfe explizit nur insoweit, als das Verfahren vor Bundesgericht in Frage steht[35]. Hingegen äussert es sich zum Rechtshilfeverkehr zwischen den kantonalen Behörden nicht direkt. Als einzige bundesrechtliche Norm, die zu interkantonaler Rechtshilfe verpflichtet, wird in der Regel Art. 61 BV genannt: «Die rechtskräftigen Zivilurteile, die in einem Kanton gefällt sind, sollen in der ganzen Schweiz vollzogen werden können.» Aus der in

> THURGAU: *Zustellung* erfolgt durch Post oder Weibel (§ 58 ZPO), letztlich durch Publikation im Amtsblatt (§ 58 Abs. 4 ZPO). Personen mit Wohnsitz im Ausland haben in der Schweiz einen Zustellungsbevollmächtigten zu bezeichnen (§ 58 Abs. 3 ZPO). *Rechtshilfe*: Zeugen mit Wohnsitz ausserhalb des Kantons sind durch Vermittlung des Wohnsitzrichters einzuvernehmen (§ 213 Abs. 2 ZPO).
> TESSIN: *Zustellung* erfolgt durch Post, ausnahmsweise durch Polizei (Art. 124 ZPO). Abwesenden wird ein Zustellungsbevollmächtigter bestellt, oder die Zustellung erfolgt durch Vermittlung des örtlichen Gerichts (Art. 122, 123 ZPO); bei unbekannt Abwesenden erfolgt eine Publikation im Amtsblatt. *Rechtshilfe*: -
> WAADT: *Zustellung* erfolgt durch Post, Weibel oder auf dem Ediktalweg (Art. 22 Abs. 2 ZPO). *Rechtshilfe*: Gerichte sind zu gegenseitiger Rechtshilfe verpflichtet, insbes. für Notifikationen (Art. 24 ZPO).
> WALLIS: *Zustellung* erfolgt durch Post (Art. 89, 95 ZPO), Weibel (Art. 95 Abs. 2 ZPO) oder Publikation im Amtsblatt (Art. 102 ZPO). *Rechtshilfe*: Im Kanton wohnhafte Zeugen haben vor Gericht zu erscheinen. Kranke Zeugen können vom prozessleitenden Richter zuhause oder vom Richter des Aufenthaltsortes abgehört werden (Art. 219 ZPO).
> NEUENBURG: *Zustellung* erfolgt durch Post (Art. 87 Abs. 1 ZPO) oder durch Publikation im Amtsblatt (Art. 93 ZPO). *Rechtshilfe*: Im Kanton wohnhafte Zeugen haben vor Gericht zu erscheinen; ausserhalb des Kantons erfolgen Einvernahmen rogatorisch (Art. 228 ZPO). Zustellungen im Ausland erfolgen gemäss Staatsvertrag oder auf diplomatischem Weg (Art. 92 ZPO).
> GENF: *Zustellung* erfolgt durch Post oder Weibel (Art. 10 ZPO), bei unbekanntem Wohnsitz oder Aufenthalt öffentlich (Art. 16 ZPO). *Rechtshilfe*: -
> JURA: *Zustellung* erfolgt durch Post (Art. 101 ZPO), Gerichtsweibel (Art. 102 ZPO) oder Publikation im Amtsblatt (Art. 111 ZPO). *Rechtshilfe*: Die Gerichte des Kantons sind sich zu gegenseitiger Hilfe verpflichtet; sie leisten auch den Gerichten anderer Kantone Rechtshilfe (Art. 15 ZPO); der Verkehr von und nach dem Ausland läuft über die Cour civile (Art. 16 ZPO).

[34] In anderen Bundesstaaten ohne einheitliche Gerichtsorganisation und Prozessordnung, etwa in Kanada, in den USA oder in Australien, sieht die Bundesgesetzgebung hierfür besondere Bestimmungen vor.
Für die *USA* vgl. Art. IV, Sect. 1 der Verfassung:
«Full Faith and Credit shall be given in each State to the public Acts, Records and judicial Proceedings of every State. And the Congress may by general Laws prescribe the Manner in which such Acts, Records and Proceedings shall be proved, and the Effect thereof.»
In *Australien* erfüllt Sect. 118 der Verfassung, ergänzt und ausgeführt durch State and Territorial Laws and Records Recognition Act 1901 (Sect. 3), eine ähnliche Funktion. Hierzu E.L. Sykes/M.D. Pryles, S. 172, 182.

[35] *Rechtshilfe*: Nach Art. 18 OG können die Behörden und Beamten der Bundesrechtspflege auf dem ganzen Gebiet der Eidgenossenschaft Amtshandlungen vornehmen, ohne dass es hierzu

dieser Bestimmung verankerten Urteilsvollstreckungspflicht haben Doktrin und Praxis auch auf die Rechtshilfepflicht geschlossen, denn im Mehr der Vollstreckung sei das Weniger der Rechtshilfe enthalten[36].

Den Kantonen war diese Basis für eine effiziente zwischenkantonale Rechtshilfe seit jeher zu schmal. Sie haben sich der Frage selber angenommen, teils in ihrer eigenen kantonalen Gesetzgebung, teils in Konkordaten.

Die *kantonalen* Prozess- oder Gerichtsverfassungs*gesetze* enthalten z.T. sehr ausführliche Bestimmungen über die zwischenkantonale Rechtshilfe. Geregelt ist namentlich die gegenseitige Zustellung von Gerichtsakten. Zu diesem Zweck ist durchwegs überall die eingeschriebene, z.T. mit Rückschein versehene Postsendung vorgesehen. Nur wenige Kantone erwähnen den Rechtshilfeweg durch Vermittlung der am Wohnort des Adressaten zuständigen Behörde[37]. Zu einem geringen Teil nehmen Kantone[38] auf die interkantonalen Konkordate Bezug. Dagegen verlangen zahlreiche Kantone auch im zwischenkantonalen Verkehr die Bezeichnung eines Zustellungsbevollmächtigten[39]. Die selbständige Vornahme von Prozesshandlungen in einem anderen Kanton bzw. deren Vornahme durch ausserkantonale Behörden ist mehrheitlich zugelassen, aber bewilligungspflichtig. Vorzunehmen sind solche Handlungen jeweils in Anwendung der lex fori.

Soweit die Kantone über Fragen der interkantonalen Rechtshilfe *Konkordate* abgeschlossen haben, gehen diese den einschlägigen Bestimmungen ihrer Prozessordnungen vor. Zur Zeit beschlagen zwei Konkordate Fragen der interkantonalen Rechtshilfe:

– *Das Konkordat vom 5./20. November 1903 betreffend Befreiung von der Verpflichtung zur Sicherheitsleistung für die Prozesskosten*[40]. Das Konkordat lehnt sich an die Regelung der Haager Zivilprozess-Übereinkunft

---

der Einwilligung der Kantonsbehörden bedarf; die Kantonsbehörden haben nötigenfalls Unterstützung zu leisten.

Zustellung: Gerichtliche Zustellungen des Bundesgerichts werden auf dem gesamten Gebiet der Eidgenossenschaft durch die Post vorgenommen (Art. 10 BZPO); ist die Adresse des Empfängers unbekannt, so erfolgt die Zustellung durch öffentliche Bekanntmachung im Bundesblatt (Art. 11 BZPO).

Zeugen werden zum Erscheinen vor Gericht vorgeladen (Art. 43 BZPO). Zur Vermeidung unverhältnismässiger Kosten kann die Einvernahme dem Richter am Wohnsitz des Zeugen übertragen werden; er führt sie nach kantonalem Prozessrecht durch (Art. 47 BZPO).

[36] BGE 47 I 95, 51 I 317, 75 I 139, 87 I 61; *J.-F. Aubert*, 1813ff.; *W. Burckhardt*, Kommentar BV, 3. Aufl., Bern 1931, S. 575; *M. Guldener*, IZPR, S. 19; *ders.*, ZPR, S. 632; *W. Habscheid*, Droit jud., S. 82; *ders.*, ZPO, S. 64; *B. Knapp* Kommentar BV, N. 59 zu Art. 61 BV; *U. Maier*, S. 48-82; *O. Vogel*, S. 69; *H.U. Walder*, S. 37, 383.
[37] § 113, 114, 115 GVG/ZH; § 73 OG/SZ; § 33, 50 ZPO/BS; Art. 54 Abs. 2 ZPO/GR; Art. 31 ZPO/VD.
[38] Art. 15 ZPO/GE; § 45 ZPO/AG.
[39] Z.B. § 63 ZPO/BL; Art. 100 ZPO/VS.
[40] SR 273.2. Dem Konkordat gehören zur Zeit 20 Kantone an. *Nicht* dabei sind: UR, OW, NW,

Kapitel 1

von 1896/1905 bzw. 1954 an. Nach Art. 1 darf ein Schweizer Bürger, der in einem Konkordatskanton Wohnsitz hat und in einem anderen Konkordatskanton als Partei oder Intervenient vor Gericht auftritt, wegen Fehlens eines Wohnsitzes im Prozesskanton nicht zu einer Kautionsleistung verpflichtet werden («Ausländerkaution»). Art. 2 dehnt die gleiche Regelung auf Schweizer Bürger aus, die in einem Vertragsstaat der Haager Übereinkunft von 1896/1905 bzw. 1954 Wohnsitz haben[41].

34 — *Das Konkordat vom 26. April, 8./9. November 1974 über die Gewährung gegenseitiger Rechtshilfe in Zivilsachen*[42]. Es regelt die Vornahme von Prozesshandlungen in anderen Kantonen. Lässt man die Handlung durch die örtliche Behörde vornehmen, so dürfen die ersuchende und die ersuchte Behörde direkt miteinander verkehren, entweder in der Sprache der ersuchten oder in jener der ersuchenden Behörde (Art. 1). Über Ort und Zeit von Einvernahmen oder Augenscheinen werden die ersuchende Behörde und die Parteien unterrichtet (Art. 3); Parteivertreter können teilnehmen (Art. 4). Für ihre Handlungen erhebt die ersuchte Behörde keine Gebühren; sie hat aber Anspruch auf Auslagenersatz (Art. 5). Gerichtsbehörden können Prozesshandlungen auch in anderen Konkordatskantonen vornehmen; darüber ist die zuständige Behörde des Kantons, in dem die Handlung vorgenommen werden soll, zu unterrichten (Art. 8). Vorbehalten sind Zustellungen durch Gerichtsboten oder Handlungen, für die es polizeilicher Hilfe bedarf. Sie bleiben den örtlichen Behörden vorbehalten (Art. 9). Andererseits dürfen Parteien, Zeugen oder Sachverständige in anderen Konkordatskantonen direkt geladen werden (Art. 6). Sie sind verpflichtet zu erscheinen (Art. 7), und allfällige Vorführungsbefehle sind unmittelbar vollstreckbar (Art. 9 Abs. 2).

4. Die internationale Rechtshilfe

35 Nicht besser als die inner- und die interkantonale ist im schweizerischen Recht die *internationale* Rechtshilfe geregelt.

36 Das *Bundesverfahrensrecht* beschränkt sich auf Prozesse vor Bundesgericht. Für diese sieht es in Art. 29 Abs. 4 OG vor, dass Parteien, die im Ausland wohnen, in der Schweiz ein Zustellungsdomizil zu verzeigen haben und dass, falls dies nicht geschieht, Zustellungen unterbleiben oder

---

FR, AI, VS; zum Konkordat vgl. *M. Guldener*, ZPR, S. 409; *W. Habscheid*, Droit jud., S. 298; *ders.*, ZPO, S. 211; *H.-U. Walder*, S. 416, Anm. 16.

[41] Zur Bedeutung des Konkordats für Auslandschweizer vgl. Rdz. 6/42-44.
[42] SR 274. Dem Konkordat gehören heute alle Kantone an; vgl. dazu *M. Guldener*, ZPR, S. 632; *W. Habscheid*, Droit jud., S. 83; *ders.*, ZPO, S. 64; *O. Vogel*, S. 71; *H.U. Walder*, S. 384-390.

ediktaliter erfolgen können. Und in Art. 10 Abs. 3 BZPO liest man: Die im Ausland vorzunehmenden gerichtlichen Mitteilungen sind nach den zwischenstaatlichen Vereinbarungen und, so solche fehlen, durch Vermittlung des EJPD vorzunehmen.

Der 1978 veröffentliche Vorentwurf zu einem schweizerischen *Gesetz über das internationale Privatrecht* enthielt in den Art. 183-189 einige Vorschläge zur internationalen Zivilrechtshilfe, die jedoch in der Vernehmlassung auf zu wenig Interesse stiessen, um in den bundesrätlichen Entwurf aufgenommen zu werden[43]. Vom seinerzeitigen Rechtshilfekapitel ist im Grunde nur Art. 11 IPRG übrig geblieben. Er behält für die Durchführung der Rechtshilfehandlungen im Grunde das einschlägige kantonale Verfahrensrecht des Kantons vor, in dem die betreffende Rechtshilfehandlung durchgeführt werden soll[44]. 37

Etwas ausführlicher befassen sich die *kantonalen Zivilprozess- bzw. Gerichtsorganisationsgesetze* mit der internationalen Rechtshilfe, allerdings mit grossen Unterschieden. Relativ ausführliche Regelungen sehen die Kantone Zürich, Schwyz, Obwalden, Freiburg und Solothurn vor. Eher dürftig sind dagegen die Bestimmungen von Bern, Glarus, Basel-Stadt, St. Gallen und eigenartigerweise auch jene von Genf ausgefallen. 38

Die kantonalen Gesetze unterscheiden zwischen der Zustellung gerichtlicher Akten an Personen im Ausland und den Prozesshandlungen, die für ein inländisches Verfahren im Ausland bzw. für ein ausländisches Verfahren im Inland vorzunehmen sind. Gut die Hälfte der Kantone verweist für die Vornahme solcher Handlungen in erster Linie auf die einschlägigen Staatsverträge[45]. Subsidiär wird für Zustellungen überall der direkte Post-, der unmittelbare Behörden- oder der Ediktalweg vorgesehen[46]. Nur wenige Prozessordnungen sehen vor, dass für solche Zustellungen ausserhalb der Staatsverträge die Vermittlung einer eidgenössischen[47] oder kantonalen[48] Oberbehörde nachzusuchen ist oder dass sie auf diplomatischem Weg[49] 39

---

[43] BG über das internationale Privatrecht (IPR-Gesetz), Schlussbericht, SSIR 13, Zürich 1978, S. 303-306, 356/357; *Bundesamt für Justiz,* BG über das IPR. Darstellung der Stellungnahmen aufgrund des Gesetzesentwurfs der Expertenkommission und des entsprechenden Begleitberichts, Bern 1980, S. 625-637.
[44] Vgl. dazu P. Volken, in: IPRG-Kommentar, N. 4, Vor Art. 11.
[45] § 118 GVG/ZH; § 4 Abs. 2 ZPO/LU; § 66 Abs. 1 ZPO/UR; § 75 Abs. 3 OG/SZ; Art. 26 ZPO/OW); § 52 Abs. 2, 86 Abs. 3 GO/ZG; Art. 28, 82 ZPO/FR, Art. 120 GO/FR; § 26 Abs. 2, 76 ZPO/SO; § 43 Abs. 2 GVG/BL; Art. 9 ZPO/SH; Art. 68 Abs. 3 ZPO/AR; Art. 31 Abs. 2 ZPO/VD; Art. 92 lit. a ZPO/NE; § 93 Abs. 1 ZPO/AG.
[46] Vgl. z.B.: § 183 Abs. 2 GVG/ZH; Art. 102-112 ZPO/BE; § 33 Abs. 2 ZPO/BS; § 64, 65 ZPO/BL; Art. 68 ZPO/AR.
[47] § 75 Abs. 3 OG/SZ; Art. 31 ZPO/VD.
[48] Art. 28 ZPO/FR; Art. 220 ZPO/VS; Art. 15 ZPO/GE.
[49] § 93 Abs. 1 ZPO/AG; Art. 66 Abs. 1 ZPO/UR.

zu erfolgen haben. Die Kantone der Nord- und der Ostschweiz verlangen die Bezeichnung eines Zustellungsbevollmächtigten im Kanton oder zumindest in der Schweiz[50].

40 Sind Rechtshilfehandlungen (Aktenstücke, Zeugeneinvernahmen) im Ausland vorzunehmen oder solche Handlungen im Inland zuzulassen, so werden fast überall Oberbehörden eingeschaltet. In den Kantonen Zürich (§ 118 GVG), Schwyz (Art. 75 OG), Nidwalden (§ 27 Abs. 4 ZPO) und Waadt (Art. 31 Abs. 2 ZPO) erfolgen sie durch Vermittlung der Bundesbehörden. Im Kanton Bern ist hierfür der Appellationshof (Art. 17 ZPO), im Kanton Zug der Regierungsrat (§ 52 GO) und im Kanton Genf der Procureur général (Art. 15 ZPO) zuständig; in den Kantonen Freiburg (Art. 28 ZPO) und Solothurn (§ 76 ZPO) ist es das kantonale Justizdepartement, in den übrigen Kantonen durchwegs das Kantons- bzw. Obergericht oder dessen Präsident. In Zürich (§ 116 GVG), Schwyz (§ 74 Abs. 3 OG) und Basel-Land (§ 43 Abs. 2 GVG) kann die Ausführung ausländischer Rechtshilfegesuche ausdrücklich vom Gegenrecht abhängig gemacht werden. In den anderen Kantonen wird dies durch Zwischenschaltung einer eidgenössischen oder kantonalen Oberbehörde erreicht. Einzelne Kantone unterscheiden zwischen dem Verkehr mit ausländischen Gerichten, der von einer oberen Gerichtsbehörde, und dem Verkehr mit ausländischen Regierungsstellen, der durch den Regierungsrat vermittelt wird. Nur wenige Kantone nehmen zu dem auf Rechtshilfehandlungen anwendbaren Recht Stellung.

41 Als wichtigste, umfassendste und einheitlichste Quelle des schweizerischen internationalen Zivilrechtshilferechts sind nach wie vor die Staatsverträge zu bezeichnen.

III. Die Staatsverträge

1. Die Haager Zivilprozess-Übereinkunft

42 Als sedes materiae der schweizerischen internationalen Rechtshilfe in Zivilsachen ist auch heute noch die *Haager Übereinkunft vom 1. März 1954 betreffend Zivilprozessrecht*[51] anzusehen. Die Übereinkunft geht auf die

---

[50] § 29 ZPO/SZ; § 51 ZPO/BS; § 63 Abs. 2 ZPO/BL; Art. 46 Abs. 1 ZPO/AR; Art. 79 Abs. 3 ZPO/AI; Art. 74 Abs. 1 lit. b GO/SG; Art. 55 Abs. 2 ZPO/GR; § 93 Abs. 2 ZPO/AG.

[51] SR 0.274.12.
Für den *Text des Übereinkommens*: vgl. hinten, Anhang A; *G. Walter/M. Jametti Greiner*, Texte, Nr. 61.
Wichtigste Literatur: *A. Bülow/H. Arnold*, Loseblatt, Nr. 100, S. 1-40; *A. Bülow/ K.-H. Böckstiegel/R. Geimer/R.A. Schütze*, Nr. 100, S. 1-40; *M. Guldener*, IZPR, S. 23-26;

Arbeiten der ersten Tagung der Haager Konferenz für internationales Privatrecht von 1893 zurück. Ihre heutige Fassung ist aus den Revisionsarbeiten anlässlich der dritten (1905) und der siebten (1951) Tagung der Haager Konferenz hervorgegangen[52].

Die Übereinkunft von 1954 gilt zur Zeit zwischen 38 Staaten. Dazu gehören namentlich das kontinentale *Westeuropa* (ausser den Zwergstaaten[53], Griechenland und Liechtenstein), ferner *Skandinavien* (ausser Island) und *Osteuropa* (ausser Albànien und Bulgarien)[54]. Im Verhältnis zu Island gilt noch die Haager Zivilprozess-Übereinkunft in der Fassung von 1905. Gegenwärtig wird die Übereinkunft von 1954 schrittweise abgelöst durch die Haager Revisions-Übereinkommen von 1965 (Zustellung)[55], 1970 (Beweiserhebung)[56] und 1980 (Zugang zu den Gerichten)[57]. 43

Sachlich befasst sich die Übereinkunft von 1954 vor allem mit der Übermittlung von Aktenstücken (Art. 1-7) und der Erledigung von Rogatorien (Art. 8-16), also mit der Zustellungs- und der Beweiserhebungshilfe, ferner mit der Befreiung von der Prozesskaution (Art. 17-19), der unentgeltlichen Rechtshilfe (Art. 20-24) und der Garantie vor Schuldverhaft (Art. 26). 44

Für die Übermittlung von Prozessakten und Rogatorien regelt sie insbesondere den Zustellungsweg (Art. 1, 9), die Verkehrssprache (Art. 3, 10) und die Kostenfrage (Art. 7, 16). Vorgesehen ist grundsätzlich der konsularische Weg, doch sind Vereinbarungen über den direkten Geschäftsverkehr (Art. 1 Abs. 4, Art. 9 Abs. 4) oder den unmittelbaren Postverkehr (Art. 6) möglich. Die Mehrzahl der bilateralen Zusatzabkommen, von denen gleich die Rede sein wird[58], sehen solche Vereinfachungen des Zustellungsweges vor. 45

Für die Befreiung von der Prozesskaution und die Gewährung der unentgeltlichen Rechtshilfe regelt die Übereinkunft nicht etwa die materiellen Voraussetzungen, unter denen eine Kautionsbefreiung bzw. die unentgeltli- 46

H. Hoyer, Das Haager Prozessübereinkommen vom Jahre 1954, ÖJZ 1958, S. 371ff.; *H. Nagel*, IZPR, S. 209-219; *F. Pocar*, S. 357; *A. Ponsard*, Convention de La Haye 1954, S. 39; *M. Simon-Depitre*, Rép. Dalloz, S. 744-747.

[52] Zu den Quellen vgl.:
 - Actes de la Conférence de La Haye de droit international privé, 1ère session (1893), t. I, S. 30, 55ff.
 - Actes de la Conférence de La Haye de droit international privé, 2e session (1894), S. 16ff., 205ff.
 - Actes de la Conférence de La Haye de droit international privé, 4e session (1904), a) Documents, S. 2ff.; b) Actes, S. 12ff.

[53] Andorra, Monaco, San Marino.
[54] Vgl. hinten, Anhang A.
[55] Hinten, Rdz. **2**/48ff.
[56] Hinten, Rdz. **3**/9ff.
[57] Hinten, Rdz. **6**/95ff.; **7**/10ff.
[58] Vgl. hinten, Rdz. **1**/47.

che Prozessführung zu gewähren sind; diese Fragen bleiben dem Recht des Urteilsstaates unbenommen. Verlangt wird in der Übereinkunft lediglich, aber immerhin, die Gleichbehandlung von In- und Ausländern[59].

2. Die Zusatzabkommen zur Haager Übereinkunft

47 In Ergänzung zur Haager Übereinkunft von 1954 und schon zu jener von 1905 hat die Schweiz mehrere bilaterale Zusatzvereinbarungen abgeschlossen. Sie betreffen in erster Linie die Vereinfachung des gegenseitigen Rechtshilfeverkehrs, nehmen aber z.t. auch zu anderen Fragen der zwischenstaatlichen Rechtshilfe Stellung. Solche Vereinbarungen bestehen mit allen Nachbarstaaten (BRD, F, I, A) ausser mit *Liechtenstein*, mit dem bislang gar nichts, nicht einmal eine Vereinbarung über die Kostenbefreiung abgeschlossen wurde und das auch nicht der Haager Übereinkunft von 1954 angehört[60]. Weitere Vereinbarungen dieser Art bestehen mit Belgien und Luxemburg, mit Polen, der Tschechei, der Slowakei und Ungarn, und indirekt auch mit der Türkei[61].

Im einzelnen ist hierzu auf folgendes hinzuweisen:

a. BR Deutschland

48 Es bestehen folgende Vereinbarungen:

– Erklärung vom 1./13. Dezember 1878 zwischen der Schweiz und dem Deutschen Reiche betreffend den unmittelbaren Geschäftsverkehr zwischen den beiderseitigen Gerichtsbehörden[62];

---

[59] Dazu hinten, Rdz. **6**/48.
[60] Der vertragslose Zustand gegenüber Liechtenstein wirkt sich vor allem bezüglich der Prozesskosten nachteilig aus. Schweizerische Partei- und Gerichtskosten können in Liechtenstein nur als Bestandteil des Haupturteils, d.h. nur dann vollstreckt werden, wenn das Urteil den Anforderungen des schweizerisch-liechtensteinischen Vollstreckungsabkommens vom 25.4.1968 genügt (SR 0.276.195.141). Die Voraussetzungen des Abkommens sind nicht erfüllt, wenn in der Schweiz an einem aussergewöhnlichen Forum (Forum des Arrestortes, des Erfüllungsortes) geklagt wird. In solchen Fällen ist dem schweizerischen Gericht zu empfehlen, vom Kläger Sicherstellung der Gerichtskosten zu verlangen.
[61] Indirekt, weil die Türkei heute der Haager Zivilprozess-Übereinkunft von 1954 angehört (seit 11.7.1973); seither ist die bilaterale Vereinbarung von 1933 (hinten, Rdz. **1**/74) nur noch als Präzisierung der multilateralen Übereinkunft von Belang.
[62] SR 0.274.181.361.

- Erklärung vom 30. April 1910 zwischen der Schweiz und Deutschland betreffend Vereinfachung des Rechtshilfeverkehrs[63];
- Notenaustausch vom 24. Dezember 1929 zwischen der Schweiz und Deutschland über die Vollstreckbarerklärung von Kostenentscheidungen[64];
- Erklärung vom 26. Juni 1914 zwischen der Schweiz und dem Deutschen Reich über den Geschäftsverkehr in Vormundschaftssachen[65];
- Erklärung vom 8./28. November 1899 zwischen der Schweiz und dem Deutschen Reiche betreffend den unmittelbaren Geschäftsverkehr zwischen den beiderseitigen Gerichtsbehörden und den Administrativbehörden für gewerbliches Eigentum[66].

Die Erklärung von 1878 statuiert den unmittelbaren Geschäftsverkehr zwischen den Gerichtsbehörden beider Staaten. Im Anhang der Erklärung findet sich ein umfangreiches Verzeichnis, das die zum unmittelbaren Verkehr berechtigten Behörden bezeichnet. Schweizerischerseits gehören dazu auch administrative Behörden mit richterlichen oder gerichtsähnlichen Funktionen, namentlich die Vormundschaftsbehörden sowie die Betreibungs- und Konkursämter. Die Erklärung galt ursprünglich auch für die Strafrechtshilfe; insoweit wurde sie mit Wirkung ab 1.1.1977 aufgehoben (AS 1977, 915).

Die Erklärung von 1910 bestätigt, dass die Erklärung von 1878 auch unter der Herrschaft der Haager Zivilprozess-Übereinkunft von 1905, heute von 1954 bzw. von 1965 und 1970, weitergelten soll (Art. 1). Ferner enthält sie kleinere Präzisierungen zur Haager Regelung über die Verkehrssprache (Art. 2) und die Vollstreckbarerklärung von Kostenentscheidungen (Art. 3). Nach Art. 2 können die beiderseitigen Behörden ihre Schreiben im direkten Geschäftsverkehr je in der eigenen Landessprache abfassen. Hingegen sind die zuzustellenden Schriftstücke mit Übersetzungen zu versehen. Fehlen solche, so werden die Übersetzungen von der ersuchten auf Kosten der ersuchenden Behörde veranlasst. Gleiches gilt für die Übersetzungen bei Gesuchen auf Vollstreckbarerklärung von Kostenentscheidungen. Solche Gesuche sind – dies ist der Inhalt des Notenaustausches von 1929 – vom Kostengläubiger direkt bei der zuständigen Behörde des Vollstreckungsstaates zu stellen.

In der Erklärung von 1899 werden das Eidg. Amt für geistiges Eigentum und das deutsche Patentamt ermächtigt, in Fragen betreffend den Schutz des gewerblichen Eigentums direkt miteinander und im Streitfall unmittel-

---

[63] SR 0.274.181.362.
[64] SR 0.274.181.368.
[65] SR 0.211.231.022.
[66] SR 0.274.181.364.

Kapitel 1

bar mit dem befassten Gericht zu verkehren. Eine gleichlautende Lösung sieht in Vormundschaftssachen die Erklärung von 1914 vor[67].

52 Bei den fünf schweizerisch-deutschen Rechtshilfevereinbarungen handelt es sich lediglich um den Austausch von Regierungserklärungen, nicht um Instrumente, die in einem eigentlichen Staatsvertragsverfahren zustandegekommen sind. Damit stellt sich die Frage, ob und inwieweit der einzelne Rechtsunterworfene aus diesen Vereinbarungen für sich unmittelbar Rechte ableiten kann. Die Frage ist theoretisch wenig geklärt. Allgemein tendierten wir dazu anzunehmen, dass der einzelne Bürger bei Vorhandensein solcher Rechtshilfevereinbarungen einen unmittelbaren Anspruch auf Einhaltung des darin vorgesehenen Rechtshilfeweges hat[68].

b. Frankreich

53 Folgende Texte sind zu nennen:
– Erklärung vom 1. Februar 1913 zwischen der Schweiz und Frankreich betreffend die Übermittlung von gerichtlichen und aussergerichtlichen Aktenstücken sowie von Requisitorien in Zivil- und Handelssachen[69];
– Notenaustausch vom 13. Dezember 1988 zwischen der Schweiz und Frankreich betreffend die Übermittlung von gerichtlichen und aussergerichtlichen Aktenstücken sowie von Requisitorien in Zivil- und Handelssachen[70].

54 Die Erklärung ergänzt und präzisiert die Haager Zivilprozess-Übereinkunft von 1905, heute von 1954 bzw. von 1965 und 1970. Sie bezeichnet den ordentlichen Zustellungsweg (Art. 1, 2) und die Verkehrssprache (Art. 3), konkretisiert die Übersetzungspflichten (Art. 4), regelt die Kostenfrage (Art. 5, 6) und umschreibt die Kompetenzen der Diplomaten und Konsuln (Art. 7).

55 Der normale Zustellungsweg führt französischerseits vom Procureur de la République über das EJPD in Bern und schweizerischerseits entweder über das EJPD in Bern oder die zuständige kantonale Behörde (z.B. Regierung oder Kantons- bzw. Obergericht) an den örtlich zuständigen französi-

---

[67] Seit dem Inkrafttreten des internationalen Übereinkommens vom 5.10.1973 über die Ausstellung europäischer Patente und der damit verbundenen Schaffung des Europäischen Patentamtes in München (1977) (SR 0.232.142.2), bzw. seit Inkrafttreten 1971 des Haager Minderjährigenschutz-Übereinkommens von 1961 (SR 0.211.231.01) haben die Erklärungen von 1899 bzw. 1914 ihre praktische Bedeutung verloren.
[68] *P. Volken*, Konventionskonflikte, S. 89-101; *ders.*, Rechtshilfe, S. 450.
[69] SR 0.274.183.491.
[70] SR 0.274.183.491.

schen Procureur de la République. Mit dem Notenaustausch von 1988 ist die Befugnis zum unmittelbaren Verkehr schweizerischerseits auf sämtliche Bezirksgerichte ausgedehnt worden. Eine umfangreiche Liste zählt die Bezirksgerichte auf. Auf französischer Seite hat nichts geändert. Auch bei dieser Ausdehnung handelt es sich um eine blosse Regierungserklärung. Die Begleitschreiben sind auf Französisch abzufassen und haben den im Anhang zur Erklärung enthaltenen Mustern zu entsprechen (Art. 3). Die diplomatischen und konsularischen Vertreter dürfen in ihrem Gastland keine Requisitorien durchführen, und deren Zustellungen sind nur an die eigenen Staatsangehörigen zulässig (Art. 7).

Für die Durchführung von Requisitorien oder Zustellungen durch einen Gerichtsbeamten müssen die Dokumente in der Sprache der ersuchten Behörde, d.h. für Frankreich auf Französisch und für die Schweiz in der Sprache des ersuchten Kantons bzw. für die Kantone Bern, Freiburg, Graubünden und Wallis in der Sprache des ersuchten Bezirks abgefasst oder mit einer entsprechenden Übersetzung versehen sein (Art. 4).

56

Kosten sind nur für qualifizierte Zustellungen, für Sachverständige, für ersatzweise angefertigte Übersetzungen und, im Falle umfangreicher Vollzugsakten, für deren Transport zu ersetzen (Art. 5).

57

c. Italien

Folgende Texte sind zu nennen:

58

- Protokoll vom 1. Mai 1869 betreffend die Vollziehung der am 22. Juli 1868 in Bern und Florenz zwischen der Schweiz und Italien abgeschlossenen und unterzeichneten Verträge und Übereinkünfte[71];
- Briefwechsel vom 2. Juni 1988 zwischen der Schweiz und Italien betreffend die Übermittlung von gerichtlichen und aussergerichtlichen Urkunden sowie von Ersuchungsschreiben in Zivil- und Handelssachen[72].

Nach Art. III des Protokolls ist für Ladungen und Ersuchungsschreiben der direkte Verkehr zwischen dem Bundesgericht bzw. den Kantonsgerichten und den italienischen Appellationshöfen vorgesehen. Durch den Briefwechsel von 1988 ist der unmittelbare Behördenverkehr schweizerischerseits auf alle kantonalen Bezirksgerichte und italienischerseits auf die Distriktsgerichte sowie auf die italienischen Preturen ausgedehnt worden. Umfangreiche Listen zählen im Anhang zu den Regierungserklärungen die zuständigen Gerichte auf.

59

---

[71] SR 0.142.114.541.1.
[72] SR 0.274.184.542.

d. Österreich

60 — Vertrag vom 26. August 1968 zwischen der Schweizerischen Eidgenossenschaft und der Republik Österreich zur Ergänzung des Haager Übereinkommens vom 1. März 1954 betreffend Zivilprozessrecht[73].

61 Der Vertrag enthält gegenüber der Haager Übereinkunft von 1954 wichtige praktische Vereinfachungen. Nach Art. 1 lässt er beidseitig für die Gerichts- und für jene Verwaltungsbehörden, welche gerichtliche Aufgaben wahrnehmen (Betreibungs-, Konkurs-, Erbschafts-, Vormundschaftsämter), den direkten Geschäftsverkehr zu. Das im Anhang zur schweizerisch-deutschen Erklärung von 1878 enthaltene schweizerische Behördenverzeichnis[74] gilt entsprechend auch gegenüber Österreich.

62 An Personen im anderen Vertragsstaat lässt der Vertrag die unmittelbare Übersendung durch die Post zu (Art. 1 Abs. 3). Ferner befreit der Vertrag von Übersetzungen, Beglaubigungen und Doppeln; befreit wird auch von der Erstattung von Gebühren, allerdings mit Ausnahme der Entschädigung an Zeugen und Sachverständige, wenn diese Fr. 100.– übersteigen (Art. 2, 3, 4, 7).

63 Für den schweizerischen Rechtshilfeverkehr neu sind die Art. 5 und 6. Nach Art. 5 darf eine Zustellung oder die Erledigung eines Rechtshilfebegehrens nicht deshalb verweigert werden, weil der ersuchte Staat in der Streitsache eine ausschliessliche Zuständigkeit in Anspruch nimmt, und nach Art. 6 wird Zeugen und Sachverständigen, die vor einem Gericht des anderen Vertragsstaates erscheinen, freies Geleit und Verfolgungsimmunität garantiert[75].

e. Belgien und Luxemburg

64 Zu nennen sind die folgenden Texte:

— Erklärung vom 29. November 1900 zwischen der Schweiz und Belgien betreffend den direkten gerichtlichen Verkehr[76];

---

[73] SR 0.274.181.631. Im Unterschied zu den Erklärungen mit der BRD, mit Frankreich oder Italien ist dieser Vertrag im ordentlichen Staatsvertragsabschlussverfahren (nicht durch Austausch von Regierungserklärungen) zustandegekommen.
[74] SR 0.274.181.361, S. 2-37.
[75] Das freie Geleit ist neu auch im Haager Übereinkommen vom 25. Oktober 1980 über den internationalen Zugang zur Rechtspflege vorgesehen, Art. 20; hinten, Rdz. **7/12, 13**.
[76] SR 0.274.181.721.

- Übereinkunft vom 9. September 1886 zwischen der Schweiz und Belgien betreffend die gegenseitige Bewilligung des Armenrechts im Prozessverfahren[77];
- Briefwechsel vom 12./15. Februar 1979 zwischen der Schweiz und dem Grossherzogtum Luxemburg betreffend die Übermittlung von gerichtlichen und aussergerichtlichen Urkunden sowie von Ersuchungsschreiben[78].

Der schweizerisch-luxemburgische Briefwechsel führt im Sinne der Art. 1 Abs. 4 und 9 Abs. 4 der Haager Zivilprozess-Übereinkunft von 1954 den unmittelbaren Geschäftsverkehr zwischen den beiderseitigen Gerichtsbehörden ein. Auf luxemburgischer Seite handelt es sich um die Parquets von Luxemburg und Diekirch, schweizerischerseits um das EJPD, die beiden Bundesgerichte sowie die Kantons- und die Bezirksgerichte. Die gleiche Lösung ist auch in der belgisch-schweizerischen Erklärung von 1900 vorgesehen. In der Übereinkunft von 1886 schliesslich wird zwischen der Schweiz und Belgien die Inländergleichbehandlung statuiert, d.h. jeder Vertragsstaat gewährt den Angehörigen des andern Vertragsstaates die unentgeltliche Rechtshilfe unter den gleichen Voraussetzungen wie den eigenen Staatsangehörigen.

f. Polen, Tschechien, Slowakei und Ungarn

An Texten sind vorhanden:

- Notenaustausch vom 15. März/18. August 1928 zwischen der Schweiz und Polen über die Anwendung der Haager Übereinkunft betreffend Zivilprozessrecht[79];
- Abkommen vom 21. Dezember 1926 zwischen der Schweiz und der Tschechoslowakischen Republik über die gegenseitige Rechtshilfe in Zivil- und Handelssachen[80];
- Notenaustausch vom 30. Oktober 1972 zwischen der Schweiz und Ungarn betreffend die Übermittlung von gerichtlichen und aussergerichtlichen Urkunden sowie von Ersuchungsschreiben[81].

---

[77] SR 0.274.181.722.
[78] SR 0.274.185.181.
[79] SR 0.274.186.491.
[80] SR 0.274.187.411; Nachfolgeerklärung mit Wirkung ab 1.1.1993.
[81] SR 0.274.184.181.

67 Beim schweizerisch-polnischen und dem schweizerisch-ungarischen Notenaustausch wie auch beim schweizerisch-tschechoslowakischen Abkommen handelt es sich je um Zusatzvereinbarungen zur Haager Zivilprozess-Übereinkunft von 1905, heute von 1954 bzw. von 1965, 1970 und 1980. Präzisiert werden Zustellungsweg und Verkehrssprache, ferner einzelne Gesichtspunkte betreffend die Vollstreckbarerklärung von Kostenentscheidungen.

68 Gegenüber *Polen* erfolgen Zustellungen durch die Vermittlung der schweizerischen Botschaft in Warschau. Dabei werden Ladungen direkt durch die zuständigen Kreisgerichte, Ersuchungsschreiben durch das polnische Justizministerium vermittelt. Schweizerischerseits erfolgt aller Schriftverkehr via polnische Botschaft in Bern an das EJPD. Für die Verkehrssprache gelten die Grundsätze der Haager Übereinkunft von 1954, mit der Ausnahme, dass bei Kostenentscheiden nur der Ingress und das Dispositiv des Entscheides in die Sprache der ersuchten Behörde übersetzt sein müssen.

69 Im Verkehr mit *Tschechien* und der *Slowakei* werden Zustellungen und Ersuchungsschreiben über das EJPD in Bern und das tschechische Justizministerium in Prag bzw. das slowakische Justizministerium in Bratislava befördert (Art. 2). Diese Zentralbehörden verkehren miteinander auf Französisch. Im übrigen gelten folgende Sprachregelungen: Einfache Zustellungen sind in der Sprache der ersuchenden (Art. 3 lit. *a*), qualifizierte Zustellungen oder Ersuchungsschreiben in der Sprache der ersuchten Behörde abzufassen oder mit einer entsprechenden Übersetzung zu versehen (Art. 3 lit. *b*, *c*).

70 Die gleiche Sprachregelung gilt für Gesuche um Vollstreckung von Kostenentscheidungen (Art. 5). Solche Gesuche werden von der berechtigten Partei auf direktem Weg gestellt (Art. 5 Abs. 1).

71 Art. 6 sieht vor, dass Urkunden, die von bestimmten Gerichten oder Verwaltungsbehörden aufgenommen, ausgestellt oder beglaubigt worden sind, keiner weiteren Beglaubigung mehr bedürfen. Im Anhang findet sich eine Liste dieser Behörden. Schweizerischerseits handelt es sich um die Bundeskanzlei und die Eidg. Departemente, ferner um die kantonalen Staatskanzleien.

72 Die Vereinbarung mit *Ungarn* regelt einzig den Zustellungsweg. Er führt schweizerischerseits über das EJPD, ungarischerseits über das Justizministerium.

g. Türkei

73 – Vertrag vom 1. Juni 1933 zwischen der Schweiz und der Türkei über den Rechtsverkehr in Zivil- und Handelssachen[82].

---

[82] SR 0.274.187.631.

Die Türkei hat die Haager Übereinkunft von 1905 nicht ratifiziert, derjenigen von 1954 ist sie aber mit Wirkung ab 11. Juli 1973 beigetreten. Formell sind der bilaterale Vertrag von 1933 und die Haager Übereinkunft von 1954 zwei voneinander unabhängige Staatsverträge. Materiell hat aber der Vertrag von 1933 nahezu wörtlich die Haager Übereinkunft von 1905 bilateralisiert, so dass dennoch eine enge sachliche Verwandtschaft gegeben ist. Inhaltlich regelt der bilaterale Vertrag die Befreiung von der Prozesskaution und die erleichterte Vollstreckung von Kostenentscheidungen (Art. 1-3), die unentgeltliche Rechtshilfe (Art. 4-6) sowie die Zustellungshilfe für Ladungen (Art. 7-9) und Ersuchungsschreiben (Art. 10-15). Sachlich enthalten diese Bestimmungen nichts, was in der Haager Übereinkunft von 1954 nicht auch enthalten wäre. Der bilaterale Vertrag könnte heute ohne Verlust gekündigt werden.

74

3. Die bilateralen Abkommen

Ähnlich wie mit der Türkei hat die Schweiz in den dreissiger Jahren auch mit Griechenland und Grossbritannien bilaterale Rechtshilfeabkommen geschlossen. Im Unterschied zur Türkei sind aber diese beiden Staaten der Haager Übereinkunft von 1954 nicht beigetreten, so dass die bilateralen Verträge lange die einzige Rechtsgrundlage für den gegenseitigen Rechtshilfeverkehr dargestellt haben. Dieser Zustand hat sich erst mit dem schweizerischen Beitritt zum Haager Zustellungs- (für beide Staaten) bzw. zum Beweiserhebungs-Übereinkommen (für Grossbritannien) geändert.

75

a. Griechenland

– Übereinkunft vom 30. März 1934 zwischen der Schweiz und Griechenland über die Regelung der Rechtshilfe in Zivil- und Handelssachen[83].

76

Die Übereinkunft befasst sich mit der Zustellung von Ladungen (Art. 1-3) und der Übermittlung und Ausführung von Ersuchungsschreiben (Art. 4-9). Für diese regelt sie den Zustellungsweg, die Sprache und die Kostenfrage. Inhaltlich werden die Lösungen der Haager Übereinkunft von 1905 bilateralisiert. So haben die Zustellungen auf diplomatischem oder konsularischem Weg zu erfolgen, müssen die Schriftstücke in der Sprache des ersuchten Staates abgefasst oder mit einer entsprechenden Übersetzung verse-

77

---

[83] SR 0.274.183.721.

Kapitel 1

hen sein[84] und sind Kosten nur für Zeugen und Sachverständige sowie für qualifizierte Formen der Ladung und der Beweiserhebung zu erstatten (Art. 8). Schliesslich dürfen die diplomatischen oder konsularischen Vertreter Zustellungen gegenüber eigenen Staatsangehörigen vornehmen, aber nur, wenn dies ohne Anwendung von Zwang möglich ist (Art. 9).

78 Für Zustellungen ist die Übereinkunft heute nur noch als bilaterale Zusatzvereinbarung zur Haager Übereinkunft von 1965 von Belang; für Rogatorien gilt weiterhin nur die bilaterale Übereinkunft.

b. Grossbritannien

79 – Schweizerisch-britisches Abkommen vom 3. Dezember 1937 über Zivilprozessrecht[85].

80 Im Unterschied zu den bisher erwähnten bilateralen Vereinbarungen enthält das Abkommen mit Grossbritannien keine Bestimmungen über die Rechtshilfe für Prozessladungen und Ersuchungsschreiben. Geregelt sind einzig der freie Zutritt zu den Gerichten (Art. 2), die Befreiung von der Prozesskaution (Art. 3), die Zulassung zur unentgeltlichen Rechtshilfe (Art. 4) und die Garantie vor Schuldverhaft (Art. 5). Entsprechend bleibt das bilaterale Abkommen neben den Haager Übereinkommen von 1965 und 1970 weiterhin von Belang, zumindest so lange, als Grossbritannien dem Haager Übereinkommen von 1980 nicht beitritt.

81 Im Unterschied zur Lösung der Haager Übereinkunft von 1954 (Art. 17) gewährt das bilaterale Abkommen die Befreiung von der Prozesskaution grundsätzlich nur jenen Briten bzw. Schweizern, die im anderen Vertragsstaat wohnhaft sind (Art. 3 lit. a). Wohnen diese Personen nicht im Forumstaat, so können sie mit Kostenbefreiung nur rechnen, wenn sie in jenem Staat über genügend «unbewegliches oder anderes nicht ohne weiteres übertragbares» Eigentum verfügen (Art. 3 lit. b). Für die unentgeltliche Rechtshilfe kommen juristische Personen ausdrücklich nicht in Frage (Art. 4 Abs. 2).

82 Das Abkommen ist auf zahlreiche britische Überseegebiete oder Schutzgebiete ausgedehnt worden[86]. Ferner haben mehrere frühere britische Gebiete nach Erreichung der Unabhängigkeit die Beibehaltung bzw. den Bei-

---

[84] Ausgenommen sind einfache Zustellungen; für sie genügt die französische Sprache (Art. 1 Abs. 1).
[85] SR 0.274.183.671.
[86] Die Ausdehnung erfolgte gestützt auf eine Erklärung im Sinne von Art. 8 Abs. a, 2. Satz, und zwar für folgende Gebiete: Anguilla, Antigua, Ascension, Belize, Bermuda, Brunei, Cayman-Inseln, Caicos-Inseln, Falkland-Inseln, Gibraltar, Gilbert-Inseln, Guernesey, Hongkong, Jungfern-Inseln, Jersey, Insel Man, Monserrat, Nordirland, Schottland, St. Christopher und Nevis, St. Helena, St. Lucia, St. Vincent, Turks-Inseln.

tritt zu dem Abkommen erklärt, so Australien, die Bahamas, Dominica, Fidschi, Kenia, Nauru, Neuseeland, Swaziland, Tansania, Togo, Tonga, Uganda[87].

4. Der vertragslose Zustand

Trotz der Haager Übereinkünfte von 1905 und 1954 und trotz der langen Liste bilateraler Vereinbarungen hatte sich das staatsvertragliche Rechtshilferecht der Schweiz bisher im wesentlichen auf Europa beschränkt. 83

Eine spürbare Änderung hat diesbezüglich erst die Ratifikation der Haager Übereinkommen von 1965 und 1970 gebracht. In der Tat waren durch die alten Haager Übereinkünfte und die bilateralen Verträge ganz Nord–, Süd– und Mittelamerika, ferner die wichtigsten Teile Asiens und Afrikas nicht abgedeckt. Von den südamerikanischen Staaten gehörte nur gerade Argentinien, von den asiatischen lediglich Japan, Israel und Libanon und von den afrikanischen einzig Ägypten und Marokko der Haager Übereinkunft von 1954 an. Für Ozeanien und einzelne Staaten des englischsprachigen Afrika galt aufgrund von Beitritts- bzw. Nachfolgeerklärungen das schweizerisch-britische Abkommen von 1937. Im übrigen[88] – und dies betraf den grösseren Teil der Welt – beruhte die internationale Rechtshilfe der Schweiz, soweit vorhanden, auf eidgenössischem (Art. 11 IPRG) bzw. kantonalem Recht[89], sonst auf Gewohnheitsrecht. 84

5. Die neuen multilateralen Übereinkommen

Das bisherige Recht der schweizerischen internationalen Rechtshilfe in Zivilsachen ist in hohem Mass ungenügend. 85

---

[87] Für *Australien* und *Neuseeland* wurde der Beitritt gestützt auf Art. 9 Abs. a, 1. Satz, erklärt. Die anderen Staaten haben nach Erlangung der Unabhängigkeit Beibehaltungserklärungen abgegeben: Bahamas (SR 0.274.181.641), Fidschi (SR 0.274.183.431), Kenia (SR 0.274.184.721), Nauru (SR 0.274.185.761), Swaziland (SR 0.274.187.231), Tanganyika, heute Tansania (SR 0.274.187.321), Tonga (0.274.187.521), Uganda (SR 0.274.186.181).

[88] In einem Briefwechsel vom 12.5./7.7.1960 (in Kraft seit 1.9.1959) wurde mit Pakistan vereinbart, dass Zustellungen durch die örtlichen Gerichte des Zustellungsempfängers vorzunehmen sind, dass Rechtshilfe- und Zustellungsersuchen in Pakistan über die schweizerische Botschaft in Karachi und das pakistanische Aussenministerium, in der Schweiz über die pakistanische Botschaft und das EJPD vorzunehmen sind. Für Pakistan müssen die Urkunden auf englisch, für die Schweiz auf französisch abgefasst oder übersetzt sein. Kosten gehen zu Lasten der ersuchenden Behörde (SR 0.274.186.231).

[89] Vgl. auch die Übersicht in VPB 49 (1985) 16, S. 80ff.

86 Dem Bundesrecht fehlen massgebende einschlägige Bestimmungen (Art. 11 IPRG ist lediglich ein formaler Lückenfüller), das kantonale Recht hat sich nur bruchstückhaft an die Materie herangewagt und das bilaterale Staatsvertragsrecht ist, vom Vertrag mit Österreich abgesehen, stark überaltert.

87 Andererseits sind auf diesem Gebiet in den letzten dreissig Jahren wichtige multilaterale Übereinkommen entstanden. Die Haager Konferenz für internationales Privatrecht hat ihre Zivilprozess-Übereinkunft von 1954 schrittweise überarbeitet und durch moderne Texte ersetzt. Daraus sind die drei Haager Übereinkommen über die Zustellung gerichtlicher und aussergerichtlicher Aktenstücke (1965), über Beweiserhebungen im Ausland (1970) und den internationalen Zugang zur Rechtspflege (1980) hervorgegangen. Auch der Europarat hat sich mit diesem Rechtsbereich befasst und vor allem die Kostensituation im Bereich der Rechtsdurchsetzung kritisch durchleuchtet. Aus seinen Arbeiten ist insbesondere das Übereinkommen betreffend Übermittlung von Gesuchen um unentgeltliche Rechtshilfe (1977) hervorgegangen.

88 Die Schweiz hat sich sehr lange Zeit gelassen, um auf dieses neue internationale Recht einzutreten. Zwar sind jene neuen Übereinkommen seinerzeit innerhalb der Bundesverwaltung geprüft und ist deren Ratifizierung vorbereitet worden, so dass – zusammen mit dem IPR-Gesetz und dem Lugano-Übereinkommen – auch das internationale Rechtshilferecht in Zivilsachen eine neue Grundlage hätte erhalten sollen. Aber die Ratifizierung der neuen Rechtshilfe-Übereinkommen hat sich leider stark verzögert. Mit der bundesrätlichen Botschaft vom 8. September 1993 betreffend die Genehmigung von vier Übereinkommen im Bereich der internationalen Rechtshilfe in Zivil- und Handelssachen[90] und der Ratifizierung dieser Übereinkommen auf Anfang 1995 ist nun die Lücke geschlossen worden.

---

[90] BBl 1993 III 1261-1359.

Kapitel 2: Die Zustellungshilfe

I. Die Arten und Formen der Zustellung

1. Die Zustellung als Hoheitsakt

Nach dem Recht der kontinental-europäischen Staaten gehört die Zustellung von Prozessdokumenten und gerichtlichen Mitteilungen zu den prozessleitenden Handlungen, die vom Gericht selber auszugehen haben. Das Gericht handelt dabei als Teil der Staatsgewalt, und sein Handeln hat Hoheitscharakter[1]. Anders verhält es sich im angelsächsischen Recht, wo zivilprozessuale Zustellungen vielfach Sache der Parteien oder ihres Vertreters sind, im Prozess als Parteisache verstanden und auf privatem Weg bewirkt werden[2].

Gilt die Zustellung als Hoheitsakt, so versteht sich, dass ein Gericht solche Tätigkeiten nur im eigenen Sprengel vornehmen darf. Ausserhalb seines Zuständigkeitsgebietes ist jedes Gericht auf die Rechtshilfe angewiesen. In der Schweiz gilt dies z.T. schon für Prozesshandlungen innerhalb des gleichen Kantons (§ 25 ZPO/SO, Art. 8 ZPO/SH, Art. 54 ZPO/GR) und teilweise auch für den interkantonalen Verkehr[3]. Um so mehr ist es geboten, den Rechtshilfeweg im Verkehr mit dem Ausland einzuhalten[4]. Schweizerische Gerichte dürfen, sofern Staatsverträge oder das ausländische Recht nicht ausdrücklich dazu ermächtigen, Zustellungen im Ausland nicht direkt, etwa unter Benützung der ausländischen Post, vornehmen. Umgekehrt ist auch die direkte Postzustellung an einen Adressaten in der Schweiz nicht gestattet. Sie stellt eine Verletzung der schweizerischen Hoheitsrechte dar; die Schweiz hat sich seit jeher dagegen verwahrt[5].

---

[1] *H. Daum*, S. 1ff.; *R. Geimer*, S. 498, N. 2075; *M. Guldener*, IZPR, S. 17; *W. Habscheid*, Droit jud., S. 82; *H. Nagel*, IZPR, S. 211, N. 495; *E. Riezeler*, S. 674; VEB 26 (1956) 5; VPB 49 (1985) 16; BGE 105 Ia 307.

[2] Vgl. für die *USA*: Rule 4 (i) FRCP; s. auch *O. Capatina*, Rec. des Cours 1983 I, S. 350. Für *Grossbritannien* vgl. *Lord Dunboyne*, Service and evidence abroad, ICLQR 1961, S. 295; *H. Nagel*, IZPR, S. 212, 213, N. 498. Für *Kanada* vgl. *J.G. Castel*, International Civil Procedure, S. 850-854. Für *Australien* vgl. *E.L. Sykes/M.D. Pryles*, S. 25ff.

[3] Vgl. vorne, Rdz. **1**/31, Anm. 37.

[4] Vgl. vorne, Rdz. **1**/38-40.

[5] Vgl. vorne, Rdz. **1**/2, Anm. 3. Die Schweiz hat bereits bei der Ratifizierung der Haager Zivilprozess-Übereinkunft von 1905 (SR 0.274.11, S. 2, Anm. 1) eine Erklärung abgegeben, wonach Zustellungen auf schweizerischem Gebiet durch Vermittlung der schweizerischen Behörden vorzunehmen sind. Zustellungen auf schweizerischem Gebiet stellen nach schwei-

2. Die zustellungsbedürftigen Prozessdokumente

3   Zustellungsbedürftig und im internationalen Verkehr auf dem Rechtshilfeweg zu übermitteln sind z.B. die Vorladungen zu gerichtlichen Terminen, die gerichtlichen Mitteilungen zu verfahrensrelevanten Vorgängen, im schriftlichen Verfahren die Rechtsschriften und Eingaben der Parteien, ferner die gerichtlichen Entscheidungen. Welche Dokumente der förmlichen Zustellung bedürfen, bestimmt sich nach dem Verfahrensrecht des Urteilsgerichtes, bei einem Prozess in der Schweiz also nach der massgebenden kantonalen Prozessordnung. Die Prozessgesetze schreiben die förmliche Zustellung gemäss ordentlichem Rechtshilfeweg vielfach nur für die erste, den Prozess einleitende Ladung vor, während für den weiteren Verlauf des Verfahrens ein Zustellungsbevollmächtigter bzw. ein Zustellungsdomizil im Inland zu bezeichnen ist (vgl. Art. 108, 109 ZPO/BE; § 75 Abs. 2 ZPO/LU).

4   Von der gehörigen Zustellung der zustellungspflichtigen Schriftstücke hängt ab, ob ein Prozessverfahren ordnungsgemäss durchgeführt worden ist. Den Belegen über die erfolgte Zustellung kommt daher besondere Bedeutung zu, gerade im internationalen Verkehr. Sie werden in der Regel zu den Prozessakten erhoben. Einerseits weisen sie nach, dass ein gerichtliches Schriftstück oder eine gerichtliche Mitteilung den Empfänger *tatsächlich* und *rechtzeitig* erreicht hat[6], und andererseits sind sie im Hinblick auf die spätere Vollstreckung des Urteils in einem anderen Staat von Belang[7].

3. Einfache oder qualifizierte Zustellung

5   Als *einfache* bezeichnet man die Zustellung, bei der das zuzustellende Dokument dem Empfänger in formloser Art übergeben wird und dieser ohne

---

zerischer Auffassung eine Verletzung von Art. 271 StGB dar (verbotene Handlungen für einen fremden Staat); vgl. *C. Markees*, SJZ 1968, S. 33; Schweiz. *amicus curiae*-Brief i.S. Marc Rich, SJIR 1984, S. 167; Schweiz. *amicus curiae*-Brief i.S. Aerospatiale v. 22.8.1986, Ziff. 6-12; VPB 49 (1985) 16; *L. Frei*, WuR 1983, S. 196; *ders.*, in Litigation of Business Matters, S. 192; *L. Levy*, S. 60.

Mit Rücksicht auf die Ratifizierung des Haager Zustellungs-Übereinkommens von 1965 (hinten, Rdz. 2/50, 90) wird die Schweiz auch die alten Zusatzvereinbarungen zu den Haager Übereinkünften von 1905 bzw. 1954 erneuern müssen. Dabei wird zu prüfen sein, ob nicht zumindest für den Verkehr mit den europäischen Staaten vermehrt die Postzustellung zugelassen werden sollte (vgl. dazu näher hinten, Rdz. 2/90, Anm. 111).

[6]   *M. Guldener*, ZPR, S. 255.
[7]   Vgl. z.B. Art. 27 Abs. 2 lit. a in Verb. mit Art. 29 Abs. 1 lit. c IPRG; vgl. auch Art. 27 Nr. 2 LugÜ.

weiteres zur Annahme bereit ist. Als Zustellungsnachweis liegt in solchen Fällen lediglich eine Mitteilung der Mittelsperson[8] vor, in der bestätigt wird, dass das zuzustellende Dokument dem Adressaten oder zu seinen Handen übergeben wurde. *Qualifiziert* ist hingegen die Zustellung, für die eine unterschriftlich bestätigte Empfangsbescheinigung des Zustellungsadressaten oder ein von der Mittelsperson verfasstes, vom Empfänger unterzeichnetes Zustellungsprotokoll (Zustellungsbescheinigung) verlangt wird.

Innerhalb der Schweiz werden Zustellungen in der Regel durch die Post vorgenommen, und zwar entweder durch eingeschriebene Sendung oder nach den besonderen Vorschriften über die Zustellung von Gerichtsurkunden[9]. Danach ist die Sendung mit einem vom Empfänger auszustellenden Rück- oder Empfangsschein zu versehen. In allen kantonalen Prozessgesetzen vorgesehen ist, aber nicht häufig benutzt wird die Zustellung durch einen Gerichtsweibel, einen Polizeibeamten oder einen Gemeindeangestellten[10]. In solchen Fällen wird der Zustellungsnachweis durch ein Zustellungsprotokoll oder eine Zustellungsbescheinigung des betreffenden Beamten erbracht. Subsidiär und ersatzweise lassen alle Kantone die Zustellung durch öffentliche Ausschreibung im kantonalen Amtsblatt oder in einem anderen geeigneten Publikationsorgan zu[11].

6

---

[8] Mittelsperson wird je nach Zustellungsweg die eigene diplomatische oder konsularische Vertretung im Ausland oder eine Behörde jenes Staates sein.
 Im angelsächsischen Recht kann Mittelsperson auch ein Korrespondenzanwalt oder eine professionell mit Zustellungen befasste Firma sein.
 – Für die *USA* vgl. Rule 4 (i) E FRCP (Service may be made by any person who is not a party and is not less thant 18 years of age).
 – In *Grossbritannien* befassen sich private «agents» mit Zustellungen (in London z.B. die Firmen Flowderew und Smellie). Umgekehrt bedarf nach englischem Recht die Zustellung im Ausland einer besonderen Erlaubnis des High Court (Order 11 R.S.C.). Die Erlaubnis ist nur für bestimmte Klagen vorgesehen (actions in personam) und wird an Beauftragte erteilt (vgl. *Lord Dunboyne*, ICLQR 1961, S. 301).
 – Für *Kanada* bestimmte Zustellungen sind an den Supreme Court der jeweiligen Provinz zu richten. Dieser lässt unter Aufsicht des örtlich zuständigen Richters durch den Sheriff oder einen Beauftragten zustellen. Kanadas Zustellungen im Ausland erfolgen nach Staatsvertrag (bilaterale, keine multilateralen) oder auf diplomatischem Weg (vgl. *J.-G. Castel*, Internatinal Civil Procedure, S. 850).
 Wird aufgrund der in verschiedenen angelsächsischen Rechten vorgesehenen privaten Zustellung ein schweizerischer Korrrespondenzanwalt mit deren Vornahme beauftragt, sollte er die zuzustellenden Dokumente bei der schweizerischen Rechtshilfebehörde (EJPD bzw. kantonale Stelle, vgl. hinten, Rdz. 2/101, Anm. 101) zwecks Zustellung an den schweizerischen Adressaten einreichen. Stellt er selber zu, so macht er sich im Sinne von Art. 271 StGB strafbar.

[9] Vorne, Rdz. **1**/29, Anm. 35.
[10] Vorne, Rdz. **1**/28, Anm. 33.
[11] Idem.

Kapitel 2

7 International besteht ein Anspruch auf qualifizierte Zustellung nur, soweit er auf einen Staatsvertrag gestützt werden kann[12]. Zustellungen auf diplomatischem oder konsularischem Weg erfolgen formlos. Wo verschiedene Zustellungsformen zur Verfügung stehen, wird die Wahl jeweils von den Bedürfnissen des Beweisrechts der *lex fori* bestimmt.

4. Effektive oder fiktive Zustellung

8 Ziel der Zustellungshilfe ist es, dafür zu sorgen, dass eine Prozesspartei *effektiv* und so *rechtzeitig* von dem gerichtlichen Verfahren Kenntnis erhält, dass sie ihre Interessen wahren kann. Dieses Ziel zu erreichen, ist schon im nationalen Recht nicht immer leicht; im internationalen Verkehr erhöhen sich die Schwierigkeiten. Dabei kommt es nicht nur auf den guten oder weniger guten Willen des Prozessgerichts und der Gegenpartei an. Ebenso wichtig sind Qualität und Sicherheit der Kommunikationswege oder die Zuverlässigkeit und die Leistungsfähigkeit der Einwohnerkontrolle eines Staates[13]. Ein wesentlicher Teil der internationalen Rechtshilfeverträge dient der Verwirklichung gerade dieser Postulate.

9 Die nationalen Rechtsordnungen legen auf die Effektivität der Prozesszustellungen ungleich viel Gewicht. Zur Hauptsache stehen sich zwei Systeme gegenüber.

10 Nach dem *deutsch-rechtlichen* System muss die Zustellung dem Empfänger im Ausland grundsätzlich *effektiv* zugehen. Der nächste Verfahrensschritt ist erst möglich, Fristen beginnen erst zu laufen und Versäumnisurteile können erst ergehen, wenn bewiesen ist, dass dem Beklagten im Ausland tatsächlich und ordnungsgemäss zugestellt wurde. Dem Grundsatz der effektiven Zustellung folgen neben dem deutschen und dem österreichischen Recht auch die schweizerischen Prozessgesetze, ferner diejenigen Grossbritanniens, der USA, Skandinaviens und mehrerer osteuropäischer Staaten[14,15].

---

[12] Vgl. vorne, Rdz. 1/17; s. auch Art. 3 Abs. 2 Haager Zivilprozess-Übereinkunft von 1954; Art. 9 Abs. 2 Haager Zustellungs-Übereinkommen von 1965.

[13] Wo eine systematische Einwohnerkontrolle fehlt (USA, GB), ist die Adressenfeststellung fast nicht möglich. Ist die Adresse des Empfängers nicht bekannt, so ist z.B. das Haager Zustellungs-Übereinkommen von 1965 nicht anwendbar (Art. 1 Abs. 2). Damit werden die bekannten Formen der Ersatzzustellung nach nationalem Recht möglich.

[14] R. Geimer, S. 502, N. 2094; H. Nagel, IZPR, S. 211; ders., Rechtshilfe, S. 98.

[15] Merke: Mit einer bloss fiktiven Zustellung hat man es bei der deutschen sog. «Zustellung durch Aufgabe zur Post» im Sinne von § 175 DZPO zu tun. Nach § 175 DZPO gilt eine Zustellung mit der Abgabe der Dokumente am Postschalter als bewirkt, und die Fristen beginnen zu laufen, gleichgültig, ob die Sendung weiterbefördert wird oder nicht, und gleichgültig auch, ob die Sendung den Adressaten erreicht.

Demgegenüber erfolgt die Zustellung nach *französischem* Recht durch die sog. «remise au parquet»: Die zuzustellenden Schriftstücke werden vom «huissier» an das Anschlagbrett des Gerichtes angeheftet und gelten mit diesem öffentlichen Anschlag als formell richtig zugestellt bzw. eröffnet[16]. Ab diesem Zeitpunkt laufen auch die Fristen, gleichgültig, ob die Zustellung den Adressaten effektiv erreicht oder nicht. Diesem System folgen neben Frankreich auch Belgien, Luxemburg, die Niederlande, Italien und Griechenland[17].

Weil es über die Pflicht zur effektiven und rechtzeitigen Zustellung auf nationaler Ebene sehr unterschiedliche Auffassungen gibt, sieht die Mehrheit der nationalen Rechtsordnungen gegenüber allzu lockeren Auffassungen über die Informationspflicht ausländischer Prozessparteien Kautelen vor. Sie treten in Erscheinung, sobald eine im Ausland ergangene Entscheidung im Inland zur Vollstreckung zugelassen werden soll. Alle uns bekannten nationalen Vollstreckungsordnungen und auch die Vollstreckungsabkommen machen heute die gehörige Ladung der unterlegenen Partei zu einer Anerkennungs- und Vollstreckungsvoraussetzung für ausländische Urteile[18].

5. Die Ersatzzustellung

Hat man es mit Prozessparteien zu tun, die in einem Staat ohne geordnete Einwohnerkontrolle wohnen oder die sich durch fortwährenden Aufenthaltswechsel bewusst der Rechtsprechung zu entziehen suchen, so wird eine effektive Zustellung trotz grösstem Bemühen nicht möglich sein. Für solche Fälle sehen selbst die Prozessordnungen, die an sich dem Grundsatz der effektiven Zustellung verpflichtet sind, Ersatzformen vor. Sowohl die Bundeszivilprozessordnung (Art. 11) wie die Prozessordnungen der Kan-

---

Diese Form der Zustellung unterscheidet sich im Ergebnis nicht von einer Ediktalladung (so auch *R. Geimer*, S. 508, 509, insbes. N. 2116, 2120; *H. Nagel*, Rechtshilfe, S. 99; *P. Volken*, ZbJV 1983, S. 451ff.). Die bundesgerichtlichen Entscheide 96 I 398, 97 I 250, 102 Ia 315, 105 Ib 45 sind daher nicht verständlich.

[16] Dieser Grundsatz gilt in Frankreich auch heute noch (Art. 651, 652 NCPC). Immerhin hat der NCPC einige Verbesserungen gegenüber der klassischen «remise au parquet» eingeführt. Nach Art. 686 NCPC muss der «huissier» dem Adressaten eine eingeschriebene Kopie der Ladung zustellen. Und nach Art. 687 NCPC hat der Richter die erforderlichen Massnahmen zu ergreifen, um sicherzustellen, dass die Zustellung dem Adressaten effektiv bekannt geworden ist.

[17] *R. Geimer*, S. 502, N. 2093; *H. Nagel*, IZPR, S. 212, N. 496; *ders.*, Rechtshilfe, S. 98.

[18] So z.B. Art. 27 Abs. 2 lit. a IPRG oder Art. 27 Nr. 2 LugÜ; vgl. auch vorne, Rdz. **1**/24, Anm. 32.

Kapitel 2

tone gestatten unter solchen Umständen die Zustellung durch öffentliche Bekanntmachung im Bundesblatt, im kantonalen Amtsblatt oder in weiteren Publikationsorganen[19].

14 Die Frage, ab wann der Versuch der effektiven Zustellung als gescheitert angesehen werden darf, steht im Ermessen des prozessleitenden Richters oder seiner Oberbehörde. Dabei gilt es abzuwägen zwischen dem Schutz der legitimen Verteidigungsrechte des Beklagten und dem nicht minder legitimen Anspruch des Klägers auf Streiterledigung durch definitives Urteil innert vernünftiger Zeit. International tritt als Schwierigkeit hinzu, dass die Kriterien dieser Rechtsgüterabwägung nicht in allen Staaten gleich gehandhabt werden[20].

6. Der Zustellungsbevollmächtigte

15 Wenn es gilt, die Verteidigungsrechte des im Ausland wohnenden Beklagten zu schützen, messen auch die Rechtsordnungen, die eine effektive Zustellung fordern, nicht allen Mitteilungen, welche im Verlauf eines Prozesses an die Parteien zu richten sind, die gleiche Bedeutung zu. Effektivität wird vor allem für die erste, den Prozess einleitende Ladung gefordert. Für den weiteren Prozessverlauf verlangen mehrere Prozessordnungen, dass der Beklagte im Inland ein Zustellungsdomizil verzeige oder einen Zustellungsbevollmächtigten bezeichne[21]. Für den Unterlassungsfall wird angedroht, dass jede weitere Mitteilung seitens des Gerichtes unterbleibe.

---

[19] Für die schweizerischen Kantone vgl. die Übersicht vorne, Rdz. 1/28, Anm. 33.
Ersatzzustellungsformen kennen auch die meisten ausländischen Prozessgesetze. Die Zustellung erfolgt dabei an Familienmitglieder, Arbeitgeber, Angestellte, den Hauswirt, Nachbarn oder durch Hinterlegung bei einer öffentlichen Stelle: *BRD* (§ 181, 182, 185 DZPO); *Frankreich* (Art. 653f. NCPC); *Griechenland* (Art. 129 ZPO); *Grossbritannien* (Rule 4 R.S.C.); *Italien* (Art. 139 Cprcit); *Österreich* (§ 103 ZPO); *Polen* (Art. 138, 139 ZPO); *Schweden* (Kap. 33 § 8 ZPO); *Spanien* (Prieto/Castro, I, S. 511); *USA* (Rule 4 FRCP); s. auch *H. Nagel*, IZPR, S. 214.

[20] Die Rechtsordnungen, die dem Prinzip des effektiven Zur-Kenntnis-Bringens folgen, sind z.T. sehr streng; vgl. *R. Geimer*, S. 503, N. 2095; S. 506, N. 2108. In der BRD entscheidet letztlich die obere Instanz darüber, ob die Bemühungen als genügend angesehen werden können (§ 9 Zivilrechtshilfeordnung); nach britischem Recht hat die zustellende Partei eidesstattlich zu versichern, dass das Nötige vorgekehrt wurde. Unter dem französischen System der «remise au parquet» gilt dagegen die Zustellung mit dem Anschlag beim Gericht als vorgenommen.
Nach einzelnen Rechtsordnungen lässt sich die fehlende Information des Beklagten durch dessen Wiedereinsetzung in den vorherigen Stand ausgleichen.

[21] Für die kantonalen Prozessgesetze vgl. vorne, Rdz. 1/31, Anm. 39; Rdz. 1/39, Anm. 50.

In dieser Regelung kommt einerseits die Idee der Effektivität, andererseits das Bemühen um eine rationelle Gestaltung des Prozessverfahrens zum Ausdruck. Der Effektivität ist Genüge getan, sobald der Beklagte im Ausland um das gegen ihn gerichtete Verfahren weiss. Von da an kann er sich zur Wahrung seiner Rechte selber organisieren. Jedenfalls wäre es mit einer rationellen Gestaltung des Prozesses nicht zu vereinbaren, wenn für jede kleine Gerichtsmitteilung (Terminverschiebung, Fristverlängerung) der z.T. langwierige Rechtshilfeweg beschritten werden müsste.

16

Die sachliche Berechtigung solcher Regelungen hängt wesentlich von dem zur Verfügung stehenden Rechtshilfeweg ab. Zumindest in den Fällen, in denen der Rechtshilfeweg staatsvertraglich festgelegt und wo hierfür der direkte Behörden- oder gar der unmittelbare Post-(Fax-)verkehr vorgesehen ist, kann man sich fragen, ob die in den Prozessgesetzen statuierte Pflicht zur Bezeichnung eines Zustellungsbevollmächtigten sachlich noch gerechtfertigt und völkerrechtlich noch zulässig ist.

17

II. Die Zustellungshilfe nach schweizerischem Recht

1. Übersicht

In der Praxis wichtigste Quelle der schweizerischen internationalen Zustellungshilfe sind die Staatsverträge, d.h. bisher die Haager Zivilprozess-Übereinkunft von 1954 und neu das Haager Zustellungs-Übereinkommen von 1965[22]. Wo Staatsverträge fehlen, sind die entsprechenden Regeln den innerstaatlichen Prozessgesetzen zu entnehmen.

18

2. Die Prozessgesetze des Bundes und der Kantone

Das *Bundesrecht* beschränkt sich auf die Zustellungen im Verfahren vor Bundesgericht sowie auf die Zustellungen nach SchKG. Nach Art. 10 Abs. 3 BZPO sind gerichtliche Mitteilungen, die für Personen im Ausland bestimmt sind, nach den zwischenstaatlichen Vereinbarungen und, wo solche fehlen, durch Vermittlung des EJPD vorzunehmen. Art. 66 Abs. 3 SchKG sieht vor, dass im Ausland domizilierten Schuldnern durch die dortigen Behörden oder, soweit Staatsverträge es vorsehen, durch die Post zugestellt wird. Ist der Wohnsitz des Schuldners unbekannt, so wird öffentlich zuge-

19

---

[22] Hinten, Rdz. **2**/22ff., 45ff.

stellt (Art. 66 Abs. 4 SchKG). Art. 29 Abs. 4 OG ist etwas kategorischer. Danach haben ausländische Parteien in der Schweiz ein Zustellungsdomizil zu verzeigen. Geschieht dies nicht, so können Zustellungen unterbleiben oder auf dem Ediktalweg erfolgen.

20 Ein wenig ausführlicher sind die *kantonalen* Prozessgesetze. Gut die Hälfte der Kantone verweist für die Art der Vornahme von Zustellungen im Ausland in erster Linie auf die einschlägigen Staatsverträge. Subsidiär wird überall der direkte Post- oder Behördenverkehr oder gar der Ediktalweg vorgesehen. Nur wenige Prozessordnungen erwähnen ausdrücklich, dass für Zustellungen ausserhalb der Staatsverträge die Vermittlung einer eidgenössischen oder kantonalen Oberbehörde nachzusuchen oder der diplomatische oder konsularische Weg zu beschreiten sei. Die Kantone der Nord- und der Ostschweiz verlangen, dass ein Zustellungsbevollmächtigter im Kanton oder zumindest in der Schweiz bezeichnet wird[23].

3. Das IPR-Gesetz

21 Im Vorentwurf von 1978[24] war noch ein eigenes Kapitel über Fragen der internationalen Zivilrechtshilfe enthalten (Art. 183-189 VE). Darin wurden u.a. die Zustellungshilfe (Art. 183 VE) und der Fristenlauf im internationalen Rechtsverkehr (Art. 187 VE) geregelt. In den bundesrätlichen Entwurf hat einzig die Fristenfrage Eingang gefunden (Art. 12 E). Für richterliche Fristen wird verlangt, sie seien so anzusetzen, dass Personen im Ausland für die Wahrung ihrer Rechte genügend Zeit zur Verfügung haben. Die gesetzlichen Fristen sollen nicht bloss gewahrt sein, wenn eine Eingabe am letzten Tag der Frist einer schweizerischen Poststelle übergeben wird; neu soll auch die fristgerechte Eingabe bei einer schweizerischen diplomatischen oder konsularischen Vertretung im Ausland genügen (Art. 12 IPRG)[25].

III. Die Haager Zivilprozess-Übereinkunft von 1954

22 Die Haager Zivilprozess-Übereinkunft[26] befasst sich mit der Zustellungshilfe in den Artikeln 1-7. Geregelt sind die Zustellungswege, die Formen

---

[23] Rdz. 1/39, Anm. 50.
[24] BG über das internationale Privatrecht (IPR-Gesetz), Schlussbericht, SSIR 13, Zürich 1978, S. 303-306, 356/357.
[25] Vgl. *P. Volken*, in: IPRG-Kommentar, N. 3 zu Art. 12.
[26] SR 0.274.12. Für *Quellen* und *wichtigste Literatur* vgl. vorne, Rdz. 1/42, Anm. 51, 52; für den *Text* vgl. hinten, Anhang A.

der Zustellung, die Verkehrssprache, die Ablehnungsgründe und die Kostenfrage.

1. Die zuzustellenden Schriftstücke

Die Haager Übereinkunft ist ein Rechtshilfeabkommen und damit ein auf dem Gegenseitigkeitsprinzip beruhender Staatsvertrag. Seine Bestimmungen über Zustellungswege und Zustellungsmodalitäten gelten nur im Verhältnis zwischen Vertragsstaaten. Dabei kommt es nicht etwa auf die Nationalität der Prozessparteien, sondern einzig auf die «Herkunft» und die Destination der zuzustellenden Schriftstücke an (Art. 1 Abs. 1). Der erste Abschnitt der Haager Übereinkunft ist also zwischen Vertragsstaaten auch auf Zustellungen für Prozesse anzuwenden, deren Kläger und Beklagte nicht Angehörige eines Vertragsstaates sind und die möglicherweise nicht einmal in einem der Vertragsstaaten domiziliert sind.

23

Die Übereinkunft gilt für Zustellungen in Zivil- und Handelssachen. Was als Zivil- oder Handelssache anzusehen ist, wird in der Übereinkunft nicht präzisiert. In der Doktrin scheint Einigkeit darüber zu bestehen, dass der Begriff der «Zivil- oder Handelssache» vom prozessleitenden Gericht zu bestimmen und nach dem Recht des ersuchenden Staates zu qualifizieren ist[27].

24

Der Begriff der Zivil- und Handelssache ist schillernd. Er wird schweizerischerseits in verschiedenen Gesetzestexten namentlich des internationalen Zivilprozessrechts verwendet, ohne dass er je genauer umschrieben worden wäre. Im Hinblick auf seine Funktion wird dieser Begriff in Art. 1 Abs. 1 der Haager Übereinkunft extensiv auszulegen sein.

25

Als Zivil- oder Handelssache werden einmal alle jene Materien anzusehen sein, mit denen klassischerweise der Zivilrichter befasst wird. Ob er dabei als ordentlicher oder als Sonderrichter – z.B. in Arbeits-, Familien-, Handels-, Gewerbe- oder Mietstreitigkeiten – oder auch als Strafrichter, der adhäsionsweise über die Zivilansprüche zu befinden hat, den Zustellungsweg der Haager Übereinkunft in Anspruch nimmt, ist nicht entscheidend[28].

26

---

[27] *A. Bülow/K.H. Böckstiegel/R. Geimer/R.A. Schütze*, N. 100, S. 38; *M. Guldener*, IZPR, S. 24, Anm. 32; *H. Nagel*, IZPR, S. 215; *F. Pocar*, S. 112; vgl. auch *M.V. Taborda Ferreira*, Rapport explicatif sur la Convention de La Haye de 1965 relative à la signification et la notification, Actes et Documents de la Conférence de La Haye de droit international privé, 10e session (1964), t. III, S. 79, 365, 366, und seine Hinweise zu den Arbeiten der Übereinkünfte von 1905 und 1954.

[28] *M. Guldener*, IZPR, S. 24, Anm. 32; BGE 43 III 221; *H. Nagel*, Rechtshilfe, S. 76. Für eine ausführliche Kasuistik vgl. die Ausführungen zum gleichlautenden Begriff im Haager

27   Dieser Weg steht auch den Verwaltungsbehörden offen, welche im zivilrechtlichen Bereich richterliche Funktionen wahrzunehmen haben, z.B. den Adoptions-, Vormundschafts-, Erbschafts- oder Namensänderungsbehörden, ferner den Betreibungs- oder Konkursämtern für deren Mitteilungen über Arrest- oder Pfändungsmassnahmen, die sie in ihrer Eigenschaft als zivilprozessrechtliche Vollstreckungsbehörden bei Massnahmen gegen das in der Schweiz gelegene Vermögen eines Ausländers vorzunehmen haben[29]. Er gilt hingegen nicht für den Entscheid einer ausländischen Expropriations- oder Steuerbehörde.

2. Der Gegenstand

28   Die Haager Übereinkunft regelt nicht die internationale Zustellung als solche; sie legt lediglich den Zustellungs- oder *Übermittlungsweg* fest, auf dem die zustellungsbedürftigen Schriftstücke zu befördern sind. Die Zustellung selber bleibt hingegen Sache des nationalen Prozessrechtes. Das Recht des ersuchenden Staates entscheidet z.B. darüber, welche Schriftstücke zustellungsbedürftig sind, ob eine effektive oder eine fiktive Zustellung (mit nachträglicher Mitteilung an den ausländischen Betroffenen) stattfindet und ab wann die Fristen laufen. Und das Recht des ersuchten Staates bestimmt, ob, wann, von wem und wie ausländische Gerichtsakten an Personen im Inland zugestellt werden (Art. 2).

3. Der ordentliche Zustellungsweg

29   Für die zwischenstaatliche Übermittlung ist nach Art. 1 der Haager Übereinkunft grundsätzlich der *konsularische* Weg vorgesehen. Für die Schweiz bestimmte Schriftstücke gelangen (im *courrier* diplomatique) vom Ausland an den in der Schweiz residierenden Konsul des ersuchenden Staates;

Zustellungs- (hinten, Rdz. 2/71-80) sowie im Haager Beweiserhebungs-Übereinkommen (hinten, Rdz. 3/99, 102-110).

[29] Z.T. anders in VPB 49 (1985) 16, S. 79. Wenn dort ausgeführt wird, nicht um Zivilsachen handle es sich bei Streitigkeiten, bei denen eine Behörde gegen Private eine Zivilklage erhebt, um öffentliche Interessen zu wahren, so ist diese Umschreibung zu ungenau, denn bei der Errichtung einer Vormundschaft oder Beistandschaft, ferner bei Ehenichtigkeitsklagen, bei Erbschaftsklagen des Nachlassverwalters oder bei Anfechtungsklagen des konkursleitenden Betreibungsamtes handelt es sich immer um Zivilklagen einer Behörde, die im öffentlichen Interesse angestrengt werden. Klagen solcher Art fallen zweifelsohne unter das Übereinkommen.

von diesem gehen sie an das EJPD in Bern und von dort an die zuständige kantonale Behörde am Wohnsitz des Empfängers. Schweizerische Zustellungsgesuche gelangen durch Vermittlung des EJPD an den schweizerischen Konsul im betreffenden ausländischen Staat und werden von diesem an die zuständige Behörde des ersuchten Staates weitergeleitet. Dieser Zustellungsweg ist relativ aufwendig. Gegenüber dem *diplomatischen* Weg stellt er insofern eine Vereinfachung dar, als im ersuchten Staat nicht auch noch das Aussenministerium zwischengeschaltet werden muss. Der diplomatische Weg bleibt aber immer zulässig; durch eine Erklärung nach Art. 1 Abs. 3 der Übereinkunft kann z.B. jeder Vertragsstaat verlangen, dass ihm gegenüber der diplomatische Weg eingehalten wird[30].

4. Die vereinfachten Zustellungswege

Zustellungen auf konsularischem oder diplomatischem Weg sind aufwendig und zeitraubend. Die Haager Übereinkunft will im internationalen Zustellungsverkehr Minimalgarantien zugunsten der Prozessparteien sicherstellen und im übrigen den Verkehr erleichtern, nicht erschweren. Sie sieht vier Arten der Erleichterung vor: 30

- Den *unmittelbaren Behördenverkehr*: Nach Art. 1 Abs. 4 der Übereinkunft können sich die Vertragsstaaten in Zusatzvereinbarungen auf den direkten Verkehr zwischen den beiderseitigen Behörden einigen. Die Schweiz hat mit mehreren Staaten solche Vereinbarungen abgeschlossen. Darin hat sie sich z. B. mit Belgien, der BRD, mit Frankreich, Italien und Luxemburg auf den direkten Behördenverkehr auf unterer oder mittlerer Stufe, mit Polen, der Slowakei, Tschechien und Ungarn auf ein Zentralbehördensystem geeinigt[31]. 31

- Den *unmittelbaren Postverkehr*: Art. 6 Abs. 1 Ziff. 1 der Übereinkunft gestattet, dass Zustellungen unmittelbar durch Benutzung der Post bewirkt werden. Allerdings sind dieser und die beiden noch zu erwähnenden Zustellungswege nur zulässig, wenn sie entweder in einer Zusatzvereinbarung ausdrücklich vorgesehen sind oder wenn der Staat, auf 32

---

[30] Von dieser Möglichkeit haben unter der Übereinkunft von 1954 *Portugal* und die *UdSSR* Gebrauch gemacht; ausdrücklich darauf verzichtet hat *Polen* (SR 0.274.12, S. 12, 13). Unter der Übereinkunft von 1905 hat auch die *Schweiz* eine Erklärung abgegeben, wonach die für die Schweiz bestimmten Zustellungsbegehren auf diplomatischem Weg zu stellen sind (SR 0.274.11, S. 2, Anm. 1); die Übereinkunft gilt noch im Verhältnis zu Island.
Regelmässig der diplomatische Weg ist einzuhalten für Gesuche um Vollstreckbarerklärung von Kostenentscheiden im Sinne von Art. 18 der Haager Übereinkunft.

[31] Nachweise vorne, Rdz. 1/48-74.

Kapitel 2

33 dessen Gebiet diese Form der Zustellung benutzt werden soll, dagegen keine Einwendungen erhebt (Art. 6 Abs. 2).

33 Die Schweiz hat den direkten Postverkehr nur mit Österreich vereinbart[32]. Im übrigen hat sie sich gegen Postzustellungen seit jeher verwahrt. Leider ist ihre Erklärung, die bereits anlässlich der Ratifizierung der Zivilprozess-Übereinkunft von 1905 abgegeben wurde, bei der Ratifikation der Übereinkunft von 1954 nicht wiederholt worden, so dass sie in der Systematischen Sammlung der Eidg. Gesetze und Staatsverträge nicht abgedruckt worden ist; doch ist davon auszugehen, dass die Erklärung von 1905 unter der Übereinkunft von 1954 unverändert weitergilt[33]. Gegen Art. 6 Abs. 1 Ziff. 1 haben sich explizit auch Polen und die frühere Sowjetunion und implizit Portugal ausgesprochen[34].

34 – Die *private Zustellungsvermittlung*: Nach Art. 6 Abs. 1 Ziff. 2 sollen sich die Beteiligten – d.h. in erster Linie wohl die interessierte Prozesspartei – selber direkt an den zuständigen Gerichtsvollzieher oder Beamten des ersuchten Staates wenden können, um durch diesen die Zustellung vornehmen zu lassen. Dieser Weg setzt voraus, dass die Zustellung im ersuchenden Staat Privatsache ist oder zumindest Privaten überlassen werden kann. Er stellt in der Übereinkunft von 1954 ein Zugeständnis an das angelsächsische Zustellungssystem dar[35]. Da aber die angelsächsischen Staaten dieser Übereinkunft ferngeblieben sind, hat diese Bestimmung keine praktische Bedeutung erlangt. Damit sie zum Tragen kommt, setzt auch sie eine bilaterale Zusatzvereinbarung oder eine entsprechende Duldung voraus (Art. 6 Abs. 2). Zusatzvereinbarungen dieser Art sind nicht bekannt. Ausdrücklich gegen diesen Zustellungsweg haben sich Polen und die frühere Sowjetunion, implizit wohl auch Portugal ausgesprochen[36].

35 – Die *direkte diplomatische oder konsularische Zustellung*: Schliesslich eröffnet Art. 6 Abs. 1 Ziff. 3 den im ersuchten Staat akkreditierten diplomatischen oder konsularischen Vertretungen des Prozessstaates die Möglichkeit, Zustellungen ohne Zwischenschaltung einer lokalen Behörde direkt an den Adressaten zu richten. Gegenüber eigenen Angehörigen ist diese Art der Zustellung immer möglich, wenn sie ohne Anwendung

---

[32] Vorne, Rdz. 1/60, Anm. 73.
[33] Vorne, Rdz. 1/2, Anm. 3.
[34] SR 0.274.12, S. 12, 13.
[35] Für die *USA*: vgl. z.B. Rule 4 (c) Ziff. 2 A, (i) E FRCP; für *Grossbritannien*: s. Order 11 R.S.C.; *Harwood*, Service and evidence abroad, ICLQR 1961, S. 284; *A.V. Dicey/J.H.C. Morris*, S. 192; für *Australien*: Federal Service and Execution of Process Act 1901 und *E.L. Sykes, M.D. Pryles*, S. 25ff.
[36] SR 0.274.12, S. 12, 13.

von Zwang erfolgen kann. Gegenüber Angehörigen des ersuchten Staates oder solchen eines Drittstaates, die im ersuchten Staat domiziliert sind, setzt sie eine entsprechende Vereinbarung oder zumindest einen durch Duldung gefestigten Usus voraus (Art. 6 Abs. 2). In der Schweiz werden solche Zustellungen nicht geduldet[37].

5. Die Verkehrssprache

Die Übereinkunft unterscheidet zwischen der Sprache des Zustellungsbegehrens und der Sprache der zuzustellenden Schriftstücke. 36

Das Zustellungsbegehren muss jeweils in der Sprache der ersuchten Behörde abgefasst sein (Art. 1 Abs. 1). Über die Sprache der zuzustellenden Schriftstücke äussert sich die Übereinkunft indirekt in Art. 3 Abs. 2. Daraus ergibt sich, dass diese Schriftstücke an sich nur dann in der Sprache des ersuchten Staates verfasst oder mit einer entsprechenden Übersetzung versehen sein müssen, wenn eine sog. qualifizierte Zustellung (dazu sogleich, Rdz. 2/42) vorgenommen werden soll. Wird eine Übersetzung verwendet, so muss sie beglaubigt sein (Art. 3 Abs. 3). 37

Die Sprachen- und Übersetzungsfrage ist auch Gegenstand mehrerer bilateraler Zusatzvereinbarungen[38]. Für die Schriftstücke wird, mit Ausnahme des schweizerisch-österreichischen Rechtshilfevertrages (Art. 2)[39], jeweils die Sprache des ersuchten Staates oder eine entsprechende Übersetzung verlangt. Die Zustellungsbegehren können im Verkehr mit der BRD und mit Österreich jeweils in der Sprache der ersuchenden Behörde[40] abgefasst sein, im Verhältnis zu Frankreich, zur Slowakei und zur Tschechei gilt Französisch als Verkehrssprache[41], gegenüber Belgien und der Türkei gilt trotz Zusatzvereinbarung die Sprachenregelung der Haager Übereinkunft. 38

---

[37] VEB 26 (1956) 5; VPB 49 (1985) 16. Vgl. auch Art. 7 der schweiz.-franz. Erklärung von 1913 betreffend die Übermittlung von gerichtlichen und aussergerichtlichen Aktenstücken (SR 0.274.183.491); dazu vorne, Rdz. 1/54, 55; ferner: *P. Gouguenheim*, Clunet 1969, S. 327; für die Praxis in der BRD vgl. *R.A. Schütze*, S. 229.
[38] Vorne, Rdz. **1**/48-77.
[39] SR 0.274.181.631; vorne Rdz. **1**/60, Anm. 73.
[40] SR 0.274.181.362 (Art. 2) bzw. SR 0.274.181.631 (Art. 2); vorne Rdz. **1**/50, 62.
[41] SR 0.274.183.491 (Art. 3) bzw. 0.274.187.411 (Art. 2); vorne, Rdz. **1**/56, 69.

Kapitel 2

6. Die Formen der Zustellung

39 Die Haager Übereinkunft sieht zwei Formen der Zustellung vor, eine *einfache* und eine *qualifizierte*.

40 Die *einfache* Zustellung erfolgt nach Art. 2 durch formlose Übergabe der zuzustellenden Schriftstücke an den Empfänger. Nimmt dieser die Schriftstücke ohne weiteres an, so gilt die Zustellung als rechtswirksam erfolgt. Verweigert er die Annahme, so hat das Recht des ersuchenden Staates darüber zu entscheiden, ob die Zustellung trotz Annahmeverweigerung als erfolgt angesehen werden kann oder ob eine qualifizierte Zustellungsform zu wählen ist.

41 Für Zustellungen in einfacher Form bedarf es an sich keiner staatsvertraglichen Grundlage. Sie wird aufgrund der kantonalen Prozessgesetze und der Gesetze zahlreicher ausländischer Staaten auch im vertragslosen Rechtshilfeverkehr gewährt[42]. Um eine einfache oder formlose Übergabe handelt es sich auch, wenn die diplomatische oder konsularische Vertretung des ersuchenden Staates in ihrem Gaststaat gestützt auf Art. 6 Abs. 1 Ziff. 3 oder auf Art. 6 Abs. 2 Zustellungen vornimmt. Diese Zustellungen sind auf jeden Fall nur ohne Anwendung von Zwang möglich.

42 Hat der Adressat die formlose Annahme verweigert oder wird es im Zustellungsbegehren ausdrücklich gewünscht, so kann nach Art. 3 Abs. 2 der Übereinkunft eine *qualifizierte* Zustellung stattfinden. Voraussetzung ist, dass die Schriftstücke in der Sprache der ersuchten Behörde abgefasst oder mit einer beglaubigten Übersetzung in diese Sprache versehen sind. Die Übereinkunft eröffnet hierfür zwei Wege. Die qualifizierte Zustellung kann entweder in der vom Recht des ersuchten Staates vorgesehenen besonderen Form oder in einer Form vorgenommen werden, die dem Recht des ersuchenden Staates entspricht (Art. 3 Abs. 2). Ob die formlose Übergabe genügt oder ob eine qualifizierte Zustellung erforderlich ist, muss jeweils vom Prozessgericht entschieden werden. Entscheidend wird sein, welche Anforderungen das Recht des ersuchenden Staates an die rechtsgenügliche Zustellung stellt.

7. Die Ablehnungsgründe

43 Zu unterscheiden ist zwischen formellen und materiellen Ablehnungsgründen.

---

[42] *M. Guldener*, IZPR, S. 19, 20, 25; *H. Nagel*, IZPR, S. 211-215.

Die *formellen* Ablehnungsgründe werden in der Übereinkunft nicht besonders hervorgehoben. Als solche kommen namentlich die Einwände in Frage, das Zustellungsgesuch enthalte nicht die nötigen Angaben über Prozess und Prozessparteien (Art. 3 Abs. 1) oder das Gesuch bzw. die zuzustellenden Schriftstücke seien nicht in der vorgesehenen Sprache verfasst (Art. 1 Abs. 1) oder sie seien nicht mit den nötigen, gehörig beglaubigten Übersetzungen versehen (Art. 3 Abs. 2).

An *materiellen* Ablehnungsgründen nennt die Übereinkunft nur ein Kriterium. Die Zustellung kann nach Art. 4 abgelehnt werden, wenn sie dem ersuchten Staat geeignet erscheint, seine Hoheitsrechte zu verletzen oder seine Sicherheit zu gefährden. Was unter Verletzung der Hoheitsrechte oder Gefährdung der Sicherheit zu verstehen ist, wird jedem Vertragsstaat zur Entscheidung überlassen. Für das schweizerische Recht ist z.B. an die Gründe aus Art. 271 StGB (Handlungen für einen fremden Staat) bzw. 273 StGB (wirtschaftlicher Nachrichtendienst) zu denken. Darüber hinaus finden sich kaum Anhaltspunkte, die eine Konkretisierung dieses Kriteriums gestatten würden. Im allgemeinen wird man davon ausgehen müssen, dass als Ablehnungsgründe nur schwere Beeinträchtigungen der nationalen Sicherheit und Unabhängigkeit in Frage kommen. In diesem Sinne dürften bei Art. 4 die Grenzen eher enger zu ziehen sein als beim traditionellen Ordre public-Vorbehalt. Nicht entscheidend kann sein, ob man den ausländischen Urteilsrichter für zuständig erachtet und ob sein Urteil später in der Schweiz anerkenn- und vollstreckbar sein wird[43].

8. Die Kosten

Die Übereinkunft unterscheidet zwischen unmittelbaren und mittelbaren Kosten. *Unmittelbare* sind die mit der Übermittlung und Bearbeitung verbundenen allgemeinen Kosten und Gerichtsgebühren. Sie sind nicht zu ersetzen (Art. 7 Abs. 1). *Mittelbare* Kosten können bei der Zustellungshilfe dadurch entstehen, dass Vollziehungsbeamte (huissier, Gerichtsweibel) mitwirken müssen oder dass Vorkehren für eine qualifizierte Zustellung zu treffen sind (öffentliche Ausschreibung im ersuchten Staat). Für solche Kosten kann Ersatz gefordert werden.

Mit der Kostenfrage befassen sich auch verschiedene Zusatzvereinbarungen. Sie unterscheiden zwischen Bagatell- und anderen Kosten. Die Vereinbarung mit Frankreich[44] sieht z.B. Kostenersatz für qualifizierte Zu-

---

[43] Gl.M. *M. Guldener*, IZPR, S. 21. Die Grenze wird bei Beweiserhebungen (hinten, Rdz. **3**/83ff., 148ff.) anders zu ziehen sein als bei blossen Zustellungen.
[44] SR 0.274.183.491; vorne, Rdz. **1**/57.

stellungen, für ersatzweise angefertigte Übersetzungen oder für den Transport umfangreicher Akten vor (Art. 5). Die Übersetzungskosten können auch nach der Vereinbarung mit Deutschland[45] zurückgefordert werden (Art. 2).

IV. Das Haager Zustellungs-Übereinkommen von 1965

1. Die Revision der Zivilprozess-Übereinkunft von 1954

48   Das Haager Übereinkommen vom 15. November 1965 über die Zustellung gerichtlicher und aussergerichtlicher Aktenstücke im Ausland in Zivil- oder Handelssachen[46] wurde geschaffen, um die mit der Zustellungshilfe befassten Art. 1-7 der alten Haager Übereinkunft von 1954 zu erneuern und zu erset-

---

[45]   SR 0.274.181.362; vorne, Rdz. **1**/50.
[46]   Für den *Text des Übereinkommens* vgl. hinten, Anhang B; ferner: Botschaft, BBl 1993 III 1261ff., insbes. 1314-1327, AS 1994, 1314-1327; SR 0.274.131; Conférence de La Haye de droit international privé, Actes et Documents, 10e session (1964), t. III, Notification, S. 345; dies., Manuel pratique sur le fonctionnement de la Convention de La Haye du 15 novembre 1965 relative à la signification et la notification à l'étranger des actes judiciaires et extra-judiciaires en matière civile ou commerciale (Conférence de La Haye, Manuel pratique – Notification), 2. Aufl., Loseblattsammlung, Antwerpen 1992, S. 1ff.; ferner: *SJIR* 1965, S. 23.
   Wichtigste Literatur: *D. Alexandre*, Transmission des actes (droit conventionnel, Juris Classeur, fasc. 589, B. 1); *E.R. Alley*, New Developments under The Hague Evidence and Service Conventions: The 1989 Special Commission, Intl. Bus. Law 1989, S. 380; *C.R. Amstrong*, Note: Permitting service of process by mail on Japanese defendants; Loyola Intl. and Comp. L.J. 1991, S. 551; *H. Arnold*, Die Ergebnisse der 10. Tagung der Haager Konferenz für internationales Privatrecht auf dem Gebiet des Internationalen Zivilprozessrechts, AWD/RIW 1965, S. 205; *K.H. Böckstiegel/D. Schlafen*, Die Haager Reformübereinkommen über die Zustellung und die Beweisaufnahme im Ausland, NJW 1978, S. 1073; *A. Bülow/ K.H. Böckstiegel*, N. 100, S. 1-40; *E.J. Broedermann*, International Procedure: Hague Service Convention in Germany, Intl. Litig. Quaterly 1991, S. 44; *O. Capatina*, Rec. des Cours 1983 I, S. 347-363; *G.A.L. Droz*, Rec. des Cours 1980 II, S. 159-183; *H.H. Hollmann*, Auslandszustellung in US-amerikanischen Zivil- und Verwaltungssachen. Zulässigkeit und Schutzmöglichkeiten nach deutschem und internationalem Recht, RIW 1982, S. 784; *G.N. Horlick*, Service of Process and other Documents Abroad, ABA, Problems in Transnational Litigation 1980, S. 23; *H. Koch*, Haager Zustellungsübereinkommen oder «Zustellungsdurchgriff» auf Muttergesellschaften?, IPRax 1989, S. 313; *P. Lagarde*, La Dixième session de la Conférence de La Haye de droit international privé, Rev. crit. 1965, S. 249; *E. Mezger*, Das Haager Übereinkommen vom 15.11.1965 als Hindernis der Vollstreckung von Versäumnisurteilen, IPRax 1982, S. 30; *H. Nagel*, IZPR, S. 232-239; *H. Nagel*, Remise au parquet und Haager Zustellungsübereinkommen, IPRax 1992, S. 150; *A. Panchaud*, Notification des actes judiciaires et extra-judiciaires, SJIR 1965, S. 23; *F. Pocar*, S. 125; *R.A. Schütze*, S. 232; *R. Stürner/ A. Stadler*, Zustellung von «punitive damages»-Klagen an deutsche Beklagte nach dem Haager Zustellungsübereinkommen?, IPRax 1990, S. 157; *Ch. Wölki*, Das Haager Zustellungsab-

zen (Art. 22). Die Revision dieser Bestimmungen ist aus Kreisen der Praxis, insbesondere von der internationalen Vereinigung der «huissiers» und der Justizbeamten[47] gefordert worden.

Bei der Revision ging es vor allem darum, die wichtigsten Schwächen der Übereinkunft von 1954 zu beheben, nämlich: 49

– ein Zustellungssystem zu schaffen, das die zuzustellenden Schriftstücke dem Adressaten *tatsächlich* und *innert nützlicher Frist* zur Kenntnis bringt und ihm so Gelegenheit gibt, sich zu verteidigen;

– den aufwendigen konsularischen Weg zu ersetzen durch einen *kurzen*, rascheren Zustellungsweg;

– die fiktive Zustellung der romanischrechtlichen «remise au parquet» in den Griff zu bekommen und sicherzustellen, dass Zustellungen dem Adressaten *effektiv* zugehen;

– den Nachweis über die tatsächlich erfolgte Zustellung im Ausland zu erleichtern durch Einführung eines Formularverkehrs;

– den Zustellungsbedürfnissen des *angelsächsischen* Rechtskreises entgegenzukommen und Möglichkeiten vorzusehen, dass Zustellungen auch durch Private veranlasst werden können[48].

Die Revision hat ihre Ziele erreicht. Innert kurzer Zeit ist das Zustellungs-Übereinkommen von zahlreichen wichtigen Staaten nicht nur des *Civil* und des *Common Law*, sondern auch des *effektiven* und des *fiktiven* Zustellungssystems ratifiziert worden[49]. Zur Zeit gehören dem Übereinkommen mehr als 30 Staaten an[50], auch die Schweiz[51]. 50

---

kommen und die USA, RIW 1985, S. 530. Weitere Literaturhinweise in Conférence de La Haye, Manuel pratique – Notification, S. 185.

[47] Vgl. *M.V. Taborda Ferreira*, Rapport de la Commission spéciale, chargée d'élaborer le projet de Convention relative à la signification et la notification, Actes et Documents, 10e session (1964), S. 74.

[48] Vgl. *H. Arnold*, Über die Haager Konferenz für internationales Privatrecht aus Anlass ihrer 10. Tagung, JZ 1965, S. 708; *O. Capatina*, S. 347-364; *G.A.L. Droz*, S. 167-169; *P. Lagarde*, La 10e session de la Conférence de La Haye de droit international privé, Rev. crit. 1965, S. 256ff.; *H. Nagel*, Rechtshilfe, S. 93; *M.V. Taborda Ferreira*, Rapport, Actes et Documents, 10e session (1964), t. IV, S. 75, 363.

[49] Von den *Civil Law*-Staaten haben insbesondere die *BRD* und *Frankreich* ratifiziert. Von ihnen folgt der erstere zusammen mit den anderen deutschsprachigen und den skandinavischen Staaten dem sog. effektiven System der Zustellung (wichtig ist, dass der Empfänger effektiv informiert wird: vorne, Rdz. *2*/8-10). *Frankreich* und die romanischen Staaten folgen dem System der fiktiven Ladung; vgl. *H. Nagel*, Rechtshilfe, S. 93; s. auch vorne, Rdz. 2/11.

Von den *Common Law*-Staaten sind vor allem *Grossbritannien* und die *USA* zu nennen.

[50] Vgl. hinten, Anhang B, Anm. 1.

[51] Die *Schweiz* hat das Übereinkommen am 21.5.1985 unterzeichnet und am 2.11.1994 ratifiziert. Es ist für die Schweiz am 1.1.1995 in Kraft getreten (SR 0.274.131).

Kapitel 2

2. Der Gegenstand des Zustellungs-Übereinkommens

51 Das Übereinkommen befasst sich ausschliesslich mit Fragen der Zustellungshilfe[52]. Geregelt sind insbesondere die Zustellungswege, die Formen der Zustellung und der Zustellungsnachweis, die Verpflichtung zur Zustellung und die Sanktionen bei nicht gehöriger Zustellung, die Verkehrssprache, die Ablehnungsgründe sowie die Kostenfrage.

52 Nach Art. 1 ist das Übereinkommen immer dann anzuwenden, wenn in Zivil- oder Handelssachen ein gerichtliches oder aussergerichtliches Schriftstück zum Zweck der Zustellung ins Ausland übermittelt werden soll. Diese Umschreibung ist in mehrfacher Hinsicht auslegungsbedürftig. Nicht ganz klar ist einmal die Umschreibung des räumlichen Geltungsbereiches des Übereinkommens. Aber auch die Fragen betreffend dessen Verbindlichkeit, die Rechtsnatur der zuzustellenden Schriftstücke sowie die Bedeutung des Begriffs der Zivil- oder Handelssache bedürfen der Klärung.

3. Der räumliche Geltungsbereich

53 Während die Zivilprozess-Übereinkunft von 1954 (Art. 1)[53], das Beweisaufnahme-Übereinkommen von 1970 (Art. 1)[54] und das Übereinkommen betreffend den Zugang zur Rechtspflege von 1980 (Art. 1)[55] jeweils ausdrücklich festhalten, dass sie nur im Verhältnis zwischen Vertragsstaaten gelten, fehlt im vorliegenden Übereinkommen ein ausdrücklicher Hinweis dieser Art.

54 Nach seinem Wortlaut (Art. 1) soll das Übereinkommen «*in allen Fällen*» (*dans tous les cas*/*in all cases*) anwendbar sein, «in denen ein gerichtliches oder aussergerichtliches Schriftstück zum Zweck der Zustellung ins Ausland» übermittelt werden soll. Diese Formulierung könnte den Eindruck erwecken, beim Zustellungs-Übereinkommen handle es sich um einen *erga omnes* anwendbaren Staatsvertrag. Der Eindruck wäre falsch. Aus dem Zusammenhang, aber auch aus der Natur des Übereinkommens ergibt sich klar, dass das Zustellungs-Übereinkommen nur anwendbar sein will, wenn

---

[52] Das Übereinkommen ersetzt die Art. 1-7 der Zivilprozess-Übereinkunft von 1954. Die übrigen Materien der Übereinkunft (Beweisaufnahme, Prozesskaution, Prozesskostenhilfe, Verfahrensgarantie) sind Gegenstand anderer Übereinkommen; vgl. hinten, Rdz. 3/71ff.; 6/83ff.
[53] Vorne, Rdz. **2**/23.
[54] Hinten, Rdz. **3**/94.
[55] Hinten, Rdz. **6**/100.

sowohl der um Zustellung ersuchende als auch der ersuchte Staat *Vertragsstaaten* sind[56], denn:

- *erstens* läuft das Zustellungssystem des Übereinkommens grundsätzlich über zentrale Behörden ab (Art. 2-6); entsprechend verlangt Art. 2, dass jeder Vertragsstaat eine zentrale Behörde einrichtet, eine Verpflichtung, die sich nur an Vertragsstaaten richten kann, und

- *zweitens* handelt es sich beim Zustellungs-Übereinkommen um einen verfahrensrechtlichen Staatsvertrag, und den Staatsverträgen des internationalen Verfahrensrechts liegt ganz allgemein ein Gegenseitigkeitsgedanke zugrunde.

Hingegen kommt es, wie schon bei der Übereinkunft von 1954, für die Anwendbarkeit des Übereinkommens nur auf die «Nationalität» oder die Herkunft der Schriftstücke an, nicht auch auf die Staatsangehörigkeit der Prozessparteien[57].

4. Der verbindliche Charakter

Für das Übereinkommen ist auch umstritten, inwieweit aus dessen Art. 1 eine *Verpflichtung* zur Einhaltung der staatsvertraglich vorgesehenen Zustellungswege hergeleitet werden kann. Die Frage hat in den letzten Jahren wiederholt die Rechtsprechung der Mitgliedstaaten beschäftigt, wobei es z.T. zu divergierenden Entscheiden gekommen ist. Auf die Problematik ist nachstehend kurz einzugehen.

a. Die Rechtsprechung (Schlunk)

Eine erste Serie von Entscheiden ist in den USA ergangen und hat dort 1988 zu einem höchstrichterlichen Urteil geführt. Dabei hatte der Supreme Court in einem Produktehaftungsfall *Volkswagenwerk AG v. Schlunk*[58] darüber zu befinden, ob der amerikanische Schadenersatzkläger Schlunk im Verfahren, das er im Bundesstaat Illinois (Unfallort) eingeleitet hatte, die

---

[56] So auch Conférence de La Haye, Manuel pratique – Notification, S. 29. Freilich hindert dies einen Vertragsstaat nicht daran, das Zustellungssystem des Übereinkommens sinngemäss auch auf weitere Staaten anzuwenden. Eine solche Ausdehnung geschieht aber einseitig, ohne staatsvertragliche Verpflichtung.
[57] Vgl. vorne, Rdz. 2/23.
[58] *Volkswagenwerk AG v. Schlunk*, Urt. v. 15.6.1988, 27 (1988) I.L.M. 1093-1104; IPRax 1989, 313.

Kapitel 2

beklagte Volkswagenwerk AG, Deutschland, über deren amerikanische Tochtergesellschaft (Volkswagen of America) und nach inneramerikanischem, d.h. dem Recht von Illinois, vorladen könne oder ob für die Prozessladung an Volkswagen, Deutschland, der offizielle Rechtshilfeweg des Haager Zustellungs-Übereinkommens eingehalten werden müsse[59].

60 Die Gerichte von Illinois hatten die Auffassung Schlunks geschützt, wonach im vorliegenden Fall eine Ladung in der Form des Rechts von Illinois genüge, und der Supreme Court hat deren Entscheide im Ergebnis bestätigt[60]. Dabei hat er zwei Fragen auseinandergehalten, nämlich erstens die Frage nach der Verbindlichkeit der vom Übereinkommen vorgesehenen Zustellungswege und zweitens die Frage nach der Verbindlichkeit des Übereinkommens selber[61]. Für beide Fragen hat das Gericht die Antwort in Art. 1 des Übereinkommens gefunden.

61 Zur *ersten* Frage[62] hat der Supreme Court festgehalten, das Übereinkommen wolle seinem Wortlaut nach in allen Fällen anwendbar sein, in denen ein Schriftstück zum Zweck der Zustellung ins Ausland zu übermitteln ist (*est applicable dans tous les cas où un acte doit être transmis à l'étranger/shall apply in all cases where there is occasion to transmit a document for service abroad*). In diesem Zusammenhang hat das Gericht eine zuvor schon im *Aerospatiale*-Entscheid[63] geäusserte Auffassung bestätigt und erklärt: Immer, wenn zwischen Vertragsstaaten eine gerichtliche Zustellung im Ausland vorzunehmen ist, muss aufgrund von Art. 1 das Zustellungs-Übereinkommen notwendig angewendet werden.

62 Die *zweite* Frage liegt zeitlich und logisch vor der ersten und ist im vorliegenden Zusammenhang die entscheidende. Es geht darum zu wissen, in welchen Fällen eine Auslandzustellung überhaupt erforderlich ist. Auf diese Frage findet der Supreme Court in Art. 1 nur eine negative Antwort: Er kommt anhand der Verhandlungsgeschichte zum Ergebnis, die Haager Konferenz habe diese Frage nicht vereinheitlichen, sondern der jeweiligen *lex fori* des ersuchenden Staates überlassen wollen[64].

---

[59] Die Vorgeschichte des Falles erweckt den Eindruck, er sei (als Musterprozess) von langer Hand vorbereitet worden.
[60] Das amerikanische Bemühen, den Zustellungsweg des Haager Übereinkommens zu vermeiden, muss auch vor dem Hintergrund der (damaligen) deutschen Praxis gesehen werden. Damals pflegten die Zentralbehörden verschiedener deutscher Länder die Zustellung US-amerikanischer Prozessdokumente (aus Gründen des Ordre public) abzulehnen, sobald erkennbar wurde, dass im amerikanischen Prozess u.a. «punitive damages» geltend gemacht werden sollten.
[61] 27 (1988) I.L.M. 1095.
[62] A.a.O., linke Spalte.
[63] 26 (1987) I.L.M. 1027, bei Anm. 15.
[64] 27 (1988) I.L.M. 1095, 1096.

Die gegenteilige Auffassung hat in den USA der Appelate Court, 5th 63
Circuit (Louisiana), vertreten. In einem Entscheid *Sheets v. Yahama Motor Corporative*[65] vom 4. Januar 1990 hat er festgehalten, das Begehren von Yahama, Japan, eine Zustellung im Sinne des Haager Übereinkommens vorzunehmen, sei begründet gewesen. In die gleiche Richtung ist der Hoge Raad der Niederlande 1986 in einem Entscheid *Segers & Rufa BV v. Mabanaft GmbH*[66] gegangen und hat verlangt, im Berufungsverfahren müsse die ausländische Partei gemäss dem Zustellungs-Übereinkommen geladen werden; die Berufungskläger könnten nicht davon ausgehen, der Anwalt des erstinstanzlichen Verfahrens sei auch in der Berufung Zustellungsempfänger der Gegenpartei[67].

b. Stellungnahme

Der Schlunk-Entscheid hinterlässt ein ungutes Gefühl. Nach ihm soll die 64
Anwendung des Zustellungs-Übereinkommens im Ergebnis letztlich davon abhängen, ob das Recht des Urteilsstaates gegenüber Personen im Ausland eine effektive Zustellung vorschreibt oder ob sich das nationale Recht mit einer fiktiven Ersatzzustellung begnügt[68].

Die aufgezeigte Kontroverse hätte wohl vermieden werden können, wenn 65
in Art. 1 des Zustellungs-Übereinkommens jene formelle Textänderung unterblieben wäre, die am Ende der 10. Session (1964) der Haager Konferenz noch rasch vorgenommen worden war. Im Vorentwurf hatte jener Art. 1 – in Fortführung der Texte von 1905 und 1954[69] – noch gelautet, das Übereinkommen sei in allen Fällen anzuwenden, in denen ein Schriftstück zum Zweck der Zustellung an «*eine im Ausland befindliche Person*» zu übermitteln sei[70]. Gegen Ende der 10. Session wurde (die früher schon ergebnislos besprochene) Frage aufgeworfen, ob mit dem Ausdruck «*im Ausland befindliche Person*» (*à une personne se trouvant à l' étranger/a person abroad*) der Wohnsitz, der gewöhnliche Aufenthalt oder die schlichte Anwesenheit gemeint sei. Um einer weiteren Diskussion über die Aufnahme einer Wohnsitz- bzw. Aufenthaltsdefinition in das Übereinkommen zu

---

[65] Appelate Court, 5th Circuit, Urt. v. 4.1.1990, 891 F.2d 533 insbes. 538.
[66] Hoge Raad, Urt. v. 27.6.1986, engl. Übers. in 28 (1989) I.L.M. 1584.
[67] Für weitere Entscheide in diesem Sinn vgl. Conférence de La Haye, Manuel pratique – Notification, S. 31.
[68] Vgl. zum Unterschied vorne, Rdz. **2**/10, Anm. 14, 15; **2**/11. Auch bei der Schlunk-Zustellung in Illinois hat man es mit einer fiktiven Ersatzzustellung zu tun, denn die Zustellung ist nicht effektiv an den Beklagten, sondern im Wege des Durchgriffs an das inländische Tochterunternehmen der ausländischen Beklagten erfolgt.
[69] Vgl. hinten, Anhang A.
[70] Vgl. Conférence de La Haye, Actes et Documents, 10e session (1964), t. III, S. 65.

Kapitel 2

entrinnen[71], ist man in der Folge auf die neutrale Fassung «ins Ausland übermitteln» (*acte [qui] doit être transmis à l'étranger/to transmit a document abroad*) ausgewichen. Diese Textänderung wurde vorgenommen, eigentlich ohne dass gegenüber den Texten von 1905 bzw. 1954 sachlich eine Änderung beabsichtigt war[72].

66 Mit Rücksicht auf die Redaktionsgeschichte von Art. 1 lässt sich demnach nicht sagen, das Übereinkommen habe sich zu der Frage, wann eine Auslandzustellung vorzunehmen ist, nicht äussern wollen. Vielmehr ist davon auszugehen, dass mit dem Passus «*ins Ausland zu übermitteln*» gleich wie in den Texten von 1905 und 1954 gemeint ist, der Zustellungsadressat befinde sich im Ausland. Dabei aber soll es sich nicht bloss um einen zufälligen (reisebedingten) oder temporären (ferien-, erasmusmässigen)[73], sondern um einen substantiellen, stabilen Auslandaufenthalt handeln[74]. An der 10. Session wollte man die geforderte Intensität des Auslandbezugs bewusst nicht näher umschreiben, um den Geltungswillen des Übereinkommens nicht in die eine[75] oder andere[76] Richtung zu begrenzen.

67 Wenn Art. 1 heute den Grad der geforderten Auslandbeziehung nicht selber ausdrücklich umschreibt, so bedeutet dies noch nicht, die Frage sei

---

[71] Die Haager Konferenz hat es bisher immer bewusst vermieden, in ihren Übereinkommen Wohnsitz- bzw. Aufenthaltsdefinitionen aufzunehmen. Die Praxis soll diese Begriffe jeweils im Lichte des Übereinkommens und im Blick auf dessen Funktion auslegen.

[72] Vgl. *M.V. Taborda Ferreira*, Rapport, Actes et Documents, 10e session (1964), S. 366. Er führt dazu aus:
«Dans le projet définitif, on a supprimé l'expression *une personne se trouvant à l'étranger*. On a dit que cette expression pourrait donner lieu à une interprétation dangereuse: une personne habitant Paris et se trouvant momentanément aux Pays-Bas se voit l'objet d'une notification; la situation très provisoire de cette personne aux Pays-Bas empêchera le juge néerlandais d'appliquer la convention [sc. um in Frankreich die Ladung zuzustellen] parce que cette personne ne se trouve pas, au moment de la notification, à l'étranger [ein sehr gesuchtes Beispiel, um das Gegenteil dessen zu bewirken, was es aussagt].

Certains ont estimé qu'il ne convenait pas d'exclure l'expression *personne se trouvant à l'étranger*, car cette exclusion pouvait donner lieu à des équivoques et permettre que les pays où la notification au parquet [oder die Durchgriffszustellung!] est admise continuent à l'employer, même dans les cas où, *selon l'esprit de la convention*, les dispositions de celle-ci devraient être appliquées [!]

On a quand même décidé d'exclure l'expression discutée et de s'en tenir à une *expression neutre*. Il faut souligner que l'opinion de la Troisième commission [sie hat an der 10. Session das Übereinkommen erarbeitet] a été que la convention était «*obligatoire*», et que les Etats requérants devaient l'appliquer dans tous les cas où il leur faudrait «transmettre un acte à l'étranger pour y être signifié ou notifié».

[73] So das Beispiel von *M.V. Taborda Ferreira* in Anm. 72.

[74] Ein solcher wäre gegeben, wenn der Zustellungsadressat seinen Sitz bzw. Wohnsitz, in gewissen Fällen auch, wenn er seinen gewöhnlichen Aufenthalt im Ausland hat. Die Volkswagen AG, Deutschland, hatte und hat ihren Sitz zweifelsohne in Deutschland.

[75] Vgl. Anm. 72.

[76] Vgl. Anm. 74.

vollständig der *lex fori* des ersuchenden Staates überlassen[77]. Vielmehr ist es Sache der Praxis, den in Art. 1 angesprochenen Auslandbezug im Einzelfall zu konkretisieren. Dabei hat sich die Praxis nicht nur von den Umständen des konkreten Falles, sondern ebenso stark vom Sinn und Geist des Übereinkommens leiten zu lassen[78]. Insofern kann – zumindest im Rahmen des Zustellungs-Übereinkommens – die verschiedentlich anzutreffende Meinung[79], das nationale Recht könne autonom darüber entscheiden, ob eine Auslandzustellung notwendig sei, nicht vorbehaltlos geteilt werden. Eine solche Auffassung kommt letztlich einer Pervertierung des geltenden internationalen Rechtshilferechts gleich. Diesen Vorwurf muss sich auch der Schlunk-Entscheid gefallen lassen. Und die gleiche Feststellung gilt z.B. für die deutsche Zustellung durch sog. Aufgabe zur Post (§ 175 DZPO), die der Durchgriffszustellung von Illinois bzw. der romanischen «*remise au parquet*» gleichzusetzen ist[80].

Die Sanktion gegenüber exorbitanten Formen der (Nicht-)Zustellung beschränkt sich nicht bloss auf die Art. 15 und 16 des Übereinkommens. Sie äussert sich noch stärker in der späteren Phase der Urteilsvollstreckung. Diese Sanktion ist heute in Westeuropa unter Art. 27 Nr. 2 EuGVÜ bzw. LugÜ[81] vereinheitlicht. In der Handhabung dieser Bestimmung ist der EuGH bekanntlich sehr streng und duldet keine Verstösse gegen die *ordnungsgemässe* Zustellung von Prozessladungen[82]. Demgegenüber hat z.B. das Schweizerische Bundesgericht unter Art. 27 Abs. 2 IPRG das richtige Mass noch nicht gefunden[83]. Wohltuend klar hat sich im US-amerikanisch-deut-

68

---

[77] So aber der Schlunk-Entscheid, vorne, 2/59, Anm. 58.
[78] Sinn und Zweck des Übereinkommens ist es, die gerichtlichen Auslandzustellungen sicherer, effektiver und rationeller zu gestalten, und nicht, den Vertragsstaaten einen Freipass zu geben für den Ausbau exorbitanter Zustellungsformen.
[79] Vgl. *R. Geimer*, S. 498, 499; *H. Schack*, S. 226, 227.
[80] Insofern setzt die Erklärung der Schweiz zu Art. 1 des Übereinkommens (BBl 1993 III 1293) einen klaren Gegenakzent:
«Die Schweiz erachtet das Übereinkommen unter den Vertragsstaaten als ausschliesslich [richtiger wäre: zwingend] anwendbar. Sie betrachtet insbesondere die durchgriffsweise Zustellung an eine inländische nicht bevollmächtigte Rechtsperson, welche als Ersatz für die Zustellung an eine ausländische Rechtsperson dienen soll, als Umgehung des Übereinkommens, die namentlich mit den Artikeln 1 und 15 Abs. 1 Bst. b unvereinbar wäre».
[81] Vgl. auch vorne, Rdz. 2/4, Anm. 7; 2/12, Anm. 18; Art. 27 Nr. 2 EuGVÜ/LugÜ lautet:
«Eine Entscheidung wird nicht anerkannt,
1. ...
2. wenn dem Beklagten, der sich auf das Verfahren nicht eingelassen hat, das dieses Verfahren einleitende Schriftstück oder ein gleichwertiges Schriftstück *nicht ordnungsgemäss* und *nicht so rechtzeitig* zugestellt worden ist, dass er sich verteidigen konnte.»
[82] Vgl. EuGH, Urt. v. 12.11.1992 i.S. *Minalmet c. Brandeis*, SZIER 1993, S. 379-382; EuGH, Urt. v. 3.7.1990 i.S. *Lancray*, SZIER 1991, S. 131-142.
[83] Vgl. BGE 116 II 625, insbes. 630, in dem ein Kontumazialurteil des District Court von New York anerkannt wurde.

schen Verhältnis unlängst der Deutsche Bundesgerichtshof ausgesprochen[84]. In der Tat kann sich in solchem Zusammenhang falsch eingesetzte Anerkennungsfreudigkeit nur kontraproduktiv auswirken.

5. Die gerichtlichen und aussergerichtlichen Schriftstücke

69 Art. 1 lässt auch die Frage nach der Rechtsnatur der zuzustellenden Dokumente offen. Mit dem Begriff der *gerichtlichen und aussergerichtlichen Schriftstücke* – auch er ist unverändert aus der Übereinkunft von 1954 übernommen worden – soll, wie schon an der ersten Haager Konferenz von 1893 betont worden ist[85], klargestellt sein, dass das Übereinkommen nicht nur für Dokumente von Gerichten gilt, sondern auch für solche von Verwaltungsbehörden oder Urkundspersonen, welche Aufgaben der streitigen oder der freiwilligen Gerichtsbarkeit wahrnehmen. Für notarielle Urkunden ist dabei entscheidend, ob der Notar als private Urkundsperson oder in seiner Eigenschaft als «officier ministériel» handelt[86].

70 Vom 21.-25. November 1977 hat eine Spezialkommission der Mitgliedstaaten in Den Haag einen Meinungsaustausch gepflegt über die Erfahrungen, die mit dem Übereinkommen gemacht worden sind. Dabei sind als gerichtliche Urkunden jene bezeichnet worden, die mit einem Gerichtsverfahren in Verbindung stehen, während als aussergerichtliche jene Urkunden charakterisiert wurden, die – ausserhalb eines Gerichtsverfahrens – von einer Behörde oder einem Beamten ausgehen. Seitens der Praxis ist bestätigt worden, dass aussergerichtliche Aktenstücke recht häufig im Wege des Übereinkommens zugestellt werden. Als Beispiele wurden genannt: Zahlungsbefehle, Kündigungen von Mietwohnungen, Wechselproteste; auch der Einspruch gegen eine Eheschliessung oder die Zustimmung zu einer Adoption gehören dazu[87].

---

[84] BGH, Urt. v. 2.12.1992 betr. (Nicht-)Anerkennung eines Scheidungsurteils aus South Carolina, weil die Prozessladung per Post statt auf dem ordentlichen Weg des Zustellungs-Übereinkommens übersandt wurde, RIW 1993, S. 232.

[85] Actes de la Conférence de La Haye, 4e session (1904), S. 84.

[86] *M.V. Taborda Ferreira*, Rapport, Actes et Documents, 10e session (1964), S. 380. Die Praxis ist in dieser Frage nicht allzu formalistisch. Die Spezialkommission der Haager Konferenz von 1977 hat die Zentralbehörden eingeladen (vgl. Rdz. **2**/70), aussergerichtliche Akte auch zuzustellen, wenn sie nicht von einem «officier ministériel» herrühren; vgl. Conférence de La Haye, Rapport (1977), Actes et Documents, 14e session (1980), t. IV, S. 388; ferner Conférence de La Haye, Manuel pratique – Notification, S. 43.

[87] Vgl. Conférence de La Haye, Rapport sur les travaux de la commission spéciale sur le fonctionnement de la convention de 1965, La Haye 1977, S. 20; s. auch Conférence de La Haye, Manuel pratique – Notification, S. 56.

6. Die Zivil- und Handelssachen

Auch der Begriff der Zivil- und Handelssache (Art. 1) wird vom Übereinkommen nicht näher umschrieben. Das Übereinkommen von 1965 hat diesen Begriff unverändert aus den Übereinkünften von 1905 und 1954 übernommen. Aufgrund der früheren Arbeiten der Haager Konferenz ist klar, dass es bei der Beurteilung der Frage, ob eine Zivil- bzw. Handelssache vorliege, in erster Linie auf die Natur des materiellen Anspruchs ankommt und nicht auf die Art des Verfahrens (Zivil- /Administrativverfahren) oder die Bezeichnung der Behörde (Gericht, Verwaltungsbehörde). Schon an den Arbeiten der vierten Session der Haager Konferenz (1904) war dazu z.B. ausgeführt worden: «Du moment où les intérêts privés [im Gegensatz zu Interessen des Staates und seiner Behörden] sont en jeu, la convention s'applique, quelle que soit la juridiction»[88].

An der zehnten Session der Haager Konferenz (1964) wurde von *Belgien* die Frage aufgeworfen, ob man das Übereinkommen von 1965 nicht auch für Zustellungen von straf-, verwaltungs- oder steuerrechtlichen Schriftstücken zur Verfügung stellen sollte[89]. Eine solche Öffnung fand damals nicht die nötige Unterstützung, und dies, obwohl neu auch *Grossbritannien* und die *USA* an der Konferenz vertreten waren. Auch zur Frage, nach welchem Recht zu beurteilen sei, ob man es mit einer *Zivil-* oder *Handelssache* zu tun habe, wollte man sich an jener Session bewusst nicht äussern[90]. Immerhin vertrat der Berichterstatter die Auffassung, seines Erachtens werde ein Vertragsstaat dann auf das Übereinkommen zurückgreifen, wenn er eine Zustellung im Ausland vorzunehmen habe und es sich seines Erachtens um eine Zivil- und Handelssache handle; der ersuchte Staat werde dem Ersuchen stattgeben, sobald er den Eindruck habe, das Gesuch falle sachlich unter das Übereinkommen, und es würden dadurch weder seine Hoheitsrechte noch seine Sicherheit gefährdet[91].

Vom 12.-15. Juni 1978 hatte sich in Den Haag eine zweite *Spezialkommission* der Haager Konferenz mit Anwendungsfragen zum Übereinkommen befasst. Die Aussprache zeigte, dass das Meinungsspektrum bezüglich der Zivil- und Handelssachen in der Konferenz breiter geworden war. Die Vertreter gewisser *Common Law*-Staaten machten z.B. darauf aufmerksam, nach ihrer Rechtsauffassung gelte als Zivil- und Handelssache

---

[88] Actes de la Conférence de La Haye, 4e session (1904), S. 85; s. auch *M.V. Taborda Ferreira*, Rapport, Actes et Documents, 10e session (1964), S. 79, 365-366; *R.A. Schütze*, S. 232.
[89] *M.V. Taborda Ferreira*, Rapport, Actes et Documents, 10e session (1964), S. 79.
[90] *M.V. Taborda Ferreira*, Rapport, Actes et Documents, 10e session (1964), S. 79.
[91] A.a.O. Heute wissen wir, dass *M.V. Taborda Ferreira* seine Überlegungen angestellt hat, ohne die bisweilen verschlungenen Gedankengänge von Gerichten vorauszuahnen; dazu unten, Rdz. **3**/102, Anm. 83.

Kapitel 2

alles, was nicht «*penal*» sei; umgekehrt hatte z.B. *Ägypten* darauf hingewiesen, in seinem interpersonellen System würden die Fragen des «*statut personnel*» nicht zu den Zivilsachen gezählt. Ohne sachlich zu einer Annäherung zu kommen, hatte die Spezialkommission damals ihren Meinungsaustausch mit der allgemeinen Empfehlung abgeschlossen, die Mitgliedstaaten möchten das Übereinkommen hinsichtlich seines sachlichen Geltungsbereiches «*de la manière la plus libérale possible*» anwenden[92].

74 Dies hat in der Folge dazu geführt, dass das Übereinkommen von einzelnen Staaten selbst für Sachgebiete verwendet wurde, für die es ursprünglich nicht gedacht war. So hat z.B. der Hoge Raad der Niederlande in einem Entscheid *Arcolon v. Ramar*[93] vom 21. Februar 1986 gegenüber Kalifornien Rechtshilfe in Konkurssachen gewährt. Und das britische House of Lords hat in einem Entscheid *Re State of Norway*[94] vom 16. Febr. 1989 selbst ein norwegisches Nachsteuerforderungsverfahren gegen eine Erbschaft als Zivilsache angesehen. Die Folge dieser Entwicklungen war, dass man anlässlich eines dritten Erfahrungsaustausches, welcher vom 17.-20. April 1989 in Den Haag stattgefunden hat[95], zu gewissen Punkten reagieren musste.

75 Die Spezialkommission von 1989 hat für die weitere Konkretisierung des Begriffs der «*Zivil-* und *Handelssache*» eine Empfehlung mit folgenden Punkten entwickelt[96]:

---

[92] Vgl. Conférence de La Haye, Manuel pratique – Notification, S. 32.
[93] *Arcolon BV v. Ramar BV*, Urt. v. 21.2.1986, 28 (1989) I.L.M. 1578.
[94] Re State of Norway, Urt. v. 16.2.1989, 28 (1989) I.L.M. 693. Bei diesem Entscheid handelte es sich allerdings im Ergebnis gerade *nicht* um einen Anwendungsfall des Haager Übereinkommens. Zwar hat Norwegen sein Gesuch gestützt auf das Zustellungs-Übereinkommen gestellt, aber Lord Goff betonte, dass gegenüber Norwegen in Anwendung des englischen Evidence (Proceedings in Other Jurisdictions) Act von 1975 und nicht in Anwendung der Haager Übereinkommen von 1965 bzw. 1970 Rechtshilfe geleistet werde. Zwar sei der britische Rechtshilfe-Act 1975 u.a. neu erlassen worden, damit Grossbritannien die Haager Zustellungs- und Beweiserhebungs-Übereinkommen ratifizieren könne; allerdings beruhe der in diesem Act [Sect. 9 (1)] enthaltene Begriff der «civil und commercial matters» auf einer über hundertjährigen englischen Gesetzestradition. Diesen Begriff habe man 1975 nicht ändern wollen, insbesondere sei er nicht von den Haager Übereinkommen beeinflusst worden(!).
[95] *P. Volken*, Arbeitsprogramm, S. 165.
[96] Die Empfehlung (vgl. SJIR 1989, S. 175) lautet:
  «a La Commission souhaite que l'expression «matière civile ou commerciale» reçoive une interprétation autonome, sans qu'une référence exclusive soit faite soit à la loi de l'Etat requérant, soit à la loi de l'Etat requis, soit aux deux cumulativement.
  b Dans la «zone grise» des matières qui se situent entre le droit privé et le droit public, l'évolution historique devrait amener une ouverture plus large de la notion «civile ou commerciale»; il est notamment admis que le droit de la faillite, le droit des assurances et le droit du travail puissent tomber sous la notion «civile ou commerciale».
  c Par contre, en ce qui concerne d'autres matières considérées par la plupart des Etats comme

1° Zunächst hielt die Kommission fest: 76

— Der Begriff der «*Zivil-* und *Handelssache*» ist weder nach dem Recht des ersuchenden noch nach jenem des ersuchten Staates oder beider zusammen, sondern (staatsvertrags-) *autonom* auszulegen.
— Dabei ist es durchaus möglich, dass die Auslegung für das Zustellungs-Übereinkommen grosszügiger ausfällt als für jenes über die Beweisaufnahme. Im ersten Fall geht es nämlich bloss um eine Informationsvermittlung zugunsten einer im Ausland eingeklagten Person; im zweiten Fall hingegen wird der ersuchte Staat um Beweisaufnahmehilfe angegangen.

2° Für die autonome Auslegung gab die Kommission zwei Stossrichtungen an: 77

— Im Grenzbereich zwischen privatem und öffentlichem Recht ist eine gewisse Öffnung in dem Sinne anzustreben, dass z.B. die konkurs-, versicherungs- oder arbeitsrechtlichen Begehren im Zweifelsfall eher als «*Zivil-* oder *Handelssachen*», die steuerrechtlichen hingegen als öffentlichrechtliche Begehren angesehen werden.
— Nichts soll einzelne Vertragsstaaten daran hindern, die Übereinkommen unter sich (inter se) auch auf Rechtshilfebegehren des öffentlichen Rechts anzuwenden. Allerdings ist dafür das Einverständnis beider (aller) beteiligten Staaten erforderlich (inter se-Agreement). Auch kann die Öffnung für eines der Übereinkommen (z.B. für die Zustellung) weitergehen als für das andere (Beweis).

Aufgrund dieser Empfehlung dürfte sichergestellt sein, dass einem ersuchten Staat, der an die Abgrenzung zwischen privat- und öffentlichrechtlichen Ansprüchen strengere Massstäbe anlegt, die weniger strenge Haltung anderer Vertragsstaaten nicht einseitig aufgezwungen werden darf. Freilich wird auch dieser Staat damit rechnen müssen, dass sich im Verlauf der Zeit eine neue vorherrschende Praxis entwickeln kann. 78

Vor allem in der deutschen Praxis war während einiger Zeit streitig, ob das Zustellungs-Übereinkommen auch auf Ladungen für US-amerikanische Prozesse Anwendung finden soll, wenn im Klagebegehren u.a. «*punitive damages*» geltend gemacht werden. Die Zentralbehörden verschiedener deutscher Länder hatten die Zustellung solcher Ladungen abgelehnt, teils 79

    de droit public, par exemple le droit fiscal, cette évolution ne semble pas pour l'instant conduire à les inclure dans le champ d'application des Conventions.
  d Cependant, rien n'empêche des Etats contractants d'appliquer entre eux les deux Conventions à des matières de droit public, mais pas nécessairement d'une manière identique pour les deux Conventions.»

Kapitel 2

weil diese Begehren keine «*Zivil-* und *Handelssachen*» seien, teils weil sie den deutschen Ordre public verletzten[97].

80 Die Frage ist heute zugunsten der Anwendung des Zustellungs-Übereinkommens gelöst, m.E. zu Recht. Nacheinander haben die Oberlandesgerichte von München[98], Frankfurt[99] und Düsseldorf[100] festgehalten, dass es bei solchen Zustellungsbegehren erst um Klagen, noch nicht um Urteile gehe; deshalb sei der Vorbehalt des Ordre public noch nicht am Platz. Und im übrigen würde auch das deutsche Recht Ansätze von Privatstrafen kennen, auch wenn diese im Ausmass weniger hoch ausfallen als die amerikanischen Ansprüche.

81 Die gleichen Überlegungen müssen m.E. für das schweizerische Recht gelten. Mit einem positiven Entscheid zugunsten der Zustellung solcher Klagebegehren an den in der Schweiz wohnenden Beklagten, wäre freilich über die spätere Vollstreckbarkeit eines auf *punitive damages* lautenden Urteils noch nichts gesagt; die Kontrolle nach Art. 25-27 IPRG bliebe selbstverständlich vorbehalten.

V. Die Zustellungswege und die Modalitäten der Zustellung

1. Der ordentliche Zustellungsweg

82 Das Übereinkommen unterscheidet zwischen einem ordentlichen und verschiedenen subsidiären Zustellungswegen.

83 Die ordentliche Zustellung führt über eine sog. *Zentralbehörde*. Bei der Ratifizierung hat jeder Vertragsstaat eine Zentrale Behörde zu bezeichnen (Art. 2); Bundesstaaten oder Staaten mit selbständigen Teilrechtsgebieten können entweder mehrere Zentralbehörden oder neben der zentralen noch subsidiäre Behörden benennen (Art. 18)[101]. Die Zentralbehörde nimmt die ausländischen Zustellungsbegehren entgegen und ist für deren Ausführung

---

[97] Vgl. vorne, Rdz. **2**/60, Anm. 60.
[98] Urt. v. 9.5.1989, RIW 1989, 482.
[99] Urt. v. 21.3.1991, RIW 1991, 417.
[100] Urt. v. 19.2.1992, RIW 1992, 846.
[101] Von der Möglichkeit, mehrere Zentralbehörden zu bezeichnen, haben z.B. die BR Deutschland (eine Behörde pro Land), Grossbritannien (eine Behörde pro Gebiet) und Kanada (eine Behörde pro Provinz) Gebrauch gemacht. Für die Schweiz sind Zentralbehörden pro Kanton sowie eine subsidiäre Bundeszentralbehörde (EJPD) vorgesehen (BBl 1993 III 1287, 1288; AS 1995, 954).

im Inland besorgt, indem sie die Zustellung entweder selber durchführt oder sie von der zuständigen lokalen Behörde durchführen lässt[102].

Die im Übereinkommen vorgesehene Zentrale Behörde ist eine Empfangs- und Vermittlungsstelle für Zustellungen, die aus dem Ausland eingehen. Die eigenen, für das Ausland bestimmten Zustellungsgesuche laufen nicht über die inländische Zentralbehörde. Sie werden von der veranlassenden Lokalbehörde, in der Schweiz durch die in den kantonalen Prozessgesetzen vorgesehen Amtsstellen[103], direkt an die Zentrale Behörde des ersuchten Staates gerichtet. 84

Das ausgehende Gesuch kann nicht nur von einer Behörde, sondern nach Art. 3 auch von einem Justizbeamten (officier ministériel/judicial officer) veranlasst werden. Zu den Justizbeamten des Art. 3 zählt auch der englische «solicitor». Ob auch ein Prozessanwalt dazugehört, bestimmt jeweils das Recht des ersuchenden Staates[104]. Auf diese Weise trägt das Übereinkommen den zustellungsrechtlichen Besonderheiten in den Mitgliedstaaten Rechnung. Nicht antragsberechtigt wären hingegen Privatpersonen. 85

2. Die subsidiären Zustellungswege

Im Zustellungs-Übereinkommen schien es weder möglich noch wünschbar, dem ordentlichen Zentralbehördenweg ausschliesslichen Charakter beizumessen. Einzelne der schon in der Zivilprozess-Übereinkunft von 1954 vorgesehenen subsidiären Zustellungswege, namentlich der unmittelbare Behördenverkehr und die direkte diplomatische oder konsularische Zustellung, haben sich in der Praxis gut eingebürgert. Ihre Streichung wäre von vielen Staaten als Rückschritt empfunden worden. Zum anderen konnte auch auf den traditionellen diplomatischen und konsularischen Weg nicht ganz verzichtet werden[105]. 86

---

[102] Für die USA können Zustellungsbegehren an das Department of Justice, Office of International Judicial Assistance, in Washington (D.C. 20530) gerichtet werden. Dieses lässt die Zustellung durch die US-Marshals in den einzelnen Staaten vornehmen (der internationale Rechtshilfeverkehr ist in den USA Bundessache).

[103] Für die Schweiz kommen z.B. die Gerichts- und Verwaltungsbehörden des Bundes, ferner die kantonalen Bezirks-, Kantons- oder Obergerichte sowie die kantonalen Verwaltungen in Frage.
Merke: Mit Ausnahme von *Barbados* und *Finnland* ist der Ausgang von Zustellungsgesuchen in allen Vertragsstaaten dezentralisiert worden.

[104] Vgl. Conférence de La Haye, Manuel pratique – Notification, S. 36. Die Kantone wären z.B. frei, jeweils den Prozessanwalt als «expédiant» vorzusehen.

[105] Vgl. *M.V. Taborda Ferreira*, Rapport, Actes et Documents, 10e session (1964), S. 89, 372-374.

87   Im einzelnen sieht das Übereinkommen die folgenden subsidiären Wege vor:

88   – *Den diplomatischen oder konsularischen Weg*: Der klassische diplomatische oder konsularische Weg, bei dem man sich über die Auslandvertretung des ersuchenden Staates an das Aussenministerium des ersuchten Staates wendet, ist im Zustellungs-Übereinkommen nicht mehr vorgesehen. Hingegen steht es nach Art. 9 dem ersuchenden Staat frei, die ausgehenden Zustellungsbegehren durch seine konsularischen oder, in besonderen Fällen, seine diplomatischen Vertreter an die zuständige Behörde des ersuchten Staates zu richten[106]. Offen steht auch die Möglichkeit, dass der ersuchte Staat seine diplomatischen bzw. konsularischen Vertretungen oder sein Aussenministerium als zuständige Empfangsbehörden bezeichnet[107].

89   – *Die direkte diplomatische oder konsularische Zustellung*: Art. 8 des Zustellungs-Übereinkommens nimmt die schon in Art. 6 Abs. 1 Ziff. 3 der Übereinkunft von 1954 vorgesehene Möglichkeit auf, wonach die im ersuchten Staat akkreditierten diplomatischen oder konsularischen Vertretungen des Prozessstaates Zustellungen ohne Zwischenschaltung lokaler Behörden direkt an den Adressaten richten können. Der ersuchte Staat kann solchen Zustellungen widersprechen und muss sie nur gegenüber Angehörigen des ersuchenden Staates dulden (Art. 8 Abs. 2)[108].

90   – *Den direkten Postverkehr*: Dieser bereits in Art. 6 Abs. 1 Ziff. 1 der Übereinkunft von 1954 vorgesehene Zustellungsweg wird in Art. 10 lit. *a* des Zustellungs-Übereinkommens beibehalten[109]. Aus schweizerischer Sicht drängen sich die gleichen Bemerkungen auf wie zu der entsprechenden Bestimmung von 1954[110]. Mittelfristig wäre für die Schweiz

---

[106] Dieser Weg ist in verschiedenen Staaten nicht sehr erwünscht. Die ausländische diplomatische Vertretung wird regelmässig verpflichtet, das Zustellungsbegehren an eine nationale Behörde zu richten. Es handelt sich entweder um die Zentralbehörde im Sinne von Art. 2 bzw. 18 des Übereinkommens (Ägypten, BR Deutschland, Belgien, Finnland, Grossbritannien, Japan, Schweden, Tschechei, Türkei, Zypern) oder um eine lokale Gerichtsinstanz (Dänemark, Frankreich, Italien, Luxemburg, Niederlande, Norwegen).

[107] So z.B. Botswana, Griechenland, Grossbritannien, Japan und Schweden.

[108] Eine solche Erklärung haben abgegeben: Ägypten, Belgien, BR Deutschland, Frankreich, Japan, Luxemburg, Norwegen, Portugal, Schweiz, Seychellen, die Slowakei und die Tschechei. In diesen Staaten dürfen ausländische diplomatische oder konsularische Behörden direkte Zustellungen nur gegenüber eigenen Bürgern vornehmen und auch dies nur, sofern der Adressat die Sendung freiwillig annimmt.

[109] Eine Erklärung gegen die Zulassung der Postzustellung (Art. 10 lit. *a*) haben abgegeben: Ägypten, BR Deutschland, Botswana (für Verfahren vor dem Supreme Court), Norwegen, die Schweiz, die Slowakei, die Tschechei sowie die Türkei.

[110] Vgl. vorne, Rdz. 2/2, Anm. 5.

zu prüfen, ob der direkte Postverkehr, wie er bereits gegenüber Österreich gilt, nicht auch auf andere Nachbarstaaten oder überhaupt auf Westeuropa auszudehnen wäre[111].

- *Die Zustellungsvermittlung durch Justizbeamte oder Private*: Art. 10 lit. *b* und *c* nehmen in etwas ausführlicherer Form einen bereits in Art. 6 Abs. 1 Ziff. 2 der Übereinkunft von 1954 enthaltenen Gedanken wieder auf. Danach sollen, falls der ersuchte Staat dem nicht widerspricht, Zustellungen durch direkte Vermittlung zwischen Justizbeamten, etwa zwischen einem französischen «huissier» und einem englischen «solicitor» oder einem schweizerischen Gerichtsschreiber vorgenommen werden können (lit. *b*)[112]. Oder es soll sich der an einem Verfahren Beteiligte – in erster Linie die interessierte Prozesspartei oder ihr Anwalt – mit dem Zustellungsbegehren direkt an einen Justizbeamten, einen Zustellungsvermittler (solicitor) oder direkt an die betroffene Person wenden dürfen (lit. *c*). Diese Zustellungswege setzen voraus, dass die Zustellung in den betroffenen Staaten Sache von Beamten ist oder Privaten überlassen werden kann.

91

---

[111] Die Zulassung der Postzustellung ändert am hoheitlichen Charakter des Zustellungsaktes nichts. Stellvertretendes Ausführungsorgan würden dadurch unmittelbar (d.h. ohne Zwischenschaltung einer anderen schweizerischen Behörde) die schweizerischen PTT. Die Ablehnung der unmittelbaren Postzustellung dient heute vor allem dem Schutz des Bürgers: Er soll nicht unmittelbar ausländischen Prozessdokumenten ausgesetzt werden, deren Bedeutung und Inhalt er nicht erfasst und durch die – wenn er falsch reagiert – seine Verteidigungsrechte kompromittieren werden.

Die Zulassung der direkten Postzustellung setzt eine Aufklärungsarbeit beim Bürger voraus. Er muss darauf hingewiesen werden, dass er sich rechtlich beraten lassen sollte, bevor er reagiert. Zu diesem Zweck hat die 14. Session der Haager Konferenz ein mehrsprachiges CAVEAT ausgearbeit, das jede internationale Zustellung begleiten sollte (vgl. Actes et Documents de la Conférence de La Haye, 14e session [1980], t. IV, S. 336); s. auch hinten, Anhang B. Es hat folgenden Wortlaut (Adresse des Empfängers):
«SEHR WICHTIG
Das Dokument, das Sie in der Beilage finden, ist rechtlicher Natur und kann Ihre Rechte und Pflichten entscheidend betreffen. Die Übersicht über den «wesentlichen Inhalt des Dokumentes» gibt Ihnen einigen Aufschluss über dessen Natur und dessen Zweck. Aber es ist unerlässlich, den Text des Dokumentes selber aufmerksam zu lesen. Nötigenfalls sollten Sie sich umgehend rechtlich beraten lassen. Wenn Ihre finanziellen Mittel für eine Rechtsberatung nicht ausreichen, sollten Sie sich entweder in Ihrem Land oder, aus dem dieses Dokument kommt, über die Möglichkeiten der unentgeltlichen Rechts- und Beratungshilfe erkundigen. Über die entsprechenden Möglichkeiten kann Sie im Land, aus dem dieses Dokument stammt, folgende Stelle informieren: (Adresse).»

[112] Dieses Zustellungssystem funktioniert z.Zt. zwischen den «huissiers» Belgiens, Frankreichs, Luxemburgs und der Niederlande. Es besteht die Möglichkeit, auch andere Zustellungsbevollmächtigte einzubeziehen; vgl. Conférence de La Haye, Manuel pratique – Notification, S. 40; *M.V. Taborda Ferreira*, Rapport, Actes et Documents, 10e session (1964), S. 90, 373.

Kapitel 2

92 Sie stellen ein Zugeständnis an die romanischen und angelsächsischen Staaten dar und dürften mit ein Grund dafür gewesen sein, dass die USA, Grossbritannien und mehrere frühere britische Gebiete dieses Übereinkommen ratifiziert haben. Art. 21 Abs. 2 lit. *a* erlaubt gegen diesen Zustellungsweg einen Vorbehalt. Davon haben bisher verschiedene kontinentaleuropäische Vertragsstaaten Gebrauch gemacht[113].

93 – *Der unmittelbare Behördenverkehr*: Nach Art. 11 können die Vertragsstaaten in bilateralen Zusatzvereinbarungen den unmittelbaren Verkehr zwischen den beiderseitigen Behörden vorsehen. Von dieser Möglichkeit, die bereits in Art. 1 Abs. 4 der Übereinkunft von 1954 vorgesehen war, hat die Schweiz gegenüber allen Nachbarstaaten (ausser Liechtenstein), ferner gegenüber Belgien, Luxemburg, Polen, der Slowakei, der Tschechei und Ungarn Gebrauch gemacht[114].

3. Der Zustellungsnachweis

94 Bei Zustellungen, die nach dem Übereinkommen von 1965 durchgeführt werden, ist zwischen dem Zustellungs*antrag* und den zuzustellenden *Schriftstücken* zu unterscheiden.

95 Der Antrag geht von der nach dem Recht des ersuchenden Staates zuständigen Behörde oder dem zuständigen Justizbeamten aus. Der Form nach hat er dem im Anhang zum Übereinkommen abgedruckten mehrsprachigen Musterformular zu entsprechen. Das Formular umfasst drei Teile[115]:

96 – Der erste Teil enthält den eigentlichen Zustellungsantrag mit den Adressen der ersuchenden und der ersuchten Behörde sowie derjenigen des Zustellungsadressaten. Er gibt Auskunft über die gewünschte Form der Zustellung und nennt die zuzustellenden Aktenstücke.

97 – Der zweite Teil enthält die Zustellungsbescheinigung. Sie ist von der zustellenden Behörde des ersuchten Staates auszufüllen und gibt darüber Auskunft, wann, wo, von wem, an wen und in welcher Form die Zustellung erfolgt ist bzw. weshalb sie nicht möglich war (Art. 6). Dieser Teil wird nach erfolgter Zustellung bzw. erfolglosem Zustellungsversuch wieder an die ersuchende Behörde zurückgeschickt.

---

[113] Einen Vorbehalt gegen Art. 10 lit. *b* und *c* haben angebracht: Ägypten, Botswana, BR Deutschland, Dänemark, Finnland, Israel, Japan, Norwegen, Seychellen, Schweden, Schweiz, Slowakei, Tschechei, Türkei.
[114] Vgl. vorne, Rdz. 1/48-72.
[115] Vgl. Actes et Documents de la Conférence de La Haye, 10e session (1964), t. III, S. 356-360; dies., Manuel pratique – Notification, S. 14-18; BBl 1993 III 1322-1326; AS 1994, 2817-2823.

– Der dritte Teil des Antrags ist für den Zustellungsadressaten bestimmt (Art. 5 Abs. 4). Er gibt an, von welcher Behörde der Zustellungsantrag ausgeht, welches die Streitparteien sind und welches die Rechtsnatur des zuzustellenden Schriftstücks ist. Die vierzehnte Session der Haager Konferenz (1980) hat in einer Empfehlung angeregt, dem Zustellungsantrag noch einen vierten Teil beizufügen und darin den Adressaten auf die rechtliche Bedeutung der ihm zugestellten gerichtlichen Schriftstücke hinzuweisen[116].

98

Dem Zustellungsantrag sind die zuzustellenden gerichtlichen Schriftstücke beigefügt. Antrag und Schriftstücke sind im Doppel einzureichen. Sie bedürfen keiner Beglaubigung (Art. 3). Entspricht der Antrag in irgendeiner Form nicht den Anforderungen des Übereinkommens, so wird der Mangel direkt zwischen ersuchender und Zentraler Behörde des ersuchten Staates behoben (Art. 4)[117].

99

Die Zustellung selber kann durch formlose Übergabe an den zur Entgegennahme bereiten Adressaten, durch gesetzliche Zustellung in ortsüblicher Form oder in einer von der ersuchenden Behörde ausdrücklich verlangten qualifizierten Form erfolgen (Art. 5 Abs. 1 und 2)[118]. Die Zustellung in qualifizierter Form kann vom ersuchten Staat abgelehnt werden, wenn sie mit seinem Recht unvereinbar ist. Ferner kann dafür die Abfassung oder Übersetzung der zuzustellenden Schriftstücke in die oder eine Sprache des ersuchten Staates verlangt werden.

100

4. Die Modalitäten der Zustellung

Gleich der Haager Übereinkunft von 1954 wird auch im Zustellungs-Übereinkommen nicht die Zustellung als solche geregelt; das Übereinkommen legt nur die zwischenstaatlichen Zustellungs- oder Übermittlungswege fest. Die Zustellung selber bleibt Sache des nationalen Rechts[119]. Das Prozessrecht des ersuchenden Staates entscheidet darüber, welche Schriftstücke der Zustellung bedürfen, wann und wo zuzustellen ist, ob überhaupt eine Zustellung stattzufinden hat, ob an den Adressaten persönlich, an seinen Vertreter oder an einen Zustellungsbevollmächtigten zuzustellen ist oder ab wann die Fristen laufen. Und das Recht des ersuchten Staates bestimmt, ob, wann,

101

---

[116] Vgl. vorne, Rdz. 2/90, Anm. 111; hinten, Anhang B.
[117] Vgl. Conférence de La Haye, Manuel pratique – Notification, S. 33; Rapport Commission spéciale 1977, Actes et Documents, 14e session (1980), t. IV, S. 383.
[118] Vgl. Conférence de La Haye, Manuel pratique – Notification, S. 34, 35.
[119] Vgl. *O. Capatina*, Rec. des Cours 1983 I, S. 355; Cour supérieure de Luxemburg, 21.1.1981; Cour de cassation française, 16.12.1980, Rev. crit. 1981, S. 708, Anm. G.A.L. Droz.

Kapitel 2

von wem und wie ausländische Gerichtsurkunden im Inland rechtswirksam zugestellt werden.

102 Diese Grundsätze ergeben sich für den ersuchenden Staat aus Art. 1 und für den ersuchten Staat aus Art. 5. Nach Art. 1 gilt das Übereinkommen in allen Fällen, in denen ein Schriftstück zum Zweck der Zustellung ins Ausland zu übermitteln ist. Welches diese Fälle sind, hat der Urteilsrichter nach seinem Recht zu bestimmen[120]. Und laut Art. 5 erfolgen Zustellungen grundsätzlich nach dem Recht des ersuchten Staates.

5. Die Sanktionen bei nicht gehöriger Zustellung

103 Das Übereinkommen sieht in Art. 15 und 16 Sanktionen vor für den Fall, dass eine Zustellung nicht gehörig erfolgt ist. Nach Art. 15 muss der Urteilsrichter das Verfahren aussetzen, wenn die Ladung nicht effektiv[121] erfolgt ist, und nach Art. 16 muss er einem Beklagten die Frist wiederherstellen, wenn dieser ohne sein Verschulden von einer Prozessladung nicht so rechtzeitig Kenntnis erhalten hat, dass er sich hätte verteidigen können. Diese Sanktionen verleihen der Einhaltung des staatsvertraglichen Zustellungsverfahrens indirekt verbindlichen Charakter. Dem hätte entsprochen, dass das Übereinkommen auch angibt, wann der von ihm vorgeschriebene Zustellungsweg zu beschreiten ist. An entsprechenden Vorschlägen hat es seinerzeit nicht gefehlt[122]. Das Übereinkommen begnügte sich aber mit einer negativen Umschreibung: Es gilt nicht, wenn die Adresse des Zustellungsempfängers unbekannt ist (Art. 1 Abs. 2).

---

[120] Vgl. *M.V. Taborda Ferreira*, Rapport, Actes et Documents, 10e session (1964), S. 78-80, 363-365; *Ch. Wölki*, Das Haager Zustellungsabkommen und die USA, RIW 1985, S. 534, will vor der förmlichen Zustellung durch die Zentrale Behörde ein Anhörungsverfahren zugunsten des Zustellungsadressaten sowie eine materielle Prüfung des Zustellungsbegehrens einfügen. Diese Forderung geht zu weit. Jedenfalls lässt sie sich nicht auf die Materialien abstützen. *Wölkis* Idee lehnt ganz offensichtlich an das Beweiserhebungs-Übereinkommen (hinten, Rdz. 3/83-87) an. Dort hat sie ihre Berechtigung, hier nicht.
   In diesem Sinn schon die heutige schweizerische Praxis, vgl. VPB 49 (1985) 16, S. 84.
[121] Die Zustellung gilt nach Art. 15 Abs. 1 als effektiv erfolgt, wenn das Dokument in einer Form zugestellt wurde, die das Recht des ersuchten Staates für die Zustellung eigener Schriftstücke an in dem Staat ansässige Personen vorschreibt (lit. *a*) oder wenn das Dokument entweder dem Beklagten selbst oder in seiner Wohnung tatsächlich übergeben wurde und der Beklagte auf jeden Fall genügend Zeit gehabt hätte, sich zu verteidigen (lit. *b*); vgl. dazu *O. Capatina*, Rec. des Cours 1983 I, S. 361-364; *H. Nagel*, IZPR, S. 237.
[122] Vgl. *M.V. Taborda Ferreira*, Rapport, Actes et Documents, 10e session (1964), S. 80, 81.

6. Die Verkehrssprache

Wie für die Zustellung selber ist auch für die dabei zu verwendende Sprache zwischen Zustellungsantrag und zuzustellenden Schriftstücken zu unterscheiden. Der Antrag selber besteht aus einem mehrsprachigen Musterformular. Dessen Rubriken sind auf französisch und englisch vorformuliert; sie können überdies durch eine Fassung in der Amtssprache der ersuchenden Behörde ergänzt sein[123].

Die Eintragungen ihrerseits sind auf englisch, französisch oder in der Amtssprache der ersuchten Behörde vorzunehmen. Für die zuzustellenden Schriftstücke selber besteht eine Sprachvorschrift nur, falls eine qualifizierte Zustellung gewünscht wird. Dann kann die Zentralbehörde des ersuchten Staates Abfassung oder Übersetzung in die oder eine Amtssprache des ersuchten Staates verlangen (Art. 5 Abs. 3)[124].

7. Die Ablehnungsgründe

Das Übereinkommen unterscheidet zwischen formellen und materiellen Ablehnungsgründen.

Formelle Ablehnungsgründe geben der ersuchten Zentralbehörde zunächst das Recht, dem Gesuch keine Folge zu leisten und die beanstandeten Mängel beheben zu lassen (Art. 4).

An *materiellen* Ablehnungsgründen nennt das Übereinkommen in Art. 13 die gleichen Kriterien, die schon in Art. 4 der Übereinkunft von 1954 vorgesehen waren. Danach darf ein Zustellungsantrag unerledigt bleiben, wenn der ersuchte Staat ihn für geeignet hält, seine Hoheitsrechte zu verletzen oder seine Sicherheit zu gefährden. Was als Verletzung der Hoheitsrechte oder als Gefährdung der Sicherheit anzusehen ist, wird im Übereinkommen nicht präzisiert. Im allgemeinen wird man davon ausgehen müssen, dass als Ablehnungsgründe im Sinne von Art. 13 nur schwerwiegende Beeinträchtigungen der nationalen Sicherheit und Unabhängigkeit in Frage kommen[125]. Jedenfalls müsste die Schwere der Beeinträchtigung unter Art. 13 grösser sein als beim traditionellen Ordre public-Vorbehalt.

---

[123] Art. 7.
[124] Vgl. Conférence de La Haye, Manuel pratique – Notification, S. 34. Die Schweiz hat in diesem Sinn eine Erklärung abgegeben (BB1 1993 III 1291, 1292; AS 1995, 953).
[125] Aus schweizerischer Sicht könnte man z.B. an den Tatbestand von Art. 273 StGB denken. Er dürfte allerdings eher bei Gesuchen um Beweiserhebung und weniger bei blossen Zustellungen aktuell werden. Gleiches gilt für die Abgrenzung zwischen der Pflicht zur Leistung von

Kapitel 2

Nicht entscheidend ist, ob der ersuchte Staat für den Rechtsstreit, in dessen Ablauf er um Zustellungshilfe ersucht wird, die Zuständigkeit des ersuchenden Staates anerkennt oder ob er für den entsprechenden Streit selber eine ausschliessliche Zuständigkeit in Anspruch nimmt (Art. 15 Abs. 2). Auch der Einwand, dem ersuchten Staat sei ein entsprechendes Verfahren unbekannt, ist nicht stichhaltig (Art. 13 Abs. 3).

8. Die Kostenfrage

109 Zum Ersatz der mit der Zustellung verbundenen Kosten nimmt das Übereinkommen in Art. 12 Stellung. Danach ist zwischen ordentlichen und besonderen Kosten zu unterscheiden. Als *ordentliche* Kosten sind die mit der Übermittlung und Bearbeitung verbundenen allgemeinen Auslagen und Gebühren anzusehen. Für diese ist kein Ersatz geschuldet (Art. 12 Abs. 1). *Besondere* Kosten können bei der Zustellung dadurch entstehen, dass Vollzugsbeamte (huissier, Gerichtsweibel) mitwirken müssen oder dass Vorkehren für eine besondere Form der Zustellung zu treffen sind. Für die letzteren kann Ersatz gefordert werden (Art. 12 Abs. 2). Über die Kostenfrage können die Vertragsstaaten in bilateralen Zusatzvereinbarungen Abweichendes vorsehen (Art. 20). Solche Vereinbarungen hat die Schweiz bereits unter der Herrschaft der Zivilprozess-Übereinkunft von 1954 geschlossen. Sie gelten unter der Herrschaft des Zustellungs-Übereinkommens weiter (Art. 20, 24)[126].

Rechtshilfe und legitimem Schutz von Berufs- und Geschäftsgeheimnissen; s. auch vorne, Rdz. **2**/45.

In der Praxis scheint man Einwände aus Art. 13 kaum je geltend zu machen; vgl. Conférence de La Haye, Manuel pratique – Notification, S. 33; *H. Nagel*, IZPR, S. 236.

[126] Vgl. vorne, Rdz. **1**/48-77; **2**/46, 47.

Kapitel 3: Die Beweisaufnahmehilfe

I. Der Beweis und das Beweisrecht

1. Der Beweis

Beweisen heisst, dem Richter Gründe darlegen für das Wahrhalten von Behauptungen, die im Prozess aufgestellt werden[1]. Gegenstand des Beweisverfahrens sind vornehmlich Tatsachen. Nachzuweisen sind alle Tatsachen, die Tatbestandsmerkmal der vom Richter anzuwendenden Rechtssätze sind und aus deren Vorhanden- oder Nichtvorhandensein die Streitparteien ihre Rechtsbegehren herleiten[2]. Der Beweis und das Beweisen werden so zum Instrument oder Hilfsmittel, das die Verwirklichung des materiellen Rechtssatzes erst eigentlich gestattet. Sie stehen gleichsam an der Nahtstelle zwischen dem durchzusetzenden materiellen und dem dieser Durchsetzung dienenden Verfahrensrecht.

Diese Mittlerfunktion zeigt sich auch in der Frage des auf den Beweis anzuwendenden Rechts. Müssen Beweise ganz oder zum Teil im Ausland erhoben werden, so fragt sich, ob und inwieweit das Arbeiten mit ausländischen Beweiselementen die Anwendung des ausländischen Beweisrechts nach sich zieht. Die Frage wird nicht überall und nicht für alle Beweisfragen gleich beantwortet.

2. Das auf den Beweis anzuwendende Recht

Nach in der Schweiz herrschender Lehre und Praxis bildet das Beweisrecht Bestandteil des Verfahrensrechts[3]. Entsprechend hat jedes Prozessgericht grundsätzlich sein eigenes Beweisrecht, die *lex fori*, anzuwenden. Die Prozessgesetze des Bundes und der Kantone enthalten denn auch jeweils umfangreiche Kapitel und Abschnitte über das Beweisrecht. Darin wird insbesondere festgelegt, welche Tatsachen des Beweises bedürfen, ob die Be-

---

[1] *W. Habscheid*, Droit jud., S. 419; *ders.* ZPO, S. 380.
[2] *M. Guldener*, ZPR, S. 318; *W. Habscheid*, Droit jud., S. 419, 420; *ders.,* ZPO, S. 321; *O. Vogel*, S. 223; *H.-U. Walder*, S. 327.
[3] *M. Guldener*, IZPR, S. 27; vgl. auch Art. 11 Abs. 1 IPRG: «Rechtshilfehandlungen werden in der Schweiz nach dem Recht des Kantons durchgeführt, in dem sie vorgenommen werden»; dazu: *P. Volken*, in: IPRG-Kommentar, N. 4, 5 zu Art. 11.

Kapitel 3

weise von Amtes wegen oder nur auf Parteiantrag zu erheben sind, welche Beweismittel zugelassen sind, welches ihr Beweiswert ist und wie der Richter diesen zu würdigen hat. Einzig für die Regeln der Beweislast wird durchwegs eine Ausnahme gemacht[4].

4 Die gleiche Auffassung wie im schweizerischen wird im deutschen und österreichischen sowie im anglo-amerikanischen Recht vertreten. Auch die skandinavischen und die osteuropäischen Staaten unterstellen das Beweisrecht grundsätzlich der *lex fori*. Eine differenziertere Haltung nehmen verschiedene romanische und namentlich das französische Recht ein[5].

3. Das Recht der Beweislast

5 Der Nachweis über das Vorhanden- oder Nichtvorhandensein einer rechtserheblichen Tatsache berührt die materielle Rechtsstellung der Prozessparteien unmittelbar. Deshalb kann es ihnen nicht gleichgültig sein, wer im Streitfall was nachzuweisen hat, entscheidet doch das Gelingen oder Nichtgelingen eines Beweises letztlich über den Ausgang des Prozesses. Das gleiche Interesse hat die materielle Rechtsordnung selber, denn vom Beweiserfolg hängt deren richtige Anwendung im Einzelfall ab. Zwar macht das Privatrecht die Entstehung oder den Untergang eines Rechtsanspruches nicht von der Beweisbarkeit der sie begründenden Tatsachen abhängig. Doch muss sich die Rechtsordnung immer auch mit der Frage befassen, was geschehen soll, wenn die tatbeständlichen Gegebenheiten, an die sie bestimmte Rechtsfolgen knüpft, sich nicht verifizieren lassen. Zu diesem Zweck bedient sich der Gesetzgeber vorzugsweise gesetzlicher Vermutungen oder Beweislastregeln. Unsere Privatrechtsgesetze sind voll solcher Regeln[6].

6 Im schweizerischen Recht steht die Grundregel über die Verteilung der Beweislast in Art. 8 ZGB[7]. Danach hat derjenige das Vorhandensein einer behaupteten Tatsache zu beweisen, der daraus Rechte ableitet. Und Art. 9

---

[4] Dazu sogleich, Rdz. 3/5; s. auch: *M. Guldener*, IZPR, S. 27; *M. Kummer*, Berner Kommentar, Nr. 378 zu Art. 8 ZGB; *D. Coester-Waltjen*, N. 267, 385; *R. Geimer*, S. 540, 545; *H. Nagel*, IZPR, S. 143; *E. Riezeler*, S. 464.

[5] Für eine Übersicht vgl. *H. Nagel*, IZPR, S. 142-145.

[6] Vgl. z.B. im ZGB: Art. 8 (Beweislast), 9 (öffentl. Urkunden), 10 (kant. Recht), 32 (Leben und Tod), 158 (Ehescheidung), 254 (Kindesverhältnis); im OR: Art. 42 (unerlaubte Handlung), 204 (Mängelrüge), 222 (Kauf nach Muster), 1043 (Wechselprotest).
Art. 192 ZPO/FR verweist für die Beweislast ausdrücklich auf das materielle Recht; ähnlich Art. 160 ZPO/VD; weitere Hinweise bei *W. Habscheid*, Droit jud., S. 423ff.; *ders.*, ZPO, S. 316ff.; *O. Vogel*, S. 229f.

[7] Zu Bedeutung und Tragweite von Art. 8 ZGB im allgemeinen vgl. *M. Kummer*, Berner Kommentar, Bd. I/1, Einleitungstitel, zu Art. 8, S. 612-709.

ZGB stellt eine gesetzliche Vermutung für die inhaltliche Richtigkeit öffentlicher Register und öffentlicher Urkunden auf. Ähnliche Rechtsvermutungen hat der Gesetzgeber in zahlreiche weitere Bestimmungen des ZGB, des OR und der Spezialgesetze eingebaut.

Gleiches gilt für die ausländische Gesetzgebung. Allerdings sind die nationalen Gesetzgeber weit davon entfernt, diese Regeln immer am gleichen Ort oder in gleichem Sinn zu verwenden. Die richtige Anwendung des verwiesenen ausländischen Rechts ist letztlich nicht möglich, wenn nicht auch dessen Rechtsvermutungen und dessen Beweislastregeln mitberücksichtigt werden. Der Auffassung, wonach solche Regeln jeweils dem verwiesenen *materiellen* Recht und nicht den Prozessgesetzen des Forums zu entnehmen sind, ist daher grundsätzlich zuzustimmen. In der Literatur wird denn auch verschiedentlich die Auffassung vertreten, der Grundsatz, wonach die Beweislastregeln materiellrechtlich zu qualifizieren und daher dem verwiesenen materiellen Recht zu entnehmen seien, gelte heute beinahe weltweit[8]. Sicher ist, dass diese Auffassung neben der schweizerischen[9] mehrheitlich auch von der deutschen[10], der französischen[11], der skandinavischen[12], der anglo-amerikanischen[13] und der osteuropäischen[14] Doktrin vertreten wird.

Neben den Beweislastregeln, die dem Auffinden der materiellen Rechtswahrheit dienen, kennt jede Rechtsordnung auch Regeln, die an das Verhalten der Parteien im Prozess gebunden sind. Nach § 146 ZPO/ZH darf z.B. der Richter den Akteninhalt nicht zum Nachteil der im Beweisverfahren säumigen Partei ausser acht lassen. Im Walliser Prozess ist diese Pflicht ausdrücklich nur für das Offizialverfahren vorgeschrieben (Art. 115, 181 ZPO/VS). Die Prozessordnungen einiger Kantone erachten den durch die Gegenpartei vereitelten Beweis als erbracht und Tatsachen, zu denen eine Partei die Aussage verweigert, zu deren Nachteil als erwiesen[15]. Gemäss Art. 65 BZPO hingegen sind Parteiaussagen und Aussageverweigerungen nach freiem richterlichen Ermessen zu würdigen; und für die Beurteilung der Frage, ob eine Tatsache anerkannt oder bestritten sei, stellt Art. 36 BZPO nicht bloss auf die formale Äusserung der Parteien, sondern auf deren gesam-

---

[8] *H. Nagel*, IZPR, S. 147.
[9] *M. Kummer*, Berner Kommentar, N. 378 zu Art. 8 ZGB.
[10] *D. Coester-Waltjen*, N. 267, 371; *R. Geimer*, S. 542, 545, 560; *H. Nagel*, IZPR, S. 147, 148; *E. Riezeler*, S. 464; *Soergel/Kegel*, Kommentar zum BGB, Art. 7 EGBGB, 10./11. Aufl. 1970, Nr. 389 vor Art. 7 EGBGB.
[11] *H. Batiffol/P. Lagarde*, N. 705.
[12] *I. Karlgreen*, Internationales Privat- und Prozessrecht, Stockholm 1950, S. 170.
[13] *P.M. North*, Cheshire's Private International Law, 9. Aufl., London 1974, S. 690; *E.F. Scoles/ P. Hay*, S. 398.
[14] *L.A. Lunz*, Internationaler Zivilprozess, Berlin-Ost 1968, S. 73.
[15] Vgl. § 137 ZPO/NW, § 153 Abs. 2 ZPO/ZG.

tes Verhalten im Prozess ab[16]. Solche Regeln sind jeweils dem Verfahrensrecht des Forums zu entnehmen, denn sie betreffen den geordneten Verfahrensablauf und nicht unmittelbar die materielle Rechtsposition der Parteien[17].

4. Beweisrecht und Formrecht

9 Wie bei der prozessualen Behandlung des Beweises weichen die verschiedenen Rechtsordnungen auch bezüglich der Zulässigkeit der Beweismittel voneinander ab. In der Schweiz kennen verschiedene kantonale Prozessgesetze noch den Parteieid[18]; im Ausland ist dieser vielfach nicht mehr zugelassen. Auch dem Beweis durch Geständnis oder durch Sachverständige kommt in den verschiedenen Prozessgesetzen unterschiedliche Bedeutung zu, und selbst für den Zeugenbeweis sind erhebliche Unterschiede festzustellen[19]. So schliessen z.B. das französische und das italienische Recht den Zeugenbeweis für Rechtsgeschäfte, die eine bestimmte Summe übersteigen, aus (vgl. Art. 1341 Ccfr, Art. 2721 Ccit)[20].

10 Ähnlich sehen die anglo-amerikanischen Rechte vor, dass gewisse Rechtsgeschäfte (insbesondere Grundstückgeschäfte) durch Urkunden nachgewiesen werden müssen (Sect. 4 des engl. *Statute of Frauds* 1677 und seine Nachfolger) bzw. dass Änderungen oder Ergänzungen einer schriftlichen Vereinbarung ebenfalls durch Urkunden nachzuweisen sind (*parol evidence rule*)[21].

11 Um solchen Unterschieden Rechnung zu tragen, will vor allem die romanische Doktrin die Zulässigkeit von Beweismitteln nicht der *lex fori*, sondern dem auf den Streitgegenstand anwendbaren Recht (*lex causae*)[22] oder zumindest demjenigen des Ortes unterstellen, an dem das streitige Rechtsverhältnis entstanden ist (*lex loci actus*)[23].

---

[16] Idem § 142 ZPO/OW, Art. 138 ZPO/UR.
[17] *R. Geimer*, S. 560; *H. Nagel*, IZPR, S. 142; *E. Riezeler*, S. 405.
[18] In einzelnen Kantonen ist der Richter an die durch Eid bekräftigte Parteiaussage gebunden (§ 271 ZPO/SZ); in anderen Kantonen unterliegt auch der Parteieid der freien richterlichen Beweiswürdigung (Art. 211 ZPO/FR).
[19] Für eine Übersicht vgl. *H. Nagel*, IZPR, S. 133, 175.
[20] In Frankreich betrug die Summe ursprünglich FF 50.–; durch Gesetz 80-525 und Dekret 80-532 ist sie heute auf FF 5000.– festgesetzt. In Italien beträgt die Grenze lit. 5000.–.
[21] Vgl. dazu *D. Coester-Waltjen*, insbes. S. 335-385; *R. Geimer*, S. 558.
[22] So z.B. gewisse südamerikanische Tendenzen: Brasilien, Abkommen von Montevideo.
[23] So die herrschende französische und italienische Lehre und Praxis, vgl. *H. Batiffol/P. Lagarde*, N. 707.

Zu praktischen Schwierigkeiten haben vor allem die französische bzw. 12
die italienische Beschränkung des Zeugenbeweises Anlass gegeben. Da diese
Beschränkung jeweils im materiellen Schuld- und nicht im Verfahrensrecht
geregelt ist, kann sich mit ihr (kraft kollisionsrechtlicher Verweisung) auch
der ausländische Richter konfrontiert sehen.

Die führende schweizerische und deutsche Literatur haben sich des Pro- 13
blems dadurch entledigt, dass sie die Art. 1341 Ccfr bzw. 2721 Ccit im
Sinne einer funktionellen Qualifikation als Formvorschriften[24] des verwiesenen Rechts interpretiert haben. Entsprechend wollen sie den Ausschluss
des Zeugenbeweises immer dann – und zwar als Formmangel – berücksichtigen, wenn die *lex causae* eine solche Beschränkung vorsieht[25].

Mit *Keller/Girsberger*[26] ist festzuhalten, dass es sich bei solchen Be- 14
stimmungen regelmässig um Normen handelt, die «an der Grenze zwischen
prozessualem und materiellem Recht stehen» und die «sowohl dem Schutz
der Parteien als auch der Regelung des Verfahrens dienen». In solchen Fällen soll der Form eines Rechtsgeschäftes regelmässig eine besondere Schutzfunktion zukommen. Entsprechend pflegt die *lex causae* – unter Ausschluss
des Abschlussstatuts – *zwingend die Einhaltung der eigenen Formvorschriften zu verlangen*[27].

Als qualifizierte Formvorschrift könnte der französische Ausschluss des 15
Zeugenbeweises vor dem Richter eines anderen Staates (z.B. in der Schweiz)
nur zum Tragen kommen, wenn kumulativ drei Voraussetzungen erfüllt
wären: Das französische Recht müsste *erstens* selber Sachstatut sein (so in
BGE 102 II 279/280); Frankreich müsste *zweitens* Art. 1341 Ccfr zu seinem positiven Ordre public zählen, d.h. den Zeugenbeweis auch dann ablehnen, wenn das Rechtsgeschäft in einem Staat geschlossen wurde, der
eine solche Begrenzung der Beweismittel nicht kennt; und der Forumstaat
müsste *drittens* bereit sein, den zwingend anwendbaren Bestimmungen eines anderen Staates Nachachtung zu verschaffen.

Da die französische Rechtsprechung für die Zulässigkeit von Beweisen 16
ausdrücklich auf das Recht des Abschlussortes abstellt[28], wäre zumindest

---

[24] Vgl. BGE 102 II 280. In der Tat führt die Beschränkung des Zeugenbeweises im Ergebnis dazu – und dies scheint rechtspolitisch gewollt zu sein –, dass Rechtsgeschäfte über eine grössere Summe im Hinblick auf die spätere Beweisbarkeit in Schriftform geschlossen werden müssen. Zur historischen Entwicklung dieser Regeln vgl. *R. Geimer*, S. 554, 555.

[25] Vgl. *M. Keller/D. Girsberger*, in: IPRG-Kommentar, N. 33 zu Art. 124; *F. Vischer*, Int. Vertragsrecht, Bern 1962, S. 157, 158; ferner: *M. Guldener*, IZPR, S. 27; *H. Nagel*, IZPR, S. 144, 145; *E. Riezeler*, S. 471; *P.H. Neuhaus*, Grundlagen des IPR, S. 130.

[26] A.a.O., N. 33 zu Art. 124.

[27] Vgl. *D. Furgler*, Die Anknüpfung der Vertragsform im internationalen Privatrecht, Zürich 1985, S. 120ff.

[28] Vgl. Cour de cassation (française), Urteil v. 24.2.1959, Rev. crit. 1959, S. 368; s. auch *H. Batiffol/P. Lagarde*, N. 707 in fine.

Kapitel 3

die zweite Voraussetzung nicht erfüllt. Dies zeigt, dass der Versuch, Art. 1341 Ccfr und ähnliche Bestimmungen als reine Formvorschriften zu qualifizieren, an Grenzen stösst. Der schweizerische Richter, der über ein solches Rechtsgeschäft eine Beweisaufnahme durchzuführen hat, darf sich m.E. ohne weiteres an BGE 102 II 279 orientieren, wo zwischen der Beweis*last* (*lex causae*) und den Beweis*mitteln* (*lex fori*) unterschieden wird. Entsprechend könnte der schweizerische Richter als Beweis*mittel* ohne weiteres auch Zeugen zulassen, denn nach schweizerischer Auffassung beurteilt sich die Zulässigkeit des Zeugenbeweises nach der *lex fori*[29].

5. Die verschiedenen Beweismittel

17 Welche Beweismittel im Prozess zugelassen sind, in welcher Reihenfolge sie vorzubringen sind und welcher Beweiswert ihnen zukommt, entscheidet grundsätzlich das Recht des Prozessgerichtes (*lex fori*). Zu diesen Fragen bestehen zwischen den nationalen Prozessgesetzen – innerhalb der Schweiz auch zwischen den verschiedenen kantonalen Prozessgesetzen – z.T. starke Unterschiede. Sie sind vorliegend insofern von Interesse, als sich aus den nationalen Verschiedenheiten im internationalen Verkehr Schwierigkeiten ergeben können.

a. Der Zeugenbeweis

18 Er ist in allen unseren Prozessgesetzen vorgesehen. Unterschiede bestehen bezüglich der Zeugenfähigkeit und des Zeugnisverweigerungsrechtes[30].

19 In der Schweiz wird die Zeugenfähigkeit vor allem in den älteren romanischen und den von ihnen beeinflussten Prozessgesetzen relativ eng umschrieben. Nach Art. 214 ZPO/VS dürfen z.B. Personen, die noch nicht 14 Jahre alt sind oder denen der Gebrauch der geistigen Fähigkeiten oder die zur Wahrnehmung erforderlichen Sinnsorgane (Augenlicht, Gehör) fehlen, nicht als Zeugen gehört werden. Art. 196 ZPO/VD verbietet die Einvernah-

---

[29] A.A. *D. Coester-Waltjen*, N. 530-538; sie will für diese Art von Beweisbeschränkungen einzig die *lex causae* gelten lassen. Damit würden dem inländischen Kläger die Möglichkeiten der Beweisführung selbst vor inländischem Richter (z.B. Forum kraft Gerichtsstandsvereinbarung) stark verkürzt. Eine solche Verkürzung liesse sich höchstens vertreten, wenn der Forumstaat generell bereit wäre, den lois d'application immédiate eines Drittstaates Nachachtung zu verschaffen.

[30] Für eine rechtsvergleichende Übersicht in Europa vgl. *D. Coester-Waltjen*, N. 426-432; *R. Geimer*, S. 553-556; *H. Nagel*, IZPR, S. 152-158.

me von Personen, die (noch) nicht vernunftgemäss handeln können oder deren Einvernahme das Empfinden der öffentlichen Moral verletzt[31].

Ähnliche Gründe gesetzlicher Zeugenunfähigkeit kennen auch das italienische, das spanische und das französische Prozessrecht[32]. Hingegen kennen die neueren in- und ausländischen Prozessgesetze, vor allem jene, die dem Grundsatz der freien richterlichen Beweiswürdigung verpflichtet sind, keine eigentlichen Zeugenunfähigkeitsgründe mehr[33]. Vielmehr ist grundsätzlich jedermann, der vernehmungsfähig ist, auch zeugenfähig und zeugnispflichtig. Nach anglo-amerikanischem Recht können sogar die Parteien selber in den Zeugenstand treten[34].

Zeugenfähigkeit setzt weder Handlungs- noch Partei- oder Prozessfähigkeit voraus: diese bestimmen sich nach dem Personalstatut[35], jene ist Sache der *lex fori*. Die Regeln über die Zeugenfähigkeit und das Zeugnisverweigerungsrecht gelten für alle Personen, die als Zeugen vor die Schranken des einvernehmenden Richters treten, gleichgültig, ob sie inner- oder ausserhalb des betreffenden Gerichtssprengels wohnen, und gleichgültig auch, ob sie Schweizer Bürger oder Ausländer sind[36].

Der Ausländer darf sich also vor einem schweizerischen Richter nicht auf Zeugenunfähigkeitsgründe oder Zeugnisverweigerungsrechte seines Heimatrechtes berufen. Umgekehrt darf z.B. eine amerikanische Prozesspartei im Verfahren vor schweizerischen Gerichten nicht erwarten, dass sie als Zeuge gehört wird. Anderseits wird sich eine schweizerische Partei vor angelsächsischen Gerichten mit wenig Aussicht auf Erfolg dagegen wehren können, dass sie in den Zeugenstand gerufen wird und das Kreuzverhör bestreiten muss. Ähnlich kann der schweizerische Arzt, Anwalt oder

---

[31] Ähnlich Art. 223, 224 ZPO/GE; s. auch *W. Habscheid*, Droit jud., S. 452ff.; *ders.*, ZPO, S. 417.
[32] Nach *italienischem* Recht liegt eine «incapacità a testimoniare» für alle Personen vor, die am Streitgegenstand ein direktes Interesse haben (Art. 246 Cprcit), ferner für alle Personen, die mit den Streitparteien in direkter Linie verwandt oder verschwägert sind (Art. 247 Cprcit); vgl. *M. Capelletti/J.M. Perillo*, Civil Procedure in Italy, 1965, S. 217.
Die gleichen Personengruppen sind auch nach *spanischem* Recht von der Zeugeneigenschaft ausgeschlossen. Hinzu kommen die Personen, die aufgrund von Stand oder Beruf zur Geheimniswahrung verpflichtet sind; vgl. *Prieto-Castro*, Derecho Procesal Civil, Madrid 1964, Bd. I, S. 465.
In *Frankreich* hat Art. 205 NCPC den Kreis der nicht zeugnisfähigen Personen etwas eingeschränkt.
[33] Vgl. § 373-401 DZPO; vgl. *A. Baumbach/P. Hartmann*, Zivilprozessordnung, München 1985, S. 999ff.; ähnlich § 157 ZPO/ZH, § 161 ZPO/LU; *H.-U. Walder*, S. 354; für die Entwicklung in GB, F und USA vgl. *D. Coester-Waltjen*, S. 427, 428.
[34] Vgl. Rule 601 Federal Rules of Evidence for the United States Courts and Magistrates.
[35] In der Schweiz Art. 35 IPRG.
[36] Vgl. *M. Guldener*, ZPR, S. 633, 634; gl. M. *D. Coester-Waltjen*, N. 597.

Kapitel 3

Bücherexperte vor dem ausländischen Richter nur die örtlichen, nicht auch die schweizerischen Regeln über die berufliche Schweigepflicht geltend machen.

23 Aus solchen beweisrechtlichen Unterschieden können für Zeugen oder Sachverständige, die zur Aussage vor ausländischen Gerichten aufgeboten werden, heikle Pflichtenkollisionen entstehen. Die Einvernahme ausländischer Zeugen auf dem Rechtshilfeweg vermag diesbezüglich einen gewissen Interessenausgleich zu sichern[37].

b. Der Urkundenbeweis

24 Die Zulässigkeit einer Urkunde als Beweismittel, deren Beweiswert sowie die Pflicht zur Edition einer Urkunde richten sich grundsätzlich nach der *lex fori*. Nicht oder nur ausnahmsweise zulässig sind z.B. Schriftstücke über Wahrnehmungen oder Aussagen von Personen, die vor Gericht als Zeuge zu erscheinen haben[38].

25 Über den Beweiswert einer Urkunde entscheidet vorab deren Rechtsnatur. Öffentliche Urkunden und Auszüge aus öffentlichen Registern erbringen nach Art. 9 ZGB bis zum Beweis ihrer Unrichtigkeit den vollen Beweis für die durch sie bezeugten Tatsachen. Dieser Grundsatz gilt nach herrschender Praxis auch für ausländische öffentliche Urkunden[39].

26 Ob die ausländische Urkunde eine öffentliche oder eine private ist, beurteilt sich nach dem Recht des Errichtungsstaates. Nur dieses Recht kann darüber entscheiden, ob die Errichtungsstelle als öffentliche Behörde oder als mit öffentlichem Glauben ausgestattete Person (z.B. Notar) anzusehen ist.

27 Hingegen entscheidet das Recht des urteilenden Gerichts (*lex fori*) darüber, ob und unter welchen Voraussetzungen es eine ausländische Urkunde

---

[37] Zur rogatorischen Einvernahme vgl. hinten, Rdz. 3/72, 132, 134. In der Schweiz gehen die kantonalen Prozessbestimmungen über die Zeugnis- und die Auskunftspflicht gegenüber Behörden der Pflicht zur Wahrung eines Berufsgeheimnisses in der Regel vor. Dies gilt nach Art. 47 Ziff. 4 Bankengesetz z.B. auch für das Bankgeheimnis, so dass über die Wahrung oder Lüftung eines Berufsgeheimnisses letztlich die kantonale ZPO entscheidet; vgl. *M. Guldener*, ZPR, S. 343-347; für das Bankgeheimnis s. *M. Aubert, J.-Ph. Kernen, H. Schönle*, Le secret bancaire suisse, Berne 1982, S. 90ff.

[38] Vgl. *M. Guldener*, ZPR, S. 346, Anm. 34.

[39] Vgl. *M. Guldener*, IZPR, S. 194; *M. Kummer*, Berner Kommentar, N. 73-79 zu Art. 9 ZGB, unterscheidet zwischen ausländischen öffentlichen Urkunden, die einen vom Bundesprivatrecht vorgesehenen Beurkundungsfall betreffen – sie lässt er unter Art. 9 ZGB fallen – und nicht im Bundesrecht vorgesehenen Fällen der öffentlichen Beurkundung – für sie soll das (kantonale) Prozessrecht gelten – (N. 79); a. M. *E. Beck*, Berner Kommentar, N. 51 zu Art. 55 SchlT ZGB.

als gültig anerkennen will. Das Bundesrecht hat sich zu dieser Frage bisher nur am Rande geäussert[40], und auch die kantonalen Prozessordnungen befassen sich damit in unterschiedlicher Deutlichkeit: Art. 234 ZPO/BE verlangt, dass die Öffentlichkeit und die Echtheit der ausländischen Urkunde durch Beglaubigung bezeugt sei[41]. § 145 aZPO/LU und die übrigen zentral- und ostschweizerischen Prozessordnungen begnügen sich für fremdsprachige ausländische Urkunden mit einer Übersetzung.

M. Guldener[42] unterscheidet zwischen Dispositiv- und Zeugnisurkunden. 28
Die Dispositivurkunde ist als Urkunde anzuerkennen, wenn deren Öffentlichkeit und Echtheit beglaubigt ist. Hingegen muss deren inhaltliche Anerkennung den gleichen Voraussetzungen unterstehen wie die Anerkennung ausländischer gerichtlicher Entscheidungen. Zeugnisurkunden will *Guldener* nur anerkennen, wenn sie im Ursprungsstaat öffentlichen Glauben geniessen, auf eigenen Feststellungen der ausstellenden Behörde beruhen, gehörig beglaubigt sind und nicht in die Kompetenz einer schweizerischen Behörde fallen. Dieser Auffassung ist zuzustimmen.

Das IPR-Gesetz befasst sich mit der Anerkennung ausländischer Urkunden nur soweit, als es um deren inhaltliche Anerkennung geht. Hierfür erklärt es die Grundsätze über die Anerkennung ausländischer Urteile für entsprechend anwendbar[43]. 29

Ob für die rechtsgenügliche Beweisführung eine öffentliche Urkunde vorgelegt werden muss oder ob auch eine private Urkunde genügt, ist jeweils dem auf das streitige Rechtsverhältnis anzuwendenden Recht (*lex causae*) zu entnehmen. So muss z.B. beim Kauf eines schweizerischen Grundstücks schon der Vorvertrag öffentlich beglaubigt sein (Art. 216 OR), während etwa das spanische Recht sich mit einem Vorvertrag in einfacher Schriftlichkeit begnügt[44]. 30

Auch bezüglich der Edition von Urkunden ist zwischen prozessualen und materiellrechtlichen Gesichtspunkten zu unterscheiden. Nach Art. 400 OR hat z.B. der Auftragnehmer über seine Geschäftsführung jederzeit Rechenschaft abzulegen. Ähnliches gilt nach Art. 418*k* OR zwischen Agent und Auftraggeber oder nach den Art. 541, 600, 819 OR für den geschäftsführenden Gesellschafter. Diese Vorschriften über die Herausgabe von Geschäftsbüchern können vor Gericht freilich nur angerufen werden, wenn 31

---

[40] Nach Art. 137 ZStV können ausländische Urkunden aufgrund einer Verfügung in die schweizerischen Zivilstandsregister eingetragen werden. Eine Gesellschaft kann auch ins schweizerische Handelsregister eingetragen werden, wenn die Statuten und die Akten zur Anmeldung von einem ausländischen Notar angefertigt wurden (*M. Guldener*, IZPR, S. 195, Anm. 48).
[41] In gleichem Sinn Art. 161 ZPO/TI.
[42] IZPR, S. 195.
[43] Vgl. Art. 31, 32, 42, 74, 96 IPRG.
[44] Vgl. BGE 102 II 143 (Overterra Española S.A.).

der Rechtsstreit materiell schweizerischem Auftrags-, Agentur- bzw. Gesellschaftsrecht untersteht. Hingegen richtet sich die prozessuale Editionspflicht jeweils nach dem Recht des Prozessgerichtes (*lex fori*)[45]. Danach hat jede Partei die Urkunden vorzulegen, auf die sie sich in ihren Behauptungen stützt. Befinden sich die Urkunden in der Hand der Gegenpartei oder eines Dritten, so kann beim Richter deren Edition insoweit beantragt werden, als dies für die Beweisführung notwendig erscheint.

32 Die Antwort auf die Frage, ob und inwieweit die Editionspflicht im Interesse des Geheimnisschutzes einer Person begrenzt ist oder ob davon ganz Umgang genommen werden kann, variiert von Prozessordnung zu Prozessordnung. Die schweizerischen Prozessgesetze kennen durchwegs einen gut ausgebauten Geheimnisschutz. In zweifelhaften Fällen kann die Urkunde dem Richter zur Prüfung darüber vorgelegt werden, ob und allenfalls welche Teile davon prozessrelevant sind[46].

33 Eine weitausgebaute prozessuale Editionspflicht kennt das anglo-amerikanische Recht. Danach kann z.B. eine Partei mit Zustimmung des Gerichts von der Gegenpartei die Einreichung einer Liste über alle prozessrelevanten Dokumente einfordern, die sich in ihrem Besitz befinden. Diese Aufforderung kann sogar mit einem *writ sub poena*, d.h. einer gerichtlichen Verfügung verbunden werden, die für den Verweigerungsfall hohe Geldbussen oder Beugehaft vorsieht. Befinden sich prozesserhebliche Urkunden bei Drittpersonen im Ausland, so ist deren Edition auf dem ordentlichen Rechtshilfeweg anzufordern[47].

c. Der Augenschein

34 Ein Augenschein des Gerichtes ist Beweiserhebung durch unmittelbare richterliche Sinneswahrnehmung. Sie kann durch einen vom Gericht bezeichneten Stellvertreter oder Sachverständigen vorgenommen werden und erfolgt entweder dadurch, dass sich das Gericht den Gegenstand vorführen lässt oder dass es zur Ortsschau schreitet. Im internationalen Verkehr kommt Ortsschau grundsätzlich nicht vor. Ist eine Ortsschau im Ausland erforderlich, so wird sie in der Regel mit Hilfe rogatorischer Rechtshilfegesuche durchgeführt[48].

---

[45] Vgl. *W. Habscheid*, Droit jud., S. 447; *ders.,* ZPO, S. 413, 414.
[46] Vgl. *M. Guldener*, ZPR, S. 333-337; *W. Habscheid*, Droit jud., S. 448, 449; *O. Vogel*, S. 248; *H.-U. Walder*, S. 372-375.
[47] Vgl. für *Grossbritannien* Order 24 R.S.C. und *H. Nagel*, IZPR, S. 168; für die *USA* Rule 26 (b) FRCP; *E.C. Stiefel/W.F. Petzinger*, RIW 1983, S. 244; *H. Nagel*, IZPR, S. 169; für weitere Hinweise, hinten, Rdz. **3**/193-198.
[48] Dazu hinten, Rdz. **3**/57, 73, 134.

d. Die Visitation

In der Praxis von grösserer Bedeutung ist die Frage, ob und inwieweit eine 35
Partei oder ein Dritter Besichtigungen, Leibesvisitationen, medizinische oder
psychiatrische Untersuchungen zu dulden hat. Die Frage ist international
vor allem mit Rücksicht auf Blutuntersuchungen im Zusammenhang mit
Vaterschaftsfestellungen oder mit Strassenverkehrsdelikten von Belang[49].

Die Prozessgesetze der Schweiz, der Bundesrepublik Deutschland, fer- 36
ner diejenigen der nordischen und mehrheitlich auch der osteuropäischen
Staaten verpflichten zur Duldung medizinischer Untersuchungen, insbesondere zur Blutentnahme.

Demgegenüber stehen in den romanischen Staaten die Achtung der kör- 37
perlichen Unversehrtheit und die Integrität der Person im Vordergrund. So
muss z.B. nach französischem (Dalloz, Preuve, 446), aber auch nach griechischem (Art. 379 ZPO) oder spanischem Recht eine Partei die Blutentnahme nicht dulden, und der Richter kann sie nicht erzwingen; wohl aber
kann er aus dem Verhalten der Partei die notwendigen Schlüsse ziehen.

In Italien ist die Pflicht zur Duldung von Augenscheinen gesetzlich sta- 38
tuiert (Art. 118 Cprcit), aber es fehlt die richterliche Erzwingbarkeit. Ähnlich verhält es sich im britischen Recht, wo die Blutprobe z.B. im «Road
Trafic Act» vorgesehen ist, aber ebenfalls ohne Sanktionen[50]. In den USA
haben einzelne Staaten für Strassenverkehrsunfälle und Vaterschaftsprozesse
die Blutprobe gesetzlich verankert[51].

Die erwähnten Duldungspflichten sind beweistechnischer und damit 39
verfahrensrechtlicher Natur. Die Regelung der *lex fori* gilt deshalb jeweils
auch für Ausländer. Ein Franzose in der Schweiz könnte sich vor hiesigem
Gericht der Blutprobe nicht mit dem Hinweise auf das französische Recht
entziehen.

e. Der Sachverständige

Er hat dem Gericht Kenntnis von Tatsachen zu vermitteln, deren Wahrneh- 40
mung besondere Fachkenntnisse voraussetzt. Die Stellung des Sachverständigen ist von Prozessordnung zu Prozessordnung verschieden. Nach Art.
241 ZPO/VS ist jedermann, der zeugenpflichtig ist, über die erforderlichen
Fachkenntnisse verfügt und das sechzigste Altersjahr noch nicht zurückge-

---

[49] Vgl. *E. Riezeler*, S. 473; *H. Nagel*, IZPR, S. 172.
[50] British Road Trafic Act 1972; für Blutuntersuchungen zwecks Vaterschaftsfeststellung s. Family Law Reform Act 1969, sect. 20-23.
[51] *C.T. McCormick*, Law of Evidence, 1954, S. 376ff.; s. auch Rule 30 und 37 (b) FRCP.

legt hat, zur Übernahme des Sachverständigenauftrags verpflichtet. Umgekehrt kann z.B. nach § 173 ZPO/ZH niemand zu einem Sachverständigenauftrag gezwungen werden[52].

41 Auch im Ausland gehen die Auffassungen über den Sachverständigen auseinander. Je nachdem, ob die Sachverständigenaufgabe als *nobile officium* oder als allgemeine Bürgerpflicht verstanden wird, ist die prozessuale Stellung des Sachverständigen mehr oder weniger stark derjenigen des Zeugen angeglichen.

42 Am deutlichsten tritt die zeugenähnliche Stellung des Sachverständigen im anglo-amerikanischen Recht zutage; der Sachverständige unterliegt wie ein Zeuge dem Kreuzverhör. Auch im deutschen (§ 407 DZPO) und in den Prozessgesetzen der meisten osteuropäischen Staaten ist der Sachverständige zur Annahme seines Amtes verpflichtet[53]. Umgekehrt besteht nach französischem (Art. 235 NCPC), spanischem oder griechischem (Art. 390 ZPO) Prozessrecht keine Pflicht zur Annahme eines Sachverständigenauftrags.

43 In Italien führen die Gerichte für gewisse Berufssparten Sachverständigenlisten[54]. Die Pflicht zur Übernahme eines Expertenauftrages besteht nur für die in der Liste aufgeführten Personen.

44 Die gesetzliche Verpflichtung zur Übernahme eines Sachverständigenauftrags kann sich nur an Personen im Herrschaftsbereich der betreffenden Rechtsordnung richten, hier aber an In- wie an Ausländer. Hat aber eine Person ausserhalb jenes Herrschaftsbereiches ein Expertenmandat angenommen, so untersteht sie hinsichtlich der Art und Weise, wie das Gutachten zu erstellen, wann es abzuliefern und wie es im Prozess einzuführen ist, dem Recht des Prozessgerichtes (*lex fori*)[55]. Ein schweizerischer Sachverständiger, der z.B. den Expertenauftrag eines kanadischen Gerichts annimmt und sich bereit erklärt, sein Gutachten im betreffenden Verfahren persönlich zu erläutern, wird auch das angelsächsische Kreuzverhör zu bestehen haben.

---

[52] Zum Sachverständigen im allgemeinen vgl. *M. Guldener*, ZPR, S. 347; *W. Habscheid*, Droit jud., S. 438ff.; *ders.*, ZPO, S. 405, 406.
[53] Nach Art. 407 DZPO ist der Sachverständige zur Annahme des Amtes verpflichtet, «wenn er zur Erstattung von Gutachten der erforderten Art öffentlich bestellt ist oder wenn er die Wissenschaft, die Kunst oder das Gewerbe, deren Kenntnis Voraussetzung der Begutachtung ist, öffentlich zum Erwerb ausübt».
[54] *M. Capelletti/J.M. Perrilo*, S. 230, 232.
[55] *H. Nagel*, IZPR, S. 178.

II. Die Arten und Formen der Beweisaufnahmehilfe

1. Der Beweis und die Beweisaufnahmehilfe

Durch Beweise sollen dem Richter die Gründe dargelegt werden, welche zeigen, dass die im Prozess aufgestellten Behauptungen für wahr zu halten sind. Zu beweisen hat grundsätzlich jene Partei, die aus dem Vorhandensein einer behaupteten Tatsache Rechte für sich ableitet (Art. 8 ZGB)[56].

Im Verfahren nach Verhandlungsmaxime gilt dieser Grundsatz unbeschränkt. Unter der Herrschaft der Offizialmaxime hingegen hat der Richter von Amtes wegen die Wahrheit zu erforschen und sich auch um die entsprechenden Beweise zu bemühen. Aber selbst wo die Verhandlungsmaxime gilt, kann die beweisbelastete Partei auf die Hilfe des Gerichts angewiesen sein. Dies gilt namentlich für die Beschaffung von Beweisen, die sich in den Händen der Gegenpartei oder eines Dritten befinden, oder für Beweise, die im Ausland zu erheben sind[57].

Die Anordnung und Durchführung des Beweisverfahrens gehört zu den wichtigsten Amtshandlungen des prozessleitenden Richters. Solche Handlungen stellen eine hoheitliche Tätigkeit dar, die ein Gericht nur im eigenen Gebiet vornehmen darf. Liegen einzelne Beweismittel ausserhalb des Gerichtssprengels und lassen sie sich nicht freiwillig vor die Schranken des Prozessgerichts bringen, so muss der Rechtshilfeweg beschritten werden. Das gilt in der Schweiz schon interkantonal[58]; es trifft in noch stärkerem Masse für den Verkehr mit dem Ausland zu. Rechtshilfe zwecks Beschaffung von Beweismitteln im Ausland bezeichnen wir als *Beweisaufnahmehilfe*[59].

2. Die wichtigsten Formen der Beweisaufnahmehilfe

Für die Beweiserhebung im Ausland lassen sich im wesentlichen drei Formen unterscheiden: das Ersuchungsschreiben, die Beweisaufnahme durch diplomatische oder konsularische Vertreter und die Beweisaufnahme durch gerichtlich Beauftragte (Commissioners)[60].

---

[56] *M. Guldener*, ZPR, S. 318, 325; *W. Habscheid*, Droit jud., S. 412, 424; *M. Kummer*, N. 20, 39 zu Art. 8 ZGB.
[57] *M. Guldener*, ZPR, S. 168ff.; *W. Habscheid*, Droit jud., S. 427, 429; *ders.*, ZPO, S. 393.
[58] Vgl. vorne, Rdz. **1**/29, 34.
[59] Vorne, Rdz. **1**/11; *P. Volken*, ZbJV 1982, S. 443.
[60] Im klassischen *Common Law*-Prozess gilt ein strenges Unmittelbarkeitsprinzip: Alle Beweis-

49 Beim *Ersuchungsschreiben* wendet sich das prozessleitende (ersuchende) Gericht schriftlich und förmlich an das örtlich zuständige (ersuchte) Gericht am «Lageort» eines Beweises und bittet dieses um die Abklärung von Tatsachen, die sich angeblich auf seinem Hoheitsgebiet verwirklicht haben, die aber im Prozess vor dem ersuchenden Gericht entscheidungsrelevant sein können. Das Ersuchungsschreiben ergeht auf dem ordentlichen Rechtshilfeweg[61]. Es stellt die klassische und zumindest im europäischen Verkehr die geläufigste Form der Beweiserhebung im Ausland dar.

50 Beweiserhebungen durch *diplomatische oder konsularische Vertreter* setzen eine besondere staatsvertragliche Vereinbarung oder zumindest eine entsprechende Übung und Duldung voraus. Nach Art. 15 der Haager Zivilprozess-Übereinkunft von 1954 darf ein Staat die Ersuchen unmittelbar durch seine diplomatischen oder konsularischen Vertreter erledigen lassen, «wenn Abkommen zwischen den beteiligten Staaten dies zulassen oder wenn der Staat, auf dessen Gebiet das Ersuchen erledigt werden soll, nicht widerspricht»[62]. In den Art. 15 und 16 des Haager Beweiserhebungs-Übereinkommens von 1970 wird diese Möglichkeit der Diplomaten und Konsuln noch erweitert[63].

51 Die Schweiz hat unter der Herrschaft der Haager Übereinkunft von 1954 keine Vereinbarungen im Sinne von Art. 15 geschlossen und duldet unter dieser Übereinkunft auch nicht, dass ausländische Diplomaten oder Konsuln zuhanden ihrer Heimatgerichte auf schweizerischem Gebiet Beweisaufnahmen durchführen[64]. Umgekehrt sind die schweizerischen Auslandver-

---

mittel sind im *trial*-Verfahren unmittelbar vor den Schranken des Gerichts (und der Jury) vorzuführen. Die Beschaffung der Beweismittel ist im vorgängigen *pre-trial*-Verfahren Sache der Parteien. Sie haben die Beweise dort zu beschaffen, wo sie solche finden, d.h. an sich auch im Ausland. Dies hat bisweilen zu einer Tendenz der privaten Beweisbeschaffung im Ausland und damit verbunden zu internationalen Komplikationen (wegen Souveränitätsverletzungen) geführt. Heute ist die Beweiserhebung im Ausland sowohl in den *USA* (Rule 28 FRCP) wie auch in *Grossbritannien* (Evidence [Proceedings in Other Jurisdictions] Act 1975) gesetzlich geregelt, und zwar in beiden Staaten in Anlehnung an das Haager Beweiserhebungs-Übereinkommen von 1970 (hinten, Rdz. 3/192). Vgl. für die *USA*: *E.F. Scoles/P. Hay*, S. 392; für *Grossbritannien*: *A.V. Dicey* and *J.H.C. Morris*, S. 1186; für *Australien*: *E.L. Sykes/M.D. Pryles*, S. 131.

[61] Zum Rechtshilfeweg vorne, Rdz. **1**/3, 11; **2**/1, 2, 29-35; hinten, Rdz. **3**/137.
[62] Vgl. Rdz. 3/78.
[63] Vgl. Rdz. 3/160, 166ff.
[64] Gleich wie die Zustellung gerichtlicher Akten gilt auch die Beweisaufnahme zu Handen eines im Ausland hängigen Prozesses als hoheitliche Tätigkeit. Solche Tätigkeiten sind auf schweizerischem Hoheitsgebiet traditionell den schweizerischen Behörden vorbehalten. Wer ohne Bewilligung der zuständigen schweizerischen Behörde (EJPD) solche Tätigkeiten ausübt, macht sich nach Art. 271 StGB strafbar (verbotene Handlungen für einen fremden Staat); vgl. *C. Markees*, SJZ 1968; Schweiz. *amicus curiae*-Brief i.S. Marc Rich, SJIR 1984, S. 167; Schweiz. *amicus curiae*-Brief i.S. Aerospatiale, 26 (1987) I.L.M. 1027; s. vorne, Rdz. 2/61,

tretungen bisher nicht zur Vornahme von Beweisaufnahmehandlungen zugunsten schweizerischer Gerichtsverfahren ermächtigt worden[65]. Eine Änderung ist diesbezüglich erst mit der Ratifikation des Haager Beweiserhebungs-Übereinkommens eingetreten (Art. 15)[66]. Von Art. 15 der Übereinkunft von 1954 haben hingegen verschiedene Nachbarstaaten (BRD, Frankreich, Italien, Österreich) Gebrauch gemacht[67].

Erfolgt die Beweisaufnahme, z.B. eine Partei- oder Zeugeneinvernahme, durch diplomatische oder konsularische Vertretungen, so wird sie nach dem Verfahrensrecht des Entsendestaates, also nach der *lex fori des Prozessgerichtes* vorgenommen[68]. Die Vertretung wirkt gleichsam als verlängerter Arm des Prozessgerichtes. Beweisaufnahmen dieser Art sind freilich nur zulässig, wenn die zu vernehmenden Personen freiwillig erscheinen und ohne Zwang zur Aussage bereit sind[69].

Der Beweisaufnahme durch *gerichtliche Beauftragte* (Commissioners) bedient sich insbesondere die anglo-amerikanische Praxis[70]. Sie ist an ähnliche Voraussetzungen und Bedingungen geknüpft wie die Beweiserhebung durch diplomatische oder konsularische Vertreter, d.h. sie muss durch Staatsvertrag oder durch besondere Erlaubnis im Einzelfall gestattet sein, und die betroffenen Personen müssen freiwillig mitmachen. Sind diese Voraussetzungen gegeben, so erfolgt die Beweisaufnahme im übrigen nach den verfahrensrechtlichen Grundsätzen des Prozessgerichtes. Entsprechend bringen anglo-amerikanische Commissioners auch ihre Regeln über das Kreuzverhör zur Anwendung.

Im bisherigen schweizerischen Recht ist diese Form der Beweisaufnahme ebensowenig zugelassen gewesen wie diejenige durch diplomatische oder konsularische Vertretungen. Auch diesbezüglich hat das Haager Beweiserhebungs-Übereinkommen für die Schweiz eine Neuerung gebracht (Art. 17)[71]. Im einen wie im anderen Fall werden aber Beweisaufnahmen auf

---

Anm. 63; hinten, Rdz. **3**/112ff.; VPB 49 (1985) 16, S. 90, 91; *L. Frei*, WuR 1983, S. 198, 199; *ders.*, in Litigation of Business Matters, S. 192; *M. Guldener*, IZPR, S. 117, 118; *L. Lévy*, S. 62, 103.

[65] In Staaten, in denen die Beweiserhebung den Parteien überlassen ist (z.B. USA, Kanada), laden schweizerische Vertretungen die eigenen Angehörigen manchmal zu Befragungen ein, soweit keine Zwangsmassnahmen ergriffen werden müssen, vor allem im Bereich der freiwilligen Gerichtsbarkeit (Erbrecht, Adoptionen, Verzicht auf Vorkaufsrechte); s. auch VPB 49 (1985) 16, S. 91.
[66] Vgl. hinten, Rdz. **3**/176, 178ff.
[67] Vgl. *R. Geimer*, S. 563, 577; *H. Nagel*, IZPR, S. 232; *C. Gavalda*, S. 24; *F. Pocar*, S. 270.
[68] Vgl. *R. Geimer*, S. 563, 577; *H. Nagel*, IZPR, S. 233.
[69] Freilich kann nicht ausgeschlossen werden, dass ausländische Vertretungen der «Freiwilligkeit» bisweilen indirekt nachhelfen, etwa im Zusammenhang mit Visaerteilung oder Passverlängerung.
[70] Vgl. hinten, Rdz. **3**/160, Anm. 185, und *H. Nagel*, IZPR, S. 261.
[71] Vgl. hinten, Rdz. **3**/174, 176.

schweizerischem Boden unter Aufsicht der örtlich zuständigen schweizerischen Behörde zu erfolgen haben[72]. Immerhin konnte schon bisher ausländischen Konsuln oder Commissioners gestattet werden, an der Beweisaufnahme in der Schweiz teilzunehmen und den Zeugen Fragen zu stellen[73]. Die gleiche Möglichkeit haben die Parteien oder ihre Vertreter, so dass sich durchaus eine, den ausländischen Gepflogenheiten ähnliche Einvernahme durchführen lässt.

3. Das Ersuchungsschreiben

55 Gesuche um Beweisaufnahme im Ausland erfolgen üblicherweise in der Form des sog. Ersuchungsschreibens (Rogatorie, Commission rogatoire, letters of request)[74].

56 Gegenstand des Ersuchungsschreibens können alle Arten und Formen des Beweises, kurz alle Handlungen sein, die geeignet sind, die Wahrheitsfindung im Beweisverfahren des Hauptprozesses zu fördern. Faktisch am häufigsten sind Gesuche um Zeugeneinvernahmen oder Begehren um Urkundenedition. Doch kommen auch Ersuchen zur Beschaffung von Blutproben[75], zur Beschlagnahme von Beweisgegenständen oder zur Bezeichnung und zum Einsatz von Sachverständigen[76] vor.

57 Über Form und inhaltliche Ausgestaltung des Ersuchungsschreibens herrscht, abgesehen von der Sprachenfrage, grundsätzlich Freiheit. Erst das Haager Beweiserhebungs-Übereinkommen von 1970 hat in Art. 3 den Inhalt des Ersuchungsschreibens im einzelnen umschrieben[77]. Dabei handelt es sich mehr um eine Checkliste selbstverständlicher Angaben als um eine innovative Bestimmung.

---

[72] Die Schweiz hat zu den Art. 15, 16 und 17 Beweiserhebungs-Übereinkommen einen entsprechenden Vorbehalt gemacht; vgl. AS 1995, 1110.
[73] Vgl. *BRB* vom 7.7.1971 über die Ermächtigung der Departemente und der Bundeskanzlei zum selbständigen Entscheid über Bewilligungen nach Art. 271 StGB (SR 172.012); s. auch VPB 49 (1985) 16, S. 90: Diese Praxis wird unter dem Haager Beweisaufnahme-Übereinkommen fortgesetzt und ausgebaut (BBl 1993 III 1296, 1297).
[74] Vgl. *M. Guldener*, IZPR, S. 22; *H. Nagel*, Rechtshilfe, S. 28.
[75] Vgl. *M. Sumampouw*, Les nouvelles conventions de La Haye. Leur application par les juges nationaux, Leyden 1976, S. 15-17; Corte di Appello di Cagliari v. 29.2.68, RiDIPP 1968, S. 461; s. auch *R. Geimer*, S. 588, 589.
[76] So ist z.B. in der Schweiz dem Begehren eines österreichischen Bezirksgerichts zur Ernennung eines Bücherexperten zwecks Prüfung der Einkommensverhältnisse eines Zahlvaters stattzugeben.
[77] Hinten, Rdz. **3**/133, 134.

Im einzelnen sollte das Ersuchungsschreiben die ersuchende und die ersuchte Behörde sowie den Namen und die Adresse der Parteien und ihrer Vertreter angeben. Ferner sollte es Art und Gegenstand des Rechtsstreits nennen, eine kurze Darstellung des Sachverhalts geben und die verlangte Beweisaufnahmehandlung bezeichnen. Weiter soll man ihm den Namen und die Adresse der zu vernehmenden Personen, die Fragen, die an diese zu richten sind, sowie die Tatsachen entnehmen können, über die sie vernommen werden sollen. Gleichzeitig sollte angegeben sein, ob die Einvernahme durch Eid oder durch Erklärung an Eides Statt zu bekräftigen ist, oder ob das Ersuchen in Anwendung einer besonderen Form durchzuführen ist.

Für die Sprache empfiehlt *M. Guldener*[78] das Abfassen in der Amtssprache der ersuchten Behörde. Dies ist auch die Lösung der Haager Zivilprozess-Übereinkünfte von 1905 und 1954, die entweder Verwendung der Sprache der ersuchten Behörde oder eine entsprechende Übersetzung vorschreiben (Art. 10). Die gleiche Vorschrift findet sich im schweizerisch-tschechoslowakischen Rechtshilfeabkommen von 1926 (Art. 3 lit. c)[79], im schweizerisch-türkischen Rechtshilfevertrag von 1933 (Art. 10 Abs. 2)[80] und im Haager Beweiserhebungs-Übereinkommen von 1970 (Art. 4 Abs. 1)[81]. Darüber hinaus verpflichtet das letztgenannte Übereinkommen Vertragsstaaten, welche keinen Vorbehalt machen, Rechtshilfegesuche immer entweder auf französisch oder englisch entgegenzunehmen. Die Schweiz verlangt, dass das Gesuch in der Sprache der ersuchten schweizerischen Behörde abgefasst oder mit einer Übersetzung in diese Sprache versehen ist (BBl 1993 III 1295).

4. Die Durchführung der Beweisaufnahmehilfe

Gesuche um Beweisaufnahmehilfe von und nach der Schweiz sind auf dem ordentlichen Rechtshilfeweg zu befördern. Hierüber hat die Schweiz zahlreiche zweiseitige Vereinbarungen abgeschlossen. Einzelne sehen den unmittelbaren Verkehr zwischen den beiderseitigen Gerichten und Verwaltungsbehörden, andere die Beförderung über die zentralen Justizministerien (EJPD), wieder andere den konsularischen Weg vor[82]. Wo staatsvertragliche Vereinbarungen fehlen, ist der diplomatische Weg einzuhalten.

---

[78] IZPR, S. 22.
[79] SR 0.274.187.411; Rdz. **1**/69.
[80] SR 0.274.187.631; Rdz. **1**/74.
[81] Hinten, Rdz. **3**/155.
[82] Vgl. vorne, Rdz. **1**/48-77.

Kapitel 3

61 Die um Beweisaufnahmehilfe ersuchte Behörde hat zunächst zu prüfen, ob das Rechtshilfegesuch den notwendigen formellen und materiellen Voraussetzungen genügt. Neben der Einhaltung des ordentlichen Rechtshilfeweges gehört dazu, dass das Gesuch an die richtige Behörde gerichtet ist. Diese Frage ist vor allem beim unmittelbaren Behördenverkehr von Belang[83]. Beim diplomatischen, konsularischen oder beim Zentralbehördenverkehr sorgt die Zentrale des ersuchten Staates für die richtige interne Weiterleitung. Weiter muss das Gesuch in der richtigen Sprache abgefasst oder mit den entsprechenden Übersetzungen versehen sein. Im Verkehr mit der Schweiz pflegen vor allem bei Rechtshilfegesuchen in zweisprachige Kantone[84] Unsicherheiten aufzutreten. Ferner muss das Gesuch die Rechtshilfe in einer Zivilsache betreffen. Für Prozesse über Forderungen aus öffentlichem Recht (Fiskal-, Sozialversicherungssachen) besteht für die Schweiz staatsvertraglich keine Rechtshilfepflicht[85]. Für die Rechtshilfe in Strafsachen gelten besondere Staatsverträge[86].

62 Sind die Voraussetzungen zur Gewährung der Beweisaufnahmehilfe erfüllt, so erfolgt deren Durchführung grundsätzlich nach den Verfahrensvorschriften des ersuchten Gerichtes (*lex fori*). Über den Beweis und das Beweisrecht bestehen, wie bereits erwähnt, zwischen den nationalen Prozessgesetzen z.T. erhebliche Unterschiede[87]. Die Folge davon kann sein, dass

---

[83] Die Rechtshilfeverträge, die den unmittelbaren Behördenverkehr vorsehen, sind jeweils mit umfassenden Behördenverzeichnissen versehen; vgl. z.B. für die *BRD*: SR 0.274.181.361, S. 2-37; für *Frankreich*: SR 0.274.183.491; für *Italien*: SR 0.274.184.542; für *Luxemburg*: SR 0.274.185.181; für *Österreich*: 0.274.187.411. Gelangt ein Gesuch dennoch an die falsche Behörde, so leitet es diese, sofern der richtige Adressat aus den Unterlagen erkennbar ist, an die richtige Adresse weiter.

Zu retournieren sind immerhin Gesuche, die aus Bonn, Paris oder Wien stammen und die für den französischen (nicht den schweizerischen) Jura, für Württemberg (nicht Schaffhausen) bzw. für Voralberg (nicht St. Gallen) bestimmt sind.

[84] Bern, Freiburg, Graubünden, Wallis. In diesen Kantonen ändert die Sprache je nach Bezirk.

[85] Im Rahmen des Europarates gibt es ein Übereinkommen vom 24.11.1977 über die Zustellung von Schriftstücken in Verwaltungssachen im Ausland (CE, Str 94) und ein Übereinkommen vom 15.3.1978 über die Erlangung von Auskünften und Beweisen in Verwaltungssachen (CE, Str 100). Beide Übereinkommen sehen in Anlehnung an die Haager zivilrechtlichen Übereinkommen über Zustellung (1965) und Beweiserhebung (1970) zentrale Empfangs- und Übermittlungsbehörden vor. Sie lehnen sich auch inhaltlich eng an die Haager Vorbilder an. Vertragsstaaten sind: Belgien, BRD, Frankreich, Luxemburg und Portugal. Sie wurden von der Schweiz unterzeichnet aber bislang nicht ratifiziert.

Der Europarat hat weiter ein Übereinkommen über die gegenseitige administrative Rechtshilfe in Steuersachen verabschiedet (vgl. Doc. CDCJ (85) 78).

[86] Vgl. BG v. 20.3.1981 über die internationale Rechtshilfe in Strafsachen (IRSG), SR 351.1; Europäisches Übereinkommen vom 20.4.1959 über die Rechtshilfe in Strafsachen (SR 0.351.1); Europäisches Auslieferungs-Übereinkommen v. 13.12.1957 (SR 0.353.1).

[87] Vgl. vorne, Rdz. **3**/2, 3.

das ersuchende Gericht Beweisbegehren stellt, die sich nach dem Recht des ersuchten Staates nicht verwirklichen lassen, oder dass das ersuchte Gericht Beweisaufnahmen liefert, die im Hauptprozess nutzlos sind.

Um solchen Erscheinungen zu begegnen, schreiben die neueren Rechtshilfeabkommen vor, dass dem Antrag des ersuchenden Gerichts, einen bestimmten Beweis aufzunehmen oder bei der Beweisaufnahme ein bestimmtes Verfahren einzuhalten, entsprochen werden muss, sofern nicht zwingende Rechtsvorschriften des ersuchten Staates dem entgegenstehen[88]. Ähnliche Bestimmungen finden sich in vielen nationalen Prozessgesetzen[89]. Im schweizerischen Recht hat m.W. lange Zeit nur der Kanton Zürich eine solche Regelung vorgesehen[90]. Das schweizerische IPR-Gesetz hat nun eine entsprechende Regel auf Bundesebene verankert (Art. 11 Abs. 2)[91].

III. Die Beweisaufnahmehilfe nach schweizerischem Recht

1. Übersicht

In der Praxis wichtigste Quelle der schweizerischen internationalen Beweisaufnahmehilfe sind die Staatsverträge, insbesondere die Haager Zivilprozess-Übereinkunft von 1954 und neu das Haager Beweiserhebungs-Übereinkommen von 1970. Wo Staatsverträge fehlen, sind die entsprechenden Regeln der Verkehrsübung und den innerstaatlichen Prozessgesetzen zu entnehmen.

---

[88] So schon Art. 14 Abs. 2 der Haager Zivilprozess-Übereinkunft von 1954; in gleichem Sinn Art. 9 Abs. 2 des Haager Beweiserhebungs-Übereinkommens von 1970; gleich auch Art. 20 Abs. 2 des Europäischen Informations- und Beweisbeschaffungs-Übereinkommens in Verwaltungssachen von 1978.

[89] Vgl. § 83 Abs. 1 deutsche Zivilrechtshilfeordnung, § 39 Abs. 2 österreichische Jurisdiktionsnorm, § 8 Abs. 2 schwedisches Rechtshilfegesetz.

[90] § 117 Abs. 1 GVG/ZH: «Auf Verlangen der ersuchenden Behörde und mit dem Einverständnis des Betroffenen werden auswärtige Verfahrensformen angewandt oder bewilligt, soweit dem nicht wichtige Gründe entgegenstehen.»

[91] «Auf Begehren der ersuchenden Behörde können auch ausländische Verfahrensformen angewendet oder berücksichtigt werden, wenn es für die Durchsetzung eines Rechtsanspruchs im Ausland notwendig ist und nicht wichtige Gründe auf seiten des Betroffenen entgegenstehen.»

2. Die Prozessgesetze des Bundes und der Kantone

65 Das *Bundesrecht* beschränkt sich auf die Beweisaufnahmehilfe im Verfahren vor Bundesgericht. Nach Art. 39 BZPO[92] sind Beweisaufnahmen im Ausland auf dem Weg der Rechtshilfe durchzuführen. Diesem selbstverständlichen Grundsatz fügt Art. 39 folgendes bei: Wo ein Beweis durch einen schweizerischen diplomatischen oder konsularischen Vertreter aufgenommen werden könne, sei das Ersuchen an diesen zu richten. Dieser Satz ist bisher toter Buchstabe geblieben. Die schweizerischen Auslandvertretungen werden grundsätzlich nicht zur Beweiserhebung eingesetzt[93].

66 Etwas ausführlicher sind die *kantonalen* Prozessgesetze, vor allem jene jüngeren Datums. Knapp die Hälfte der kantonalen Prozessgesetze sieht vor, dass Beweisaufnahmehilfen im Ausland bzw. die Durchführung ausländischer Gesuche im Kanton nach Massgabe der einschlägigen Staatsverträge durchzuführen seien[94]. Der Kanton Graubünden verweist auf den rogatorischen Weg (Art. 185 ZPO), während einzelne Kantone die Vermittlung durch die Bundesbehörden erwähnen[95]. Mehrere Kantone erklären für die Vermittlung der Rechtshilfe im Ausland bzw. für die Bewilligung einer Beweiserhebung zugunsten des Auslandes ihr Kantonsgericht oder ihre Kantonsregierung für zuständig[96]. Einige Kantone machen die Bewilligung ausländischer Beweisaufnahmehilfe vom Gegenrecht abhängig[97]. Selbstverständlich können die kantonalen Instanzen diese Kompetenzen nur wahrnehmen, soweit nicht der Bund durch Staatsverträge oder Bundesgesetz etwas anderes bestimmt hat.

67 Internationale Rechtshilfe ist eine auswärtige Angelegenheit und fällt als solche an sich in die Kompetenz des Bundes (Art. 8, 102 Ziff. 8 BV). Der Bund hat von dieser Gesetzgebungskompetenz bisher nur am Rande Gebrauch gemacht.

68 Laut *Art. 11 IPRG* sind Rechtshilfehandlungen grundsätzlich nach kantonalem Verfahrensrecht durchzuführen (Abs. 1), doch sollen unter gewissen Voraussetzungen auch ausländische Formen angewendet oder berücksichtigt werden können (Abs. 2). Der Beweiserhebung zugunsten ausländischer Verfahren setzt die bundesrechtliche Bestimmung über die Wahrung von Fabrikations- und Geschäftsgeheimnissen (Art. 162 StGB) Grenzen.

---

[92] SR 273.
[93] Vgl. vorne, Rdz. 3/51.
[94] § 118 GVG/ZH, § 4 Abs. 2 ZPO/LU, § 75 Abs. 3 OG/SZ, Art. 26 ZPO/OW, § 52 Abs. 1 GO/ZG, Art. 120 GO/FR, § 26 Abs. 2, 3 ZPO/SO, § 43 Abs. 2 GVG/BL, Art. 9 ZPO/SH.
[95] § 118 GVG/ZH, § 75 Abs. 3 OG/SZ, Art. 26 ZPO/OW, § 52 Abs. 1 GO/ZG, § 29 ZPO/SO.
[96] Art. 17 ZPO/BE, Art. 23 ZPO/OW, Art. 108 Abs. 2 ZPO/GL, Art. 120 GO/FR, § 29 ZPO/SO, Art. 220 ZPO/VS.
[97] § 116 GVG/ZH, § 74 Abs. 3 OG/SZ, § 43 Abs. 2 GVG/BL.

Daraus und aus ähnlichen Bestimmungen des Bundesrechts können sich im Einzelfall Gründe für eine Zeugnis- oder Aussageverweigerung ergeben. Die Abgrenzung zwischen der Wahrung eines Amts- oder Berufsgeheimnisses und der prozessualen Auskunftspflicht ist jedoch Sache des kantonalen Prozessrechts. Dieses entscheidet auch über die Pflicht zur Aktenedition[98].

Nach den Prozessgesetzen der Kantone Zürich (§ 114 Abs. 2 GVG), Nidwalden (§ 27 Abs. 4 ZPO) und Obwalden (Art. 23 Abs. 2 ZPO) kann ausländischen Behörden in besonderen Fällen die Beweisaufnahme im Kanton bewilligt werden[99]. Verschiedene Kantone lehnen die Beweisaufnahmehilfe in fiskalischen, militärischen oder politischen Angelegenheiten ausdrücklich ab[100].

3. Das IPR-Gesetz

Der Vorentwurf von 1978 hatte noch ein eigenes Kapitel über die internationale Rechtshilfe in Zivilsachen vorgesehen (Art. 183-189 VE). Darin waren neben dem Rechtshilfeweg (Art. 183 VE) auch das auf Rechtshilfehandlungen zugunsten eines ausländischen Verfahrens anwendbare Recht (Art. 184 VE) sowie die Möglichkeit der Vornahme von Rechtsakten in den Formen des ausländischen Rechts (Art. 185 VE) vorgesehen[101]. Im bundesrätlichen Entwurf sind davon nur die Regel über das auf Rechtshilfehandlungen anwendbare Recht und über die Vornahme von Rechtsakten in den Formen ausländischen Rechts beibehalten worden (Art. 11 IPRG)[102].

---

[98] Vgl. VPB 49 (1985) 16; *L. Frei*, in: Litigation of Business Matters, S. 169f.
[99] Nach zürcherischem Recht bedarf es hierfür der Zustimmung der Bundesbehörden. Ferner müssen wichtige Gründe vorliegen, und es dürfen nicht schutzwürdige Interessen der Betroffenen entgegenstehen (§ 114 Abs. 2 GVG).
[100] ZH, SZ, NW. Dies würde ohnehin schon kraft Bundesrechts gelten.
[101] BG über das internationale Privatrecht, Schlussbericht, SSIR, S. 303-306, 356.
[102] SR 291:
Art. 11
«¹Rechtshilfehandlungen werden in der Schweiz nach dem Recht des Kantons durchgeführt, in dem sie vorgenommen werden.
²Auf Begehren der ersuchenden Behörde können auch ausländische Verfahrensformen angewendet oder berücksichtigt werden, wenn es für die Durchsetzung eines Rechtsanspruchs im Ausland notwendig ist und nicht wichtige Gründe auf Seiten des Betroffenen entgegenstehen.
³Die schweizerischen Gerichte oder Behörden können Urkunden nach einer Form des ausländischen Rechts ausstellen oder einem Gesuchsteller die eidesstattliche Erklärung abnehmen, wenn eine Form nach schweizerischem Recht im Ausland nicht anerkannt wird und deshalb ein schützenswerter Rechtsanspruch dort nicht durchgesetzt werden könnte.»

Kapitel 3

IV. Die Haager Zivilprozess-Übereinkunft von 1954

71 Die Haager Zivilprozess-Übereinkunft[103] befasst sich mit der Beweisaufnahmehilfe in den Art. 8-16. Geregelt sind die Übermittlungswege, die Ausführung des Ersuchungsschreibens, die Formen der Erledigung, die Ablehnungsgründe und die Verteilung der Kosten.

1. Der Gegenstand des Ersuchungsschreibens

72 Nach Art. 8 können sich die gerichtlichen Behörden eines Vertragsstaates in Zivil- und Handelssachen an die zuständigen Behörden eines anderen Vertragsstaates wenden mit der Bitte um Vornahme einer richterlichen Prozesshandlung oder einer anderen gerichtlichen Handlung. Die Übereinkunft umschreibt weder den Begriff der Zivil- oder Handelssache, noch sagt sie, was unter einer richterlichen Prozesshandlung oder einer anderen gerichtlichen Handlung zu verstehen ist. Beide Begriffe wurden bereits in der Übereinkunft von 1905 verwendet, auch dort ohne nähere Umschreibung. Ihrer Funktion nach sind beide Begriffe extensiv auszulegen. Für die Zivil- oder Handelssache kommt es dabei auf die Natur des materiellen Anspruchs und nicht auf die Art des Verfahrens oder die Bezeichnung der ersuchenden Behörde an[104]. Und Gegenstand des Ersuchens kann jede Art von Beweis und jede Verfahrenshandlung sein, die zuhanden des Hauptprozesses geeignet ist, der Wahrheitsfindung zu dienen[105].

2. Die Übermittlung des Ersuchungsschreibens

73 Die Haager Übereinkunft regelt nicht die internationale Beweisaufnahme als solche. Sie legt lediglich die *Übermittlungswege* fest, auf welchen das Beweisaufnahmegesuch der ersuchenden an die ersuchte Behörde zu befördern ist, und sie präzisiert für diesen Übersendevorgang einige Rahmenbedingungen.

74 Die Beweisaufnahme selber bleibt Sache der nationalen Prozessgesetze. Das Recht der ersuchenden Behörde entscheidet z.B. darüber, welche Be-

---

[103] SR 0.274.12; für Hinweise auf *Literatur* vgl. vorne, Rdz. 1/42, Anm. 51, 52; für den *Text* s. hinten, Anhang A.
[104] Vgl. dazu vorne, Rdz. 2/26, Anm. 28; 2/71-81; sowie hinten, Rdz. 3/98, 102-110.
[105] Vgl. *R.A. Schütze*, DIZPR, S. 229, und vorne, Rdz. 3/56.

weise erforderlich sind und auf welche Art ein bestimmtes Faktum zu beweisen ist, ob z.B. der Zeugenbeweis oder ein Nachweis durch Urkunden verlangt wird. Und das Recht des ersuchten Staates gibt an, ob, wann, wie und von wem auf seinem Gebiet ein bestimmter Beweis erhoben werden kann[106].

Bei der *Übermittlung* von Ersuchungsschreiben ist nach Art. 9 Abs. 1 der Übereinkunft grundsätzlich der *konsularische* Weg einzuhalten. Für die Schweiz bestimmte Ersuchungsschreiben gehen vom in der Schweiz akkreditierten Konsul des ersuchenden Staates an das EJPD und von diesem an die zuständige Behörde des Kantons, in dem ein Beweis aufzunehmen ist. Schweizerische Ersuchungsschreiben gelangen durch Vermittlung des EJPD an den schweizerischen Konsul im Ausland und von diesem an die zuständige Behörde des ersuchten Staates[107].

Gegenüber dem *diplomatischen* Weg stellen solche Übermittlungen eine Vereinfachung dar, weil im ersuchten Staat nicht auch noch das Aussenministerium zwischengeschaltet werden muss. Der diplomatische Weg bleibt aber jederzeit offen. Durch eine Erklärung nach Art. 9 Abs. 3 kann jeder Vertragsstaat auf der Einhaltung des diplomatischen Weges bestehen[108]. Die Schweiz hat eine solche Erklärung für die Übereinkunft von 1905[109], aber nicht mehr für jene von 1954 abgegeben.

Umgekehrt eröffnet Art. 9 Abs. 4 die Möglichkeit, durch bilaterale Zusatzvereinbarungen den direkten Verkehr zwischen den beiderseitigen Behörden vorzusehen. Die Schweiz hat mit mehreren Staaten solche Vereinbarungen abgeschlossen. Darin wurde z.T. der unmittelbare Behördenverkehr, z.T. der Verkehr über eine zentrale Behörde vereinbart[110].

Im Unterschied zur Zustellungshilfe[111] sind für Ersuchungsschreiben der unmittelbare Postverkehr und die private Zustellungsvermittlung (Art. 6 Abs. 1 Ziff. 1, 2) nicht zulässig. Immerhin behält Art. 15 jedem Staat ausdrücklich die Möglichkeit vor, Beweiserhebungen im Ausland unmittelbar durch seine dort akkreditierten Diplomaten oder Konsuln vornehmen zu lassen. Zu diesem Zweck ist allerdings eine ausdrückliche, generelle oder spezielle Erlaubnis des ersuchten Staates oder zumindest eine entsprechende, durch Praxis gefestigte Duldung erforderlich. In der Schweiz setzt die Beweisaufnahme durch ausländische diplomatische oder konsularische

---

[106] *A. Bülow/H. Arnold*, N. 100, S. 16ff.; *M. Guldener*, IZPR, S. 23; *H. Nagel*, IZPR, S. 220.
[107] Vgl. VPB 49 (1985) 16, S. 81; vgl. auch vorne, Rdz. **2**/35.
[108] Eine solche Erklärung haben Portugal und seinerzeit die Sowjetunion abgegeben: vgl. SR 0.274.12, S. 13.
[109] SR 0.274.11, S. 4, Anm. 1.
[110] Vgl. vorne, Rdz. **1**/48-77.
[111] Vorne, Rdz. **2**/32-34.

Kapitel 3

Vertreter eine besondere Bewilligung durch das EJPD voraus[112]. Umgekehrt pflegt die Schweiz für solche Zwecke ihre Auslandvertretungen in der Regel nicht einzusetzen.

3. Die Ausführung des Ersuchungsschreibens

79   Diese wird in den Art. 11-16 der Übereinkunft geregelt[113]. Nach Art. 14 Abs. 1 hat die ersuchte Behörde grundsätzlich nach ihrem eigenen Verfahrensrecht (*lex fori*) vorzugehen. Dabei sind gegen renitente Personen die gleichen Zwangsmittel anzuwenden wie bei einem rein innerstaatlichen Rechtshilfeverfahren (Art. 11 Abs. 1). Auf Verlangen sind der ersuchenden Behörde Ort und Zeit des Rechtshilfeverfahrens bekanntzugeben, damit die interessierte Partei Gelegenheit erhält, dem Verfahren beizuwohnen (Art. 11 Abs. 1, 3. Satz). Soweit deckt sich die Regelung der Haager Übereinkunft mit den auch in der Schweiz anerkannten und z.T. in den kantonalen Prozessgesetzen verankerten Grundsätzen.

80   Einen Schritt weiter geht Art. 14 Abs. 2. Danach ist dem Begehren der ersuchenden Behörde, es sei bei der Beweisaufnahme nach einer besonderen Form zu verfahren, soweit stattzugeben, als dies den Rechtsgrundsätzen des ersuchten Staates nicht zuwiderläuft. Zu denken ist etwa an Partei-, Zeugen- oder Sachverständigenaussagen unter Eid in Staaten, die für solche Aussagen einzeln oder generell den Eid nicht kennen; zu denken ist ferner an die Zeugenbefragung durch Parteivertreter (Kreuzverhör) oder an die Beweisaufnahme durch einen vom ersuchenden Gericht ernannten Vertreter (Commissioner). Auch diese Lösung ist dem schweizerischen Recht nicht unbekannt. Sie findet sich bereits in einzelnen kantonalen Prozessgesetzen; Art. 11 IPRG hat eine solche Möglichkeit für die Schweiz generell eingeführt[114].

81   Zu Schwierigkeiten können in der Praxis die unterschiedliche Ausgestaltung der nationalen Beweisrechte und die Meinungsverschiedenheiten über das auf den Beweis anzuwendende Recht führen[115]. Dabei wird ein Staat mit flexibler Verfahrensordnung den enger gefassten Anliegen des

---

[112]   Vgl. BRB v. 7.7.1971 (SR 172.012); vgl. hierzu auch vorne, Rdz. 3/51-54, Anm. 64, 65; diese Praxis wird unter dem Beweiserhebungs-Übereinkommen von 1970 beibehalten, vgl. Rdz. 3/54, Anm. 72.

[113]   Vgl. im einzelnen A. *Bülow/H. Arnold*, N. 100, S. 16-20; *H. Nagel*, IZPR, S. 220-227; *R.A. Schütze*, DIZPR, S. 230; VPB 49 (1985) 16, S. 87.

[114]   Vgl. z.B. § 117 GVG/ZH (vorne, Rdz 3/63, Anm. 90) oder Art. 11 IPRG (vorne, Rdz. 3/70, Anm. 102).

[115]   Vgl. vorne, Rdz. 3/3-8.

ersuchenden Staates ohne weiteres Rechnung tragen können. Umgekehrt wird der ersuchte Staat Mühe haben, von seiner strengeren Auffassung über die Zulassung als Zeuge, die Durchbrechung des Zeugnisverweigerungsrechts, die Befreiung von der Urkundenedition etc. abzugehen; er wird mit seinen strengen Vorschriften immer auch einen gewissen Schutz zugunsten seiner Rechtsunterworfenen bezwecken.

4. Die Ablehnungsgründe

Nach Art. 11 Abs. 3 darf die Erledigung des Ersuchens nur abgelehnt werden, wenn erstens die Echtheit des Ersuchungsschreibens nicht feststeht, zweitens die Erledigung des Ersuchens im ersuchten Staat nicht in die Kompetenz der Gerichtsgewalt fällt *oder* drittens das Ersuchen die Hoheitsrechte oder die Sicherheit des ersuchten Staates zu verletzen droht[116].

Der Ablehnungsgrund der zweifelhaften Echtheit des Ersuchens dürfte in der Praxis kaum von Bedeutung sein, geht es doch um Begehren, die von Behörden ausgehen. Diese werden sich jeweils als solche zu erkennen geben. Überdies durchläuft das Begehren den Rechtshilfeweg und wird schon dort auf seine Echtheit geprüft[117].

Die Einrede gegen ein Begehren, das nicht in den Bereich der Gerichtsgewalt fällt, wird hauptsächlich geltend gemacht, wenn die durchzuführende Handlung im ersuchten Staat nicht in den Geschäftsbereich der Justizverwaltung gehört. Allerdings gilt zu beachten: Werden bestimmte judikative Aufgaben in einem bestimmten Staat überhaupt nur von Verwaltungsbehörden wahrgenommen (Vormundschafts-, Adoptionsbehörden), so sind solche Behörden im Rahmen dieser Aufgabe als Gerichtsbehörden anzusehen[118].

Der dritte Ablehnungsgrund gestattet es, die Ausführung eines Beweisaufnahmegesuches zu verweigern, weil dessen Erledigung in tragende Grundsätze der staatlichen Ordnung des ersuchten Staates eingreifen oder sensible Bereiche seiner staatlichen Sicherheit berühren würde. Denkbar wäre z.B. eine Ablehnung, weil die Gefahr besteht, dass geheime Produktionsverfahren ausgeforscht oder Personendaten über politische Flüchtlinge beschafft werden sollen. Konkrete Anwendungsbeispiele sind bisher nicht bekannt geworden. Sicher ist, dass es sich um schwere, qualifizierte Eingriffe in den nationalen Ordre public handeln müsste. Der Begriff findet

---

[116] Vgl. für Anwendungsfälle: *A. Bülow/H. Arnold*, N. 100, S. 17, 18.
[117] Gl.M. *H. Nagel*, IZPR, S. 227.
[118] Gleiches gilt bezüglich der Ausstellung von Zahlungsbefehlen für die Betreibungsämter, vgl. BGE 94 III 37, 96 III 65. Vgl. für weitere Beispiele: *H. Nagel*, IZPR, S. 228-230.

Kapitel 3

sich in Art. 13 Abs. 1 des Zustellungs- und in Art. 12 Abs. 1 lit. *b* des Beweisaufnahme-Übereinkommens wieder.

86 Die Aufzählung der Verweigerungsgründe in Art. 11 Abs. 3 ist nicht abschliessend. Die Ablehnung ist auch zulässig gegenüber Ersuchen, die sachlich nicht unter die Übereinkunft fallen, z.B. weil es sich nicht um ein Begehren in Zivil- und Handelssachen handelt oder weil es nicht um die Abklärung von Tatsachen, sondern um die (versteckte) Suche nach Beweismitteln geht. Die ersuchte Behörde kann die Erledigung des Ersuchens im weiteren ablehnen, wenn sie örtlich oder sachlich nicht zuständig ist; dann wird sie allerdings das Gesuch an die zuständige Behörde weiterleiten (Art. 12). In jedem Fall hat die ersuchte Behörde, die dem Gesuch nicht Folge gibt, hierüber die ersuchende Behörde zu unterrichten, und zwar unter Angabe der Gründe (Art. 13).

5. Die Sprache

87 Ersuchungsschreiben sind jeweils in der Sprache der ersuchten Behörde abzufassen oder mit einer beglaubigten Übersetzung in diese Sprache zu versehen (Art. 10). Über die zu verwendende Sprache und die erforderlichen Übersetzungen bestehen mehrere bilaterale Zusatzvereinbarungen[119]. Mit Ausnahme des Rechtshilfevertrages mit Österreich (Art. 2) verlangen alle die Sprache der ersuchten Behörde oder eine entsprechende Übersetzung. Eine Ausnahme hiervon sehen erst die neueren Haager Übereinkommen vor[120].

6. Die Kosten

88 Die Übereinkunft unterscheidet zwischen unmittelbaren und mittelbaren Kosten. *Unmittelbare* sind die mit der Erledigung des Ersuchungsschreibens in direktem Zusammenhang stehenden allgemeinen Kosten und Gerichtsgebühren (Art. 16 Abs. 1). Sie sind nicht zu ersetzen. Zu den *mittelbaren* Kosten zählen die Entschädigungen an Zeugen oder Sachverständige, ferner die Kosten, die entstehen, weil eine besondere Form der Erledigung einzuhal-

---

[119] Vgl. vorne, Rdz. **1**/48-77.
[120] Z.B. *Art. 24* des Haager Übereinkommens v. 25.10.1980 über die zivilrechtlichen Aspekte internationaler Kindesentführung (SR 0.211.230.02, hinten, Rdz. **5**/104f.) oder *Art. 7* des Haager Übereinkommens v. 25.10.1980 über den internationalen Zugang zur Rechtspflege (SJIR 1981, S. 164, hinten, Rdz. **6**/110).

ten war (Art. 14 Abs. 2) oder weil ein Vollziehungsbeamter gegen renitente Zeugen eingesetzt werden musste. Soweit bilaterale Zusatzvereinbarungen nicht etwas anderes vorsehen, sind solche Kosten zu ersetzen (Art. 16 Abs. 2).

Aus den bilateralen Vereinbarungen ist zur Kostenfrage folgendes festzuhalten: Im Verhältnis zu Pakistan[121] trägt der ersuchende Staat sämtliche Kosten, im Verhältnis zu Österreich[122] werden mittelbare Kosten nur vergütet, wenn sie Fr. 100.– übersteigen, und im Verhältnis zu Frankreich[123] müssen die Zeugenentschädigungen nicht erstattet werden[124].

89

V. Das Haager Beweiserhebungs-Übereinkommen von 1970

1. Die Revision der Zivilprozess-Übereinkunft von 1954

Das Haager Übereinkommen vom 18.3.1970 über die Beweisaufnahme im Ausland in Zivil- und Handelssachen[125] wurde geschaffen, um die mit der

90

---

[121] SR 0.274.186.231: Briefwechsel v. 12.5./7.7.1960, Ziff. V.
[122] SR 0.274.181.631: Vertrag v. 1968, Art. 7.
[123] SR 0.274.183.491: Erklärung v. 1913, Art. 5.
[124] Kostenfreie Rechts- und Verfahrenshilfe sehen auch die neueren Übereinkommen auf dem Gebiet der Rechtsdurchsetzungshilfe vor, z.B. das New-Yorker Übereinkommen v. 20.6.1956 über die Eintreibung von Unterhaltsbeiträgen (Art. 9 Abs. 3, hinten, Rdz. 5/45) oder das Europäische (Art. 15 Abs. 2) und das Haager Übereinkommen (Art. 26) von 1980 betr. Kindesentführungen (hinten, Rdz. 5/108ff.).
[125] Für den *Text des Übereinkommens* s. hinten, Anhang C. Ferner: Conférence de La Haye de droit international privé, Actes et Documents, 11e session (1968), t. IV, Obtention des preuves à l'étranger, S. 169; dies., Manuel pratique sur le fonctionnement de la Convention de La Haye du 18 mars 1970 sur l'obtention des preuves à l'étranger en matière civile et commerciale (Conférence de La Haye, Manuel pratique – Obtention des preuves), Loseblattsammlung, Antwerpen 1984, S. 1ff.; SJIR 1968, S. 131; *A. Bülow/K.H. Böckstiegel/R. Geimer/R.A. Schütze*, N. 370; BBl 1993 III 1328; AS 1994, 2824-2834; SR 0.274.132.
Wichtigste Literatur: *Ph. W. Amram*, United States Ratification of the Hague Convention on Taking of Evidence Abroad, AJIL 1973, S. 104; *R. Augustine*, Obtaining International Justicial Assistance under the Federal Rules of Evidence Abroad in Civil and Commercial Matters, Georgia Journal of International and Comparative Law 1980, S. 101; *H. Batiffol*, La Onzième session de la Conférence de La Haye de droit international privé, Rev. crit. 1969, S. 238; *P. Bellet*, Commission rogatoire (matière civile), Rép. Dalloz, S. 346; *K.H. Böckstiegel/ D. Schlafen*, Die Haager Übereinkommen über Zustellung und Beweisaufnahme im Ausland, NJW 1978, S. 1073; *O. Capatina*, L'entraide judiciaire internationale en matière civile et commerciale, Rec. des Cours 1983 I, S. 365ff.; *L. Chatin*, Régime des commissions rogatoires internationales de droit privé, Rev. crit. 1977, S. 611; *D.M. Edwards*, Taking of Evidence Abroad in Civil and Commercial Matters, ICLQ 1969, S. 646; *P. Gouguenheim*, Convention

Kapitel 3

Beweisaufnahmehilfe im Ausland befassten Art. 8-16 der Haager Zivilprozess-Übereinkunft von 1954 zu erneuern und zu ersetzen (Art. 29). Bei der Revision ging es einerseits darum, die organisatorischen und verfahrensrechtlichen Verbesserungen, die 1965 für das Zustellungs-Übereinkommen erzielt worden waren, auch dem Verkehr mit Ersuchungsschreiben dienstbar zu machen.

91 Die Verbesserungen betreffen namentlich den Verkehrsweg (Zentralbehörde), die inhaltliche Ausgestaltung (Formular) und die verfahrensmässige Behandlung (Erledigung) von Ersuchungsschreiben sowie die Rechtsstellung der von der Beweiserhebung betroffenen Personen (Recht der Aussageverweigerung). Andererseits wollte man die Arten und Formen der Beweiserhebung erweitern (Beweiserhebung durch Diplomaten, Konsuln oder Commissioners), um auch den Bedürfnissen des anglo-amerikanischen Rechtsverkehrs besser gerecht zu werden[126].

92 Soweit es den Verkehr mit Ersuchungsschreiben betrifft, darf das Übereinkommen als voller Erfolg bezeichnet werden. Dem Übereinkommen gehören heute sechsundzwanzig Staaten an, darunter neun, die seinerzeit der Zivilprozess-Übereinkunft von 1954 nicht angehört haben[127]. Auch die Schweiz hat das Übereinkommen ratifiziert[128]. Soweit das Übereinkommen versucht hat, auch anglo-amerikanische Beweiserhebungsformen einzubeziehen, blieb sein Erfolg vorerst äusserlich. Zwar haben namentlich Grossbritannien und die USA das Übereinkommen rasch ratifiziert, doch ist der Wert dieser Ratifikationen von mehreren Civil Law-Staaten wieder relativiert worden, indem sie gegen die anglo-amerikanische Beweisaufnahme durch Commissioners oder gegen das Verfahren des «pre-trial discovery of documents» umfangreiche Vorbehalte angebracht haben[129].

---

sur l'obtention des preuves à l'étranger en matière civile et commerciale, Clunet 1969, S. 315; *C. Markees*, Zum Haager Übereinkommen über die Beweisaufnahme im Ausland, SJIR 1968, S. 131; *R.B. von Mehren*, Discovery of Documentary and other Evidence in a Foreign Country, AJIL 1983, S. 896; *H. Nagel*, IZPR, S. 252-267; *P. Schlosser*, Internationale Rechtshilfe und rechtsstaatlicher Schutz von Beweispersonen, ZZP 1981, S. 369; *R.A. Schütze*, DIZPR, S. 233-234.

[126] *Ph.W. Amram*, Rapport explicatif, in: Conférence de La Haye, Manuel pratique – Obtention des preuves, S. 20.
[127] Vgl. hinten, Anhang C.
[128] Die Schweiz hat das Übereinkommen am 21.5.1985 unterzeichnet; die Botschaft zur Ratifizierung datiert vom 8.9.1993 (BBl 1993 III 1261-1359); für den *Text* siehe: AS 1994, 2824-2834; 0.274.132.
[129] Solche Vorbehalte haben bisher angebracht: Gegen die Beweiserhebungen durch Commissioners: BRD, Dänemark, Portugal, Schweiz, Singapur; gegen das «pre-trial discovery of documents»: BRD, Dänemark, Finnland, Frankreich, Grossbritannien, Luxemburg, Monaco, Niederlande, Portugal, Schweden, Schweiz, Singapur. Die Vorbehalte gehen allerdings unterschiedlich weit; vgl. im einzelnen hinten, Rdz. **3**/174.

2. Der Gegenstand des Beweiserhebungs-Übereinkommens

a. Im allgemeinen

Das Übereinkommen befasst sich mit der grenzüberschreitenden Beweiserhebung in Zivil- und Handelssachen. Für diese will es die Übermittlung und die Erledigung von Rechtshilfeersuchen erleichtern, die verschiedenen dabei verwendeten Verfahrensweisen einander angleichen und so die gegenseitige gerichtliche Zusammenarbeit wirksamer gestalten (Präambel). Gleich wie für das Zustellungs-[130], stellt sich auch für das Beweisaufnahme-Übereinkommen die Frage nach seinem Geltungsbereich und seinem Geltungswillen.

93

b. Der persönlich-räumliche Geltungsbereich

Er ist im vorliegenden Fall klar: Nach Art. 1 Abs. 1 soll die «gerichtliche Behörde eines Vertragsstaates» die «zuständige Behörde eines anderen Vertragsstaates ersuchen» können; und diese Formulierung wiederholt sich in den Art. 15, 16 und 17 für die Beweisaufnahme durch Konsuln, Diplomaten oder gerichtlich Beauftragte (Commissioners). Was also beim Zustellungs-Übereinkommen[131] erst durch Auslegung deutlich wurde, wird vorliegend durch den Wortlaut des Übereinkommens geklärt: Das Beweisaufnahme-Übereinkommen ist nur zwischen Vertragsstaaten anzuwenden.

94

c. Der sachliche Geltungsbereich

1° Im allgemeinen

Beweiserhebungen im Ausland lassen sich im wesentlichen auf drei Arten durchführen:

95

– Durch sog. Ersuchungsschreiben (Rogatorien) des ersuchenden Gerichts: Dies ist die in allen Mitgliedstaaten der Haager Konferenz bekannte und namentlich in den Civil Law-Staaten übliche Form.

– Durch gerichtlich bestellte Beauftragte (Commissioners): Dieser Form bedient sich namentlich das anglo-amerikanische Recht.

---

[130] Vgl. vorne, Rdz. 2/52.
[131] Vgl. vorne, Rdz. 2/54, 56.

- Durch diplomatische bzw. konsularische Vertreter: Dieser Weg wurde bisweilen schon vor Inkrafttreten des Übereinkommens beschritten, um konzeptionelle Gegensätze zwischen den nationalen Rechtsordnungen zu überbrücken[132].

96 Das Haager Übereinkommen will den Beweiserhebungsbedürfnissen sowohl der Civil Law- wie der Common Law-Staaten dienen. Entsprechend gliedert es sich in zwei Kapitel, von denen das erste die Beweiserhebung durch Ersuchungsschreiben (Art. 1-14) und das zweite die Beweisbeschaffung mit Hilfe diplomatischer bzw. konsularischer Vertreter sowie gerichtlich bestellter Bevollmächtigter regelt (Art. 15-22).

97 Dem Inhalt nach will das Übereinkommen auf die Beweiserhebung *oder* die Vornahme «anderer gerichtlicher Handlungen» (Art. 1) anwendbar sein. In beiden Fällen soll es aber nur Tätigkeiten erfassen, die eine Zivil- oder Handelssache betreffen und für ein gerichtliches Verfahren im ersuchten Staat bestimmt sind. Diese Umschreibung ist in mehrfacher Hinsicht auslegungsbedürftig, denn das Übereinkommen präzisiert weder, was unter einer Zivil- oder Handelssache, noch was unter einem gerichtlichen Verfahren zu verstehen ist. Auch der Begriff der «anderen gerichtlichen Handlung» wird in Art. 1[133] nur negativ umschrieben. Alle drei Begriffe sind unverändert aus Art. 8 der Übereinkünfte von 1905 und 1954 übernommen worden. Die dort gemachten Ausführungen[134] gelten entsprechend auch hier.

2° Im besonderen

98 Der Begriff der *Zivil- und Handelssache* ist seiner Funktion nach extensiv auszulegen. Nach den Arbeiten zu den Übereinkommen von 1905 und 1954 kommt es in erster Linie auf die Natur des materiellen Anspruchs und nicht auf die Art des Verfahrens oder die Bezeichnung der entscheidenden Behörde an: «Du moment où les intérêts privés sont en jeu, la convention s'applique, quelle que soit la juridiction»[135]. In diesem Sinn wäre ein Steuer- oder ein Expropriationsverfahren selbst dann nicht als Zivil- oder Handelssache anzusehen, wenn darüber nach dem Recht des ersuchenden Staates ein Zivilgericht zu befinden hätte[136]. Umgekehrt bleibt ein familien-

---

[132] Z.B. zwischen Frankreich und den USA oder zwischen Frankreich und Grossbritannien; s. P. Gouguenheim, Clunet 1969, S. 327.
[133] Art. 1 Abs. 3 lautet: «Der Ausdruck *andere gerichtliche Handlung* umfasst weder die Zustellung gerichtlicher Schriftstücke noch Massnahmen der Sicherung oder der Vollstreckung».
[134] Vgl. vorne, Rdz. **2**/27, Anm. 29; Rdz. **2**/52, 71; Rdz. **3**/72, Anm. 104.
[135] Actes de la Conférence de La Haye, 4e session (1904), S. 85.
[136] Diesen Gerichtspunkt hat z.B. das engl. House of Lords in Re State of Norway, Urt. v. 16.2.1989, 28 (1989) I.L.M. 693, übersehen; vgl. vorne, Rdz. **2**/74, Anm. 94.

rechtliches Verfahren auch dann eine Zivilsache[137], wenn hierüber eine Verwaltungsbehörde (z.B. Vormundschaftsbehörde) entscheidet.

Mit dem letzteren Hinweis ist zugleich der Begriff *des gerichtlichen Verfahrens* charakterisiert. Auch diesbezüglich kommt es auf die Natur des zu beurteilenden Anspruchs und nicht auf die formale Benennung des Verfahrens an[138].

Neben den Beweiserhebungen im engeren Sinn erfasst das Übereinkommen auch «*andere gerichtliche Handlungen*» (Art. 1 Abs. 1, 3). Gemeint sind Tätigkeiten der Beweisaufnahme im weiteren Sinne, etwa die Entgegennahme von Parteierklärungen, die Vornahme von Sühneversuchen oder das Zurverfügungstellen von Räumen, Protokollführern oder Gerichtshelfern für die Beweiserhebung durch gerichtlich bestellte Bevollmächtige. *H. Nagel*[139] zählt auch die Ladung, die Vernehmung oder Beeidigung von Zeugen, Sachverständigen oder Parteien in einem Schiedsverfahren, ferner die Ernennung oder die Ablehnung von Schiedsrichtern zu solchen «*anderen gerichtlichen Handlungen*».

Zur Frage, ob und inwieweit das Beweiserhebungs-Übereinkommen tatsächlich in der internationalen Schiedsgerichtsbarkeit Verwendung finden kann, gehen die Meinungen auseinander[140]. Die fünfzehnte Session der Haager Konferenz für internationales Privatrecht hat beschlossen, diese Frage durch Sachverständige klären zu lassen[141]. Ausdrücklich nicht unter die «anderen gerichtlichen Handlungen» fallen nach Art. 1 Abs. 3 die Zustellungshilfe – sie ist Gegenstand des Zustellungs-Übereinkommens – sowie die Sicherungs- und Vollstreckungsmassnahmen – sie sind in besonderen Vollstreckungsabkommen geregelt.

---

[137] Dieser Gesichtspunkt ist nicht zu verwechseln mit der ägyptischen Rechtslage (vorne, Rdz. **2**/73), bei der Statusfragen (aus Gründen der verschiedenen Religionsrechte = positiver nationaler Ordre public) als nicht zum Zivilrecht gehörig gelten; Actes et Documents 1980, t. IV, S. 419.

[138] Der Entscheid einer schweizerischen Vormundschaftsbehörde wäre also eine Zivilsache, desgleichen der zivilrechtliche Anspruch, der adhäsionsweise vom Strafrichter behandelt wird (vgl. Entscheid i.S. *Volker Sonntag*, Urt. EuGH v. 21.4.93, SZIER 3/95, S. 349ff.). Umgekehrt wird ein Strafsteuerverfahren nicht zum erbrechtlichen, nur weil es die Erbsteuer betrifft (vgl. House of Lords, Re State of Norway, Urt. v. 16.2.1986, 28 (1989) I.L.M. 693, vorne, Rdz. **3**/74, Anm. 94).

[139] IZPR, S. 253.

[140] Bejahend: z.B. *H. Nagel*, IZPR, S. 266. Verneinend: Experten der Haager Konferenz 1968 und *Ph.W. Amram*: Rapport explicatif, S. 216; Conférence de La Haye, Manuel pratique – Obtention des preuves, S. 61.

[141] Vgl. Acte final, 15e session (1984), S. 9, Ziff. 5c.

Kapitel 3

d. Die Zivil- und Handelssache

1° Ausgangspunkt und erste Entwicklung

102   Wie bereits erwähnt[142], ist der Begriff der Zivil- und Handelssache im Hinblick auf die Natur des materiellen Anspruchs und nicht mit Rücksicht auf die Art des Verfahrens oder die Bezeichnung der entscheidenden Behörde auszulegen. Der Begriff ist an sich unverändert aus den Übereinkünften von 1905 und 1954 in die drei Nachfolgeübereinkommen betreffend Zustellung (1965), Beweisaufnahme (1970) und Zugang zur Rechtspflege (1980) übernommen worden. Insoweit wäre zu erwarten, dass der Begriff auch in allen drei Übereinkommen gleich und einheitlich verstanden und ausgelegt wird.

103   Trotz der gemeinsamen Quelle ist heute in der Praxis festzustellen, dass zwischen einer *Zivil- und Handelssache* im Sinne des Zustellungs- und jener im Sinne des Beweisaufnahme-Übereinkommens gewisse Unterschiede gemacht werden. Sie sind durch die unterschiedliche Funktion der beiden Übereinkommen zu erklären:

– Unter dem Zustellungs-Übereinkommen sind nämlich die nationalen Behörden lediglich aufgerufen, prozessrelevante Urkunden zu übermitteln, ohne selber ins Verfahren sachlich involviert zu sein. Solche Übermittlungen pflegt man im Zweifelsfall vorzunehmen, selbst wenn das fragliche Dokument möglicherweise nicht das Zivil- oder Handelsrecht beschlägt.

– Bei der Beweiserhebung hingegen sind die ersuchten Behörden selber aktiv in einen Teil des ausländischen Prozesses eingespannt (sie leisten Beweisaufnahmehilfe). Deshalb fällt die Kontrolle betreffend die Rechtsnatur der ersuchten Handlung unter dem Übereinkommen von 1970 regelmässig strenger aus und wird überdies nach dem Zivil- bzw. Handelsrechtsverständnis des ersuchten Staates vorgenommen.

104   Informativ sind zu dieser Frage die Berichte dreier Spezialkommissionen der Haager Konferenz, die sich vom 21.-25. November 1977 mit Anwendungsfragen zum Zustellungs-[143], vom 12.-15. Juni 1978 mit solchen zum Beweisaufnahme-[144] und vom 17.-20. April 1989 mit Fragen zu beiden Übereinkommen[145] befasst haben. An allen drei Sitzungen ist u.a. die Aus-

---

[142] Vorne, Rdz. 3/98.
[143] Vgl. Rapport sur les travaux de la Commission spéciale de 1977, Actes et Documents, 14e session (1980), t. IV, S. 381, 382; s. auch Conférence de La Haye, Manuel pratique – Notification, S. 30.
[144] Ebenda.
[145] Vgl. Rapport sur les travaux de la Commission spéciale de 1989, La Haye 1989, S. 20.

legung des Begriffes der «*Zivil- und Handelssachen*» zur Diskussion gestellt worden[146]. Während die erste Spezialkommission sich zu der Frage bewusst nicht äussern wollte[147], hat die zweite allgemein empfohlen, man solle – vor allem für das Zustellungs-Übereinkommen – den Begriff «*de la manière la plus libérale*» anwenden[148]. Dies hat in der Folge vor allem für das Beweisaufnahme-Übereinkommen dazu geführt, dass es von einzelnen Staaten selbst für Sachgebiete verwendet worden ist, für die es ursprünglich nicht gedacht war. So wurde es z.B. in den Niederlanden auf ein Rechtshilfebegehren in Konkurssachen[149] angewendet, und in Grossbritannien wurde Zustellungshilfe sogar in einem Nachsteuerverfahren gegen eine norwegische Erbschaft gewährt[150].

2° Die Reaktion der Haager Konferenz

Diese Sachlage hat dazu geführt, dass man im Rahmen der Spezialkommission von 1989 zu gewissen Punkten reagieren musste. Dabei wurde eine Auslegungsempfehlung mit folgenden Orientierungspunkten abgegeben: 105

a° Zunächst hielt die Kommission fest: 106

– Der Begriff der «Zivil- und Handelssache» ist weder nach dem Recht des ersuchenden noch nach jenem des ersuchten Staates oder beiden zusammen, sondern (staatsvertrags-)*autonom* auszulegen.

– Dabei ist es durchaus möglich, dass die Auslegung für das Zustellungs-Übereinkommen grosszügiger ausfällt als für jenes über die Beweisaufnahme. Im ersten Fall geht es nämlich bloss um eine Informationsvermittlung zugunsten einer im Ausland eingeklagten Person; im zweiten Fall hingegen wird der ersuchte Staat um Beweisaufnahmehilfe angegangen.

b° Für die autonome Auslegung gab die Kommission zwei Stossrichtungen an: 107

– Im Grenzbereich zwischen privatem und öffentlichem Recht ist eine gewisse Öffnung in dem Sinn anzustreben, dass z.B. die konkurs-, versicherungs- oder arbeitsrechtlichen Begehren im Zweifelsfall eher als

---

[146] Vgl. vorne, **2**/71-81.
[147] Conférence de La Haye, Manuel pratique – Notification, S. 30.
[148] Idem, S. 32.
[149] *Arcolon BV v. Ramar BV*, Urt. v. 21.2.1986, 28 (1989) I.L.M. 1578.
[150] Re State of Norway, Urt. v. 16.2.1989, 28 (1989) I.L.M. 693. Bei diesem Entscheid handelte es sich allerdings im Ergebnis gerade *nicht* um einen Anwendungsfall des Haager Übereinkommens. Zwar hat Norwegen sein Gesuch gestützt auf das Zustellungs-Übereinkommen gestellt, aber Lord Goff hat im Urteil erklärt, dass Norwegen in Anwendung des englischen Evidence (proceedings in other Juridictions) Act von 1975 Rechtshilfe geleistet werde.

«*Zivil- oder Handelssachen*», die steuerrechtlichen hingegen als öffentlich-rechtliche Begehren angesehen werden.

- Nichts soll einzelne Vertragsstaaten daran hindern, die Übereinkommen unter sich (*inter se*) auch auf Rechtshilfebegehren des öffentlichen Rechts anzuwenden. Allerdings ist dafür das Einverständnis beider (aller) beteiligten Staaten erforderlich (*inter se*-Agreement). Auch kann die Öffnung für eines der Übereinkommen (z.b. für die Zustellung) weitergehen als für das andere (Beweisaufnahme)[151].

108 Auf diese Weise wollte man sicherstellen, dass einem ersuchten Staat, der an die Abgrenzung zwischen privat- und öffentlich-rechtlichen Ansprüchen strengere Massstäbe anlegt, die weniger strenge Haltung anderer Vertragsstaaten nicht einseitig aufgezwungen werden kann. Freilich muss auch dieser Staat damit rechnen, dass im Verlauf der Zeit eine neue vorherrschende Praxis entsteht.

3° Rechtshilfeansprüche für Klagen auf «punitive damages»

109 Vor allem in der deutschen Praxis war während einiger Zeit streitig, ob das Zustellungs-Übereinkommen auch in Fällen zur Anwendung kommen soll, bei denen mit der zuzustellenden Vorladung im Ausland ein Prozess in die Wege geleitet werden soll, der u.a. auf Zusprechung von «*punitive damages*» gerichtet ist. Verschiedene Zentralbehörden deutscher Bundesländer hatten für solche Ladungen die Rechtshilfe abgelehnt. Diese Praxis ist inzwischen durch mehrere Gerichtsentscheide korrigiert worden[152]. Zu Recht wurde geltend gemacht, es gehe vorliegend lediglich um die Einleitung einer Klage, noch nicht um die Vollstreckung eines ausländischen Urteils.

---

[151] Die Empfehlung lautet (vgl. auch vorne, Rdz. **2/75**, Anm. 96):
    a La Commission souhaite que l'expression «matière civile ou commerciale» reçoive une interprétation autonome, sans qu'une référence exclusive soit faite soit à la loi de l'Etat requérant, soit à la loi de l'Etat requis, soit aux deux cumulativement.
    b Dans la «zone grise» des matières qui se situent entre le droit privé et le droit public, l'évolution historique devrait amener une ouverture plus large de la notion «civile ou commerciale»; il est notamment admis que le droit de la faillite, le droit des assurances et le droit du travail puissent tomber sous la notion «civile ou commerciale».
    c Par contre, en ce qui concerne d'autres matières considérées par la plupart des Etats comme de droit public, par exemple le droit fiscal, cette évolution ne semble pas pour l'instant conduire à les inclure dans le champ d'application des Conventions.
    d Cependant, rien n'empêche des Etats contractants d'appliquer entre eux les deux Conventions à des matières de droit public, mais pas nécessairement d'une manière identique pour les deux Conventions.
[152] Vgl. die Urteile der Obergerichte von *München* (Urt. v. 9.5.1989, RIW 1989, 482), *Frankfurt* (Urt. v. 21.3.1991, RIW 1991, 417) und *Düsseldorf* (Urt. v. 19.2.1992, RIW 1992, 846).

Die gleiche Überlegung muss m.E. auch für die Beweisaufnahme gelten. Auch bei ihr geht es vorerst nur um die Instruktion des Prozesses und die Frage, ob und allenfalls wieviel Schadenersatz zu leisten ist. Durch die Mithilfe bei der Beweiserhebung wird die Rechtsposition des ersuchten Staates dem späteren Urteil gegenüber nicht präjudiziert. Auch wenn z.B. die Schweiz in einem bestimmten Verfahren Zustellungs- und Beweisaufnahmehilfe geleistet hat, bleibt es ihr unbenommen, in einem späteren Zeitpunkt das ausländische Urteil auf seine Vereinbarkeit mit dem schweizerischen Ordre public zu überprüfen.

110

3. Der verbindliche Charakter des Übereinkommens

Ähnlich wie für das Zustellungs-[153] ist seit einiger Zeit auch für das Beweisaufnahme-Übereinkommen streitig, ob das Übereinkommen den Vertragsstaaten für den internationalen Beweiserhebungsverkehr verbindliche Regeln vorschreibe[154] oder ob die Bestimmungen des Übereinkommens lediglich dispositiver Natur seien[155]. Auch diese Frage ist 1987 dem US-amerikanischen Supreme Court vorgelegt worden, und zwar im sog. *Aerospatiale*-Entscheid.

111

a. Der Entscheid Aerospatiale

Im Aerospatiale-Entscheid[156] hatte das oberste US-amerikanische Gericht darüber zu befinden, ob die vom Beweisaufnahme-Übereinkommen vorgesehenen Verfahrenswege im zwischenstaatlichen Verkehr zwingend und ausschliesslich zu beschreiten sind oder ob die Gerichte eines Vertragsstaates Beweise, die im Ausland zu erheben sind, auch nach den Regeln des heimischen nationalen Prozessrechtes beschaffen können. Der Supreme Court hat in seinem Entscheid dem Beweisaufnahme-Übereinkommen den zwingenden Charakter abgesprochen, hat aber zugleich die amerikanischen Gerichte eingeladen, die Verfahrenswege des Übereinkommens immer dann

112

---

[153] Vgl. vorne, **2**/58-68, sowie *Vokswagen v. Schlunk*, US-Supreme Court, Urt. v. 15.6.1988, 27 (1988) I.L.M. 1093.
[154] So z.B. die bundesrätliche Botschaft zu den vier Rechtshilfe-Übereinkommen, BBl 1993 III 1301, 1302.
[155] Vgl. z.B. *S. Löwenfeld*, Discovery-Verfahren und internationale Rechtshilfe, IPRax 1984, S. 51-53.
[156] *Société Nationale industrielle Aerospatiale et al. v. United States District Court for the Southern District of Iowa*, 26 (1987) I.L.M. 1021-1044; Rev. crit. 1988, S. 559-588.

Kapitel 3

113 in Anspruch zu nehmen, wenn dadurch die Beschaffung von im Ausland gelegenen Beweisen erleichtert werde. Im Entscheid ging es um einen Schadenersatzanspruch aus Produktehaftung, welchen der Pilot und der Passagier eines Flugzeugs («Rallye») im Nachgang zu einen Flugunfall vom französischen Flugzeughersteller gefordert hatten.

114 Die eigentliche Kontroverse entstand im Zusammenhang mit einem Beweisbegehren der Kläger. Diese hatten im sog. «*pre-trial-discovery*»-Verfahren, gestützt auf die Regeln 26-36 FRCP, von der Beklagten verschiedene Aussagen, Stellungnahmen und Dokumente verlangt. Einem ersten Begehren war die Beklagte ohne weiteres nachgekommen; gegen ein zweites, erweitertes Begehren wehrte sie sich hingegen mit dem Hinweis, sie sei eine Gesellschaft des französischen Rechts mit Sitz in Frankreich, und auch die angeforderten Beweise lägen in Frankreich; deshalb müsse das klägerische Beweisbegehren auf dem vom Haager Beweisaufnahme-Übereinkommen vorgeschriebenen Weg unmittelbar in Frankreich gestellt werden.

115 Das erst- und das zweitinstanzliche Gericht haben die Argumente der Beklagten verworfen: Wenn ein Ausländer Prozesspartei vor einem US-amerikanischen Gericht sei, so könne man die Beweisbegehren gegenüber dieser Partei durchaus in Anwendung der FRCP geltend machen und müsse nicht den Rechtshilfeweg des Beweisaufnahme-Übereinkommens einhalten. Der Supreme Court hat die vorinstanzlichen Urteile im Ergebnis (wenn auch mit z.T. anderer Begründung) bestätigt.

b. Zu den Erwägungen

116 Der Supreme Court hält zunächst fest, in der unterbreiteten Rechtsfrage verfüge das amerikanische Bundesrecht über zwei Rechtsquellen, die FRCP und das Haager Übereinkommen. In der Diskussion über die Rangordnung zwischen den beiden Quellen verwirft das Gericht die von der Beklagten vertretene Auffassung, dem Übereinkommen komme der Vorrang zu, weil es zwingend anwendbar sei bzw. weil dieser Vorrang ein Gebot der «*comitas gentium*» sei. Statt dessen hält der Supreme Court die amerikanischen Gerichte lediglich an, das Haager Übereinkommen anzuwenden, wenn es die Beweisbeschaffung erleichtere:

> «[T]he treaty may be viewed as an undertaking among sovereigns to facilitate discovery to which an American court should resort when it deems that course of action appropriate, after considering the situation of the parties before it as well as the interests of the concerned foreign state»[157].

---

[157] Vgl. 26 (1987) I.L.M. 1027, linke Spalte.

Drei Argumente führen das Gericht zu dieser Auffassung nämlich: 1°) «the text of the treaty», 2°) «the context in which the written words are used», und 3°) «[t]he treaty's history». Geht man diesen Argumenten im einzelnen nach, so ergibt sich:

1° Die Geschichte des Übereinkommens

Sie wird in Teil II der Urteilserwägungen angesprochen. Diese Ausführungen enthalten einige Hinweise auf US-amerikanische Sekundärquellen[158] zu den Verhandlungen von 1968 sowie auf die US-interne Meinungsbildung, die dem Ratifizierungsbeschluss des US-Parlamentes vorausgegangen ist; sie verweisen ferner auf die Berichte der Verwaltung, die dem US-amerikanischen Parlament im Hinblick auf den Ratifizierungsbeschluss unterbreitet worden sind.

In dieser «Historie» vermisst man z.B. jeden Hinweis auf die Zusammenhänge des Beweisaufnahme- und des Zustellungs-Übereinkommens mit den Zivilprozess-Übereinkünften von 1905 und 1954. Diese Zusammenhänge, vor allem aber ein Hinweis darauf, dass das Übereinkommen von 1965 die Art. 1-7 bzw. das Übereinkommen von 1970 die Art. 8-16 der Übereinkunft von 1954 erneuert hat und dass dabei zwar die Technik der Übermittlungen verbessert, aber der Geist von 1954 beibehalten worden ist, wäre für das tiefere Verständnis der Frage, die dem Supreme Court zur Entscheidung vorgelegen hat, von einiger Bedeutung gewesen.

Heute muss sich der Supreme Court entgegenhalten lassen, dass sich sein historisches Argument wohl nur dann als Beweis für den *nicht zwingenden Charakter* des Übereinkommens einsetzen liesse, wenn dargetan würde, dass ein solcher Charakter bereits der Übereinkunft von 1954 gefehlt hat. Dieser Nachweis lässt sich freilich nicht erbringen. Für alle Vertragsstaaten, die 1893, 1904 und 1951 im Rahmen der Haager Konferenz zusammengetreten waren, galt es als ganz selbstverständlich, dass die Zustellung von Prozessakten und die Aufnahme von Beweisen hoheitliche Tätigkeiten sind, dass deren Durchführung dem Gericht und nicht den Parteien zusteht und dass solche Verrichtungen, sollen sie auf dem Hoheitsgebiet eines anderen Staates vorgenommen werden, des Einverständnisses und der Mitwirkung der Behörden des ersuchten Staates bedürfen[159]. Erst das Übereinkommen von 1970 hat sich in den Art. 15-17 um eine Erweiterung der Beweisaufnahmeformen im Sinne der *Common Law*-Praktiken bemüht. Dabei hat sich aber am Grundverständnis, wonach als Grundlage einer solchen Kooperation (notwendig) eine staatsvertragliche Vereinbarung zu treffen sei, an sich nichts geändert. Insofern haben die historischen Überlegungen des Supreme Court im Aerospatiale-Entscheid zu kurz gegriffen.

---

[158] Vgl. 26 (1987) I.L.M. 1025, rechte Spalte.
[159] Vgl. *P. Gouguenheim*, S. 316, 317; *K.-H. Böckstiegel*, NJW 78, S. 176.

Kapitel 3

2° Die Textbeispiele

121 Als Beleg für den nicht zwingenden Charakter des Übereinkommens führt der Supreme Court auch Textbeispiele, insbesondere die Präambel und den Art. 1, an[160].

122 Zur *Präambel* des Beweisaufnahme-Übereinkommens hält das Gericht an sich korrekt fest, dass die darin verwendeten Formulierungen keinen zwingenden, für die Vertragsstaaten verbindlichen Charakter aufweisen[161]. Aber dieser Präambel setzt das Gericht sofort die Präambel sowie den Art. 1 des Zustellungs-Übereinkommens[162] gegenüber, die das Gericht beide als zwingend formuliert ansieht[163]. Vergleicht man die beiden Präambeln miteinander, so stellt man fest, dass die Formulierung von 1965 nicht zwingender ist als jene von 1970 und umgekehrt. Zwar enthält die englische Fassung von 1965 ein «*shall*», doch handelt es sich dabei nur um ein redaktionsbedingtes «*shall*»; es soll die französische Formulierung «pour que les actes ... qui doivent être signifiés ou notifiés ... *soient connus* de leurs destinataires» angemessen wiedergeben[164].

123 Auch aus dem *Textvergleich* von Art. 1 des Übereinkommens von 1965, der ebenfalls ein «shall» enthält, mit Art. 1 des Übereinkommens von 1970, in welchem ein «may» verwendet wird, lässt sich kein ernsthaftes Argument zugunsten des nichtzwingenden Charakters des Beweisaufnahme-Übereinkommens herleiten, denn:

- Zum einen bezieht sich das «shall» im Text von 1965 nur auf die Nebenaussage «the Convention shall apply», während nach Meinung des Supreme Court die funktionelle Hauptaussage, nämlich der Passus: «*where there is occasion to transmit*», gerade nicht zwindender Natur sein soll(!)[165];

- Zum anderen lässt sich – aber hier handelt es sich nicht mehr um *Text*- sondern *Kontextinterpretation* – das Nebensachen-«shall» von Art. 1 des Zustellungs-Übereinkommens auch sachlich nicht mit dem «may» von Art. 1 des Beweisaufnahme-Übereinkommens vergleichen. Dies ergibt sich aus dem Kontext.

---

[160] Vgl. 26 (1987) I.L.M. 1027, rechte Spalte.
[161] Vgl. ebenda.
[162] Vgl. vorne, Rdz. **2**/48ff.
[163] Vgl. 26 (1987) I.L.M. 1027, rechte Spalte, Anm. 15.
[164] Die Kernaussage dieses Absatzes der Präambel lautet: «... sicherstellen, dass die Schriftstücke ihren Empfängern rechtzeitig zur Kenntnis gelangen» / «...to ensure that the documents to be served abroad [shall] be brought to the notice of the addresse in sufficient time». Das *shall* ist also in dieser Formulierung sachlich nicht von Belang.
[165] So jedenfalls lautete die Aussage im Schlunk-Entscheid, 27 (1988) I.L.M. 1095, 1096.

3° Der Kontext

Beim «*kann*» von Art. 1 des Beweisaufnahme-Übereinkommens handelt es sich nur der Form nach um eine dispositive, der Sache nach aber um eine verbindliche (d.h. zwingende) Aussage. Das Beweisaufnahme-Übereinkommen sieht (wenn man einmal von Art. 27 absieht) im wesentlichen drei Formen der Beweisbeschaffung vor, nämlich jene durch Ersuchungsschreiben (commission rogatoire/Letter of Request – *Art. 1*), jene durch Diplomaten oder Konsuln (*Art. 15*) und jene durch Beweisbeauftragte (commissaires/commissioners – *Art. 17*). Eine weitere Möglichkeit gibt es nicht. Das «*may*» von Art. 1, das sich in den Art. *15* und *17* wiederholt, hat also zur Aufgabe, die Option zwischen diesen drei vom Übereinkommen zur Verfügung gestellten Beweisbeschaffungsmethoden offenzuhalten, d.h.: Die Beweisbeschaffung *kann/may/peut* entweder nach Art. 1, nach Art. 15 oder nach Art. 17 erfolgen. Aber gleichzeitig *muss* sie nach einer dieser drei Methoden erfolgen, denn einen vierten Weg gibt es laut Übereinkommen nicht. Im Rahmen dieser drei Optionen bringt also jenes «*may*» zugleich ein «*shall*» zum Ausdruck.

Dieser Aufbau des Übereinkommens wird überdies durch Art. 27, aber auch durch die Art. 15-17 erhärtet:

– *Art. 27* sieht zwar vor, dass die Formen, Methoden und Wege der Beweisbeschaffung grosszügiger gehandhabt werden können, als es die Art. 1-22 an sich vorsehen. Aber Art. 27 räumt diese grosszügigere Haltung nur dem Vertragsstaat in seiner Eigenschaft als *ersuchter* Staat ein. Das Übereinkommen stellt also die Entscheidung darüber, ob in Sachen Beweisbeschaffung Grosszügigkeit gelten soll, ausschliesslich in die Kompetenz des Staates, auf dessen Hoheitsgebiet die Beweise beschafft werden sollen. Hingegen hat der *ersuchende* Staat (*in casu* die USA) keinen Anspruch darauf, im *ersuchten* Staat (*in casu* Frankreich) günstiger behandelt zu werden, als es die Grundregeln des Übereinkommens vorsehen.

– Den *Art. 15-17* liegt die gleiche Optik zugrunde, d.h. der *ersuchte* Staat entscheidet, ob er auf seinem Gebiet *diplomatische*, *konsularische* oder *kommissarische* Aktivitäten zulassen will. Der *ersuchende* Staat hat nach dem Übereinkommen keinen Rechtsanspruch darauf, dass ihm eine dieser besonderen Formen der Beweisbeschaffung vom *ersuchten* Staat eingeräumt werde.

c. Stellungnahme und Ausblick

1° Die Stellungnahme

Die vorstehenden Ausführungen lassen erkennen, dass die Argumente der *Aerospatiale*-Rechtsprechung, die das Beweisaufnahme-Übereinkommen

Kapitel 3

für nicht zwingend anwendbar erklärt, auf dürftigem Fundament stehen. Beim historischen Argument fehlt der entscheidende Nachweis darüber, was unter den Texten von 1905 und 1954 gegolten hat, und beim grammatischen sowie beim systematischen Argument hat der Gerichtshof eindeutig zu kurz gegriffen. Zurück bleibt der Eindruck, die vorgebrachten Argumente hätten ganz einfach ein rechtspolitisch gewolltes Ergebnis semantisch zu verbrämen. Das ist bedauerlich; bedauerlich für das Übereinkommen und seine weitere Anwendung[166], bedauerlich aber auch, weil dieser intellektuelle Aufwand des Supreme Court eigentlich gar nicht nötig gewesen wäre.

127 Im *Aerospatiale*-Entscheid ist es im Grunde *nicht* um die Frage gegangen, ob das Beweisaufnahme-Übereinkommen zwingender oder dispositiver Natur sei. Zu beantworten gewesen wäre vielmehr die *(Vor-)Frage*, ob die Anwendungsvoraussetzungen, die zur Anrufung des Übereinkommens berechtigen, überhaupt erfüllt waren. Diese Frage ist zu verneinen: Im *Aerospatiale*-Verfahren waren die Anwendungsvoraussetzungen des Beweisaufnahme-Übereinkommens nicht erfüllt, folglich war das Übereinkommen auch nicht anwendbar.

128 Diese Einschätzung stützt sich im wesentlichen auf die folgenden Elemente:

– *Aerospatiale* war Partei in einem US-amerikanischen Gerichtsverfahren. Nach dem vor diesem Gericht massgebenden (materiellen oder Verfahrens-) Recht hatte *Aerospatiale* zur Klärung gewisser Rechtsfragen eine Reihe von Beweisen vorzulegen.

– Dass die Fragen des Beweisrechts und der Beweislast von dem nach der *lex fori* massgebenden Recht beherrscht werden, ist nicht aussergewöhnlich. Auch vor einem deutschen, französischen oder schweizerischen Gericht würde nichts anderes gelten[167], und auch die europäischen Richter würden sich zunächst nicht darum kümmern, wie die beweisbelastete Partei die von ihr geforderten, im In- oder Ausland gelegenen Beweise beschafft.

– Das Beweisaufnahme-Übereinkommen käme auch vor einem *Civil Law*-Richter erst zum Zuge, nachdem die beweisbeschwerte Partei beim Gericht ein entsprechendes Rechtshilfebegehren gestellt hat, z.B. weil Drittpersonen im Ausland zu vernehmen, gewisse Dokumente auswärts zu edieren oder die Partei selber aus Gründen des privaten, beruflichen oder öffentlichen Geheimnisschutzes der Unterstützung für Ausnahmebewilligungen bedarf.

---

[166] G.A.L. Droz, A Comment on the Role of the Hague conference on Private International Law, in: 57 (1994/3) Law and Contemporary Problems, Duke University, Durham, S. 9.
[167] Vgl. vorne, Rdz. 3/3, 5.

– Im *Aerospatiale*-Entscheid hat die Beklagte das Übereinkommen angerufen, nicht um vom Urteilsgericht Beweisbeschaffungshilfe in Frankreich zu erhalten, sondern um sich gegen die ihr vom Recht des Forums auferlegte Beweislast zu wehren. Zu einem solchen Zweck dürfte auch ein *Civil Law*-Richter das Übereinkommen in der Regel nicht bemühen[168].

2° Ausblick

Die vorstehende Bewertung der *Aerospatiale*-Rechtsprechung darf nicht darüber hinwegtäuschen, dass im Bereich der Beweisbeschaffung zwischen Europa und den USA ernsthafte Schwierigkeiten bestehen. Den Schwierigkeiten dieses «*Justizkonfliktes*» liegt im wesentlichen der Umstand zugrunde, dass zwei gänzlich verschiedene Konzeptionen des Beweisverständnisses, der Beweismethode und der Beweisbeschaffung aufeinander treffen, also gleichsam ein *Systemkonflikt* der Beweisrechte vorliegt.

Dieser Systemkonflikt macht sich vor allem in dreifacher Weise bemerkbar. Unerträglich und stossend wirkt es *erstens*, wenn das *discovery*-Verfahren eingesetzt wird, um einen exorbitanten (doing business) Gerichtsstand in den USA zu begründen[169]. Ebenso unerträglich und stossend wirkt *zweitens* die erdrückende Menge an Unterlagen, die in *discovery*-Verfahren verlangt wird und bei der die europäischen Vorstellungen über Persönlichkeitsschutz, Geschäfts- und Industriegeheimnisse klar zu kurz kommen. Und stossend wirkt es *schliesslich*, wenn man die ökonomisch relevanten Vorfälle mit den gerichtlichen Strafschadenssummen ins Verhältnis setzt.

Alle diese Schwierigkeiten sind echt und ernst. Aber ihnen lässt sich nicht über das Haager Beweisaufnahme- und auch nicht über das Zustellungs-Übereinkommen beikommen. Bei den Übereinkommen handelt es sich um rechtstechnische Vereinbarungen zur Vereinfachung gewisser Verfahrensabläufe der Beweisbeschaffung bzw. der Zustellung im Prozess. Hingegen frägt sich, ob nicht einzelne Elemente dieses Systemkonfliktes mit gewissen Grundsätzen des heutigen Welthandelsrechts in Widerspruch stehen.

---

[168] Es fällt auf, dass in zahlreichen Fällen, die in den letzten Jahren zwischen den USA und Europa kontrovers geworden sind, das Haager Beweisaufnahme-Übereinkommen als Schutz gegen das amerikanische Recht und nicht als Hilfsmittel zur Beschaffung der nötigen Beweise angerufen worden ist.

[169] Vgl. US Supreme Court, in: Insurance Corp. of Ireland v. Compagnie des Bauxites de Guinée, 456 US 694 (1982).

Kapitel 3

VI. Das Ersuchungsschreiben

132 Müssen in einer Zivil- oder Handelsstreitigkeit einzelne Beweise im Ausland erhoben werden, so bedienen sich die kontinentaleuropäischen sowie die anderen, dieser Rechtstradition folgenden Staaten üblicherweise eines Ersuchungsschreibens (Rogatorie, commission rogatoire, letter of request). Das erste Kapitel des Haager Beweiserhebungs-Übereinkommens (Art. 1-14) befasst sich ausschliesslich mit dem Ersuchungsschreiben, seinem Inhalt, seiner Übermittlung und seiner Durchführung.

1. Der Inhalt

133 Im Unterschied zum Zustellungs-Übereinkommen[170] hat die Haager Konferenz für die Beweiserhebung kein Musterformular ausgearbeitet. Angesichts der verschiedenen Arten von Beweisen und der unterschiedlichen Verfahren, die zu deren Erhebung anzuwenden sind, wäre ein einheitliches Formular auch nicht möglich gewesen. Hingegen schreibt das Übereinkommen (Art. 3) – dies bedeutet einen klaren Fortschritt gegenüber der Übereinkunft von 1954 – den Mindestinhalt des Ersuchungsschreibens vor[171].

134 Nach Art. 3 hat jedes Ersuchungsschreiben die ersuchende und die ersuchte Behörde zu nennen, den Namen und die Adresse der Prozessparteien und ihrer Vertreter anzugeben, die Art des Verfahrens zu erwähnen, den Gegenstand des Rechtsstreites zu bezeichnen und den Sachverhalt kurz darzustellen. Ferner ist anzugeben, welche Beweise aufzunehmen oder welche anderen gerichtlichen Handlungen vorzunehmen sind (Art. 3 Abs. 1 lit. *a-d*). Geht es um die Beschaffung von Beweisgegenständen (z.B. um eine Blutprobe zwecks Feststellung der Vaterschaft) oder um die Herausgabe von Urkunden, so sind die Beweisstücke genau zu bezeichnen. Ist ein Augenschein vorzunehmen bzw. in Bücher oder Urkunden Einsicht zu nehmen, so muss neben dem betreffenden Objekt auch angegeben werden, was daran zu prüfen und worauf besonders zu achten ist (Art. 3 Abs. 1 lit. *g*).

135 Lautet das Ersuchen auf Zeugeneinvernahme, so sind Name und Adresse der zu vernehmenden Personen anzugeben, die gewünschten Fragen zu formulieren und die Tatsachen zu bezeichnen, die Gegenstand der Einver-

---

[170] Vorne, Rdz. 2/95, Anm. 115.
[171] Immerhin hat die Haager Konferenz an der 14. Tagung (1980) eine mehrsprachige Muster-*empfehlung* für Ersuchungsschreiben ausgearbeitet und den Vertragsstaaten des Beweiserhebungs-Übereinkommens deren Verwendung empfohlen, vgl. Conférence de La Haye, Actes et Documents, 14e session (1980), t. IV, S. 427-428; s. auch dies., Manuel pratique – Obtention des preuves, S. 69.

nahme bilden sollen (Art. 3 Abs. 1 lit. *e-f*). Anzugeben ist ferner, ob die Aussage oder Einvernahme unter Eid zu erfolgen hat, ob eine bestimmte Eidesformel zu verwenden ist oder ob eine andere besondere Form der Beweisaufnahme beachtet werden soll (Art. 3 Abs. 1 lit. *h-i*, Art. 9)[172]. Schliesslich hat das Ersuchungsschreiben Hinweise auf das Zeugnisverweigerungsrecht (Art. 11 Abs. 1 lit. *b*) sowie Angaben darüber zu enthalten, ob die Parteien bei der Zeugeneinvernahme anwesend sein wollen (Art. 8).

2. Die Übermittlung

Gleich wie beim Übereinkommen über die Zustellungshilfe[173] ist auch bei jenem über die Beweiserhebung zwischen einem ordentlichen und verschiedenen subsidiären Zustellungswegen zu unterscheiden. 136

Der *ordentliche* Weg führt über eine sog. *Zentralbehörde*. Bei der Ratifizierung hat jeder Vertragsstaat eine Zentrale Behörde zu bezeichnen (Art. 29); Bundesstaaten oder Staaten mit selbständigen Teilrechtsgebieten können für jedes Gebiet eine Zentrale Behörde benennen (Art. 24, 25). Die Schweiz hat für jeden Kanton eine Zentralbehörde bezeichnet[174]. Die im Übereinkommen vorgesehene Zentrale Behörde ist eine Empfangs- und Vermittlungsstelle. Sie nimmt die ausländischen Ersuchungsschreiben entgegen und leitet sie der zuständigen lokalen Behörde zwecks Ausführung zu. Die eigenen, für das Ausland bestimmten Ersuchungsschreiben müssen nicht über die inländische Zentralbehörde laufen[175]; sie können von der veranlassenden lokalen Behörde, in der Schweiz vom kantonalen Gericht, direkt an die Zentrale Behörde des ersuchten Staates gerichtet werden. Erforderlich ist, dass das ausgehende Ersuchen von einer gerichtlichen Behörde, nicht bloss von einem Justizbeamten und auch nicht von einem Privaten ausgeht (Art. 2). 137

Den *subsidiären* Zustellungswegen räumt das Übereinkommen nur wenig Platz ein[176]: Nach Art. 27 lit. *a* kann ein Vertragsstaat erklären, dass ausländische Rechtshilfeersuchen seinen Behörden auch auf einem anderen als dem in Art. 2 vorgesehenen Weg zugeleitet werden dürfen. Und 138

---

[172] Vgl. *Ph.W. Amram*, Rapport explicatif, in: Manuel pratique – Obtention des preuves, S. 30, 36.
[173] Vorne, Rdz. **2**/82-93.
[174] Vgl. AS 1995, 1110, 1111.
[175] Vgl. *Ph.W. Amram*, Rapport explicatif, in: Manuel pratique – Obtention des preuves, S. 26-28; vgl. ferner zur Praxis: Conférence de La Haye, Actes et Documents, 14e session (1980), t. IV, S. 425.
[176] Diesbezüglich besteht ein klarer Unterschied zum Zustellungs-Übereinkommen, wo sich mehrere Artikel mit den Übermittlungswegen befassen, vgl. vorne, Rdz. **2**/86-93.

Art. 28 lit. *a* gestattet den Vertragsstaaten, von Art. 2 abweichende bilaterale Vereinbarungen über den Übermittlungsweg zu treffen. Welche abweichenden Übermittlungswege in Frage kommen, wird im Beweiserhebungs-Übereinkommen nicht präzisiert. Von der Natur der Sache her stehen der klassische diplomatische bzw. konsularische Weg oder der unmittelbare Behördenverkehr im Vordergrund[177]. Beim ersteren wendet sich die ersuchende Behör-de über ihre Auslandsvertretung an das Aussenministerium des ersuchten Staates; dieses leitet das Ersuchen an die lokal zuständige Behörde weiter. Beim zweiten Weg wendet sich das ersuchende unmittelbar an das ersuchte Gericht.

139 Da die Durchführung eines Ersuchungsschreibens im ersuchten Staat jeweils das Tätigwerden einer gerichtlichen Behörde bedingt, hat die Übermittlung im direkten Postverkehr oder die sog. direkte diplomatische bzw. konsularische Zustellung hier keinen Platz[178]. Im Übereinkommen nicht ausdrücklich erwähnt, aber in der Praxis durchaus denkbar und möglich – insbesondere im Verkehr mit den anglo-amerikanischen Staaten – ist, dass das Ersuchen von einem gerichtlich ernannten Bevollmächtigten ausgeht und von diesem an die Zentrale Behörde des ersuchten Staates gerichtet wird.

3. Die Durchführung

140 Die Zentrale Behörde des ersuchten Staates unterzieht die bei ihr eingehenden Gesuche einer ersten Kontrolle, überprüft sie auf formelle und inhaltliche Richtigkeit sowie auf ihre Vollständigkeit. Stellt sie fest, dass das Ersuchen nicht den Anforderungen des Übereinkommens entspricht, so hält sie es zurück und unterrichtet die ersuchende Behörde über die festgestellten Mängel (Art. 5)[179].

141 Solche Mängel können von verschiedener Art und unterschiedlicher Tragweite sein. Ein Ersuchen ist z.B. mangelhaft, wenn eine Angabe im Sinne von Art. 3 fehlt oder wenn es in der falschen Sprache abgefasst bzw. nicht mit den erforderlichen Übersetzungen versehen ist (Art. 4). Der Mangel kann aber auch sachlicher Art sein, so wenn das Ersuchen nicht eine Zivil- oder Handelssache betrifft, nicht von einer gerichtlichen Behörde ausgeht oder nicht mit einem gerichtlichen Verfahren im Zusammenhang steht

---

[177] Gl.M. *H. Nagel*, IZPR, S. 254; s. auch *Ph.W. Amram*, Rapport explicatif, in: Manuel pratique – Obtention des preuves, S. 26f.

[178] Freilich kann eine diplomatische oder konsularische Stelle oder das Aussenministerium (so z.B. in Grossbritannien, Italien und Schweden) als Zentralbehörde bezeichnet werden.

[179] Vgl. *P. Gouguenheim*, S. 324; Conférence de La Haye, Manuel pratique – Obtention des preuves, S. 33.

(Art. 1). Weiter kann das Ersuchen zurückzuweisen sein, weil es im ersuchten Staat nicht in den Bereich der Gerichtsgewalt fällt oder weil es die Hoheitsrechte oder die Sicherheit dieses Staates gefährdet (Art. 12)[180].

Vor allem im Verkehr mit Bundesstaaten oder Staaten mit Teilrechtsgebieten kann es leicht vorkommen, dass ein Ersuchen an die falsche Behörde gelangt, sei es, dass der ausländische Absender sich an die falsche inländische Zentralbehörde wendet, sei es, dass die Zentralbehörde das Ersuchen intern falsch weiterleitet. Solche Fehlleitungen sind nicht als Mangel anzusehen, der zu einer Rückweisung des Gesuches berechtigt; die nicht zuständige Behörde hat das Gesuch von Amtes wegen an die zuständige interne Behörde weiterzuleiten (Art. 6)[181]. Ist der Mangel behoben oder der Einwand beseitigt, so geht das Ersuchen innerstaatlich zum Vollzug an die örtlich zuständige Gerichtsbehörde (Art. 2). Da die Vorprüfung der Zentralen Behörde (Art. 5) immer nur summarischer Art sein kann, ist die Vollzugsbehörde weder daran gehindert noch davon entbunden, selber zu prüfen, ob die Anwendungsvoraussetzungen im Sinne des Übereinkommens erfüllt sind.

142

Für die Erledigung des Ersuchungsschreibens wendet die ersuchte Vollzugsbehörde jeweils ihr eigenes Recht an: Ein Augenschein, eine Ortsschau, eine Einsichtnahme in Geschäftsbücher, eine Edition von Akten oder eine Zeugeneinvernahme wird also jeweils nach der Verfahrensordnung der ersuchten Gerichtsbehörde durchgeführt (*lex loci*, Art. 9 Abs. 1)[182]. Und falls Zwangsmassnahmen gegen renitente Personen erforderlich sind, wendet die Behörde die gleichen Massnahmen an, die in vergleichbaren Fällen auch bei rein innerstaatlicher Rechts- und Amtshilfe zur Anwendung kämen (Art. 10)[183].

143

Nach gewissen Prozessordnungen ist ein Beweismittel nur tauglich, wenn es in einer ganz bestimmten Form erhoben wurde. So muss nach anglo-amerikanischem Recht der Zeuge oder Sachverständige dem Kreuzverhör unterzogen worden sein. Nach mehreren schweizerischen Prozessordnungen ist eine Zeugenaussage bloss brauchbar, wenn der Zeuge unter Eid ausgesagt hat. Umgekehrt lehnen etwa das deutsche oder das schwedische Verfahrensrecht Eide strikt ab. Im anglo-amerikanischen Verfahren werden über Zeugenaussagen umfassende Wortprotokolle erstellt; das kontinentaleuropäische Recht begnügt sich mit zusammenfassenden Darstellungen.

144

Damit im Ausland erhobene Beweise vor den Schranken des ersuchenden Urteilsgerichts nicht nutzlos sind, muss bisweilen den besonderen Anforderungen oder Bedürfnissen des ersuchenden Staates Rechnung getra-

145

---

[180] Vgl. *H. Nagel*, IZPR, S. 255, 256.
[181] Vgl. Conférence de La Haye, Manuel pratique – Obtention des preuves, S. 27.
[182] Conférence de La Haye, Manuel pratique – Obtention des preuves, S. 36.
[183] Conférence de La Haye, Manuel pratique – Obtention des preuves, S. 39.

gen werden. Dieser Gedanke fand sich bereits in Art. 14 der Haager Übereinkünfte von 1905 und 1954. Art. 9 Abs. 2 nimmt ihn wieder auf; er berechtigt und verpflichtet zur Beweisaufnahme in der besonderen Form eines ausländischen Rechts, sofern die gewünschte Form mit dem Recht des ersuchten Staates nicht unvereinbar oder deren Einhaltung im ersuchenden Staat nicht faktisch unmöglich ist[184].

146 Über Ort und Zeit der Beweisaufnahme ist die ersuchende Behörde auf deren Verlangen hin zu informieren, damit die Parteien, deren Vertreter oder allenfalls ein Vertreter der ersuchenden Behörde dem Verfahren beiwohnen können (Art. 7, 8).

147 Ist das Rechtshilfebegehren ausgeführt, so ist dessen Ergebnis der ersuchenden Behörde mitzuteilen. Konnte dem Begehren nicht oder nur teilweise stattgegeben werden, so ist auch hierüber Bericht zu erstatten und zwar unter Angabe der Gründe, die für die Nichterledigung massgebend waren (Art. 13).

4. Die Ablehnungsgründe

148 Von den Bestimmungen eines Staatsvertrages darf in der Regel nur abgewichen werden, wenn deren Anwendung mit der öffentlichen Ordnung des betroffenen Staates offensichtlich unvereinbar ist. Diese traditionelle Ordre public-Klausel findet sich in fast allen neueren Haager Übereinkommen. Das Beweiserhebungs-Übereinkommen macht eine Ausnahme. Gleich wie die Zivilprozess-Übereinkünfte von 1905 und 1954 und das Zustellungs-Übereinkommen von 1965 sieht es nur eine konkretisierte und damit eine gegenüber dem Üblichen zusätzlich eingeschränkte Ordre public-Einrede vor.

149 Nach Art. 12 Abs. 1 soll die Ausführung eines ausländischen Ersuchens nur in Fällen faktischer Unmöglichkeit oder in rechts- und staatspolitisch wirklich stossenden Situationen verweigert werden düfen. Faktische Unmöglichkeit liegt vor, wenn die Erledigung des Ersuchens im ersuchten Staat nicht in den Bereich der Gerichtsgewalt fällt, d.h. wenn es dem ersuchten Gericht von seinen gesetzlichen Kompetenzen her gar nicht möglich ist, dem Gesuch zu entsprechen (Abs. 1 lit. a).

150 Aus rechts- oder staatspolitischen Gründen darf die Erledigung abgelehnt werden, wenn sie die Hoheitsrechte oder die Sicherheit des ersuchten Staates gefährden würde (Abs. 1 lit. b). Wie schwer die Gefährdung sein muss, um die Erledigung abzulehnen, ergibt sich indirekt aus Art. 12 Abs. 2.

---

[184] Vgl. z.B. *P. Gouguenheim*, S. 324; Conférence de La Haye, Manuel pratique – Obtention des preuves, S. 36-38.

Danach darf das Ersuchen nicht einmal mit dem Hinweis abgelehnt werden, für die Behandlung der im Ausland hängigen Streitsache seien die Gerichte des ersuchten Staates ausschliesslich zuständig. Das Übereinkommen will zwischen der Rechtshilfe, der internationalen Zuständigkeit und der Vollstreckungskontrolle klar trennen. Im Rechtshilfeverfahren soll sich das ersuchte Gericht nicht um spätere Phasen des Verfahrens kümmern. Umgekehrt hindert die Leistung von Rechtshilfe zuhanden eines ausländischen Erkenntnisverfahrens die inländischen Gerichte später nicht daran, dem aus jenem Verfahren hervorgegangenen Urteil im Inland die Anerkennung zu versagen[185].

Art. 12 ist im wesentlichen aus den Übereinkünften von 1905 und 1954 übernommen worden (Art. 11 Abs. 3)[186]. Dort war als zusätzlicher Verweigerungsgrund die Einrede des nicht echten Ersuchens vorgesehen. In der Praxis scheint von dieser Einrede bisher nie Gebrauch gemacht worden zu sein. Mit der Einführung des Zentralbehördensystems hat dieser Verweigerungsgrund neben seiner praktischen auch die theoretische Bedeutung verloren, so dass er in Art. 12 richtigerweise nicht mehr aufrechterhalten wurde.

151

5. Die Zeugnisverweigerung

Bei der Ausführung eines Rechtshilfeersuchens hat das ersuchte Gericht grundsätzlich nach seinem eigenen Verfahrensrecht vorzugehen (Art. 9 Abs. 1). Mit zu diesem Recht gehören auch die Bestimmungen, die angeben, wann eine Person zeugenfähig ist bzw. wann sie die Aussage verweigern darf. Den Übereinkünften von 1905 und 1954 schien dieser Grundsatz so selbstverständlich, dass er nicht einmal erwähnt wurde.

152

Andererseits ist die internationale Beweisaufnahmehilfe nicht Selbstzweck. Sie stellt eine zudienende gerichtliche Tätigkeit zuhanden eines ausländischen Hauptprozesses dar. Auch die ausländische *lex fori* kennt Bestimmungen über die Zeugenfähigkeit und das Zeugnisverweigerungsrecht.

153

---

[185] Vgl. *H. Nagel*, IZPR, S. 255, 256; zum Postulat, die Ablehnungsgründe eng auszulegen, s. auch *P. Gouguenheim*, S. 325; Conférence de La Haye, Manuel pratique – Obtention des preuves, S. 42, 43. In gleichem Sinn schon die Praxis zur Zivilprozess-Übereinkunft von 1954; vgl. *A. Bülow/K.H. Böckstiegel*, N. 100, S. 17, 18.

[186] Die in Art. 12 Abs. 2 vorgesehenen Ablehnungsgründe finden sich als Beispiele bereits in den Erläuterungen des Übereinkommensentwurfs von 1893. Die Beispiele wurden zur Verdeutlichung 1965 in Art. 13 Abs. 2 des Zustellungs-Übereinkommens (*M.V. Taborda Ferreira*, Bericht, S. 365; *A. Bulow/K.H. Böckstiegel*, N. 100, S. 18) und 1968 in Art. 12 Abs. 1 des Beweisaufnahme-Übereinkommens (*Ph.W. Amram*, Rapport explicatif, Actes et Documents, 11e session (1968), S. 210) aufgenommen.

Kapitel 3

Auf die Divergenzen zwischen den verschiedenen nationalen Grundsätzen betreffend Zeugenfähigkeit und Zeugnisverweigerung wurde bereits hingewiesen[187]. Die im Staat des Hauptprozesses geltenden Bestimmungen wollen grundsätzlich auf alle Personen anwendbar sein, die vor die Schranken dieses Gerichts treten. Zeugenaussagen, die in Missachtung jener Regeln zustande kommen, sind entweder unbrauchbar, oder es können dagegen Einreden erhoben werden. Eine effiziente Beweiserhebung im Ausland muss neben den Zeugnisverweigerungsgründen des ersuchten auch jene des ersuchenden Staates berücksichtigen.

154   Das Übereinkommen trägt diesem Anliegen in Art. 11 Rechnung. Dabei war ein Mittelweg zu finden zwischen dem wirksamen Schutz des Zeugen und einer Lösung, die noch zu praktisch verwertbaren Aussagen führt[188]. Nach Art. 11 sind Aussageverweigerungen und Aussageverbote nur soweit zu berücksichtigen, als die betroffene Person sich darauf beruft. Dabei kann sie sowohl die Verweigerungsgründe aus dem Recht des ersuchten wie auch jene des ersuchenden Staates geltend machen. Aussageverweigerungen aus dem Recht des ersuchten Staates hat das Beweisaufnahmegericht, sobald sie geltend gemacht sind, ohne weiteres zu beachten (Art. 11 Abs. 1 lit. a); Verweigerungsgründe aus dem Recht des ersuchenden Staates sind hingegen bloss zu beachten, wenn die ersuchte Behörde darüber sichere Kenntnis hat (Art. 11 Abs. 1 lit. b). Sichere Kenntnis liegt vor, wenn das Ersuchungsschreiben im Sinne von Art. 3 Abs. 2 selber auf das Verweigerungsrecht hinweist. Fehlen im Ersuchungsschreiben entsprechende Angaben, so kann der Zeuge sich selber darauf berufen. Hat die Beweisaufnahmebehörde Zweifel an Bestand oder Richtigkeit des geltend gemachten Verweigerungsgrundes, so ist durch Rückfrage bei der ersuchenden Behörde Klarheit zu schaffen (Art. 11 Abs. 1 lit. b).

155   Nach Art. 11 Abs. 2 kann ein Vertragsstaat erklären, dass er als ersuchter Staat selbst Zeugnisverweigerungsrechte eines dritten Staates berücksichtigt. Mit dieser Bestimmung wollte man sog. absoluten Aussageverboten Rechnung tragen, wie sie etwa das französische Recht für die Aussagen von Ärzten in bezug auf ihre Patienten (Art. 205 NCPC) oder das schweizerische Recht in bezug auf Berufs- (Art. 321 StGB) oder Geschäftsgeheimnisse (Art. 162 StGB) kennt[189]. Bisher haben nur die Niederlande eine Erklärung im Sinne von Art. 11 Abs. 2 abgegeben. Danach steht es im Ermessen des ersuchten niederländischen Beweisaufnahmerichters, darüber zu entscheiden, ob er solche Verweigerungsgründe eines Drittstaates beachten will.

---

[187] Vorne, Rdz. **3**/19-23.
[188] Vgl. hierzu auch Conférence de La Haye, Manuel pratique – Obtention des preuves, S. 40, 41; *H. Nagel*, IZPR, S. 257.
[189] Vgl. zum schweizerischen Recht: *J. Schwarz*, Das Bankgeheimnis bei Rechtshilfeverfahren..., SJZ 1995, S. 281-286.

6. Die Sprache

Im zwischenstaatlichen Rechtshilfeverkehr sind Schriftstücke üblicherweise in der Sprache des ersuchten Staates zu übermitteln. An diesem Grundsatz wird im Beweisaufnahme-Übereinkommen festgehalten (Art. 4 Abs. 1), allerdings differenziert. Nach Art. 4 Abs. 2 müssen Rechtshilfeersuchen angenommen werden, die auf französisch oder englisch abgefasst oder von einer Übersetzung in eine dieser Sprachen begleitet sind. Allerdings ist gegen diese Bestimmung ein Vorbehalt möglich (Art. 33). Staaten, die wie die Schweiz mehrere Amtssprachen kennen, können durch eine Erklärung angeben, welche Sprache für welchen Landesteil zu verwenden ist (Art. 4 Abs. 3). Und schliesslich kann jeder Staat durch Erklärung eine oder mehrere Sprachen bekanntgeben, in denen ein Ersuchen an die Zentralbehörde übermittelt werden darf[190].

156

7. Die Kosten

Die Übereinkunft von 1954 hat die Entschädigungen für Zeugen und Sachverständige sowie die Kosten für Zwangsmassnahmen ersetzen lassen, während die allgemeinen Erledigungskosten sowie allfällige Gebühren dem ersuchten Staat belastet blieben (Art. 16)[191].

157

Das Beweiserhebungs-Übereinkommen geht einen Schritt weiter. Es lässt den ersuchten Staat neben den allgemeinen Kosten und Gebühren auch die Zeugenentschädigungen und die Auslagen für Zwangsmassnahmen tragen. Zu ersetzen sind einzig die Experten- und Interpretenhonorare sowie die Kosten, die durch die Einhaltung einer besonderen Beweisaufnahmeform entstanden sind (Art. 14 Abs. 2). Dies gilt allerdings unter Vorbehalt von Art. 26, wonach ein Vertragsstaat aus Gründen seiner nationalen Verfassung die Überwälzung sämtlicher Kosten auf den ersuchenden Staat verlangen kann[192]. In der Praxis scheint diese Bestimmung bisher wenig angerufen worden zu sein[193].

158

---

[190] Vgl. hierzu: Conférence de La Haye, Manuel pratique – Obtention des preuves, S. 30, 31. Die Schweiz hat von diesen Möglichkeiten Gebrauch gemacht (BB1 1993 III 1295).
[191] Vorne, Rdz. 3/88.
[192] Der Vorbehalt ist auf ein Begehren der USA zurückzuführen, die anlässlich der elften Session der Haager Konferenz geltend gemacht haben, sie könnten als Bundesbehörde die Einzelstaaten nicht zur Tragung von Beweisaufnahmekosten verpflichten; dies stehe mit den Grundsätzen des US-amerikanischen Verfassungsrechts im Widerspruch; vgl. Conférence de La Haye, Actes et Documents, 11e session (1968), t. IV, S. 172 (Intervention *Kearney*).
[193] Vgl. Conférence de La Haye, Actes et Documents, 14e session (1980), S. 426 (Bericht über die Spezialkommission von 1978).

Kapitel 3

159 Ein besonderes Kostenproblem bringt der Verkehr mit den anglo-amerikanischen Staaten mit sich. In jenen Staaten pflegt der Richter die Durchführung des Rechtshilfeersuchens einem gerichtlich bestellten Beauftragten (Commissioner) zu übertragen. Da dieser in der Regel zum Anwaltstarif arbeitet, können hohe Kosten entstehen. Art. 14 Abs. 3 stellt sicher, dass der anglo-amerikanische Richter einen Commissioner nicht ohne Einverständnis der ersuchenden Behörde bestellt. Damit wird zugleich unliebsamen Kostenüberraschungen vorgebeugt[194].

VII. Die Beweiserhebung durch Diplomaten, Konsuln oder gerichtliche Beauftragte (Commissioners)

160 Das Haager Beweisaufnahme-Übereinkommen will die Beweiserhebung auch im Verkehr mit den Common Law-Staaten auf eine (multilateral akzeptierbare) staatsvertragliche Grundlage stellen. Zu diesem Zweck wurden neben dem traditionellen Ersuchungsschreiben auch andere, vor allem dem Common Law geläufigere Formen der Beweiserhebung in das Übereinkommen aufgenommen. Entsprechend sieht das zweite Kapitel (Art. 15-20) des Übereinkommens vor, dass Beweise im Ausland auch durch diplomatische bzw. konsularische Vertreter oder durch gerichtliche Beauftragte erhoben werden können[195]. Mit solchen Formen der Beweisbeschaffung sind zwischen Civil Law- und Common Law-Staaten Gegensätze angesprochen, die für jede Seite an das Selbstverständnis ihres Zivilprozesses rühren.

An der Sitzung der Spezialkommission vom April 1989 ist immerhin darauf hingewiesen worden, dass Grossbritannien den Art. 14 restriktiv auslegt; Rapport d'avril 1989, S. 22.

[194] S. auch Conférence de La Haye, Manuel pratique – Obtention des preuves, S. 44.
An der Sitzung der Spezialkommission vom April 1989 ist bekannt geworden, dass die USA für die Ausführung eines Ersuchungsschreibens, nicht aber für Beweisbeschaffung durch Commissioners Auslagenerstattung fordern; Rapport d'avril 1989, S. 22.

[195] Zur Entwicklung der Beweisaufnahme durch Diplomaten bzw. Konsuln oder Commissioners im französisch-britischen Verhältnis, vgl. P. *Gouguenheim*, S. 327; zur Zurückhaltung gegenüber dieser Form der Beweisaufnahme in den skandinavischen und osteuropäischen Staaten, s. H. *Nagel*, IZPR, S. 259; zur traditionellen ablehnenden Haltung der Schweiz und deren auf Souveränitätsschutz beruhenden Gründen, vgl. C. *Markees*, SJIR 1968, S. 145, und die dortige Hinweise auf das bundesrätliche Kreisschreiben v. 9.8.1918 (BBl 1918 IV 370) sowie das Kreisschreiben des EJPD v. 20.7.1928. Eine Öffnung hat die schweizerische Praxis mit dem BRB v. 7.7.1971 (SR 172.012) vorgenommen. Danach sollen ausländische Stellen fallweise selbständig Beweise in der Schweiz aufnehmen können; sie bedürfen hierzu jeweils einer Bewilligung des EJPD. Diese Praxis wird unter dem Beweisaufnahme-Übereinkommen fortgeführt (BBl 1993 III 1297).

1. Zu einigen Unterschieden im Beweisverfahren des Civil Law- und des Common Law-Prozesses

Nach schweizerischem und allgemein kontinentaleuropäischem Recht stehen sämtliche Verfahrensetappen des Zivilprozesses unter der Leitung des Richters, auch das Beweisverfahren. Der schweizerische Zivilprozess beginnt mit einem Schriftenwechsel, in dem die Parteien den Sachverhalt darstellen, die Rechtsbegehren formulieren und die Beweismittel angeben. Soweit sich die Beweislast nicht schon unmittelbar aus dem angerufenen materiellen Recht ergibt, legt das Gericht in der Folge fest, über welche Sachverhaltselemente von welcher Partei Beweis zu führen ist. Die Beweisabnahme wird – je nach Verfahrensordnung – unmittelbar im Hauptverfahren bzw. vorgängig oder anschliessend[196] in einem Beweisabnahmeverfahren durchgeführt. In beiden Fällen steht das Beweisverfahren unter der Leitung des Gerichts[197].

161

Auch im anglo-amerikanischen Zivilprozess wird das Verfahren durch einen Schriftenwechsel (Pleadings) eingeleitet. Doch bleiben Klage und Klageantwort bezüglich Sachverhalt und angerufener Beweise sehr allgemein gehalten. Alles konzentriert sich auf das Hauptverfahren (Trial), das ganz vom Unmittelbarkeitsprinzip und von der Verhandlungsmaxime beherrscht wird. Das Schwergewicht des Hauptverfahrens liegt bei der Feststellung des Sachverhalts und der entsprechenden Beweisführung durch die Parteien[198,199]. Je nach Art des Rechtsanspruchs kann die Beweisführung vor einer Jury oder dem Richter stattfinden. Im einen wie im anderen Fall verstehen sich Jury wie Richter als neutrale Schiedsrichter in einem Wettstreit der Parteien bzw. deren Anwälte. Der Richter bemüht sich nicht selber aktiv um die Wahrheitsfindung; er bzw. die Jury hat lediglich darüber zu befinden, welche Parteiversion aufgrund der Parteivorträge und der Beweisführung als die glaubwürdigere erscheint. Hingegen bleibt die gesamte Administration der Beweise Sache der Parteien[200, 201].

162

---

[196] § 134 ZPO/ZH; *M. Guldener*, ZPR, S. 423.
[197] Vgl. *M.Guldener*, ZPR, S. 148f., 320f.; *W. Habscheid*, Droit jud., S. 427-431; *ders.*, ZPO, S. 322-326; *O. Vogel*, S. 159.
[198] Vgl. für *Grossbritannien*: *P.St.J. Langan/L.D.J. Henderson*, S. 112-198; *Walker & Walker*, S. 339-373.
[199] Vgl. für die *USA*: *E.A. Farnsworth*, S. 99f.; *P.C. Honegger*, S. 105; *W. Schurtmann/ O.-L. Walter*, S. 56f.; *D.-R. Martens*, S. 726.
[200] Vgl. für das US-amerikanische Recht:
  – *Rule 38 (a) FRCP*: «The right of trial by jury as declared by the Seventh Amendment to the Constitution or as given by a statute of the United States shall be preserved to the parties inviolate»;
  – *Rule 39 (a) FRCP*: «When trial by jury has been demanded as provided by Rule 38, the action shall be designated upon the docket as a jury action»;

163   Während im kontinentaleuropäischen Prozess die Vorladung und die Befragung der Parteien, Zeugen oder Sachverständigen, die Edition von Urkunden, das Einholen von Gutachten, die Vornahme von Augenscheinen etc. auf richterlicher Verfügung beruht, erfolgen solche Handlungen im anglo-amerikanischen Verfahren im Parteienbetrieb. Der Richter greift auf Begehren einer Partei nur ein, wenn die Gegenpartei oder ein Dritter sich im Beweisvorbereitungsverfahren (pre-trial discovery)[202] nicht kooperativ verhält und so – dies gilt als verwerflich – verhindern will, dass die Wahrheit wirklich ans Tageslicht kommt[203].

2. Die Auswirkungen auf den grenzüberschreitenden Beweisaufnahmeverkehr

164   Die Gegensätze zwischen gerichtlich geleiteter und im blossen Parteibetrieb organisierter Beweisbeschaffung wirken sich zwangsläufig auf den grenzüberschreitenden Verfahrensverkehr aus, und zwar für beide Seiten.

165   Der europäische Richter, für den die Beweisbeschaffung eine hoheitliche Tätigkeit darstellt, beschreitet für Beweisaufnahmen im Ausland den Rechtshilfeweg und wendet sich auf diese Weise an seinen ausländischen Amtskollegen. Trifft er dabei auf einen anglo-amerikanischen Richter, so kann sein Anliegen auf Verständnisschwierigkeiten stossen: Die Beweis-

---

- *Rule 39 (b) FRCP:* «Issues not demanded for trial by jury as provided in Rule 38 shall be tried by the court»;
- *Rule 51 FRCP:* «At the close of the evidence [...] any party may file written requests that the court instruct the jury on the law set forth in the requests»;
- *Rule 52 (a) FRCP:* «In all actions tried upon the facts without a jury (...), the court shall find the facts specially and separately its conclusions of law thereon».

Anschaulich in diesem Sinn schon: *J. Herrmann,* Beweisaufnahme durch die Parteien und Kreuzverhör im anglo-amerikanischen Verfahren, ZgSRW 80, S. 796, Anm. 78: «(...) he [sc. the judge], so to speak, descends into the arena and is liable to have his vision clouded by the dust of the conflict. Unconsciously he deprives himself of the advantage of calm and dispassionate observation»; ferner *P.C. Honegger,* S. 105.

[201] Für das *englische* Recht vgl. Orders 33, 34 und 35 R.S.C. (Fassung 1965); ferner *P.St.J. Langan/L.D.J. Henderson,* S. 199-225. Jury Trials finden heute praktisch nur noch im Verfahren vor der Queens Bench Division und auch dort nur noch sehr selten statt; nach *Langan/Henderson* sind es weniger als 2% (a.a.O., S. 200).

[202] Zum Pre-Trial-Discovery-Verfahren vgl. hinten, Rdz. 3/189ff.

[203] Vgl.
- *Rule 37 (a) Ziff. 3 FRCP:* «For purposes of this subdivision an evasive or incomplete answer is to be treated as a failure to answer»;
- *Rule 37 (b) Ziff. 1 FRCP:* «If a deponent fails to (...) answer a question after being directed to do so (...), the failure may be considered a contempt of that court».

beschaffung in jenen Staaten ist Parteiangelegenheit, und jener Richter ist nach eigenem Recht kaum gewohnt, solche Handlungen selber vorzunehmen. Umgekehrt hat man auf anglo-amerikanischer Seite und namentlich in den USA Mühe zu begreifen, dass Beweise in Europa nicht einfach im Parteibetrieb beschaffbar sind, dass die um Beweise bemühte Partei hier überall auf Schwierigkeiten stösst oder dass gegen gewisse Forderungen auf Beweisherausgabe bereits in der Beweiserhebungsphase Einreden zulässig sind. Dabei wird mitunter schon das Festhalten am ordentlichen Rechtshilfeweg als Obstruktion missverstanden und versucht, dagegen mit richterlichen Beugemassnahmen (injunctions) vorzugehen[204]. Das zweite Kapitel des Beweiserhebungs-Übereinkommens versucht, diese systembedingten Gegensätze zu überbrücken.

3. Die Bedeutung des zweiten Kapitel des Beweiserhebungs-Übereinkommens

Während die Art. 1-14 des Übereinkommens an der traditionellen Beweisaufnahme mittels zwischenstaatlicher Rechtshilfe durch Rogatorien festhalten, legen die Art. 15-22 die Beweisaufnahme im Inland wenigstens teilweise in ausländische Hände: Einem ausländischen Diplomaten oder Konsuln bzw. einem gerichtlich bestellten Beauftragten wird die Befugnis zu rechts- und verfahrenserheblichem Handeln im Inland eingeräumt.

Für Staaten wie die Schweiz, in denen die Beweisaufnahme zu den hoheitlichen Tätigkeiten zählt, ist die Anwendung dieses Kapitels mit einem Stück Souveränitätsverzicht verbunden. Es versteht sich, dass dieser Schritt zahlreichen Staaten erhebliche Mühe bereitet und dass er, wenn überhaupt, so nur in klar kalkulierbaren Grenzen möglich ist[205].

Andererseits ist die in diesem Kapitel vorgesehene Form der Beweiserhebung unbestreitbar mit gewissen Vorteilen verbunden: Der diplomatische oder konsularische Vertreter des ersuchenden Staates bzw. der gerichtlich bestellte Beauftragte können gleichsam als verlängerter Arm des prozessleitenden Gerichts betrachtet werden. Sie kennen das Verfahrensrecht ihres

---

[204] Vgl. dazu schon *H. Le Roy Jones*, International Judicial Assistance, Yale Law Journal 1953, S. 515, Anm. 11: «There appears to be considerable general ignorance of letters rogatory (...). Often lawyers and courts submit requests to foreign courts on commission forms, and sometimes it is necessary to return them two or three times for correction».

[205] Vgl. z.B. für die Schweiz: *C. Markees*, SJIR 1968, S. 145, 146; ferner BB1 1993 III 1295-1297, s. auch vorne, Rdz. 3/160, Anm. 195; für verschiedene europäische Staaten, die das Übereinkommen bereits ratifiziert haben, vgl. hinten, Rdz. 3/174-176.

Kapitel 3

Landes; sie wissen, worauf es bei der Beweiserhebung für ihre Gerichte ankommt; sie können am besten in der dem Urteilsgericht geläufigen Form Zeugen befragen, Eide abnehmen oder Augenscheinsberichte abfassen. Sprach- und Übersetzungsprobleme entfallen, und auch die Kostenfrage reduziert sich auf eine interne Verrechnung unter Behörden des gleichen Staates[206].

169 Dennoch ist mit diesem Kapitel für viele Staaten Neuland betreten worden. Entsprechend behutsam hatte die Haager Konferenz von 1968 vorzugehen. Daraus erklärt sich, dass diese neuen Formen der Beweiserhebung mit verschiedenen Vorbehalts- und Gestaltungsmöglichkeiten zugunsten der Vertragsstaaten versehen worden sind[207]. Wegen dieser Gestaltungsrechte ist in der Literatur bereits die Meinung vertreten worden, bei den Bestimmungen des Beweiserhebungs-Übereinkommens handle es sich lediglich um Minimalregeln, welche einen Vertragsstaat nicht daran hindern, andere seinem Recht bekannte Wege der Beweisbeschaffung zu beschreiten[208].

---

[206] Diese Vorzüge unterstreichen z.B.: *Ph.W. Amram*, Rapport explicatif, Actes et Documents, 11e session (1968), t. IV, S. 211, 212; *H. Nagel*, IZPR, S. 258, 259.

[207] Insgesamt sind vier Kautelen eingebaut worden:
1. Nach Art. 33 Abs. 1 kann ein Vertragsstaat das Kapitel II durch Vorbehalt ganz oder teilweise ausschalten.
2. Nach Art. 15 Abs. 2 kann ein Vertragsstaat die delegierte Beweiserhebung von einer Genehmigung im Einzelfall abhängig machen.
3. Nach Art. 28 lit. g in Verbindung mit Art. 32 können zwei oder mehrere Vertragsstaaten über die Zulässigkeit delegierter Beweisaufnahme besondere Vereinbarungen treffen (*inter se*-Agreements).
4. Nach Art. 27 lit. b kann jeder Vertragsstaat für die delegierte Beweisaufnahme einseitig günstigere Bedingungen schaffen.

Die Befürchtung von *C. Markees* (SJIR 1968, S. 146), durch die Ratifizierung des Übereinkommens (mit dem Vorbehalt von Art. 33 Abs. 1) würde die Schweiz ihren Angehörigen die Beweisaufnahme in Common Law-Ländern erschweren (weil der Vorbehalt gegenseitig wirken würde, Art. 33 Abs. 3), kann mit Rücksicht auf Art. 27 lit. b nicht geteilt werden.

[208] So offensichtlich auch der Solicitor General in einem *amicus curiae*-Brief des US-Justizdepartementes vom 20.9.1984 an den U.S. Supreme Court i.S. *Club Méditerranée v. Dorin* (83-461 S.Ct.); vgl. *P. Heidenberger*, RIW 1984, S. 841; in ähnlichem Sinn, aber etwas abgeschwächt, offenbar auch der *amicus curiae*-Brief des US-Justizdepartementes vom 25.10.1984 i.S. *Anschütz*, F. 2d Adv.Sh. 1985, 2776 (*P. Heidenberger*, RIW 1985, S. 437).

Kurz zuvor hatte der Solicitor General in einem *amicus curiae*-Brief des US-Justizdepartementes vom 7.11.1983 an den Supreme Court i.S. *Volkswagenwerke AG v. Falzon* (82-1888) noch den gegenteiligen Standpunkt eingenommen (vgl. *D.G. Lange*, RIW 1984, S. 504, 505).

Der Solicitor General und die US-amerikanischen Gerichte, die bisher in gleichem Sinn entschieden haben, verwechseln offensichtlich zwei Gesichtspunkte: Der Richter mag im Prozess festlegen, welche Partei für welchen Punkt beweispflichtig ist, und er mag, falls der Beweis nicht erbracht wird, in seinem Urteilsspruch die entsprechenden Folgerungen ziehen. Aber er kann nicht eine Partei mit Beugemassnahmen zwingen, im Ausland liegende Beweisstücke vorzulegen. Zu diesem Zweck muss er den ordentlichen Rechtshilfeweg beschreiten.

Die eben erwähnte Auffassung kann so nicht geteilt werden. Auch wenn das Beweiserhebungs-Übereinkommen durch die Zulassung sog. *inter se*-Vereinbarungen oder durch die Einräumung von Erklärungen und Vorbehalten gewisse Abweichungen von seiner Grundlösung ermöglicht, so bleibt das Übereinkommen im Rahmen solcher Gestaltungsrechte dennoch zwingendes internationales Recht: Der Rahmen, innerhalb dessen durch einseitige Erklärungen gestaltend auf den Vertragstext eingewirkt werden kann, wird im Übereinkommen jeweils genau umschrieben. 170

Von staatsvertraglichem Soft-Law[209] kann in diesen Zusammenhang und mit Bezug auf die internationale Beweiserhebung nicht die Rede sein, auch nicht im Zusammenhang mit Art. 27 lit. b des Übereinkommens. Diese Bestimmung will lediglich einen *favor* im Recht des ersuchten Staates für die leichtere Beweisbeschaffung dienstbar machen. Er besagt: Nichts soll den *ersuchten* Staat daran hindern, hinsichtlich der Zulassung von Beweiserhebungen weniger streng zu sein, als er es nach dem Übereinkommen sein dürfte. Hingegen kann umgekehrt der beweisbedürftige, d.h. der ersuchende Staat aus Art. 27 lit. b für sich keine Ansprüche zugunsten der Anwendung des ihm günstiger erscheinenden eigenen Rechts ableiten[210]. Dies geht im Ergebnis auch aus Art. 11 hervor[211]. 171

In Staaten (wie der Schweiz oder der BRD), wo die Beweisaufnahme eine hoheitliche Tätigkeit darstellt, erhält der oder einer der staatsvertraglich vorgesehenen Rechtshilfewege Ausschliesslichkeitscharakter. In gleichem Sinn die Resolution der Haager Spezialkommission, die vom 28.-31.5.1985 in Den Haag Anwendungsfragen betr. das Haager Beweiserhebungs-Übereinkommen von 1970 besprach.

[209] Vgl. zum Begriff z.B. *A. Goldstajn*, Usages of Trade, in: P. Sarcevic/P. Volken, International Sale of Goods, New York, London 1986, S. 100.

[210] Art. 27 lit. b will einen bestehenden *favor* im Recht des *ersuchten* Staates zugunsten einer erleichterten Beweisbeschaffung dienstbar machen. Hingegen gibt er dem *ersuchenden* Staat nicht das Recht, einfach seine eigenen Bestimmungen anzuwenden. Konkret formuliert: Die *USA* können (wenn ihr Recht das zulässt) europäische Begehren grosszügiger behandeln, als es das Übereinkommen vorschreibt. Hingegen dürfen die *USA* gestützt auf Art. 27 lit. b nicht einfach auf ihr eigenes nationales Recht zurückfallen. Eine solche Gestaltungsmöglichkeit räumt das Übereinkommen dem *ersuchenden* Staat nirgends ein. Tut er es dennoch, so liegt eine Staatsvertragsverletzung vor. Am Tatbestand der Staatsvertragsverletzung ändert auch der vom US-Justizdepartement im *Anschütz*-Fall vorgeschlagene Balancing Test im Sinne der Comity-Theorie nichts (dazu *P. Heidenberger*, RIW 1985, S. 439); gl.M. *A. Heck*, ZfvglR 1985, S. 208).

[211] Nach Art. 11 muss ein Rechtshilfebegehren im ersuchten Staat nicht erledigt werden, soweit die betroffene Person sich nach dem Recht des ersuchten *oder* des ersuchenden Staates auf eine Aussageverweigerung oder ein Aussageverbot berufen kann.

Art. 11 (und entsprechend Art. 21 lit. e) lässt erkennen, dass das Übereinkommen um die nationalen Unterschiede hinsichtlich des Zeugnisverweigerungsrechts weiss, dass es diese Unterschiede nicht beseitigt, sondern sie anerkennt, dass es aber über die Berechtigung entsprechender Einreden eine Kontrolle verlangt. Diese Kontrolle steht nach dem klarem Wortlaut des Übereinkommens wie auch nach der Entstehungsgeschichte des Übereinkommens der Behörde des *ersuchten*, nicht jener des *ersuchenden* Staates zu. Darin zeigt sich, dass der

119

172 Das zweite Kapitel umschreibt im einzelnen die Zulässigkeit der Beweiserhebung durch Diplomaten, Konsuln oder Beauftragte und steckt diesen Personen ihren Handlungsspielraum ab. Den Beweisbelasteten sichert es gewisse Verfahrensgarantien, und dem ersuchten Staat selber gibt es die Möglichkeit, sich gegen übermässige Eingriffe in seine Hoheitsrechte abzusichern. Weiter legt es die Modalitäten der delegierten Beweisaufnahme fest und regelt das Verhältnis zwischen erstem und zweitem Kapitel.

4. Die Zulässigkeit der Beweiserhebung durch Diplomaten, Konsuln oder gerichtlich bestellte Beauftragte

173 Das Beweiserhebungs-Übereinkommen unterscheidet zwischen verschiedenen Stufen der Zulässigkeit bzw. Unzulässigkeit delegierter Beweiserhebung.

a. Der genereller Vorbehalt

174 Nach Art. 33 Abs. 1 kann jeder Vertragsstaat bei der Unterzeichnung oder Ratifizierung einen Vorbehalt anbringen und so die Anwendung des zweiten Kapitels ganz oder zum Teil ausschliessen. Von diesem Vorbehalt haben bisher einzelne Vertragsstaaten Gebrauch gemacht, allerdings in unterschiedlichem Ausmass. Ganz wegbedungen wurde das zweite Kapitel bisher von Argentinien, Mexiko, Singapur und Venezuela[212]. Portugal[213] lässt aus dem zweiten Kapitel nur die Beweisaufnahme im Sinne von Art. 15 zu, d.h. ausländische Diplomaten oder Konsuln dürfen in Portugal Beweisaufnahmen nur gegenüber ihren eigenen Staatsangehörigen vornehmen. Dänemark[214] und Mexiko[215] haben einen Vorbehalt gegen die Beweisaufnahme durch gerichtlich bestellte Beauftragte (Art. 17) abgegeben. Und die BRD lehnt die diplomatische oder konsularische Beweiserhebung ab, wenn sie sich auf deutschem Boden gegen deutsche Bürger richtet (Art. 16 Abs. 1).

---

ersuchende Staat, der im Ausland gelegene Beweise beiziehen will, den Rechtshilfeweg *auch dann zu beschreiten hat*, wenn die Beweise im Ausland bei einer der Prozessparteien zu erheben sind. Andernfalls wird der Behörde des Staates, in dem die Beweisstücke liegen, die ihr kraft Übereinkommens zustehende Kompetenz zum Entscheid über die Berechtigung einer Zeugnisverweigerung entzogen. Vgl. auch hinten, Rdz. 3/183, Anm. 226.

[212] Conférence de La Haye, Manuel pratique – Obtention des preuves, S. 74, 121; AS 1995, 1089-1115.
[213] Ebenda, S. 113; AS 1995, 1108.
[214] Ebenda, S. 87; AS 1995, 1090.
[215] AS 1995, 1103.

b. Die Gestaltungsrechte

Macht ein Vertragsstaat von Art. 33 Abs. 1 keinen Gebrauch, so hat er die diplomatische, konsularische bzw. durch Commissioners vorgenommene Beweiserhebung auf seinem Hoheitsgebiet grundsätzlich zu dulden. Das zweite Kapitel (Art. 15-18) sieht aber gewisse Gestaltungsmöglichkeiten vor, die es jedem Vertragsstaat erlauben, die ausländische Beweiserhebungstätigkeit nach Bedarf unter Kontrolle zu behalten. 175

Am strengsten sind die Anforderungen an die Beweiserhebung durch *Commissioners*[216]. Sie ist nur zulässig, wenn die Genehmigung des ersuchten Staates vorliegt und die von diesem Staat gemachten Auflagen erfüllt sind (Art. 17 Abs. 1 lit. *a, b*). Durch eine Erklärung im Sinne von Art. 17 Abs. 2 kann jeder Vertragsstaat angeben, ob die Genehmigung als generell erteilt gilt oder ob sie in jedem Einzelfall nachzusuchen ist. 176

- Keine Genehmigung im Sinne von Art. 17 Abs. 2 verlangen Australien, Finnland, Spanien und die USA[217], d.h. in diesen Staaten sind Commissioners generell zugelassen.

- Keine Erklärung im Sinne von Art. 17 Abs. 2 abgegeben hat Barbados.

- Grossbritannien, die Slowakei und die Tschechei[218] haben die Zulassung von Commissioners vom Gegenrecht abhängig gemacht.

- Einer Genehmigung im Einzelfall bedarf der Commissioner in der BRD, in Frankreich, Italien, Israel und Luxemburg, in den Niederlanden, in Norwegen, in Schweden und in der Schweiz.

- Nicht zugelassen sind Commissioners in Dänemark, Portugal und Singapur[219].

Für die Beweisaufnahme durch *Diplomaten oder Konsuln* stellt das Übereinkommen je nach der Staatsangehörigkeit des Beweisbelasteten verschiedene Anforderungen auf. Besonders streng sind die Anforderungen für die Beweisaufnahme gegenüber Angehörigen des ersuchten Staates oder den Angehörigen eines Drittstaates, die im ersuchten Staat leben (Art. 16). In diesen Fällen sind die Anforderungen identisch mit jenen, die für Commissioners gelten, immerhin mit der Präzisierung, dass solche Beweisaufnahme in Portugal und in Singapur unzulässig, in der BRD nur gegen- 177

---

[216] Vgl. *Ph.W. Amram*, Rapport explicatif, S. 212.
[217] Conférence de La Haye, Manuel pratique – Obtention des preuves, S. 90, 93; AS 1995, 1089, 1094, 1113, 1114.
[218] Conférence de La Haye, Manuel pratique – Obtention des preuves, S. 118; AS 1995, 1097, 1112, 1113.
[219] Conférence de La Haye, Manuel pratique – Obtention des preuves, S. 87, 113, 121, AS 1995, 1090, 1108, 1112.

über den Angehörigen des ersuchenden oder eines Drittstaates zulässig ist. Am ehesten wird die diplomatische bzw. konsularische Beweiserhebung gegenüber den eigenen Staatsangehörigen des ersuchenden Staates zugelassen (Art. 15). Doch auch hierfür kann jeder Vertragsstaat erklären, dass in jedem Einzelfall eine Genehmigung vorliegen muss. Eine solche Genehmigung wird verlangt in Dänemark, Norwegen, Portugal und Schweden; unzulässig ist diese Form der Beweisaufnahme in Singapur[220].

5. Die Befugnisse der zur Beweisaufnahme ermächtigten Diplomaten, Konsuln oder Beauftragten

178 Das zweite Kapitel des Übereinkommens erteilt den Diplomaten oder Konsuln nicht etwa ein Recht zur Beweisaufnahme; das Übereinkommen räumt lediglich die völkerrechtliche Befugnis ein, Diplomaten oder Konsuln mit dieser Aufgabe zu betrauen. Ob sie hierzu die Ermächtigung haben, entscheidet letztlich der Entsendestaat[221], und ob sie befugt sind, ihre Ermächtigung auch tatsächlich auszuüben, entscheidet der ersuchte (Empfangs-)Staat.

179 Soll die Beweisaufnahme durch einen Diplomaten oder Konsuln vorgenommen werden, so muss es sich um einen Vertreter des ersuchenden Staates handeln, der im ersuchten Staat akkreditiert ist. Er darf Beweisaufnahmehandlungen nur im Konsularbezirk durchführen, für den er das Agrément des Empfangsstaates besitzt. Die aufzunehmenden Beweise müssen für ein im ersuchenden Staat hängiges zivil- oder handelsrechtliches Verfahren bestimmt sein; vorsorgliche Beweisaufnahmen oder Massnahmen der Beweissicherung für spätere Prozesse sind nicht zulässig. Das Tätigwerden des Diplomaten oder Konsuln hat sich auf eigentliche Beweisaufnahmehandlungen zu beschränken; die Vornahme «anderer gerichtlicher Handlungen» (Art. 1) ist nicht gestattet. Die Beweisaufnahme darf grundsätzlich nur durchgeführt werden, wenn sie ohne Anwendung von Zwang möglich ist. Ferner darf ihr kein Vorbehalt im Sinne von Art. 33 Abs. 1 entgegenstehen. Ist die Beweisaufnahme in einem Staat durchzuführen, der einen Genehmigungs- bzw. Auflagevorbehalt im Sinne von Art. 15 Abs. 2 bzw.

---

[220] Vgl. *Ph.W. Amram*, Rapport explicatif, S. 211, 212; Conférence de La Haye, Manuel pratique – Obtention des preuves, S. 87, 107, 114, 121, 125.

[221] Für die Schweiz ist dies eine Frage des Reglements des schweizerischen diplomatischen und konsularischen Dienstes v. 24.11.1967 (SR 191.1); es enthält keine solche Ermächtigung. Völkerrechtlich ist diese Befugnis neben Art. 15, 16 des Beweiserhebungs-Übereinkommens auch in Art. 5 lit. j des Wiener Übereinkommens v. 24.4.1963 über konsularische Beziehungen (SR 0.191.02) vorgesehen.

16 Abs. 1 gemacht hat, so muss die entsprechende Genehmigung vorliegen und es müssen die damit verbundenen Auflagen erfüllt sein. Ob und in welchem Ausmass die Beweiserhebung durch Diplomaten oder Konsuln zulässig ist, hängt schliesslich von der Staatsangehörigkeit der beweisbelasteten Personen ab[222].

Auch die kommissarische Beweisaufnahme (Art. 17) muss für ein hängiges Verfahren in Zivil- und Handelssachen bestimmt sein, darf nur ohne Anwendung von Zwang ausgeführt werden und steht unter dem generellen Zulässigkeits- (Art. 33 Abs. 1) bzw. zumindest unter dem partiellen Genehmigungsvorbehalt (Art. 17 Abs. 1)[223].

Art. 17 sagt nicht, welches Gericht den Beauftragten zu bestellen hat. In der Regel wird die Ernennung vom ersuchenden, mit dem Hauptprozess befassten Gericht ausgehen. Zugleich wird dessen Ernennung dem Beauftragten als Legitimation gegenüber den beweisbelasteten Personen und den Behörden des ersuchten Staates dienen. Die Ernennung kann aber auch durch das ersuchte Gericht erfolgen. Dies gilt namentlich im Rechtshilfeverkehr mit anglo-amerikanischen Behörden. Weil nach deren Recht die Beweisbeschaffung Sache der Parteien ist, sind diese Behörden faktisch und verfahrensmässig vielfach nicht in der Lage, einem ausländischen Rechtshilfeersuchen selber nachzukommen. Deshalb wird mit der Erledigung solcher Ersuchen oft eine geeignete Person (z.B. ein Rechtsanwalt) beauftragt. Das Übereinkommen erwähnt diese Form des Beauftragten in Art. 14 Abs. 3, dort allerdings nur indirekt und unter dem Gesichtspunkt der Kostenfrage[224].

6. Die Garantien zugunsten der Beweisbelasteten

Mit der Zulassung ausländischer Diplomaten, Konsuln oder Commissioners zur Beweisaufnahme im Inland gibt der ersuchte Staat ein Stück Hoheit preis[225]. Noch unmittelbarer betroffen sind davon die beweisbelasteten Personen: Parteiaussage, Zeugeneinvernahme, Sachverständigenbericht, Urkundenedition oder Augenschein haben vor Ausländern, nach deren Verfahrensrecht und womöglich in deren Sprache zu erfolgen. Um die beweisbelasteten Personen nicht unangenehmen Überraschungen auszusetzen, hat das Übereinkommen gewisse Sicherheitsmargen eingebaut. Einzelne sind ausdrücklich als solche hervorgehoben, andere sind unscheinbar in den Text eingearbeitet.

---
[222] Vgl. dazu *Ph.W. Amram*, Raport explicatif, S. 211, 212.
[223] Vgl. *Ph.W. Amram*, Rapport explicatif, S. 212, 213; *H. Nagel*, IZPR, S. 261.
[224] Vgl. hierzu auch *C. Markees*, SJIR 1968, S. 141, 147.
[225] *O. Capatina*, S. 373; *P. Gouguenheim*, S. 329; *C. Markees*, SJIR 1968, S. 145.

Kapitel 3

183 Zu den wichtigsten Garantien der Beweisbelasteten gehört Art. 20. Danach können die von der Beweisaufnahme betroffenen Personen im Beweisaufnahmeverfahren einen Rechtsberater beiziehen. Der betroffene Personenkreis ist bewusst weit gehalten. Sicher gehören die Parteien, die Zeugen, die Sachverständigen oder die mit der Herausgabe von Urkunden belasteten Personen dazu; es können aber auch die Eltern, der Arbeitgeber oder der Versicherer eines Beweisbelasteten in Frage kommen[226].

184 Eine andere wichtige Garantie betrifft das Verbot von Zwangsmassnahmen. Nach den Art. 15, 16 und 17 dürfen die ausländischen Vertreter Beweisaufnahmen nur durchführen, wenn sie ohne Anwendung von Zwang auskommen. Ist die beweisbelastete Person nicht freiwillig zur Mitwirkung bereit, so muss entweder der Weg über Art. 18, d.h. ein Gesuch um Unterstützung durch die örtlichen Behörden, oder, wenn dieser Weg nicht offen steht, derjenige über das erste Kapitel (Ersuchungsschreiben) beschritten werden. Der Weg über Art. 18 steht nur in jenen Vertragsstaaten offen, die eine Erklärung im Sinne dieser Bestimmung abgegeben und die Behörde bezeichnet haben, die zur Unterstützung der Beweisaufnahme um Zwangsmassnahmen ersucht werden kann. Eine Erklärung im Sinne von Art. 18 (d.h. Unterstützung durch die lokalen Behörden, notfalls unter Anwendung von Zwangsgewalt) haben bisher Australien, Grossbritannien, Italien, die Slowakei, die Tschechei, die USA und Zypern abgegeben. In allen diesen Staaten hat man sich an Gerichtsbehörden zu wenden[227].

185 Wo ein Vertragsstaat die Gestaltungsmöglichkeiten der Art. 15-17 ausgeschöpft hat, dient zum Schutz des Beweisbelasteten auch die dem Beweiserhebenden auferlegte Pflicht, für jeden Einzelfall die Genehmigung des ersuchten Staates einzuholen. Die damit verbundenen Auflagen sind im Übereinkommen nicht abschliessend aufgezählt. Art. 19 erwähnt mit der Mitteilung von Ort und Zeit sowie der Teilnahme eines Vertreters des ersuchten Staates nur zwei zentrale Gesichtspunkte. Ein ausführlicher Katalog der möglichen Auflagen findet sich z.B. in der Erklärung Frankreichs[228].

186 Ein weiterer Schutzgedanke kommt in der Unterscheidung zwischen der Beweisaufnahme gegenüber den Angehörigen des ersuchenden (Art. 15) und jenen des ersuchten oder eines dritten Staates (Art. 16) zum Ausdruck.

---

[226] Vgl. *Ph.W. Amram*, Rapport explicatif, S. 214.
[227] Vgl. *Ph.W. Amram*, Rapport explicatif, S. 213; Conférence de La Haye, Manuel pratique – Obtention des preuves, S. 118 (in England z.B. der Senior Master of the Supreme Court, Queen's Bench Division), S. 102 (in Italien Corte di Appello), S. 127 (in der CS das tschechische Justizministerium in Prag bzw. das slowakische Justizministerium in Bratislava), S. 90 (in den USA der District Court am Wohnsitz des Beweisbelasteten; in Zypern der Oberste Gerichtshof).
[228] Vgl. Conférence de La Haye, Manuel pratique – Obtention des preuves, S. 97; AS 1995, 1095.

Bei Beweisaufnahmen gegenüber Angehörigen des ersuchenden Staates (Art. 15) werden diese von ihren eigenen Diplomaten oder Konsuln vernommen. Letztere sind gerade dazu da, um im Gastland die Interessen der eigenen Staatsangehörigen wahrzunehmen; ein besonderer Schutz durch den ersuchten Staat drängt sich daher in der Regel nicht auf[229]. Wenn der ersuchte Staat dieser Form der Beweiserhebung mit Zurückhaltung begegnet, so steht dahinter Souveränitäts-, nicht Schutzdenken[230]. Anders verhält es sich bei Beweisaufnahmen gegenüber Angehörigen des ersuchten oder eines dritten Staates; deshalb werden solche Beweisaufnahmen nur unter erschwerten Voraussetzungen zugelassen (Art. 16).

7. Die Modalitäten der Beweisaufnahme

Sind die Voraussetzungen der Art. 15-17 erfüllt, so kann der dazu ermächtigte Diplomat, Konsul oder Commissioner zur Durchführung der Beweisaufnahme schreiten. Diese hat den in *Art. 21* umschriebenen Modalitäten zu genügen: Die zum Erscheinen oder Mitwirken aufgeforderten Personen müssen gehörig geladen werden; die Ladung hat in der am Beweisaufnahmeort geltenden Sprache zu erfolgen oder muss mit einer Übersetzung in diese Sprache versehen sein; ist die geladene Person Angehöriger des ersuchenden Staates, so kann auf die Übersetzung verzichtet werden (lit. *b*). Die Ladung hat Zweck und Gegenstand der Befragung anzugeben. In Staaten, die keine Erklärung im Sinne von Art. 18 abgegeben haben, ist auf die Freiwilligkeit der Mitwirkung hinzuweisen (lit. *c*). Weiter ist auf die Aussageverweigerungsrechte des ersuchenden wie auch des ersuchten Staates aufmerksam zu machen (lit. *e*).

Soweit der Ordre public des ersuchten Staates oder die von diesem Staat erteilte Genehmigung nicht entgegenstehen, kann alles Gegenstand des Beweisaufnahmeverfahrens sein (lit. *a*). In gleichem Umfang kann der Beweisbeauftragte auch Eide oder Gelübde abnehmen. Voraussetzung ist freilich, dass die Abnahme von Eiden oder Gelübden im ersuchten Staat nicht bestimmten Amtspersonen vorbehalten ist (Richter, Notar, Anwalt). Ist dies der Fall, so wird der Beweisbeauftragte eine solche Amtsperson beiziehen müssen. Im rogatorischen Verfahren werden Beweise grundsätzlich nach dem Recht des ersuchten Staates aufgenommen. Bei der Beweisaufnahme durch Diplomaten, Konsuln oder Commissioners wird jedoch die Aufnahme in der Regel in den Formen des ersuchenden Gerichts erfolgen, zumin-

---

[229] Besonders liegen die Verhältnisse bei Personen, die sich politisch verfolgt fühlen (Flüchtlinge, Asylbewerber).
[230] Vgl. auch *C. Markees*, SJIR 1968, S. 145.

dest so lange, als das Recht des ersuchten Staates dem nicht entgegensteht (lit. *d*).

8. Das Verhältnis zwischen rogatorischer und delegierter Beweisaufnahme

189 Lässt sich eine Beweisaufnahme auf dem Weg über einen Diplomaten, Konsuln oder Commissioner nicht durchführen, etwa weil ein Zeuge nicht mitwirken und der ersuchte Staat seine Zwangsgewalt nicht zur Verfügung stellen will oder weil der Beweisbeauftragte die Genehmigung des ersuchten Staates nicht erhält bzw. dessen Auflagen nicht erfüllt, muss die Beweiserhebung deswegen noch nicht gescheitert sein. Die interessierte Prozesspartei kann zum prozessleitenden Gericht zurückgehen und die Durchführung auf rogatorischem Weg beantragen. Die Rechtshilfewege nach Kapitel I und II des Übereinkommens stehen nebeneinander zur Verfügung, wobei der Entscheid für den einen Weg den anderen nicht ausschliesst (Art. 22)[231].

VIII. Die Beweiserhebung und das Pre-Trial-Discovery-Verfahren

190 Nach Art. 23 kann jeder Vertragsstaat bei der Unterzeichnung oder Ratifizierung des Übereinkommens erklären, dass er Rechtshilfebegehren, die im Rahmen eines Pre-Trial-Discovery-Verfahrens gestellt werden und die der Ausforschung von Dokumenten dienen sollen, nicht stattgibt. Namentlich im Rechtshilfeverkehr mit den USA ist Art. 23 zu einer der zentralen, aber zugleich der umstrittendsten Bestimmungen des Übereinkommens geworden[232]. Um die Tragweite des Vorbehalts zu erfassen, empfiehlt es

---

[231] *Ph.W. Amram*, Rapport explicatif, S. 215.
[232] Aus der reichhaltigen *Literatur* vgl. insbes.: A. Heck, Die Haager Konvention über die Beweisaufnahme im Ausland aus der Sicht der amerikanischen Prozessgerichte sowie der amerikanischen Regierung, ZVgIRW 1985, S. 208-228; *P. Heidegger*, Haager Beweisübereinkommen und Urkundenvorlage deutscher Parteien in den USA, RIW 1985, S. 437-442; *ders.*, Neue Interpretation des Haager Beweisübereinkommens durch die US-Regierung, RIW 1984, S. 841-843; *P.C. Honegger*, S. 108-131; *H.-V. von Hülsen*, Gebrauch und Missbrauch US-amerikanischer «pre-trial-discovery» und die internationale Rechtshilfe, RIW 1982, S. 225-235; *ders.*, Kanadische und Europäische Reaktionen auf die US «pre-trial-discovery», RIW 1982, S. 537-555; *D.G. Lange*, Zur ausschliesslichen Geltung des Haager Beweisaufnahme-

sich, zunächst den Stellenwert, der dem Discovery-Verfahren in einem Common Law-Prozess zukommt, kurz zu skizzieren. Anschliessend wird die Bedeutung des Art. 23-Vorbehalts erläutert und dargelegt, in welchem Ausmass der Vorbehalt in den Ablauf des Discovery-Verfahrens eingreifen kann. Schliesslich wird zum aktuellen Stand der Diskussion um Art. 23 Stellung genommen.

1. Die unterschiedlichen Beweisverfahren

Wie bereits erwähnt[233], bestehen zwischen kontinentaleuropäischem und anglo-amerikanischem Zivilprozess im Bereich der Prozessinstruktion, der Beweisbeschaffung und des Beweisabnahmeverfahrens einige grundlegende Unterschiede. 191

Im europäischen Prozess haben die Parteien bereits in Klageschrift und Klageantwort genaue Angaben über ihre Tatsachenbehauptungen, ihre Rechtsbegehren und ihre Beweismittel zu machen. Namentlich im US-amerikanischen Prozess sind hingegen die Rechtsschriften (Pleadings) äusserst knapp und vielfach nach vorformulierten Mustersätzen abgefasst. Daraus lässt sich über den behaupteten Sachverhalt nur wenig und über die angerufenen Beweismittel überhaupt nichts entnehmen. In Europa würden solche Schriftsätze nach zahlreichen Verfahrensordnungen zwecks Substantiierung an die Parteien zurückgewiesen; im angelsächsischen und namentlich im US-amerikanischen Verfahren dagegen hat die Substantiierung Zeit bis zum Hauptverfahren (Trial). 192

Der Trial ist ganz vom Unmittelbarkeitsprinzip und von der Verhandlungsmaxime beherrscht. Jede Partei lässt mündlich ihre Tatsachenbehauptungen vortragen und zu deren Erhärtung die Beweise anführen. Der Richter oder, falls vorhanden, die Jury kommen vor der Hauptverhandlung 193

Übereinkommens bei Rechtshilfeersuchen aus den USA, RIW 1984, S. 504-508; *A.F. Loewenfeld*, Discovery-Verfahren und internationale Rechtshilfe, IPRax 1984, S. 51; *F.A. Mann*, Anmerkung zu einem Urteil des OLG München v. 21.11.1980, JZ 1981, S. 840; *D.-R. Martens*, Erfahrungen mit Rechtshilfeersuchen aus den USA nach dem Haager Beweisaufnahme-Übereinkommen, RIW 1981, S. 725-733; *A. Menz*, Das «Pre-Trial-Discovery»-Verfahren im US-amerikanischen Zivilprozessrecht, RIW 1981, S. 73-79; *E.C. Stiefel*, «Discovery» – Probleme und Erfahrungen im Deutsch-Amerikanischen Rechtshilfeverkehr, RIW 1979, S. 509-520; *E.C. Stiefel/W.F. Petzinger*, Deutsche Parallelprozesse zur Abwehr amerikanischer Beweiserhebungsverfahren?, RIW 1983, S. 242-249; *R. Stürner*, Rechtshilfe nach dem Haager Beweisübereinkommen für Common Law-Länder, JZ 1981, S. 521-525; *ders.*, Die Gerichte und Behörden der USA und die Beweisaufnahme in Deutschland, ZVglRW 1982, S. 159-214; *ders.*, Der Justizkonflikt zwischen USA und Europa, in Colloque, Genève, S. 217-248.

[233] Vgl. vorne, Rdz. **3**/161-163.

mit dem Prozessstoff nicht in Berührung. Ihre Funktion gleicht der eines neutralen Schiedsrichters, der aufgrund des im Trial Gehörten und Gesehenen darüber zu befinden hat, welche Parteiversion als die glaubwürdigere erscheint. In einem solchen Verfahren können rhetorische Show und effektvoll eingesetzte Überraschungsmomente für den Prozessausgang entscheidend sein[234,235].

2. Das Pre-Trial-Discovery-Verfahren

194 Um solche Unsicherheitsfaktoren in Grenzen zu halten, hat sich im angloamerikanischen Prozess zwischen den Pleadings und dem Trial eine Zwischenphase, das sogenannte Pre-Trial-Discovery-Verfahren eingebürgert[236].

195 Nach *US-amerikanischem* Recht[237] kann in diesem Verfahren jede Partei während der Phase der Beweisbeschaffung von der Gegenpartei Auskunft über und Einblick in gewisse Beweismittel verlangen[238]. Die Gegenpartei ist in gewissem Umfang zur Öffnung des Dossiers und zur Auskunfterteilung verpflichtet. Weigert sie sich, so kann sie mit Hilfe richterlicher Verfügungen (*sub poena*) hierzu gezwungen werden[239]. Der Auskunftspflicht

---

[234] Zum *englischen* Verfahrensrecht vgl. *P.St.J. Langan/L.D.J. Henderson*, Civil Procedure, insbes. S. 210ff.; *Walker & Walker*, S. 376.

[235] Zum *US-amerikanischen* Verfahrensrecht vgl. *E.A. Farnsworth*, S. 99f.; *W. Schurtmann/ O.-L. Walter*, S. 56f.; *A. Heck*, ZVglRW 1985, S. 209; *D.-R. Martens*, RIW 1981, S. 726.

[236] Im *englischen* Recht ist das Discovery-Verfahren heute in Order 24 Rules 1-14 R.S.C. geregelt. Sie stellen delegierte Gesetzgebung (zuhanden der Gerichtsbehörden) dar und beruhen auf sect. 84 des Supreme Court Act 1981, früher sect. 99 des Judicature Act 1925; vgl. *Walker & Walker*, S. 293, 354.

[237] Das *US-amerikanische* Discovery-Verfahren ist durch die Rules 26-37 FRCP geregelt. Die Bestimmungen wurden durch eine Revision von 1938 in die Federal Rules aufgenommen; sie wurden insbes. 1970, 1980, 1983, 1990, 1993 und 1994 revidiert; *West's* Federal Civil judicial Procedure, 1994, S. 105-155, und Supplement 1994, S. 1; *H.-V. von Hülsen*, S. 229.

[238] Vgl. *Rule 26 (a) Ziff. 5 FRCP*: «Parties may obtain discovery by one or more of the following methods: depositions upon oral examination or written questions; written interrogatories; production of documents or things or permission to enter upon land or other property (...), for inspection and other purposes; physical and mental examinations; and requests for admission».

Rule 26 (b) Ziff. 1 FRCP: «Parties may obtain discovery regarding any matter, not privileged, which is relevant to the subject matter involved in the pending action, whether it relates to the claim or defense of the party seeking discovery or to the claim or defense of any other party, including the existence, description, nature, custody, condition and location of any books, documents, or other tangible things and the identity and location of persons having knowledge of any discoverable matter».

[239] Vgl. *Rule 37 (a) FRCP*: «A party, upon reasonable notice to other parties and all persons affected thereby, may apply for an order compelling discovery (...)».

Rule 37 (b) Ziff. 1 FRCP: «If a deponent fails (...) to answer a question after being directed to do so by the court (...), the failure may be considered a contempt of that court».

sind allerdings vom Gesetzgeber und von der Praxis Grenzen gesetzt. Überspannt die Auskunft begehrende Partei den Bogen, so kann sich die Gegenpartei die Geheimhaltung gewisser Akten durch sogenannte Protective Orders gerichtlich sichern lassen[240]. Abgesehen von solchen «Ermahnungen» zur Einhaltung der Spielregeln, laufen das Beweisbeschaffungs- und das Discovery-Verfahren im reinen Parteibetrieb ab[241].

Ähnlich verhält es sich im *englischen* Recht, wo die Pflicht zur Auskunft über bzw. der Anspruch auf Einblick in die relevanten Beweisdokumente auf die alte *Equity*-Rechtsprechung zurückgeht[242]. Mit den Reformen des englischen Prozessrechts in den Jahren 1852-1873/75[243] und der damit verbundenen Verschmelzung der Verfahren in «*Law*» und in «*Equity*» fand die *Discovery* ganz allgemeinen Eingang in den englischen Zivilprozess[244].

196

Heute ist das englische *Discovery*-Verfahren zur Hauptsache in *Order 24 Rules 1-44* R.S.C. (Fassung 1965) geregelt[245]. Im englischen System

197

Als Sanktionen kann das Gericht u.a. anordnen, dass bestimmte Behauptungen als erwiesen gelten sollen, dass bestimmte Ansprüche oder Verteidigungsmittel nicht geltend gemacht werden können, dass das Verfahren eingestellt, dass die Klage abgewiesen wird oder dass ein Säumnisurteil zu Lasten der betreffenden Partei ergeht (Rule 37 (b) Ziff. 2 A-E FRCP).

[240] *Rule 26 (c) FRCP*: «Upon motion by a party (...) from whom discovery is sought, (...) the court (...) may make any order which justice requires to protect a party or person from anoyance, embarrassment, oppression, or undue burden or expense (...)».

Als Konsequenz kann das Gericht anordnen, dass einer bestimmten Erforschung nicht oder nur beschränkt stattgegeben wird, dass gewisse Informationen nur ganz bestimmten Personen zugänglich gemacht werden, und vor allem, dass Geschäftsgeheimnisse geschützt bleiben.

[241] Zum US-amerikanischen Discovery-Verfahren vgl. auch *H.-V. von Hülsen*, S. 225f.; *D.-R. Martens*, S. 726-729; *A. Mentz*, S. 73-79.

[242] Vgl. *A.K.R. Kiralfy*, S. 18.

[243] Die Reformen scheinen als Reaktion auf das Ungenügen und z.T. die Misstände in der Court of Chancery (dem englischen Equity-Gericht) ausgelöst worden zu sein.

[244] Eine erste Serie von Reformen wurde durch die *Common Law Procedure Acts* 1852-1860 erreicht.

Der *1852 Act* hob das englische Aktionensystem auf und legte den Grundstein für eine Reihe von Verfahrensregeln, die z.T. heute noch in den Rules of the Supreme Court enthalten sind. Der *1854 Act* gestattete erstmals die Erhebung von Equity-Einwänden vor den Common Law-Gerichten und öffnete so den Weg zur verfahrensmässigen Verschmelzung von Rechtsprechung in «Law» und «Equity». Weiter ermächtigte er die Common Law-Gerichte zum Erlass von Gerichtsbefehlen (injunctions), zur Anordnung von Discovery-Massnahmen und zum Trial ohne Jury.

Die zweite Serie von Reformen findet sich in den *Judicature Acts 1873 und 1875*. Darin wurde die heute noch gültige Gerichtsverfassung Englands begründet: *Supreme Court*, zerfallend in den *High Court of Justice* (Queens Bench Division, Chancery Division, Family Division) und den *Court of Appeal*; vgl. Walker & Walker, S. 78, 81, 84.

[245] Die Rules of the Supreme Court stellen delegierte (von den Gerichtsbehörden erlassene) Gesetzgebung dar und beruhen auf sect. 84 des Supreme Court Act 1981, früher sect. 99 des

Kapitel 3

waren die Parteien ursprünglich zur Offenlegung der Beweisdokumente nur verpflichtet, wenn hierüber eine formelle Verfügung des prozessleitenden Richters (Master) ergangen war[246].

198 In den letzten zwanzig Jahren wurde die Bedeutung des englischen *Discovery*-Verfahrens durch drei wichtige Neuerungen verstärkt: Eine erste Änderung führte 1962 (*1962 Rules*) die generelle gegenseitige Offenlegungspflicht (*automatic discovery*) zwischen den Parteien ein[247]. Durch eine *zweite*, 1972 eingeführte Erweiterung wurde es vor allem in Haftpflichtprozessen möglich, die Offenlegung und Prüfung relevanter Urkunden bereits vor Einleitung des Verfahrens zu verlangen[248]. Eine *dritte* Änderung schliesslich gestattet es seit 1981, *Discovery*-Massnahmen auch gegenüber Drittpersonen durchzusetzen, die im Besitz prozessrelevanter Gegenstände oder Dokumente sind[249].

199 Das Pre-Trial-Discovery-Verfahren ist in allen Common Law-Staaten bekannt[250], allerdings bestehen hinsichtlich Umfang und Tragweite der Auskunftspflicht erhebliche Unterschiede. Am stärksten ist das Discovery-Verfahren in den USA ausgebaut worden.

3. Das US-amerikanische Discovery-Verfahren

200 In den USA bestehen – mit teilweise verschiedenem sachlichem Kompetenzbereich – zwei dreistufige Gerichtssysteme nebeneinander: jenes der Gliedstaaten (State Courts) und jenes des Bundesstaates (Federal Courts). Beide Systeme verfügen über ihre eigenen Discovery-Regeln. Diejenigen der State Courts finden sich in den gliedstaatlichen, jene der Federal Courts in der Verfahrensordnung des Bundes[251]. Da aufgrund der sogenannten Diversity Jurisdiction[252] international gelagerte Zivilstreitigkeiten in der Regel vor Federal Courts ausgetragen werden, können wir uns im folgenden auf die Discovery-Regeln des Bundes beschränken.

Judicature Act 1925, welcher seinerseits die Acts 1873-75 abgelöst hat; vgl. *P.St.J. Langan/ L.D.J. Henderson*, S. 14, 15; *Walker & Walker*, S. 294, 354.

[246] *Walker & Walker*, S. 355, 356.
[247] *Walker & Walker*, S. 295, 355; Order 24 (2).
[248] *P.St.J. Langan/L.D.J. Henderson*, S. 193; *Walker & Walker*, S. 294; Order 33 (2).
[249] *P.St.J. Langan/L.D.J. Henderson*, S. 195; *Walker & Walker*, S. 359; Order 34 (3).
[250] Vgl. *F.A. Mann*, JZ 1981, S. 840.
[251] Vgl. *E.A. Farnsworth*, S. 37.
[252] Unter der «Diversity Jurisdiction» versteht man jene Zuständigkeit, die auf der «diversity of citizenship», d.h. auf der verschiedenen Staatszugehörigkeit der Streitparteien beruht. Streitigkeiten dieser Art fallen in die sachliche Kompetenz der Federal Courts; vgl. Art. III, sect. 2 der US-amerikanischen Verfassung v. 17.9.1787: «The judicial Power [sc. of the Federal

Das vor den Gerichten des Bundes geltende Discovery-Verfahren ist heute in den § 26-37 FRCP geregelt[253]. Die Rules sind 1937 vom Federal Supreme Court erlassen und auf den 1. September 1938 in Kraft gesetzt worden. Sie wurden seither mehrfach den neuen Entwicklungen angepasst, zuletzt 1994. Die Rules wollen auf alle Verfahren in Zivilsachen anwendbar sein, die vor einem Federal District Court der USA ausgetragen werden; sie sind in der Absicht erlassen worden, eine gerechte, rasche und kostengünstige Behandlung von Zivilklagen sicherzustellen[254].

201

Mit den Federal Rules wurde ein bis in alle Einzelheiten umschriebenes Discovery-Verfahren in den US-amerikanischen Zivilprozess eingeführt. Damit wollte man eine Straffung in das oft langwierige Trial-Verfahren des Common Law-Prozesses bringen. Für die Parteien sollte eine Zeit- und Kostenersparnis, für die Richter eine Arbeitsentlastung erreicht werden. Zu diesem Zweck wurden die Parteianwälte angehalten, sich vor der Durchführung des Trial gegenseitig über den Prozessstoff zu informieren, sich gegenseitig Kenntnis zu geben über die behaupteten Tatsachen und die dafür ins Feld geführten Beweismittel. Auf diese Weise wollte man die Parteien und ihre Anwälte in die Lage versetzen, ihre Prozesschancen realistischer einzuschätzen und sie für den Abschluss von Vergleichen zugänglicher zu machen. Zumindest wurde erwartet, dass sich die Parteien im Discovery-Verfahren auf eine bestimmte Sachverhaltsversion einigen und so den Trial entlasten würden.

202

Im Blick auf diese Erwartungen war der Supreme Court in den Rules für ein offenes, möglichst umfassendes Discovery-Verfahren eingetreten. Während die Discovery-Regel im klassischen Sinn sich auf die Verpflichtung beschränkt, der Gegenpartei vor der Durchführung des Trials Einsicht in Dokumente zu gewähren, die man im Trial als Beweis verwenden will[255],

203

Court] shall extend to all Cases (...) between Citizens of different States (...) and between a State, or the Citizens thereof, and foreign States, Citizens or Subjects».
Auf dieser Bestimmung beruht Tit. 28 US-Code, Judiciary and Judicial Procedure, in dessen § 1391 die Zuständigkeit der Federal District Courts geregelt ist:
«(a) A civil action wherein jurisdiction is founded on diversity of citizenship may (...) be brought only in the judicial district where all plaintiffs or all defendants reside, or in which the claim arose
(...)
(d) An alien may be sued in any district»;
S. *West's* Federal Civil Judicial Procedure and Rules, St. Paul, Minn. 1994, S. 750; *A.T. von Mehren/D.T. Trautmann*, The Law Multistate Problems, Boston 1965, S. 1012, 1020. Die Bedeutung der «Diversity Jurisdiction» wird von *P.C. Honegger* (S. 105) nicht beachtet.

[253] S. *West's* Federal Civil Judicial Procedure and Rules, a.a.O., S. 105-155.
[254] Vgl. hierzu und zum folgenden: *West's* Federal Civil Judicial Procedure and Rules, a.a.O., Vorbemerkungen zu Rule 26, S. 104f.; *H.-V. von Hülsen*, S. 226; *A. Mentz*, S. 73.
[255] So das englische Discovery; vgl. Conférence de La Haye, Actes et Documents, 14e session (1980), t. IV, S. 420; s. auch den *Bericht* über die zweite Sitzung (28.-31.5.1985) der Spezial-

wird mit den US-amerikanischen Rules dem Discovery-Verfahren das geamte Feld der Beweiserhebung geöffnet, vor allem seit der Revision der Rules vom 1. Juli 1970. Statt zur Straffung des Verfahrens haben also die Rules zur Arbeitsbeschaffung für Anwälte geführt.

4. Die Rule 26 FRCP

204 Nach Rule 26 (a) Ziff. 5 in der seit 1994 geltenden Fassung können die Prozessparteien ihre Discovery namentlich auf folgenden Wegen erreichen: Durch Veranlassung von bzw. Einsichtnahme in Protokolle über mündliche Befragungen, durch die schriftliche Beantwortung von Fragebogen, durch die Vorlage von Dokumenten oder anderen Gegenständen, durch die Erlaubnis, zum Zweck der Inspektion oder Prüfung Grundstücke zu betreten oder anderes Eigentum in Besitz zu nehmen, sowie durch die Aufforderung zum Eingeständnis bestimmter Tatsachenbehauptungen[256].

205 Seit der Revision von 1970 sind nach Rule 26 (b) ausdrücklich auch Versicherungspolicen (Ziff. 2) und in gewissem Umfang selbst das Prozessmaterial (Ziff. 3), die Sachverständigen und die Sachverständigengutachten (Ziff. 4) offenzulegen, die sich eine Partei im Hinblick auf den Trial bereitgestellt hat. Wie weit heute der gesetzliche Anspruch auf Discovery geht, zeigt die Negativabgrenzung in Rule 26 (b) Ziff. 1, in fine: Danach lässt sich ein Discovery-Begehren nicht mit dem Hinweis ablehnen, die verlangte Information sei im Trial nicht zugelassen. Für die Zulässigkeit des Discovery-Begehrens genügt, dass vertretbare Gründe für die Annahme sprechen, über die verlangte Information könnte man zu anderem, im Trial zulässigen Material gelangen[257].

206 Findet eine Partei oder eine Drittperson, ein Auskunftsbegehren gehe zu weit, so kann sie sich durch eine «Protective Order» gerichtlich schützen lassen (Rule 26 (c) FRCP). Zuständig ist der Richter, bei dem der Hauptprozess hängig ist, oder der Richter am Ort, wo das Auskunftsbegehren ausgeführt werden soll. Schutz wird gewährt, wenn das Begehren eine Belästigung, eine Störung, einen Missbrauch, eine unverhältnismässige Beschwernis darstellt oder wenn es für den Belasteten mit unverhältnismässig hohen Kosten verbunden wäre. In solchen Fällen kann der Richter die Durch-

---

kommission betr. Anwendungsfragen zum Haager Beweiserhebungs-Übereinkommen, Den Haag 1985, S. 18-22.

[256] Vgl. vorne, Rdz. 3/195, Anm. 238.
[257] *Rule 26 (b) Ziff. 1 FRCP*, in fine: «The information sought need not be admissible at the trial if the information sought appears reasonably calculated to lead to the discovery of admissible evidence».

führung des Discovery-Begehrens verbieten oder sie zeitlich, örtlich oder sachlich begrenzen. Er kann auch anordnen, dass die Information nur einem begrenzten Personenkreis zugänglich sein soll und dass Geschäftsgeheimnisse oder vertrauliche Forschungsergebnisse gewahrt bleiben müssen[258].

Der Erlass von Protective Orders steht im Ermessen des angerufenen Richters. Die diesbezügliche Praxis scheint eher restriktiv zu sein, was nicht erstaunen darf, ist doch das ganze System auf Informationsbeschaffung *durch* Discovery und nicht auf den Schutz *vor* Discovery angelegt. Dies zeigt sich u.a. darin, dass die Regel, die den Anspruch auf Discovery umschreibt, ganze zwei Seiten umfasst (Rule 26 (b) Ziff. 1-5), während die Schutzregel auf einer halben Seite Platz hat (Rule 26 (c)).

207

5. Die Auswirkungen des Discovery-Verfahrens im US-amerikanischen Prozess

Rule 26 FRCP lässt Discovery-Begehren recht grosszügig und vor allem in bedeutend weiterem Umfang zu, als dies der traditionellen Discovery-Idee des englischen Common Law entsprochen hat. Die Tendenz zu extensiver Discovery findet im US-amerikanischen Prozess wegen drei verfahrensmässiger Besonderheiten zusätzliche Nahrung:

208

– Einmal kennt das amerikanische Verfahrensrecht das Institut der sogenannten *Class Actions* (vgl. Rule 23 FRCP). Danach kann eine Klage von einem oder einzelnen Vertretern im Namen einer ganzen Personengruppe eingereicht werden. Class Actions finden vor allem bei deliktischen Schadenersatzklagen (z.B. Produktehaftung) oder im Gesellschaftsrecht Verwendung, wenn eine Gruppe geschädigter Minderheitsaktionäre gegen das Managment oder gegen einen bestimmenden Mehrheitsaktionär vorgehen will (Shareholder bzw. Derivative Suits)[259].

209

– Weiter lässt das US-amerikanische Recht Anwaltshonorare auf Erfolgsbasis zu. Dies führt in Haftpflichtfällen oder in sog. Derivative Suits dazu, dass ein Anwalt im Namen einer grossen Zahl Geschädigter den Prozess führt. Die Geschädigten kostet das ganze Verfahren nichts. Der Anwalt arbeitet auf eigenes Risiko hin, aber lässt sich für den Fall des Erfolgs einen gewissen Prozentsatz (z.B. 30%) der Schadenersatzsumme abtreten.

210

---

[258] *West's* Federal Civil Judicial Procedure and Rules, St. Paul, Minn. 1994, S. 107.
[259] Vgl. z.B. *W.L. Carry*, Corporations, Mineola, N.Y. 1975, S. 594, 1008; *E.F. Scoles/P. Hay*, S. 612; *H.-V. von Hülsen*, S. 228.

Kapitel 3

211 – Schliesslich kennt das US-amerikanische Bundesprozessrecht weder die Kostenbevorschussung noch die Sicherheitsleistung für die Prozesskosten der Gegenpartei. Jede Partei, auch die obsiegende, hat ihre Kosten grundsätzlich selber zu tragen, auch für den Aufwand des Discovery-Verfahrens[260].

212 Diese drei Elemente bewirken, dass der Anwalt der Geschädigten mit Vorliebe eine *Class Action* anstrebt. Damit bringt er erstens die öffentliche Meinung auf seine Seite, handelt er doch gleichsam im Interesse des Gemeinwohls. Zweitens eröffnet er sich die Voraussetzungen für ein umfangreiches, kostenintensives Pre-Trial-Verfahren. In diesem Verfahren kommt er am kostengünstigsten dadurch zum Erfolg, dass er durch umfangreiche Discovery-Begehren den Schädiger entweder vergleichsbereit macht oder ihn durch gezielte Offenlegungsbegehren mit seinen eigenen Unterlagen schlägt[261].

6. Das Discovery-Verfahren und Art. 23 des Haager Beweiserhebungs-Übereinkommen

213 Wie bereits erwähnt[262], kann sich jeder Vertragsstaat durch eine Erklärung im Sinne von Art. 23 des Übereinkommens vorbehalten, dass er Rechtshilfeersuchen, die im Common Law unter der Bezeichnung «pre-trial-discovery of documents» bekannt sind, keine Folge gibt. Von diesem Vorbehalt hat bisher die Mehrheit der Staaten Gebrauch gemacht[263].

214 Art. 23 kam erst 1968 anlässlich der diplomatischen Konferenz in das Beweisaufnahme-Übereinkommen und zwar aufgrund eines Begehrens des britischen Delegierten Newman[264]. Ausserhalb der Common Law-Staaten wurde die Tragweite des Vorschlags kaum erfasst. Die meisten kontinental-

---

[260] Eine erste Möglichkeit, die Gegenpartei für die entstandenen Kosten zu belangen, sieht neuerdings Rule 11 (c) FRCP vor; s. hierzu *T. Jestaedt*, RIW 1986, S. 95.
[261] Vgl. hierzu und zum vorangehenden: *A. Heck*, S. 208f.; *H.-V. von Hülsen*, S. 226ff.; *A. Mentz*, S. 7ff.; *E.C. Stiefel*, S. 509.
[262] Vorne, Rdz. 3/190.
[263] BRD, Dänemark, Finnland, Frankreich, Grossbritannien, Luxemburg, Monaco, Niederlande, Norwegen, Portugal, Schweden und Singapur; die BRD, Frankreich, Luxemburg, Monaco und Portugal haben einen umfassenden, die übrigen Staaten – auch die Schweiz – einen auf «fishing expeditions» beschränkten Vorbehalt angebracht; vgl. Conférence de La Haye, Manuel pratique – Obtention des preuves, S. 71-128; keinen Vorbehalt haben bisher Barbados, Israel, die Slowakei, die Tschechei, USA und Zypern angebracht.
[264] Vgl. Working Doc. N. 10, 46, 57, 62, Proposals of the U.K.-Delegation; Conférence de La Haye, Actes et Documents, 11e session (1968), t. IV, S. 94, 137, 165, 171.

europäischen Vertreter verwechselten das Discovery (= Beweisausforschungs-) mit dem Beweissicherungsproblem, weshalb sie es zunächst im Rahmen von Art. 1 Abs. 2 regeln wollten[265].

Richtigerweise wurde Art. 23 unter die allgemeinen Bestimmungen eingereiht, denn das Problem kann sich sowohl bei der rogatorischen wie bei der diplomatischen, konsularischen oder der an Commissioners delegierten Beweiserhebung stellen. Fragen könnte man sich, ob der Vorbehalt nicht sachlich zu eng gefasst ist, bezieht er sich doch seinem Wortlaut nach bloss auf Dokumente, ohne die anderen Formen der Beweiserhebung (Zeugeneinvernahme, Augenschein, Sachverständige) zu erwähnen. Bedenken in dieser Richtung sind nicht gerechtfertigt. Soweit z.B. Zeugeneinvernahmen in Frage stehen, ist das Zeugnisverweigerungsrecht im Rechtshilfeverkehr durch Art. 11 bzw. 21 lit. *e* sichergestellt. Entsprechendes gilt für Sachverständige, Augenscheine, Leibesvisitationen u. dgl.[266].

Die Schwachstelle bildet in der Tat die Herausgabe von Dokumenten. Allerdings geht es, wie die Entstehungsgeschichte von Art. 23 erkennen lässt, nicht um eine generelle Verweigerung der Mitwirkung bei einer Urkundenedition. Vielmehr wollte der britische Vorbehalt erreichen, dass unspezifizierte Begehren auf Urkundenedition (sog. fishing expeditions) oder Urkundeneditionen, welche ein nach dem Recht des ersuchten Staates schutzberechtigtes Geschäfts- oder Berufsgeheimnis in Gefahr bringen, abgelehnt werden dürfen[267]. Diese Absicht Grossbritanniens wurde im Juni 1978 anlässlich einer Haager Sondertagung über Anwendungsprobleme mit dem Beweiserhebungs-Übereinkommen bestätigt und führte zu einer präziseren Fassung des Art. 23-Vorbehalts[268].

Danach sollen Rechtshilfebegehren aus dem Verfahren des «pre-trial-discovery of documents» wegen fehlender Spezifikation (nur) abgelehnt werden dürfen, wenn von einer Person verlangt wird,

---

[265] Vgl. die Diskussion in Conférence de La Haye, Actes et Documents, a.a.O., S. 155-158 (12. und 13. Sitzung v. 22.10.1968). Vor allem der schweizerische Delegierte (*Markees*) wollte die Frage der «pre-trial discovery» in Art. 1 Abs. 2 regeln: «Un acte d'instruction ne peut pas être demandé pour permettre aux parties d'obtenir des moyens de preuves qui ne sont pas destinés à être utilisés dans une procédure» (Actes et Documents, a.a.O., S. 137).
Das für den heutigen Art. 23 entscheidende Doc. N. 62 wurde erst am letzten Tag (24.10.1968) eingereicht; sein Text entspricht wörtlich der endgültigen Fassung von Art. 23. Der Vorschlag wurde ohne Diskussion zur Abstimmung gebracht und mit *12* Stimmen (darunter die USA!) gegen *3* (BRD, Frankreich, Schweiz) angenommen; vgl. Actes et Documents, a.a.O., S. 177.

[266] Vgl. vorne, Rdz. **3**/152-155.

[267] Vgl. Conférence de La Haye, Actes et Documents, 11e session (1968), t. IV, S. 157, 165.

[268] Vgl. Conférence de La Haye, Actes et Documents, 14e session (1980), t. IV, S. 411, 420, 421; s. auch vorne, Rdz. **3**/104.

- sie solle angeben, welche den Rechtsstreit betreffenden Urkunden sich in ihrem Besitz, ihrem Gewahrsam oder ihrer Verfügungsgewalt befinden oder befunden haben;
- sie solle auch alle anderen als die im Rechtshilfebegehren spezifizierten Urkunden vorlegen, die sich vermutlich in ihrem Besitz, ihrem Gewahrsam oder ihrer Verfügungsgewalt befinden.

218 Die 1978 entworfene Erklärung dürfte der Sache angemessener sein als ein genereller Vorbehalt gegen Rechtshilfe im Pre-Trial-Discovery-Verfahren. Von ihr haben bisher sieben Staaten Gebrauch gemacht[269]. Auch die Schweiz hat eine in diesem Sinn eng gefasste Erklärung abgegeben[270].

7. Umfang des Art. 23-Vorbehalts

219 Über die Frage, wie das Haager Beweiserhebungs-Übereinkommens richtigerweise anzuwenden ist, bestehen zur Zeit Meinungsverschiedenheiten zwischen den USA und Europa[271]. Für die Lösung dieses Problems muss jeweils das Bemühen um eine sachgerechte Anwendung des Übereinkommens im Mittelpunkt stehen.

220 Europäischerseits sollte man sich bei aller Wachsamkeit davor hüten, das Pre-Trial-Discovery-Verfahren pauschal als ein bloss versuchsweise inszeniertes Beweissuch- und Ausforschungsverfahren zu verketzern[272]. Das

---

[269] Dieser restriktive Vorbehalt wurde an der zweiten Sitzung der Spezialkommission für Anwendungsfragen des Beweiserhebungs-Übereinkommens (28.-31.5.1985) bestätigt (vgl. Bericht, S. 20-22). Bisher haben Dänemark, Finnland, Grossbritannien, Niederlande, Norwegen, Schweden und Singapur diesen restriktiven Vorbehalt abgegeben.

[270] Sie lautet:
«Gemäss Artikel 23 erklärt die Schweiz, dass Rechtshilfeersuchen, die ein «pre-trial-discovery of documents»-Verfahren zum Gegenstand haben, abgelehnt werden, wenn:
a) das Ersuchen keine direkte und notwendige Beziehung mit dem zugrundeliegenden Verfahren aufweist; oder
b) von einer Person verlangt wird, sie solle angeben, welche den Rechtsstreit betreffenden Urkunden sich in ihrem Besitz, ihrem Gewahrsam oder ihrer Verfügungsgewalt befinden oder befunden haben; oder
c) von einer Person verlangt wird, sie solle auch andere als die im Rechtshilfebegehren spezifizierten Urkunden vorlegen, die sich vermutlich in ihrem Besitz, ihrem Gewahrsam oder ihrer Verfügungsgewalt befinden: oder
d) schutzwürdige Interessen der Betroffenen gefährdet sind.»

[271] Vgl. die vorne, bei Rdz. 3/190, Anm. 232 zit. Literatur; ferner *amicus curiae*-Brief der BRD v. 25.9.1984 i.S. *Anschütz* F2d Adv. Sh. 1985, S. 2776.

[272] Wenig tauglich z.B. *F.A. Mann*, S. 840; sachlich treffender wohl *R. Stürner*, Der Justizkonflikt zwischen USA und Europa, insbes. S. 224, 226.

Pre-Trial-Discovery-Verfahren entspricht der ordentlichen Form der englischen und US-amerikanischen Beweisbeschaffung und damit der Vorbereitung des ordentlichen Beweisaufnahmeverfahrens (Trial). Das Pre-Trial-Discovery-Verfahren folgt auf die Klageeinleitung; es geht dem Prozess nicht voraus, sondern findet im Rahmen des Zivilprozesses statt. Funktionell erfüllt es die gleichen Aufgaben, die im europäischen Prozess dem Schriftwechsel zwischen den Parteien, der Vorverhandlung oder dem Beweisantrag an das Gericht zugedacht sind. Ein wesentlicher Unterschied besteht darin, dass dieses Verfahren in den USA im reinen Parteibetrieb abläuft, während es im europäischen Prozess unter der Leitung des Richters steht.

Europäischerseits sollte man weiter zur Kenntnis nehmen, dass die USA den Rechtshilfeersuchen im Rahmen eines Beweisbeschaffungsverfahrens grosszügig stattgeben. Im Verhältnis zu Staaten, welche vom Vorbehalt des Art. 23 zu stark Gebrauch machen, kann die zwischenstaatliche Beweisaufnahmehilfe letztlich zu einer Einbahnstrasse zu Lasten der USA werden, was dort zu Frustrationen und damit verbunden zu dem Versuch führen wird, den staatsvertraglich vereinbarten Rechtshilfeweg zugunsten des eigenen Rechts zu unterlaufen[273]. 221

Auf US-amerikanischer Seite sollte man sich bewusst bleiben, dass der Versuch, den staatsvertraglich vereinbarten Rechtshilfeweg zu umgehen, eine Verletzung des Beweisaufnahme-Übereinkommens darstellt. An dieser Feststellung vermag das Argument, das Übereinkommen stelle bloss «minimal standards» auf, welche andere Wege der Beweisbeschaffung nicht ausschliessen, nichts zu ändern[274]. 222

Das Beweisaufnahme-Übereinkommen stellt Minimalanforderungen in dem Sinne auf, dass jeder Vertragsstaat als *ersuchter* (nicht als ersuchender!) Staat frei ist, ausländische Begehren unter günstigeren Bedingungen zuzulassen, als es der Staatsvertrag von ihm verlangt. Hingegen enthält das Beweiserhebungs-Übereinkommen keine «minimal standards», die es einem *ersuchenden* Staat erlauben würden, einfach auf sein nationales Recht 223

---

[273] Gl.M. *A. Heck*, S. 208; *P. Heidenberger*, S. 842; *H.-V. von Hülsen*, S. 235; *P.G. Lange*, S. 504f. u.a.
[274] Hierzu und zum folgenden: vorne, Rdz. 3/190, Anm. 232, 3/191, Anm. 233. Das Übereinkommen gestattet in Art. 27 lit. *b* und *c* dem *ersuchten* Staat, für die Durchführung ausländischer Beweiserhebungsgesuche sein liberales nationales Recht zur Verfügung zu stellen. Hingegen sieht das Übereinkommen nirgends vor, dass der *ersuchende* Staat *in Umgehung des Übereinkommens* sich auf sein ihm günstiger scheinendes nationales Recht berufen darf (vorne, Rdz. 3/125). So auch deutlich die Haager Spezialkommission v. 28.-31.5.1985; «(...) l'obtention de preuves sur leur territoire (– sc. d'un Etat contractant –) est un acte judiciaire qui, s'il est effectué en l'absence d'autorisation, viole leur souveraineté, et en conséquence l'application de la Convention sur leur territoire prend nécessairement pour eux un caractère exclusif».

Kapitel 3

224 Der eben erwähnte US-amerikanische Auslegungsversuch dürfte wesentlich von den zahlreichen, viel zu umfangreich ausgefallenen Art. 23-Vorbehalten beeinflusst worden sein. Was unter Art. 23 verlangt werden darf und muss, sind spezifizierte Auskunftsbegehren. Abzulehnen sind hingegen generell gehaltene Ausforschungsversuche (fishing expeditions).

zurückzufallen, falls ihm der staatsvertragliche Rechtshilfeweg zu beschwerlich erscheint.

225 Aber auch im Rahmen eines konkretisierten Art. 23-Vorbehalts wird man sich jenseits des Antlantiks bewusst bleiben müssen, dass einem Begehren auf Urkundenedition die Verweigerungsrechte des nationalen Rechts entgegenstehen können und dass zwischen den nationalen Verweigerungsrechten – ähnlich wie beim Recht auf die Zeugnisverweigerung (Art. 11, 21 lit. *e*)[275] – ein Gefälle bestehen kann, das vom Übereinkommen nicht beseitigt wird.

---

[275] Vorne, Rdz. **3**/152-155. Nach europäischem Recht geht z.B. der Schutz für Geschäftsgeheimnisse weiter als in den USA. In verschiedenen Staaten wurde dieser Schutz in den letzten Jahren durch «blocking statutes» verstärkt: Australien, Grossbritannien, Frankreich, Kanada.

Kapitel 4: Die Rechtsanwendungshilfe

I. Die Rechtsanwendung und die Rechtsanwendungshilfe

1. Die richterliche Rechtsanwendung

Sind im gerichtlichen Verfahren die Beweise erhoben und die Fakten geklärt, so ist der Prozess spruchreif, kann der Richter Recht sprechen. Während das Behaupten der Tatsachen und deren Beweis grundsätzlich den Parteien obliegt[1], fallen das Rechtanwenden und das Rechtsprechen in die Kompetenz des Richters. Er entscheidet, welche Rechtsnormen zur Anwendung kommen, und er sagt, zu welchem Ergebnis sie im Einzelfall führen[2]. Daher der bekannte Prozessgrundsatz: *Da mihi factum, dabo tibi ius.*

Soweit der schweizerische Richter sein eigenes Recht, die lex fori anzuwenden hat, darf davon ausgegangen werden, dass er dieses Recht auch tatsächlich kennt: *Iura novit curia*[3]. Das frühere interkantonale Recht ist noch einen Schritt weiter gegangen; es hat vom Richter verlangt, dass er auch das Zivilrecht der anderen zweiundzwanzig Kantone kenne[4] und dieses von Amtes wegen anwende (Art. 2 Abs. 2 NAG)[5]. Die Sache ist bedeutend weniger selbstverständlich, sobald die Anwendung ausländischen Rechts in Frage steht.

---

[1] Im Verfahren nach Offizialmaxime hat sich allerdings das Gericht auch von Amtes wegen um die Fakten zu kümmern. Offizialmaxime gilt in Prozessen über Rechte und Rechtsverhältnisse, die nicht der freien Verfügung der Parteien unterliegen, z.B. in Ehe-, Familien-, Kindschafts-, Vormundschaftssachen, *M. Guldener*, ZPR, S. 170; *W. Habscheid*, Droit jud., S. 318; *ders.*, ZPO, S. 311.

[2] Je nach Prozessordnung haben die Parteien ihre Schriftsätze mehr oder weniger zu substantiieren: Nach Art. 144 Ziff. 6 ZPO/VS muss die Klage eine eingehende rechtliche Begründung enthalten; nach § 70 Abs. 2 ZPO/LU und Art. 119 Abs. 2 ZPO/OW sind rechtliche Erwägungen zulässig. Nach Zürcher (§ 113) und Berner (Art. 157) ZPO hat die Klage bloss die Rechtsbegehren zu enthalten; § 101 lit. d aZPO/LU wollte ausdrücklich keine rechtlichen Erörterungen.

Zum Verhältnis von Streitgegenstand und Rechtsanwendung s. auch *I. Meier*, S. 24ff., insbes. S. 50.

[3] Immerhin ist nicht zu übersehen, dass ein Grossteil der über fünfhundertbändigen Sammlung der BGE letztlich nichts anderes als die Geschichte der Fälle enthält, in denen die unteren Instanzen den Inhalt des Rechts eben doch nicht im erwünschten Ausmass gekannt haben.

[4] Dabei waren die Unterschiede zwischen den Zivilrechten Zürichs, Graubündens oder Genfs kaum kleiner als sie es heute zwischen ZGB, Ccfr, BGB und Ccit sind.

[5] «Der Richter hat das Zivilrecht eines anderen Kantons von Amtes wegen anzuwenden.»

2. Die Anwendung ausländischen Rechts

3   Man kann vom schweizerischen Richter nicht erwarten, dass er vom ausländischen Recht die gleiche sichere Kenntnis hat wie von seinem eigenen. Dies ergibt sich schon mit Rücksicht auf die natürlichen Grenzen, die der intellektuellen, sprachlichen und dokumentarischen Kapazität des Menschen gesetzt sind.

4   In Wissenschaft und Praxis hat dies verschiedentlich zu der Auffassung geführt, der Satz *iura novit curia* gelte nur für das eigene, nicht auch für das fremde Recht[6]. Der Richter habe ausländisches Recht nur anzuwenden, wenn ihm die Parteien dessen Inhalt nachweisen[7]; ausländisches Recht falle im Prozess unter die Regeln des Beweisrechts[8], oder, noch restriktiver – vor allem im Hinblick auf die Überprüfung der richtigen Anwendung ausländischen Rechts durch höherinstanzliche Gerichte –, ausländisches Recht habe nicht als Recht, sondern als Tatsache zu gelten[9].

5   Dieser Meinung ist in der neueren Literatur mit guten Argumenten entgegengehalten worden, die Verpflichtung des einheimischen Richters, das ausländische Recht von Amtes wegen (ex officio) anzuwenden, ergebe sich aus der Verweisung der einheimischen Kollisionsnorm[10]; sie beruhe letztlich auf einem Rechtsanwendungsbefehl des nationalen Gesetzgebers. Dieser Argumentation ist an sich nichts beizufügen: Das System der Kollisionsnormen und die Verpflichtung zur ex officio-Anwendung des von diesen bezeichneten Rechts bedingen sich gegenseitig. Ohne kollisionsrechtlichen

---

[6]   Vgl. statt vieler: *M. Guldener*, ZPR, S. 157; *W. Habscheid*, Droit jud., S. 335; *ders.*, ZPO, S. 327; s. ferner *G. Broggini*, Die Maxime «iura novit curia» und das ausländische Recht, AcP 1956, S. 469ff.; *J. Gentinetta*, Das schweizerische Bundesgericht und die Überprüfung der Anwendung ausländischen Rechts, Fribourg 1964; *G. Kegel*, S. 291-301; *M. Keller/ K. Siehr*, S. 495ff.; vgl. auch die rechtsvergleichende Übersicht in: *Colloquium* zum 40jährigen Bestehen des Max-Planck-Instituts, Tübingen 1968; *P. Lalive*, Tendances et méthodes en droit international privé, Rec. des Cours 1977 II, S. 224-250; *H. Nagel*, IZPR, S. 180-198; *A.K. Schnyder*, Die Anwendung des zuständigen fremden Sachrechts im internationalen Privatrecht, SSIR, Bd. 23, Zürich 1981; *I. Zajtay*, The Application of Foreign Law, International Encyclopaedia of Comparative Law, Vol. III, Chap. 14, Tübingen 1972; für die Schweiz neuerdings *M. Keller/D. Girsberger*, in: IPRG-Kommentar, N. 9-48 zu Art. 16.

[7]   So z.B. § 57 ZPO/ZH, § 53 ZPO/SZ, Art. 235 ZPO/GL, Art. 6 ZPO/FR, Art. 6 ZPO/VD, z.T. auch Art. 59 Abs. 2 ZPO/NE; kritisch dazu *A. Schnyder*, S. 11.

[8]   Vgl. für eine Übersicht: *M. Keller/K. Siehr*, S. 496f.; *P. Lalive*, S. 226; *H. Nagel*, IZPR, S.183; *I. Zajtay*, S. 5.

[9]   So z.B. *O. Vogel* und *F. Sturm* in: Lausanner Kolloquium über den deutschen und den schweizerischen IPR-Entwurf. Veröffentlichungen des Schweizerischen Instituts für Rechtsvergleichung, Bd. 1, Zürich 1984, S. 251; für eine Übersicht über den Stand der Diskussion *M. Keller/K. Siehr*, S. 495ff.; *A.K. Schnyder*, S. 23-39.

[10] *M. Keller/D. Girsberger*, in: IPRG-Kommentar, N. 4-8 zu Art. 16.

Befehl mangelt es dem ausländischen Recht am legitimen Bezug, und ohne verpflichtenden Charakter bleibt die kollisionsrechtliche Verweisung intellektuelles Gedankenspiel[11].

3. Die Rechtslage im Ausland

Auch wenn sich die ex officio-Anwendung des ausländischen Rechts logisch einwandfrei begründen lässt, sind doch die damit verbundenen praktischen Schwierigkeiten nicht zu übersehen. Die Welt scheidet sich heute in zwei grosse Staatengruppen; die eine hält ihre Richter an, das ausländische Recht von Amtes wegen anzuwenden, die andere verlangt solche Rechtsanwendung nur, wenn die Parteien entsprechende Nachweise erbracht haben. 6

Zur ersten Gruppe gehören namentlich die BRD, Österreich, Italien sowie mehrheitlich die osteuropäischen und die skandinavischen Staaten, aber auch Ägypten, Japan, Korea und gewisse Staaten Lateinamerikas[12]. In Spanien und in einzelnen südamerikanischen Staaten hat der Richter die Kollisionsnorm von Amtes wegen anzuwenden, kann aber den Nachweis des ausländischen Rechts den Parteien überbinden[13]. Ähnlich sieht die Rechtslage neuerdings auch in Frankreich aus[14]. Die Lösung dieser Staaten nähert sich stark derjenigen der zweiten Gruppe, zu der insbesondere Grossbritannien, die USA, Portugal und mehrere lateinamerikanische Staaten zu zählen sind und bei denen der Nachweis des fremden Rechts grundsätzlich Parteisache ist[15]. 7

In der Praxis ist eine zunehmende Annäherung beider Staatengruppen festzustellen. Zwar gehen beide von verschiedenen Ansätzen aus: hier ex 8

---

[11] So auch BBl 1983 I 312.
[12] Für die BRD: vgl. § 293 DZPO, *G. Kegel*, S. 293; für Österreich: vgl. § 3, 4 österr. IPR-Gesetz v. 1978, *A. Duchek/F. von Schwind*, S. 12-17; für Italien: vgl. neuerdings Art. 14 Abs. 1 IPRG v. 5.4.95: «L'accertamento della legge straniera è compiuto d'ufficio dal giudice»; für Osteuropa: *I. Szaszy*, IPR 1964, S. 152; für Skandinavien: *O. Lando*, Kolloquium Max-Planck-Institut, S. 132.
[13] Vgl. für Spanien: Art. 12 Ziff. 6 Código Civil: «Les tribunaux et les autorités appliquent d'office les règles de conflit du droit espagnol. La personne qui invoque le droit étranger est tenue d'en établir le contenu (...)»; für Südamerika: *J. Samtleben*, Kolloquium Max-Planck-Institut, S. 59.
[14] Vgl. für Frankreich: *A. Ponsard*, Loi étrangères, Rép. Dalloz, S. 264; *P. Mayer*, Le juge et la loi étrangère, SZIER 1991, S. 481ff., insbes. 483-486.
[15] Vgl. für Grossbritannien: *A.V. Dicey/J.H.C. Morris*, S. 1206; für die USA: *P. Hay*, Kolloquium Max-Planck-Institut, S. 103; vgl. aber auch Rule 44.1 FRCP; für Südamerika: *J. Samtleben*, a.a.O.

Kapitel 4

officio-Anwendung, dort Nachweis durch die Parteien. Doch fällt auf, dass für den konkreten Fremdrechtsnachweis von beiden Seiten zusehends gleiche oder gleichwertige Mittel eingesetzt werden. Einerseits pflegt man auch in den ex officio-Staaten die Parteien zum Nachweis heranzuziehen, während umgekehrt selbst die Staaten des Parteinachweises das Eruieren des ausländischen Rechtsinhaltes zusehends behördlich unterstützen (lassen)[16].

4. Die Rechtslage in der Schweiz

9   In der Schweiz war die Frage, ob der Richter das ausländische Recht von Amtes wegen oder nur aufgrund eines entsprechenden Parteinachweises anzuwenden habe, lange umstritten. Ebenfalls umstritten war, ob hierüber die Legislativkompetenz dem Bund oder den Kantonen zustehe[17].

10   Nach Art. 64 Abs. 1 und 2 BV steht die Gesetzgebung auf dem Gebiet des Zivilrechts dem Bund zu, während die Organisation der Gerichte, das gerichtliche Verfahren und die Rechtsprechung Sache der Kantone ist (Art. 64 Abs. 3 BV). Begreift man die Anwendung des fremden Rechts als eine Frage nach der richtigen Anwendung der schweizerischen Kollisionsnorm und des darin verwiesenen Rechts, so ergibt sich ohne weiteres, dass der Bund hierüber legiferieren darf, ist doch eine solche Bestimmung für die richtige Anwendung des schweizerischen Kollisionsrechts notwendig[18]. Versteht man das ausländische Recht hingegen als Tatsache, die von den Parteien anzurufen und im Prozess zu beweisen ist, so wird ohne weiteres klar, dass der Fremdrechtsnachweis unter die Regeln des Beweisrechts fällt und entsprechend dem kantonalen Verfahrensrecht zugerechnet werden muss.

11   Das Bundesrecht hatte sich früher zu der Frage nur in Art. 2 Abs. 2 NAG geäussert: «Der Richter hat das Zivilrecht eines andern Kantons von Amtes wegen anzuwenden. Vorbehalten bleiben die kantonalen Vorschriften betreffend die Beweiserhebung über Statutar- und Gewohnheitsrecht.»

---

[16]   Vgl. hierzu nachstehend, Rdz. **4/16ff.**

[17]   Vgl. *G. Broggini*, AcP 1956, S. 469ff.; *ders.*, ZSR 1971 II, S. 256, 312; *J. Gentinetta*, S. 10ff.; *P. Lalive*, S. 224ff.; *Schlussbericht* zum IPR-Entwurf, SSIR, Bd. 13, Zürich 1979, S. 61; *A.K. Schnyder*, SSIR, Bd. 23, Zürich 1981, S. 23-39, 53-70; *F. Vischer*, ZSR 1971 II, S. 102-106. Die Frage ist nun durch Art. 16 IPRG positivrechtlich zugunsten der ex officio-Anwendung entschieden.

[18]   Nicht jede Bestimmung, die der Verwirklichung des materiellen Privatrechts im Prozess dient, ist deswegen schon verfahrensrechtlicher Natur. Sowohl das materielle Privat- wie das Kollisionsrecht benötigen Organisationsnormen mit materiellem Charakter. Die Regel über die ex officio-Anwendung des ausländischen Rechts (Art. 16 IPRG) ist eine solche Bestimmung.

Hinzu kam Art. 32 NAG: «Die Vorschriften des gegenwärtigen Gesetzes finden auf die Ausländer, welche in der Schweiz ihren Wohnsitz haben, entsprechende Anwendung.» Aus Art. 2 i.V. mit Art. 32 NAG hatte vor allem die kollisionsrechtliche Doktrin geschlossen, der schweizerische Richter müsse auch ausländisches Recht von Amtes wegen anwenden. Die Rechtsprechung war aber diesem Postulat nicht gefolgt[19].

Weil nach dem früheren Recht auf Bundesebene eine ausdrückliche Regel gefehlt hat, hatten sich die meisten Kantone der Frage angenommen. Von den 26 kantonalen Zivilprozessordnungen enthielten 18 eine ausdrückliche Regel über den Nachweis und die Anwendung ausländischen Rechts[20]. Darin war der Fremdrechtsnachweis mehrheitlich den Parteien überbunden worden[21]. Lediglich fünf Prozessordnungen[22] haben den Richter ausdrücklich zur Berücksichtigung des ausländischen Rechts verpflichtet, drei davon[23] nur für den Fall, dass der Richter von jenem Recht sichere Kenntnis hatte. Subsidiär haben die meisten Prozessordnungen die lex fori für anwendbar erklärt, wobei Appenzell I.-Rh. (Art. 116 Abs. 2 ZPO) und früher auch St. Gallen (Art. 177 Abs. 2 aZPO) die Fiktion aufstellten, das ausländische sei mit dem schweizerischen Recht identisch.

5. Das IPR-Gesetz

Die schweizerische Kontroverse sowohl um die Anwendung des ausländischen Rechts wie auch um die Legislativkompetenz ist inzwischen vom Gesetzgeber geklärt worden. Nach *Art. 16* IPRG hat der schweizerische Richter heute das ausländische Recht grundsätzlich von Amtes wegen festzustellen, doch kann er die Mitwirkung der Parteien verlangen. Ist der Inhalt des ausländischen Rechts nicht feststellbar, so wendet der Richter schweizerisches Recht an[24].

---

[19] Vgl. BGE 91 II 125; 92 II 111 (Sznajer); 96 II 87; s. aber Ansätze der Erweiterung in BGE 108 II 167 und 109 II 280.
[20] Keine ausdrückliche Regel hatten die dem Berner Modell folgenden ZPO's: BE, LU, BS, BL, GR, AG, VS, JU. In der Gerichtspraxis dieser Kantone haben sich jedoch Regeln entwickelt: 1) BE, BS, BL, GR und AG verlangten den grundsätzlichen Nachweis durch die Parteien; 2) LU und VS kannten schon den ex officio-Anwendung.
[21] In zwölf Kantonen galt diese Regelung primär (ZH, SZ, OW, GL, ZG, FR, SO, AI, TI, VD, NE, GE); vier Kantone (UR, SH, AR, SG) sahen sie subsidiär vor.
[22] UR, NW, SH, AR, SG.
[23] SH, AR, SG.
[24] Vgl. *M. Keller/D. Girsberger*, in: IPRG-Kommentar, N. 9ff. zu Art. 16.

II. Die Hilfsmittel zur Feststellung und Anwendung ausländischen Rechts

14 Wer seine Gerichte verpflichtet, ausländisches Recht von Amtes wegen anzuwenden, macht zwar Ernst mit dem kollisionsrechtlichen Verweisungsbefehl, doch darf er die damit verbundenen praktischen Schwierigkeiten nicht übersehen. Die ex officio-Anwendung des ausländischen Rechts lässt sich nicht postulieren, ohne den Gerichten zugleich angemessene Hilfsmittel zum Auffinden und inhaltlichen Feststellen des ausländischen Rechts zur Verfügung zu stellen. Vor allem drei Hilfsmittel stehen im Vordergrund: die Ausbildung, die Informationsvermittlung und die Rechtsanwendungshilfe.

1. Die Ausbildung

15 Staatliche Vorschriften über die ex officio-Anwendung ausländischen Rechts bedingen eine entsprechende juristische Ausbildung. Sie setzen voraus, dass Rechtsanwälte und Richter in der Lage sind, die relevanten IPR- Fragen selber zu stellen, und aufgrund rechtsvergleichender Kenntnis auch befähigt sind, sich in ausländischen Rechtsordnungen zurechtzufinden. Diesbezüglich ist in der Schweiz ein deutliches «Ost-Westgefälle» festzustellen. Während die Westschweizer Universitäten ihren Jus-Studenten internationales Privatrecht und Rechtsvergleichung als Pflichtstudium vorschreiben, führen die deutschschweizerischen Universitäten diese Disziplinen mehrheitlich als Wahlfach. Solche Studienpläne wären mit Rücksicht auf Art. 16 IPRG zu überprüfen. Nur so sind Richter und Anwälte in der Lage, selber sichere Kenntnis über ausländisches Recht zu besitzen oder zumindest bei Auskunftsbegehren die richtigen Fragen richtig zu stellen.

2. Die Informationsvermittlung

16 Für die Beschaffung von Informationen über das ausländische Recht haben sich in den verschiedenen Staaten unterschiedliche Praktiken herausgebildet.

17 Die *deutschen* Gerichte verlassen sich mit Vorliebe auf wissenschaftliche Gutachten aus einem wissenschaftlichen Forschungs- oder Universitätsinstitut[25]. Über das Einholen eines Gutachtens kann der Richter selber ent-

---

[25] Die bekanntesten Forschungsinstitute sind die Max-Planck-Institute von Hamburg, Heidel-

scheiden, ohne dass ein entsprechender Antrag einer Prozesspartei vorliegen müsste (§ 293 DZPO)[26].

In *Frankreich* pflegt man, sich den Inhalt des ausländischen Rechts mit Hilfe sog. *certificats de coutume* nachweisen zu lassen. Das certificat, das mit kleinen Variationen auch in Italien, Spanien und Lateinamerika anzutreffen ist, stammt in der Regel von einem ausländischen Juristen, oft auch von einem in- oder ausländischen Konsulat; nach Art. 409 des Código Bustamante muss das certificat von zwei in dem betreffenden Land praktizierenden Juristen abgefasst sein[27].

Angelsächsische Richter lassen sich den Inhalt des ausländischen Rechts vorzugsweise durch sog. *expert witnesses* nachweisen. Als Sachverständige kommen in erster Linie Hochschullehrer oder praktizierende Anwälte aus dem betreffenden Rechtskreis in Frage. Immerhin begnügen sich englische und amerikanische Gerichte in einfacheren Fällen auch mit einer schriftlichen Auskunft in Form eines Affidavit oder gar mit der blossen Vorlage des ausländischen Gesetzestextes in einer amtlichen Fassung[28]. In den *USA* ist die Entwicklung in den letzten Jahren noch einen Schritt weitergegangen. Sowohl nach den Federal Rules of Civil Procedure als auch nach der Verfahrensordnung zahlreicher Gliedstaaten sind die Gerichte, sobald eine Partei im Prozess ausländisches Recht angerufen hat, gehalten, sich um den Inhalt der angerufenen ausländischen Norm selber zu bemühen (judicial notice). Soweit das Recht eines anderen Gliedstaates in Frage steht, wird das eigene richterliche Bemühen heute mehrheitlich zur Rechtspflicht gemacht, bei Rechtsnormen eines Drittstaates sind die ex officio-Bemühungen dem richterlichen Ermessen überlassen[29].

3. Die Rechtsanwendungshilfe

Von Rechtsanwendungshilfe spricht man, wenn der Nachweis des ausländischen Rechts durch Vermittlung einer in- oder ausländischen (Justiz-)Behörde erfolgt.

---

berg und München; zu den wichtigsten Universitätsinstituten gehören jene von Berlin, Freiburg, Köln und München; vgl. dazu *G. Otto*, S. 228.

[26] Vgl. dazu *A. Baumbach/P. Hartmann*, S. 791f.; *G. Kegel*, S. 293f.; *H. Nagel*, IZPR, S. 181f.
[27] Vgl. *I. Zajtay*, S. 17; *C. David*, La loi étrangère devant le juge du fond, Paris 1965, S. 227.
[28] Vgl. für Grossbritannien: *A.V. Dicey/J.H.C. Morris*, S. 1206-1216.
[29] Vgl. Rule 44.1 FRCP: «A party who intends to raise an issue concerning the law of a foreign country shall give notice by pleadings or other reasonable written notice. The court, in determining foreign law, may consider any relevant material or source, including testimony, whether or not submitted by a party or admissible under the Federal Rules of Evidence. *The court's determination shall be treated as a ruling on a question of law*»; *West's* Federal Civil Judicial Procedure and Rules, 1994, S. 168.

Kapitel 4

21　　Ausdrücklich vorgesehen ist diese Möglichkeit z.B. in *Österreich*, wo der Richter für die Feststellung des ausländischen Rechts die Mithilfe des Justizministeriums in Anspruch nehmen darf (§ 271 österr. ZPO)[30]. Das österreichische Justizministerium ist verpflichtet, dem Auskunftsbegehren eines Richters Folge zu geben und zumindest den Text der ausländischen Rechtsnormen zu vermitteln. Die vom Ministerium unterbreiteten Informationen würdigt der Richter frei.

22　　In *Schweden* ist die Rechtsabteilung des Aussenministeriums mit einer ähnlichen Aufgabe betraut. Ihre Funktion war ursprünglich auf Auskünfte über die Ehefähigkeit von In- und Ausländern beschränkt, hat sich aber im Verlauf der Zeit zu einem allgemeinen Auskunftsdienst über internationales Familien- und Erbrecht ausgeweitet[31].

23　　Ähnliche Möglichkeiten bestehen in der *Schweiz*[32], zunehmend ebenfalls in *Frankreich*[33], ferner in mehreren osteuropäischen Staaten. Sein Justizministerium anfragen kann namentlich der Richter im früheren *Jugoslawien* (Art. 211 jug. ZPO), in *Polen* (Art. 1143 Abs. 1 poln. ZPO), in *Ungarn* (Art. 200 ung. ZPO), in der früheren *UdSSR* sowie in der *Tschechei* (Art. 53 Abs. 1 IPR-Gesetz)[34].

24　　Selbst in *Portugal*, wo der Nachweis des fremden Rechts an sich Parteisache ist, schreibt Art. 517 port. ZPO vor, der Richter habe zur Feststellung des ausländischen Rechts alle zur Verfügung stehenden Mittel auszuschöpfen, und dazu gehöre auch die Anfrage beim Justizministerium. In *Spanien* ist eine ähnliche Funktion der dem Justizministerium angegliederten Comisión de legislación extranjera zugedacht[35].

25　　Neben oder in Ergänzung zur Einschaltung der Justizministerien werden oft auch die diplomatischen Kanäle verwendet. Für *Schweden* ist auf diese Möglichkeit bereits hingewiesen worden. Ähnlich verhält es sich in der *Schweiz*[36]; aber auch in der *BRD* wird dieser Weg gerne beschritten. Nach Art. 210 der ZPO *Ecuadors* ist ausländisches Recht durch ein certificat

---

[30]　Vgl. *I. Zajtay*, S. 18.
[31]　Vgl. dazu *H. Nagel*, IZPR, S. 196, N. 463.
[32]　Das Bundesamt für Justiz hat während Jahren Rechtsauskünfte erteilt (vgl. *VEB* und *VPB*); heute wird es entlastet durch das Schweizerische Institut für Rechtsvergleichung, s. hinten, Rdz. **4**/33-38.
[33]　Vor allem in Fragen des Familienrechts und des Minderjährigenschutzes entwickelt das französische Justizministerium eine ähnliche Tätigkeit wie die entsprechenden Ministerien in Österreich, Schweden und der Schweiz.
[34]　Vgl. *H. Nagel*, IZPR, S. 197f.; *I. Zajtay*, S. 18.
[35]　Vgl. *I. Zajtay*, S. 18.
[36]　Ist das Bundesamt für Justiz nicht in der Lage, auf eine Detailfrage zu ausländischem Recht zu antworten, so lässt es diese durch die schweizerische Vertretung in jenem Staat bzw. durch deren Vertrauensanwalt abklären. Für die BRD, vgl. *J. Pirrung*, in: *A. Bülow/K.H. Böckstiegel*, N. 380, S. 3.

de coutume der diplomatischen Vertretung des betreffenden Staates nachzuweisen. Gleiches sehen das *peruanische* Recht (Art. XIII Einleitungstitel zum ZGB) und der *Código Bustamante* vor (Art. 410, 411)[37].

In zahlreichen Fällen ist die Rechtsanwendungshilfe heute staatsvertraglich verankert. In den bilateralen Rechtshilfeverträgen zwischen den osteuropäischen Staaten war und ist eine solche Bestimmung die Regel[38]. Sie findet sich zunehmend auch in den Verträgen zwischen Ost und West[39], ferner in den Rechtshilfeverträgen mit afrikanischen und asiatischen Staaten[40]. In den letzten Jahren haben Bestimmungen über die Rechtsanwendungshilfe auch in multilaterale Übereinkommen Eingang gefunden. Die bekanntesten sind das Europäische Übereinkommen vom 7. Juni 1968 betreffend Auskünfte über ausländisches Recht[41] oder die Haager Übereinkommen vom 25. Oktober 1980 über den internationalen Zugang zur Rechtspflege (Art. 18)[42] bzw. über die zivilrechtlichen Aspekte internationaler Kindesentführung (Art. 7 lit. *e*)[43] u.a.m..

26

4. Die Rechtsanwendungshilfe als Teil der Rechtshilfe

Rechtshilfe ist ein behördliches, meistens gerichtliches Handeln zugunsten eines ausländischen Verfahrens[44]. Dabei nimmt die ersuchte für die ersuchende Behörde judikative Handlungen vor, welche letztere wegen der territorialen Begrenztheit ihrer Jurisdiktionsgewalt selber nicht vornehmen kann.

27

Rechtsanwendungshilfe im umschriebenen Sinn kann, muss aber nicht Rechtshilfe im klassischen Sinn sein. Erfolgt die Rechtsanwendungshilfe zwischen Behörden des gleichen Staates, etwa zwischen einem kantonalen

28

---

[37] Vgl. *I. Zajtay*, S. 19.
[38] Rechtshilfeverträge mit einer entsprechenden Bestimmung hatten z.B. geschlossen: *Albanien* mit der CSSR (16.1.59), der DDR (11.1.59), der UdSSR (30.6.58); *Bulgarien* mit der CSSR (13.4.59), Jugoslawien (23.3.56), Rumänien (3.12.58), UdSSR (12.12.57), Ungarn (8.8.53); *DDR* mit der CSSR (6.11.56), Polen (1.2.57), Rumänien (15.7.58), UdSSR (28.11.57), Ungarn (30.10.57) u.a.m.
[39] Z.B. zwischen Jugoslawien und Österreich (16.12.54); Frankreich mit Bulgarien (27.3.76), Jugoslawien (29.10.69), Ungarn (19.3.68).
[40] Führend ist vor allem *Frankreich*, das mit praktisch allen französischsprachigen Staaten Afrikas eine entsprechende staatsvertragliche Vereinbarung getroffen hat; vgl. *L. Chatin/B. Sturlèse*, Recueil pratique de conventions sur l'entraide judiciaire internationale, 3. Aufl., 1990, insbes. S. 163-843.
[41] SR 0.274.161.
[42] SR 0.274.133.
[43] SR 0.221.230.02.
[44] Vorne, Rdz. **1**/1-3.

Gericht und einer Verwaltungsstelle des Bundes oder einer schweizerischen Vertretung im Ausland, so liegt nicht internationale Rechtshilfe, sondern Amtshilfe[45] zwischen Behörden des gleichen Staates vor. Doch kann auch solche Hilfe als international relevante Rechtsanwendungshilfe verstanden werden.

29 Wird die Rechtsanwendungshilfe zwischen Gerichts- und/oder Verwaltungsbehörden verschiedener Staaten geleistet, so stellt sie eine internationale Rechtshilfetätigkeit im eigentlichen Sinne dar. Als solche lässt sie sich nur mittels Staatsverträgen rechtswirksam organisieren. Rechtsanwendungshilfe ausserhalb staatsvertraglicher Verpflichtung ist zwar nicht ausgeschlossen – und sie kommt in der Praxis auch häufig vor[46] –, doch beruht sie dann zumeist auf freundnachbarlicher Gefälligkeit[47], die erwiesen wird in der Erwartung, dass Gegenrecht gehalten wird.

III. Die Rechtsanwendungshilfe nach schweizerischem Recht

1. Übersicht

30 Für schweizerische Gerichte oder Behörden kann die internationale Rechtsanwendungshilfe vor allem in zwei Fällen aktuell werden: Wenn ausländische Behörden Auskunft über schweizerisches Recht benötigen oder wenn schweizerische Behörden über ausländisches Recht Bescheid wissen sollten.

31 In beiden Fällen ist die Pflicht zur Mithilfe soweit selbstverständlich, als sie staatsvertraglich verankert ist. Ausserhalb der Staatsverträge sind gesetzliche Bestimmungen hingegen spärlich. Sie beschränken sich im wesentlichen auf das Verwaltungsorganisationsgesetz des Bundes vom 19.9.1978 (SR 172.010) und die darauf beruhenden Ausführungserlasse über die Aufgaben der Departemente und ihrer Ämter[48]. Hinzu kommt neuer-

---

[45] Internationale Rechtshilfe (nicht Amtshilfe) liegt aber vor, wenn eine ausländische Gerichts- oder Verwaltungsstelle eine schweizerische Vertretung im Ausland anfragt und diese sich die erforderlichen Informationen in Bern beschafft. Gleiches gilt für Auskünfte der Bundesverwaltung an eine ausländische Vertretung in der Schweiz.
[46] Das Bundesamt für Justiz (Sektion IPR) leistet regelmässig solche Rechtshilfe.
[47] Im ausländischen Verfahren, zu dessen Handen die Information begehrt wird, können auch schweizerische Interessen involviert sein. Dann verliert die schweizerische Mitwirkung ihren reinen Gefälligkeitscharakter und wird zu einem Instrument des Auslandschweizerschutzes.
[48] Verordnung des Bundesrates v. 9.5.79 über die Aufgaben der Departemente, Gruppen und

dings das BG vom 6.10.1978 über das Schweizerische Institut für Rechtsvergleichung[49]. Hingegen enthalten weder das IPR-Gesetz noch das Verfahrensrecht des Bundes oder der Kantone Hinweise darüber, welche Hilfsmittel dem Richter bei der Inhaltsfeststellung des ausländischen Rechts zur Verfügung stehen. Auch die rein schweizerische Rechtsanwendungs- und Rechtsberatungshilfe entbehrt einer systematischen Regelung. In einzelnen Stadtgemeinden sind gewisse Ansätze vorhanden, doch werden solche Beratungsstellen mehrheitlich von privaten Organisationen getragen[50]. Deren Tätigkeiten beschränken sich durchwegs auf die Beratung im schweizerischen Recht.

Aus dem Organisationsrecht der Bundesverwaltung interessieren insbesondere die Erlasse betreffend das Bundesamt für Justiz und die schweizerischen Auslandvertretungen.

2. Das Bundesamt für Justiz

Nach Art. 7 Ziff. 2 lit. *a* und *b* der bundesrätlichen Verordnung vom 9.5.1979 über die Aufgaben der Departemente, Gruppen und Ämter[51] obliegt dem Bundesamt für Justiz u.a. die Gesetzgebung sowie die Ausarbeitung von Staatsverträgen auf dem Gebiet des internationalen Privat-, Zivilprozess- und Zwangsvollstreckungsrechts und nach lit. *i* dieses Artikels hat es auch die Begutachtung von entsprechenden Rechtsfragen zu betreuen. Neben dieser besteht eine Verordnung vom 28.3.1990 über die Zuständigkeit der Departemente und der ihnen unterstellten Amtsstellen zur direkten Geschäftserledigung[52]. Danach hat das Bundesamt für Justiz insbesondere internationale Vormundschafts- und Nachlassfälle sowie Rechtsauskünfte zu erledigen (Art. 10 Abs. 1); dabei steht es mit den schweizerischen Auslandvertretungen, mit den auswärtigen Behörden und Amtsstellen sowie mit den Vertretern fremder Regierungen in direktem Verkehr (Art. 10 Abs. 3).

Aufgrund dieser Aufgabenzuteilung hat sich im Bundesamt für Justiz seit 1925[53] eine eigentliche Rechtsauskunftei zu Fragen des schweizerischen

---

Ämter (SR 172.010.15), Verodnung v. 18.3.1990 über die Zuständigkeit der Departemente und der ihnen unterstellten Amtsstellen zur selbständigen Erledigung von Geschäften (SR 172.011).
[49] SR 425.1.
[50] Z.B. von kantonalen oder lokalen Anwaltsverbänden, vgl. *G. Baumgärtel*, S. 191; *I. Meier*, S. 153; *O. Vogel*, S. 31; für den Bereich des Unterhaltsrechts hinten, Rdz. **5**/40ff., insbes. 50, 51; *V. Degoumois*, S. 186.
[51] SR 172.010.15.
[52] SR 172.011.
[53] Vor dieser Zeit bestand eine entsprechende Rechtsauskunftsstelle beim EDA, vgl.

und ausländischen internationalen und materiellen Privat- und Verfahrensrechts entwickelt. Sie wird von einer Sektion betreut und konzentriert sich im wesentlichen auf das Personen-, Familien- und Erbrecht sowie auf das schweizerische und ausländische Zivilprozess- und Zwangsvollstreckungsrecht (Zuständigkeit, Rechtshilfe, Vollstreckung). Die Auskünfte ergehen vor allem an kantonale Gerichts- oder Verwaltungsbehörden, bisweilen an Private oder Rechtsanwälte, mitunter an Behörden im Ausland.

35 Inhaltlich handelt es sich jeweils um kurze Responsa, nur selten um eigentliche Rechtsgutachten. Dank jahrelanger Beschäftigung mit ausländischem Recht haben sich eine reichhaltige Dokumentation und ein Erfahrungsschatz angesammelt, welche es erlauben, zahlreiche Rechtsfragen mit relativ geringem Aufwand rasch zu beantworten. Für umfangreichere Auskünfte und eigentliche Rechtsgutachten steht heute das Schweizerische Institut für Rechtsvergleichung zur Verfügung. Dies erlaubt der Verwaltung, ihre Auskunfts- und Beratungstätigkeit auf jene Bereiche zu konzentrieren, in denen sie zugleich die Funktion einer Zentralbehörde der zwischenstaatlichen Rechts- und Rechtsdurchsetzungshilfe zu erfüllen hat[54].

36 Lassen sich Einzelfragen des ausländischen Rechts aufgrund der verfügbaren Dokumentation nicht schlüssig eruieren oder besteht über die einschlägige ausländische Gerichtspraxis Unsicherheit, so lässt das Bundesamt für Justiz die Frage durch den Vertrauensanwalt der schweizerischen Vertretung in jenem Staat klären[55]. Umgekehrt pflegen die schweizerischen Auslandsvertretungen Fragen zum schweizerischen Recht, die ihnen von Gerichten oder Behörden des Gaststaates unterbreitet werden, dem Bundesamt für Justiz vorzulegen. Dieses Vorgehen entspricht dem Reglement des schweizerischen diplomatischen und konsularischen Dienstes vom 24.11.1967 (SR 191.1, insbes. Art. 24, 30).

3. Das Schweizerische Institut für Rechtsvergleichung

37 Das Institut, das durch BG vom 6.10.1978 geschaffen wurde (SR 425.1) und 1982 seinen Betrieb aufgenommen hat, ist als schweizerisches Dokumentations- und Forschungszentrum für Rechtsvergleichung, für ausländisches und internationales Recht konzipiert. Es soll eine umfangreiche Bibliothek über Werke der vergleichenden Rechtswissenschaft, über aus-

---

M. Gutzwiller, Siebzig Jahre Jurisprudenz, Erinnerungen eines Neunzigjährigen, Basel 1978, S. 42f.
[54] Insbes. Ehe-, Scheidungs-, Minderjährigenschutz-, Vormundschafts-, Unterhalts- und Erbrecht.
[55] Vorne, Rdz. **4**/25, Anm. 36.

ländisches und internationales Recht führen (Art. 2, 3) und damit die Infrastruktur für die rechtsvergleichende Forschung in der Schweiz bereitstellen. Gleichzeitig soll es eigene Forschungsarbeiten betreiben und die rechtsvergleichende Forschung an den schweizerischen Hochschulen fördern und koordinieren (Art. 4)[56].

Weiter hat das Institut zuhanden der schweizerischen Gerichte und Verwaltungsstellen, zuhanden von Anwälten und weiteren Interessierten Auskünfte und Gutachten über ausländisches und internationales Recht zu erstellen (Art. 3 Abs. 1 lit. *c*). Auf diesem Gebiet schliesst das Institut eine Lücke für Dienstleistungen, die in dieser Form in der Schweiz bisher nicht erhältlich waren. Die Gutachtertätigkeit des Instituts ist vor allem mit Rücksicht auf Art. 16 IPRG von Bedeutung. Nach Art. 3 des Institutsgesetzes und Art. 4 der Institutsverordnung hat die Gutachtertätigkeit in erster Linie im Dienst schweizerischer Gerichts- und Verwaltungsstellen zu stehen. Gutachten zuhanden ausländischer Behörden sind nicht ausgeschlossen, wären aber, weil für «andere Interessenten» bestimmt, wohl erst in letzter Priorität zu behandeln. Nicht geregelt ist die Frage, ob dem Institut auch jene Gutachten und Rechtsauskünfte überbunden werden könnten, zu deren Erstattung sich die Schweiz aufgrund von Staatsverträgen über die Rechtsanwendungshilfe verpflichtet hat[57]. Falls die Frage in grösserem Umfang aktuell werden sollte, wäre wohl im Sinne von Art. 3 Abs. 3 des Institutsgesetzes vorzugehen. 38

IV. Die Rechtsanwendungshilfe in Staatsverträgen

1. Die bilateralen Rechtshilfeverträge

Ein Rechtsanspruch auf die zwischenstaatliche Mithilfe bei der Anwendung von ausländischem Recht besteht nur, soweit in Staatsverträgen entsprechende Verpflichtungen verankert sind. Staatsvertragliche Bestimmungen zu dieser Frage sind erst in neuerer Zeit systematisch entwickelt worden, vor allem in multilateralen Texten. 39

Bilateral ist in der Nachkriegszeit in den zweiseitigen Rechtshilfeverträgen der osteuropäischen Staaten untereinander ein erster systematischer Anfang gemacht worden. Zwischen 1953 und 1959 sind in Osteuropa rund 40

---

[56] Das Institut publiziert seine wissenschaftlichen Arbeiten in der Reihe: Veröffentlichungen des Schweizerischen Instituts für Rechtsvergleichung.

[57] Z.B. die Rechtsauskünfte, die gestützt auf das Europäische Übereinkommen v. 7.6.1968 betr. Auskünfte über ausländisches Recht (SR 0.274.161) zu erstellen sind.

zwanzig solcher Verträge entstanden[58]. Jeder sieht u.a. vor, dass sich die Justizministerien oder gewisse spezialisierte, den Justizministerien angegliederte Stellen auf Gesuch hin gegenseitig Auskunft über den Inhalt ihres Rechts geben. Typisch ist z.B. die folgende Bestimmung:

«Die Justizministerien der Vertragsstaaten erteilen einander auf Ersuchen Auskunft über Rechtsvorschriften in Zivilsachen, soweit das für die Durchführung von gerichtlichen Verfahren erforderlich ist»[59].

41 Seit Beginn der 60er Jahre hat *Frankreich*[60] angefangen, solche Klauseln in seine bilateralen Rechtshilfeverträge aufzunehmen, zunächst im Verhältnis zu seinen in die Unabhängigkeit entlassenen früheren Gebiete in Afrika, seit Mitte der 70er Jahre in praktisch allen Rechtshilfeverträgen. In neuerer Zeit sind auch *Österreich, Griechenland* und z.T. die *BR Deutschland* zur Aufnahme solcher Klauseln übergegangen[61].

42 Die Schweiz konnte sich bislang nur im schweizerisch-tschechoslowakischen Abkommen vom 21.12.1926 über die gegenseitige Rechtshilfe in Zivil- und Handelssachen (SR 0.274.187.411) zur Aufnahme einer solchen Auskunftsklausel entschliessen. Art. 8 des Abkommens lautet:

«Das EJPD und das tschechoslowakische Justizministerium erteilen einander auf Ersuchen Auskunft über das in ihrem Land geltende Recht. Im Ersuchen ist genau zu bezeichnen, über welche Rechtsvorschriften Auskunft gewünscht wird.»

43 Praxis zu dieser Bestimmung ist nicht bekannt. Aufgrund ihres Wortlauts wird davon auszugehen sein, dass nicht eigentliche Rechtsgutachten über Fragen des inländischen Rechts, sondern lediglich die Vermittlung von Gesetzestexten, allenfalls ergänzt durch einschlägige Gerichtsentscheide, verlangt ist.

2. Die multilateralen Übereinkommen

44 Als sedes matariae der multilateralen Rechtsanwendungshilfe sind heute in Westeuropa das Europäische Übereinkommen vom 7.6.1968 betreffend Auskünfte über ausländisches Recht[62] sowie das Zusatzprotokoll zu diesem Übereinkommen vom 15.3.1978 zu bezeichnen. Auf sie wird nachstehend einzugehen sein[63]. Daneben aber finden sich Verpflichtungen zur Rechts-

---

[58] Vgl. vorne, Rdz. **4/26**, Anm. 38.
[59] Art. 18 des Vertrages zwischen der DDR und Österreich über Rechtshilfe in Zivilsachen und über Urkundenangelegenheiten v. 11.11.1980, Gesetzblatt II v. 8.4.1981.
[60] Vorne Rdz. **4/26**, Anm. 40, insbes. *L. Chatin/B. Sturlèse*, Recueil pratique, S. 163ff.
[61] Vgl. z.B. Art. 27 des Vertrages v. 7.12.1962 zwischen Österreich und der CSSR.
[62] SR.0.274.161.
[63] Vgl. hinten, Rdz. **4/47**ff.

auskunft oder zumindest zur Vermittlung von rechtserheblichen Tatsachen auch in verschiedenen anderen multilateralen Übereinkommen, insbesondere in jenen über die internationale Rechtshilfe in Zivilsachen, über die Eintreibung von Unterhaltsbeiträgen, über den Minderjährigenschutz, über die Zusammenarbeit bei internationalen Adoptionen oder über die Vermeidung von internationalen Kindesentführungen.

Nach Art. 13 der Haager Zivilprozess-Übereinkunft von 1954[64] hat z.B. die Behörde, die einem Ersuchen um rogatorische Einvernahme nicht stattgeben kann, die ersuchende Behörde über die rechtlichen oder faktischen Hindernisse zu unterrichten. Und nach Art. 22 kann die Behörde, welche über die Gewährung unentgeltlicher Rechtshilfe zu entscheiden hat, bei den Behörden des ersuchenden Staates ergänzende Informationen einholen. Art. 5 Abs. 1 lit. *b* des Haager Zustellungs-Übereinkommens von 1965[65] schreibt der ersuchenden Behörde, welche eine besondere Zustellungsform wünscht, vor, dass sie der ersuchten Behörde hierüber – d.h. über die einschlägigen Rechtsquellen – die nötigen Angaben macht. Ähnliche Informationspflichten sieht das Haager Beweiserhebungs-Übereinkommen von 1970 vor. Insbesondere hat die ersuchende der ersuchten Behörde jeweils die Aussageverweigerungsgründe des Ursprungsstaates bekanntzugeben (Art. 11). Auch die Art. 6 und 8 des Haager Übereinkommens über den internationalen Zugang zur Rechtspflege sehen zwischen ersuchender und ersuchter Zentralbehörde Rechtsauskunftspflichten über die Voraussetzungen zur Gewährung der unentgeltlichen Rechtshilfe vor. 45

Ähnliche Auskunftspflichten kennen auf dem Gebiet des internationalen Familien- und Minderjährigenschutzes das New Yorker Übereinkommen vom 20.6.1956 über die Geltendmachung von Unterhaltsansprüchen im Ausland (Art. 6 Abs. 2), das Haager Minderjährigenschutz-Übereinkommen von 1961 (Art. 11) sowie das Haager Übereinkommen über den Kindesschutz und die Zusammenarbeit bei internationalen Adoptionen von 1993 (Art. 7 Abs. 2 lit. *b*). Auch nach dem Haager und dem Europarats-Übereinkommen von 1980 zur Vermeidung von Kindesentführungen haben sich die Zentralbehörden gegenseitig Auskunft zu geben über das Recht ihrer Staaten (Art. 7 lit. *e* Haager) bzw. über die rechtliche Regelung auf dem Gebiet des Sorgerechts für Kinder und dessen Änderungen (Art. 3 Abs. 2 lit. *b* Europarats-Übereink.). Alle diese Rechtsauskunftspflichten stehen in engem Zusammenhang mit der im jeweiligen Übereinkommen verankerten (Haupt-)Verpflichtung zu gegenseitiger Rechts- und Rechtsdurchsetzungshilfe. 46

---

[64] Vorne, Rdz. **3**/86.
[65] Vorne, Rdz. **2**/100, 101.

V. Das Europäische Übereinkommen betreffend Auskünfte über ausländisches Recht

1. Übersicht

47 Durch das Europäische Übereinkommen vom 7. Juni 1968 betreffend Auskünfte über ausländisches Recht[66] verpflichten sich die Vertragsstaaten, einander Auskunft zu erteilen über ihr Zivil- und Handels-, ihr Verfahrens- und Gerichtsverfassungsrecht (Art. 1). Das Übereinkommen, dem heute siebenundzwanzig europäische Staaten und ein aussereuropäischer angehören[67], regelt die Voraussetzungen, unter denen eine Auskunft eingeholt werden darf, nennt den Kreis der auskunftsberechtigten Stellen und umschreibt die Modalitäten zur Durchführung von Ersuchen. Danach muss ein Anspruch auf Auskunft im Sinne des Übereinkommens vorliegen; dieser muss von einer auskunftsberechtigten Stelle auf dem im Übereinkommen vorgeschriebenen Weg und in der darin vorgeschriebenen Form gestellt sein und wird von den Behörden des ersuchten Staates entsprechend beantwortet.

48 Das Übereinkommen ist seinerzeit mit Rücksicht auf den stets wachsenden Personen-, Güter- und Dienstleistungsverkehr zwischen den Staaten Europas geschaffen worden. Es will sicherstellen, dass die Gerichte der Vertragsstaaten sich rasch, zuverlässig und kostengünstig über den Inhalt ausländischen Rechts informieren können[68]. Trotz seiner sehr praktischen Ausrichtung hat das Übereinkommen im zwischenstaatlichen Verkehr kaum richtig Fuss gefasst. An die Schweiz werden jährlich zwischen null und sechs Anfragen gestellt, meistens aus der BRD oder aus Österreich. Von

---

[66] *Text* und *Quellen*: hinten, Anhang F, ferner SR 0.274.161; BB1 1969 II 831; *A. Bülow/ K.H. Böckstiegel* (Bearb. *J. Pirrung*), Bd. I, N. 380-383; *L. Chatin/B. Surlèse*, a.a.O., Anm. 4/26, S. 988-992; *G. Walter/M. Jametti Greiner*, Texte, N. 62.
Wichtigste Literatur: *C. Bartoli*, S. 333-339; *G. Bruillard*, S. 389-396; Conseil de l'Europe, Rapport explicatif sur la Convention européenne dans le domaine de l'information sur le droit étranger, Strasbourg 1968, S. 5-23; *A.V. Dicey/J.H.C. Morris*, S. 1215; *J. Erauw*, De eerste belgische ervaringen met het Europees verdrag inzake inlichtingen over buitenlands recht, Rechtskundig Weekblad 1981-82, S. 1503-1508; *G. Kegel*, S. 297; *Lausanner Kolloquium* über den deutschen und den schweizerischen IPR-Entwurf, S. 240, 251-253; *R. Loewe*, Zwischenstaatlicher Rechtsverkehr in Zivilrechtssachen, Wien 1984, S. 253-260; *H. Nagel*, IZPR, S. 187-189; *G. Otto*, S. 209-232; *J. Pirrung*, in: A. Bülow/K.H. Böckstiegel, N. 380, S. 1-6; *A.K. Schnyder*, S. 93-95; *R.A. Schütze*, DIZPR, S. 237-240; *ders.*, in B. Wieczorek's Zivilprozessordnung, 2. Aufl., Bd. 5, Berlin 1980, S. 753-776; *A. Wolf*, S. 1583-1586; *D. Wollny*, S. 479-480.
[67] Vgl. hinten, Anhang F.
[68] Vgl. BB1 1969 III 830, 831.

schweizerischen Gerichten gehen etwa gleichviele Gesuche ans Ausland. Am regelmässigsten scheint das Übereinkommen in der BRD Anwendung zu finden; in den letzten Jahren sind dort durchschnittlich je 30 aus- und 10 eingehende Anfragen registriert worden[69].

2. Der Auskunftsanspruch

Auskunftsbegehren dürfen grundsätzlich nur für *Rechtsfragen* gestellt werden; für die Abklärung von Tatfragen ist der Weg über die Beweiserhebung[70] zu beschreiten. Ob eine Frage Rechts- oder Tatfrage ist, sagt das anwendbare materielle Recht. Der ersuchende Richter wird gut daran tun, seine Gesuche jeweils klar als Beweis- oder als Rechtsauskunftsbegehren zu kennzeichnen[71]. Um einer Vermischung vorzubeugen, stellt das Übereinkommen klare Anforderungen an Anfrage und Auskunft. Die Anfrage hat die Art des Verfahrens, für das Auskunft benötigt wird, sowie die Punkte, zu denen um Auskunft ersucht wird, klar zu bezeichnen (Art. 4 Abs. 1). Und die Antwort soll den Wortlaut der einschlägigen Gesetzesbestimmungen sowie die dazu ergangene Rechtsprechung und Doktrin vermitteln (Art. 7 Abs. 1). Nicht verlangt und auch nicht erwünscht sind eigentliche Rechtsgutachten mit eigenen Wertungen der ersuchten Behörde[72].

49

Die verlangten Auskünfte müssen das *Zivil- und Handels-*, allenfalls das *Zivilverfahrensrecht* beschlagen. Auskünfte über öffentliches Recht, insbesondere solche über Straf-, Steuer-, Sozialversicherungs-, Bau- oder Planungsrecht fallen nicht in den sachlichen Anwendungsbereich des Übereinkommens. Die Abgrenzung zwischen privatem und öffentlichem Recht ist freilich nicht immer leicht[73]. Wichtige Gebiete, die klassischerweise dem Zivilrecht zugerechnet werden (Familienrecht, Vormundschaftsrecht, Bodenrecht, Mietrecht, Arbeitsrecht, Gesellschaftsrecht), sind heute stark mit Normen öffentlichrechtlichen Charakters durchsetzt. Das Übereinkommen trägt diesem Umstand in doppelter Hinsicht Rechnung.

50

---

[69] Vgl. *G. Otto*, S. 221-223; *R.A. Schütze*, DIZPR, S. 238.
[70] Hierzu vorne, Rdz. **3**/64, 90ff.
[71] Die Koordination lässt sich am besten dadurch sicherstellen, dass in den Vertragsstaaten für die verschiedenen Zentralbehördefunktionen die gleiche Verwaltungsstelle bezeichnet wird, in der Schweiz z.B. das Bundesamt für Justiz.
[72] Vgl. *H. Nagel*, IZPR, S. 178; *J. Pirrung*, in: A. Bülow/K.H. Böckstiegel, N. 380, S. 3, N. 381, S. 7; *R.A. Schütze*, in: Wieczorek's Zivilprozessordnung, Bd. 5, S. 766.
[73] Vgl. auch *J. Pirrung*, in: A. Bülow/K.H. Böckstiegel, N. 381, S. 2 Anm. 2; *R.A. Schütze*, in: Wieczorek's Zivilprozessordnung, Bd. 5, S. 764. Durch Art. 1 des Zusatzprotokolls v. 15.3.1978 kann das Übereinkommen auch auf das Strafrecht ausgedehnt werden (vgl. hinten, Rdz. **4**/70).

Kapitel 4

51 Einmal verwendet es in Art. 1 Abs. 1 eine bewusst weite Formulierung; die Originalfassung spricht von «renseignements de droit dans le domaine civil et commercial» (Rechtsauskünfte aus dem Gebiet der Zivil- und Handelssachen)[74]. Damit haben die Schöpfer des Übereinkommens versucht, dem Qualifikationsproblem betreffend die öffentlich- oder privatrechtliche Natur einzelner Bestimmungen des Privatrechts zu entgehen. Insbesondere wollten sie, dass in Staaten, in denen das Arbeitsrecht traditionell dem Zivilrecht zugerechnet wird, auch dieses unter den Anwendungsbereich von Art. 1 fällt[75].

52 Zum anderen enthält Art. 4 Abs. 3 eine gewisse Ausweitung des sachlichen Geltungsbereiches. Danach soll ein Ersuchen ergänzend auch andere als die in Art. 1 Abs. 1 genannten Rechtsgebiete betreffen können. Gefordert wird, dass die Anfrage in erster Linie eine Zivil- oder Handelssache beschlägt und dass die Ausweitung mit dem Hauptgegenstand des Auskunftsbegehrens in engem Zusammenhang (lien de connexité) steht. Welche Zusatzfragen unter Art. 4 Abs. 3 fallen können, wird weder im erläuternden Bericht noch in der Literatur verdeutlicht[76]. Auch Praxis ist dazu nicht bekannt. Denkbar ist etwa, dass dem Auskunftsbegehren über das Recht der Immobilien-AG auch ein Hinweis auf das BG betreffend den Erwerb von Grundstücken durch Personen im Ausland beigefügt wird oder dass eine Auskunft über das schweizerische Konkursrecht auch die strafrechtlichen Bestimmungen über betrügerischen oder leichtsinnigen Konkurs erwähnt (Art. 163, 165 StGB). Ähnliches mag gelten für Auskünfte über das schweizerische Unterhaltsrecht (Art. 276-295 ZGB) und die strafrechtliche Bestimmung über die Vernachlässigung von Unterstützungspflichten (Art. 217 StGB) oder für die elterliche Gewalt (Art. 296-317 ZGB) und die Strafnorm betreffend Entziehen und Vorenthalten von Unmündigen (Art. 220 StGB).

3. Der Kreis der Auskunftsberechtigten

53 Das Begehren um Rechtsauskunft muss von einer gerichtlichen Behörde ausgehen (Art. 3 Abs. 1) und muss zur Verwendung in einem bereits hängigen Verfahren bestimmt sein. Art. 3 spricht mit Absicht von gerichtlicher Be-

---

[74] Die offizielle deutsche Übersetzung («Auskünfte über Zivil- und Handelsrecht») ist ungenau.
[75] So auch *R.A. Schütze*, a.a.O., S. 764, N. 8; s. ferner Conseil de l'Europe, Rapport explicatif sur la Convention, S. 7.
[76] *J. Pirrung*, a.a.O., N. 381, S. 8, Anm. 19, nennt Bestimmungen aus dem Sozialversicherungsrecht.

hörde und nicht von Gericht. Welche Spruchkörper als gerichtliche Behörden anzusehen sind, entscheidet jeder Vertragsstaat selber. Der Schweiz eröffnet sich damit die Möglichkeit, das Übereinkommen in gewissen Fällen auch Verwaltungsbehörden zur Verfügung zu stellen, die in ihrem Fachbereich z.t. richterliche Funktionen wahrnehmen[77].

Die im Übereinkommen vorgesehene Verpflichtung, die Rechtsauskunftsbegehren über die eigens vorgesehenen Empfangs- und Übermittlungsstellen zu befördern, soll Gewähr dafür bieten, dass die Auskunftsbegehren tatsächlich von einer mit gerichtlichen Funktionen ausgestatteten Behörde des Empfangsstaates ausgehen[78].

Private Schiedsgerichte gelten nicht als gerichtliche Behörden im Sinne des Übereinkommens. Aber sie können, falls ein Bedürfnis danach besteht, durch Vermittlung der gerichtlichen Behörden am Sitz des Schiedsgerichts (Art. 184 Abs. 2 IPRG) in den Genuss des Übereinkommens kommen. Nicht unter das Übereinkommen fallen Rechtsauskünfte, die ausserhalb eines hängigen Verfahrens, z.B. zwecks Klagevorbereitung oder im Hinblick auf die Frage gestellt werden, ob überhaupt eine Klage erhoben werden soll. Diese Auskunftsbegehren gelten als solche privater Natur. Sie wurden ursprünglich vom Anwendungsbereich des Übereinkommens ausdrücklich ausgeschlossen, hingegen will das Zusatzprotokoll von 1978 (Art. 3) sie miterfassen[79].

4. Die Behördenorganisation

Für die Übermittlung und die Erledigung von Rechtsauskunftsbegehren sieht das Übereinkommen – wie die meisten modernen Rechtshilfeabkommen – die Schaffung einer zentralen Empfangs- und Übermittlungsstelle vor. Nach Art. 2 Abs. 1 ist jeder Vertragsstaat zur Schaffung einer – und zwar *nur einer* – Empfangsstelle verpflichtet[80]. Diese Stelle, deren Adresse dem De-

---

[77] Z.B. Vormundschaftsbehörden, kantonale Aufsichtsbehörden im Zivilstandswesen, Schuldbetreibungs- und Konkursbehörden. Für ein weit gefasstes Verständnis des Gerichtsbegriffs auch *J. Pirrung*, a.a.O., N. 381, S. 5; *R.A. Schütze*, in: Wieczorek's Zivilprozessordnung, Bd. 5, S. 765.
[78] *R.A. Schütze*, DIZPR, S. 238.
[79] Vgl. hinten, Rdz. **4/69**.
[80] Bundesstaaten können nach Art. 16 mehrere Empfangsstellen bezeichnen. In diesem Fall muss für die Aufgaben von Art. 2 Abs. 1 lit. *a* eine der Empfangsstellen als Zentralstelle bezeichnet werden. Bisher haben die meisten Vertragsstaaten nur je eine Empfangsstelle bezeichnet. In der Regel handelt es sich um das Justizministerium, in Belgien, Frankreich, Grossbritannien, Italien und Schweden um das Aussenministerium, in Costa Rica und Liechtenstein um das oberste Gericht, in Malta um den Generalanwalt und in Griechenland um das

Kapitel 4

positär zuhanden der übrigen Vertragsstaaten zu melden ist (Art. 2 Abs. 3), nimmt die ausländischen Auskunftsbegehren entgegen und ist für deren Beantwortung besorgt. Sie kann die Antwort selber bereitstellen oder durch andere staatliche Stellen, u.U. auch durch Private vorbereiten lassen (Art. 6). Sobald die Antwort vorliegt, geht sie über die Empfangsstelle an den Absender zurück. Absender kann eine ausländische Übermittlungsstelle oder das anfragende Gericht selber sein.

57 Während das Übereinkommen bezüglich Empfangsstelle sehr strikt ist, räumt es den Vertragsstaaten für die Schaffung der Übermittlungsstelle volle Freiheit ein. Die Staaten können eine, mehrere oder auch gar keine Übermittlungsstelle vorsehen (Art. 2 Abs. 2, Art. 3 Abs. 2). Im letzteren Fall kann jedes Gericht seine Auskunftsbegehren direkt an die ausländische Empfangsbehörde richten. Im Idealfall sind Empfangs- und Übermittlungsbehörde identisch (Art. 2 Abs. 2)[81]. In der Schweiz werden beide Funktionen vom Bundesamt für Justiz wahrgenommen.

5. Die Durchführung des Auskunftsbegehrens

58 Im Gesuch um Auskunft über ausländisches Recht ist das Gericht zu nennen, von dem das Begehren ausgeht, und ist die Streitsache zu bezeichnen, für die eine Rechtsauskunft verlangt wird (Art. 4 Abs. 1). Weiter müssen eine kurze Sachverhaltsdarstellung sowie jene Angaben dabei sein, die zum Verständnis des Gesuches und zur richtigen Beantwortung der Fragen erforderlich sind (Art. 4 Abs. 2). Ferner wird das Gesuch die Fragen zum Inhalt des ausländischen Rechts enthalten. Dabei ist zwischen den Hauptfragen, die eine Zivil- oder Handelssache betreffen müssen (Art. 1 Abs. 2), und den Zusatzfragen zu unterscheiden, die auch öffentlichrechtliche Bereiche beschlagen können (Art. 4 Abs. 3). Falls das Gesuch von den Parteien selber verfasst wurde, sollte es vom Genehmigungsbeschluss des ersuchenden Gerichts begleitet sein[82]. Möglich sind weitere Beilagen, die dem besseren Verständnis des Rechtsstreits und der gestellten Fragen dienen.

Institut für internationales und ausländisches Recht; in Österreich sind die Länderregierungen zuständig.

[81] Empfangs- und Übermittlungsstellen fallen nur in Belgien und der BRD auseinander. In Belgien ist das Aussenministerium, in der BRD sind die Justizministerien der Länder Übermittlungsstellen. Als Empfangsstelle dient in beiden Staaten das Justizministerium.

[82] *Art. 4 Abs. 4*: «Ist das Ersuchen nicht von einem Gericht abgefasst, so ist ihm die gerichtliche Entscheidung beizufügen, durch die es genehmigt worden ist». Vor dem Bezirksgericht Lausanne war 1985 ein Rechtsstreit hängig, der in Anwendung deutschen Rechts zu beurteilen war. Zwischen den Parteien bestanden Meinungsverschiedenheiten über wesentliche Sachverhaltselemente; das Gericht liess durch jede Partei den Sachverhalt darstellen und die

Die Antwort kann entweder von der Empfangsstelle selber oder von einer anderen staatlichen Stelle verfasst werden. Möglich ist es auch, die Antwort durch Private (ein wissenschaftliches Institut[83], einen Rechtslehrer, einen Anwalt) erstellen zu lassen. Die letztere Form der Erledigung wird regelmässig mit Kosten verbunden sein. Das Übereinkommen gestattet dieses Vorgehen erst, nachdem die ersuchte von der ersuchenden Behörde Kostengutsprache erhalten hat (Art. 6 Abs. 3). Auf jeden Fall ist die Empfangsstelle verpflichtet, die Anfrage zu beantworten oder beantworten zu lassen (Art. 10). Ausnahmen kommen nur aus Gründen des Ordre public in Frage (Art. 11). Für die Beantwortung stellt das Übereinkommen zwar keine formelle Erledigungsfrist auf; Art. 12 hält aber den ersuchten Staat an, «so schnell wie möglich» zu antworten. Bei zeitraubenden Abklärungen ist die ersuchende Behörde zu benachrichtigen.

Sachlich geht es bei der Antwort nicht um die Erstellung von Rechtsgutachten, sondern um die neutrale Vermittlung von Rechtsinhalten. Die Antwort soll in erster Linie den Wortlaut der einschlägigen Gesetzestexte vermitteln, allenfalls ergänzt durch Auszüge aus der dazu ergangenen Rechtsprechung oder der dazu veröffentlichten Doktrin (Art. 7). Eigene Kommentierung ist nicht untersagt, sollte sich aber auf erläuternde Bemerkungen beschränken[84].

Ist die Antwort erstellt, so wird sie von der Empfangsstelle des ersuchten Staates an die Behörde geleitet, von der ihr die Anfrage zugekommen ist (Art. 9). Es kann sich um die (oder eine) Übermittlungsstelle des ersuchenden Staates oder um das ersuchende Gericht selber handeln. Sowohl die ersuchte wie die ersuchende Behörde können zur erhaltenen Anfrage bzw. zur eingegangenen Antwort ergänzende Fragen stellen. Sie halten dabei den gleichen Weg und die gleiche Form ein wie für Gesuch und Auskunft (Art. 13).

6. Die Sprache

Das Übereinkommen unterscheidet zwischen der Sprache der Anfrage und derjenigen der Auskunft. Die Anfrage soll, wie dies in der internationalen Rechtshilfe üblich ist, in der oder in einer der Sprachen des ersuchten Staa-

---

damit verbundenen Rechtsfragen formulieren. Beide Darstellungen wurden mit einem Entscheid des Gerichts im Sinne von Art. 4 Abs. 4 der deutschen Empfangsstelle zur Beantwortung unterbreitet.

[83] In der Schweiz könnte die Empfangsstelle die Beantwortung z.B. dem Schweizerischen Institut für Rechtsvergleichung übertragen; vgl. für Griechenland Anm. 78.
[84] Vgl. Conseil de l'Europe, Rapport explicatif sur la Convention, S. 12.

tes abgefasst bzw. mit einer Übersetzung in eine dieser Sprachen versehen sein (Art. 14). Im Unterschied zu Zustellungs- oder Beweiserhebungsbegehren, die im ersuchten Staat jeweils lokal weiterbearbeitet werden, ist das Sprachenproblem bei Rechtsauskunftsbegehren weniger gross. Da die Antworten jeweils von der Zentralverwaltung vorbereitet werden, genügt es, wenn die Anfrage in einer der drei schweizerischen Amtssprachen verfasst bzw. in eine dieser Sprachen übersetzt ist[85].

63 Die Antwort darf vom ersuchten Staat in seiner eigenen oder einer seiner eigenen Sprachen abgefasst werden (Art. 14 Abs. 1). Übersetzungsarbeiten und deren Kosten sollen beim ersuchenden Staat anfallen. Dass eine auf deutsch oder italienisch verfasste Anfrage von der Schweiz auf französisch beantwortet wird oder umgekehrt, ist nach dem Wortlaut des Übereinkommens zwar nicht ausgeschlossen, entspricht aber weder im interkantonalen noch im internationalen Verkehr den Gepflogenheiten. Von mehreren möglichen wird für die Antwort grundsätzlich jene Sprache gewählt, in der die Anfrage gestellt wurde.

7. Die Kosten

64 Rechtsauskünfte im Sinne des Übereinkommens sind grundsätzlich kostenfrei zu erteilen (Art. 15). Das Übereinkommen ist, wie das Beispiel betreffend Sprachen und Übersetzungen zeigt, ganz allgemein bestrebt, Kosten zu Lasten des ersuchten Staates zu vermeiden bzw. zu minimieren. Für die Auskunft selber wird von der Kostenüberwälzung in der Meinung abgesehen, dass Aufwand und Ertrag sich längerfristig in jedem Staat die Waage halten werden.

65 Art. 15 sieht eine Ausnahme für den Fall vor, dass der ersuchte Staat die Beantwortung der Anfrage einer privaten Stelle überträgt (Art. 6 Abs. 3). Für die daraus entstehenden Kosten hat der ersuchende Staat vorgängig Gutsprache zu leisten (Art. 6 Abs. 3) und sie anschliessend zu erstatten (Art. 15). Ob solche Kosten von Privaten direkt beim ersuchenden Staat einzufordern sind oder ob eine Verrechnung zwischen Empfangsstellen stattfindet, wird im Übereinkommen nicht erwähnt. Zwischenstaatliche Praxis ist nicht bekannt. Der Private wird versucht sein, sich an seinen Auftraggeber zu halten, während die ersuchte Empfangsstelle die direkte Einforderung bei der ersuchenden Behörde bevorzugen wird.

---

[85] Zum Sprachen- und Übersetzungsproblem s. *G. Otto*, S. 224, 225.

8. Die bilateralen Zusatzvereinbarungen

Sieht man von der Verpflichtung zur Erteilung von Rechtsauskünften (Art. 1 Abs. 1) und zur Errichtung von Empfangsstellen (Art. 2 Abs. 1) ab, so lässt sich das Übereinkommen als dispositiver Rahmen charakterisieren, innerhalb dessen die Vertragsstaaten mit Hilfe bilateraler oder regionaler Abkommen durchaus präzisere, weitergehende oder andere Vereinbarungen treffen können. Die partikuläre Gestaltungsbefugnis betrifft insbesondere den persönlichen und den sachlichen Geltungsbereich, ferner die Kosten- und die Sprachenfrage.

In sachlicher Hinsicht kann die Rechtsauskunftspflicht durch Zusatzvereinbarungen auf weitere Rechtsgebiete, etwa das Straf-, das Verwaltungs- oder das Steuerrecht ausgedehnt werden (Art. 1 Abs. 2). Und für den persönlichen Geltungsbereich sieht Art. 3 Abs. 3 die Möglichkeit der bilateralen Ausdehnung auf Ersuchen anderer als bloss gerichtlicher Behörden vor. In Frage kommen – je nach sachlicher Ausweitung – die Straf- oder Steueruntersuchungsbehörden sowie ganz allgemein jede Verwaltungsbehörde. Denkbar ist aber auch eine Ausdehnung auf Rechtsauskunftsbüros, so dass neben der eigentlichen Rechtsanwendungshilfe auch die Rechtskonsultation erfasst wird[86].

Für die Sprachen und die Kosten kommt sowohl eine Ausweitung wie eine Einschränkung in Frage. Im Vordergrund dürfte die Ausdehnung auf zusätzliche Sprachen stehen, z.B. die Zulassung der Amtssprachen des Europarates oder der Sprache des ersuchenden Staates. Bei den Kosten ist sowohl eine allgemeine Befreiung (auch für Privatauskünfte) wie eine allgemeine Gebührenpflicht denkbar; im letzteren Fall müssten auch das Inkasso und die Vollstreckung geregelt werden. Bilaterale oder regionale Zusatzvereinbarungen der eben erwähnten Art sind bisher nicht bekannt geworden. Hingegen hat der Europarat in einem Zusatzprotokoll von 1978 selber ein Instrument zur Erweiterung des Geltungsbereiches des Übereinkommens geschaffen.

9. Das Zusatzprotokoll

Das Zusatzprotokoll vom 15.3.1978[87] will die in Art. 1 Abs. 2 und Art. 3 Abs. 3 des Übereinkommens vorgesehenen Möglichkeiten zur Ausdehnung

---

[86] Vgl. hierzu das Zusatzprotokoll v. 15.3.1978 und Conseil de l'Europe, Rapport explicatif sur le Protocole additionnel, Strasbourg 1978, S. 5, 6.

[87] SR 0.351.21; s. auch: Protocole additionnel à la Convention européenne dans le domaine de

des persönlichen und des sachlichen Geltungsbereiches durch ein einheitliches multilaterales Instrument wahrnehmen. Damit ist der Europarat einerseits einem weitverbreiteten Bedürfnis nachgekommen und ist gleichzeitig der Gefahr bilateraler Zersplitterung begegnet[88].

70 Sachlich soll das Übereinkommen auf Rechtsauskünfte aus dem Gebiet des Strafrechts ausgedehnt werden, umfassend das materielle Strafrecht, das Strafprozessrecht, die Gerichtsorganisation auf diesem Gebiet, die Organisation der Staatsanwaltschaften sowie den Strafvollzug (Art. 1). In persönlicher Hinsicht wird die Befugnis zum Einholen von Rechtsauskünften neben den Gerichten auch anderen Rechtsanwendungs- und Rechtsdurchsetzungsbehörden zuerkannt (Art. 3). Im Strafrecht sind dies die Verfolgungs- und Vollzugsbehörden (Art. 2), i m Zivilrecht die Personen oder Behörden, die im Namen oder Auftrag eines amtlichen Systems der unentgeltlichen Rechtshilfe und der Rechtsberatung für wirtschaftlich schwächere Personengruppen tätig sind (Art. 3). Schliesslich soll das Auskunftsbegehren im Straf- wie im Zivilrecht nicht nur für hängige Prozesse, sondern schon für die Abklärungen im Hinblick auf die Klageeinleitung zulässig sein (Art. 2 lit. *b*, Art. 3 lit. *b*).

71 Die Beweggründe, die zu dem Zusatzprotokoll geführt haben, sind unterschiedlicher Natur. Im Strafrecht ging es in erster Linie darum, eine Lücke im bestehenden Europäischen Vertragssystem über die Rechtshilfe in Strafsachen zu schliessen[89]. Bei Strafverfolgung und Strafvollzug sind ohnehin stets staatliche Behörden involviert, so dass sich diese Erweiterung harmonisch in den Grundgedanken des Übereinkommens von 1968 einfügt. Die zivilrechtliche Ausdehnung ist auf dem Hintergrund einer gesamteuropäischen Aktion der 70er Jahre zu sehen, welche ganz allgemein den Zugang zu den Gerichten erleichtern wollte und im Europarat neben verschiedenen Resolutionen[90] auch das vorliegende Zusatzprotokoll entstehen liess.

72 Das Zusatzprotokoll umfasst drei Kapitel, von denen das erste das Strafrecht (Art. 1, 2), das zweite das Zivilrecht (Art. 3, 4) und das dritte die gemeinsamen Bestimmungen enthält (Art. 5-11). Nach Art. 5 kann ein Vertrags-

---

l'information sur le droit étranger du 15 mars 1978 (Str No 97); Conseil de l'Europe, Rapport explicatif sur le Protocole additionnel, Strasbourg 1978, S. 5-8.
Das Zusatzprotokoll haben ratifiziert: Dänemark, Grossbritannien, Italien, Luxemburg, Niederlande, Norwegen, Schweden, Schweiz, Spanien und Zypern.

[88] Vgl. Conseil de l'Europe, Rapport explicatif sur le Protocole additionnel, Strasbourg 1978, S. 5, 6.

[89] Auf dem Gebiet der internationalen Rechtshilfe in Strafsachen bestehen folgende Staatsverträge:
– Europäisches Übereinkommen v. 24.4.1959 über die Rechtshilfe in Strafsachen (SR 0.351.1).
– Europäisches Auslieferungs-Übereinkommen v. 13.12.1957 (SR 0.353.1).

[90] Vgl. hierzu hinten, Rdz. **6/8**.

staat entweder nur das erste oder nur das zweite Kapitel übernehmen. Die Schweiz hat von dieser Möglichkeit Gebrauch gemacht und die Wirkungen ihrer Ratifikation vorerst auf Kapitel 1 beschränkt[91]. Das zweite Kapitel setzt in den Vertragsstaaten das Bestehen einer staatlichen Rechtshilfe- und Rechtsberatungsorganisation voraus. In der angelsächsischen Welt und in den meisten Staaten Europas ist dies heute der Fall[92]. In der Schweiz fehlt z.Zt. eine solche Organisation; sie fiele in die Kompetenz der Kantone. Zwar sind in einzelnen Stadtgemeinden und Kantonen Ansätze vorhanden, doch wird die unentgeltliche Rechtsberatung noch mehrheitlich von privaten Stellen getragen, und der Entscheid über die Gewährung der unentgeltlichen Rechtshilfe wird nach allen kantonalen Prozessgesetzen erst nach Einleitung des Verfahrens vom Richter getroffen. Demnach sind schweizerischerseits die Voraussetzungen von Art. 3 lit. *b* des Zusatzprotokolls z.Zt. nicht erfüllt. Im Verkehr mit dem Ausland müsste dies dazu führen, dass man rechtsberatende Auskünfte zwar vom Ausland in die Schweiz stellen könnte, nicht aber von der Schweiz ins Ausland.

---

[91] Vgl. SR 0.351.21. Die gleiche Erklärung haben neben der Schweiz auch Grossbritannien, die Niederlande und Zypern abgegeben.
[92] Vgl. hierzu und zum folgenden hinten, Rdz. **6**/18-21.

Kapitel 5: Die Rechtsdurchsetzungshilfe

I. Begriff und Gegenstand

1. Die Rechtsdurchsetzung und die Rechtsdurchsetzungshilfe

Recht ist darauf ausgerichtet, das zwischenmenschliche Zusammenleben in der sozialen Rechtsgemeinschaft des Staates zu ordnen. Die Rechtsordnung tut dies in materieller wie in verfahrensrechtlicher Hinsicht. Das *materielle Recht* umschreibt die subjektiven Rechte des einzelnen, gibt Auskunft über seine Berechtigungen und seine Ansprüche; das *Verfahrensrecht* dient der Durchsetzung, der Aktualisierung dieser Ansprüche oder Berechtigungen. Zu diesem Zweck kann der einzelne notfalls die Staatsgewalt zu Hilfe nehmen, vorab in Form der gerichtlichen Klage und der staatlichen Zwangsvollstreckung[1].

Der Staat sorgt nicht von sich aus dafür, dass jeder zu seinem Recht kommt. Der Gesetzgeber umschreibt die Rechtsinhalte und geht davon aus, dass sich im Zusammenleben jedermann daran hält. Wer sich in seinen Rechten verletzt glaubt, muss selber aktiv werden, den Richter anrufen und ein Rechtsschutzverfahren in die Wege leiten. Im Prozess hat der um Rechtsschutz Nachsuchende seinen Anspruch zu begründen und die Behauptungen, auf die er sich stützt, zu beweisen[2].

Prozessführen ist ein zeitraubendes, kostspieliges Unterfangen. Überdies sind viel Sachverstand und die nötige Rechtskenntnis vorausgesetzt. Den meisten Bürgern fehlen diese Kenntnisse, und wo es zudem an den finanziellen Mitteln zur Bestellung eines Rechtsvertreters gebricht, bleiben Rechtsgutverletzungen ungeahndet und bleibt das Recht letztlich toter Buchstabe. Frustration, Staatsverdrossenheit, Rückfall in die Eigenmacht und damit Krise der staatlichen Institutionen sind die Folgen: Ein Recht, das sich nicht durchsetzt, wird zersetzt. Es liegt deshalb im ureigendsten Interesse des Staates, dass Recht nicht nur gesetzt, sondern im Einzelfall auch durchgesetzt wird.

Das Bewusstsein um diese Zusammenhänge ist in den letzten Jahren stark gewachsen. National wie international – hier vor allem im Rahmen des Europarates[3] – wurde nach Mitteln und Wegen gesucht, um den

---

[1] Vgl. statt vieler: *W. Habscheid*, ZPO, S. 2.
[2] *M. Guldener*, ZPR, S. 31; *H.-U. Walder*, S. 3.
[3] Vgl. *P. Volken*, ZbJV 1982, S. 456.

Rechtsstaats- und Rechtsschutzgedanken zu verbessern. Die Institutionalisierung der Rechtsanwendungshilfe[4] inner- und ausserhalb des Prozesses, der Ausbau der Kostenhilfe[5], die Erweiterung der Individualgarantien[6] im Prozess sind alles Elemente, die Verbesserungen gebracht haben. Aber sie allein genügen nicht. Vor allem im internationalen Verkehr ist Rechtsverwirklichung oft nur noch möglich, wenn staatliche Stellen durch Einleitung bzw. Übernahme von Erkenntnis- oder Vollstreckungsverfahren selber aktiv mithelfen, das Recht durchzusetzen. Wir bezeichnen diese staatliche Tätigkeit als Rechtsdurchsetzungshilfe[7].

2. Die Rechtsdurchsetzungshilfe als Teil der allgemeinen Rechtshilfe

5   Unter internationaler Rechtshilfe, so haben wir gesagt[8], hat man ein behördliches, meist gerichtliches Handeln zugunsten eines ausländischen Verfahrens zu verstehen. Dabei nimmt die ersuchte für die ersuchende Behörde Verfahrenshandlungen vor, die diese wegen der territorialen Begrenztheit ihrer Jurisdiktionsgewalt selber nicht vornehmen kann.

6   Inhaltlich lassen sich bei dieser Tätigkeit verschiedene Stufen der Intensität unterscheiden:

7   Bei der Entgegennahme von Mitteilungen und deren Weiterleitung an den Adressaten im Inland (*Zustellungshilfe*), bei der Beantwortung von Fragen über den Inhalt des inländischen Rechts (*Rechtsanwendungshilfe*) oder bei der Vermittlung von Auskünften über die Vermögenslage einer Prozesspartei zwecks Gewährung der unentgeltlichen Rechtshilfe (*Kostenhilfe*) sind die inländischen Behörden materiell nicht sehr stark in das ausländische Urteilsverfahren involviert.

8   Der Einbezug geht bereits einen Schritt weiter, wenn es um die Einvernahme von Parteien, die Befragung von Zeugen, die Anhörung von Sachverständigen oder die Vornahme von Augenscheinen (*Beweisaufnahmehilfe*) geht, führen doch die inländischen Behörden gleichsam einen Teil des Rechtsfindungsverfahrens durch.

9   Materiell noch stärker involviert sind die inländischen Rechtshilfebehörden, wenn sie im Anschluss an das ausländische Hauptverfahren oder in Begleitung zu einem solchen Verfahren im Inland selber aktiv werden müs-

---

[4] Vgl. vorne, Rdz. **4**/20ff., 27-29.
[5] Vgl. hinten, Rdz. **6**/7, 8, 106.
[6] Vgl. hinten, Rdz. **7**/3.
[7] Vgl. vorne, Rdz. **1**/12; s. auch *P. Volken*, ZbJV 1982, S. 443.
[8] Vgl. vorne, Rdz. **1**/3.

sen, um z.b. das Exequatur für einen ausländischen Kostenentscheid einzuholen, die Vollstreckung eines ausländischen Unterhaltsurteils zu beantragen, die Einleitung eines parallelen Minikonkurses vorzunehmen oder die Rückführung eines ins Ausland entführten Kindes zu veranlassen (*Rechtsdurchsetzungshilfe*)[9].

Gleichgültig, ob die nationale Rechtshilfebehörde bloss als Drehscheibe der Informationsvermittlung oder gleichsam als verlängerter Arm des ausländischen Urteilsrichters tätig wird, in beiden Fällen behält ihr Tätigwerden den Charakter einer Rechtshilfehandlung, die in einer dem ausländischen Hauptverfahren zudienenden Funktion steht. In diesem Sinne gehört auch die Rechtsdurchsetzungshilfe zu den Rechtshilfetätigkeiten. Moderne Rechtshilfe ist eine heterogene Disziplin: Neben der traditionellen *Gerichtsverwaltungshilfe* (Zustellungs-, Rechtsanwendungs-, Kosten-, Beweisaufnahmehilfe) umfasst sie mit der *Rechtsdurchsetzungshilfe* auch Gesichtspunkte der materiellen Rechtsverwirklichungs- und Rechtsvertretungshilfe. Diese letztere Aufgabe ist vor allem durch die neueren multilateralen Übereinkommen auf diesem Gebiet aktuell geworden[10].

10

3. Die Schwerpunkte der internationalen Rechtsdurchsetzungshilfe

a. Übersicht

Die internationale Zivilrechtshilfe und mit ihr die Rechtsdurchsetzungshilfe setzen sich zum Ziel, den grenzüberschreitenden Verfahrensverkehr und damit letztlich die Anwendung des materiellen Rechts zu erleichtern. Das Bedürfnis nach solcher Hilfestellung ist nicht in allen Bereichen des Zivilrechts gleich stark ausgeprägt. Es lassen sich im wesentlichen zwei gegenläufige Tendenzen feststellen: Auf der einen Seite das Recht des internationalen Handels, der sich selber hilft; auf der anderen Seite das Familienrecht und der Minderjährigenschutz, für welche der Staat heute fast alles selber leisten muss[11].

11

---

[9] Vgl. dazu auch *P. Volken*, ZbJV 1982, S. 442, 443.
[10] Vgl. hinten, Anhang A-F.
[11] Vgl. hierzu auch *P. Volken*, ZbJV 1982, S. 457ff.

Kapitel 5

b. Das Recht des internationalen Handels

12 Diese Sparte hat sich im Verlauf der Zeit ihre eigene Ordnung gegeben. Sie hält sich im wesentlichen an Musterklauseln, Branchenusanzen oder Standardvereinbarungen (Incoterms)[12], die von den Fachverbänden des internationalen Handels ausgearbeitet werden. Die staatlichen Lösungen des nationalen Vertrags- und Handelsrechts finden vielfach nur noch als kleinster gemeinsamer Nenner in das Geschäftsgebaren Eingang, im übrigen wird aber auf die ordnende und schlichtende Hand des Staates mit Vorliebe verzichtet. Wo es zu Meinungsverschiedenheiten kommt, sucht man eine gütliche Einigung oder allenfalls eine schiedsgerichtliche Lösung[13]. Der staatliche Richter wird nur selten bemüht. Entsprechend wickelt sich auch der einschlägige Rechtshilfeverkehr auf vorwiegend privater Ebene ab. Wo nicht schon die bestehenden Geschäftsbeziehungen (Vertretungen, Tochtergesellschaften) für die nötige Infrastruktur sorgen, stehen Rechtskonsulenten und Anwaltskanzleien mit einem internationalen Netz von Korrespondenten zur Verfügung. Kurz: Diese Sparte hilft sich selbst. Für staatliche Rechts- und Rechtsdurchsetzungshilfe besteht höchstens dort ein Bedürfnis, wo sich eine Partei bewusst gewissen Verpflichtungen entziehen will.

13 Umgekehrt proportional wächst hingegen das grenzüberschreitende Rechtshilfebedürfnis, dessen der Staat selber bedarf, wenn er *gegen* gewisse Wirtschaftssubjekte in Form der Straf- oder der Verwaltungsrechtshilfe tätig werden muss: Betrugstatbestände, Insidertransaktionen, steuerrechtliche, gesundheits-, umweltschutz- oder wettbewerbspolizeiliche Verfahren stehen dabei im Vordergrund[14]. Auch im Konkursfall oder bei ausserver-

---

[12] Vgl. *Internationale Handelskammer* (ICC), Incoterms, Ausgabe 1990, Paris 1990, S. 5.
[13] In *ICC*, Guide à l'arbitrage, Comment éviter et résoudre les litiges du commerce international?, Paris 1983, S. 9f., empfiehlt die Internationale Handelskammer die Aufnahme folgender Klauseln in jeden internationalen Vertrag:
– «Alle aus dem gegenwärtigen Vertrag sich ergebenden Streitigkeiten werden nach der Vergleichs- und Schiedsordnung der Internationalen Handelskammer von einem oder mehreren gemäss dieser Ordnung ernannten Schiedsrichtern endgültig entschieden» (S. 9).
und
– «Die Vertragsparteien kommen überein, gegebenenfalls die internationale Zentralstelle für Gutachten bei der Internationalen Handelskammer nach ihren Bestimmungen über das Verfahren zur Einholung technischer Gutachten anzurufen» (S. 12).
Die Klauseln werden in bis zu acht verschiedenen Sprachen angeboten.
Zum Verhältnis staatlicher Rechtsordnung und internationaler Handelsschiedsgerichtsbarkeit vgl. auch *J. Voyame*, L'Etat et l'arbitrage commercial international, Swiss Essays on International Arbitration, Zürich 1984, S. 15-22.
Vgl. hierzu ferner: *V. Denti/V. Vigoriti*, Le rôle de la conciliation comme moyen d'éviter le procès et de résoudre le conflit, in W. Habscheid (ed.), VII. Internationaler Kongress für Prozessrecht, S. 345-372.
[14] Vgl. z.B. *Ch.-A. Junod/A. Hirsch* (ed.), S. 259ff.; *R. Zäch* (ed.), S. 157f.

traglicher Schädigung (Persönlichkeitsschutz, Produktehaftung) ist die Nachfrage nach zwischenstaatlicher Rechtshilfe rege. Während bei der ausservertraglichen Schädigung vor allem Probleme der Beweisbeschaffung anstehen[15], ist im internationalen Konkursrecht zunehmend Rechtsdurchsetzungshilfe[16] gefragt. Auf sie ist nachstehend näher einzugehen. Hingegen sind die internationale Straf- und Verwaltungsrechtshilfe nicht Gegenstand dieser Arbeit[17].

c. Das Familienrecht und der Minderjährigenschutz

Auf diesem Gebiet kommt der staatlichen Rechtsdurchsetzungshilfe je länger je mehr die Funktion eines «service public» zu. Die Mobilität unserer Gesellschaft, das moderne Nomadentum der Gastarbeiter, die Asylanten- und Flüchtlingsströme haben es mit sich gebracht, dass die soziale Schicht, mit der sich das internationale Familienrecht und der Minderjährigenschutz heute befassen müssen, grundlegend geändert hat[18]. In früheren Zeiten pflegten vorwiegend reiche Nobilitäten auf die besonderen «Möglichkeiten» des internationalen Familienrechts zurückzugreifen. Mit ihren z.T. grotesken Familienrechtswünschen haben sie klugen Professoren zu einem Gutachterhonorar und dem internationalen Privatrecht zu neuen Theorien verholfen[19].   14

Heute sind es durchwegs finanziell schwachgestellte Personengruppen in- oder ausländischer Herkunft[20], die zur Lösung ihrer sozialen Probleme auf Sukkurs aus dem internationalen Familienrecht angewiesen sind. Ihnen fehlen zumeist die Mittel, um im In- oder Ausland – auch im entlegenen Heimatstaat – Prozess zu führen. Mit ihren Anliegen müssen sich vermehrt staatliche Rechtshilfestellen befassen. Wird diesen Leuten an ihrem jeweiligen Lebenszentrum nicht eine gewisse Rechts- und Verfahrenshilfe zu-   15

---

[15] Zur Beweisaufnahmehilfe vorne, Rdz. 3/45ff., 140ff., 190ff.
[16] Hierzu hinten, Rdz. 5/103.
[17] Zur schweizerischen Straf- und Verwaltungshilfe vgl. insbes. die Referate des Schweizerischen Juristentages 1981, ZSR 1981 II, S. 249ff. (*P. Schmid* u.a.), S. 375ff. (*W. de Capitani*).
[18] Vgl. für die *Schweiz* z.B. die Botschaft zum schweizerischen IPR-Gesetz, BBl 1983 II 370; Sten.Bull. 1985, S. 116; für die *BRD* vgl. z.B. *J. Pirrung*, in: A. Bülow/K.H. Böckstiegel, N. 380, S. 1.
[19] Die Scheidung und Wiederverheiratung der Prinzessin *Beauffremont* (Cour de cassation française, Urteil v. 18.3.1878) dient der französischen Doktrin heute noch als Schulbeispiel einer fraus legis; im Scheidungsrecht gilt das *Ferrari*-Prinzip (es genügt, wenn das Heimatrecht des Klägers die Scheidung zulässt, Cour de cassation, Urteil v. 6.7.1922) heute noch; anhand des *Forgo*-Falles (Cour de cassation, Urteil v. 24.6.1878) wurde die Theorie des Renvoi entwickelt, und die güterrechtlichen Probleme der Eheleute *Ganey* haben Charles Dumoulin schon 1525 Gelegenheit gegeben, für das Güterrecht die einheitliche Wohnsitzanknüpfung zu «erfinden».
[20] BGE 80 I 427 (Caliaro), 94 II 65 (Cardo), 97 I 389 (Dal Bosco), 99 II 4 (Ventura), 102 Ib 1 (Paiano).

Kapitel 5

teil, so bleiben ihre personen- und familienrechtlichen Probleme ungelöst, was faktisch vielfach einer Rechtsverweigerung gleichkommt.

16 In diesem Zusammenhang treffen den Staat nicht nur gesetzgeberische Aufgaben. Will er, dass sein Recht auch gelebt wird und dass der Grundsatz der Rechtsstaatlichkeit aufrechterhalten bleibt, so muss er zugleich um die Rechtsdurchsetzung besorgt sein und hierfür die notwendige finanzielle und personelle Infrastruktur bereitstellen, auch im internationalen Verkehr[21]. Auf diesem Gebiet sind der zwischenstaatlichen Rechtshilfe in den letzten Jahren anspruchsvolle Aufgaben erwachsen, die in verschiedenen, auch von der Schweiz ratifizierten Übereinkommen[22] ihren Niederschlag gefunden haben.

4. Die Arten und Formen der Rechtsdurchsetzungshilfe

17 Zur systematischen Erfassung der internationalen Rechtsdurchsetzungshilfe bieten sich verschiedene Einteilungskriterien an.

a. Die Sachgebiete

18 Will man die einzelnen Tätigkeiten der Rechtsdurchsetzungshilfe nach Sachgebieten gliedern, so kann im wesentlichen zwischen der Rechtsdurchsetzungshilfe auf den Gebieten des *Unterhaltsrechts*, des *Minderjährigen- und Kindesschutzes*, der *Nachlassverwaltung*, des *Konkursrechts* oder der *Verfahrens- und Kostenhilfe* unterschieden werden[23]. Auf jedem dieser Gebiete bestehen heute internationale Übereinkommen mit Rechtshilfeansprüchen zugunsten der Rechtssuchenden und zu Lasten der Vertragsstaaten bzw. ihrer Rechtshilfebehörden.

---

[21] Die vorne (Rdz. 4/33f.) beschriebene Gutachter- und Rechtsauskunftstätigkeit des Bundesamtes für Justiz dient zu einem wesentlichen Teil diesen Aufgaben.

[22] Zu erwähnen sind insbesondere:
- das New Yorker und die Haager Unterhalts-Übereinkommen von 1956, 1958 und 1973 (hinten, Rdz. **5**/43 ff., 52 ff.);
- die Europäischen Übereinkommen betreffend Auskünfte über ausländisches Recht von 1968 (vorne, Rdz. **4**/47ff.), über die Zustellung von Gesuchen zur Gewährung der unentgeltlichen Rechtshilfe von 1977 (hinten, Rdz. **6**/120ff.) und über die Anerkennung von Sorgerechtsentscheiden von 1980 (hinten, Rdz. **5**/193);
- die Haager Übereinkommen über den Schutz Minderjähriger von 1961 (hinten, Rdz. **5**/81ff.), über die Adoption von 1965 (hinten, **5**/91f.), über die Kindesentführungen von 1980 (hinten, Rdz. **5**/108ff.), über den Kindesschutz und die Zusammenarbeit bei internationalen Adoptionen von 1993 (Rdz. **5**/95ff.) und über den internationalen Zugang zur Rechtspflege von 1980 (hinten, Rdz. **6**/101ff.).

[23] Vgl. Anm. 22 und hinten, Rdz. **5**/40, 79, 115, 119; Rdz. **6**/48, 64, 72, 87, 100, 103.

Für das *Unterhaltsrecht* sind namentlich das New Yorker Übereinkommen über die Geltendmachung von Unterhaltsansprüchen im Ausland von 1956 sowie die Haager Übereinkommen über das auf Unterhaltsansprüche anzuwendende Recht von 1956 und 1973 bzw. über die Anerkennung und Vollstreckung von Entscheidungen auf dem Gebiet der Unterhaltspflicht von 1958 und 1973 zu nennen[24].

Im *Minderjährigen-* und *Kindesschutz* geht es um das Haager Minderjährigenschutz-Übereinkommen von 1961, um das Europäische und die Haager Adoptions-Übereinkommen von 1965, 1967 bzw. 1993 sowie das Haager und das Europäische Kindesentführungs-Übereinkommen von 1980[25].

Für die *Nachlassverwaltung* und das *Konkursrecht* sind das Haager Übereinkommen über die internationale Nachlassverwaltung von 1973 und das Europäische Übereinkommen über gewisse internationale Aspekte des Konkurses und die Information ausländischer Gläubiger von 1990 zu erwähnen[26].

Und die internationale *Verfahrens-* und *Kostenhilfe* kann sich insbesondere auf die Haager Zivilprozess-Übereinkünfte von 1905 und 1954, die Europäische Vereinbarung über die Zustellung von Armenrechtsgesuchen von 1977 sowie das Haager Übereinkommen über den internationalen Zugang zur Rechtspflege von 1980 stützen[27].

b. Die Art der Tätigkeit

Die internationale Rechtsdurchsetzungshilfe lässt sich auch nach Art und Intensität der geforderten Tätigkeiten charakterisieren. In diesem Sinne kann zwischen blosser Beratungs-, Auskunfts- oder Zustellungshilfe auf der einen und echter Prozessführungshilfe in einem Erkenntnis- oder Vollstreckungsverfahren auf der anderen Seite unterschieden werden.

Die wichtigsten Übereinkommen der internationalen Rechtsdurchsetzungshilfe, etwa jenes über die Geltendmachung von Unterhaltsansprüchen im Ausland von 1956, jene betreffend Kindesentführungen von 1980 oder jenes über den internationalen Zugang zur Rechtspflege von 1980, sehen mehrere oder alle diese Tätigkeiten nebeneinander vor.

So hat z.B. nach dem New Yorker Unterhaltsübereinkommen von 1956[28] die Übermittlungsstelle sowohl *Beratungs-*, *Auskunfts-*, *Zustellungs-* wie

---

[24] Vgl. hinten, Rdz. **5**/40.
[25] Vgl. hinten, Rdz. **5**/79.
[26] Vgl. hinten, Rdz. **5**/115, 119.
[27] Vgl. hinten, Rdz. **6**/47ff., 98.
[28] Vgl. hinten, Rdz. **5**/49, 51.

Kapitel 5

auch *Kostenhilfe* zu leisten (Art. 3, 4), während die Empfangsstelle ihrerseits je nach dem Stand der Dinge zu *Auskunfts-*, *Inkasso-*, *Prozessführungs-* oder *Vollstreckungshilfe* verpflichtet ist (Art. 6). Ähnlich verhält es sich beim Haager (Art. 7, 8, 9) und beim Europäischen (Art. 3, 4, 5) Übereinkommen betreffend Kindesentführungen von 1980[29] sowie beim Haager Übereinkommen über den internationalen Zugang zur Rechtspflege von 1980 (Art. 1-6, 15, 16)[30].

26 In anderen Übereinkommen sind bloss einzelne dieser Pflichten vorgesehen, wobei die Rechtshilfepflicht auch nur indirekt zum Ausdruck kommen kann. Nach Art. 9 des Haager Adoptions-Übereinkommens von 1965[31] müssen z.b. die Behörden des Aufenthalts- oder Heimatstaates der Adoptiveltern den Heimatbehörden des Kindes über die Adoption Kenntnis geben (*Informationspflicht*), und nach Art. 14 des Europäischen Adoptions-Übereinkommens von 1967[32] haben die Behörden jedes Vertragsstaates die für die Erstellung von Sozialberichten erforderlichen Auskünfte zu erteilen (*Auskunftshilfe*). Ähnliche Informations- und Mitwirkungspflichten finden sich in zahlreichen anderen Übereinkommen[33].

27 In verschiedenen Übereinkommen ergibt sich die behördliche Pflicht zur *Rechtsdurchsetzungshilfe* nur aus dem Zusammenhang. Art. 1 Abs. 3 des Haager Unterhalts-Übereinkommens von 1956[34] hält z.B. fest, das auf den Unterhaltsanspruch anzuwendende Recht befinde u.a. auch darüber, *wer* einen Unterhaltsanspruch geltend machen könne. Damit wird die nationale Regelung über das Alimenteninkasso gleichsam internationalisiert. Aus der nationalen fliesst implizit eine internationale Verpflichtung zur *Rechtsdurchsetzungshilfe*[35].

---

[29] Vgl. hinten, Rdz. **5**/109-111.
[30] Vgl. hinten, Rdz. **6**/89-91.
[31] Vgl. hinten, Rdz. **5**/92.
[32] Vgl. hinten, Rdz. **5**/94.
[33] Vgl. z.B. Art. 11 des Haager Minderjährigenschutz-Übereinkommens von 1961 (vgl. hinten, Rdz. **5**/89), Art. 5 des Haager Übereinkommens über die internationale Nachlassverwaltung von 1973 (vgl. hinten, Rdz. **5**/118), Art. 7 des Europäischen Übereinkommens von 1977 über die Zustellung von Gesuchen zur Gewährung unentgeltlicher Rechtshilfe (vgl. hinten, Rdz. **6**/10) oder Art. 9 des Europäischen Konkursrechtsübereinkommens (vgl. hinten, Rdz. **5**/122).
[34] Vgl. hinten, Rdz. **5**/54.
[35] Ähnliche Situationen finden sich in Art. 10 Ziff. 3 des Haager Unterhalts-Übereinkommens von 1973 (vgl. hinten, Rdz. **5**/54), in Art. 1 Ziff. 2 des Haager Unterhalts-Vollstreckungs-Übereinkommens von 1958 (vgl. hinten, Rdz. **5**/58) sowie in Art. 13 des Haager Unterhalts-Vollstreckungs-Übereinkommens von 1973 (vgl. hinten, Rdz. **5**/59).

c. Die Organisationsformen

Die Rechtsdurchsetzungshilfe lässt sich auch nach der verwendeten Organisationsform gliedern.

In den wichtigsten Übereinkommen der Rechtsdurchsetzungshilfe wird die Schaffung einer eigentlichen Behördenorganisation (Empfangs- und Übermittlungsbehörden) vorgesehen. Dies ist namentlich im New Yorker Übereinkommen über die Geltendmachung von Unterhaltsansprüchen im Ausland von 1956[36] der Fall, aber auch im Europäischen und im Haager Übereinkommen betreffend Kindesentführungen von 1980[37], ferner in den Haager Übereinkommen über die Zustellungshilfe von 1965[38], die Beweisaufnahmehilfe von 1970[39] oder den internationalen Zugang zur Rechtspflege von 1980[40].

Andere Staatsverträge, etwa das Haager Minderjährigenschutz-Übereinkommen von 1961[41], das Europäische und die Haager Adoptions-Übereinkommen von 1965, 1967 und 1993[42] oder das Europäische Konkursrechtsübereinkommen[43], sehen gewisse staatliche Informations- und Hilfspflichten vor, ohne dass hierfür eigene Behörden geschaffen werden.

In einer weiteren Gruppe von Fällen lässt sich erst aus dem Zusammenhang heraus auf eine Pflicht zur Rechtsdurchsetzungshilfe schliessen, etwa im Sinne einer Reflexwirkung aus einer Verhaltensvorschrift oder aus kollisionsrechtlicher Transposition einer nationalen in eine internationale Hilfspflicht. Auf die Transpositionswirkung der Haager Unterhalts-Übereinkommen ist bereits hingewiesen worden[44]. Einer Rechtsdurchsetzungshilfe als Reflexwirkung begegnet man z.B. in Art. 11 des Haager Ehescheidungs-Übereinkommens von 1970[45]. Nach dieser Bestimmung soll ein Staat,

---

[36] Vgl. hinten, Rdz. **5**/45.
[37] Vgl. hinten, Rdz. **5**/105.
[38] Vgl. vorne, Rdz. **2**/83.
[39] Vgl. vorne, Rdz. **3**/137.
[40] Vgl. hinten, Rdz. **6**/88.
[41] Vgl. hinten, Rdz. **5**/87.
[42] Vgl. hinten, Rdz. **5**/96, 97.
[43] Vgl. hinten, Rdz. **5**/122.
[44] Vgl. vorne, Rdz. **5**/27, Anm. 35.
[45] Haager Übereinkommen vom 1.6.1970 über die Anerkennung von Ehescheidungen und Ehetrennungen, SR 0.211.212.3; BB1 1975 II 1369; vgl. dazu *B. Dutoit/P. Mercier*, La Onzième session de la Conférence de La Haye de droit international privé, RiDIPP 1969, S. 367; *A.E. von Overbeck*, Le remariage du conjoint divorcé selon la Convention de La Haye sur la reconnaissance des divorces, Rev. crit. 1970, S. 45; *Pi-Song Tsai*, Eheschliessung, Anerkennung ausländischer Ehescheidungen und Wiederverheiratung im internationalen Privatrecht, SSIR, Bd. 2, Zürich 1975, S. 303; *F. Vischer*, Abkommen über die Anerkennung von Scheidungen und Trennungen, SJIR 1968, S. 117.

Kapitel 5

der gemäss dem Übereinkommen verpflichtet ist, eine ausländische Ehescheidung anzuerkennen, den Geschiedenen die Wiederverheiratung nicht mit dem Hinweis verweigern dürfen, das Recht eines anderen Staates (z.B. des Heimatstaates eines Geschiedenen) anerkenne die Scheidung nicht. Als Reflexwirkung aus dieser Bestimmung ergibt sich, dass die Eheschliessungsbehörden des anerkennenden Staates auf die ganzheitliche Wirkung der Scheidung und damit indirekt auf die Mitwirkung zur Durchsetzung des ausländischen Scheidungsurteils verpflichtet sind.

II. Die Rechtsdurchsetzungshilfe nach schweizerischem Recht

1. Übersicht

32 Das geltende Recht des Bundes und der Kantone kennt keine ausdrücklichen Bestimmungen über die *internationale* Rechtsdurchsetzungshilfe. Soweit hierüber geschriebenes Recht vorhanden ist, findet es sich in den von der Schweiz ratifizierten internationalen Übereinkommen. Diese werden mit der Ratifikation integrierender Bestandteil der schweizerischen Rechtsordnung und sind als solche unmittelbar anwendbar (self executing), ohne dass es einer besonderen Umsetzung (Transposition) in nationales Recht bedarf[46].

33 Das geltende schweizerische Recht der internationalen Rechtsdurchsetzungshilfe ist also durchwegs Staatsvertragsrecht, immerhin mit zwei Einschränkungen. Einerseits schreibt das schweizerische Zivilrecht den schweizerischen Behörden in verschiedenen Bereichen die Durchsetzung des schweizerischen Rechts von Amtes wegen vor. Diese Rechtsdurchsetzungspflichten gelten auch im grenzüberschreitenden Verkehr, vor allem, wenn auf den Sachverhalt schweizerisches Recht anzuwenden ist. Zum anderen hat das IPR-Gesetz zumindest in einem Bereich, nämlich im Konkursrecht (insbes. Art. 170ff. IPRG), die staatliche Rechtsdurchsetzungshilfe eingeführt.

2. Die analoge Anwendung nationalen Rechts

34 Das schweizerische Zivilrecht verpflichtet die zuständigen schweizerischen Behörden in mehreren Fällen, die einschlägigen Normen auf eigene Initia-

---

[46] Vgl. dazu z.B. Botschaft zum IPR-Gesetz, BBl 1983 I 297, Separatum, S. 34.

tive hin anzuwenden. Solche Rechtsdurchsetzungspflichten sind, wie die nachstehenden Beispiele zeigen, auf grenzüberschreitende Sachverhalte vielfach analog anwendbar.

a. Die Eheverkündung

Haben z.B. die Verlobten ihr Eheversprechen beim zuständigen Zivilstandsbeamten angemeldet (Art. 105 ZGB), so führt dieser die weiteren Etappen des Verkündverfahrens von Amtes wegen durch (Art. 106ff. ZGB, Art. 148ff. ZStV), auch wenn einer der Verlobten oder beide Ausländer sind und im Ausland wohnen (Art. 168-170 ZStV). 35

b. Die Nachlassicherung

Nach Art. 551 ZGB hat die Nachlassbehörde am letzten Wohnsitz des Erblassers, sobald sie vom Eintritt des Erbfalls Kenntnis erhalten hat, von Amtes wegen die zur Sicherung der Nachlasswerte erforderlichen Massnahmen zu treffen: Siegelung, Inventaraufnahme, Eröffnung letztwilliger Verfügungen, Anordnung der Nachlassverwaltung, Durchführung eines Erbenrufs (Art. 552-559 ZGB). Diese Massnahmen sind an sich zur Abwicklung schweizerischer Nachlässe bestimmt. Sie finden aber auch Anwendung auf den Nachlass eines Auslandschweizers oder eines Ausländers in der Schweiz, selbst wenn letzterer den Nachlass durch professio iuris (Art. 90 Abs. 2 IPRG) dem ausländischen Heimatrecht unterstellt hat. In dringenden Fällen wird selbst für die Sicherung von Werten eines im Ausland verstorbenen Ausländers auf Art. 551ff. ZGB zurückgegriffen (s. auch Art. 89 IPRG). 36

c. Der Kindesschutz

Am stärksten fliesst die nationale Rechtsdurchsetzungshilfe im Bereich des Kindesschutzes in den internationalen Bereich ein. Die nach Art. 290 ZGB eingerichteten kantonalen Büros für das Alimenteninkasso und die nach Art. 294 ZGB geschaffenen kantonalen Bevorschussungsstellen[47] bestreiten jeweils auch das internationale Inkasso und die internationale Bevorschussung. Und die nach Art. 307ff. ZGB für Kindesschutzmassnahmen zuständigen Vormundschaftsbehörden erfüllen zugleich die aus dem Haager Minderjährigenschutz- sowie die aus dem Europäischen oder dem Haager Übereinkommen gegen Kindesentführungen fliessenden Aufgaben. 37

---

[47] Vgl. *V. Degoumois*, S. 28ff.

3. Das IPR-Gesetz

38 Das IPR-Gesetz befasst sich lediglich mit ausgewählten Fragen der internationalen Zivilrechtshilfe (Art. 11, 12 IPRG) und der zwischenstaatlichen Rechtsdurchsetzungshilfe (Art. 166-175 IPRG).

39 Nach Art. 166 IPRG sollen ausländische Konkursentscheide unter ähnlichen Voraussetzungen anerkannt werden wie ein ausländisches Zivilurteil[48]. Der Anerkennungsentscheid zieht für das in der Schweiz gelegene Vermögen eines am ausländischen Sitz bzw. Wohnsitz für fallit erklärten Gemeinschuldners die konkursrechtlichen Folgen des schweizerischen Rechts nach sich (Art. 170 IPRG) und löst ein auf das schweizerische Vermögen beschränktes, vereinfachtes Konkursverfahren (Minikonkurs) aus. Darin werden die schweizerischen Aktiven und Passiven des Gemeinschuldners festgestellt, die dinglichen Sicherheiten realisiert, die im Sinne von Art. 219 SchKG privilegierten Gläubiger vorab befriedigt und ein allfälliger Überschuss der ausländischen Hauptmasse zur Verfügung gestellt (Art. 173 IPRG). Das Verfahren wird vom zuständigen Konkursamt selber geführt. Dieses leistet Rechtsdurchsetzungshilfe zugunsten des ausländischen Hauptkonkurses.

III. Die Rechtsdurchsetzungshilfe im internationalen Unterhaltsrecht

1. Übersicht

40 Auf dem Gebiet des Unterhaltsrechts hat die Schweiz folgende Übereinkommen ratifiziert:

- das New Yorker Übereinkommen vom 20. Juni 1956 über die Geltendmachung von Unterhaltsansprüchen im Ausland (SR 0.274.15);
- das Haager Übereinkommen vom 24. Oktober 1956 über das auf Unterhaltsverpflichtungen gegenüber Kindern anzuwendende Recht (SR 0.211.221.431);
- das Haager Übereinkommen vom 15. April 1958 über die Anerkennung und Vollstreckung von Entscheidungen auf dem Gebiet der Unterhaltspflicht gegenüber Kindern (SR 0.211.221.432);

---

[48] Vgl. *P. Volken*, in: IPRG Kommentar, N. 4 zu Art. 166.

- das Haager Übereinkommen vom 2. Oktober 1973 über das auf Unterhaltspflichten anzuwendende Recht (SR 211.213.01);
- das Haager Übereinkommen vom 2. Oktober 1973 über die Anerkennung und Vollstreckung von Unterhaltsentscheidungen (SR 0.211.213.02).

Die fünf Übereinkommen[49] verfolgen alle das gleiche Ziel, nämlich die Eintreibung von Unterhaltsansprüchen im grenzüberschreitenden Verkehr. Sie erfüllen aber verschiedene Funktionen.

41

Das *New Yorker* Übereinkommen vereinfacht den zwischenstaatlichen Rechtshilfeweg[50]. Es sieht die Errichtung nationaler Empfangs- und Übermittlungsbehörden vor, mit deren Hilfe der Unterhaltsberechtigte seinen Unterhaltsanspruch im Wohnsitz- oder Aufenthaltsstaat des Schuldners direkt und ohne Kosten geltend machen kann. Die *Haager* Übereinkommen sind anzuwenden, falls der Rechtsweg beschritten werden muss, und zwar im Fall einer Unterhaltsklage die Übereinkommen über das anzuwendende Recht von 1956 bzw. 1973, im Falle einer zwangsweisen Eintreibung die Übereinkommen über die Anerkennung und Vollstreckung von Unterhaltsentscheidungen von 1958 bzw. 1973[51].

42

---

[49] Zu den Übereinkommen im allgemeinen, vgl. *Ch. Böhmer/K. Siehr*, Das gesamte Familienrecht, N. 8; *P. Volken*, Konventionskonflikte im IPR, Zürich 1977, S. 147-156 und dort zit. Literatur; s. auch *K. Siehr*, in: IPRG Kommentar, N. 5, 6 zu Art. 79; N. 2, 3, 5-17 zu Art. 83.
Zum New Yorker Übereinkommen vgl. Botschaft, BBl 1975 I 1566; *M. Krispi-Nikoletopulos*, Le recouvrement des aliments à l'étranger selon la Convention internationale de New York 1956, Revue hellénique 1969, S. 1-23; *R. Lansky*, Neue Abkommen zum internationalen Unterhaltsrecht, FamRZ 1969, S. 193-195.
Zu den Haager Übereinkommen vgl. Botschaft, BBl 1975 II 1395; *D.F. Cavers*, International Enforcement of Family Support, Col.L.R. 1981, S. 994; *P. de Cesari*, Le nuove convenzioni dell'Aja in materia die obligazioni alimentari, RiDIPP 1983, S. 42-68; *F. Herzfelder*, Les obligations alimentaires en droit international privé conventionnel, Paris 1985; *C. Jaccottet*, Les obligations alimentaires envers les enfants dans les Conventions de La Haye, Bern 1982; *A.E. von Overbeck*, Les nouvelles conventions de La Haye sur les obligations alimentaires, SJIR 1973, S. 135-170, 475-485 (Text); *M. Verwilghen*, Rapport explicatif, Actes et Documents de la Conférence de La Haye, 12e session (1972), t. IV, La Haye 1975, S. 384ff.

[50] Vgl. *Ch. Böhmer/K. Siehr*, N. 8.6, S. 5; *P. Volken*, Konventionskonflikte, S. 153.

[51] Vgl. *Ch. Böhmer/K. Siehr*, N. 8.4.3, 8.4.4; *C. Jaccottet*, S. 12f.; *P. Volken*, Konventionskonflikte, S. 149, 150.

2. Das New Yorker Übereinkommen von 1956

a. Grundzüge

43   Dem New Yorker Übereinkommen gehören heute 52 Staaten an. Von seinem räumlichen Geltungsbereich her und auch in verfahrensmässiger Hinsicht kann es als *sedes materiae* des internationalen Alimenteninkassos bezeichnet werden.

44   Das Übereinkommen will im zwischenstaatlichen Verkehr die Geltendmachung von Unterhaltsansprüchen erleichtern. Sachlich ist es auf alle Arten und Formen des familienrechtlichen Unterhalts anwendbar: Es erfasst die Ansprüche der ehelichen, ausserehelichen oder adoptierten Kinder gegenüber ihren Eltern, aber auch die Beiträge zwischen getrennten oder geschiedenen Ehegatten. Selbst die Ansprüche aus Verwandtenunterstützungspflicht (Art. 326 ZGB) können aufgrund des Übereinkommens geltend gemacht werden[52].

45   In verfahrensmässiger Hinsicht sieht das Übereinkommen die Schaffung nationaler Empfangs- und Übermittlungsstellen vor. Mit deren Hilfe soll der Unterhaltsberechtigte seinen Anspruch im ausländischen Wohnsitz- oder Aufenthaltsstaat direkt und ohne übermässigen Verwaltungs- und Kostenaufwand eintreiben lassen können. Der Unterhaltsgläubiger wendet sich an die Übermittlungsstelle seines Wohnsitzstaates. Diese hilft ihm, ein Unterhaltsgesuch im Sinne des Übereinkommens zu erstellen (Art. 3), und leitet das Gesuch anschliessend an die Empfangsstelle im Wohnsitzstaat des Schuldners weiter[53].

46   Die Empfangsstelle hat das Begehren gegenüber dem Unterhaltsschuldner geltend zu machen oder geltend machen zu lassen und muss dabei alle zur Realisierung des Unterhaltsanspruchs geeigneten Schritte unternehmen (Art. 6). Neben einer gütlichen Einigung mit dem Schuldner gehören dazu je nach Bedarf und Stand des Verfahrens auch die Durchführung einer Unterhaltsklage oder eines Vollstreckungsverfahrens[54]. Die Empfangsstelle oder die von ihr eingeschaltete nationale Stelle handelt dabei aufgrund einer Ermächtigung des Unterhaltsgläubigers und in seiner Vertretung.

47   In der Schweiz werden die Aufgaben der zentralen Empfangs- und Übermittlungsstelle durch das Bundesamt für Polizeiwesen wahrgenommen. Für die Eintreibung im Inland lässt sich dieses substituierbare Vollmachten zuhanden der örtlich zuständigen kantonalen Inkasso-, Jugend- oder Vormundschaftsbehörde ausstellen. Entsprechendes gilt für das Vorgehen im Ausland.

---

[52] *Ch. Böhmer/K. Siehr*, N. 8.6, S. 6.
[53] *P. Volken*, Konventionskonflikte, S. 153.
[54] *P. Volken*, ebenda.

b. Die Aufgaben der Empfangs- und Übermittlungsstellen

Die Rechtshilfetätigkeiten der vom New Yorker Übereinkommen geschaffenen Stellen sind inhaltlich sehr breit gefächert.

Als Übermittlungsstelle sind diese Behörden Bindeglied zu den Unterhaltsgläubigern auf ihrem Staatsgebiet. Sie stehen dem Unterhaltsgläubiger bei der Vorbereitung des Dossiers mit Rat und Tat zur Seite (Art. 3f.). Sie geben an, welche Elemente das Gesuch enthalten, in welcher Sprache es abgefasst, mit welcher Übersetzung es versehen, auf welche Besonderheiten des ausländischen Rechts es achten und mit welchen Beilagen es ausgestattet sein muss. Soweit leisten die Behörden des New Yorker Übereinkommens *Beratungshilfe* (Art. 3)[55].

Ist das Gesuch erstellt und sind die notwendigen Unterlagen zusammengetragen, so leitet die Übermittlungsstelle das Gesuch an die Empfangsstelle des ersuchten Staates weiter (*Zustellungshilfe*, Art. 4). Gleichzeitig kann die Übermittlungsstelle eine Empfehlung abgeben oder einen Antrag stellen auf Gewährung der unentgeltlichen Rechtshilfe (*Kostenhilfe*, Art. 4). Überdies bleiben Übermittlungs- und Empfangsstelle während des ganzen Verfahrens miteinander in Kontakt und geben sich gegenseitig die nötigen Auskünfte (*Auskunftshilfe*, Art. 4, 6).

Die Empfangsstelle ihrerseits hat im Rahmen der ihr vom Unterhaltsgläubiger erteilten Vollmacht alle geeigneten Schritte zur Geltendmachung des Anspruchs zu unternehmen. Je nach Haltung des Schuldners und nach Stand des Verfahrens gehören dazu entweder die gütliche Regelung durch Vergleich (*Inkassohilfe*), die Einleitung und Durchführung einer Unterhaltsklage (*Prozessführungshilfe*) oder ein Begehren auf Vollstreckbarerklärung einer bereits im Ausland ergangenen Entscheidung und, falls nötig, die anschliessende Zwangsvollstreckung (*Vollstreckungshilfe*, Art. 6 Abs. 1). In allen Fällen trifft die Empfangsbehörde eine laufende Informationspflicht zugunsten der Übermittlungsstelle (*Auskunftshilfe*, Art. 6 Abs. 2)[56].

3. Die Haager Unterhalts-Übereinkommen

a. Übersicht

Von den vier Haager Unterhalts-Übereinkommen gelten jene von 1956 und 1958 lediglich für die Unterhaltsansprüche minderjähriger Kinder. Die beiden Übereinkommen von 1973 hingegen erfassen auch den Unterhalt ge-

---

[55] Vgl. *Ch. Böhmer/K. Siehr*, N. 8.6, S. 5, 6.
[56] *P. Volken*, Konventionskonflikte, S. 153.

Kapitel 5

genüber Erwachsenen (mündige Kinder, getrennte, geschiedene Ehegatten, Verwandtenunterstützung)[57]. Inhaltlich legen das Übereinkommen von 1956 und eines der Übereinkommen von 1973 das auf den Unterhaltsanspruch anzuwendende Recht fest, während das Übereinkommen von 1958 und das zweite Übereinkommen von 1973 die Voraussetzungen für die Anerkennung und Vollstreckung von Unterhaltsentscheiden regeln[58].

53   Die vier Übereinkommen wenden sich in erster Linie an den Richter, jene über die Rechtsanwendung an den Urteils-, jene über die Vollstreckbarerklärung an den Exequaturrichter. Geltend zu machen sind sie jeweils von der am Verfahren interessierten Partei. Ein förmlicher Auftrag an die Adresse von Rechtshilfebehörden ist in den Übereinkommen nicht enthalten. Aus einzelnen Bestimmungen ergibt sich aber ein klarer Hinweis auf die Zulassung oder zumindest die Duldung behördlicher Rechtsdurchsetzungshilfe. Dabei empfiehlt es sich, zwischen reiner Inkassohilfe auf der einen und der Eintreibung von Rückerstattungsansprüchen aus Alimentenbevorschussung auf der anderen Seite zu unterscheiden.

b. Die Inkassohilfe

54   Wie bereits erwähnt, bestimmt nach Art. 1 Abs. 3 des Haager Unterhalts-Übereinkommens von 1956 – gleiches gilt nach Art. 10 Ziff. 2 des Unterhalts-Übereinkommens von 1973 – das Recht des Staates, in welchem das Kind seinen gewöhnlichen Aufenthalt hat, u.a. darüber, *wer* die Unterhaltsklage erheben kann[59]. Für Staaten wie die Schweiz, die eine Inkassohilfe zugunsten des Unterhaltsberechtigten, namentlich der Kinder, kennen[60], ergibt sich daraus für innerstaatliche Inkassostellen das Recht, auch im grenzüberschreitenden Verkehr tätig zu werden. Und die übrigen Vertragsstaaten sind verpflichtet, solche Inkassostellen bzw. deren Vertreter vor Gericht zuzulassen. Damit wird die nationale Regelung über die Rechtsdurchsetzungshilfe in Unterhaltssachen implizit internationalisiert. Zu betonen ist, dass die Inkassostellen nicht in eigenem Namen, sondern in Vertretung und auf Rechnung des Unterhaltsberechtigten handeln, der jeweils auch Prozesspartei bleibt.

[57] *P. Volken*, Konventionskonflikte, S. 149.
[58] *C. Jaccottet*, S. 12.
[59] So auch *Ch. Böhmer/K. Siehr*, N. 8.6, S. 7.
[60] *Art. 290 ZGB*: «Erfüllt der Vater oder die Mutter die Unterhaltspflicht nicht, so hat die Vormundschaftsbehörde oder eine andere vom kantonalen Recht bezeichnete Stelle auf Gesuch dem Elternteil bei der Vollstreckung des Unterhaltsanspruchs in geeigneter Weise unentgeltlich zu helfen.»
Für eine Übersicht über die von den Kantonen geschaffenen Stellen vgl. *V. Degoumois*, S. 41ff.

In den Unterhalts-Vollstreckungs-Übereinkommen von 1958 und 1973 fehlt ein ausdrücklicher Hinweis auf Inkassostellen[61]; ihre Tätigkeit wird aber auch nicht verboten. Soweit solche Inkassostellen im Namen und in Vertretung des Unterhaltsberechtigten auftreten, wird gegen sie bzw. gegen die von ihnen beauftragte Person oder Stelle[62] auch im Vollstreckungsverfahren nichts einzuwenden sein.   55

c. Rückerstattung von Bevorschussungen

Mehrere europäische Staaten haben in den letzten Jahren die Alimentenbevorschussung eingeführt. Danach leistet eine staatliche Stelle Vorschüsse für den Unterhalt eines Kindes, dessen Eltern der Unterhaltspflicht nicht nachkommen. Im Gegenzug erhält die bevorschussende Stelle einen gesetzlich verankerten Rückforderungsanspruch gegenüber dem Unterhaltsschuldner[63].   56

Auf internationaler Ebene ist dieser Entwicklung erst in den neuen Haager Unterhalts-Übereinkommen von 1973 Rechnung getragen worden[64]. Nach Art. 9 des Unterhalts-Übereinkommens über das anzuwendende Recht soll der Rückerstattungsanspruch der den Vorschuss leistenden Stelle dem Recht des Staates unterstehen, dem diese Stelle angehört.   57

Noch deutlicher ist das Vollstreckungs-Übereinkommen. Nach Art. 1 Ziff. 2 ist es u.a. auf die Vollstreckbarerklärung von Entscheiden anwendbar, die zwischen einem Unterhaltsschuldner und einer bevorschussenden Stelle ergangen sind, wenn dadurch die Rückerstattung der einem Unterhaltsberechtigten erbrachten Leistungen gefordert wird. Und in Art. 18-20 enthält dieses Übereinkommen einen eigenen Abschnitt hierüber. Danach sind sowohl Entscheide vollstreckbar, die unmittelbar zugunsten der bevorschussenden Stelle lauten, als auch Entscheide, die zwar zugunsten des Unterhaltsberechtigten ergangen sind, aus denen aber kraft gesetzlicher Subrogation die bevorschussende Stelle unmittelbar berechtigt ist.   58

---

[61] In den Unterhalts-Übereinkommen von 1973 (anwendbares Recht, Art. 9; Vollstreckung, Art. 18) ist zumindest die Bevorschussung erwähnt.

[62] In Frage kommen z.B. ein ausländischer Vertrauensanwalt (namentlich bei Anwaltszwang) oder eine der schweizerischen vergleichbare nationale Inkassostelle. Es kann sich auch um die Empfangsbehörde im Sinne des New Yorker Übereinkommens handeln.

[63] In der Schweiz ist die Bevorschussung kantonal geregelt (vgl. Art. 290 ZGB; *V. Degoumois*, S. 41ff.). Der Rückforderungsanspruch der bevorschussenden Stelle beruht aber auf einer gesetzlichen Subrogation des Bundesrechts (Art. 289 Abs. 2 ZGB). Die bevorschussende Stelle tritt mit allen Rechten und Pflichten in die Rechtsstellung des Unterhaltsgläubigers ein. Die Subrogation ändert am privatrechtlichen Charakter des Unterhaltsanspruchs nichts; insbesondere erhält er durch die Subrogation nicht einen öffentlich-rechtlichen Charakter, wie dies bisweilen fälschlich angenommen wird.

[64] Vgl. vorne, Rdz. **5**/55, Anm. 61.

Kapitel 5

59 Auch in solchen Fällen wird die nationale Rechtsdurchsetzungshilfe in Unterhaltssachen kraft kollisionsrechtlicher Verweisung bzw. gestützt auf vollstreckungsrechtliche Ermächtigung gleichsam internationalisiert[65], und der ersuchte Staat hat entsprechende Aktivitäten jener Behörden nicht nur zu dulden, sondern auch zu unterstützen. Freilich gelten diese Grundsätze nur unter Vertragsstaaten. Staaten, welche diesen Haager Übereinkommen noch nicht angehören, bezeugen regelmässig Mühe, solche Ansprüche auf ihrem Gebiet zuzulassen oder hierfür gar Rechtsdurchsetzungshilfe zu leisten.

4. Das Verhältnis des New Yorker zu den Haager Übereinkommen

a. Abgrenzung

60 Das Nebeneinander von fünf Staatsverträgen zum gleichen Thema wirft Fragen der Koordination auf. Zunächst ist festzustellen, dass zwischen den fünf Vertragstexten keine Überschneidungen (Konventionskonflikte) bestehen[66]. Ein Konventionskonflikt würde vorliegen, wenn zwei oder mehrere Staatsverträge mit ganz oder teilweise identischem Geltungsbereich inhaltlich widersprechende Lösungen anordnen[67]. Das ist zwischen dem New Yorker und den Haager Übereinkommen nicht der Fall.

61 Beim New Yorker Übereinkommen handelt es sich um ein Rechtshilfeabkommen im technischen Sinn; mit seinen Empfangs- und Übermittlungsstellen organisiert es die behördliche zwischenstaatliche *Rechtsdurchsetzungshilfe*. Von den Haager Übereinkommen regeln zwei das *anwendbare Recht* und zwei die *Anerkennung und Vollstreckung*, wobei die beiden Übereinkommen von 1973 neben den Ansprüchen von Kindern auch noch jene von Erwachsenen erfassen. Soweit zwischen den Rechtsanwendungs-Übereinkommen von 1956 und 1973 bzw. den Vollstreckungs-Übereinkommen von 1958 und 1973 eine sachliche Überschneidung vorliegt (sc. der Unterhalt von Kindern), stehen sie zueinander im Verhältnis der Staatsvertragssukzession. Danach geht zwischen Vertragsstaaten, die allen vier Übereinkommen angehören, der jeweils spätere (1973) dem früheren (1956, 1958) Vertrag vor[68].

---

[65] Vgl. vorne, Rdz. **5**/27, Anm. 35.
[66] Vgl. P. *Volken*, Konventionskonflikte, S. 154.
[67] Vgl. P. *Volken*, Konventionskonflikte, S. 252, 307.
[68] Vgl. P. *Volken*, Konventionskonflikte, S. 152.

b. Die Realisierung des Unterhaltsanspruchs

Nach Art. 6 Abs. 1 des New Yorker Übereinkommens hat die Empfangsstelle des ersuchten Staates im Rahmen der ihr erteilten Ermächtigung alle geeigneten Schritte zur Geltendmachung des Unterhaltsanspruchs zu unternehmen. Dies kann durch gütliche Einigung oder auf dem Rechtsweg geschehen[69].

Ist der Rechtsweg zu beschreiten, so stehen zwei Möglichkeiten offen: Die Anhebung einer *Unterhaltsklage* oder die Einleitung eines *Vollstreckungsverfahrens*. Ob der eine oder der andere Weg einzuschlagen ist, hängt vom Stand des Verfahrens ab.

Im ersuchten Staat ist eine *Klage* anzuheben, wenn der Unterhaltsanspruch noch nicht gerichtlich festgestellt worden ist oder wenn das ausländische Urteil im Inland aus irgendeinem Grund nicht anerkannt und vollstreckt werden kann.

Liegt dagegen ein anerkennungsfähiges ausländisches Urteil vor, so ist ein *Exequaturverfahren* einzuleiten.

Im einen wie im anderen Fall weist der Unterhaltsanspruch grenzüberschreitende Merkmale auf, so dass im Urteilsverfahren die Frage nach dem anzuwendenden Recht, im Exequaturverfahren diejenige nach den Vollstreckbarkeitsvoraussetzungen zu beantworten ist. Für beide Fragen hilft Art. 6 Abs. 3 des New Yorker Übereinkommens nur indirekt weiter, denn nach dieser Bestimmung soll auf alle Fragen des Unterhaltsbegehrens *das Recht des Staates des Verpflichteten einschliesslich des internationalen Privatrechts dieses Staates* anzuwenden sein[70].

Art. 6 Abs. 3 enthält also eine *Verweisung* auf das Recht, einschliesslich das internationale Privat- und Zivilprozessrecht des ersuchten Staates (*Gesamtnormverweisung*). Wo in der Rechtsordnung des ersuchten Staates die einschlägigen Kollisionsnormen zu finden sind, ist Sache des betreffenden Staates. Sie können sowohl für das anzuwendende Recht wie für das Vollstreckungsverfahren dem innerstaatlichen Recht *oder* einem Staatsvertrag zu entnehmen sein. Letzteres ist regelmässig für Staaten der Fall, die neben dem New Yorker noch einem oder mehreren Haager Unterhalts-Übereinkommen angehören.

Ist heute in der Schweiz ein ausländisches Unterhaltsbegehren zu beurteilen, so richtet sich die Kollisionsfrage grundsätzlich nach dem Haager Unterhalts-Übereinkommen über das anzuwendende Recht von 1973[71]; kommt ein Begehren betreffend den Unterhalt von Kindern aus einem Staat, der

---

[69] Vgl. hierzu und zum folgenden *P. Volken*, Konventionskonflikte, S. 153, 154.
[70] Vgl. *P. Volken*, Konventionskonflikte, S. 155, 156; so auch *A. Bülow/H. Arnold*, N. 271, S. 20, Anm. 67, 75, 76.
[71] Vgl. Botschaft zum IPR-Gesetz, BB1 1983 I 376f.; Separatum, S. 113f.

Kapitel 5

nur dem Haager Unterhalts-Übereinkommen von 1956 angehört[72], so ist dieses anzuwenden[73]. In gleichem Sinn können, falls Vollstreckung verlangt ist, im Exequaturverfahren die Vollstreckbarkeitsvoraussetzungen des Haager Vollstreckungs-Übereinkommens von 1958 oder 1973, diejenigen eines bilateralen Vollstreckungsabkommens oder letztlich die Bestimmungen des internen schweizerischen Zivilprozessrechts massgebend sein[74].

c. Problemfälle

69 Praktische Schwierigkeiten bietet die Koordination zwischen dem New Yorker und den Haager Übereinkommen im Verkehr mit der BRD, mit Österreich und mit Grossbritannien.

1° Grossbritannien

70 Im britischen Recht pflegt man internationale Übereinkommen, auch wenn sie an sich self executing sind, nicht als solche anzuwenden, sondern sieht regelmässig deren Umsetzung in nationales Recht vor. Die Umsetzung für das Haager Unterhalts-Vollstreckungs-Übereinkommen von 1973 ist in Part I (sect. 1-24), jene für das New Yorker-Übereinkommen in Part II (sect. 25-39) des British Maintenance Orders (Reciprocal Enforcement) Act vorgenommen worden[75].

71 Die Umsetzung in unterschiedlichen Teilen der internen Gesetzgebung führt dazu, dass in Grossbritannien je nach Übereinkommen, das angerufen wird, andere Grundsätze, ein anderes Verfahren und z.T. auch andere Gerichtsbehörden zuständig sind. Dies hat zur Folge, dass man in Grossbritannien Unterhaltsansprüche entweder nach dem Haager Vollstreckungs-Übereinkommen von 1973 zur Vollstreckung oder nach dem New Yorker Übereinkommen von 1956 zum Inkasso geltend machen kann. Hingegen erlaubt es die Art, wie Grossbritannien die beiden Übereinkommen transponiert hat, nicht, dass man das eine (z.B. das Haager Übereinkommen) im Rahmen des anderen (z.B. des New Yorker Übereinkommens) verwenden kann. Will man von einem Anspruch im Sinne des Haager zu einem Anspruch im Sinne des New Yorker Übereinkommens wechseln, so bedingt dies, dass ein völlig neues Gesuch eingeleitet werden muss. Mit anderen Worten: Durch die Transposition in nationales Recht ist die Kompatibilität und Komplementarität der beiden Übereinkommen verlorengegangen. Es fragt sich, ob hier

---

[72] Belgien, Liechtenstein, Österreich.
[73] Vgl. Art. 18 des Haager Unterhalts-Übereinkommens von 1973.
[74] Je nachdem, aus welchem Land das Begehren stammt.
[75] Vgl. *A.V. Dicey/J.H.C. Morris*, S. 1041.

durch Transposition nicht eine Verzerrung bewirkt wird, die im Ergebnis einer Staatsvertragsverletzung gleichkommt.

2° BR Deutschland und Österreich

Die Zentralbehörden der *BRD* und *Österreichs* vertreten eine sachlich sehr enge Auslegung des New Yorker Übereinkommens: Sie wollen Begehren im Sinne des New Yorker Übereinkommens nur zulassen und als Zentralbehörden nur an die Hand nehmen, falls *der laufende, zum Leben direkt benötigte* Unterhalt *der unmittelbar berechtigten* Person in Frage steht. Hingegen erachten sie das Übereinkommen nicht für anwendbar, wenn es um die Eintreibung *rückständiger* Unterhaltsansprüche geht oder wenn die *Rückerstattungsansprüche* einer Behörde eingetrieben werden sollen, die für ausstehenden Unterhalt Vorschüsse geleistet hat. 72

Diese Auslegung wird in den genannten Staaten teils mit dem Hinweis auf einzelne Voten an der New Yorker diplomatischen Konferenz von 1956, teils mit der Präambel des Übereinkommens gerechtfertigt. Laut Abs. 1 der Präambel sei das Übereinkommen geschaffen zur «Lösung des humanitären Problems, das sich aus der Lage bedürftiger Personen ergibt, die für ihren Unterhalt auf Personen im Ausland angewiesen sind». Und in einzelnen Voten der New Yorker Konferenz von 1956 sei ausgeführt worden, der vom Übereinkommen geschaffene Rechtshilfeweg solle nur für die persönlichen Unterhaltsansprüche des unmittelbar Berechtigten, nicht aber für Rückerstattungsansprüche einer Sozialhilfe leistenden Stelle zur Verfügung stehen. 73

Mit der erwähnten engen Auslegung wird der Wille des historischen Gesetzgebers über Gebühr strapaziert[76]. Überdies verhindert sie eine sinnvolle Koordination zwischen dem New Yorker und den Haager Übereinkommen. Zum New Yorker Übereinkommen ist zunächst festzuhalten, dass dessen *Präambel* neben der humanitären Problematik (Abs. 1) auch auf die Schwierigkeiten hinweist, die mit der Geltendmachung von Unterhaltsklagen oder der Vollstreckung von Entscheiden im Ausland verbunden sind (Abs. 2). Das Übereinkommen will diese rechtlichen und praktischen Schwierigkeiten ebenso lösen wie das humanitäre Problem (Abs. 3). Die rechtliche Lösung der Schwierigkeiten verlangt heute eine Koordination zwischen New Yorker und Haager Übereinkommen. 74

Wenn man 1956 an der New Yorker Konferenz von Leistungen der Sozialhilfe gesprochen hat, so war damit eigentliche Armenfürsorge gemeint. Die Alimentenbevorschussung ist erst in den 1970er Jahren und nicht zuletzt deshalb aufgekommen, weil das internationale Alimenteninkasso auch 75

---

[76] Die Auffassung beruht auf einer falsch interpretierten Stelle aus *A. Contini*, in St. John's Law Review 1956, S. 7, zitiert bei *A. Bülow/H. Arnold*, N. 271, S. 8, Anm. 26.

Kapitel 5

unter dem New Yorker Übereinkommen äusserst zeit- und arbeitsintensiv geblieben und deshalb nie in der Lage gewesen ist, Akutfälle angemessen zu lösen.

76   Staatsvertraglich ist die Alimentenbevorschussung erst mit den neuen Haager Übereinkommen von 1973 systematisch erfasst worden[77]. In diesen Übereinkommen werden der originäre Unterhaltsanspruch und der Rückforderungsanspruch der bevorschussenden Stelle gleichwertig nebeneinander gestellt. Sach- und zeitgerechte Auslegung des New Yorker Übereinkommens verlangt heute, dass dessen zentrale Behörden auch für die Geltendmachung von bevorschussten Alimenten zur Verfügung stehen. Andernfalls trägt man in das Zusammenspiel von Haager und New Yorker Übereinkommen Interpretationsdivergenzen hinein, die sich sachlich nicht rechtfertigen lassen. Die Leistungen, die in diesem Zusammenhang von den zentralen Behörden des New Yorker Übereinkommens erwartet werden, unterscheiden sich sachlich und umfangmässig in nichts von den Zentralbehördetätigkeiten, die heute im Rahmen anderer Staatsverträge auf dem Gebiet der Zivilrechtshilfe üblich sind. Auch der US-amerikanische Uniform Reciprocal Enforcement of Suport Act von 1950 (URESA), der dem New Yorker Übereinkommen als Vorbild gedient hat, erfasst heute sowohl die originären wie die Rückerstattungsansprüche[78].

77   Für die Schweiz kommt ein weiterer Gesichtspunkt hinzu: Alimentenbevorschussung im schweizerischen Sinn ist – auch wenn sie in enger Anlehnung an und z.T. in Personalunion mit der kantonalen Sozialhilfe organisiert ist – nicht öffentlichrechtliche Armenfürsorge. Es handelt sich um Vorleistungen für eine familienrechtliche Schuldpflicht, die von einer staatlichen Stelle im Sinne eines (gesetzlich organisierten) Eintritts eines Dritten in die Rechtsstellung des Unterhaltsberechtigten (Art. 110 OR) wahrgenommen wird und für welche der Vorschuss leistenden Stelle ein Subrogationsrecht gegen den Schuldner zusteht (Art. 289 ZGB). Durch die Subrogation ändert sich am (privaten) familienrechtlichen Charakter des Unterhaltsanspruchs nichts, insbesondere wird dieser wegen der Subrogation kein öffentlichrechtlicher. Nach der Gesetzgebung mehrerer Kantone wird die Bevorschussung davon abhängig gemacht, dass der Unterhaltsschuldner bereits ins Recht gefasst ist; der Vorschuss versiegt, wenn nicht innert einer gewissen Zeit Rückerstattungsbeträge des Schuldners eintreffen[79]. Ein Rückerstattungsverfahren im Sinne des New Yorker Übereinkommens ist somit Voraussetzung dafür, dass überhaupt Vorschussleistungen bewilligt werden.

---

[77] Die restriktive Auslegung deutscher und österreichischer Amtsstellen dürfte nicht zuletzt damit zusammenhängen, dass beide Staaten die neuen Haager Unterhalts-Übereinkommen von 1973 erst spät (BRD: am 28.1.87) bzw. gar nicht (Österreich) ratifiziert haben.
[78] Vgl. *Martindale-Hubbel*, Law Directory, Chicago 1986, Vol. VII, Part VI, S. 217, § 7, 8.
[79] Vgl. *V. Degoumois*, S. 172-176, insbes. 173 (Genf, Wallis) und S. 191-194.

IV. Die Rechtsdurchsetzungshilfe im internationalen Minderjährigenschutz

1. Übersicht

Unter dem internationalen Minderjährigenschutz im weiteren Sinn fassen wir die vormundschaftliche Personen- und Vermögenssorge im eigentlichen Sinn, ferner den behördlichen Schutz vor unrechtmässigem Entzug der Kinder durch einen Elternteil (Kindesentführung) und die Sicherung des Besuchsrechts sowie die behördliche Betreuung von Minderjährigen, die zur Adoption bestimmt sind, zusammen. Für jeden dieser Bereiche bestehen heute internationale Übereinkommen. Die Schweiz hat folgende ratifiziert:

78

– das Haager Übereinkommen vom 5. Oktober 1961 über die Zuständigkeit der Behörden und das anzuwendende Recht auf dem Gebiet des Schutzes von Minderjährigen (SR 0.211.231.01);

79

– das Haager Übereinkommen vom 15. November 1965 über die behördliche Zuständigkeit, das anzuwendende Recht und die Anerkennung von Entscheidungen auf dem Gebiet der Annahme an Kindesstatt (SR 0.211.221.315);

– das Europäische Übereinkommen vom 24. April 1967 über die Adoption von Kindern (SR 0.211.221.310);

– das Europäische Übereinkommen vom 20. Mai 1980 über die Anerkennung und Vollstreckung von Entscheidungen über das Sorgerecht für Kinder und die Wiederherstellung des Sorgerechtes (SR 0.211.230.01);

– das Haager Übereinkommen vom 25. Oktober 1980 über die zivilrechtlichen Aspekte internationaler Kindesentführung (SR 0.211.230.02);

– das Haager Übereinkommen vom 29. Mai 1993 über den Kindesschutz und die Zusammenarbeit bei internationalen Adoptionen (SZIER 1994, S. 89-99).

Als *sedes materiae* des internationalen Minderjährigenschutzes ist heute das gleichnamige Haager Übereinkommen von 1961 anzusehen. Es organisiert eine sachlich umfassende Personen- und Vermögenssorge zugunsten Minderjähriger. Demgegenüber befassen sich die Übereinkommen betreffend Adoption und Kindesentführung nur mit Teilaspekten der vormundschaftlichen Personensorge. Aus der Sicht der internationalen Rechtsdurchsetzungshilfe liegt der sachliche Schwerpunkt dennoch bei den Übereinkommen über die Kindesentführung. Sie gehören zu den Staatsverträgen mit

80

Kapitel 5

organisierter internationaler Rechtsdurchsetzungshilfe, während das Minderjährigenschutz- und die Adoptions-Übereinkommen sich im Zusammenhang mit Mitteilungspflichten zur zwischenstaatlichen Rechtsdurchsetzungshilfe äussern.

2. Das Haager Minderjährigenschutz-Übereinkommen von 1961[80]

a. Grundzüge

81 Das Übereinkommen sieht eine sachlich umfassende Ordnung zur Sicherung des internationalen Schutzes von Minderjährigen vor. Zu diesem Zweck regelt es an erster Stelle die internationale Zuständigkeit der Behörden und bezeichnet das auf diese Massnahmen anzuwendende Recht.

82 Zuständig zur Vornahme von Schutzmassnahmen sind in erster Linie die Behörden des Staates, in dem der Minderjährige seinen gewöhnlichen Aufenthalt hat (Art. 1). Mit der Aufenthaltszuständigkeit konkurriert die Zuständigkeit der Heimatbehörden (Art. 4). Die Heimatbehörden können Massnahmen anordnen oder den Fall übernehmen, wenn ihrer Ansicht nach das Wohl des Minderjährigen es erfordert, und nachdem die Behörden am gewöhnlichen Aufenthalt entsprechend verständigt worden sind.

83 Im Interesse der Effektivität der zu treffenden Massnahmen sind aber die Behörden am gewöhnlichen Aufenthalt letztlich ohne Rücksicht auf die Heimatbehörden zu handeln berechtigt, sobald eine ernsthafte Gefährdung vorliegt (Art. 8) oder wenn Eile geboten ist (Art. 9). Zudem können nach Art. 6 Massnahmen zum Schutz des Vermögens eines Minderjährigen den Behörden des Staates übertragen werden, in dem die Vermögenswerte des Minderjährigen liegen[81].

---

[80] *Wichtigste Literatur*: W. *Baechler*, Fragen des internationalen Minderjährigenschutzes aus schweizerischer Sicht, ZVW 1975, S. 1; Botschaft, BBl 1966 I 349; *Ch. Böhmer/K. Siehr*, Das gesamte Familienrecht, Bd. II, München 1979, N. 7.5, S. 1-172; *H. Henkel*, Die Anordnung von Kindesschutzmassnahmen gemäss Art. 307 ZGB, Zürich 1977, S. 235-300; *J. Kropholler*, Das Haager Abkommen über den Schutz Minderjähriger, 2. Aufl., Bielefeld 1977; *E. Jayme*, Gesetzliches Sorgerecht und Haager Minderjährigenschutzabkommen, IPRax 1985, S. 23f.; *A.E. von Overbeck*, La reconnaissance des rapports d'autorité «ex lege» selon la Convention de La Haye sur la protection des mineurs, Festschrift H. Deschenaux, Fribourg 1977, S. 447-467; *K. Siehr*, IPRG Kommentar, N. 5-37 zu Art. 85; *W. von Steiger*, Rapport explicatif, Actes et Documents de la Conférence de La Haye, 9e session (1960), t. IV, S. 219ff.; *M. Verwilghen/H. van Houtte*, Conflits d'autorités, Revue belge 1980, S. 410-416; *P. Volken*, Konventionskonflikte, S. 105-108.

[81] Vgl. *J. Kropholler*, S. 15; *K. Siehr*, IPRG Kommentar, N. 16 zu Art. 85.

Gemäss Übereinkommen können somit die Aufenthalts-, die Heimat- 84
oder die Lageortsbehörden zuständig sein, und sie wenden auf ihre Massnahmen jeweils ihr eigenes Recht an (Gleichlauf von ius und forum). Je nach zuständiger Behörde kann demnach das Aufenthalts-, das Heimat- oder das Lageortrecht zur Anwendung kommen. Das anwendbare Recht beherrscht eine bestimmte Massnahme im ganzen Umfang, d.h. es bestimmt die Voraussetzungen für ihre Anordnung, Änderung oder Aufhebung und es beherrscht auch die Wirkungen der Massnahme.

Das Übereinkommen legt besonderen Wert auf einen Interessenausgleich 85
zwischen Aufenthalts- und Heimatprinzip. In diesem Sinn verpflichtet es die Vertragsstaaten – und dies ist im vorliegenden Zusammenhang von besonderem Interesse – zur behördlichen Zusammenarbeit und zur gegenseitigen Anerkennung der getroffenen Massnahmen[82].

b. Behördliche Zusammenarbeit

Bei der Verpflichtung zur behördlichen Zusammenarbeit unterscheidet das 86
Übereinkommen zwischen reinen Informations- und eigentlichen Konsultationspflichten.

*Informations*pflichten sind in Art. 4 Abs. 1, Art. 5 Abs. 2 und Art. 11 vor- 87
gesehen. Nach Art. 4 Abs. 1 hat die Heimatbehörde des Minderjährigen, die eine Massnahme anordnen will, hierüber die Aufenthaltsbehörde zu unterrichten. Die gleiche Informationspflicht entsteht nach Art. 5 Abs. 2 bei einem Aufenthaltswechsel, wenn die Behörde des neuen die behördlichen Massnahmen des früheren Aufenthaltsortes ersetzen will. Während nach den Art. 4 und 5 zu informieren ist, bevor eine neue Massnahme getroffen wird, sieht Art. 11 Abs. 1 eine generelle nachträgliche Meldepflicht vor. Danach sind den Heimat-, allenfalls den Aufenthaltsbehörden eines Minderjährigen ganz generell alle Massnahmen zu melden, die aufgrund des Übereinkommens getroffen wurden[83].

Zu *Konsultationen* verpflichtet das Übereinkommen einerseits für Mass- 88
nahmen des Vermögensschutzes (Art. 6), andererseits für die Abänderung bestehender Massnahmen (Art. 10). Beim Vermögensschutz soll nach Art. 6 abgeklärt werden, ob eine Massnahme den Behörden am Lageort des Vermögenswertes zur Anordnung, Durchführung und Überwachung übertragen werden kann. Und der Abänderung bereits geltender Massnahmen soll nach Art. 10 ein Meinungsaustausch zwischen alter und neuer Behörde

---

[82] Vgl. *J. Kropholler*, S. 97; *K. Siehr*, IPRG Kommentar, N. 33 zu Art. 85.
[83] *Ch. Böhmer/K. Siehr*, N. 7.5, S.; *K. Siehr*, IPRG Kommentar, N. 82 zu Art. 85.

Kapitel 5

vorausgehen, um die Kontinuität der einmal angeordneten Massnahmen zu garantieren[84].

89 Die im Minderjährigenschutz-Übereinkommen vorgesehenen Informations- und Konsultationspflichten dienen der besseren Rechtsdurchsetzung auf diesem Gebiet. Allerdings werden diese Kommunikationspflichten statuiert, ohne dass angegeben wird, zwischen welchen Behörden, auf welchem Weg und in welcher Sprache zu verkehren ist (nicht-organisierte Rechtsdurchsetzungshilfe). Gilt der ordentliche Rechtshilfeweg oder können die zuständigen nationalen Behörden unmittelbar miteinander verkehren? Einzig für die Meldepflicht des Art. 11 sieht dessen Abs. 2 die Bezeichnung entsprechender Behörden vor[85]. Im übrigen wird mit Rücksicht auf Art und Funktion des Informationsaustausches der unmittelbare Verkehr zwischen den betroffenen Behörden angemessen sein. Dabei empfiehlt sich die Verwendung einer international geläufigen Sprache oder derjenigen der konsultierten Behörde. Subsidiär kann jeweils auf die in Art. 11 Abs. 2 genannte Behörde und deren Sprache zurückgegriffen werden.

3. Die Adoptions-Übereinkommen

90 Auch das Haager Adoptions-Übereinkommen von 1965 sowie das Europäische Adoptions-Übereinkommen von 1967 nehmen zur zwischenstaatlichen Rechtsdurchsetzungshilfe nur am Rande Stellung. Ausführlich äussert sich hingegen das Haager Adoptions-Übereinkommen von 1993 zu dieser Frage.

a. Das Haager Adoptions-Übereinkommen von 1965[86]

91 Es regelt, wie sein Name besagt, die behördliche Zuständigkeit, das anzuwendende Recht und die Anerkennung bei Adoptionsentscheidungen.

Für die Vornahme von Adoptionen sind nach Art. 3 entweder die Behörden des Aufenthalts- oder jene des Heimatstaates der Adoptiveltern zustän-

---

[84] Vgl. *G.A.L. Droz*, La protection des mineurs en droit international privé français depuis l'entrée en vigueur de la Convention de La Haye du 5 octobre 1961, Clunet 1973, S. 603ff., insbes. 628-630.

[85] In der Schweiz ist das Bundesamt für Justiz als Zentralbehörde bezeichnet worden.

[86] Das Übereinkommen wurde bisher nur von Grossbritannien, Österreich und der Schweiz ratifiziert.
Wichtigste Literatur: Botschaft, BB1 1971 I 1166; *A. Bucher*, Adoption, Haager Adoptionskonvention von 1965, SJK, N. 161, S. 1-10; *J. Foyer*, Adoption, Rép. Dalloz, Bd. I, S. 57; *R. Maul*, Rapport explicatif, Actes et Documents de la Conférence de La Haye, 10e session

dig. Dabei wenden sie grundsätzlich ihr eigenes Recht, die *lex fori*, an (Art. 4)[87]. Wenn aber die Aufenthaltsbehörde entscheidet, so hat sie nach Art. 4 Abs. 2 die im *Heimatrecht der Adoptiveltern* vorgesehenen Adoptionsverbote[88] zu beachten. In jedem Fall muss die entscheidende Aufenthalts- oder Heimatbehörde auf die im Heimatstaat des Kindes vorgesehenen *Anhörungs- und Zustimmungsrechte*[89] Rücksicht nehmen (Art. 5). Art. 7 regelt die Zuständigkeit und das anzuwendende Recht zur Aufhebung bzw. Nichtigerklärung von Adoptionen, und in Art. 8 finden sich die Grundzüge betreffend die Anerkennung ausländischer Adoptionsentscheide. Die Art. 5 Abs. 2, Art. 6 Abs. 2 und 3 sowie Art. 9 enthalten schliesslich verschiedene Verpflichtungen zur zwischenstaatlichen Zusammenarbeit.

b. Das Europäische Adoptions-Übereinkommen von 1967[90]

Das Übereinkommen richtet sich vorab an die Vertragsstaaten und deren Gesetzgeber und verpflichtet diese, ihr nationales Adoptionsrecht entsprechend den im Übereinkommen enthaltenen Grundsätzen auszugestalten (non-self executing treaty). Die Revision des schweizerischen Adoptionsrechtes vom 30. Juni 1972 stand ganz im Zeichen der Umsetzung dieses Übereinkommens. Dies gilt z.B. für die Pflicht zur behördlichen im Unterschied zur privaten oder notariellen Adoption (Art. 4 Uek, Art. 268 ZGB), ferner für die Pflicht zur Beachtung der Zustimmungsrechte der Kindesseite (Art. 5 Uek, Art. 265*a* ZGB), auch für die Pflicht, gemeinschaftliche Adoptionen nur verheirateten Adoptiveltern zu gestatten (Art. 6 Uek, Art. 264*a* ZGB), sodann für die Pflicht zur Beachtung von Mindest- und Höchstalter sowie eines Altersunterschieds (Art. 7 Uek, Art. 264*a*, 265 ZGB), schliesslich für die Pflicht zur Vorabklärung mittels Sozialbericht (Art. 8 Uek, Art. 268*g* ZGB) u.a.m. 93

Eine Ausnahme vom non-selfexecuting-Charakter des Übereinkommens machen die Art. 8, 9 und 14 betreffend die Vermittlung von Informationen bei der Erstellung des Sozialberichtes. 94

(1964), t. II, S. 409; *R. Rupp*, La Dixième session de la Conférence de La Haye de droit international privé, SJIR 1965, S. 34-43; *P. Sarcevic/H.D. Tebbens*, NILR 1981, S. 117-146; *P. Volken*, Adoptionen mit Auslandbeziehungen, Verwaltungskurse Hochschule St. Gallen, Bd. 14, 1979, S. 75ff., insbes. 104-109.

[87] Vgl. hierzu und zum folgenden: *A. Bucher*, SJK, 161, S. 7; *R. Maul*, S. 417; *P. Volken*, Verwaltungskurse Hochschule St. Gallen, Bd. 14, 1979, S. 105, 107.

[88] Sie sind für jeden Staat im Anhang in einer Erklärung nach Art. 13 des Übereinkommens genannt.

[89] Es kann sich um Rechte des Kindes selber, seiner leiblichen Eltern, seines gesetzlichen Vertreters oder der Heimatbehörden handeln.

[90] Es wurde bisher von 14 Staaten ratifiziert (SR 0.211.221.310, S. 15); vgl. dazu: Botschaft, BB1 1971 I 1186; *A. Bucher*, Adoption, SJK 157, S. 1, 2.

Kapitel 5

c. Das Haager Adoptions-Übereinkommen von 1993

95 Im Unterschied zu den ersten beiden sieht das neue Haager Übereinkommen[91] ausdrücklich die Schaffung zentraler Behörden vor (Art. 6-13) und verpflichtet diese zu enger Zusammenarbeit bei der Vorbereitung (Art. 7) und der Durchführung (Art. 16-21) einer internationalen Adoption[92].

d. Die behördliche Zusammenarbeit

96 Ähnlich wie beim Minderjährigenschutz- lassen sich auch bei den drei Adoptions-Übereinkommen einerseits blosse Informations- und andererseits eigentliche Konsultations- und Kooperationspflichten unterscheiden.

97 Zu *Konsultation und Kooperation* verpflichten die Übereinkommen im Zusammenhang mit dem Sozialbericht. Nach Art. 6 des Haager Übereinkommens von 1965, Art. 16 und 17 des Haager Übereinkommens von 1993 sowie nach Art. 8 und 9 des Europäischen Übereinkommens von 1967 darf eine Adoption nur ausgesprochen werden, wenn aufgrund eines Sozialberichts dargetan ist, dass sie dem Wohl des Kindes dient. Der Sozialbericht muss jeweils von fachkundigem Fürsorgepersonal erstellt werden und hat insbesondere über die Person, die Herkunft und die Lebenslage der Adoptiveltern, des Kindes sowie dessen Familie Auskunft zu geben.

98 Bei internationalen Adoptionen muss regelmässig ein Teil der Informationen im Ausland beschafft werden. Zu diesem Zweck werden die Vertragsstaaten in Art. 14 des Europäischen und in Art. 6 Abs. 2 und 3 des Haager Übereinkommen von 1965 bzw. in Art. 6 des Haager Übereinkommens von 1993 zur Bezeichnung von Behörden verpflichtet, die unmittelbar miteinander verkehren können[93]. In der Schweiz wird diese Aufgabe vom Bundesamt für Justiz oder unmittelbar von den kantonalen Adoptionsbehörden wahrgenommen.

---

[91] Haager Übereinkommen vom 29. Mai 1993 über den Kindesschutz und die Zusammenarbeit bei internationalen Adoptionen, SZIER 1994, S. 89-99.
Das Übereinkommen ist am 1.5.1995 in Kraft getreten.
– Ratifiziert haben bisher: Equador, Mexiko, Peru, Polen, Rumänien, Spanien, Sri Lanka, Zypern.
– Unterzeichnet haben: Brasilien, Burkina Faso, Costa Rica, Finnland, Frankreich, Grossbritannien, Israel, Kanada, Kolumbien, Luxemburg, die Niederlande, Schweiz (16.1.95), Philippinen, Uruguay, USA.

[92] Vgl. dazu *M. Jametti Greiner/A. Bucher*, La dix-septième session de la Conférence de La Haye de droit international privé, SZIER 1994, S. 55ff. insbes. 63-88; s. auch *A. Bucher*, L'avant-projet d'une Convention de La Haye sur l'adoption internationale, SZIER 1993, S. 153-182.

[93] Vgl. *A. Bucher*, Adoption, SJK 157, S. 12; *M. Jametti Greiner/A. Bucher*, a.a.O. (Anm. 92), S. 68, 69.

Eine eigentliche *Kooperationspflicht* sehen Art. 5 Abs. 2 des Haager 99
Übereinkommens von 1965 und Art. 17 des Haager Übereinkommens von
1993 im Zusammenhang mit den Anhörungs- und Zustimmungsrechten der
Kindesseite vor. Dabei ist regelmässig die Stellungnahme einer Person oder
Stelle im Ausland einzuholen, wofür nach Art. 5 Abs. 2 des Haager Übereinkommens von 1965 der ordentliche Rechtshilfeweg[94] eingeschlagen
werden soll. In der Praxis stehen unter dem Übereinkommen von 1965 für
diese Aufgabe auch die nach Art. 6 Abs. 2 und 3 zuständigen Behörden zur
Verfügung; sie stehen der Sache regelmässig näher als die ordentliche Rechtshilfebehörde. Unter der Herrschaft des Haager Adoptions-Übereinkommens
von 1993 läuft der Rechtshilfeverkehr über die Zentralbehörden (Art. 6-
11), die direkt miteinander verkehren (Art. 7).

Um reine *Informationsvermittlung* geht es in Art. 9 des Haager Übereinkommens von 1965. Danach haben die Behörden des Vertragsstaates, die 100
einen Entscheid über die Begründung, die Aufhebung oder Nichtigerklärung
einer Adoption getroffen haben, die mitinteressierten Behörden eines anderen Vertragsstaates über den getroffenen Entscheid zu orientieren. Mitinteressiert sind die Aufenthalts- bzw. die Heimatbehörden der Adoptiveltern, die Heimatbehörden des Kindes sowie die Behörden des Vertragsstaates, in dem das Kind geboren ist. Auch das Haager Übereinkommen
von 1993 sieht eine Reihe gegenseitiger Informationstätigkeiten vor. Das
gilt z.B. für die Zusammenarbeit unter Art. 7 Abs. 2, wonach die Zentralbehörden sich gegenseitig über ihr Adoptionsrecht und den Verfahrensablauf
zu unterrichten haben, aber auch für jene unter Art. 15 Abs. 2 und 16 Abs. 2
betreffend den Austausch von Sozialberichten.

4. Das Haager und das Europäische Übereinkommen betreffend Kindesentführungen[95]

a. Grundzüge

Wenn staatsangehörigkeitsrechtlich gemischte Ehen scheitern, kommt es 101
oft vor, dass der ausländische Elternteil die Kinder in seine Heimat mitnimmt, vielfach ohne Rücksicht auf oder gar in Verletzung der Bindungen

---

[94] Dies kann je nach Staatsvertrag der diplomatische, der konsularische, ein Zentralbehörden- oder auch der direkte Verkehr sein, vgl. vorne, Rdz. 2/29-35, 82-93.
[95] Das *Haager Übereinkommen* ist bisher ratifiziert worden von: Argentinien, Australien, Bahamas, Belize, Bosnien-Herzegowina, BR Deutschland, Burkina Faso, Chile, Dänemark, Equador, Finnland, Frankreich, Griechenland, Honduras, Grossbritannien (und Gebiete), Irland, Israel, Italien, Kanada, Kroatien, Luxemburg, Mauritius, Mazedonien, Mexiko, Monaco, Neuseeland, den Niederlanden, Norwegen, Österreich, Panama, Polen, Portugal, Rumä-

Kapitel 5

und Rechte des anderen Elternteils. Bisweilen stellt man auch fest, dass die Eheleute versuchen, die verlorene Zuneigung des Partners durch Aneignung der Kinder zu kompensieren. Die Kinder werden so als Gegenstand elterlicher Egoismen missbraucht, um aus Rachsucht oder Böswilligkeit den früheren Partner psychisch zu verletzten. Opfer solcher Handlungsweisen sind letztlich immer die Kinder[96].

102 Das klassische internationale Vormundschaftsrecht wird den besonderen Problemen der Kindesentführung durch einen Elternteil nur unzulänglich gerecht. Das gilt auch für das Haager Minderjährigenschutz-Übereinkommen von 1961[97], welches in solchen Fällen den verletzten Elternteil auf den ordentlichen Weg der Klage und der anschliessenden Urteilsvollstreckung im Ausland verweist. Solche Verfahren können erfahrungsgemäss Jahre dauern. In der Zwischenzeit hat sich das Kind an der Destination der Entführung ein neues Bezugsfeld geschaffen. Wird erst nach Jahren auf Rückführung erkannt, kann dem Kind daraus eine erneute Härte erwachsen. Um diesen besonderen Gesichtspunkten Rechnung zu tragen, haben die Haager Konferenz und der Europarat 1980 zwei besondere Übereinkommen geschaffen. Beide sind für die Schweiz am 1. Januar 1984 in Kraft getreten[98].

103 Das *Europäische Übereinkommen* zielt in erster Linie auf jene Fälle ab, in denen bereits ein gerichtlicher oder behördlicher Entscheid über das Sorge- oder das Besuchsrecht vorliegt. Das Übereinkommen sichert solchen Entscheiden einen raschen, für den Vollstreckungskläger möglichst wenig aufwendigen Vollzug. Weiter beschränkt es die zulässigen Einreden des Vollstreckungsbeklagten auf ein Minimum, um so dem Vollstreckungsbegehren einen raschen Erfolg zu sichern[99].

---

nien, Saint Kitts und Nevis, Schweden, Schweiz, Slowenien, Spanien, Ungarn, den USA, Zimbabwe und Zypern.
Das *Europäische Übereinkommen* ist bisher ratifiziert worden von: Belgien, BR Deutschland, Dänemark, Frankreich, Griechenland, Grossbritannien (und Gebiete), Insel Man, Irland, Luxemburg, den Niederlanden, Norwegen, Österreich, Portugal, Schweden, Schweiz, Spanien und Zypern.
Wichtigste Literatur: Botschaft, BB1 1983 I 101; *Ch. Böhmer*, Das Europäische und das Haager Übereinkommen über internationale Kindesentführungen von 1980, IPRax 1984, S. 282; *B. Deschenaux*, La Convention de La Haye sur les aspects civils de l'enlèvement international d'enfants, SJIR 1981, S. 119-128; *ders.*, L'enlèvement international d'enfants par un parent, Bern 1995, 125 S.; *E. Pérez-Vera*, Rapport explicatif, Actes et Documents de la Conférence de La Haye, 14e session (1980), t. III, S. 426-473; *Ph. Reymond*, Convention de La Haye et Convention de Strasbourg, ZSR 1981 I, S. 329-345; *K. Siehr*, IPRG Kommentar N. 38-56 bzw. N. 57-72 zu Art. 85.

[96] Botschaft, BB1 1983 I 103.
[97] *K. Siehr*, Selbstjustiz durch Kindesentführung ins Inland, IPRax 1984, S. 309-312.
[98] SR 0.211.230.01, S. 12; SR 0.211.230.02, S. 18.
[99] Botschaft, BB1 1983 I, S. 107.

Dem *Haager Übereinkommen* geht es um eine unverzügliche Wiederherstellung des rechtlichen und/oder faktischen Zustandes, wie er vor der Entführung bestanden hat. Es will erreichen, dass das Kind umgehend an seinen bisherigen Aufenthaltsort zurückgebracht und dass erst anschliessend darüber prozessiert wird, welchem Elternteil wieviel Sorge- und Besuchsrechte zustehen sollen[100].

In verfahrensmässiger Hinsicht sehen beide Übereinkommen die Schaffung nationaler Empfangs- und Übermittlungsstellen vor. Mit deren Hilfe soll der sorgeberechtigte Teil seinen Anspruch am ausländischen Zufluchtsort ohne übermässigen Verwaltungs- und Kostenaufwand geltend machen können. Der im Sorgerecht verletzte Elternteil wendet sich an die Übermittlungsbehörde seines Wohnsitzstaates. Diese hilft ihm, ein Gesuch im Sinne des entsprechenden Übereinkommens zu erstellen (Art. 4 Europ., Art. 8 Haager Uek), und leitet das Gesuch anschliessend an die zentrale Behörde des ersuchten Staates weiter[101].

Die ersuchte Behörde hat alle geeigneten Schritte zu unternehmen, die zur Rückführung des Kindes führen können. Unter der Herrschaft des Europäischen Übereinkommens wird es sich in der Regel um die Einleitung eines Anerkennungs- und Vollstreckungsverfahrens handeln (Art. 5). Im Rahmen des Haager Übereinkommens werden die Bemühungen der ersuchten Behörde zunächst auf eine gütliche Regelung (freiwillige Rückgabe) und, wo nötig, auf eine gerichtliche oder behördliche Rückgabeverfügung gerichtet sein. Solche Verfügungen müssen in einem summarischen Verfahren ergehen und sollten innert sechs Wochen getroffen sein. Die ersuchte Behörde oder die von ihr eingeschaltete nationale Stelle handelt dabei aufgrund einer Ermächtigung der im Sorgerecht verletzten Person und in deren Vertretung.

In der Schweiz werden die Aufgaben der zentralen Empfangs- und Übermittlungsbehörde vom Bundesamt für Justiz wahrgenommen. Für Rückführungsbegehren von der Schweiz ins Ausland lässt sich dieses substituierbare Vollmachten zuhanden der örtlich zuständigen kantonalen Jugend- oder Vormundschaftsbehörden ausstellen. Entsprechendes gilt für das Vorgehen im Ausland[102].

---

[100] *B. Deschenaux*, S. 123.
[101] Botschaft, BB1 1983 I 108, 120-123; zum Haager Übereinkommen besteht ein Musterantragsformular, Botschaft, BB1 1983 I 152.
[102] Ebenda. Zur Bevollmächtigung vgl. Art. 13 Abs. 1 lit. a des Europäischen und Art. 28 des Haager Übereinkommens.

Kapitel 5

b. Die Aufgaben der zentralen Behörden

108 Die Rechtshilfetätigkeiten der vom Europäischen bzw. vom Haager Übereinkommen geschaffenen Zentralbehörden gegen Kindesentführungen sind in Anlehnung an diejenigen des New Yorker Unterhalts-Übereinkommens von 1956 konzipiert worden und sie sind inhaltlich auch ähnlich breit gefächert[103].

109 Als *Übermittlungsstellen* sind diese Behörden Bindeglieder zu den Personen oder Institutionen, denen ein Kind entführt wurde. Sie helfen diesen bei der Vorbereitung des Rückführungsgesuches, geben an, welche Elemente das Gesuch enthalten soll[104], in welcher Sprache es abgefasst, mit welchen Übersetzungen es versehen[105], auf welche Besonderheiten des ausländischen Rechts geachtet und mit welchen Beilagen es ausgestattet werden soll. In dieser Eigenschaft leisten die zentralen Behörden beider Übereinkommen *Beratungshilfe*. Ist das Gesuch erstellt und sind die in den Übereinkommen genannten Beilagen zusammengetragen, so leitet die zentrale Behörde des ersuchenden Staates das Gesuch an die Zentralbehörde des ersuchten Staates weiter (*Zustellungshilfe*)[106].

110 Soweit es nach den Übereinkommen nicht ohnehin der Fall ist[107], kann die übermittelnde Behörde gleichzeitig mit dem Gesuch oder zu jedem späteren Zeitpunkt eine Empfehlung abgeben über oder einen Antrag stellen auf Gewährung der unentgeltlichen Rechtshilfe (*Kostenhilfe*, Art. 7 lit. g Haager Uek.). Die Tätigkeiten der zentralen Behörden selber haben kostenlos zu erfolgen. Zudem bleiben die zentralen Behörden des ersuchenden und des ersuchten Staates während des ganzen Verfahrens miteinander in Kontakt und geben sich gegenseitig Auskunft über den Gang des Verfahrens sowie allgemein über Fragen rechtlicher und faktischer Natur, die mit den Bemühungen zur Vermeidung oder Rückgängigmachung einer Kindesentführung im Zusammenhang stehen (*Auskunftshilfe*)[108]. Dazu gehören z.B. auch die Nachforschungen über den Aufenthaltsort des entführten Kindes[109].

---

[103] Die Zentralbehörde der Kindesentführungs-Übereinkommen hat ihrerseits der Zentralbehörde des Haager Adoptions-Übereinkommens von 1993 als Vorbild gedient. In der Schweiz ist die für beide Übereinkommen vorgesehene Zentralbehörde beim *Bundesamt für Justiz* eingerichtet worden.
[104] Vgl. Art. 13 des Europäischen, Art. 8 des Haager Übereinkommens.
[105] Vgl. Art. 6, 13 Abs. 2 des Europäischen, Art. 24 des Haager Übereinkommens.
[106] Vgl. Art. 4 Abs. 3 des Europäischen, Art. 9 des Haager Übereinkommens.
[107] Vgl. Art. 5 Abs. 3 des Europäischen, Art. 25 des Haager Übereinkommens.
[108] Vgl. Art. 3 Abs. 2 des Europäischen, Art. 7 lit. e-i des Haager Übereinkommens.
[109] Vgl. Art. 5 Abs. 1 lit. a des Europäischen, Art. 7 lit. a des Haager Übereinkommens.

Als *Empfangsstelle* haben die zentralen Behörden im Rahmen der ihnen erteilten Vollmacht alle geeigneten Massnahmen zu ergreifen, die zur Rückgabe des Kindes führen können. Dabei kann es sich im Rahmen des Haager Übereinkommens um Bemühungen zur freiwilligen Rückgabe (*Vermittlungshilfe*)[110] oder um ein Verfahren zur Erstreitung einer Rückgabeverfügung (*Prozessführungshilfe*)[111] handeln; im Rahmen des Europäischen Übereinkommens kommt in der Regel ein Verfahren auf Vollstreckbarerklärung des im Ausland zuvor erwirkten Sorge- oder Besuchsrechtsentscheides in Frage (*Vollstreckungshilfe*)[112]. In allen Fällen trifft die ersuchte Zentralbehörde eine permanente Zusammenarbeits- und Informationspflicht gegenüber der ersuchenden Behörde (*Auskunftshilfe*)[113]. Und sowohl im Verfahren auf Erlass einer Rückgabeverfügung (Art. 13 Haager Uek.) wie im Vollstreckungsverfahren (Art. 15 Europ. Uek.) können die zentralen Behörden zur Mitwirkung bei der Beschaffung zusätzlicher Erhebungen herangezogen werden (*Beweisaufnahmehilfe*).

c. Übersicht

Über die den Zentralbehörden erwachsenden Aufgaben gibt die nachfolgende Übersicht näheren Aufschluss[114]:

Aufgaben	Europäisches Übereinkommen	Haager Übereinkommen
Zusammenarbeit	Art. 3 Abs. 1	Art. 7
Anwendung des Übereinkommens erleichtern	Art. 3 Abs. 2	Art. 6
Übermittlung von Auskunftsersuchen		
– über hängige Verfahren	Art. 3 Abs. 2 lit. a	Art. 7 lit. f
– über die Rechtslage auf dem Gebiet des Sorgerechts für Kinder und deren Entwicklung	Art. 3 Abs. 2 lit. b	Art. 7 lit. e
– über Schwierigkeiten bei der Anwendung des Übereinkommens	Art. 3 Abs. 2 lit. c	Art. 7 lit. i

---

[110] Vgl. Art. 7 lit. e, 10 des Haager Übereinkommens.
[111] Vgl. Art. 11-15 des Haager Übereinkommens.
[112] Vgl. Art. 5 Abs. 1, Art. 8-12 des Europäischen Übereinkommens.
[113] Vgl. Art. 3 Abs. 1 des Europäischen, Art. 7 des Haager Übereinkommens für die Zusammenarbeit; Art. 5 Abs. 1 lit. e des Europäischen, Art. 11 Abs. 2 des Haager Übereinkommens für die Information.
[114] Vgl. BB1 1983 I 123.

Kapitel 5

Aufgaben	Europäisches Übereinkommen	Haager Übereinkommen
Entgegennahme von Anträgen	Art. 4 Abs. 1	Art. 8 Abs. 1
Überprüfung der vorgelegten Schriftstücke	Art. 4 Abs. 2 (Art. 13)	Art. 8 Abs. 2
Überprüfung der Antragsbedingungen und Ablehnung des Antrags	Art. 4 Abs. 1	Art. 8 Abs. 1
Weiterleitung des Antrags an die zuständige Behörde	Art. 4 Abs. 3, Art. 5 Abs. 2	Art. 9
Informationspflicht gegenüber dem Antragsteller	Art. 4 Abs. 5	Art. 11 Abs. 2
Andere Aufgaben		
a. den Aufenthaltsort des Kindes ausfindig machen	Art. 5 Abs. 1 lit. a	Art. 7 lit. a
b. das Kind schützen oder schützen lassen (vorsorgliche Massnahmen)	Art. 5 Abs. 1 lit. b	Art. 7 lit. b
c. die Vollstreckung erwirken und die Einleitung der notwendigen Verfahren erleichtern	Art. 5 Abs. 1 lit. c	Art. 7 lit. f
d. die (freiwillige) Rückgabe des Kindes sicherstellen (sobald die Sorgerechtsentscheidung für vollstreckbar erklärt wurde)	Art. 5 Abs. 1 lit. d, Art. 8, 9, 10	Art. 7 lit. c und h (Art. 10), Art. 12 Abs. 1
e. zentrale Behörden und Antragsteller über die Ergebnisse unterrichten	Art. 5 Abs. 1 lit. e	Art. 11 Abs. 2
f. den Antragsteller bei der Erwirkung einer Sachentscheidung unterstützen oder selbst ein Verfahren einleiten	Art. 5 Abs. 4	Art. 7 lit. f, Art. 15
g. Ermittlungsgesuche übermitteln und deren Ergebnisse mitteilen	Art. 15 Abs. 3	Art. 7 lit. d
h. eine Entscheidung über das Besuchsrecht herbeiführen und dessen Ausübung schützen	Art. 11	Art. 7 lit. f, Art. 21
i. die Gewährung der Rechtshilfe (den Beizug eines Anwalts) erleichtern	Art. 5 Abs. 3	Art. 7 lit. g, Art. 25
k. die umgehende Rückgabe des Kindes anordnen oder anordnen lassen	Art. 5 Abs. 1 lit.d, Art. 8 Abs. 2 und 3, Art. 11	Art. 12 Abs. 1 und 2

V. Die Rechtsdurchsetzungshilfe im internationalen Vermögensrecht

1. Übersicht

Neben den bekannten Übereinkommen auf dem Gebiet des internationalen Minderjährigenschutz- und Unterhaltsrechts bedienen sich heute auch zahlreiche andere Staatsverträge des zwischenstaatlichen Zentralbehördensystems und benutzen solche Stellen zur Lösung von Aufgaben der internationalen Rechtsdurchsetzungshilfe. Das Haager Zustellungs-Übereinkommen von 1965, das Haager Beweiserhebungs-Übereinkommen von 1970, das Haager Übereinkommen von 1980 über den internationalen Zugang zur Rechtspflege, das Europäische Übereinkommen von 1977 betreffend Gesuche zur Gewährung der unentgeltlichen Rechtshilfe sowie das Haager Adoptions-Übereinkommen von 1993 sind unter dem spezifischen Aspekt ihrer Tätigkeit bereits erörtert worden. Darauf ist nicht zurückzukommen[115].

Hier ist noch kurz auf zwei Bereiche hinzuweisen, von denen im Zusammenhang mit internationaler Rechtsdurchsetzungshilfe bisher kaum die Rede war: Die internationale Nachlassverwaltung und das internationale Konkursrecht.

2. Die internationale Nachlassverwaltung

Mit der Vereinheitlichung des internationalen Erbrechts tun sich die Internationalisten schwer. Zwar steht dieses Rechtsgebiet seit 1893 auf dem Vereinheitlichungsprogramm der Haager Konferenz für internationales Privatrecht. Doch sind bisher nur im formellen Erbrecht schmale Erfolge gelungen, etwa mit dem Haager Übereinkommen vom 5. Oktober 1961 über das auf die Form letztwilliger Verfügungen anzuwendende Recht (SR 0.211.312.1), mit dem Haager Übereinkommen vom 2. Oktober 1973 über die internationale Erbschaftsverwaltung[116] sowie dem Haager Übereinkommen vom 1. August 1989 über das auf Erbschaften anzuwendende Recht[117].

---

[115] Vgl. vorne, Rdz. **2**/48ff.; Rdz. **3**/90ff.; hinten, Rdz. **5**/95ff.; Rdz. **6**/25ff., 120ff.
[116] Das Übereinkommen ist am 1.7.1993 in Kraft getreten.
  – Ratifiziert haben: Portugal, Slowakei, Tschechei.
  – Unterzeichnet haben: Grossbritannien, Italien, Luxemburg, Niederlande, Türkei.
[117] Vgl. den *Text* in: SJIR 1989, S. 176-184; zum Übereinkommen: *A.E. von Overbeck*, La Convention du 1er août 1989 sur la loi applicable aux successions pour cause de mort, SJIR 1989, S. 137-152.
  Das Übereinkommen wurde bisher unterzeichnet von: Argentinien, Luxemburg, den Niederlanden, Schweiz (1.8.1989); Ratifikationen liegen noch keine vor.

116 Das Übereinkommen über die internationale Erbschaftsverwaltung[118] schafft einen einheitlichen internationalen Ausweis für Erbschaftsverwalter (Art. 1). Es bestimmt die zur Ausstellung solcher Ausweise zuständige Behörde (Art. 2), bezeichnet das von dieser anzuwendende Recht (Art. 3f.), regelt die internationale Anerkennung jener Ausweise (Art. 9-20) und nennt die Befugnisse, die einem Erbschaftsverwalter aufgrund eines solchen Ausweises einzuräumen sind (Art. 21-23).

117 Nach Art. 2 des Übereinkommens werden Erbschaftsverwalter-Ausweise grundsätzlich von den Behörden des Staates ausgestellt, in dem der Erblasser seinen letzten gewöhnlichen Aufenthalt hatte. Jeder Vertragsstaat hat die auf seinem Gebiet zur Ausstellung eines solchen Ausweises befugten Gerichts- oder Verwaltungsbehörden ausdrücklich zu bezeichnen und den anderen Vertragsstaaten zur Kenntnis zu bringen (Art. 6, 37).

118 Bei der Ausstellung des Verwalter-Ausweises wendet die zuständige Behörde in der Regel ihr eigenes Recht (lex fori des Aufenthaltsstaates) an. In gewissen, in Art. 3 und 4 umschriebenen Fällen hat sie den Ausweis aber nach dem Heimatrecht des Erblassers auszustellen. Das wird in den seltensten Fällen einfach sein, doch kommt Art. 5 mit einer Regel betreffend Rechtsanwendungs- bzw. Rechtsdurchsetzungshilfe entgegen. Danach kann die ausstellende Behörde bei der hierfür bezeichneten Behörde des Heimatstaates eine Stellungnahme darüber einholen, ob und allenfalls welche Rubriken des Musterausweises dem Heimatrecht nicht entsprechen. Die ersuchte Behörde wird zwar nicht selber tätig, doch sichert ihre Stellungnahme dem Ausweis eine erhöhte internationale Wirksamkeit zu, und zwar dadurch, dass Gründe der Anerkennungsverweigerung entfallen[119].

3. Das internationale Konkursrecht

119 Ähnlich wie im internationalen Erb- gibt es auch auf dem Gebiet des internationalen Konkursrechts seit einiger Zeit Bestrebungen zur zwischenstaatlichen Vereinheitlichung. Konkrete Erfolge sind aber bisher nicht zu verzeichnen. Die Haager Konferenz hatte sich mit dem Thema vor allem an ihrer fünften Session (1925) eingehend befasst, jedoch ohne konkretes Ergebnis. Inzwischen ist das Konkursrecht endgültig von der Liste der Haager Vereinheitlichungsbestrebungen abgesetzt worden.

---

[118] Vgl. dazu *B. Goldmann/P. Lalive*, Rapport explicatif, Actes et Documents, 12e session (1972), t. II, S. 311; *P. Lalive*, La douzième session de la Conférence de La Haye de droit international privé, L'administration internationale des successions, SJIR 1972, S. 61-75; *Text* des Übereinkommens in: SJIR 1972, S. 431-444.

[119] Vgl. dazu auch *G. Kegel*, S. 633.

Innerhalb der EU besteht seit Jahren ein Expertenentwurf zu einem 120
umfangreichen Übereinkommen über Konkurs, Vergleiche und ähnliche
Verfahren. Gegenwärtig liegt ein neuer Übereinkommensentwurf der EU-
Staaten zur Unterzeichnung vor[120].

Von 1981 bis 1989 hat sich auch der Europarat des Themas angenom- 121
men. Ihm ging es einerseits um eine Angleichung des materiellen Konkursrechts und andererseits um eine Verbesserung der Rechtsstellung des Konkursverwalters. Zur letzteren Fragestellung liegt heute ein *Europäisches
Übereinkommen vom 5. Juni 1990 über gewisse internationale Aspekte des
Konkurses* vor[121].

Mit Bezug auf die Befugnisse des Konkursverwalters (Art. 6-15) will 122
das Übereinkommen erreichen, dass der im ausländischen Konkurser-
öffnungsstaat ernannte Verwalter das Recht hat, im Namen der Masse Ansprüche auf im Inland belegenes Vermögen geltend zu machen (Art. 8f.).
Zu diesem Zweck hat sich der Konkursverwalter mit Hilfe seiner Ernen-
nungs- oder Bestellungsurkunde (Art. 2, 7) auszuweisen. Die Formalitäten
zur Geltendmachung seiner Ansprüche richten sich jeweils nach dem Recht
des Staates, in dem der Konkursverwalter tätig werden will (Art. 10
Abs. 2). Dieser Staat kann den Verwalter selbständig handeln lassen oder
ihn auf den Rechtshilfeweg verweisen[122]. Wird er, was für die Schweiz wohl
zutreffen dürfte, auf den Rechtshilfeweg verwiesen, so kann er nur veranlassen, dass Schutz-, Sicherungs- oder Verwaltungsmassnahmen getroffen
werden[123]. Entsprechend werden die einheimischen Behörden aufgrund des
Europäischen Übereinkommens *Rechtsdurchsetzungshilfe* in Konkurssachen
zu leisten haben, z.B. durch Eröffnung eines lokalen Mini- oder Satelliten-
konkurses. Schweizerischerseits wird dies jeweils zu einem Verfahren im
Sinne der Art. 166-175 IPRG führen[124].

---

[120] Vgl. für den früheren Entwurf: Bulletin der Europäischen Gemeinschaften, Beilage 2/82, S. 11-118; vgl. für den neuen Entwurf: ZIP, ZIP-aktuell 1995, Nr. 265 und 302.
[121] Vgl. Convention européenne du 5 juin 1990 sur certains aspects internationaux de la faillite/ European Convention of 5 June 1990 on certain international aspects of Bankruptcy, I.L.M. 1991, 1015; Forum internationale No 19, 1994, S. 47-54.
Zum Übereinkommen vgl. *P. Volken*, L'harmonisation du droit international privé de la faillite, Rec. des cours 1991 V, S. 421-429; *ders.* Cross-border Insolvency: Cooperation and Judicial Assistance, Forum internationale No 19, 1994, S. 23-30.
[122] In diesem Sinn erlauben ihm die Art. 8 und 10 Abs. 1: «*Le syndic peut (...) prendre ou faire prendre*» (Art. 8) und «*le syndic peut accomplir ou faire accomplir*» (10 Abs. 1) bzw. «the liquidator may take or cause to be taken».
[123] Nämlich durch die zuständige örtliche Behörde, in der Schweiz z.B. durch Gerichte, Betreibungs- oder Konkursbehörden.
[124] Vgl. hierzu *P. Volken*, in: IPRG Kommentar, N. 14-20 vor Art. 166-175 und N. 1ff. zu den Art. 166-175 IPRG.

Kapitel 6: Die Kostenhilfe

I. Die Prozesskosten und Prozesskostenhilfe

1. Die Prozesskosten

Wer Prozess führen will, nimmt ein grosses Kostenrisiko auf sich, denn die Rechtspflege ist nicht unentgeltlich, weder für den Staat selber[1] noch für die Parteien. Auf seiten des Staates fallen die *Gerichts-*, auf seiten der Parteien die *Partei*kosten an; beide zusammen machen die Prozesskosten aus[2].

Die *Gerichtskosten* setzen sich aus den vom Gericht erhobenen Gebühren und den bei Gericht anfallenden Barauslagen zusammen. Die Höhe der Gerichtsgebühr hängt von der Bedeutung des Falles und der Höhe des Streitwertes ab. Sie bemisst sich in der Regel nach einem staatlichen oder staatlich anerkannten Tarif und wird entweder als Pauschale oder als Abgeltung für einzelne gerichtliche Leistungen (Gerichtsgebühr, Schreibgebühr, Zustellungsgebühr, Gebühr für die Vermittlungsverhandlung, die Beweisaufnahme, die Hauptverhandlung, Spruchgebühr etc.) erhoben. An Barauslagen sind namentlich die Auslagen für Zeugengelder, Gutachterhonorare, Augenscheinkosten sowie Kopier-, Telefon- und Portokosten zu nennen.

Zu den *Parteikosten* gehören der von einer Partei zu tragende Anteil an den Gerichtskosten, ferner die Kosten für den eigenen Rechtsvertreter sowie die mit den persönlichen Umtrieben verbundenen Kosten und Auslagen.

---

[1] Vgl. z.B. für Zahlen betr. den Kanton Zürich bei *O. Vogel*, S. 259; die Ausgaben für Rechtspflege belaufen sich dort jährlich auf über 120 Mio Franken.
 Zu den finanziellen Problemen der Rechtsverfolgung, insbesondere der staaatlichen Prozesshilfeprogramme, s. *F.H. Zemans*, Recent Trends in the Organization of Legal Services, in *W. Habscheid* (ed.), VII. internat. Kongress für Prozessrecht, S. 373-431, insbes. 429f.

[2] Zu den Prozesskosten allgemein: *M. Guldener*, ZPR, S. 405; *W. Habscheid*, Droit jud., S. 295 ff.; *ders.*, ZPO, S. 261-264; *O. Vogel*, S. 159; *H.-U. Walder*, S. 411.

Kapitel 6

2. Die Kostentragung

4 Nach den schweizerischen Prozessgesetzen sind die gesamten Prozesskosten grundsätzlich von der im Prozess unterliegenden Partei zu tragen[3]. Eine ähnliche Regelung kennen durchwegs auch die übrigen europäischen Staaten[4]. Anders verhält es sich vor den Federal Courts und zahlreichen State Courts der USA, wo, abgesehen von Sonderfällen des trial- und des pretrial-Verfahrens, jede Partei (auch die obsiegende) ihre Kosten selber trägt[5]. Hat vor einem schweizerischen Richter keine der Parteien vollständig Recht bekommen, so werden die Kosten im Rahmen ihres Unterliegens wettgeschlagen. Ausnahmen bestehen für die von einer Partei unnötigerweise verursachten Kosten (z.B. Kosten für überflüssige Expertisen, für zusätzliche Abklärungen oder für die Wiederholung eines Prozessvorgangs, wenn dafür eine Partei einzustehen hat).

5 Welche Partei in welchem Umfang Kosten zu übernehmen hat, entscheidet letztlich der Richter im Endurteil[6]. Während des Verfahrens hat jede Partei die eigenen Kosten selber zu tragen. Immerhin kann die Gegenpartei für die ihr erwachsenden Kosten u.U. Sicherstellung verlangen, und für die Gerichtskosten pflegt das Gericht Vorschüsse zu erheben. Dabei legt es selber fest, welche Partei für welche Prozesshandlung wieviel vorzuleisten hat. Die vorgeschossenen Beträge werden im Endurteil einer Partei überbunden.

6 Für die Parteikosten kann von der unterliegenden Partei in gleichem Umfang Erstattung verlangt werden, wie diese in die Gerichtskosten verurteilt wurde. Nach verschiedenen Prozessordnungen hat die obsiegende Partei dem Gericht eine Kostenaufstellung einzureichen. Solche Aufstellungen beruhen in der Regel auf einem Rahmentarif (Anwaltstarif), doch hat das Gericht einen gewissen Ermessensspielraum[7].

---

[3] Vgl. z.B. § 64ff. ZPO/ZH, Art. 57ff. ZPO/BE, §119ff. ZPO/LU, Art. 107ff. ZPO/FR, Art. 302ff. ZPO/VS; eine Übersicht findet sich bei *O. Vogel*, S. 261.

[4] Vgl. für die BRD § 91-107 DZPO; für Grossbritannien Order 23, Rule 1 (1) R.S.C. (Fassung 1962). Für eine Übersicht über die verschiedenen Staaten vgl. *P. Hartmann*, in Baumbach/ Lauterbach's Zivilprozessordnung, 43. Aufl., München 1985, S. 317; *R.A. Schütze*, DIZPR, S. 89-113.

[5] Für Ausnahmen vor den Federal Courts vgl. Rules 11, 30 (g), 37 (b), (c), (d), 41 (d), 54 (d) FRCP; s. *T. Jeslaedt*, RIW 1986, S. 95.

[6] Vgl. z.B. Art. 69 BZPO.

[7] «Mit dem Entscheid über die Streitsache hat das Bundesgericht zu bestimmen, ob und in welchem Masse die Kosten der obsiegenden Partei von der unterliegenden zu ersetzen seien» (Art. 69 BZPO in Verb. mit Art. 159 Abs. 1 OG).

3. Die Kostenhilfe

Die eigenen Auslagen bestreiten, zugleich Sicherheit leisten für die Kosten der Gegenpartei und überdies den Vorschussbegehren der Gerichtskasse nachkommen, setzt beim Kläger – auch wenn ihm nach gewonnenem Rechtsstreit die Kosten zu erstatten sind – einen recht hohen Grad an Liquidität voraus. In dieser vorteilhaften Lage befinden sich bei weitem nicht alle Bürger. Auch wenn der Durchschnitt unserer Bevölkerung heute über ein Einkommen verfügt, mit dem sich angemessen leben lässt, so können die Kosten eines mittleren Gerichtsverfahrens[8] das laufende Budget eines normalen Haushaltes doch ordentlich durcheinander bringen. Andererseits wird ohne entsprechende Vorschüsse weder der eigene Anwalt, noch das Gericht, noch auch die Gegenpartei tätig. Damit wird die Rechtsdurchsetzung vor Gericht letztlich zum Privileg der Vermögenden.

Diese Zusammenhänge und die damit verbundenen Gefahren für den Rechtsstaat[9] sind sei langem erkannt[10], sowohl auf nationaler wie auf internationaler Ebene. International hat sich vor allem der *Europarat* dieser Probleme angenommen. Während Jahren war eine Arbeitsgruppe am Werk, die an Vorschlägen für einen erleichterten Zugang zu den Gerichten gearbeitet hat. Auf die Arbeiten jener Expertengruppe gehen z.B. die Europäische *Resolution (76) 5 betreffend Rechtshilfe in Zivil-, Handels- und Verwaltungssachen vom 18.2.1976*[11] und die *Resolution (78) 8 über die Rechtshilfe und die Rechtsberatung vom 2.3.1978*[12], ferner die *Empfehlung (81) 7 betreffend Massnahmen für einen erleichterten Zugang zu den Gerichten vom 14.5.1981*[13] zurück. Auch das *Europäische Übereinkommen vom 27.1.1977 betreffend Übermittlung von Gesuchen zur Gewährung der unentgeltlichen Rechtshilfe*[14] ist in diesem Zusammenhang zu sehen, und selbst die Revision des dritten bis fünften Kapitels der Haager Zivilprozess-Übereinkunft von 1954, welche zu dem *Haager-Übereinkommen vom 25.11.1980*

---

[8] Ein solcher lässt rasch Kosten und Vorschüsse von über Fr. 10'000.– entstehen.
[9] Staatsverdrossenheit, Abkehr vom Staat und Eigenmacht können die Folge des Vertrauensschwunds gegenüber der staatlichen Gerichtsbarkeit sein.
[10] Wissenschaftlich haben verschiedene internationale Kongresse für Prozessrecht das Grundlagenmaterial zusammengetragen; vgl. dazu W. Habscheid (ed.), Effektiver Rechtsschutz und verfassungsmässige Ordnung, Generalberichte zum VII. internat. Kongress für Prozessrecht (Würzburg 1983), Bielefeld 1983.
[11] Conseil de l'Europe, Comité des Ministres, Résolution (76) 5 concernant l'assistance judiciaire en matière civile, commerciale et administrative, adoptée le 18 février 1976.
[12] Conseil de l'Europe, Comité des Ministres, Résolution (78) 8 sur l'assistance judiciaire et la consultation juridique, adoptée le 2 mars 1978.
[13] Conseil de l'Europe, Recommandation (81) 7 sur les moyens de faciliter l'accès à la justice, adoptée le 14 mai 1981.
[14] Vgl. hinten, Rdz. **6**/120ff.

Kapitel 6

über den internationalen Zugang zur Rechtspflege[15] geführt hat, konnte sich grössenteils auf die Vorarbeiten jener europäischen Arbeitsgruppe stützen.

9   Auf nationaler Ebene ist man vor allem für die sozial wichtigen Bereiche des Familien- und Kindes-, des Arbeits- und Miet- sowie des Sozialversicherungsrechts bestrebt, unentgeltliche oder kostengünstige Verfahren zu schaffen. Für die Schweiz ist etwa Art. 343 OR zu nennen. Danach sollen die Kantone für Arbeitsstreitigkeiten bis zu Fr. 7'000.– ein einfaches und rasches Verfahren vorsehen, in welchem den Parteien keine Gebühren oder Auslagen des Gerichts auferlegt werden dürfen. Ähnliche Lösungen sind im Miet- und in Teilen des Wettbewerbsrechts vorgeschlagen[16].

II. Die Arten und Formen der Kostenhilfe

1. Übersicht

10 Sieht man von den eben erwähnten Sonderregelungen ab, so stehen dem Prozessrecht im Bestreben, den Zugang zu den Gerichten zu erleichtern, im wesentlichen drei Massnahmen zur Verfügung:

- die Gewährung der unentgeltlichen Prozessführung;
- die unentgeltliche Zuteilung eines Rechtsbeistandes;
- die Befreiung von der Prozesskaution.

11 Aufgrund dieser Massnahmen kann eine Partei, der die nötigen Mittel fehlen – gleichgültig, ob sie als Klägerin oder Beklagte auftritt – unter den gesetzlich vorgesehenen Bedingungen von der Pflicht zur Vorschussleistung für die Gerichtskosten befreit werden. In gleichem Mass wird sie – sofern überhaupt eine Kautionspflicht besteht – von der Sicherheitsleistung für die Kosten der Gegenpartei entbunden. Und da einer der grossen Ausgabenposten in der Bezahlung eines qualifizierten Rechtsbeistandes besteht, wird ihr entweder vom Gericht ein Anwalt unentgeltlich bestellt, oder es wird der von ihr gewählte Anwalt durch die Gerichtskasse bezahlt.

---

[15] Vgl. hinten, Rdz. **6/95ff**.
[16] Nach Art. 274d OR (Miete und Pacht) sind die Verfahren vor der Schlichtungsbehörde kostenlos. Ähnlich lautet Art. 13 UWG (SR 241).

2. Die unentgeltliche Prozessführung

Wer die Kosten eines Gerichtsverfahrens nicht bestreiten kann, ohne den notwendigen Lebensunterhalt für sich und seine Familie einzuschränken, hat Anspruch auf die unentgeltliche Prozessführung (§ 84 ZPO/ZH; Art. 77 ZPO/BE). Diese und ähnliche Formulierungen finden sich in fast allen kantonalen Prozessgesetzen.

Unentgeltliche Prozessführung wird gewährt, wenn erstens Bedürftigkeit vorliegt und zweitens der Prozess nicht von vornherein aussichtslos erscheint. Ob eine Partei bedürftig ist, wird aufgrund ihrer Einkommens- und Vermögensverhältnisse beurteilt[17]. Und ob der Prozess Aussicht auf Erfolg hat, prüft der Richter anhand des Klagebegehrens und der dafür ins Feld geführten Beweismittel. Dabei geht es nicht um eine Vorwegnahme des Endurteils, sondern um einen *prima-facie*-Eindruck.

Die Grundsätze über die Gewährung der unentgeltlichen Prozessführung finden sich üblicherweise im nationalen Prozessgesetz oder in einem Einführungsgesetz dazu[18]. Nach zahlreichen Rechtsordnungen steht die unentgeltliche Rechtshilfe auch in Straf- und Verwaltungssachen zur Verfügung. In der Schweiz gilt dies für mehrere Kantone sowie für das Verfahrensrecht des Bundes[19].

Unentgeltliche Prozessführung ist in der Vergangenheit vorzugsweise armengenössigen Personen gewährt worden. In den letzten Jahren haben Untersuchungen gezeigt, dass die mit der Prozessführung verbundenen Kosten oft selbst die Möglichkeiten mittlerer bis höherer Einkommensschichten übersteigen[20]. Verschiedene Staaten sind deshalb dazu übergegan-

---

[17] In der Schweiz geschieht dies meistens durch eine Bescheinigung der Wohnsitzgemeinde.

[18] Bisweilen wird die Frage in besonderen Gesetzen über die Prozesskostenhilfe geregelt; z.T. werden solche Gesetze in die nationale ZPO integriert (z.B. BRD). In der Schweiz haben z.B. FR, VD, VS, NE und GE den Weg des Spezialgesetzes gewählt:
FR: Gesetz v. 28.4.1950 betr. die unentgeltliche Rechtspflege (geändert am 6.5.1966), AS 119, S. 126;
VD: Loi sur l'assistance judiciaire gratuite, du 2.12.1947 (mod. 1962, 1972), RO 169, S. 199;
NE: Arrêté concernant le tarif des indemnités du 21 décembre 1971;
VS: Loi du 16.11.1938 destinée à réduire les frais de justice, RS/VS 1, S. 170;
GE: Règlement sur l'assistance judiciaire gratuite, du 11.10.1978, RO E 2/8.

[19] Eine mittellose Partei hat schon von Bundesrechts wegen (Art. 4 BV) Anspruch auf unentgeltliche Prozessführung, wenn ihr Begehren nicht aussichtslos ist. In diesem Sinn neu BGE 120 Ia 14; vgl. auch: *J.-F. Aubert*, N. 1813-1821; *M. Guldener*, ZPR, S. 40, Anm. 30; *W. Habscheid*, Droit jud., S. 298, 299; *ders.*, ZPO, S. 265, 266.

[20] *A. Bloembergen*, Exposé général, in Assistance juridique à l'intention des personnes démunies, notamment dans les zones urbaines, Actes du 6e Colloque de droit européen, Leyden 1976, S. 14-16; *G. Baumgärtel*, Gleicher Zugang zum Recht für alle, Köln 1976, S. 1ff.; einige Hinweise auf die Rechtslage insbes. in Grossbritannien, Schweden und der Schweiz finden sich ebenda, S. 175-192; *P.S. Muther*, The Reform of Legal Aid in Sweden, The international

Kapitel 6

gen, die unentgeltliche Prozessführung breiteren Bevölkerungsschichten zu öffnen. Dies geschah mittels sog. Prozesskostenhilfegesetze. Solche Gesetze erlauben es, eine Partei bloss teilweise von der Kostenpflicht zu befreien – z.B. nur für bestimmte Unkosten (Gerichts-, Anwaltskosten) oder für alle Kosten, aber nur bis zu einem bestimmten Prozentsatz – während sie im übrigen die Kosten selber zu bestreiten hat. Dieses Vorgehen setzt genaue Erhebungen über die Einkommens- und Vermögensverhältnisse des Gesuchstellers voraus und ist mit einem gewissen administrativen Aufwand verbunden[21].

16 In der Schweiz sind bisher keine Prozesskostenhilfegesetze erlassen worden. Gleich anderen Staaten Europas[22] ist man aber dazu übergegangen, den traditionellen Begriff der Armengenössigkeit grosszügiger zu interpretieren. Damit verfügen auch die schweizerischen Gerichte über eine Flexibilität, die jener der Staaten mit Prozesskostenhilfegesetzen recht nahe kommt. Einige kantonale Prozessgesetze haben die Möglichkeit der teilweisen unentgeltlichen Prozessführung ausdrücklich vorgesehen (z.B. § 131 Abs. 2 ZPO/LU); in anderen Kantonen geht die Praxis in diese Richtung.

17 Trotz Annäherung im Grundsätzlichen bleiben in der konkreten Ausgestaltung erhebliche nationale Unterschiede bestehen. In zahlreichen Staaten wird die unentgeltliche Prozessführung natürlichen und juristischen Personen gewährt (so in Belgien, Dänemark, Italien, den Niederlanden, Österreich). Demgegenüber steht sie in der Schweiz grundsätzlich nur natürlichen Personen offen[23]. Andererseits beschränken z.B. Belgien, die Niederlande oder Österreich ihre unentgeltliche Rechtshilfe auf die eigenen Staatsangehörigen; Ausländer kommen nur unter der Voraussetzung des Gegenrechts in den Genuss der Unentgeltlichkeit[24]. Im Unterschied dazu stellt das schweizerische Recht auf den Wohnsitz ab, lässt also In- und Ausländer mit Wohnsitz in der Schweiz unter den gleichen Voraussetzungen zur unentgeltlichen Rechtshilfe zu; für Personen mit Wohnsitz im Ausland – selbst

---

Lawyer, 1975, S. 475. Hinweise auf gegenläufige Tendenzen insbes. in den USA bei *F.H. Zemans* (vorne, Rdz. 6/1, Anm. 1), S. 429, 430.

[21] Über die Erfahrungen in der BRD mit dem Gesetz über Prozesskostenhilfe v. 13.6.1980 (BGBl I 1980, S. 677) vgl. kritisch: *E. Schneider*, Die neuere Rechtsprechung zum Prozesskostenhilferecht, MDR 1985, S. 441ff.; *ders.*, Prozesskostenhilfe – Reformziel und Realität, Festschrift R. Wassermann, 1985, S. 819-834.

[22] Vgl. z.B. den Fragebogen des Europarates zur «Assistance judiciaire et consultation juridique» aus dem Jahre 1978, insbes. Frage Nr. 5 (Quelles sont les conditions pour bénéficier de l'assistance judiciaire?) und die Antworten von Belgien, Finnland, Italien, Norwegen, Österreich und der Schweiz, Strasbourg 1978, S. 34-41; s. auch Conférence de La Haye, Actes et Documents, 14e session (1980), t. IV, Entraide judiciaire, Rapport d'orientation sur l'assistance judiciaire et la cautio iudicatum solvi, établi par le Bureau Permanent, S. 11, 12.

[23] In BGE 116 II 651 wurde die unentgeltliche Prozessführung aber auch Kollektiv- und Kommanditgesellschaften eingeräumt.

[24] Fragebogen (Anm. 22), S. 15-19.

für Auslandschweizer – ist bisher das Gegenrecht zu deren Wohnsitzstaat verlangt worden[25].

3. Der unentgeltliche Rechtsbeistand

Verfügt eine Partei nicht über ausreichende Mittel, um den Rechtsstreit selbst finanzieren zu können, so besteht die Möglichkeit, dass ihr neben der Entbindung von der Vorschusspflicht auch die unentgeltliche Zuteilung eines Rechtsanwaltes gewährt wird. Die Ernennung und Bezahlung eines solchen ist in den verschiedenen Rechtsordnungen unterschiedlich geregelt. 18

Im angelsächsischen Recht wird der Parteivertreter auch bei Gewährung der unentgeltlichen Rechtshilfe von der Partei selber bestimmt und nach dem ordentlichen Tarif entschädigt[26]. Die entsprechenden Kosten übernimmt das Legal-Aid-Büro. Ähnliche Lösungen finden sich in Skandinavien und Portugal: Die Partei bezeichnet den Anwalt selber, das Gericht bestätigt und die Gerichtskasse entschädigt ihn. 19

In Belgien, Frankreich, den Niederlanden und Schweden wird der unentgeltliche Rechtsbeistand von der gleichen Behörde bezeichnet und entschädigt, die auch über die unentgeltliche Rechtshilfe entscheidet[27]. Wo der unentgeltliche Anwalt vom angerufenen Gericht bezeichnet und durch die Gerichtskasse entschädigt wird, sind die entsprechenden Entscheide anfechtbar wie andere gerichtliche Verfügungen. Ein interessantes Mischsystem kennen Italien und Österreich. Dort entscheidet das angerufene Gericht über die Grundsatzfrage; wird sie bejaht, so wird der unentgeltliche Rechtsbeistand von der lokalen Anwaltsvereinigung bzw. Rechtshilfebehörde bezeichnet[28]. 20

In der Schweiz bezeichnet grundsätzlich das angerufene Gericht den unentgeltlichen Anwalt; in einzelnen Kantonen befindet jedoch die Regierung über den Grundsatz und das Obergericht über die Person des Anwalts, in anderen sind es die Gemeindebehörden und das Bezirksgericht[29]. 21

---

[25] Vgl. aber jetzt BGE 120 Ia 217.
[26] Fragebogen (Anm. 22), Frage Nr. 14, 17, S. 76, 87, 88.
[27] Fragebogen (Anm. 22), S. 74, 75.
[28] Art. 45, 46 österr. ZPO.
[29] Art. 46 ZPO/GR, Art. 98 ZPO/AI (Gemeindebehörden), § 135 ZPO/LU, § 47 ZPO/ZG (Obergericht).

4. Die Prozesskaution und die Befreiung davon

22 Personen, denen die unentgeltliche Prozessführung gewährt wurde, werden nach verschiedenen Rechtsordnungen auch von der Pflicht zur Sicherstellung für die Prozesskosten der Gegenpartei (Prozesskaution) befreit. Neben dem schweizerischen gilt dies für die Rechte der BRD, Kanadas, Österreichs oder Schwedens[30]. In Finnland, Frankreich, Griechenland, Portugal und in verschiedenen Gliedstaaten der USA besteht grundsätzlich keine Kautionspflicht[31]. Wieder andere Staaten (Belgien, Dänemark, Grossbritannien, Island, Italien, Luxemburg, die Niederlande oder Norwegen)[32] stellen zwischen der Gewährung der unentgeltlichen Rechtshilfe und der Kautionspflicht keine Beziehung her, d.h. eine Prozesspartei bleibt trotz Gewährung der unentgeltlichen Prozessführung kautionspflichtig.

23 In den Staaten, welche die Pflicht zur Sicherheitsleistung kennen, wird die Kaution von der Partei verlangt, die ein Verfahren veranlasst, also vom Kläger oder Widerkläger bzw. im Rechtsmittelverfahren vom Berufungskläger.

24 Kaution wird verlangt, weil die spätere Vollstreckung der Forderung auf Erstattung der Parteikosten gefährdet erscheint. Als Gefährdungsgrund gilt vor allem, dass der Kläger Ausländer ist oder keinen Wohnsitz im Inland hat (sog. *Ausländerkaution*). Auf die fremde Nationalität stellen z.B. Belgien[33], die BRD, Dänemark, die Niederlande, Österreich und die Tschechei ab. Der fehlende Wohnsitz im Inland ist neben dem schweizerischen auch für die Rechte Argentiniens, Israels sowie mehrerer Gliedstaaten der USA massgebend[34]. Und auf das Vorhandensein von Vermögen im Inland schauen namentlich Grossbritannien und die Türkei[35].

25 Neben diesen eher subjektiven Gründen, die nur für bestimmte Personengruppen gelten, gibt es auch objektive, alle Personengruppen erfassende Kautionsgründe. Dazu gehört z.B. die notorische Zahlungsunfähigkeit. Sie steht fest, wenn über den Kläger der Konkurs eröffnet wurde, wenn er ein Stundungsgesuch gestellt hat oder wenn er bei der Gerichtskasse Schulden hat. Einzelne Gesetze verpflichten zwingend zur Kautionsleistung, so-

---

[30] Vgl. Fragebogen (Anm. 22), S. 121, 122.
[31] Ebenda.
[32] Ebenda.
[33] Immerhin kennt Belgien z.B. für «procédures commerciales» keine Kautionspflicht; in der BRD gilt ähnliches für Wechselrechtsprozesse und in Österreich gibt es keine Kaution bei Eheprozessen; vgl. Actes et Documents, 14e session (1980), S. 23; für eine systematische Staatenübersicht vgl. *R.A. Schütze*, DIZPR, S. 89-113.
[34] Actes et Documents, a.a.O.
[35] In Belgien und Österreich *kann* genügendes Vermögen im Inland von der Kautionspflicht befreien, muss aber nicht.

bald ein entsprechender Grund vorliegt. Nach anderen Gesetzen muss neben dem Kautionsgrund ein entsprechender Antrag der Gegenpartei vorliegen[36]. Die internationale Rechtshilfe und die einschlägigen Staatsverträge befassen sich ausschliesslich mit der sog. *Ausländerkaution*.

III. Die Kostenhilfe nach schweizerischem Recht

1. Übersicht

Es ist zu unterscheiden zwischen nationalen und staatsvertraglichen Quellen zum Kostenhilferecht. Unter den Staatsverträgen stehen die Haager Zivilprozess-Übereinkunft von 1954, die bilateralen Zusatzvereinbarungen dazu sowie die Kostenhilferegelung in verschiedenen Spezialverträgen im Vordergrund[37]. Soweit sie anwendbar sind, gehen sie dem nationalen Recht vor. Letzterem kommt subsidiäre Funktion zu. 26

Soweit nationales Recht gilt, ist folgendes zu beachten: Die Regelungen betreffend die Prozesskosten und die Gewährung von Prozesskostenhilfe sind eng mit dem Verfahrensrecht verbunden. In der Schweiz fällt das Verfahrensrecht in die Kompetenz der Kantone (Art. 64 Abs. 3 BV). Die Kantone regeln das von deren Zivil-, Straf- und Verwaltungsgerichten einzuhaltende Verfahren selber, gleich wie es der Bund im OG, in der BZPO, der BStrPO und im VwVG für das Verfahren vor den Gerichtsbehörden des Bundes tut. 27

Die Fragen betreffend Prozesskosten, Kostensicherheit und Kostenbefreiung sind traditionellerweise in den Zivilprozessordnungen geregelt. Einzelne Kantone ordnen zwar die Kostenfrage und die Sicherheitsleistung in der Zivilprozessordnung[38], haben aber die unentgeltliche Prozessführung in ein Spezialgesetz verwiesen[39]. Auf Bundesebene ist die OG-Revision von 1985 u.a. dazu benutzt worden, um die Gerichtskostenfrage für alle Verfahrensarten zu vereinheitlichen (Art. 150, 153, 153a OG)[40]. 28

---

[36] So z.B. in der Schweiz; vgl. *M. Guldener*, ZPR, S. 410; *O. Vogel*, S. 265-266.
[37] Vgl. hinten, Rdz. **6**/47ff., 72ff., 87ff., 95ff.
[38] Vereinzelt in den GVG, z.B. Art. 51 GG/NW; so auch der Bund in Art. 149, 150 OG.
[39] Vgl. vorne, Rdz. **6**/14, Anm. 18.
[40] BBl 1985 II 950; AS 1992, 288.

2. Die kantonalen Zivilprozessordnungen

29 Alle kantonalen Zivilprozessordnungen enthalten detaillierte Regelungen über die Kostenfrage. Darin ist in erster Linie festgehalten, wer während des Verfahrens die Gerichts- und Parteikosten zu tragen hat, und in welchem Rahmen bzw. nach welchen Kriterien diese Kosten letztlich auf die Parteien zu überwälzen sind. Weiter werden der Anspruch auf Sicherheitsleistung für die Prozesskosten (*Prozesskaution*) und ihre Voraussetzungen umschrieben. Und es wird angegeben, unter welchen Bedingungen und in welchem Umfang einer Partei die unentgeltliche Prozessführung gewährt wird[41].

30 Die kantonalen Bestimmungen sind jeweils für das Verfahren vor den *eigenen Gerichten* gedacht; zwischen innerkantonalen, interkantonalen und internationalen Prozessen wird aber nicht unterschieden, d.h. die für den internen Gebrauch erlassenen Regeln finden auf interkantonal und international gelagerte Sachverhalte entsprechende Anwendung. Eine Ausnahme machen in zahlreichen Prozessgesetzen die Regeln betreffend die Sicherheitsleistung für die Prozesskosten und die unentgeltliche Prozessführung.

31 Für die *Sicherheitsleistung* sehen mit Ausnahme der Kantone Basel-Land, Glarus und Wallis[42] alle Prozessgesetze eine auf dem Wohnsitzprinzip beruhende *Ausländerkaution* vor. Danach kann von einem Kläger (gleichgültig, ob In- oder Ausländer), der nicht im Kanton wohnt, Sicherstellung verlangt werden. Eine reine Ausländerkaution findet sich in Art. 95 ZPO/VD und Art. 102 ZPO/GE («le demandeur étranger, non domicilié dans le canton»). Besonders erwähnt sei § 76 ZPO/ZH. Danach kann der Kläger, der an einem *exorbitanten* Forum des Kantons (z.B. am forum arresti) gegen eine im Ausland wohnhafte Person Klage erhebt, zur Sicherstellung der Gerichtskosten verhalten werden[43].

32 Bei der *unentgeltlichen Prozessführung* ist zwischen den örtlichen und den sachlichen Voraussetzungen zu unterscheiden. In *örtlicher* Hinsicht lassen elf Kantone[44] die Ausländer bzw. die im Ausland wohnenden Personen nur dann in den Genuss der Unentgeltlichkeit kommen, wenn gegenüber eigenen Kantonsangehörigen Gegenrecht gehalten wird. Die anderen fünfzehn Kantone kennen keinen solchen Vorbehalt, lassen also das Kriterium der Bedürftigkeit genügen. In *sachlicher* Hinsicht stellt man für die Kanto-

---

[41] *O. Vogel*, S. 267-270; *H.-U. Walder*, S. 415-421.
[42] GL und BL sehen überhaupt nichts vor; nach Art. 313 ZPO/VS «ist Sicherheit auf Verlangen» zu leisten, ohne dass es auf Nationalität oder Wohnsitz ankäme.
[43] Weiter ist ein Begehren auf Sicherheitsleistung praktisch in allen Kantonen zugelassen, sobald Hinweise auf eine mögliche Insolvenz des Klägers vorliegen.
[44] BE, NW, ZG, BL, SH, AR, AI, SG, AG, GE, JU.

ne eine praktisch wörtliche Einheit der Anspruchsvoraussetzungen fest; sie sind durch Art. 4 BV (Rechtsgleichheit)[45] vorgezeichnet.

3. Das Bundesrecht

Für das Verfahren vor Bundesgericht umschreibt Art. 150 Abs. 1 OG[46] die Voraussetzungen, unter denen der Kläger eine Sicherstellung für die mutmasslichen Gerichtskosten zu leisten hat, und Art. 152 OG gibt an, in welchen Fällen die unentgeltliche Prozessführung gewährt wird[47].

Sicherstellung der Parteikosten kann von einer Partei verlangt werden, die keinen festen Wohnsitz in der Schweiz hat oder die nachweislich zahlungsunfähig ist (Art. 150 Abs. 2 OG). Diese Voraussetzungen decken sich im wesentlichen mit jenen der kantonalen Prozessgesetze.

Die *unentgeltliche Prozessführung* wird einer Partei gewährt, die bedürftig ist und deren Rechtsbegehren nicht aussichtslos erscheint (Art. 152 Abs. 1 OG). Ob die Partei Schweizer Bürger ist, ob sie in der Schweiz oder im Ausland wohnt und ob das Ausland Gegenrecht hält, ist im Unterschied zu den oben (Anm. 44) erwähnten elf kantonalen Prozessgesetzen nicht von Belang.

Im interkantonalen Verhältnis ist für die Gleichbehandlung der Bürger zwischen den Voraussetzungen der unentgeltlichen Prozessführung und jenen der Kautionsbefreiung zu unterscheiden. Erstere ergeben sich aus Art. 4 BV, letztere aus Art. 60 BV in Verbindung mit dem interkantonalen Konkordat von 1903.

4. Der Art. 4 BV

Der Anspruch auf unentgeltliche Prozessführung wird in der Schweiz sowohl für das Verfahren vor Bundes- wie auch vor kantonalen Behörden aus dem Gleichheitsgebot des Art. 4 BV hergeleitet. Zwar hält die bundesgerichtliche Rechtsprechung fest, der Umfang des Anspruchs auf unentgeltliche Rechtspflege und Verbeiständung bestimme sich nach kantonalem Recht. Doch fügt es diesem Vor- sogleich den Nachsatz bei, falls das kantonale Recht der bedürftigen Partei die Möglichkeit der unentgeltlichen Prozess-

---

[45] Vgl. *J.-F. Aubert*, N. 1813-1821; BGE 120 Ia 219.
[46] SR 173.110.
[47] Die Sicherstellung der Gerichtskosten ist grundsätzlich immer gefordert; Ausnahmen sind möglich, aber selten (Art. 150 Abs. 1 OG).

führung nicht in ausreichendem Mass gewähre, so würden unmittelbar die aus Art. 4 BV hergeleiteten Grundsätze gelten (BGE 120 Ia 15). Nach diesen Grundsätzen ist «ein Mindestanspruch der bedürftigen Partei auf unentgeltliche Rechtspflege» zugunsten bedürftiger Personen gegeben, deren Begehren nicht aussichtslos erscheinen (BGE 121 I 61). Als bedürftig gilt die Person, die nicht imstande ist, neben dem Lebensunterhalt für sich und ihre Familie auch die Kosten eines Rechtshandels zu bestreiten (BGE 120 Ia 181). Das Kriterium ist von fast allen kantonalen Prozessgesetzen übernommen worden. Dabei liegt Bedürftigkeit im Sinne von Art. 4 BV nicht erst bei betreibungsrechtlichem Existenzminimum vor (BGE 106 Ia 82). Und aussichtslos sind nur Begehren, deren Erfolgsaussichten erheblich geringer sind als die Gefahr des Unterliegens (BGE 109 Ia 9). Die Garantie von Art. 4 BV gilt grundsätzlich für natürliche, nicht auch für juristische Personen[48]. Allerdings hat das Bundesgericht in BGE 116 II 653 die gleichen Grundsätze auch auf eine Kollektivgesellschaft angewendet.

38 In BGE 120 Ia 218 schliesslich hat das Bundesgericht festgehalten, «der aus Art. 4 BV abgeleitete Anspruch auf unentgeltliche Rechtspflege stehe auch einem Ausländer mit Wohnsitz im Ausland zu». Entsprechend sei es «unzulässig, einem in seinem Heimatland lebenden Ausländer, der in der Schweiz nicht über genügend Mittel verfügt, die unentgeltliche Rechtspflege zu verweigern» (ebenda), und überhaupt sei unter dem heutigen (neuen) Verständnis der unentgeltlichen Rechtshilfe «eine unterschiedliche Behandlung je nach Staatsangehörigkeit und Wohnsitz des Gesuchstellers *nicht* mit sachlichen Gründen zu rechtfertigen» (BGE 120 Ia 219).

39 Die neue Rechtsprechung des Bundesgerichts bricht radikal mit der bisherigen Zurückhaltung vieler Kantone. Gleichzeitig rückt damit das einschlägige Staatsvertragsrecht stärker ins Licht, weil es jeweils darum geht zu prüfen, ob die unter Art. 4 BV entwickelten sachlichen Voraussetzungen für die um Kostenbefreiung ersuchende ausländische Partei erfüllt sind.

40 Über den Umfang der Prüfung betreffend «Bedürftigkeit» gibt BGE 120 Ia 181 Auskunft. Danach ist massgebend «die gesamte Situation zur Zeit der Gesuchstellung; d.h., es ist einerseits sämtlichen finanziellen Verpflichtungen des Gesuchstellers Rechnung zu tragen, und es sind andererseits nicht nur die Einkünfte, sondern auch die Vermögenssituation des Gesuchstellers beachtlich».

41 Der Beschaffung solch ausführlicher Informationen über die Vermögenslage einer Prozesspartei im Ausland dient insbesondere das Haager Übereinkommen von 1980 über den internationalen Zugang zur Rechtspflege

---

[48] Über die bundesgerichtliche Praxis zu Art. 4 BV vgl. *J.-F. Aubert*, N. 1813ff.; ferner *M. Guldener*, ZPR, S. 140, 411, Anm. 30-33; *W. Habscheid*, S. 298, 299; *H.-U. Walder*, S. 419-421.

bzw. das Europäische Übereinkommen von 1977 über Gesuche um unentgeltliche Rechtspflege[49].

5. Das Konkordat von 1903

Die kantonalen Bestimmungen über die Befreiung von der Prozesskaution sind, wie jene über die unentgeltliche Prozessführung, an sich für die Personen des jeweiligen Kantons gedacht. Interkantonal ist die Pflicht zur Gleichbehandlung in Art. 60 BV statuiert. 42

Nach Art. 60 BV sind die Kantone verpflichtet, alle Schweizer Bürger in gerichtlichen Verfahren den Bürgern des eigenen Kantons gleichzustellen. Soweit ein Kanton für die Befreiung von der Kautionsleistung auf den Wohnsitz und nicht auf das Kantonsbürgerrecht abstellt, ist das Gebot der Gleichbehandlung formell gewahrt. Für die ausserhalb des Kantons wohnhaften Personen – selbst für die eigenen Kantonsbürger – bestand ursprünglich kein Anspruch auf Befreiung. Dieser ist für alle Schweizer Bürger erst durch das *Konkordat vom 5./20.11.1903 betreffend Befreiung von der Verpflichtung zur Sicherheitsleistung für die Prozesskosten* (SR 273.2) verwirklicht worden. 43

Nach Art. 1 des Konkordats darf ein in einem anderen Konkordatskanton wohnender Schweizer Bürger von den Gerichten eines Konkordatskantons nicht zur Kautionsleistung angehalten werden, nur weil er im Kanton keinen Wohnsitz hat. Der gleiche Grundsatz ist in Art. 2 auf jene Auslandsschweizer ausgedehnt worden, die in einem Vertragsstaat der Haager Zivilprozess-Übereinkunft von 1905 bzw. 1954 (SR 0.274.11/12) ihren Wohnsitz haben[50]. 44

Aufgrund der neuesten Rechtsprechung des Bundesgerichts erscheinen die Bestimmungen des Konkordats im interkantonalen wie im internationalen Verhältnis als überholt[51]. 45

6. Das IPR-Gesetz

Im Vorentwurf von 1978 war ein zwölfter Titel über die internationale Rechtshilfe in Zivilsachen enthalten (Art. 183-189 VE), mit je einer Bestimmung betreffend die Befreiung von der Prozesskaution (Art. 188 VE) 46

---

[49] Vgl. hinten, Rdz. **6**/95ff. bzw. 120ff.
[50] BGE 90 II 145.
[51] Zur neuen bundesgerichtlichen Rechtsprechung vgl. vorne, Rdz. **6**/38-41.

Kapitel 6

und die unentgeltliche Verfahrenshilfe (Art. 189 VE). Diese Bestimmungen sind jedoch nicht in die bundesrätliche Fassung des IPR-Gesetzes aufgenommen worden. Die schweizerische Regelung über die internationale Befreiung von der Prozesskaution und die unentgeltliche Rechtshilfe wird ausserhalb der Staatsverträge weiterhin dürftig bleiben[52]. Umso erfreulicher ist, dass sich die bundesgerichtliche Rechtsprechung der Sache etwas angenommen hat[53]

IV. Die Haager Zivilprozess-Übereinkunft von 1954

47 Die Übereinkunft gilt für die Schweiz immer noch als sedes materiae der staatsvertraglichen internationalen Kostenhilfe[54]. Sie regelt in den Art. 17-19 (Kap. III) die Befreiung von der Prozesskaution und in den Art. 20-24 (Kap. IV) die Gewährung der unentgeltlichen Prozessführung; zugleich ist in Kap. III die erleichterte Vollstreckung von Kostenentscheiden im Ausland und in Kap. IV die Beschaffung der sog. Armutszeugnisse mitenthalten. Die Grundsätze dieser Regelung fanden sich bereits in der ersten Fassung der Haager Zivilprozess-Übereinkunft von 1896. Die Revisionen von 1905, 1954 und auch jene von 1980[55] haben am Grundkonzept festgehalten, aber einige Präzisierungen, technische Verbesserungen und sachliche Erweiterungen gebracht.

1. Die Befreiung von der Prozesskaution

48 Nach Art. 17 der Übereinkunft darf Angehörigen eines Vertragsstaates, die in einem der Vertragsstaaten Wohnsitz haben und vor den Gerichten *eines* (d.h. dieses oder eines anderen) Vertragsstaates als Kläger auftreten wollen, wegen ihrer Ausländereigenschaft oder deswegen, weil sie im Staat des

---

[52] In den Vorentwürfen für eine neue Bundesverfassung von 1978 und 1985 ist nicht einmal ein Anhaltspunkt für die interkantonale, geschweige denn die internationale Rechtshilfe enthalten. Während man im Vorentwurf von 1978 allenfalls noch Art. 43 (Bundestreue und Zusammenarbeit) hätte heranziehen können, fehlt im Vorentwurf von 1985 (BB1 1985 III 1) jeder Hinweis. Der Entwurf von 1995 enthält in Art. 36 einen allgemeinen Grundsatz.
[53] Vgl. vorne, Rdz. 6/38-41.
[54] SR 0.274.12. Für eine Übersicht über die wichtigste Literatur vgl. vorne, Rdz. **1**/42, Anm. 51.
[55] Haager Übereinkommen vom 25. Oktober 1980 über den internationalen Zugang zur Rechtspflege, vgl. hinten, Rdz. **6**/95.

angerufenen Gerichts nicht Wohnsitz bzw. Aufenthalt haben, keine Pflicht zur Sicherheitsleistung für die Prozesskosten auferlegt werden⁵⁶.

Art. 17 erfasst nicht jede Sicherheitsleistung; er befreit lediglich von der sog. *Ausländerkaution*. Andere Kautionen, z.B. solche, die von allen Personen (selbst von den Inländern im Inland) gefordert werden – etwa die Kaution wegen Schulden bei der Gerichtskasse oder wegen Zahlungsunfähigkeit – lässt Art. 17 unberührt⁵⁷.

Befreit wird der *Kläger*. Als solcher kommt auch eine juristische Person⁵⁸ in Frage. Die Befreiung gilt für die Gerichts- wie für die Parteikosten. Zum Beklagten äussert sich die Übereinkunft nicht. Dem Kläger werden der Haupt- und der Nebenintervenient, ferner der Berufungskläger im Rechtsmittelverfahren gleichgestellt. Befreit wird der ausländische Kläger, der erstens einem Vertragsstaat angehört und zweitens Wohnsitz bzw. Aufenthalt in einem Vertragsstaat hat⁵⁹.

Der *Wohnsitz* des Klägers kann, muss aber nicht im Forumstaat liegen. An der siebten Session der Haager Konferenz (1951) hat Grossbritannien beantragt, die Kautionsbefreiung im Sinne des britischen Rechts auf Personen mit Wohnsitz im Forumstaat zu beschränken. Dem Anliegen wurde mittels Vorbehalt in Art. 32 Rechnung getragen; vom Vorbehalt hat aber bisher kein Staat Gebrauch gemacht, und Grossbritannien ist dem Übereinkommen trotz der Vorbehaltsmöglichkeit nicht beigetreten. Im Übereinkommen von 1980 ist dieser Vorbehalt nicht mehr berücksichtigt worden.

Damit Art. 17 zum Tragen kommt, muss der Kläger sowohl durch seine Staatsangehörigkeit wie durch den Wohnsitz bzw. Aufenthalt mit dem Kreis der Vertragsstaaten verbunden sein⁶⁰; ein Element allein genügt nicht. Andererseits will die Übereinkunft nicht in partikuläre Abkommen eingreifen, in denen Mitgliedstaaten gegenseitig ihre Angehörigen ohne Rücksicht auf deren Wohnsitz von der Kautionspflicht befreien (Art. 17 Abs. 3).

Als Kläger von Art. 17 nicht erfasst sind Ausländer, die nicht Angehörige eines Vertragsstaates sind oder deren Wohnsitz bzw. Aufenthalt ausserhalb des Kreises der Vertragsstaaten liegt. Ebenfalls nicht erfasst sind die Angehörigen des Forumstaates, gleichgültig, ob sie in einem anderen Vertragsstaat wohnen oder nicht⁶¹. Die Kantone, die ja in Sachen Ausländerkaution

---

⁵⁶ Vgl. dazu Botschaft, BB1 1956 II 285; *A. Bülow/K.H. Böckstiegel/R. Geimer/R.A. Schütze*, N. 100, S. 22-39; *M. Guldener*, IZPR, S. 15, und Supplement 1959, S. 9; *P. Lagarde/J. Maury*, S. 267-278.
⁵⁷ Vgl. *A. Bülow/K.H. Böckstiegel/R. Geimer/R.A. Schütze*, N. 100, S. 23; *P. Lagarde/J. Maury*, S. 273, Nr. 63; s. ferner Conférence de La Haye, Actes et Documents, 14e session (1980), t. IV, Rapport d'orientation, S. 23.
⁵⁸ *P. Lagarde/J. Maury*, S. 268, N. 10, 75.
⁵⁹ *A. Bülow/K.H. Böckstiegel/R. Geimer/R.A. Schütze*, N. 100, S. 23.
⁶⁰ *A. Bülow/K.H. Böckstiegel/R. Geimer/R.A. Schütze*, a.a.O.
⁶¹ BGE 57 II 584, 80 II 94, 90 II 145: «Art. 17 HZPÜ schützt nur die Angehörigen anderer

mehrheitlich auf den alleinigen Wohnsitz des Klägers abstellen, haben die Ausdehnung der Übereinkunft auf die Auslandschweizer mit Hilfe des Konkordats von 1903 verwirklicht[62]. Diese Regelung ist freilich durch die neueste Rechtsprechung des Bundesgerichts überholt. Danach steht der Anspruch auf Befreiung von der Kaution, sofern die sachlichen Voraussetzungen von Art. 4 BV erfüllt sind, auch Ausländern mit Wohnsitz im Ausland zu[63].

2. Die erleichterte Vollstreckbarerklärung von Kostenentscheiden

54 Im Zeitpunkt, da die Klage bei Gericht eingeleitet wird, lässt sich noch nicht sagen, welche Partei im Prozess letztlich obsiegt und den Ersatz ihrer Kosten zugesprochen erhält. Sähe die Haager Übereinkunft nur die Befreiung von der Prozesskaution vor, so wäre der Kläger einseitig begünstigt, während der Beklagte seiner Sicherung für die Kosten verlustig ginge. Die Haager Übereinkunft ist um einen verfahrensmässigen Interessenausgleich zwischen Kläger und Beklagtem bemüht. Als Gegenstück zur Kautionsbefreiung zugunsten des (ausländischen) Klägers (Art. 17) sieht sie in den Art. 18 und 19 zugunsten des (inländischen) Beklagten die erleichterte Anerkennung und Vollstreckung des Kostenentscheides im ausländischen Wohnsitzstaat des Klägers vor[64].

55 Die Art. 18 und 19 gehen implizit von einem zweistufigen Vollstreckungsverfahren aus: Für ausländische Entscheide ist zunächst die Vollstreckbarerklärung (Exequatur) einzuholen; anschliessend wird aufgrund des für vollstreckbar erklärten Titels auf dem Wege der Zwangsvollstreckung das Inkasso durchgeführt. Die Art. 18 und 19 betreffen nur die erste Phase, das Exequaturverfahren. Dabei statuiert Art. 18 den Grundsatz und nennt Art. 19 die Modalitäten.

56 Art. 18 setzt voraus, dass im Urteilsstaat eine Befreiung von der Prozesskaution gewährt wurde. Die Befreiung kann aufgrund von Art. 17 oder aufgrund eines anderen Staatsvertrages, ja selbst gestützt auf das innerstaatliche Recht des Urteilsstaates erfolgt sein. Art. 18 ist auch auf die Vollstreckbarerklärung von Kostenentscheiden aus Vertragsstaaten anwendbar, die nach ihrem internen Recht für Ausländer (oder überhaupt) keine Kautionspflicht kennen[65].

Vertragsstaaten, nicht auch die Angehörigen des Staates, in dem der Zivilprozess stattfindet». Vgl. dazu auch: Haager Konferenz, fünfte Session, Actes 1925, S. 314, 323; Documents 1925, S. 75.

[62] Vgl. vorne, Rdz. **6**/44, Anm. 50.
[63] Vgl. vorne, Rdz. **6**/38, insbes. BGE 120 Ia 219.
[64] *A. Bülow/K.H. Böckstiegel/R. Geimer/R.A. Schütze*, N. 100, S. 27-31; *P. Lagarde/J. Maury*, S. 274, N. 77.
[65] Gl.M. *A. Bülow/K.H. Böckstiegel/R. Geimer/R.A. Schütze*, N. 100, S. 25, 26.

Das Exequaturbegehren ist nach Art. 18 Abs. 1 auf diplomatischem Wege zu stellen[66]; im ersuchten Staat wird das notwendige Verfahren von Amtes wegen und kostenfrei durchgeführt. Durch bilaterale Vereinbarungen können die Vertragsstaaten jedoch vorsehen, dass die interessierte Partei das Exequaturbegehren selber stellt (Art. 18 Abs. 2). Die Schweiz hat eine solche Vereinbarung u.a. mit Deutschland und Italien abgeschlossen[67].

Gemäss *Art. 19* hat der Exequaturentscheid in einem einfachen und raschen Verfahren zu erfolgen. Die Gegenpartei wird nicht angehört[68], und die ersuchte Behörde hat ihre Prüfung auf drei formelle Punkte, nämlich darauf zu beschränken, ob der Kostenentscheid in nach dem Recht des Urteilsstaates beweiskräftiger Form vorgelegt wird (1), ob er nach jenem Recht rechtskräftig ist (2) und ob dessen Dispositiv in der richtigen Sprache bzw. mit einer rechtsgenüglichen Übersetzung vorgelegt wird (3). Rechtskraft und Authentizität sind durch Urkunden zu belegen. Für beides genügt eine Erklärung der zuständigen Behörde des ersuchenden Staates. Die Erklärung muss beglaubigt und in der Sprache der ersuchten Behörde abgefasst bzw. mit einer entsprechenden, ebenfalls beglaubigten Übersetzung versehen sein. In gleicher Form muss der höchste Justizverwaltungsbeamte[69] bescheinigen, dass die erklärende Behörde die im ersuchenden Staat für solche Erklärungen zuständige Behörde ist. Je nach Prozessordnung werden die Erklärungen durch eine Rechtskraftbescheinigung des Urteilsgerichts oder durch eine Bescheinigung dieses oder des nächsthöheren Gerichtes beigebracht, wonach gegen den Entscheid innerhalb der gesetzlichen Frist kein Rechtsmittel ergriffen worden ist.

Nach Art. 19 Abs. 4 sind die mit dem Exequaturbegehren verbundenen Übersetzungs- und Beglaubigungskosten als Verfahrenskosten gleichzeitig mit dem Kostenentscheid für vollstreckbar zu erklären. Diese Präzisierung ist bei der Revision von 1951 auf schweizerischen Antrag hin in die Übereinkunft aufgenommen worden[70].

---

[66] Der diplomatische Weg ist lang und beschwerlich. Die schweizerische Delegation hat sich darüber schon 1925 beklagt. Daran hat sich nichts geändert. 1982 wurde z.B. in *Israel* ein schweizerischer Kostenentscheid nach fünfjährigen (!) Bemühungen für vollstreckbar erklärt. Mit langen Wartezeiten muss man erfahrungsgemäss auch in den Staaten des früheren *Jugoslawien* und in der *Türkei* rechnen.

[67] Für die *BRD* vgl. Notenaustausch v. 24.12.1929 über die Vollstreckung von Kostenentscheidungen, SR 0.274.181.368; für *Italien* vgl. Art. 14 des schweizerisch-italienischen Vollstreckungsvertrages v. 3.1.1933, SR 0.276.194.541, S. 4.

[68] Sie hat aber Rekursmöglichkeiten.

[69] In der Schweiz der Direktor des Bundesamtes für Justiz.

[70] BBl 1956 II 291; *A. Bülow/K.H. Böckstiegel/Geimer/Schütze*, N. 100, S. 31, Anm. 144.

3. Die Kostenvollstreckungsbegehren von und nach der Schweiz

60 Soll ein schweizerischer Kostenentscheid im Ausland zum Exequatur vorgelegt werden, so ist er – mit den in Art. 19 erwähnten Urkunden, Erklärungen, Übersetzungen und Beglaubigungen versehen – über das EJPD und die schweizerische Botschaft im erwähnten Staat an das dortige Aussenministerium zu richten. Der mit dem ausländischen Exequatur versehene Entscheid geht auf gleichem Weg an die interessierte Partei in der Schweiz zurück. Das anschliessende Inkasso ist Parteisache.

61 Etwas anderes gilt, wenn ein ausländischer Kostenentscheid gegen eine Person in der Schweiz geltend gemacht werden soll. Da es um die Vollstreckung eines Geldurteils geht und dessen Vollstreckbarkeitsvoraussetzungen aufgrund eines Staatsvertrages zu beurteilen sind, ist in der Schweiz kein förmliches Exequaturverfahren nötig. Der ausländische Kostengläubiger kann nach Art. 38ff. SchKG[71] unmittelbar das Betreibungsbegehren stellen. Gestützt darauf wird das Betreibungsamt dem Schuldner einen Zahlungsbefehl zustellen (Art. 69 SchKG). Zahlt der Schuldner nicht innert Frist (20 Tage) und hat er auch keinen Rechtsvorschlag erhoben (Art. 74 SchKG), so nimmt das Verfahren mit der Pfändung (Art. 88 SchKG) und der Pfandverwertung (Art. 151 SchKG) bzw. dem Konkurs (Art. 159 SchKG) seinen Fortgang.

62 Hat der Schuldner gegen den Zahlungsbefehl Rechtsvorschlag (Einspruch) erhoben, so kann der Kostengläubiger den Einspruch durch den Rechtsöffnungsrichter beseitigen lassen. Hierzu bedarf es eines Rechtsöffnungstitels. Als solcher gilt auch ein ausländisches Urteil, sofern dessen Anerkenn- und Vollstreckbarkeit auf einen Staatsvertrag gestützt werden kann. Der Rechtsöffnungsrichter wird nach Art. 81 Abs. 3 SchKG in summarischem Verfahren prüfen, ob aus den einschlägigen Staatsvertragsbestimmungen, d.h in casu aus Art. 18 und 19 der Zivilprozess-Übereinkunft, Einwendungen erhoben werden können. Ist dies nicht der Fall, wird der Einspruch beseitigt und das Betreibungsbegehren kann fortgesetzt werden.

63 Ausländische Kostengläubiger aus einem Vertragsstaat der Zivilprozess-Übereinkunft können demnach in der Schweiz sofort das Betreibungsbegehren stellen, ohne dass sie vorgängig auf diplomatischem Weg das Exequatur für ihren Kostenentscheid verlangen müssen.

---

[71] SR 281.

4. Die unentgeltliche Prozessführung

Das Kap. IV der Zivilprozess-Übereinkunft hat in der Revision von 1951 die stärksten sachlichen Ergänzungen erfahren. Die Grundsätze sind zwar geblieben, doch sind sie verfahrensmässig verfeinert worden[72]. 64

Nach *Art. 20* sollen die Angehörigen anderer Vertragsstaaten im Inland unter den gleichen Voraussetzungen zur unentgeltlichen Prozessführung zugelassen werden wie die eigenen Staatsangehörigen. Art. 152 OG und jene kantonalen Prozessgesetze, welche die Unentgeltlichkeit nur von der Bedürftigkeit des Gesuchstellers und nicht auch von seiner Staatsangehörigkeit oder seinem Wohnsitz abhängig machen[73], sind grosszügiger als Art. 20 der Haager Übereinkunft, anders hingegen die Kantone, welche das Gegenrecht fordern[74]. 65

Art. 20 Abs. 2 hält schliesslich fest, die unentgeltliche Verfahrenshilfe solle auch für Verwaltungssachen gewährt werden, sofern das Recht des Forumstaates dies vorsieht. In der Schweiz ist die Möglichkeit der unentgeltlichen Rechtspflege im Verwaltungsverfahren des Bundes[75], aber auch in mehreren kantonalen Verwaltungsgesetzen vorgesehen. 66

5. Der Nachweis der Bedürftigkeit

Der Nachweis ist durch ein sog. Armutszeugnis oder eine Bedürftigkeitserklärung zu erbringen und hat von der Aufenthaltsbehörde des Bedürftigen auszugehen (Art. 21 Abs. 1). Der Aufenthalt des Gesuchstellers und der Ort des ersuchten Gerichts können in verschiedenen Staaten liegen. Für solche Fälle sehen die Art. 21-24 der Übereinkunft die nötigen Übermittlungswege sowie gewisse Kontrollmechanismen vor[76]. 67

Nach *Art. 23* stehen für Unentgeltlichkeitsgesuche die gleichen Rechtshilfewege zur Verfügung wie für Notifikationen oder Rogatorien, d.h. es gilt in erster Linie der konsularische Weg[77]; es kann aber auch entweder die Einhaltung des diplomatischen Weges gefordert oder in besonderer Vereinbarung der unmittelbare Behördenverkehr eingeführt werden. Überdies sind Kosten, die aus solchen Übermittlungen entstehen, nur ausnahmsweise zu erstatten (Art. 23 Abs. 1); die Bewilligung der unentgeltlichen Prozess- 68

---

[72] BB1 1956 II 291.
[73] Vgl. vorne, Rdz. **6**/35.
[74] Vgl. vorne, Rdz. **6**/32, Anm. 44; vgl. allerdings BGE 120 Ia 219.
[75] Vgl. Art. 65 VwVG (SR 172.021).
[76] Vgl. BB1 1956 II 292; *A. Bülow/K.H. Böckstiegel*, N. 100, S. 33.
[77] Vorne, Rdz. **2**/29; **3**/75.

Kapitel 6

führung reduziert sogar die Kostenerstattungspflicht im ordentlichen Beweiserhebungsverfahren (Art. 23 Abs. 2).

69 Urkunden, die in einem Staat ausgestellt und vor den Gerichtsbehörden eines anderen Staates Verwendung finden sollen, sowie deren Übersetzungen bedürfen normalerweise der Beglaubigung. Die Zivilprozess-Übereinkunft macht für die Armutszeugnisse, die Bedürftigkeitserklärungen, die Einkommens- und Vermögensausweise keine Ausnahme, verlangt aber, dass diese Beglaubigungen kostenfrei erfolgen (Art. 21 Abs. 2).

70 Die Wohltat der unentgeltlichen Prozessführung soll bedürftigen Personen vorbehalten sein. *Art. 22* räumt daher sowohl der Behörde, welche das Armutszeugnis ausstellt bzw. die Bedürftigkeitserklärung entgegennimmt, als auch der Behörde, welche die unentgeltliche Prozessführung bewilligen soll, gegenseitige Auskunfts- und Erkundigungsansprüche ein[78].

71 Die Vorteile der Zivilprozess-Übereinkunft sollen den bedürftigen Angehörigen eines Vertragsstaates selbst dann zugute kommen, wenn sie ausserhalb eines Vertragsstaates wohnen. In diesem Sinn sind nach Art. 21 Abs. 1 auch Armutszeugnisse bzw. Bedürftigkeitserklärungen zu akzeptieren, die nicht von der Behörde eines Vertragsstaates stammen. Verweigern die Behörden eines solchen Staates die Mitwirkung, so genügt die Bescheinigung oder Erklärung der in jenem Staat akkreditierten diplomatischen oder konsularischen Vertretung des Staates, dem der Gesuchsteller angehört[79].

V. Die Kostenhilfe in anderen Staatsverträgen

1. Die bilateralen Zusatzvereinbarungen zur Haager Zivilprozess-Übereinkunft

72 Die Schweiz hat bilaterale Zusatzvereinbarungen mit der BRD, mit Belgien, Frankreich, Italien, Luxemburg, Österreich, Polen, der früheren Tschechoslowakei und Ungarn abgeschlossen[80]. Zur Frage der *Kostenhilfe* enthalten lediglich die Vereinbarungen mit der BRD, mit Belgien, Polen und der früheren Tschechoslowakei präzisierende Hinweise. Sie betreffen mehrheitlich die Vollstreckung von Kostenentscheiden.

---

[78] Art. 22 Abs. 1: «Die zur Erteilung des Armutszeugnisses (...) zuständige Behörde kann bei den Behörden der anderen Vertragsstaaten über die Vermögensverhältnisse des Antragstellers Erkundigungen einziehen.»

[79] Voraussetzung ist freilich auch hier, dass der Gesuchsteller Angehöriger eines Vertragsstaates ist. Art. 21 gilt z.B. für den Italiener mit Wohnsitz in den USA, nicht aber für den Briten mit Wohnsitz in Kanada oder Italien.

[80] Vorne, Rdz. **1**/48-72.

Im schweizerisch-deutschen Notenaustausch vom 24.12.1929[81] wurde vereinbart, dass das Begehren um Vollstreckbarerklärung von Kostenentscheidungen nach *Art. 18 Abs. 3* der Haager Zivilprozess-Übereinkunft von der interessierten Partei unmittelbar selber bei der zuständigen Behörde des Vollstreckungsstaates zu stellen sei. Die gleiche Lösung sehen Abs. 4 des Notenaustausches vom 15.3./18.8.1928 mit Polen[82] und Art. 5 Abs. 1 des Abkommens vom 21.12.1926 mit der früheren Tschechoslowakei[83] vor.

Art. 5 Abs. 2 des schweizerisch-tschechoslowakischen Abkommens hält überdies fest, dass die Urkunden, die zusammen mit dem Gesuch um Vollstreckbarerklärung des Kostenentscheides eingereicht werden, in der Sprache des ersuchten Gerichts abgefasst oder mit einer Übersetzung in diese Sprache versehen sein müssen. Die gleiche Präzisierung findet sich in Abs. 5 des Notenaustausches mit Polen und Art. 3 in Verbindung mit Art. 2 der schweizerisch-deutschen Erklärung von 1910[84]. Nach letzterer kann im übrigen die ersuchte Behörde eine fehlende Übersetzung auf Kosten der ersuchenden Behörde selber erstellen lassen. Schliesslich befreien Art. 6 des schweizerisch-tschechoslowakischen und Art. 3 Abs. 2 des schweizerisch-deutschen Textes die Urkunden von jeder Beglaubigung.

Die Übereinkunft mit *Belgien*[85] von 1886 betrifft als einzige Zusatzvereinbarung die *unentgeltliche Prozessführung*. Art. 1 statuiert die Inländergleichbehandlung, und Art. 2 sieht für den grenzüberschreitenden Verkehr mit Armutszeugnissen (Beglaubigung und Nachkontrolle) die gleichen Lösungen vor, die sich in Art. 21 und 22 der Haager Zivilprozess-Übereinkunft finden. Art. 3 der Übereinkunft hält überdies fest, dass derjenige, der die unentgeltliche Prozessführung erhalten hat, auch von der Ausländerkaution befreit ist.

2. Andere bilaterale Abkommen

Ausserhalb der Haager Übereinkunft hat die Schweiz mit Estland, Griechenland, Grossbritannien und der Türkei bilaterale Rechtshilfevereinbarungen abgeschlossen.

Im Verhältnis zu *Estland* wurde durch Erklärung vom 29.10.1926[86] die Haager Zivilprozess-Übereinkunft von 1905 bilateralisiert und dabei fest-

---

[81] Vorne, Rdz. **1**/48, Anm. 64; **6**/57, Anm. 67.
[82] Vorne, Rdz. **1**/68.
[83] Vorne, Rdz. **1**/69.
[84] Vorne, Rdz. **1**/50, 63.
[85] Vorne, Rdz. **1**/64.
[86] Erklärung zwischen der Schweiz und Estland vom 29.10.1926 über die gegenseitige Anwendung der Haager Übereinkunft betreffend Zivilprozessrecht, SR 0.274.183.341.

gehalten, dass die Gesuche um Vollstreckbarerklärung von Kostenentscheiden (Art. 18 Abs. 3 der Haager Übereinkunft) von der interessierten Partei selber zu stellen sind. Schicksal und Bedeutung dieser Erklärung sind seit dem zweiten Weltkrieg ungelöst. Konkrete Anwendungsfälle sind nicht bekannt.

78   Auch im Vertrag vom 1.6.1933 mit der *Türkei*[87] wurde die Haager Übereinkunft von 1905 bilateralisiert. Da aber die Türkei inzwischen der Haager Zivilprozess-Übereinkunft von 1954 beigetreten ist, hat der bilaterale Vertrag sachlich seine Bedeutung verloren.

79   Die Rechtshilfeübereinkunft mit *Griechenland*[88] vom 30.3.1934 enthält keine Bestimmungen über Prozesskaution und unentgeltliche Prozessführung.

80   Das schweizerisch-britische Abkommen vom 3.12.1937[89] garantiert in Art. 2 den freien Zutritt zu den Gerichten, und zwar nach dem Grundsatz der Inländergleichbehandlung; Art. 3 regelt die Befreiung von der Prozesskaution und Art. 4 die Gewährung der unentgeltlichen Prozessführung. Im Unterschied zur Haager Übereinkunft (Art. 17) gewährt das Abkommen mit Grossbritannien die Befreiung von der Prozesskaution nur jenen Schweizern bzw. Briten, die entweder im anderen Vertragsstaat, der zugleich Forumstaat ist, wohnen (Art. 3 lit. *a*) oder dort über genügend «unbewegliches oder anderes nicht ohne weiteres übertragbares» Eigentum verfügen (Art. 3 lit. *b*). Auch für die Zulassung zur unentgeltlichen Prozessführung gilt die Inländergleichbehandlung (Art. 4 Abs. 1). Juristische Personen sind zur Kautionsbefreiung, nicht aber zur unentgeltlichen Prozessführung zugelassen (Art. 4 Abs. 2).

81   Das Abkommen ist auf zahlreiche überseeische Gebiete oder Schutzgebiete Grossbritanniens ausgedehnt worden[90]. Ferner haben mehrere früher britische Gebiete nach Erreichung der Unabhängigkeit ihren Beitritt zu dem Abkommen erklärt: Australien und Neuseeland, Bahamas, Fidschi, Kenia, Nauru, Swaziland, Tansania, Togo, Tonga, Uganda[91].

82   Für die Kautionsbefreiung und die unentgeltliche Prozessführung relevante Bestimmungen finden sich auch in anderen bilateralen Abkommen. Art. 14 des schweizerisch-italienischen Vollstreckungsvertrages vom 3.1.1933 und Art. 12 des schweizerisch-österreichischen Vollstreckungsabkommens vom 16.12.1960[92] gehen z.B. auf die erleichterte Vollstreckung ausländischer Kostenentscheide ein und präzisieren, dass Kostenvoll-

---

[87]   Vorne, Rdz. **1**/73.
[88]   Vorne, Rdz. **1**/76.
[89]   Vorne, Rdz. **1**/79.
[90]   Vorne, Rdz. **1**/82, Anm. 86.
[91]   Vorne, Rdz. **1**/82.
[92]   SR 0.276.194.541 bzw. 0.276.191.632.

streckungsbegehren im Sinne von Art. 18 Abs. 3 der Haager Zivilprozess-Übereinkunft von den interessierten Parteien selber zu stellen sind.

Noch weiter gehen das schweizerisch-griechische Niederlassungs- und Rechtsschutzabkommen vom 1.12.1927[93] und das schweizerisch-iranische Niederlassungsabkommen vom 25.4.1934[94]. 83

Das erstere erklärt die Art. 17-22 der Haager Zivilprozess-Übereinkunft von 1905 (Prozesskaution und unentgeltliche Prozessführung) im schweizerisch-griechischen Verhältnis für anwendbar (Art. 5). 84

Das Abkommen mit dem Iran nimmt in einer Zusatzerklärung vom 25.4.1934 die Art. 17, 18 und 19 der Haager Übereinkunft nahezu wortwörtlich auf. Dabei wird in Art. 2 Abs. 2 der Erklärung festgehalten, der Antrag auf Vollstreckbarerklärung des Kostenentscheides könne auf diplomatischem Weg oder von der interessierten Partei selber gestellt werden. Nach Art. 4 kommen neben den natürlichen auch die juristischen Personen in den Genuss der Kautionsbefreiung. Die unentgeltliche Prozessführung hingegen soll nach Art. 5 nur den natürlichen Personen offenstehen (e contrario aus Art. 4). 85

Darüber hinaus trifft man in der Doktrin und bisweilen in der Rechtsprechung auf die Frage, ob die in den Niederlassungsabkommen enthaltenen Gleichbehandlungs- bzw. Meistbegünstigungsklauseln nicht generell von der Pflicht zur «Ausländerkaution» befreien bzw. ganz generell einen Anspruch auf Bewilligung der unentgeltlichen Prozessführung gewähren. In diesem Sinn spricht sich z.B. *W. Stoffel*[95] aus. Die Rechtsprechung ist bisher für die unentgeltliche Prozessführung[96], nicht aber für die Kautionsbefreiung in diese Richtung gegangen. 86

3. Die Kostenhilfe in multilateralen Spezialverträgen

Zahlreiche multilaterale Spezialverträge statuieren im Rahmen ihres Sachbereiches kostenmässige Erleichterungen zugunsten finanziell schwacher Parteien[97]. Solche Erleichterungen betreffen z.T. nur einzelne Kostenkategorien, z.T. sind die gesamten Verfahrenskosten angesprochen. 87

Zur ersten Kategorie gehören z.B. die verschiedenen Kapitel der Zivilprozess-Übereinkunft selber. Für die Notifikation von Gerichtsurkunden und die Durchführung von Beweiserhebungen regeln die Art. 7 bzw. 16 die Kostenfrage bereits restriktiv. Zu ersetzen sind nur die sog. mittelbaren 88

---

[93] SR 0.142.113.721.
[94] SR 0.142.114.362.
[95] *W. Stoffel*, S. 292-297.
[96] BGE 76 I 117; 120 Ia 219.
[97] Vgl. dazu *A. Lobsiger*, Internationale Übereinkommen im Familienrecht und Kostengarantien, AJP 1994, S. 910-917.

Kapitel 6

Kosten[98]. Bei Gewährung der unentgeltlichen Prozessführung entfallen nach Art. 24 alle Kosten mit Ausnahme der Entschädigung für Sachverständige. Gleiches gilt unter Art. 12 des Haager Zustellungs-Übereinkommens von 1965[99] und Art. 14 des Haager Beweiserhebungs-Übereinkommens von 1970[100].

89 Die unentgeltliche Prozessführung nach Art. 20 der Zivilprozess-Übereinkunft hat überdies zur Folge, dass nach Art. 25 Auszüge aus Zivilstandsregistern kostenlos abgegeben und dass solche Auszüge von den diplomatischen Vertretungen kostenlos beglaubigt werden. In gleichem Sinn trägt das Haager Apostillen-Übereinkommen von 1961[101], das die Kette der Überbeglaubigungen durch einen einfachen Stempel ersetzt, zur Senkung der Verfahrenskosten bei. Gleiches gilt für das Europäische Übereinkommen vom 7.6.1968 betreffend Auskünfte über ausländisches Recht[102], das mit Ausnahme der Sachverständigenhonorare Kostenfreiheit vorsieht (Art. 6, 15).

90 Die Gesamtheit der Verfahrenskosten ist vor allem in den Staatsverträgen angesprochen, die von der Sache her mit sozial schwächeren Parteien zu tun haben, namentlich im Fremden-, im Unterhalts- und im Minderjährigenschutzrecht.

91 Nach Art. 16 des Genfer *Flüchtlingsabkommens* vom 28.7.1951[103] sind Flüchtlinge hinsichtlich Prozesskaution und unentgeltlicher Prozessführung im Zufluchtsland gleich zu behandeln wie Inländer (Abs. 2), und in anderen Vertragsstaaten soll ihnen dieselbe Behandlung zuteil werden wie Angehörigen des Zufluchtsstaates (Abs. 3). Die gleiche Regelung findet sich in Art. 16 des New Yorker Abkommens vom 28.9.1954 über die Rechtsstellung der *Staatenlosen*[104]. *Asylanten*, d.h. Personen, denen die Schweiz Asyl gewährt hat, gelten im ganzen Gebiet der Schweiz als Flüchtlinge; sie haben Anspruch auf die Behandlung nach Art. 16 des Genfer Abkommens (Art. 25 AsylG). *Asylbewerber* können, müssen aber nicht Flüchtlinge sein; entscheidend ist, ob ihnen der Nachweis im Sinne von Art. 3a AsylG bzw. Art. 1A Ziff. 2 Genfer Abkommen gelingt[105].

---

[98] Vorne, Rdz. **2**/46; **3**/88.
[99] Vorne, Rdz. **2**/109.
[100] Vorne, Rdz. **3**/158.
[101] Haager Übereinkommen vom 5.10.1961 zur Befreiung ausländischer öffentlicher Urkunden von der Beglaubigung; SR 0.172.030.4.
[102] Vorne, Rdz. **4**/64, 65.
[103] SR 0.142.30.
[104] SR 0.142.40.
[105] Flüchtling ist, wer «sich aus begründeter Furcht vor Verfolgung wegen [seiner] Rasse, Religion, Staatsangehörigkeit, Zugehörigkeit zur einer bestimmten Gruppe oder wegen [seiner] politischen Überzeugung ausserhalb seines Heimatlandes befindet und dessen Schutz nicht beanspruchen kann oder wegen dieser Befürchtungen nicht beanspruchen will» (Art. 1 A Ziff. 2 Genfer Abk.).

Das New Yorker Übereinkommen vom 20.6.1956 über die Geltendmachung von *Unterhaltsansprüchen* im Ausland[106] sieht eine generelle Befreiung von der Ausländerkaution vor (Art. 9 Abs. 2), und hinsichtlich der unentgeltlichen Prozessführung postuliert es die Inländergleichbehandlung (Art. 9 Abs. 1). Überdies haben die vom Übereinkommen geschaffenen nationalen Empfangs- und Übermittlungsstellen kostenlos zu arbeiten (Art. 9 Abs. 3). Müssen im ersuchten Staat gerichtliche Verfahren angestrengt werden und sind in deren Rahmen Zustellungen oder Beweiserhebungen in einem anderen Vertragsstaat vorzunehmen, so hat ihre Erledigung ebenfalls kostenlos zu erfolgen (Art. 7 lit. *d*). Gleichsam ergänzend sehen die Haager Unterhalts-Vollstreckungsübereinkommen von 1958 (Art. 9) bzw. 1973 (Art. 15-17)[107] vor, dass, wer im ausländischen Urteilsverfahren im Genuss der unentgeltlichen Rechtshilfe stand, diese ipso iure auch im Vollstreckungsverfahren haben soll. Überdies soll in Unterhaltsvollstreckungsverfahren jedermann von Prozesskaution und Beglaubigung befreit sein.

92

Auch das Europäische und das Haager Übereinkommen betreffend *Kindesentführungen*[108] sehen weitgehende Kostenbefreiung vor. Nach Art. 5 Abs. 3 des Europäischen Übereinkommens hat jeder Staat die Kosten für die von seiner Zentralbehörde veranlassten Massnahmen und Verfahren, einschliesslich allfälliger Anwaltshonorare, selber zu tragen. Einzig die Kosten für die Rückführung des Kindes sind erstattungspflichtig. Gleiches gilt nach Art. 26 des Haager Übereinkommens. Überdies wird in diesen Verfahren generell auf Kautionen und Beglaubigungen verzichtet[109].

93

Zumindest Bestimmungen über die Befreiung von der Prozesskaution finden sich auch in einzelnen Übereinkommen des internationalen *Transportrechts*, etwa in Art. 36 der Mannheimer Rheinschiffahrts-Akte von 1868[110] oder in Art. 31 Abs. 5 des Übereinkommens über die Beförderung im internationalen Strassengüterverkehr (CMR) vom 19.5.1956[111].

94

---

[106] Vorne, Rdz. **5**/43ff.
[107] Vorne, Rdz. **5**/52ff.
[108] Vorne, Rdz. **5**/101ff.
[109] Vgl. Art. 5 Abs. 3, 15 und 16 des Europäischen sowie Art. 22, 23 und 26 des Haager Übereinkommens.
[110] SR 0.747.224.101.
[111] SR 0.741.611.

Kapitel 6

VI. Das Haager Übereinkommen über den internationalen Zugang zur Rechtspflege

1. Die Revision der Zivilprozess-Übereinkunft von 1954

95   Mit dem Haager Übereinkommen vom 25.10.1980 über den internationalen Zugang zur Rechtspflege[112] ist die Revision der alten Haager Zivilprozess-Übereinkunft von 1905 bzw. 1954 abgeschlossen. Das neue Übereinkommen ist dazu bestimmt, aus der alten Zivilprozess-Übereinkunft die Kapitel über die Prozesskaution (Art. 17-19), die unentgeltliche Prozessführung (Art. 20-24), die Abgabe von Auszügen aus Zivilstandsregistern (Art. 25) und die Personalhaft (Art. 26) zu erneuern.

96   Bei der Revision ging es einerseits darum, die organisatorischen Verbesserungen, die 1965 für das Zustellungs- und 1970 für das Beweisaufnahme-Übereinkommen erzielt wurden, auch dem Verkehr mit Gesuchen zur Kautionsbefreiung und zur unentgeltlichen Prozessführung dienstbar zu machen. Die Verbesserungen betreffen die zwischenstaatlichen Verkehrswege (*Zentralbehörden*), die inhaltliche Ausgestaltung (*Formular*) und die verfahrensmässige Behandlung (*Erledigung*) der Gesuche sowie die Rechtsstellung der Zeugen und Sachverständigen im Urteilsstaat (*freies Geleit*)[113]. Andererseits wollte man den neuen Entwicklungen auf dem Gebiet der Kautions- (erweitertes Domizilprinzip) und der Kostenbefreiung (Teilbefreiung) Rechnung tragen.

97   Die Revision hat ihr Ziel erreicht. Innert kurzer Zeit ist das Übereinkommen von mehr als einem Dutzend Staaten ratifiziert bzw. unterzeichnet worden, auch von der Schweiz[114].

---

[112]   Für den *Text des Übereinkommens* s. hinten, Anhang D; ferner: Botschaft des Bundesrates, BBl 1993 III 1339-1349; AS 1994, 2835-2850; SR 0.274.133; Conférence de La Haye, Actes et Documents de la 14e session (1980), t. IV, Entraide judiciaire, S. 135-144; ferner SJIR 1981, S. 162-172; RabelsZ 1982, S. 768-793.
  Wichtigste Literatur: H. Batiffol, La Quatorzième session de la Conférence de La Haye de droit international privé, Rev. crit. 1981, S. 231-245; *Ch. Böhmer*, Die 14. Haager Konferenz für internationales Privatrecht, RabelsZ 1982, S. 643-663; *G. Möller*, Rapport explicatif, Actes et Documents, 14e session (1980), t. IV, S. 260-288; *J.W. Soek*, Recent Developments in the Field of Cautio Judicatum Solvi, Costs, Free Access and Free Legal Assistance, NILR 1981, S. 284-317; *P. Volken*, Vierzehnte Session der Haager Konferenz, Internationale Rechtshilfe in Zivilsachen, SJIR 1981, S. 109-118.

[113]   Vgl. Rdz. **6**/101ff., 110 ff.; **7**/14.

[114]   Vgl. hinten, Anhang D.

2. Der Gegenstand

Im Unterschied zum Zustellungs- und zum Beweisaufnahme-Übereinkommen behandelt das Rechtspflege-Übereinkommen *vier verschiedene Themen*: die Prozesskostenhilfe, die Prozesskaution, die Registerauszüge und Abschriften sowie die Personalhaft und das freie Geleit. Für alle vier Themen lehnt es sich eng an die Regelung der Zivilprozess-Übereinkünfte von 1905 und 1954 an. Immerhin sind wichtige Neuerungen zu verzeichnen, vor allem im Bereich der Prozesskostenhilfe. Dabei konnte die Haager Konferenz auf die Vorarbeiten des Europarates und dessen Arbeitsgruppe «sur l'accès à la justice»[115] zurückgreifen. Während aber die Arbeiten des Europarats auf die materielle Vereinheitlichung der nationalen Grundsätze über Rechtshilfe, Rechtsbeistand und Rechtsberatung hinzielen, ging es der Haager Konferenz lediglich (aber immerhin) um die Gleichbehandlung von In- und Ausländern.

Bei der Verwirklichung der Gleichbehandlung war dem Umstand Rechnung zu tragen, dass heute zahlreiche Staaten die teilweise Kostenhilfe kennen[116]. Deren Gewährung setzt für die ersuchten Behörden verlässliche Angaben über die Einkommens- und Vermögensverhältnisse des Gesuchstellers voraus[117]. Im grenzüberschreitenden Verkehr sollen diese Informationen in Zukunft mit Hilfe zentraler Empfangs- und Übermittlungsbehörden (Art. 3, 8) beschafft werden. Die gleichen Zentralbehörden sollen nach Art. 16 für die Vollstreckbarerklärung von Kostenentscheiden eingesetzt werden[118].

Sachlich will das Übereinkommen auf die Kostenhilfe bzw. die Kautionsbefreiung in Zivil- und Handelssachen anwendbar sein. Der Begriff der Zivil- und Handelssache ist unverändert aus der Zivilprozess-Übereinkunft von 1954 übernommen worden. Die dort sowie zum Haager Zustellungs- und Beweiserhebungs-Übereinkommen gemachten Ausführungen gelten entsprechend[119]. Neu ist die Ausdehnung der Kostenhilfe auf Verwaltungs-, Sozial- und Fiskalsachen (Art. 1 Abs. 3), ferner der Einbezug der Rechtsberatung (Art. 2), jedoch nur für Staaten, die eine solche nach ihrem Recht kennen[120].

---

[115] Vorne, Rdz. **6**/8.
[116] Vgl. Conférence de La Haye, Actes et Documents, 14e session (1980), t. IV, Rapport d'orientation, S. 13, 15.
[117] Vgl. auch BGE 120 Ia 181.
[118] *G. Möller*, S. 269, 283.
[119] Vorne, Rdz. **2**/25ff., 71ff.; **3**/102ff.
[120] *G. Möller*, S. 267.

Kapitel 6

3. Die Zentralbehörden

101 Die Zivilprozess-Übereinkünfte von 1893 und 1905 waren noch stillschweigend von der Auffassung ausgegangen, der um unentgeltliche Prozessführung Ersuchende befinde sich jeweils im Staat des ersuchten Gerichts und könne daher sein Gesuch *direkt selbst* einreichen[121]. Bereits im Hinblick auf die Revision von 1954 erkannte man jedoch, dass der Bedürftige, der sich nicht im Staat des ersuchten Gerichts aufhält, besonderer Hilfe bedarf. Art. 23 der Übereinkunft von 1954 führte für die grenzüberschreitende Übermittlung von Gesuchen um Prozesskostenhilfe – gleich wie für die Notifikationen und die Rogatorien – den konsularischen Weg ein[122]. Ähnlich wie das Zustellungs- und das Beweiserhebungs-Übereinkommen für ihre Bereiche, ersetzt das vorliegende Übereinkommen für die Übermittlung von Kostenhilfegesuchen und Begehren um Vollstreckung von Kostenentscheiden den konsularischen bzw. diplomatischen Weg durch den Verkehr zwischen Zentralbehörden.

102 Nach den Art. 3 und 4 hat jeder Vertragsstaat zentrale Empfangs- und Übermittlungsbehörden zu bezeichnen. Die *Übermittlungsbehörde* nimmt die Gesuche um Prozesskostenhilfe von den auf ihrem Hoheitsgebiet lebenden Gesuchstellern entgegen (Art. 4) und prüft sie auf ihre Stichhaltigkeit (Art. 6 Abs. 2) sowie auf ihre materielle und formelle Richtigkeit (Art. 6 Abs. 1). Wo nötig hilft sie dem Gesuchsteller bei der Erstellung des Gesuches und der Beschaffung der erforderlichen Übersetzungen (Art. 6 Abs. 1, 3)[123]. Die *Empfangsbehörde* des ersuchten Staates ihrerseits prüft den eingehenden Antrag (Art. 8) und führt nötigenfalls Rückfragen bei der übermittelnden Behörde durch (Art. 8). Je nach den Kompetenzen, die ihr nach innerstaatlichem Recht zustehen, entscheidet sie über den Antrag selbst oder veranlasst den Entscheid bei der dafür zuständigen Behörde (Art. 8).

103 In der Schweiz werden die Übermittlungs- und Empfangsfunktionen von administrativen Behörden des Bundes und gerichtlichen Behörden der Kantone wahrgenommen[124], während die materielle Entscheidungsbefugnis in die Kompetenz des Gerichts fällt, bei welchem das Verfahren, in dessen Rahmen um Prozesskostenhilfe ersucht wird, anhängig ist. Das gleiche System von Übermittlungs- und Empfangsbehörden sieht Art. 16 für die Gesuche auf Vollstreckbarerklärung von Kostenentscheiden vor, die im Anschluss

---

[121] Vgl. *A. Bülow/H. Arnold*, Internationaler Rechtsverkehr, N. 100, S. 34.
[122] Vorne, Rdz. **2**/28; **3**/75.
[123] *G. Möller*, S. 273, 274.
[124] Vgl. Botschaft, BBl 1993 III 1302f.. Für jeden Kanton wird eine entsprechende Zentralbehörde bezeichnet (AS 1995, 965, 966). Dabei handelt es sich durchwegs um das Kantons- bzw. das kantonale Obergericht; nur in BE, GR und NE ist es das kantonale Justizdepartement. Weiter ist das EJPD/BJ als zentrale Behörde des Bundes tätig.

an die Befreiung von der Prozesskaution zu Lasten der befreiten Person ergangen sind.

Die in den Art. 3 und 4 bzw. 16 vorgesehenen Behörden verkehren grundsätzlich ohne Zwischenschaltung weiterer Behörden direkt miteinander. Immerhin können Bundesstaaten und Staaten, in denen mehrere Rechtsordnungen gelten, auch mehrere Empfangs- und Übermittlungsbehörden bezeichnen (Art. 3 Abs. 2, Art. 16 Abs. 3). Diese können einander gleichgeordnet sein, wie z.B. die kantonalen Behörden in der Schweiz; es kann aber auch subsidiär eine «zentrale» Zentralbehörde (auf Bundesebene) vorgesehen sein[125]. 104

Das vom Übereinkommen postulierte System der Zentralbehörden will den zwischenstaatlichen Rechtshilfeverkehr vereinfachen und beschleunigen, nicht erschweren. Deshalb steht es den Vertragsstaaten frei, auch den diplomatischen Weg vorzusehen (Art. 4 Abs. 3, Art. 16 Abs. 4)[126]. Umgekehrt kann das Kostenhilfe- bzw. das Vollstreckungsgesuch von der interessierten Partei auch unmittelbar bei der Empfangsbehörde oder gar bei der sachlich zuständigen Behörde des ersuchten Staates gestellt werden (Art. 5 Abs. 3, Art. 9 Abs. 2, Art. 16 Abs. 5). Freilich besteht dadurch die Gefahr, dass sich die Zahl fehler- oder lückenhafter Gesuche erhöht[127]. Anderseits hält das Übereinkommen in Art. 9 Abs. 1 auch jenen Personen einen Übermittlungsweg offen, die nicht in einem Vertragsstaat wohnen[128]. Sie können ihr Gesuch auf konsularischem Weg stellen. 105

4. Die Prozesskostenhilfe

Nach Art. 1 kommen in erster Linie jene Angehörigen eines Vertragsstaates in den Genuss des Übereinkommens, die in einem anderen Vertragsstaat als Kläger vor Gericht auftreten. Insoweit übernimmt das Übereinkommen die nach Art. 20 der Zivilprozess-Übereinkunft von 1954 geltende Regelung. Darüber hinaus erweitert das Übereinkommen seinen persönlichen Geltungsbereich auf die Personen, die zwar nicht Angehörige eines Vertragsstaates sind, aber in einem der Vertragsstaaten ihren gewöhnlichen Aufenthalt haben. Und Art. 1 Abs. 2 geht noch einen Schritt weiter, indem er selbst solche Personen einbezieht, die früher einmal ihren gewöhnlichen Aufenthalt 106

---

[125] *G. Möller*, S. 269.
[126] Auf der Möglichkeit, den diplomatischen Weg wählen zu können, hatte vor allem die Delegation der früheren UdSSR beharrt; Conférence de La Haye, Actes et Documents, 14e session (1980), t. IV, S. 177.
[127] Das Risiko fehlerhafter Gesuche trägt der Interessierte jeweils selbst.
[128] Gedacht ist z.B. an die Staatsangehörigen eines Vertragsstaates mit gewöhnlichem Aufenthalt ausserhalb des Kreises der Vertragsstaaten.

im Staat des angerufenen Gerichts hatten. Vorausgesetzt ist, dass der geltend gemachte Anspruch mit dem früheren Aufenthalt in Zusammenhang steht[129]. Als Personen im Sinne der Art. 1-13 kommen nur natürliche, nicht auch juristische Personen in Frage[130].

107 Für die Ausweitung im Sinne des Wohnsitzprinzips waren die bereits erwähnten Arbeiten des Europarats[131] wegleitend. Untersuchungen hatten gezeigt, dass die Mehrheit der Staaten Prozesskostenhilfe heute unabhängig von der Staatsangehörigkeit allen Personen gewährt, die auf ihrem Gebiet wohnen[132].

108 Das Übereinkommen will den Kreis der Vertragsstaaten gleichsam zum Prozesskosteninland machen. Es stellt nicht materielle Kriterien der Kostenhilfe auf, sondern postuliert die Gleichbehandlung der einem Vertragsstaat angehörenden oder auf seinem Gebiet wohnenden Personen mit den eigenen, im Inland lebenden Staatsangehörigen. Wieweit im Einzelfall Kostenbefreiung tatsächlich gewährt wird, bestimmt das innerstaatliche Recht des angerufenen Gerichts. In Staaten mit strengen Anforderungen an die Armengenössigkeit werden auch die Personen aus anderen Vertragsstaaten an diesem Standard gemessen. Umgekehrt wird in einem Staat mit Teilkostenhilfe dieses Vorteils selbst eine Person teilhaftig, die diese Einrichtung zuhause nicht kennt[133].

109 Die Kostenhilfe nach Art. 1 steht in erster Linie in zivil- und handelsrechtlichen Streitigkeiten offen; doch ist sie in den Staaten, deren Recht die Kostenhilfe auch in Verwaltungs-, Sozialversicherungs- oder Fiskalverfahren kennt, Personen aus anderen Vertragsstaaten für diese Materien gleicherweise zu gewähren wie den im eigenen Land wohnenden Inländern (Art. 1 Abs. 2). Nach Art. 2 soll die Gleichbehandlung in Zukunft nicht nur für eigentliche Prozesse gelten, sondern sogar für die im eigenen Aufenthaltsstaat nachgesuchte Beratungshilfe (sofern dieser Staat eine solche kennt).

110 Das Gesuch um Kostenhilfe ist im grenzüberschreitenden Verkehr mit Hilfe der vom Übereinkommen geschaffenen Übermittlungs- und Empfangsbehörden zu stellen (Art. 5 Abs. 1). Zu diesem Zweck wird das im Anhang zum Übereinkommen abgedruckte, mehrsprachige *Musterformular* verwendet (Art. 5 Abs. 2)[134]. Das Formular besteht aus einem Musterbrief für den Verkehr zwischen den Übermittlungs- und Empfangsbehörden sowie einem Fragebogen. Darin sind Angaben zu machen über den Rechtsstreit, für

---

[129] Gegen diese Erweiterung ist allerdings ein Vorbehalt nach Art. 28 Abs. 1 möglich.
[130] Vgl. auch *G. Möller*, S. 266, Anm. 11.
[131] Vgl. vorne, Rdz. **6**/98.
[132] Conférence de La Haye, Actes et Documents, 14e session (1980), t. IV, Rapport d'orientation, S. 13.
[133] *G. Möller*, S. 265, 266.
[134] BBl 1993 III 1354-1359; AS 1994, 2846-2850; s. auch *G. Möller*, S. 272.

den die Kostenhilfe verlangt wird, sowie über die persönlichen und die finanziellen Verhältnisse des Gesuchstellers. Von letzterem interessieren insbesondere das Einkommen, das Vermögen sowie die Schulden und die allfälligen Verpflichtungen gegenüber Dritten, einschliesslich der Steuern und Sozialversicherungsbeiträge. Das Formular ist vom Gesuchsteller auszufüllen und zu unterschreiben. Es muss grundsätzlich in der oder einer der Sprachen des ersuchten Staates abgefasst oder mit einer entsprechenden Übersetzung versehen sein (Art. 7 Abs. 1). Ist jedoch eine Übersetzung in die Sprache des ersuchten Staates nur sehr schwer erhältlich, so kann das Gesuch auch in Französisch oder Englisch abgefasst bzw. mit einer solchen Übersetzung versehen sein (Art. 7 Abs. 2). Allerdings ist dagegen ein Vorbehalt möglich (Art. 28 Abs. 2 lit. *a*)[135].

Die Übermittlungsbehörde überprüft das Gesuch auf seine sachliche und formelle Richtigkeit (Art. 6) und leitet es, sobald es vollständig ist, an die Empfangsbehörde des ersuchten Staates weiter (Art. 4); diese ist um die materielle Entscheidung im ersuchten Staat besorgt (Art. 8). 111

Kostenhilfegesuche im Sinne des Übereinkommens und deren Beilagen sind von Verfahrenskautionen befreit (Art. 10). Ihre Übermittlung und Entgegennahme sowie der Entscheid darüber erfolgen kostenfrei (Art. 11) und sind rasch zu behandeln (Art. 12). Überdies erstreckt sich die einmal gewährte Kostenhilfe auch auf die Notifikationen, Beweiserhebungen und späteren Vollstreckungsverfahren, die in gleicher Sache in einem anderen Vertragsstaat vorzunehmen sind (Art. 13). 112

5. Die Prozesskaution

Der von Art. 17 der Zivilprozess-Übereinkunft her vertraute Begriff der *cautio iudicatum solvi* wird in Art. 14 unverändert übernommen. Art. 14 erweitert allerdings den Kreis der Begünstigten um jene Personen, die zwar Angehörige eines Nichtvertragsstaates sind, aber in einem Vertragsstaat wohnen[136]. Wie schon unter der Fassung von 1954 gehandhabt, jetzt aber ausdrücklich erwähnt, ist die Befreiung von der Prozesskaution sowohl für natürliche wie für juristische Personen möglich, und sie erstreckt sich sowohl auf die Vorschüsse für die Partei- wie für die Gerichtskosten (Art. 14 Abs. 2). 113

---

[135] Die Schweiz hat von diesem Vorbehalt Gebrauch gemacht, vgl. Botschaft des Bundesrates, BBl 1993 III 1304, 1305; AS 1995, 965.
[136] Gegen diese Erweiterung, die an sich auch für juristische Personen gilt, ist ein Vorbehalt nach Art. 28 Abs. 1 möglich. Die Schweiz hat davon nicht Gebrauch gemacht.

Kapitel 6

114 Die Befreiung gilt aber nur für die sog. *Ausländerkautionen*, d.h. für Vorschüsse, die einer Partei wegen ihrer Ausländereigenschaft oder deswegen auferlegt werden, weil sie nicht im Forumstaat wohnt. Kautionen, die unabhängig von Nationalität oder Wohnsitz von allen Personen, selbst den Inländern im Inland, gefordert werden, erfasst Art. 14 nicht[137]. Andererseits versteht sich Art. 14 nur als Minimalstandard. Bestimmungen des nationalen Rechts oder anderer Übereinkommen, die weitergehend von Kautionen befreien, bleiben unberührt.

115 Im Unterschied zu den Art. 17-19 der Übereinkunft von 1954 sind die Art. 14-17 des Übereinkommens von 1980 bloss fakultativ, d.h. ein Vertragsstaat kann das Übereinkommen ratifizieren, ohne die Pflicht der Kautionsbefreiung zu übernehmen. Zu diesem Zweck kann jeder Vertragsstaat einen Vorbehalt im Sinne von Art. 28 Abs. 2 lit. *c* anbringen. Der Vorbehalt wurde mit Rücksicht auf die angelsächsischen Staaten[138] aufgenommen. Sie machten geltend, das Common Law räume dem Richter in Sachen Kaution und Kautionsbefreiung ein so weitgehendes Ermessen ein, dass damit die Grundsätze von Art. 14-17 nur schwer in Einklang zu bringen seien. Der Vorbehalt kann faktisch zur Folge haben, dass das Übereinkommen auf eine reine Prozesskostenübereinkunft reduziert wird.

6. Die Vollstreckung von Kostenentscheiden

116 Als Gegenstück zur Kautionsbefreiung sieht das Übereinkommen für den Fall, dass der ausländische Befreite letztlich in die Verfahrenskosten verurteilt wird, die erleichterte Vollstreckbarerklärung des Kostenentscheides in allen anderen Vertragsstaaten vor (Art. 15). Das Vollstreckbarkeitsbegehren wird neu mit Hilfe der zentralen Übermittlungs- und Empfangsbehörden gestellt (Art. 16). Für die Schweiz, die für diese Art von Entscheiden kein eigentliches Exequatur kennt, bleibt der gleiche Rechtszustand bestehen wie unter der Zivilprozess-Übereinkunft von 1954[139]. Danach kann der ausländische Kostengläubiger direkt die Betreibung nach Art. 38ff. SchKG einleiten. Wird in diesem Rahmen ein Rechtsöffnungsverfahren nötig (Art. 81 Abs. 3 SchKG), so prüft der Rechtsöffnungsrichter in einem summarischen Verfahren inzidenter, ob die Vollstreckbarkeitsvoraussetzungen nach Art. 17 des Übereinkommens erfüllt sind.

---

[137] So schon die Zivilprozess-Übereinkünfte von 1905 und 1954, vgl. vorne, Rdz. **6**/49, 53; ferner *G. Möller*, S. 282.
[138] Der Vorbehalt wurde von Australien verlangt und von Grossbritannien sowie von Kanada unterstützt (die USA haben an den Arbeiten nur sehr passiv teilgenommen).
[139] Vorne, Rdz. **6**/60-63.

Die Vollstreckbarkeitsüberprüfung hat sich gemäss Art. 17 auf einen summarischen Urkundenprozess zu beschränken. Dabei ist das Rubrum der zu vollstreckenden Entscheidung mit den Namen der Parteien und ihrer Stellung im Prozess sowie die eigentliche Verurteilung in die Kosten zu liefern (Abs. 1 lit. *a*), ferner die Rechtskraftbescheinigung bzw. der Nachweis darüber, dass im Urteilsstaat gegen den Kostenentscheid kein ordentliches Rechtsmittel mehr anhängig, d.h. der Kostenentscheid dort vollstreckbar ist (Abs. 1 lit. *b*). Schliesslich sind diese Urkunden nötigenfalls mit einer Übersetzung in die Sprache des ersuchten Gerichts einzureichen (Abs. 1 lit. *c*). Die Übersetzungs-, Bescheinigungs- oder Beglaubigungskosten sind als Verfahrenskosten ebenfalls dem Kostenschuldner zu überbinden. Das Exequaturverfahren hat nach Art. 17 Abs. 2 und 3 ohne Parteiverhandlung stattzufinden, doch müssen dem Beklagten Rechtsmittel gegen den Entscheid offenstehen. Das schweizerische Rechtsöffnungsverfahren genügt diesen Ansprüchen.

117

7. Die Registerauszüge und die Abschriften von Urkunden

Art. 25 der Zivilprozess-Übereinkunft von 1954 hat bedürftigen Angehörigen eines Vertragsstaates kostenlos Auszüge aus den Zivilstandsregistern sowie die kostenlose Beglaubigung ihrer Eheschliessungsdokumente zugesichert. Art. 18 des neuen Übereinkommens lehnt sich an diese Bestimmung an, erweitert sie aber sachlich und persönlich[140].

118

In *persönlicher* Hinsicht wird der Anspruch – wie in den Art. 1 und 14 – auf die Angehörigen eines Drittstaates ausgedehnt, die in einem Vertragsstaat ihren gewöhnlichen Aufenthalt haben. *Sachlich* umfasst der Anspruch ganz allgemein Abschriften und Auszüge aus irgendeinem öffentlichen Register sowie deren Beglaubigung; überdies kommen Kopien von Entscheidungen in Zivil- und Handelssachen hinzu. Damit werden nicht etwa inländische Register schrankenlos der Neugierde von Ausländern geöffnet. Das Schwergewicht liegt vielmehr auf dem Gesichtspunkt der Nichtdiskriminierung. Ein Anspruch auf Auszüge steht dem im Ausland wohnenden Ausländer nur zu, wenn unter vergleichbaren Umständen auch der im Inland wohnende Inländer einen solchen Anspruch hätte. Gleich verhält es sich mit der Kostenfrage.

119

---

[140] *G. Möller*, S. 276.

Kapitel 6

VII. Das Europäische Übereinkommen betreffend Übermittlung von Gesuchen um Kostenhilfe

120 Das Europäische Übereinkommen vom 27.1.1977 betreffend die Übermittlung von Gesuchen um unentgeltliche Rechtshilfe[141] ist aus den Arbeiten der bereits erwähnten Arbeitsgruppe des Europarates betreffend «accès à la justice» hervorgegangen. Die Arbeitsgruppe hatte ab 1974 Mittel und Wege geprüft, um in den Vertragsstaaten des Europarates den Zugang zu den Gerichten zu erleichtern und so den Grundsatz der Rechtsstaatlichkeit in und unter den Völkern Europas zu stärken. In diesem Sinn hat die Arbeitsgruppe, der es in erster Linie um eine inhaltliche Angleichung und Verbesserung der europäischen Verfahrensrechte ging, seit 1976 verschiedene Texte, Resolutionen und Empfehlungen ausgearbeitet[142]. Dabei hat sie sich auch mit der Frage der Rechtsstellung von Ausländern im inländischen Prozess befasst. In dem Bestreben, für diese Personengruppe die ökonomischen Barrieren des Rechtsweges zu verkleinern und ihr den Zugang zu den Gerichten zu erleichtern, hat die Arbeitsgruppe innerhalb des Europarates das gleiche Verfahren vorgeschlagen, das die Haager Zivilprozess-Übereinkunft von 1954 in Art. 20-24 und das neue Haager Übereinkommen von 1980 in Art. 1-13 vorsieht: Gleich ist im Europäischen Übereinkommen der Kreis der begünstigten Personen, gleich ist die Zielsetzung und gleich sind die Mittel.

121 Nach *Art. 1* können alle Personen, die in einem Vertragsstaat wohnen, in einem anderen Vertragsstaat in ein gerichtliches Verfahren verwickelt sind und dafür die unentgeltliche Prozessführung in Anspruch nehmen wollen, mit Hilfe sog. Übermittlungs- und Empfangsbehörden ein entsprechendes Gesuch an die Behörden des Forumstaates richten. Der staatsvertragliche Weg steht offen für Verfahren in Zivil-, Handels- oder Verwaltungssachen und kann benutzt werden für Begehren auf gänzliche oder teilweise Befreiung von den Prozesskosten.

122 Das Übereinkommen enthält keine materiellen Grundsätze, die angeben, unter welchen Voraussetzungen dem Begehren auf unentgeltliche Prozessführung stattgegeben wird. Diese Frage bleibt – gleich wie unter den Haager Übereinkommen – dem nationalen Recht vorbehalten[143]. Das Über-

---

[141] Accord européen du 27.1.1977 sur la transmission des demandes d'assistance judiciaire, Conseil de l'Europe, ST No 92, Strasbourg 1978; für den *Text* s. hinten, Anhang E, ferner: Botschaft BBl 1993 III 1355-1359; AS 1994, 1851-1855; SR 0.274.137.
[142] Vorne, Rdz. 6/8.
[143] Einzelne Resolutionen, die von der Arbeitsgruppe vorbereitet wurden (vgl. bei Anm. 142), wollen aber das einschlägige nationale Recht angleichen und in Richtung Zulässigkeit der teilweisen Kostenbefreiung weiterentwickeln.

einkommen stellt einen Übermittlungsweg für die Gesuche um Kostenhilfe zur Verfügung. Zu diesem Zwecke hat jeder Vertragsstaat sog. Übermittlungs- und Empfangsbehörden zu bezeichnen (*Art. 2*) und sie dem Generalsekretär des Europarates zu melden (*Art. 8*)[144].

Die Übermittlungsbehörde hilft dem Gesuchsteller, sein Gesuch mit den erforderlichen Beilagen zusammenstellen, hilft ihm bei der Übersetzung der Dokumente, prüft das Gesuch auf seine Stichhaltigkeit, vergewissert sich über dessen materielle und formelle Vollständigkeit und leitet es an die Empfangsbehörde des ersuchten Staates weiter (*Art. 3*). Die Empfangsbehörde ihrerseits veranlasst im ersuchten Staat den materiellen Entscheid über das Gesuch, führt Rückfragen bei der Übermittlungsbehörde durch, informiert diese über den getroffenen Entscheid (*Art. 3 Abs. 3*) und hält sie ganz allgemein über das Recht der unentgeltlichen Prozessführung auf dem laufenden (*Art. 7*).

Der Verkehr zwischen den Zentralbehörden erfolgt kostenlos (*Art. 5*) und ist frei von jeglicher Pflicht der Beglaubigung (*Art. 4*).

Gesuche um unentgeltliche Prozessführung müssen in der oder einer der Sprachen der ersuchten Behörde verfasst oder von einer entsprechenden Übersetzung begleitet sein (*Art. 6 Abs. 1 lit. a*). Doch sind Gesuche und Beilagen, die auf Englisch oder Französisch abgefasst oder mit einer Übersetzung in eine dieser beiden Sprachen versehen sind, zu akzeptieren (*Art. 6 Abs. 1 lit. b*). Allerdings kann jeder Vertragsstaat gegen die letztere Bestimmung einen Vorbehalt anbringen und so auf seiner eigenen Sprache beharren (*Art. 13*)[145]. Staaten wie die Schweiz, in denen mehrere Amtssprachen nebeneinander gelten, haben anzugeben, in welcher Sprache das Gesuch für welchen Gebietsteil redigiert sein muss (*Art. 14*).

Das Europäische Übereinkommen ist bisher von siebzehn[146] Staaten ratifiziert worden. Die Koordination zwischen dem Haager und dem Europäischen Übereinkommen wird am besten durch die Bezeichnung identischer Zentralbehörden sichergestellt.

---

[144] Die Schweiz hat die gleichen Zentralbehörden wie für das Haager Rechtshilfe-Übereinkommen von 1980 bezeichnet; vorne, Rdz. **6**/103, Anm. 122; s. auch Botschaft, BBl 1993 III 1305; AS 1995, 971.

[145] Die Schweiz hat diesen Vorbehalt geltend gemacht, vgl. Botschaft des Bundesrates, BBl 1993 III 1306; AS 1995, 970.

[146] Vgl. hinten, Anhang E; AS 1995, 967.

VIII. Übersicht über die Kostenhilfe (Kaution) im Verhältnis zu verschiedenen Staaten[147]

127 **Afghanistan:** Keine Ausländerkautionspflicht.

Ägypten: Keine Ausländerkautionspflicht, aber Pflicht zur Sicherheitsleistung für die Gerichtsgebühr vor Kassationsgericht (Art. 254 ägZPO, keine Ausländerkaution);
Gegenseitigkeit: staatsvertraglich verbürgt (Art. 17 HZPÜ von 1954).

Äthiopien: Ausländerkautionspflicht (Art. 200-202 äthZPO), sofern Ausländer nicht in Äthiopien wohnhaft oder dort nur über ungenügend Grundvermögen verfügt.

Albanien: Ausländerkautionspflicht;
Gegenseitigkeit: nicht verbürgt.

Algerien: Ausländerkautionspflicht (Art. 460 algZPO) auf Begehren des Beklagten;
überdies gilt: für Unterhaltssachen Art. 9 des New Yorker Übereinkommens von 1956.

Andorra: Keine Ausländerkautionspflicht.

Argentinien: Ausländerkautionspflicht (Art. 348 argZPO), sofern Ausländer nicht in Argentinien wohnhaft oder dort nur über ungenügend Grundvermögen verfügt;
Gegenseitigkeit: staatsvertraglich verbürgt (Art. 17 HZPÜ von 1954);
überdies gilt: für Unterhaltssachen Art. 9 des New Yorker Übereinkommens von 1956.

Australien: Ausländerkautionspflicht;
gegenüber der Schweiz gilt Art. 3 des schweizerisch-britischen Zivilprozessabkommens von 1937: Kautionspflicht, sofern Ausländer nicht in Australien wohnhaft oder dort nur über ungenügend Grundvermögen verfügt;

---

[147] Vgl. zum folgenden auch: *A. Baumbach/W. Lauterbach/P. Hartmann,* Zivilprozessordnung, 43. Aufl., München 1985, S. 317-321; *R. Schütze,* DIZPR, S. 89-113; *A.F. Schnitzer,* Handbuch IPR, Bd. 2, S. 847-848 (überholt).

überdies gilt: für Beweiserhebungen Art. 14 des Haager Beweiserhebungs-Übereinkommens von 1970, für Unterhaltssachen Art. 9 des New Yorker Übereinkommens von 1956, für Kindesentführungen Art. 26 des Haager Übereinkommens von 1980.

Bahamas: Ausländerkautionspflicht;
gegenüber der Schweiz gilt Art. 3 des schweizerisch-britischen Zivilprozessabkommens von 1937: Kautionspflicht, sofern Ausländer nicht auf den Bahamas wohnhaft oder dort nur über ungenügend Grundvermögen verfügt;
überdies gilt: für Kindesentführungen Art. 26 des Haager Übereinkommens von 1980.

Bangladesh: Ausländerkautionspflicht, sofern Ausländer nicht in Bangladesh wohnhaft oder dort nur über ungenügend Grundvermögen verfügt.

Barbados: Ausländerkautionspflicht, sofern Ausländer nicht in Barbados wohnhaft oder dort nur über ungenügend Grundvermögen verfügt;
überdies gilt: für Zustellungen Art. 12 des Haager Zustellungs-Übereinkommens von 1965, für Beweiserhebungen Art. 14 des Haager Beweiserhebungs-Übereinkommens von 1970, für Unterhaltssachen Art. 9 des New Yorker Übereinkommens von 1956.

Belarus: Keine Ausländerkautionspflicht;
Gegenseitigkeit: staatsvertraglich verbürgt (Art. 17 HZPÜ von 1954).

Belgien: Ausländerkautionspflicht (Art. 851 Code judiciaire);
Gegenseitigkeit: staatsvertraglich verbürgt (Art. 17 HZPÜ von 1954);
überdies gilt: für Zustellungen Art. 12 des Haager Zustellungs-Übereinkommens von 1965, für Beweiserhebungen Art. 14 des Haager Beweiserhebungs-Übereinkommens von 1970, für Unterhaltssachen Art. 9 des New Yorker Übereinkommens von 1956 sowie Art. 9 bzw. 16 der Haager Unterhalts-Vollstreckungs-Übereinkommen von 1958 bzw. 1973, für Kindesentführungen Art. 5 des Europäischen bzw. Art. 26 des Haager Übereinkommens von 1980.

Benin: Ausländerkautionspflicht, sofern Ausländer in Benin nur über ungenügend Grundvermögen verfügt bzw. auf Begehren des Beklagten.

Bolivien: Ausländerkautionspflicht (Art. 12 bolZPO), sofern Ausländer in Bolivien nur über ungenügend Grundvermögen verfügt.

Kapitel 6

Bosnien-Herzegowina: Kautionspflicht von Ausländern und Staatenlosen (Art. 82 Abs. 1 jugoslawisches IPR-Gesetz von 1982), sofern nicht in Bosnien-Herzegowina wohnhaft; keine Ausländerkautionspflicht, sofern Gegenseitigkeit verbürgt ist (Art. 85 Abs. 1 IPR-Gesetz);
Gegenseitigkeit: staatsvertraglich verbürgt (Art. 17 HZPÜ von 1954 bzw. Art. 14 des Haager Rechtspflege-Übereinkommens von 1980);
überdies gilt: für Unterhaltssachen Art. 9 des New Yorker Übereinkommens von 1956, für Kindesentführungen Art. 26 des Haager Übereinkommens von 1980.

Botswana: Ausländerkautionspflicht, sofern Ausländer nicht in Botswana wohnhaft oder dort nur über ungenügend Grundvermögen verfügt;
überdies gilt: für Zustellungen Art. 12 des Haager Zustellungs-Übereinkommens von 1965.

Brasilien: Ausländerkautionspflicht (Art. 67 brasZPO), sofern Ausländer nicht in Brasilien wohnhaft oder dort nur über ungenügend Grundvermögen verfügt;
überdies gilt: für Unterhaltssachen Art. 9 des New Yorker Übereinkommens von 1956.

BRD: Ausländerkautionspflicht (§ 110 dtZPO), sofern Ausländer nicht in der BRD wohnhaft;
Gegenseitigkeit: staatsvertraglich verbürgt (Art. 17 HZPÜ von 1954);
überdies gilt: für Zustellungen Art. 12 des Haager Zustellungs-Übereinkommens von 1965, für Beweiserhebungen Art. 14 des Haager Beweiserhebungs-Übereinkommens von 1970, für Unterhaltssachen Art. 9 des New Yorker Übereinkommens von 1956 sowie Art. 9 bzw. 16 der Haager Unterhalts-Vollstreckungs-Übereinkommen von 1958 bzw. 1973, für Kindesentführungen Art. 5 des Europäischen bzw. Art. 26 des Haager Übereinkommens von 1980.

Bulgarien: Keine Ausländerkautionspflicht (bulgarisches Zivilprozessrecht von 1952).

Burkina Faso: Ausländerkautionspflicht, sofern Ausländer in Burkina Faso nur über ungenügend Grundvermögen verfügt;
überdies gilt: für Unterhaltssachen Art. 9 des New Yorker Übereinkommens von 1956, für Kindesentführungen Art. 26 des Haager Übereinkommens von 1980.

Chile: Keine Ausländerkautionspflicht;
überdies gilt: für Unterhaltssachen Art. 9 des New Yorker Übereinkommens von 1956, für Kindesentführungen Art. 26 des Haager Übereinkommens von 1980.

China (Volksrepublik):
Gegenseitigkeit: nicht verbürgt;
überdies gilt: für Zustellungen Art. 12 des Haager Zustellungs-Übereinkommens von 1965.

China (Taiwan): Ausländerkautionspflicht (Art. 96 chinZPO), sofern Ausländer nicht auf Taiwan wohnhaft oder ohne geschäftliche Niederlassung und nur auf Begehren des Beklagten;
überdies gilt: für Unterhaltssachen Art. 9 des New Yorker Übereinkommens von 1956.

Costa Rica: Ausländerkautionspflicht.

Dänemark: Ausländerkautionspflicht (§ 323 dänZPO) auf Begehren des Beklagten; keine Ausländerkautionspflicht, sofern Gegenseitigkeit verbürgt ist;
Gegenseitigkeit: staatsvertraglich verbürgt (Art. 17 HZPÜ von 1954);
überdies gilt: für Zustellungen Art. 12 des Haager Zustellungs-Übereinkommens von 1965, für Beweiserhebungen Art. 14 des Haager Beweiserhebungs-Übereinkommens von 1970, für Unterhaltssachen Art. 9 des New Yorker Übereinkommens von 1956 sowie Art. 9 bzw. 16 der Haager Unterhalts-Vollstreckungs-Übereinkommen von 1958 bzw. 1973, für Kindesentführungen Art. 5 des Europäischen bzw. Art. 26 des Haager Übereinkommens von 1980.

Dominica: Ausländerkautionspflicht;
gegenüber der Schweiz gilt Art. 3 des schweizerisch-britischen Zivilprozessabkommens von 1937: Kautionspflicht, sofern Ausländer nicht in Domenica wohnhaft oder dort nur über ungenügend Grundvermögen verfügt.

Dominikanische Republik: Ausländerkautionspflicht, sofern Ausländer in der Dominikatischen Republik nur über ungenügend Grundvermögen verfügt; keine Ausländerkautionspflicht für handelsrechtliche Klagen.

Ecuador: Keine Ausländerkautionspflicht;
überdies gilt: für Unterhaltssachen Art. 9 des New Yorker Übereinkommens von 1956, für Kindesentführungen Art. 26 des Haager Übereinkommens von 1980.

Kapitel 6

Elfenbeinküste: Ausländerkautionspflicht (Art. 4 elfZPO), sofern Ausländer an der Elfenbeinküste nur über ungenügend Grundvermögen verfügt.

El Salvador: Ausländerkautionspflicht, sofern Ausländer in El Salvador nur über ungenügend Grundvermögen verfügt.

Estland: Keine Ausländerkautionspflicht;
Gegenseitigkeit: staatsvertraglich verbürgt (Art. 17 HZPÜ von 1905) kraft Erklärung von 1926.

Fidschi: Ausländerkautionspflicht;
gegenüber der Schweiz gilt Art. 3 des schweizerisch-britischen Zivilprozessabkommens von 1937: Kautionspflicht, sofern Ausländer nicht auf Fidschi wohnhaft oder dort nur über ungenügend Grundvermögen verfügt.

Finnland: Keine Ausländerkautionspflicht;
Gegenseitigkeit: staatsvertraglich verbürgt (Art. 17 HZPÜ von 1954 bzw. Art. 14 des Haager Rechtspflege-Übereinkommens von 1980);
überdies gilt: für Zustellungen Art. 12 des Haager Zustellungs-Übereinkommens von 1965, für Beweiserhebungen Art. 14 des Haager Beweiserhebungs-Übereinkommens von 1970, für Unterhaltssachen Art. 9 des New Yorker Übereinkommens von 1956 sowie Art. 9 bzw. 16 der Haager Unterhalts-Vollstreckungs-Übereinkommen von 1958 bzw. 1973, für Kindesentführungen Art. 5 des Europäischen bzw. Art. 26 des Haager Übereinkommens von 1980.

Frankreich: Keine Ausländerkautionspflicht (neue franzZPO);
Gegenseitigkeit: staatvertraglich verbürgt (Art. 17 HZPÜ von 1954 bzw. Art. 14 des Haager Rechtspflege-Übereinkommens von 1980);
überdies gilt: für Zustellungen Art. 12 des Haager Zustellungs-Übereinkommens von 1965, für Beweiserhebungen Art. 14 des Haager Beweiserhebungs-Übereinkommens von 1970, für Unterhaltssachen Art. 9 des New Yorker Übereinkommens von 1956 sowie Art. 9 bzw. 16 der Haager Unterhalts-Vollstreckungs-Übereinkommen von 1958 bzw. 1973, für Kindesentführungen Art. 5 des Europäischen bzw. Art. 26 des Haager Übereinkommens von 1980.

Gabun: Ausländerkautionspflicht (Art. 111f. gabZPO), sofern Ausländer nicht in Gabun wohnhaft oder dort nur über ungenügend Vermögen verfügt.

Griechenland: Ausländerkautionspflicht (Art. 171 grZPO) nach richterlichem Ermessen bei Gefahr, dass eine Vollstreckung des Kostenentscheides gegen den ausländischen Kläger ergebnislos wäre;
Gegenseitigkeit: staatsvertraglich verbürgt, zumindest für Zustellungen und Ersuchungsschreiben (vgl. Art. 8 der schweizerisch-griechischen Übereinkunft von 1934);
überdies gilt: für Zustellungen Art. 12 des Haager Zustellungs-Übereinkommens von 1965, für Unterhaltssachen Art. 9 des New Yorker Übereinkommens von 1956, für Kindesentführungen Art. 26 des Haager Übereinkommens von 1980.

Grossbritannien: Ausländerkautionspflicht;
gegenüber der Schweiz gilt Art. 3 des schweizerisch-britischen Zivilprozessabkommens von 1937: Kautionspflicht, sofern Ausländer nicht in Grossbritannien wohnhaft oder dort nur über ungenügend Grundvermögen verfügt;
überdies gilt: für Zustellungen Art. 12 des Haager Zustellungs-Übereinkommens von 1965, für Beweiserhebungen Art. 14 des Haager Beweiserhebungs-Übereinkommens von 1970, für Unterhaltssachen Art. 9 des New Yorker Übereinkommens von 1956 sowie Art. 9 bzw. 16 der Haager Unterhalts-Vollstreckungs-Übereinkommen von 1958 bzw. 1973, für Kindesentführungen Art. 5 des Europäischen bzw. Art. 26 des Haager Übereinkommens von 1980.

Guatemala: Ausländerkautionspflicht (Art. 117 guatZPO); keine Ausländerkautionspflicht, sofern Gegenseitigkeit verbürgt ist;
überdies gilt: für Unterhaltssachen Art. 9 des New Yorker Übereinkommens von 1956.

Guinea: Ausländerkautionspflicht (Art. 17 guinZPO), sofern Ausländer in Guinea nur über ungenügend Grundvermögen verfügt.

Haiti: Ausländerkautionspflicht, sofern Ausländer in Haiti nur über ungenügend Vermögen verfügt;
überdies gilt: für Unterhaltssachen Art. 9 des New Yorker Übereinkommens von 1956.

Honduras: Keine Ausländerkautionspflicht;
überdies gilt: für Kindesentführungen Art. 26 des Haager Übereinkommens von 1980.

Kapitel 6

Hong Kong: Ausländerkautionspflicht;
gegenüber der Schweiz gilt Art. 3 des schweizerisch-britischen Zivilprozessabkommens von 1937: Kautionspflicht, sofern Ausländer nicht in Hong Kong wohnhaft oder dort nur über ungenügend Grundvermögen verfügt.

Indien: Ausländerkautionspflicht (Order 25 S. 1 indZPO) nach richterlichem Ermessen.

Irak: Keine Ausländerkautionspflicht in der ersten Instanz; Ausländerkautionspflicht (Art. 200 irakZPO) in der Berufungsinstanz auf Begehren des Berufungsbeklagten.

Iran: Ausländerkautionspflicht (Art. 218 iranZPO); keine Ausländerkautionspflicht, sofern die Gegenseitigkeit verbürgt ist.

Irland: Ausländerkautionspflicht (Order 29 R.S.C.), sofern der Beklagte durch Affidavit nachweist, dass er eine «defence upon the merits» hat; keine Ausländerkautionspflicht nach richterlichem Ermessen, sofern Ausländer in Irland über genügend Vermögen verfügt;
überdies gilt: für Zustellungen Art. 12 des Haager Zustellungs-Übereinkommen von 1965, für Kindesentführungen Art. 26 des Haager Übereinkommens von 1980.

Island: Keine Ausländerkautionspflicht;
Gegenseitigkeit: staatsvertraglich verbürgt (Art. 17 HZPÜ von 1905).

Israel: Ausländerkautionspflicht (Art. 484 isrZPO) nach richterlichem Ermessen;
Gegenseitigkeit: staatsvertraglich verbürgt (Art. 17 HZPÜ von 1954);
überdies gilt: für Zustellungen Art. 12 des Haager Zustellungs-Übereinkommen von 1965, für Beweiserhebungen Art. 16 des Haager Beweiserhebungs-Übereinkommens von 1970, für Unterhaltssachen Art. 9 des New Yorker Übereinkommens von 1956.

Italien: Ausländerkautionspflicht, sofern Ausländer nicht in Italien wohnhaft und dort nur über ungenügend Vermögen verfügt;
Gegenseitigkeit: staatsvertraglich verbürgt (Art. 17 HZPÜ von 1954);
überdies gilt: für Zustellungen Art. 12 des Haager Zustellungs-Übereinkommens von 1965, für Beweiserhebungen Art. 14 des Haager Beweiserhebungs-Übereinkommens von 1970, für Unterhaltssachen Art. 9 des New Yorker Übereinkommens von 1956 sowie Art. 9 bzw. 16 der Haager Unter-

halts-Vollstreckungs-Übereinkommen von 1958 bzw. 1973, für Kindesentführungen Art. 5 des Europäischen bzw. Art. 26 des Haager Übereinkommens von 1980.

Japan: Ausländerkautionspflicht;
Gegenseitigkeit: staatsvertraglich verbürgt (Art. 17 HZPÜ von 1954);
überdies gilt: für Zustellungen Art. 12 des Haager Zustellungs-Übereinkommens von 1965.

Jordanien: Ausländerkautionspflicht (Art. 95 Personenstandsgesetz) vor religiösen Gerichten; keine Auskländerkaution vor ordentlichen Gerichten.

Kanada: Es gilt das autonome Recht der einzelnen Provinzen, das unterschiedlich ausgestaltet ist;
überdies gilt: für Zustellungen Art. 12 des Haager Zustellungs-Übereinkommens von 1965, für Kindesentführungen Art. 26 des Haager Übereinkommens von 1980.

Kenia: Ausländerkautionspflicht;
gegenüber der Schweiz gilt Art. 3 des schweizerisch-britischen Zivilprozessabkommens von 1937: Kautionspflicht, sofern Ausländer nicht in Kenia wohnhaft oder dort nur über ungenügend Grundvermögen verfügt.

Kolumbien: Keine Ausländerkautionspflicht.

Kroatien: Kautionspflicht von Ausländern und Staatenlosen (Art. 82 Abs. 1 jugoslawisches IPR-Gesetz von 1982), sofern nicht in Bosnien-Herzegowina wohnhaft; keine Ausländerkautionspflicht, sofern Gegenseitigkeit verbürgt ist (Art. 85 Abs. 1 IPR-Gesetz);
Gegenseitigkeit: staatsvertraglich verbürgt (Art. 17 HZPÜ von 1954 bzw. Art. 14 des Haager Rechtspflege-Übereinkommens von 1980);
überdies gilt: für Unterhaltssachen Art. 9 des New Yorker Übereinkommens von 1956, für Kindesentführungen Art. 26 des Haager Übereinkommens von 1980.

Kuba: Ausländerkautionspflicht (Art. 533 kubZPO); keine Ausländerkautionspflicht, sofern Gegenseitigkeit verbürgt ist.

Lettland: Keine Ausländerkautionspflicht;
Gegenseitigkeit: staatsvertraglich verbürgt (Art. 17 HZPÜ von 1954).

Libanon: Keine Ausländerkautionspflicht.
Gegenseitigkeit: staatsvertraglich verbürgt (Art. 17 HZPÜ von 1954).

Libyen: Keine Ausländerkautionspflicht, aber die Pflicht zur Sicherheitsleistung für die Gerichtsgebühr vor Kassationsgericht (keine Ausländerkaution).

Liechtenstein: Ausländerkautionspflicht (§ 57 liechtZPO); keine Ausländerkautionspflicht, sofern juristische Personen in Liechtenstein über genügend Vermögen bzw natürliche Personen über genügend Grundvermögen verfügen.

Luxemburg: Ausländerkautionspflicht (Art. 16 CC) auf Begehren des Beklagten, sofern Ausländer in Luxemburg nur über ungenügend Grundvermögen verfügt; keine Ausländerkautionspflicht für handelsrechtliche Klagen;
Gegenseitigkeit: staatsvertraglich verbürgt (Art. 17 HZPÜ von 1954);
überdies gilt: für Zustellungen Art. 12 des Haager Zustellungs-Übereinkommens von 1965, für Beweiserhebungen Art. 14 des Haager Beweiserhebungs-Übereinkommens von 1970, für Unterhaltssachen Art. 9 des New Yorker Übereinkommens von 1956 sowie Art. 9 bzw. 16 der Haager Unterhalts-Vollstreckungs-Übereinkommen von 1958 bzw. 1973, für Kindesentführungen Art. 5 des Europäischen bzw. Art. 26 des Haager Übereinkommens von 1980.

Madagaskar: Ausländerkautionspflicht (Art. 12 madZPO), sofern Ausländer in Madagaskar nur über ungenügend Grundvermögen verfügt.

Malawi: Ausländerkautionspflicht;
überdies gilt: für Zustellungen Art. 12 des Haager Zustellungs-Übereinkommens von 1965.

Mali: Ausländerkautionspflicht (Art. 20 malZPO) auf Begehren des Beklagten, sofern Ausländer in Mali nicht über genügend Grundvermögen verfügt.

Marokko: Keine Ausländerkautionspflicht;
Gegenseitigkeit: staatsvertraglich verbürgt (Art. 17 HZPÜ von 1954);
überdies gilt: für Unterhaltssachen Art. 9 des New Yorker Übereinkommens von 1956.

Mauritius: Ausländerkautionspflicht;
überdies gilt: für Kindesentführungen Art. 26 des Haager Übereinkommens von 1980.

Mazedonien: Es gelten die Art. 14ff. des Haager Rechtspflege-Übereinkommens von 1980.

Mexico: Keine Ausländerkautionspflicht;
überdies gilt: für Beweiserhebungen Art. 14 des Haager Beweisaufnahme-Übereinkommens von 1970.

Monaco: Keine Ausländerkautionspflicht;
überdies gilt: für Beweiserhebungen Art. 14 des Haager Beweisaufnahme-Übereinkommens von 1970, für Unterhaltssachen Art. 9 des New Yorker Übereinkommens von 1956, für Kindesentführungen Art. 26 des Haager Übereinkommens von 1980.

Nauru: Ausländerkautionspflicht;
gegenüber der Schweiz gilt Art. 3 des schweizerisch-britischen Zivilprozessabkommens von 1937: Kautionspflicht, sofern Ausländer nicht in Nauru wohnhaft oder dort nur über ungenügend Grundvermögen verfügt.

Neuseeland: Ausländerkautionspflicht;
gegenüber der Schweiz gilt Art. 3 des schweizerisch-britischen Zivilprozessabkommens von 1937: Kautionspflicht, sofern Ausländer nicht in Neuseeland wohnhaft oder dort nur über ungenügend Grundvermögen verfügt;
überdies gilt: für Unterhaltssachen Art. 9 des New Yorker Übereinkommens von 1956, für Kindesentführungen Art. 26 des Haager Übereinkommens von 1980.

Nicaragua: Ausländerkautionspflicht auf Begehren des Beklagten.

Niederlande: Ausländerkautionspflicht (Art. 152 nlZPO);
Gegenseitigkeit: staatsvertraglich verbürgt (Art. 17 HZPÜ von 1954 bzw. Art. 14 des Haager Rechtspflege-Übereinkommens von 1980);
überdies gilt: für Zustellungen Art. 12 des Haager Zustellungs-Übereinkommens von 1965, für Beweiserhebungen Art. 14 des Haager Beweiserhebungs-Übereinkommens von 1970, für Unterhaltssachen Art. 9 des New Yorker Übereinkommens von 1956 sowie Art. 9 bzw. 16 der Haager Unterhalts-Vollstreckungs-Übereinkommen von 1958 bzw. 1973, für Kindesentführungen Art. 5 des Europäischen bzw. Art. 26 des Haager Übereinkommens von 1980.

Kapitel 6

Niger: Ausländerkautionspflicht auf Begehren des Beklagten, sofern Ausländer in Niger nur über ungenügend Grundvermögen verfügt;
überdies gilt: für Unterhaltssachen Art. 9 des New Yorker Übereinkommens von 1956.

Norwegen:
Gegenseitigkeit: staatsvertraglich verbürgt (Art. 17 HZPÜ von 1954);
überdies gilt: für Zustellungen Art. 12 des Haager Zustellungs-Übereinkommens von 1965, für Beweiserhebungen Art. 14 des Haager Beweiserhebungs-Übereinkommens von 1970, für Unterhaltssachen Art. 9 des New Yorker Übereinkommens von 1956 sowie Art. 9 bzw. 16 der Haager Unterhalts-Vollstreckungs-Übereinkommen von 1958 bzw. 1973, für Kindesentführungen Art. 5 des Europäischen bzw. Art. 26 des Haager Übereinkommens von 1980.

Österreich: Ausländerkautionspflicht (§ 57 österrZPO) auf Begehren des Beklagten;
Gegenseitigkeit: staatsvertraglich verbürgt (Art. 17 HZPÜ von 1954);
überdies gilt: für Zustellungen Art.12 des Haager Zustellungs-Übereinkommens von 1965, für Beweiserhebungen Art. 14 des Haager Beweiserhebungs-Übereinkommens von 1970, für Unterhaltssachen Art. 9 des New Yorker Übereinkommens von 1956 sowie Art. 9 bzw. 16 der Haager Unterhalts-Vollstreckungs-Übereinkommen von 1958 bzw. 1973, für Kindesentführungen Art. 5 des Europäischen bzw. Art. 26 des Haager Übereinkommens von 1980.

Pakistan: Ausländerkautionspflicht (Order 25 Rule 1 (1) pakZPO) auf Begehren des Beklagten, sofern Ausländer nicht in Pakistan wohnhaft oder dort nur über ungenügend Grundvermögen verfügt;
überdies gilt: für Zustellungen Art. 12 des Haager Zustellungs-Übereinkommens von 1965, für Unterhaltssachen Art. 9 des New Yorker Übereinkommens von 1956.

Panama: Ausländerkautionspflicht (Art. 668 panZPO).

Papua-Neuguinea: Ausländerkautionspflicht (sect. 273 District Court Ordinance); Befreiung nach richterlichem Ermessen.

Paraguay: Ausländerkautionspflicht (Art 86 paragZPO), sofern Ausländer nicht in Paraguay wohnhaft.

Peru: Keine Ausländerkautionspflicht.

Philippinen: Keine Ausländerkautionspflicht in der ersten Instanz; Ausländerkautionspflicht (Rule 40 sect. 3 der Rules of Court) in der zweiten Instanz;
überdies gilt: für Unterhaltssachen Art. 9 des New Yorker Übereinkommens von 1956.

Polen: Ausländerkautionspflicht (Art. 110 polZPO); keine Ausländerkautionspflicht (Art. 110 polZPO), sofern Gegenseitigkeit verbürgt ist; Gegenseitigkeit: staatsvertraglich verbürgt (Art. 17 HZPÜ von 1954 bzw. Art. 14 Haager Rechtspflege-Übereinkommen von 1980);
überdies gilt: für Unterhaltssachen Art. 9 des New Yorker Übereinkommens von 1956, für Kindesentführungen Art. 26 des Haager Übereinkommens von 1980.

Portugal: Keine Ausländerkautionspflicht;
Gegenseitigkeit: staatsvertragliche verbürgt (Art. 17 HZPÜ von 1954);
überdies gilt: für Zustellungen Art. 12 des Haager Zustellungs-Übereinkommens von 1965, für Beweiserhebungen Art. 14 des Haager Beweiserhebungs-Übereinkommens von 1970, für Unterhaltssachen Art. 9 des New Yorker Übereinkommens von 1956 sowie Art. 9 bzw. 16 der Haager Unterhalts-Vollstreckungs-Übereinkommen von 1958 bzw. 1973, für Kindesentführungen Art. 5 des Europäischen bzw. Art. 26 des Haager Übereinkommens von 1980.

Rumänien: Keine Ausländerkautionspflicht;
Gegenseitigkeit: staatsvertraglich verbürgt (Art. 17 HZPÜ von 1954).

Russland: Keine Ausländerkautionspflicht;
Gegenseitigkeit: staatsvertraglich verbürgt (Art. 17 HZPÜ von 1954).

Saudi-Arabien: Keine Ausländerkautionspflicht.

Schweden: Ausländerkautionspflicht (Gesetz von 1886);
Gegenseitigkeit: staatsvertraglich verbürgt (Art. 17 HZPÜ von 1954 bzw. Art. 14 des Haager Rechtspflege-Übereinkommens von 1980);
überdies gilt: für Zustellungen Art. 12 des Haager Zustellungs-Übereinkommens von 1965, für Beweiserhebungen Art. 14 des Haager Beweiserhebungs-Übereinkommens von 1970, für Unterhaltssachen Art. 9 des New Yorker Übereinkommens von 1956 sowie Art. 9 bzw. 16 der Haager Unterhalts-Vollstreckungs-Übereinkommen von 1958 bzw. 1973, für Kindesentführungen Art. 5 des Europäischen bzw. Art. 26 des Haager Übereinkommens von 1980.

Kapitel 6

Senegal: Ausländerkautionspflicht (Art. 110f. senegZPO) auf Begehren des Beklagten, sofern Ausländer in Senegal nur über ungenügend Grundvermögen verfügt.

Singapur: Ausländerkautionspflicht (Order 23 R.S.C., 1970) nach richterlichem Ermessen, sofern Ausländer ohne ständigen Aufenthalt in Singapur oder dort nur über ungenügend Grundvermögen verfügt.

Slowakei: Ausländerkautionspflicht (Zivilprozessrecht der früheren Tschechoslowakei); keine Ausländerkautionspflicht, sofern Gegenseitigkeit verbürgt ist;
Gegenseitigkeit: staatsvertraglich verbürgt (Art. 17 HZPÜ von 1954);
überdies gilt: für Zustellungen Art. 12 des Haager Zustellungs-Übereinkommens von 1965, für Beweiserhebungen Art. 14 des Haager Beweisaufnahme-Übereinkommens von 1970, für Unterhaltssachen Art. 9 des New Yorker Übereinkommens von 1956 sowie Art. 9 und 16 der Haager Unterhalts-Vollstreckungs-Übereinkommen von 1958 bzw. 1973, für Kindesentführungen Art. 26 des Haager Übereinkommens von 1980.

Slowenien: Kautionspflicht von Ausländern und Staatenlosen (Art. 82 Abs. 1 jugoslawisches IPR-Gesetz von 1982), sofern nicht in Slowenien wohnhaft; keine Ausländerkautionspflicht, sofern Gegenseitigkeit verbürgt ist (Art. 85 Abs. 1 IPR-Gesetz);
Gegenseitigkeit: staatsvertraglich verbürgt (Art. 17 HZPÜ von 1954 bzw. Art. 14 des Haager Rechtspflege-Übereinkommens von 1980);
überdies gilt: für Unterhaltssachen Art. 9 des New Yorker Übereinkommens von 1956, für Kindesentführungen Art. 26 des Haager Übereinkommens von 1980.

Somalia: Ausländerkautionspflicht (Art. 67 somZPO).

Spanien: Ausländerkautionspflicht (Art. 15, 134 spanZPO); keine Ausländerkautionspflicht, sofern Gegenseitigkeit verbürgt ist;
Gegenseitigkeit: staatsvertraglich verbürgt (Art. 17 HZPÜ von 1954 bzw. Art. 14 des Haager Rechtspflege-Übereinkommens von 1980);
überdies gilt: für Zustellungen Art. 12 des Haager Zustellungs-Übereinkommens von 1965, für Beweiserhebungen Art. 14 des Haager Beweiserhebungs-Übereinkommens von 1970, für Unterhaltssachen Art. 9 des New Yorker Übereinkommens von 1956 sowie Art. 9 bzw. 16 der Haager Unterhalts-Vollstreckungs-Übereinkommen von 1958 bzw. 1973, für Kindesentführungen Art. 5 des Europäischen bzw. Art. 26 des Haager Übereinkommens von 1980.

Sri Lanka: Ausländerkautionspflicht, sofern Ausländer nicht in Sri Lanka wohnhaft.

Sudan: Ausländerkautionspflicht auf Begehren des Beklagten.

Südafrika: Ausländerkautionspflicht, sofern Ausländer in Südafrika nur über ungenügend Grundvermögen verfügt.

Surinam: Grundsatz nicht bekannt;
Gegenseitigkeit: staatsvertraglich verbürgt (Art. 17 HZPÜ von 1954);
überdies gilt: für Unterhaltssachen Art. 9 des Haager Unterhalts-Vollstreckungs-Übereinkommens von 1958.

Swasiland: Ausländerkautionspflicht;
gegenüber der Schweiz gilt Art. 3 des schweizerisch-britischen Zivilprozessabkommens von 1937: Kautionspflicht, sofern Ausländer nicht in Swasiland wohnhaft oder dort nur über ungenügend Grundvermögen verfügt.

Syrien: Keine Ausländerkautionspflicht.

Tansania: Ausländerkautionspflicht;
gegenüber der Schweiz gilt Art. 3 des schweizerisch-britischen Zivilprozessabkommens von 1937: Kautionspflicht, sofern Ausländer nicht in Tansania wohnhaft oder dort nur über ungenügend Grundvermögen verfügt.

Togo: Ausländerkautionspflicht, sofern Ausländer in Togo nur über ungenügend Grundvermögen verfügt.

Tonga: Ausländerkautionspflicht;
gegenüber der Schweiz gilt Art. 3 des schweizerisch-britischen Zivilprozessabkommens von 1937: Kautionspflicht, sofern Ausländer nicht in Tonga wohnhaft oder dort nur über ungenügend Grundvermögen verfügt.

Tschechische Republik: Ausländerkautionspflicht; keine Ausländerkautionspflicht, sofern Gegenseitigkeit verbürgt ist;
Gegenseitigkeit: staatsvertraglich verbürgt (Art. 17 HZPÜ von 1954);
überdies gilt: für Zustellungen Art. 12 des Haager Zustellungs-Übereinkommens von 1965, für Beweiserhebungen Art. 14 des Haager Beweiserhebungs-Übereinkommens von 1970, für Unterhaltssachen Art. 9 des New Yorker Übereinkommens von 1956 sowie Art. 9 bzw. 16 der Haager Unterhalts-Vollstreckungs-Übereinkommen von 1958 bzw. 1973, für Kindesentführungen Art. 26 des Haager Übereinkommens von 1980.

Kapitel 6

Türkei: Ausländerkautionspflicht (Art. 32 türkisches IPR-Gesetz von 1982);
Gegenseitigkeit: staatsvertraglich verbürgt (Art. 1 des schweizerisch-türkischen Vertrages von 1933, Art. 17 HZPÜ von 1954);
überdies gilt: für Zustellungen Art. 12 des Haager Zustellungs-Übereinkommens von 1965, für Unterhaltssachen Art. 9 des New Yorker Übereinkommens von 1956 sowie Art. 9 bzw. 16 der Haager Unterhalts-Vollstreckungs-Übereinkommen von 1958 bzw. 1973.

Tunesien: Ausländerkautionspflicht, sofern Ausländer nicht in Tunesien wohnhaft oder dort nur über ungenügend Grundvermögen verfügt;
überdies gilt: für Unterhaltssachen Art. 9 des New Yorker Übereinkommens von 1956.

Uganda: Ausländerkautionspflicht;
gegenüber der Schweiz gilt Art. 3 des schweizerisch-britischen Zivilprozessabkommens von 1937: Kautionspflicht, sofern Ausländer nicht in Uganda wohnhaft oder dort nur über ungenügend Grundvermögen verfügt.

Ungarn: Ausländerkautionspflicht (Art. 89 ungZPO);
Gegenseitigkeit: staatsvertraglich verbürgt (Art. 17 HZPÜ von 1954);
überdies gilt: für Unterhaltssachen Art. 9 des New Yorker Übereinkommens von 1956 sowie Art. 9 des Haager Unterhalts-Vollstreckungs-Übereinkommens von 1958, für Kindesentführungen Art. 26 des Haager Übereinkommens von 1980.

Uruguay: Ausländerkautionspflicht (Art. 120 urugZPO), sofern Ausländer nicht in Uruguay wohnhaft oder dort nur über ungenügend Grundvermögen verfügt.

USA: Es gilt das Recht der einzelnen Gliedstaaten, die für die Regelung der Ausländerkautionspflicht kompetent sind. Dabei ist folgendes zu berücksichtigen: Sicherheitsleistungen sind grundsätzlich nur für die Erstattung der Gerichtskosten oder ähnlicher Auslagen geschuldet. Die Erstattung der Anwaltskosten ist dem amerikanischen Recht fremd. Die Lösungen der einzelnen Gliedstaaten lassen sich in vier Gruppen unterteilen:

1. Keine Ausländerkaution: Alabama, Idaho, Kansas, Kentucky, Maryland, Minnesota, Missouri, Nebraska, New Hampshire, North Carolina, North Dakota, Oklahoma, Oregon;

2. Kautionspflicht, sofern Kläger nicht im Staat wohnhaft (Höhe nach richterlichem Ermessen): Alaska, Arkansas, California, Colorado, Connecticut, Delaware, District of Columbia, Florida, Giorgia, Illinois, Indiana, Iowa, Maine, Massachusetts, Mississippi, Montana, Nevada, New Jersey, New York, Ohio, Puerto Rico, Rhode Island, South Carolina, South Dakota, Utah, Virginia, Washington, West Virginia, Wyoming;
3. Kautionspflicht, sofern Kläger nicht im Staat wohnhaft oder dort nur über ungenügend Grundvermögen verfügt: Arizona;
4. Allgemeine Kautionspflicht: Hawaii, Louisiana, Michigan (richterliches Ermessen), New Mexico (richterliches Ermessen), Pennsylvania (richterliches Ermessen), Tennessee, Texas, Vermont, Wisconsin.

Überdies gilt: für Zustellungen Art. 12 des Haager Zustellungs-Übereinkommens von 1965, für Beweiserhebungen Art. 14 des Haager Beweisaufnahme-Übereinkommens von 1970, für Kindesentführungen Art. 26 des Haager Übereinkommens von 1980.

Vatikanstaat:
Gegenseitigkeit: staatsvertraglich verbürgt (Art. 17 HZPÜ von 1954);
überdies gilt: für Unterhaltssachen Art. 9 des New Yorker Übereinkommens von 1956.

Venezuela: Ausländerkautionspflicht (Art. 36 venezZGB), sofern Ausländer nicht in Venezuela wohnhaft; keine Ausländerkautionspflicht für handelsrechtliche Klagen, sofern Ausländer über genügend Vermögen verfügt;
überdies gilt: für Beweiserhebungen Art. 14 des Haager Beweisaufnahme-Übereinkommens von 1970.

Weissrussland:
Gegenseitigkeit: staatsvertraglich verbürgt (Art. 17 HZPÜ von 1954).

Zaïre: Keine Ausländerkautionspflicht.

Zentralafrikanische Republik: Ausländerkautionspflicht, sofern Ausländer in der Zentralafrikanischen Republik nur über ungenügend Grundvermögen verfügt;
überdies gilt: für Unterhaltssachen Art. 9 des New Yorker Übereinkommens von 1956.

Zypern: Ausländerkautionspflicht, sofern Ausländer nicht in Zypern wohnhaft oder dort nur über ungenügend Grundvermögen verfügt;
überdies gilt: für Zustellungen Art. 12 des Haager Zustellungs-Übereinkommens von 1965, für Beweiserhebungen Art. 16 des Haager Beweiserhebungs-Übereinkommens von 1970, für Kindesentführungen Art. 5 des Europäischen Übereinkommens von 1980.

Kapitel 7: Die Individualgarantien

1. Übersicht

Die Grundsätze der Zustellungs-, Beweiserhebungs-, Rechtsanwendungs-, Rechtsdurchsetzungs- und Kostenhilfe kommen nur zum Tragen, und das gilt für natürliche wie für juristische Personen, wenn der Ausländer bzw. die Person mit Wohnsitz im Ausland überhaupt Zugang zu den inländischen Gerichten hat und ihr die Befugnis zuerkannt wird, vor dem inländischen Richter als Partei aufzutreten.

Zweifel an dieser Befugnis oder gar klare Ablehnung eines solchen Rechts können ihren Ursprung vor allem in zwei Strömungen haben. Zum einen ist daran zu erinnern, dass der Fremde in vielen Rechtsordnungen der Antike, des Mittelalters und weit in die Neuzeit hinein als grundsätzlich rechtlos (outlaw) galt und für die Wahrung seiner Rechte der Vermittlung (Fürsprache) eines Inländers bedurfte[1]. Zum anderen findet sich für solche Zweifel im Gedankengut des streng nationalen Positivismus Nahrung. Danach sind die nationalen Gerichte geschaffen, um den Rechtsfrieden und die Rechtseinheit im Inland zu wahren, und nicht, um sich in Händel von oder mit Fremden einzumischen. Elemente dieser Ideen finden bei Bedarf auch heute noch Eingang in die politische Diskussion[2].

Demgegenüber geht die moderne Auffassung vom Rechtsstaat dahin, dass die inländische Judikative auch dem Fremden offenstehen soll, und zwar grundsätzlich zu den gleichen Bedingungen wie dem Inländer im Inland. Das völkerrechtliche Fremdenrecht und das internationale Zivilprozessrecht sind seit langem bemüht, die entsprechenden Grundsätze auch positivrechtlich zu verankern. Dazu gehören insbesondere die Grundsätze betreffend den freien Zutritt zu den Gerichten, die Zuerkennung der Partei- und Prozessfähigkeit gegenüber Ausländern, die Befreiung von Prozesskaution und Personalhaft sowie die Zusicherung des freien Geleits für ausländische Zeugen und Sachverständige[3].

---

[1] Vgl. *W. Stoffel*, S. 65, 66, Anm. 2, 3.
[2] Vgl. z.B. die Stellungnahmen zu *Art. 15* (Anwendung ausländischen Rechts) und *Art. 190* (Überprüfung der richtigen Anwendung ausländischen Rechts durch das Bundesgericht) des IPR-Vorentwurfs, in: Bundesamt für Justiz, Stellungnahmen zum BG über das internationale Privatrecht, Bern 1980, S. 54-74, 638-645; vgl. auch *M. Keller/D. Girsberger*, in: IPRG Kommentar, N. 6 zu Art. 16, N. 4 nach Art. 16 IPRG.
[3] Vgl. *W. Stoffel*, S. 253ff., insbes. 292-304.

2. Der freie Zutritt zu den Gerichten

4   Die internationalen Rechtshilfeabkommen in Zivilsachen gehen stillschweigend davon aus, dass neben den Inländern auch die Ausländer Zugang zu den inländischen Gerichten haben. Entsprechende Zusicherungen finden sich in den Freundschafts- und Niederlassungsverträgen. Daneben hat die bundesgerichtliche Rechtsprechung zu Art. 4 BV gewisse Ansprüche entwickelt[4]. Hingegen ist es dem allgemeinen Völkerrecht bislang nur begrenzt gelungen, auf diesem Gebiet brauchbare, allgemein anerkannte Grundsätze zu entwickeln[5].

5   Die Schweiz hat mit über dreissig Staaten Niederlassungsverträge abgeschlossen, darunter mit allen Nachbarstaaten und mit fast allen Staaten West- und Osteuropas, ferner mit den wichtigsten Handelspartnern in Nord- und Südamerika, Afrika und Asien. Rund die Hälfte dieser Verträge ist vor der Jahrhundertwende entstanden. Sie beruhen alle auf dem Grundsatz der Gleichbehandlung zwischen In- und Ausländern, z.T. verbunden mit einer allgemeinen Meistbegünstigungsklausel[6]. Ein Drittel der Verträge stammt aus der Zwischenkriegszeit. Sie verbinden die Gleichbehandlungsklausel mit einem Vorbehalt zugunsten des nationalen Rechts. Nach dem Zweiten Weltkrieg hat die Schweiz nur noch fünf Niederlassungsverträge geschlossen. Sie beschränken den Grundsatz der Gleichbehandlung durch einen stark ausgeprägten Landesrechtsvorbehalt[7]. Nach den politischen Veränderungen in Osteuropa ist mit jenen Staaten vor allem die Befreiung vom Visumzwang vereinbart worden.

6   Die in den Niederlassungsverträgen eingeräumten Garantien beziehen sich in erster Linie auf Einreise, Niederlassung und Ausübung bestimmter wirtschaftlicher Tätigkeiten. Gerade dieses Element der Niederlassungsverträge hatte durch den seit dem ersten Weltkrieg stets härter werdenden wirtschaftlichen Konkurrenzkampf zur Folge, dass die ursprünglich recht liberal ausgestalteten Abkommen im Verlauf der Zeit durch umfangreiche Vorbehalte relativiert wurden. Aber gleichgültig, ob liberal verfasst oder fast nur mehr aus Vorbehalten bestehend, in beiden Fällen garantiert der Niederlassungsvertrag dem Ausländer in der Schweiz bzw. dem Schweizer im Ausland zumindest den freien Zugang zu den Gerichten[8].

---

[4]   Vgl. neuerdings BGE 120 Ia 218; ferner *J.-F. Aubert*, N. 1813-1821; vgl. auch *G. Müller*, in: BV-Kommentar, Bd. I, N. 26, 123 zu Art. 4 BV.
[5]   Vgl. *W. Stoffel*, S. 7-63.
[6]   *W. Stoffel*, S. 102, 103.
[7]   *W. Stoffel*, S. 111, 112.
[8]   *W. Stoffel*, S. 292.

So bedeutsam die niederlassungsrechtlichen Gleichbehandlungsklauseln für die Entwicklung des Rechtsschutzes der Ausländer gewesen sein mögen, in der Praxis spielen sie keine grosse Rolle mehr. Die meisten Staaten gewähren heute schon kraft innerstaatlichen Rechts auch dem Ausländer angemessenen Rechtsschutz.

In der Schweiz beruht der Rechtsschutz zugunsten der Ausländer auf dem Gleichheitssatz von *Art. 4 BV*. Das Bundesgericht hat diesen schon sehr früh auch zugunsten von Ausländern für anwendbar erklärt[9] und es hat den damit verbundenen Rechtsschutz stetig ausgebaut, zuletzt in BGE 120 Ia 217[10].

3. Die Partei- und Prozessfähigkeit

Neben der allgemeinen Garantie des freien Zutritts zu den Gerichten versprechen die Niederlassungsverträge vielfach auch die Gleichstellung des Ausländers hinsichtlich seiner Person. Damit ist die Anerkennung der allgemeinen Rechtsfähigkeit des Ausländers gemeint. In der Schweiz ergibt sich diese schon aus Art. 11 ZGB, dem die schweizerische Doktrin und Praxis einen über das ZGB hinausreichenden zwingenden und allgemeingültigen Charakter (ordre public positif) zuschreibt[11].

Von der allgemeinen Rechtsfähigkeit ist die Partei- und Prozessfähigkeit zu unterscheiden. Sie richtet sich anerkanntermassen nach dem auf die Handlungsfähigkeit im allgemeinen anwendbaren Recht. Im geltenden schweizerischen IPR fällt sie unter Art. 35 IPRG und untersteht dem Wohnsitzrecht[12]. Im Geschäftsverkehr ist Art. 36 IPRG zu berücksichtigen; danach kann sich ein Handlungsunfähiger, der ein Rechtsgeschäft abgeschlossen hat, auf seine Unfähigkeit nicht berufen, wenn er nach dem Recht des Staates, in dem er gehandelt hat, zu diesem Zeitpunkt handlungsfähig gewesen wäre[13]. Im IPR-Gesetz wird neu auch die Handlungs- und Prozessfähigkeit juristischer Personen und Gesellschaften geklärt. Sie wird dem Recht des Staates un-

---

[9] Vgl. *G. Müller*, in: BV-Kommentar, Bd. I, N. 123ff. zu Art. 4 BV; *P. Zen-Ruffinen*, Assistance judiciaire et administrative: les règles minima imposées par l'art. 4 de la Cst. féd., JdT 1989 I, S. 56.
[10] Vgl. für eine Übersicht über die Entwicklung: *J.-F. Aubert*, N. 1813ff.; *R. Wertenschlag*, Grundrechte der Ausländer in der Schweiz, Basel 1980, insbes. S. 288ff.
[11] Andere Staaten scheinen die allgemeine Rechtsfähigkeit des Ausländers immer noch vom Gegenrecht abhängig zu machen: vgl. Italien Art. 16 disp. prel. Ccit, Frankreich Art. 11 Ccfr, Österreich Art. 33 ABGB.
[12] Vgl. *F. Vischer*, in: IPRG-Kommentar, N. 1 zu Art. 35 IPRG.
[13] BBl 1983 I 333; vgl. *F. Vischer*, in: IPRG-Kommentar, N. 1-6 zu Art. 36 IPRG.

terstellt, nach dem die Gesellschaft sich organisiert oder registriert hat (Inkorporation), subsidiär dem Recht des tatsächlichen Verwaltungssitzes (Art. 154, 155 lit. c IPRG)[14].

4. Die Befreiung von Prozesskaution und Personalhaft

11   Mit diesen beiden Fragen befassen sich die Haager Zivilprozess-Übereinkunft von 1954[15] und das Übereinkommen von 1980 über den internationalen Zugang zur Rechtspflege[16]. Die Befreiung von der *Prozesskaution* ist vorne in Kapitel 6 ausführlich behandelt worden[17].

12   Die *Personalhaft* als Mittel zur Sicherstellung oder Eintreibung von Forderungen insbesondere gegenüber Ausländern ist zu Beginn dieses Jahrhunderts noch in verschiedenen nationalen Rechtsordnungen vorgesehen gewesen. Konsequenterweise hat die Haager Zivilprozess-Übereinkunft von 1905 in Art. 24 ein entsprechendes Diskriminierungsverbot aufgenommen[18]. Danach sollte eine Personalhaft gegenüber den Angehörigen eines Vertragsstaates in einem anderen Vertragsstaat höchstens in den Fällen zulässig sein, in denen sie in jenem Staat auch gegen Inländer zulässig wäre.

13   Anlässlich der siebten Tagung der Haager Konferenz (1951) kannten zumindest noch Grossbritannien und die Niederlande das System der Personalhaft. Deshalb wurde die Bestimmung als Art. 26 unverändert in die Haager Zivilprozess-Übereinkunft von 1954 übernommen. Anlässlich der vierzehnten Tagung (1980) kannten immer noch die Niederlande[19] und Surinam das Institut der Personalhaft. Deshalb war im neuen Übereinkommen von 1980 am Diskriminierungsverbot festzuhalten (Art. 19). Gleich den anderen Kapiteln des neuen Übereinkommens wurde der Schutz vor Personalhaft in persönlicher Hinsicht nicht bloss auf die Angehörigen der Vertragsstaaten beschränkt, sondern auf alle Personen ausgedehnt, die ihren gewöhnlichen Aufenthalt in einem Vertragsstaat haben[20].

---

[14]   BBl 1983 I 443; vgl. *F. Vischer*, in: IPRG-Kommentar, N. 8, 16 zu Art. 154, N. 13 zu Art. 155 IPRG.
[15]   Hinten, Anhang A.
[16]   Hinten, Anhang D.
[17]   Vorne, Rdz. **6**/22-25, 113-115.
[18]   Zur Geschichte vgl. *A. Bülow/K.H. Böckstiegel/R. Geimer/R.A. Schütze*, N. 100. S. 35.
[19]   Die Niederlande haben die Personalhaft inzwischen abgeschafft.
[20]   *G. Möller*, S. 286.

5. Das freie Geleit

Die Idee des freien Geleits ist vor allem in der internationalen Strafrechtshilfe bekannt[21]. In der zivilen zwischenstaatlichen Rechtshilfe ist mit den Haager Zivilprozess-Übereinkünften von 1893 und 1905 das Ersuchungsschreiben eingeführt worden, so dass im zivilen Beweisaufnahmeverfahren international grundsätzlich Papier und Dokumente zirkulieren, nicht Menschen. In den modernen Wirtschaftsprozessen hat sich aber gezeigt, dass die Verteidigung oft effizienter und letztlich kostengünstiger ausfällt, wenn wichtige Zeugen oder Sachverständige unmittelbar vor dem Urteilsrichter vernommen bzw. angehört werden können. Das bedingt, dass dem angerufenen Zeugen oder Sachverständigen Gewähr dafür geboten wird, dass ihm aus seiner Hilfsbereitschaft im vorliegenden Verfahren nicht Nachteile erwachsen, die aus einem anderen Zusammenhang hergeleitet werden. Aus diesem Grund soll dem Zeugen oder Sachverständigen, der Angehöriger eines Vertragsstaates ist oder in einem Vertragsstaat wohnt und in einem anderen Vertragsstaat auf Antrag einer Partei und mit richterlicher Billigung vor den Schranken des Urteilsgerichtes erscheint, Verfolgungsimmunität zugesichert sein (Art. 20 des Übereinkommens von 1980). Die Immunität beginnt sieben Tage vor dem Gerichtstermin und endet sieben Tage nach der Mitteilung des Gerichts, dass die Anwesenheit des Zeugen oder Sachverständigen im Forumstaat nicht mehr erforderlich sei[22].

Die Idee dieser Bestimmung, die auf schweizerischen Vorschlag in das Übereinkommen aufgenommen wurde[23], ist für das internationale Zivilprozessrecht neu. Vor allem die britischen Vertreter konnten sich mit ihr nicht anfreunden, weshalb hiergegen in Art. 28 eine Vorbehaltsmöglichkeit vorgesehen ist. Es ist aber nicht einzusehen, dass im zivilen Rechtsverkehr nicht Recht sein sollte, was im strafrechtlichen längst billig ist. Die Verweigerung des freien Geleits würde letztlich nicht den inkriminierten Zeugen oder Sachverständigen treffen, sondern die Prozesspartei, die auf deren Bericht oder Aussage vor Gericht angewiesen ist.

---

[21] Vgl. z.B. Art. 12 des Europäischen Übereinkommens vom 20.4.1959 über die Rechtshilfe in Strafsachen, SR 0.351.1.
[22] *G. Möller*, S. 286.
[23] Vgl. Conférence de La Haye, Actes et Documents, 14e session (1980), t. IV, S. 149, Doc. de travail N. 21.

Anhang A

Übereinkunft betreffend Zivilprozessrecht (1.3.1954)[1, 2]

Die Signatarstaaten dieser Übereinkunft,

vom Wunsche geleitet, an der Übereinkunft vom 17. Juli 1905 betreffend Zivilprozessrecht die nach der Erfahrung gebotenen Verbesserungen vorzunehmen,

haben zu diesem Zweck den Abschluss einer neuen Übereinkunft beschlossen und die nachstehenden Bestimmungen vereinbart:

I. Mitteilung gerichtlicher und aussergerichtlicher Urkunden

Artikel 1

In Zivil- oder Handelssachen erfolgt die Zustellung von Schriftstücken, die für eine im Auslande befindliche Person bestimmt sind, in den Vertragsstaaten auf ein Begehren, das der Konsul des ersuchenden Staates an die vom ersuchten Staate zu bezeichnende Behörde richtet. Das Begehren hat die Behörde, von der das übermittelte Schriftstück ausgeht, den Namen und die Stellung der Parteien, die Adresse des Empfängers sowie die Art des in Rede stehenden Schriftstückes anzugeben und muss in der Sprache der ersuchten Behörde abgefasst sein. Diese Behörde hat dem Konsul die Urkunde zu übersenden, welche die Zustellung nachweist oder den die Zustellung hindernden Umstand angibt.

---

[1] Stand der Ratifikationen bzw. Beitritte: Ägypten, Argentinien, Belarus, Belgien, Bosnien-Herzegowina, BR Deutschland, Dänemark, Finnland, Frankreich (St. Pierre und Miquelon, Neukalodenien und abhängige Gebiete, franz. Polynesien, Guadeloupe, Martinique, franz. Guayana, Réunion), Israel, Italien, Japan, (Rest-)Jugoslawien, Kroatien, Lettland, Libanon, Luxemburg, Marokko, Moldau, Niederlande (niederl. Antillen), Norwegen, Österreich, Polen, Portugal (port. Überseegebiete), Rumänien, Russland, Schweden, Schweiz, Slowakei, Slowenien, Spanien, Surinam, Tschechische Republik, Türkei, Ungarn, Vatikan (Stand: 36; 1.1.1996).
[2] Nachdem die Schweiz die Haager Übereinkommen betr. *Zustellungen* (Anhang B), *Beweisaufnahme* (Anhang C) und *Zugang zur Rechtspflege* (Anhang D) ratifiziert hat, gilt die Übereinkunft von 1954 noch im Verhältnis zu folgenden Staaten:
- *bezüglich gerichtliche Zustellungen* (Art. 1-7): Argentinien, Belarus, Bosnien-Herzegowina, Kroatien, Libanon, Marokko, Moldau, Österreich, Polen, Rumänien, Russland, Slowenien, Surinam, Ungarn, Vatikan.

Alle Anstände, zu denen das Zustellungsbegehren des Konsuls Anlass geben mag, sind auf diplomatischem Wege zu erledigen.

Jeder Vertragsstaat kann in einer an die andern Vertragsstaaten gerichteten Mitteilung erklären, er verlange, dass das Begehren einer in seinem Gebiete zu bewirkenden Zustellung, das die in Absatz 1 bezeichneten Angaben enthalten soll, auf diplomatischem Wege an ihn gerichtet werde.

Die vorstehenden Bestimmungen hindern nicht, dass sich zwei Vertragsstaaten über die Zulassung des unmittelbaren Geschäftsverkehrs zwischen ihren beiderseitigen Behörden verständigen.

Artikel 2

Die Zustellung erfolgt durch die nach den Gesetzen des ersuchten Staates zuständige Behörde. Diese Behörde kann sich, ausgenommen in den in Artikel 3 vorgesehenen Fällen, darauf beschränken, die Zustellung durch Übergabe des Schriftstükkes an den Empfänger zu bewirken, sofern er zur Annahme bereit ist.

Artikel 3

Dem Begehren ist das zuzustellende Schriftstück in zweifacher Ausfertigung beizufügen.

Ist das zuzustellende Schriftstück in der Sprache der ersuchten Behörde oder in der zwischen den beiden beteiligten Staaten vereinbarten Sprache abgefasst oder ist es von einer Übersetzung in eine dieser Sprachen begleitet, so lässt die ersuchte Behörde, falls es in dem Begehren gewünscht wird, das Schriftstück in der durch ihre innere Gesetzgebung für gleichartige Zustellungen vorgeschriebenen Form oder in einer besondern Form, sofern diese ihrer Gesetzgebung nicht zuwiderläuft, zustellen. Ist ein solcher Wunsch nicht ausgesprochen, so wird die ersuchte Behörde zunächst die Übergabe nach den Vorschriften des Artikels 2 zu bewirken suchen.

Vorbehältlich anderweitiger Vereinbarung ist die im vorstehenden Absatze vorgesehene Übersetzung von dem diplomatischen oder konsularischen Vertreter des ersuchenden Staates oder von einem beeidigten Dolmetscher des ersuchten Staates zu beglaubigen.

- *bezüglich Beweisaufnahmen* (Art. 8-16): Ägypten, Belarus, Belgien, Bosnien-Herzegowina, (Rest-)Jugoslawien, Kroatien, Libanon, Marokko, Moldau, Österreich, Polen, Rumänien, Russland, Slowenien, Surinam, Ungarn, Vatikan.
- *bezüglich Zugang zur Rechtspflege* (Art. 17-26): Ägypten, Argentinien, Belarus, Belgien, BR Deutschland, Dänemark, Israel, Italien, Japan, (Rest-)Jugoslawien, Lettland, Libanon, Luxemburg, Marokko, Moldau, Norwegen, Österreich, Portugal, Rumänien, Russland, Slowakei, Spanien, Surinam, Tschechien, Türkei, Ungarn, Vatikan.

Artikel 4

Die in den Artikeln 1, 2 und 3 vorgesehene Zustellung kann nur abgelehnt werden, wenn sie nach der Auffassung des Staates, auf dessen Gebiet sie erfolgen soll, geeignet erscheint, seine Hoheitsrechte zu verletzen oder seine Sicherheit zu gefährden.

Artikel 5

Der Nachweis der Zustellung erfolgt entweder durch einen mit Datum versehenen und beglaubigten Empfangsschein des Empfängers oder durch eine Bescheinigung der Behörde des ersuchten Staates, aus der sich die Tatsache, die Form und die Zeit der Zustellung ergibt.

Der Empfangsschein oder die Bescheinigung ist auf eine der beiden Ausfertigungen zu setzen oder daran zu heften.

Artikel 6

Die Bestimmungen der voraufgehenden Artikel schliessen nicht aus:

1. dass Urkunden den im Auslande befindlichen Beteiligten unmittelbar durch die Post zugesandt werden;
2. dass die Beteiligten die Zustellung unmittelbar durch diejenigen Gerichtsvollzieher oder sonstigen Beamten vornehmen lassen, die in dem Lande, wo die Zustellung erfolgen soll, hierfür zuständig sind;
3. dass jeder Staat die Zustellung an Personen, die sich in einem andern Staate befinden, unmittelbar durch seine diplomatischen oder konsularischen Vertreter vornehmen lasse.

Die in diesen Fällen vorgesehenen Zustellungsarten sind jedoch nur statthaft, wenn Abkommen zwischen den beteiligten Staaten sie einräumen oder wenn in Ermangelung von Abkommen der Staat, auf dessen Gebiete die Zustellung erfolgen soll, nicht widerspricht. Dieser Staat kann nicht widersprechen, wenn im Falle des Absatzes 1 Ziffer 3 das Schriftstück ohne Anwendung von Zwang einem Angehörigen des ersuchenden Staates zugestellt werden soll.

Artikel 7

Für Zustellungen dürfen Gebühren oder Kosten irgendwelcher Art nicht erhoben werden. Jedoch ist, vorbehältlich anderweitiger Übereinkunft, der ersuchte Staat berechtigt, von dem ersuchenden Staate die Erstattung der Kosten zu verlangen, die durch die Mitwirkung eines Vollziehungsbeamten oder durch die Anwendung einer besonderen Form in den Fällen des Artikels 3 entstanden sind.

II. Ersuchungsschreiben

Artikel 8

In Zivil- oder Handelssachen können die gerichtlichen Behörden eines Vertragsstaates, nach Massgabe der Vorschriften seiner Gesetzgebung, sich durch Ersuchungsschreiben an die zuständige Behörde eines andern Vertragsstaates wenden, um innerhalb deren Geschäftskreises die Vornahme einer richterlichen Prozesshandlung oder anderer gerichtlicher Handlungen zu erbitten.

Artikel 9

Die Ersuchungsschreiben werden durch den Konsul des ersuchenden Staates der von dem ersuchten Staate zu bezeichnenden Behörde übermittelt. Diese Behörde hat dem Konsul die Urkunde zu übersenden, aus der sich die Erledigung des Ersuchens oder der die Erledigung hindernde Umstand ergibt.

Alle Anstände, zu denen diese Übermittlung Anlass geben mag, werden auf diplomatischem Wege erledigt.

Jeder Vertragsstaat kann durch eine an die andern Vertragsstaaten gerichtete Mitteilung verlangen, dass ihm die auf seinem Gebiete zu erledigenden Ersuchungsschreiben auf diplomatischem Wege übermittelt werden.

Die vorstehenden Bestimmungen schliessen nicht aus, dass sich zwei Vertragsstaaten über die Zulassung der unmittelbaren Übermittlung von Ersuchungsschreiben zwischen ihren beiderseitigen Behörden verständigen.

Artikel 10

Vorbehältlich anderweitiger Vereinbarung muss das Ersuchungsschreiben in der Sprache der ersuchten Behörde oder in der zwischen den beiden beteiligten Staaten vereinbarten Sprache abgefasst oder aber von einer Übersetzung in eine dieser Sprachen begleitet sein, die durch einen diplomatischen oder konsularischen Vertreter des ersuchenden Staates oder einen beeidigten Dolmetscher des ersuchten Staates beglaubigt ist.

Artikel 11

Die Gerichtsbehörde, an die das Ersuchen gerichtet wird, ist verpflichtet, ihm zu entsprechen und dabei dieselben Zwangsmittel anzuwenden, wie bei der Erledigung eines Ersuchens der Behörden des ersuchten Staates oder eines dahingehenden Begehrens einer beteiligten Partei. Diese Zwangsmittel brauchen nicht angewendet zu werden, wenn es sich um das persönliche Erscheinen streitender Parteien handelt. Die ersuchende Behörde ist auf ihr Verlangen von der Zeit und dem Orte der auf das Ersuchen vorzunehmenden Handlung zu benachrichtigen, damit die beteiligte Partei ihr beizuwohnen in der Lage ist.

Die Erledigung des Ersuchens kann nur abgelehnt werden:

1. wenn die Echtheit der Urkunde nicht feststeht;
2. wenn in dem ersuchten Staate die Erledigung des Ersuchens nicht in den Bereich der Gerichtsgewalt fällt;
3. wenn das Ersuchen nach der Auffassung des Staates, auf dessen Gebiet sie erfolgen soll, geeignet erscheint, seine Hoheitsrechte zu verletzen oder seine Sicherheit zu gefährden.

Artikel 12

Im Falle der Unzuständigkeit der ersuchten Behörde ist das Ersuchungsschreiben von Amtes wegen an die zuständige Gerichtsbehörde desselben Staates unter Beobachtung der dafür nach dessen Gesetzgebung massgebenden Regeln abzugeben.

Artikel 13

In allen Fällen, in denen das Ersuchen von der angegangenen Behörde nicht erledigt wird, hat diese die ersuchende Behörde unverzüglich hievon zu benachrichtigen, und zwar im Falle des Artikels 11 unter Angabe der Gründe, aus denen die Erledigung des Ersuchens abgelehnt, und im Falle des Artikels 12 unter Bezeichnung der Behörde, an die das Ersuchen abgegeben worden ist.

Artikel 14

Die ein Ersuchen erledigende Gerichtsbehörde hat hinsichtlich der zu beobachtenden Formen des Verfahrens die Gesetze ihres Landes in Anwendung zu bringen.

Jedoch ist dem Antrag der ersuchenden Behörde, dass nach einer besonderen Form verfahren werde, zu entsprechen, sofern diese Form der Gesetzgebung des ersuchten Staates nicht zuwiderläuft.

Artikel 15

Durch die Bestimmungen der vorstehenden Artikel wird nicht ausgeschlossen, dass jeder Staat die Ersuchen unmittelbar durch seine diplomatischen oder konsularischen Vertreter erledigen lassen kann, wenn Abkommen zwischen den beteiligten Staaten dies zulassen oder wenn der Staat, auf dessen Gebiet das Ersuchen erledigt werden soll, nicht widerspricht.

Artikel 16

Für die Erledigung von Ersuchen dürfen Gebühren oder Kosten irgendwelcher Art nicht erhoben werden.

Jedoch ist, vorbehältlich anderweitiger Vereinbarung, der ersuchte Staat berechtigt, von dem ersuchenden Staate die Erstattung der an Zeugen oder Sachverständige bezahlten Entschädigungen sowie der Kosten zu verlangen, welche für die wegen Nichterscheinens der Zeugen erforderlich gewordene Mitwirkung eines Vollziehungsbeamten oder durch die Anwendung des Artikels 14 Absatz 2 entstanden sind.

III. Sicherheitsleistung für die Prozesskosten

Artikel 17

Treten Angehörige eines der Vertragsstaaten in einem andern dieser Staaten als Kläger oder Intervenienten vor Gericht auf, so darf, sofern sie in irgendeinem der Vertragsstaaten ihren Wohnsitz haben, ihnen wegen ihrer Eigenschaft als Ausländer oder deswegen, weil sie keinen Wohnsitz oder Aufenthalt im Inlande haben, eine Sicherheitsleistung oder Hinterlegung, unter welcher Benennung es auch sei, nicht auferlegt werden.

Die gleiche Regel findet Anwendung auf die Vorauszahlung, die von den Klägern oder Intervenienten zur Deckung der Gerichtskosten einzufordern wäre.

Die Abkommen, wodurch Vertragsstaaten für ihre Angehörigen ohne Rücksicht auf den Wohnsitz Befreiung von der Sicherheitsleistung für die Prozesskosten oder von der Vorauszahlung der Gerichtskosten vereinbart haben, finden auch weiter Anwendung.

Artikel 18

Entscheidungen, wodurch der Kläger oder Intervenient, der nach Artikel 17 Absätzen 1 und 2 oder nach dem in dem Staate der Klagerhebungen geltenden Rechte von der Sicherheitsleistung, Hinterlegung oder Vorauszahlung befreit worden war, in die Prozesskosten verurteilt wird, sind, wenn das Begehren auf diplomatischem Wege gestellt wird, in jedem der andern Vertragsstaaten durch die zuständige Behörde kostenfrei vollstreckbar zu erklären.

Die gleiche Regel findet Anwendung auf gerichtliche Entscheidungen, durch die der Betrag der Kosten des Prozesses später festgesetzt wird.

Die vorhergehenden Bestimmungen schliessen nicht aus, dass zwei Vertragsstaaten vereinbaren, auch der beteiligten Partei selbst zu gestatten, die Vollstreckbarerklärung zu beantragen.

Artikel 19

Die Kostenentscheidungen werden ohne Anhörung der Parteien, jedoch unbeschadet eines späteren Rekurses der verurteilten Partei, gemäss der Gesetzgebung des Landes, wo die Vollstreckung betrieben wird, vollstreckbar erklärt.

Die zur Entscheidung über den Antrag auf Vollstreckbarerklärung zuständige Behörde hat ihre Prüfung darauf zu beschränken:

1. ob nach dem Gesetze des Landes, wo die Verurteilung erfolgt ist, die Ausfertigung der Entscheidung die für ihre Beweiskraft erforderlichen Voraussetzungen erfüllt;
2. ob nach demselben Gesetze die Entscheidung die Rechtskraft erlangt hat;
3. ob das Dispositiv der Entscheidung in der Sprache der ersuchten Behörde oder in der zwischen den beiden beteiligten Staaten vereinbarten Sprache abgefasst ist oder von einer Übersetzung in eine dieser Sprachen begleitet ist, die, vorbehältlich anderweitiger Übereinkunft, durch einen diplomatischen oder konsularischen Vertreter des ersuchenden Staates oder einen beeidigten Dolmetscher des ersuchten Staates beglaubigt sein muss.

Den Erfordernissen des Absatzes 2 Ziffern 1 und 2 wird genügt entweder durch eine Erklärung der zuständigen Behörde des ersuchenden Staates, dass die Entscheidung die Rechtskraft erlangt hat, oder durch die Vorlegung gehörig beglaubigter Urkunden, die dartun, dass die Entscheidung in Rechtskraft erwachsen ist. Die Zuständigkeit dieser Behörde ist, vorbehältlich anderweitiger Vereinbarung, durch den höchsten Justizverwaltungsbeamten des ersuchenden Staates zu bescheinigen. Die Erklärung und die Bescheinigung, die soeben erwähnt worden sind, müssen nach Vorschrift des Absatzes 2 Ziffer 3 abgefasst und übersetzt sein.

Die zum Entscheid über den Antrag auf Vollstreckbarerklärung zuständige Behörde bestimmt, sofern die Partei dies gleichzeitig beantragt, die Höhe der in Absatz 2 Ziffer 3 erwähnten Bescheinigungs-, Übersetzungs- und Beglaubigungskosten. Diese Kosten gelten als Prozesskosten.

IV. Armenrecht

Artikel 20

In Zivil- und Handelssachen werden die Angehörigen eines jeden der Vertragsstaaten in allen andern Vertragsstaaten unter denselben gesetzlichen Bedingungen und Voraussetzungen zum Armenrecht zugelassen, wie die Angehörigen des Staates, in dessen Gebiete die Bewilligung des Armenrechts nachgesucht wird.

In Staaten, die das Armenrecht auch in Verwaltungssachen kennen, gilt der vorstehende Absatz auch für Angelegenheiten, die vor die in Verwaltungssachen zuständigen Gerichte gebracht werden.

Artikel 21

Das Armutszeugnis oder die Erklärung des Unvermögens zur Bestreitung der Prozesskosten muss in allen Fällen von den Behörden des gewöhnlichen Aufenthaltsortes des Ausländers, oder in Ermangelung solcher, von den Behörden seines derzeitigen Aufenthaltsortes ausgestellt oder entgegengenommen sein. Gehören diese Behörden keinem der Vertragsstaaten an und werden von ihnen solche Bescheinigungen oder Erklärungen nicht ausgestellt oder entgegengenommen, so genügt die Ausstellung oder Entgegennahme der Bescheinigung oder der Erklärung durch einen diplomatischen oder konsularischen Vertreter des Landes, dem der Ausländer angehört.

Hält der Antragsteller sich nicht in dem Lande auf, wo das Armenrecht nachgesucht wird, so ist das Zeugnis oder die Erklärung des Unvermögens kostenfrei von einem diplomatischen oder konsularischen Vertreter des Landes zu beglaubigen, in dessen Gebiet die Urkunde vorgelegt werden soll.

Artikel 22

Die zur Erteilung des Armutszeugnisses oder zur Entgegennahme der Erklärung über das Unvermögen zuständige Behörde kann bei den Behörden der andern Vertragsstaaten über die Vermögensverhältnisse des Antragstellers Erkundigungen einziehen.

Der Behörde, die über den Antrag auf Bewilligung des Armenrechts zu entscheiden hat, bleibt in den Grenzen ihrer Amtsbefugnisse das Recht gewahrt, die ihr vorgelegten Zeugnisse, Erklärungen und Auskünfte auf ihre Richtigkeit hin zu prüfen und sich zur ausreichenden Unterrichtung ergänzende Aufschlüsse geben zu lassen.

Artikel 23

Befindet sich der Bedürftige in einem andern Lande als in dem, wo das Armenrecht nachgesucht werden soll, so kann sein Antrag auf Bewilligung des Armenrechts, samt Zeugnissen oder Erklärungen über das Unvermögen und gegebenenfalls weiteren für die Behandlung des Antrages dienlichen Belegen, durch den Konsul seines Landes der zum Entscheid zuständigen oder der von dem Staat, in dem der Antrag behandelt werden soll, bezeichneten Behörde übermittelt werden.

Die in Artikel 9 Absätze 2, 3 und 4 sowie in den Artikeln 10 und 12 hiervor enthaltenen Bestimmungen über Ersuchungsschreiben gelten auch für die Übermittlung von Anträgen auf Bewilligung des Armenrechts und ihrer Beilagen.

Artikel 24

Ist das Armenrecht einem Angehörigen eines der Vertragsstaaten bewilligt worden, so hat der ersuchende Staat für Zustellungen jeglicher Art, die sich auf denselben Prozess beziehen und die in einem andern Vertragsstaat vorzunehmen sind, dem ersuchten Staat keinerlei Auslagen zu vergüten.

Dasselbe gilt auch für Ersuchungsschreiben, mit Ausnahme der an Sachverständige bezahlten Entschädigungen.

V. Kostenfreie Abgabe von Auszügen aus den Zivilstandsregistern

Artikel 25

Bedürftige Angehörige eines der Vertragsstaaten können sich unter den gleichen Voraussetzungen wie dessen eigene Staatsangehörige Auszüge aus den Zivilstandsregistern kostenlos ausstellen lassen. Die zu ihrer Eheschliessung erforderlichen Ausweise werden von den diplomatischen oder konsularischen Vertretern der Vertragsstaaten kostenfrei beglaubigt.

VI. Personalhaft

Artikel 26

Die Personalhaft findet in Zivil- oder Handelssachen gegen die einem der Vertragsstaaten angehörenden Ausländer nur in den Fällen statt, in denen sie auch gegen Inländer anwendbar sein würde. Eine Tatsache, auf Grund deren ein im Inlande wohnhafter Inländer die Aufhebung der Personalhaft verlangen kann, soll zugunsten des Angehörigen eines Vertragsstaates die gleiche Wirkung auch dann haben, wenn sich diese Tatsache im Ausland ereignet hat.

VII. Schlussbestimmungen

Artikel 27

Diese Übereinkunft steht den Staaten, die auf der siebenten Tagung der Konferenz für internationales Privatrecht vertreten waren, zur Unterzeichnung offen.

Sie wird ratifiziert und die Ratifikationsurkunden werden beim niederländischen Ministerium für Auswärtige Angelegenheiten hinterlegt.

Anhang A

Über jede Hinterlegung von Ratifikationsurkunden wird ein Protokoll aufgenommen, wovon jedem Signatarstaat eine beglaubigte Abschrift auf diplomatischem Wege zu übermitteln ist.

Artikel 28

Diese Übereinkunft tritt am sechzigsten Tage nach der in Artikel 27 Absatz 2 vorgesehenen Hinterlegung der vierten Ratifikationsurkunde in Kraft.

Für jeden Signatarstaat, der später ratifiziert, tritt die Übereinkunft am sechzigsten Tage nach Hinterlegung seiner Ratifikationsurkunde in Kraft.

Artikel 29

In den Beziehungen zwischen den Staaten, die sie ratifizieren, tritt diese Übereinkunft an die Stelle der am 17. Juli 1905 in Den Haag unterzeichneten Übereinkunft betreffend Zivilprozessrecht.

Artikel 30

Diese Übereinkunft findet auf das Mutterland jedes Vertragsstaates ohne weiteres Anwendung.

Wünscht ein Vertragsstaat die Inkraftsetzung der Übereinkunft in allen oder einzelnen andern Gebieten, deren internationale Beziehungen er wahrnimmt, so hat er dies in einer Mitteilung bekanntzugeben, die beim niederländischen Ministerium für Auswärtige Angelegenheiten hinterlegt wird. Dieses übermittelt jedem der Vertragsstaaten auf diplomatischem Wege eine beglaubigte Abschrift.

Die Übereinkunft tritt in Kraft für die Beziehungen zwischen den Staaten, die innerhalb von sechs Monaten nach dieser Mitteilung keine Einwendungen erheben, und jedem Gebiet, dessen internationale Beziehungen der betreffende Staat wahrnimmt und für welches die Mitteilung erfolgt ist.

Artikel 31

Jeder Staat, der auf der siebenten Tagung der Konferenz nicht vertreten war, kann vorstehender Übereinkunft beitreten, es sei denn, dass ein oder mehrere Staaten, die die Übereinkunft ratifiziert haben, innerhalb einer Frist von sechs Monaten, nachdem die niederländische Regierung den Beitritt mitgeteilt hat, dagegen Einspruch erheben. Der Beitritt erfolgt in der in Artikel 27 Absatz 2 vorgesehenen Weise.

Es versteht sich, dass Beitritte erst erfolgen können, nachdem diese Übereinkunft gemäss Artikel 28 Absatz 1 in Kraft getreten ist.

Artikel 32

Jeder Vertragsstaat kann sich anlässlich der Unterzeichnung oder der Ratifizierung der vorstehenden Übereinkunft oder anlässlich seines Beitritts vorbehalten, die Anwendung des Artikels 17 auf die Angehörigen der Vertragsstaaten zu beschränken, die ihren gewöhnlichen Aufenthalt auf seinem Gebiete haben.

Ein Staat, der von der im vorhergehenden Absatz vorgesehenen Möglichkeit Gebrauch gemacht hat, kann die Anwendung des Artikels 17 durch die anderen Vertragsstaaten nur zugunsten derjenigen seiner Angehörigen beanspruchen, die ihren gewöhnlichen Aufenthalt auf dem Gebiete des Vertragsstaates haben, vor dessen Gerichten sie als Kläger oder Intervenienten auftreten.

Artikel 33

Vorstehende Übereinkunft gilt für die Dauer von fünf Jahren, gerechnet von dem in Artikel 28 Absatz 1 angegebenen Zeitpunkt.

Mit demselben Zeitpunkt beginnt der Lauf dieser Frist auch für die Staaten, welche die Übereinkunft erst später ratifizieren oder ihr nachträglich beitreten.

In Ermangelung einer Kündigung gilt die Übereinkunft als stillschweigend von fünf zu fünf Jahren erneuert. Die Kündigung muss wenigstens sechs Monate vor Ablauf der Frist dem niederländischen Ministerium für Auswärtige Angelegenheiten erklärt werden, das hiervon allen andern Vertragsstaaten Kenntnis geben wird.

Die Kündigung kann auf alle oder einzelne Gebiete, die in einer auf Grund des Artikels 30 Absatz 2 erfolgten Mitteilung aufgeführt sind, beschränkt werden.

Die Kündigung soll nur für den Staat wirksam sein, der sie erklärt hat. Für die übrigen Vertragsstaaten bleibt die Übereinkunft in Kraft.

Zu Urkund dessen haben die Unterzeichneten, durch ihre Regierungen hierzu gehörig ermächtigt, die vorstehende Übereinkunft unterzeichnet.

Geschehen in Den Haag, den 1. März 1954, in einer einzigen Ausfertigung, die im Archive der Regierung der Niederlande zu hinterlegen ist und wovon eine beglaubigte Abschrift auf diplomatischem Wege einem jeden der Staaten übergeben werden soll, die auf der siebenten Tagung der Haager Konferenz für internationales Privatrecht vertreten waren.

Anhang B

Übereinkommen über die Zustellung gerichtlicher und aussergerichtlicher Schriftstücke im Ausland in Zivil- und Handelssachen (15.11.1965)[1]

Die Unterzeichnerstaaten dieses Übereinkommens,

in dem Wunsch, durch geeignete Massnahmen sicherzustellen, dass gerichtliche und aussergerichtliche Schriftstücke, die im Ausland zuzustellen sind, ihren Empfängern rechtzeitig zur Kenntnis gelangen,

in der Absicht, dafür die gegenseitige Rechtshilfe zu verbessern, indem das Verfahren vereinfacht und beschleunigt wird,

haben beschlossen, zu diesem Zweck ein Übereinkommen zu schliessen, und haben die folgenden Bestimmungen vereinbart:

Artikel 1

Dieses Übereinkommen ist in Zivil- oder Handelssachen in allen Fällen anzuwenden, in denen ein gerichtliches oder aussergerichtliches Schriftstück zum Zweck der Zustellung ins Ausland zu übermitteln ist.

Das Übereinkommen gilt nicht, wenn die Adresse des Empfängers des Schriftstücks unbekannt ist.

---

[1] Stand der Ratifikationen bzw. Beitritte: Ägypten, Antigua und Barbuda, Barbados, Belgien, Botswana, BR Deutschland, China, Dänemark, Finnland, Frankreich, Griechenland, Grossbritannien (Anguilla, Bermudas, brit. Honduras, brit. Salomoninseln, Cayman-Inseln, Falkland-Inseln, Gibraltar, Gilbert- und Ellice-Inseln, Guernesey, Hongkong, Insel Man, Jersey, Jungferninseln, Montserrat, Pictairn, St. Christoph und Nevis, St. Helena, St. Lucia, St. Vincent, Turks- und Caicosinseln, Zentral- und Südlinieninseln), Irland, Israel, Italien, Japan, Kanada, Lettland, Luxemburg, Malawi, Niederlande, Norwegen, Pakistan, Portugal, Schweden, Schweiz, Seychellen, Slowakei, Spanien, Tschechische Republik, Türkei, USA (Guam, Puerto Rico, amerikan. Jungfern-Inseln, Nördl. Marianen-Inseln), Venezuela, Zypern (Stand: 34; 1.1.1996).

Kapitel I
Gerichtliche Schriftstücke

Artikel 2

Jeder Vertragsstaat bestimmt eine zentrale Behörde, die nach den Artikeln 3 bis 6 Ersuchen um Zustellung von Schriftstücken aus einem anderen Vertragsstaat entgegenzunehmen und das Erforderliche zu veranlassen hat.

Jeder Staat richtet die zentrale Behörde nach Massgabe seines Rechts ein.

Artikel 3

Die nach dem Recht des Ursprungsstaats zuständige Behörde oder der nach diesem Recht zuständige Justizbeamte richtet an die zentrale Behörde des ersuchten Staates ein Ersuchen, das dem diesem Übereinkommen als Anhang beigefügten Muster entspricht, ohne dass die Schriftstücke der Beglaubigung oder einer anderen entsprechenden Förmlichkeit bedürfen.

Dem Ersuchen ist das gerichtliche Schriftstück oder eine Abschrift davon beizufügen. Ersuchen und Schriftstück sind in zwei Exemplaren zu übermitteln.

Artikel 4

Ist die zentrale Behörde der Ansicht, dass das Ersuchen nicht dem Übereinkommen entspricht, so unterrichtet sie unverzüglich die ersuchende Stelle und führt dabei die Einwände gegen das Ersuchen einzeln an.

Artikel 5

Die Zustellung des Schriftstücks wird von der zentralen Behörde des ersuchten Staates bewirkt oder veranlasst, und zwar

a) entweder in einer der Formen, die das Recht des ersuchten Staates für die Zustellung der in seinem Hoheitsgebiet ausgestellten Schriftstücke an dort befindliche Personen vorschreibt, oder

b) in einer besonderen, von der ersuchenden Stelle gewünschten Form, es sei denn, dass diese Form mit dem Recht des ersuchten Staates unvereinbar ist.

Von dem Fall des Absatzes 1 Buchstabe b abgesehen, darf die Zustellung stets durch einfache Übergabe des Schriftstücks an den Empfänger bewirkt werden, wenn er zur Annahme bereit ist.

Ist das Schriftstück nach Absatz 1 zuzustellen, so kann die zentrale Behörde verlangen, dass das Schriftstück in der Amtssprache oder einer der Amtssprachen des ersuchten Staates abgefasst oder in diese übersetzt ist.

Der Teil des Ersuchens, der entsprechend dem diesem Übereinkommen als Anhang beigefügten Muster den wesentlichen Inhalt des Schriftstücks wiedergibt, ist dem Empfänger auszuhändigen.

Artikel 6

Die zentrale Behörde des ersuchten Staates oder jede von diesem hierzu bestimmte Behörde stellt ein Zustellungszeugnis aus, das dem diesem Übereinkommen als Anhang beigefügten Muster entspricht.

Das Zeugnis enthält die Angaben über die Erledigung des Ersuchens; in ihm sind Form, Ort und Zeit der Erledigung sowie die Person anzugeben, der das Schriftstück übergeben worden ist. Gegebenenfalls sind die Umstände anzuführen, welche die Erledigung verhindert haben.

Die ersuchende Stelle kann verlangen, dass ein nicht durch die zentrale Behörde oder durch eine gerichtliche Behörde ausgestelltes Zeugnis mit einem Sichtvermerk einer dieser Behörden versehen wird.

Das Zeugnis wird der ersuchenden Stelle unmittelbar zugesandt.

Artikel 7

Die vorgedruckten Teile des diesem Übereinkommen beigefügten Musters müssen in englischer oder französischer Sprache abgefasst sein. Sie können ausserdem in der Amtssprache oder einer der Amtssprachen des Ursprungsstaats abgefasst sein.

Die Eintragungen können in der Sprache des ersuchten Staates oder in englischer oder französischer Sprache gemacht werden.

Artikel 8

Jedem Vertragsstaat steht es frei, Personen, die sich im Ausland befinden, gerichtliche Schriftstücke unmittelbar durch seine diplomatischen oder konsularischen Vertreter ohne Anwendung von Zwang zustellen zu lassen.

Jeder Staat kann erklären, dass er einer solchen Zustellung in seinem Hoheitsgebiet widerspricht, ausser wenn das Schriftstück einem Angehörigen des Ursprungsstaats zuzustellen ist.

Artikel 9

Jedem Vertragsstaat steht es ferner frei, den konsularischen Weg zu benutzen, um gerichtliche Schriftstücke zum Zweck der Zustellung den Behörden eines anderen Vertragsstaats, die dieser hierfür bestimmt hat, zu übermitteln.

Wenn aussergewöhnliche Umstände dies erfordern, kann jeder Vertragsstaat zu demselben Zweck den diplomatischen Weg benutzen.

Artikel 10

Dieses Übereinkommen schliesst, sofern der Bestimmungsstaat keinen Widerspruch erklärt, nicht aus,

a) dass gerichtliche Schriftstücke im Ausland befindlichen Personen unmittelbar durch die Post übersandt werden dürfen,

b) dass Justizbeamte, andere Beamte oder sonst zuständige Personen des Ursprungsstaats Zustellungen unmittelbar durch Justizbeamte, andere Beamte oder sonst zuständige Personen des Bestimmungsstaats bewirken lassen dürfen,

c) dass jeder an einem gerichtlichen Verfahren Beteiligte Zustellungen gerichtlicher Schriftstücke unmittelbar durch Justizbeamte, andere Beamte oder sonst zuständige Personen des Bestimmungsstaats bewirken lassen darf.

Artikel 11

Dieses Übereinkommen schliesst nicht aus, dass Vertragsstaaten vereinbaren, zum Zweck der Zustellung gerichtlicher Schriftstücke andere als die in den vorstehenden Artikeln vorgesehenen Übermittlungswege zuzulassen, insbesondere den unmittelbaren Verkehr zwischen ihren Behörden.

Artikel 12

Für Zustellungen gerichtlicher Schriftstücke aus einem Vertragsstaat darf die Zahlung oder Erstattung von Gebühren und Auslagen für die Tätigkeit des ersuchten Staates nicht verlangt werden.

Die ersuchende Stelle hat jedoch die Auslagen zu zahlen oder zu erstatten, die dadurch entstehen,

a) dass bei der Zustellung ein Justizbeamter oder eine nach dem Recht des Bestimmungsstaats zuständige Person mitwirkt,

b) dass eine besondere Form der Zustellung angewendet wird.

Artikel 13

Die Erledigung eines Zustellungsantrags nach diesem Übereinkommen kann nur abgelehnt werden, wenn der ersuchte Staat sie für geeignet hält, seine Hoheitsrechte oder seine Sicherheit zu gefährden.

Die Erledigung darf nicht allein aus dem Grund abgelehnt werden, dass der ersuchte Staat nach seinem Recht die ausschliessliche Zuständigkeit seiner Gerichte für die Sache in Anspruch nimmt oder ein Verfahren nicht kennt, das dem entspricht, für das das Ersuchen gestellt wird.

Über die Ablehnung unterrichtet die zentrale Behörde unverzüglich die ersuchende Stelle unter Angabe der Gründe.

Artikel 14

Schwierigkeiten, die aus Anlass der Übermittlung gerichtlicher Schriftstücke zum Zweck der Zustellung entstehen, werden auf diplomatischem Weg beigelegt.

Artikel 15

War zur Einleitung eines gerichtlichen Verfahrens eine Vorladung oder ein entsprechendes Schriftstück nach diesem Übereinkommen zum Zweck der Zustellung ins Ausland zu übermitteln und hat sich der Beklagte nicht auf das Verfahren eingelassen, so hat der Richter das Verfahren auszusetzen, bis festgestellt ist,

a) dass das Schriftstück in einer der Formen zugestellt worden ist, die das Recht des ersuchten Staates für die Zustellung der in seinem Hoheitsgebiet ausgestellten Schriftstücke an dort befindliche Personen vorschreibt, oder

b) dass das Schriftstück entweder dem Beklagten selbst oder aber in seiner Wohnung nach einem anderen in diesem Übereinkommen vorgesehenen Verfahren übergeben worden ist

und dass in jedem dieser Fälle das Schriftstück so rechtzeitig zugestellt oder übergeben worden ist, dass der Beklagte sich hätte verteidigen können.

Jedem Vertragsstaat steht es frei zu erklären, dass seine Richter ungeachtet des Absatzes 1 den Rechtsstreit entscheiden können, auch wenn ein Zeugnis über die Zustellung oder die Übergabe nicht eingegangen ist, vorausgesetzt,

a) dass das Schriftstück nach einem in diesem Übereinkommen vorgesehenen Verfahren übermittelt worden ist,

b) dass seit der Absendung des Schriftstücks eine Frist verstrichen ist, die der Richter nach den Umständen des Falles als angemessen erachtet und die mindestens sechs Monate betragen muss, und

c) dass trotz aller zumutbaren Schritte bei den zuständigen Behörden des ersuchten Staates ein Zeugnis nicht zu erlangen war.

Dieser Artikel hindert nicht, dass der Richter in dringenden Fällen vorläufige Massnahmen, einschliesslich solcher, die auf eine Sicherung gerichtet sind, anordnet.

Artikel 16

War zur Einleitung eines gerichtlichen Verfahrens eine Vorladung oder ein entsprechendes Schriftstück nach diesem Übereinkommen zum Zweck der Zustellung ins

Ausland zu übermitteln und ist eine Entscheidung gegen den Beklagten ergangen, der sich nicht auf das Verfahren eingelassen hat, so kann ihm der Richter in bezug auf Rechtsmittelfristen die Wiedereinsetzung in den vorigen Stand bewilligen, vorausgesetzt,

a) dass der Beklagte ohne sein Verschulden nicht so rechtzeitig Kenntnis von dem Schriftstück erlangt hat, dass er sich hätte verteidigen können, und nicht so rechtzeitig Kenntnis von der Entscheidung, dass er sie hätte anfechten können, und

b) dass die Verteidigung des Beklagten nicht von vornherein aussichtslos scheint.

Der Antrag auf Wiedereinsetzung in den vorigen Stand ist nur zulässig, wenn der Beklagte ihn innerhalb einer angemessenen Frist stellt, nachdem er von der Entscheidung Kenntnis erlangt hat.

Jedem Vertragsstaat steht es frei zu erklären, dass dieser Antrag nach Ablauf einer in der Erklärung festgelegten Frist unzulässig ist, vorausgesetzt, dass diese Frist nicht weniger als ein Jahr beträgt, vom Erlass der Entscheidung an gerechnet.

Dieser Artikel ist nicht auf Entscheidungen anzuwenden, die den Personenstand betreffen.

Kapitel II
Aussergerichtliche Schriftstücke

Artikel 17

Aussergerichtliche Schriftstücke, die von Behörden und Justizbeamten eines Vertragsstaats stammen, können zum Zweck der Zustellung in einem anderen Vertragsstaat nach den in diesem Übereinkommen vorgesehenen Verfahren und Bedingungen übermittelt werden.

Kapitel III
Allgemeine Bestimmungen

Artikel 18

Jeder Vertragsstaat kann ausser der zentralen Behörde weitere Behörden bestimmen, deren Zuständigkeit er festlegt.

Die ersuchende Stelle hat jedoch stets das Recht, sich unmittelbar an die zentrale Behörde zu wenden.

Bundesstaaten steht es frei, mehrere zentrale Behörden zu bestimmen.

Artikel 19

Dieses Übereinkommen schliesst nicht aus, dass das innerstaatliche Recht eines Vertragsstaats ausser den in den vorstehenden Artikeln vorgesehenen auch andere Verfahren zulässt, nach denen Schriftstücke aus dem Ausland zum Zweck der Zustellung in seinem Hoheitsgebiet übermittelt werden können.

Artikel 20

Dieses Übereinkommen schliesst nicht aus, dass Vertragsstaaten vereinbaren, von folgenden Bestimmungen abzuweichen:

a) Artikel 3 Absatz 2 in bezug auf das Erfordernis, die Schriftstücke in zwei Exemplaren zu übermitteln,

b) Artikel 5 Absatz 3 und Artikel 7 in bezug auf die Verwendung von Sprachen,

c) Artikel 5 Absatz 4,

d) Artikel 12 Absatz 2.

Artikel 21

Jeder Vertragsstaat notifiziert dem Ministerium für Auswärtige Angelegenheiten der Niederlande bei der Hinterlegung seiner Ratifikations- oder Beitrittsurkunde oder zu einem späteren Zeitpunkt

a) die Bezeichnung der Behörden nach den Artikeln 2 und 18,

b) die Bezeichnung der Behörde, die das in Artikel 6 vorgesehene Zustellungszeugnis ausstellt,

c) die Bezeichnung der Behörde, die Schriftstücke entgegennimmt, die nach Artikel 9 auf konsularischem Weg übermittelt werden.

Er notifiziert gegebenenfalls auf gleiche Weise

a) seinen Widerspruch gegen die Benutzung der in den Artikeln 8 und 10 vorgesehenen Übermittlungswege,

b) die in den Artikeln 15 Absatz 2 und 16 Absatz 3 vorgesehenen Erklärungen,

c) jede Änderung der vorstehend erwähnten Behördenbezeichnungen, Widersprüche und Erklärungen.

Artikel 22

Dieses Übereinkommen tritt zwischen den Staaten, die es ratifiziert haben, an die Stelle der Artikel 1 bis 7 der am 17. Juli 1905 und am 1. März 1954 in Den Haag unterzeichneten Übereinkünfte betreffend Zivilprozessrecht, soweit diese Staaten Vertragsparteien jener Übereinkünfte sind.

Artikel 23

Dieses Übereinkommen berührt weder die Anwendung des Artikels 23 der am 17. Juli 1905 in Den Haag unterzeichneten Übereinkunft betreffend Zivilprozessrecht, noch die Anwendung des Artikel 24 der am 1. März 1954 in Den Haag unterzeichneten Übereinkunft betreffend Zivilprozessrecht.

Diese Artikel sind jedoch nur anwendbar, wenn die in diesen Übereinkünften vorgesehenen Übermittlungswege benutzt werden.

Artikel 24

Zusatzvereinbarungen zu den Übereinkünften von 1905 und 1954, die Vertragsstaaten geschlossen haben, sind auch auf das vorliegende Übereinkommen anzuwenden, es sei denn, dass die beteiligten Staaten etwas anderes vereinbaren.

Artikel 25

Unbeschadet der Artikel 22 und 24 berührt dieses Übereinkommen nicht die Übereinkommen, denen die Vertragsstaaten angehören oder angehören werden und die Bestimmungen über Rechtsgebiete enthalten, die durch dieses Übereinkommen geregelt sind.

Artikel 26

Dieses Übereinkommen liegt für die auf der Zehnten Tagung der Haager Konferenz für Internationales Privatrecht vertretenen Staaten zur Unterzeichnung auf.

Es bedarf der Ratifikation; die Ratifikationsurkunden werden beim Ministerium für Auswärtige Angelegenheiten der Niederlande hinterlegt.

Artikel 27

Dieses Übereinkommen tritt am sechzigsten Tag nach der gemäss Artikel 26 Absatz 2 vorgenommenen Hinterlegung der dritten Ratifikationsurkunde in Kraft.

Das Übereinkommen tritt für jeden Unterzeichnerstaat, der es später ratifiziert, am sechzigsten Tag nach Hinterlegung seiner Ratifikationsurkunde in Kraft.

Artikel 28

Jeder auf der Zehnten Tagung der Haager Konferenz für Internationales Privatrecht nicht vertretene Staat kann diesem Übereinkommen beitreten, nachdem es gemäss Artikel 27 Absatz 1 in Kraft getreten ist. Die Beitrittsurkunde wird beim Ministerium für Auswärtige Angelegenheiten der Niederlande hinterlegt.

Das Übereinkommen tritt für einen solchen Staat nur in Kraft, wenn keiner der Staaten, die es vor dieser Hinterlegung ratifiziert haben, dem Ministerium für Auswärtige Angelegenheiten der Niederlande binnen sechs Monaten, nachdem ihm das genannte Ministerium diesen Beitritt notifiziert hat, einen Einspruch notifiziert.

Erfolgt kein Einspruch, so tritt das Übereinkommen für den beitretenden Staat am ersten Tag des Monats in Kraft, der auf den Ablauf der letzten in Absatz 2 erwähnten Frist folgt.

Artikel 29

Jeder Staat kann bei der Unterzeichnung, der Ratifikation oder dem Beitritt erklären, dass sich dieses Übereinkommen auf alle oder auf einzelne der Hoheitsgebiete erstreckt, deren internationale Beziehungen er wahrnimmt. Eine solche Erklärung wird wirksam, sobald das Übereinkommen für den Staat in Kraft tritt, der sie abgegeben hat.

Jede spätere Erstreckung dieser Art wird dem Ministerium für Auswärtige Angelegenheiten der Niederlande notifiziert.

Das Übereinkommen tritt für Hoheitsgebiete, auf die es erstreckt wird, am sechzigsten Tag nach der in Absatz 2 erwähnten Notifikation in Kraft.

Artikel 30

Dieses Übereinkommen gilt für die Dauer von fünf Jahren, vom Tag seines Inkrafttretens nach Artikel 27 Absatz 1 an gerechnet, und zwar auch für die Staaten, die es später ratifizieren oder ihm später beitreten.

Die Geltungsdauer des Übereinkommens verlängert sich, ausser im Fall der Kündigung, stillschweigend um jeweils fünf Jahre.

Die Kündigung wird spätestens sechs Monate vor Ablauf der fünf Jahre dem Ministerium für Auswärtige Angelegenheiten der Niederlande notifiziert.

Sie kann sich auf bestimmte Hoheitsgebiete beschränken, für die das Übereinkommen gilt.

Die Kündigung wirkt nur für den Staat, der sie notifiziert hat. Für die anderen Vertragsstaaten bleibt das Übereinkommen in Kraft.

Artikel 31

Das Ministerium für Auswärtige Angelegenheiten der Niederlande notifiziert den in Artikel 26 bezeichneten Staaten sowie den Staaten, die nach Artikel 28 beigetreten sind,

a) jede Unterzeichnung und Ratifikation nach Artikel 26;
b) den Tag, an dem dieses Übereinkommen nach Artikel 27 Absatz 1 in Kraft tritt;
c) jeden Beitritt nach Artikel 28 und den Tag, an dem er wirksam wird;
d) jede Erstreckung nach Artikel 29 und den Tag, an dem sie wirksam wird;
e) jede Behördenbezeichnung, jeden Widerspruch und jede Erklärung nach Artikel 21;
f) jede Kündigung nach Artikel 30 Absatz 3.

Zu Urkund dessen haben die hierzu gehörig befugten Unterzeichneten dieses Übereinkommen unterschrieben.

Geschehen in Den Haag am 15. November 1965 in englischer und französischer Sprache, wobei jeder Wortlaut gleichermassen verbindlich ist, in einer Urschrift, die im Archiv der Regierung der Niederlande hinterlegt und von der jedem auf der Zehnten Tagung der Haager Konferenz für Internationales Privatrecht vertretenen Staat auf diplomatischem Weg eine beglaubigte Abschrift übermittelt wird.

Wichtig

Das beiliegende Schriftstück ist rechtlicher Art und kann Ihre Rechte und Pflichten berühren. Die «Angaben über den wesentlichen Inhalt des Schriftstücks» geben Ihnen einige Auskünfte über dessen Natur und Gegenstand. Es ist jedoch unerlässlich, den Text des Schriftstücks selber aufmerksam zu lesen. Es kann auch nötig sein, hierüber eine Rechtsauskunft zu verlangen.

Falls Ihre finanziellen Mittel dafür nicht ausreichen, erkundigen Sie sich über die Möglichkeiten der unentgeltlichen Rechtshilfe und der unentgeltlichen Rechtsberatung, und zwar entweder in Ihrem Land oder im Herkunftsland dieses Schriftstücks.

Auskunftsbegehren über die Möglichkeiten der unentgeltlichen Rechtshilfe oder der unentgeltlichen Rechtsberatung können im Herkunftsland dieses Schriftstücks gerichtet werden an:

Anhang B

Très important

Le document ci-joint est de nature juridique et peut affecter vos droits et obligations. Les «éléments essentiels de l'acte» vous donnent quelques informations sur sa nature et son objet. Il est toutefois indispensable de lire attentivement le texte même du document. Il peut être nécessaire de demander un avis juridique.
 Si vous ressources sont insuffisantes, renseignez-vous sur la possibilité d'obtenir l'assistance judiciaire et la consultation juridique soit dans votre pays soit dans le pays d'origine du document.
 Les demandes de renseignements sur les possibilités d'obtenir l'assistance judiciaire ou la consultation juridique dans le pays d'origine du document peuvent être adressées:

Important

The enclosed document is of a legal nature et may affect your rights and obligations. The summary of the document to be served will give you some information about its nature and p urpose. You should however read the document itself carefully; it may be necessary to seek legal advice.
 If your financial resources are insufficient you should seek information on the possibility of obtaining legal aid or advice either in the country where you live or in the country where the document was issued.
 Enquiries about the availability of legal aid or advice in the country where the document was issued may be directed to:

Anhang C

Übereinkommen über die Beweisaufnahme im Ausland in Zivil- und Handelssachen (18.3.1970)[1]

Die Unterzeichnerstaaten dieses Übereinkommens

in dem Wunsch, die Übermittlung und Erledigung von Rechtshilfeersuchen zu erleichtern sowie die Angleichung der verschiedenen dabei angewandten Verfahrensweisen zu fördern,

in der Absicht, die gegenseitige gerichtliche Zusammenarbeit in Zivil- oder Handelssachen wirksamer zu gestalten,

haben beschlossen, zu diesem Zweck ein Übereinkommen zu schliessen, und haben die folgenden Bestimmungen vereinbart:

Kapitel I
Rechtshilfeersuchen

Artikel 1

In Zivil- oder Handelssachen kann die gerichtliche Behörde eines Vertragsstaats nach seinen innerstaatlichen Rechtsvorschriften die zuständige Behörde eines anderen Vertragsstaats ersuchen, eine Beweisaufnahme oder eine andere gerichtliche Handlung vorzunehmen.

Um die Aufnahme von Beweisen, die nicht zur Verwendung in einem bereits anhängigen oder künftigen gerichtlichen Verfahren bestimmt sind, darf nicht ersucht werden.

Der Ausdruck «andere gerichtliche Handlung» umfasst weder die Zustellung gerichtlicher Schriftstücke noch Massnahmen der Sicherung oder der Vollstreckung.

---

[1] Stand der Ratifikationen bzw. Beitritte: Argentinien, Australien, Barbados, BR Deutschland, Dänemark, Finnland, Frankreich, Grossbritannien (Akrotiri und Dheklélia, Anguilla, Cayman-Inseln, Falkland-Inseln, Gibraltar, Hongkong, Insel Man), Israel, Italien, Lettland, Luxemburg, Mexiko, Monaco, Niederlande (Aruba), Norwegen, Portugal, Schweden, Schweiz, Singapur, Slowakei, Spanien, Tschechische Republik, USA (Guam, Puerto Rico, US-Jungfern-Inseln), Venezuela, Zypern (Stand: 26; 1.1.1996).

Artikel 2

Jeder Vertragsstaat bestimmt eine Zentrale Behörde, die von einer gerichtlichen Behörde eines anderen Vertragsstaats ausgehende Rechtshilfeersuchen entgegennimmt und sie der zuständigen Behörde zur Erledigung zuleitet. Jeder Staat richtet die Zentrale Behörde nach Massgabe seines Rechts ein.

Rechtshilfeersuchen werden der Zentralen Behörde des ersuchten Staates ohne Beteiligung einer weiteren Behörde dieses Staates übermittelt.

Artikel 3

Ein Rechtshilfeersuchen enthält folgende Angaben:

a) die ersuchende und, soweit bekannt, die ersuchte Behörde;

b) den Namen und die Adresse der Parteien und gegebenenfalls ihrer Vertreter;

c) die Art und den Gegenstand der Rechtssache sowie eine gedrängte Darstellung des Sachverhalts;

d) die Beweisaufnahme oder die andere gerichtliche Handlung, die vorgenommen werden soll.

Das Rechtshilfeersuchen enthält ausserdem je nach Sachlage:

e) den Namen und die Adresse der einzuvernehmenden Personen;

f) die Fragen, welche an die einzuvernehmenden Personen gerichtet werden sollen, oder die Tatsachen, über die sie einvernommen werden sollen;

g) die Urkunden oder die anderen Gegenstände, die geprüft werden sollen;

h) den Antrag, die Einvernahme unter Eid oder Bekräftigung durchzuführen, und gegebenenfalls die dabei zu verwendende Formel;

i) den Antrag, eine besondere Form nach Artikel 9 einzuhalten.

In das Rechtshilfeersuchen werden gegebenenfalls auch die für die Anwendung des Artikels 11 erforderlichen Erläuterungen aufgenommen.

Eine Beglaubigung oder eine ähnliche Förmlichkeit darf nicht verlangt werden.

Artikel 4

Das Rechtshilfeersuchen muss in der Sprache der ersuchten Behörde abgefasst oder von einer Übersetzung in diese Sprache begleitet sein.

Jeder Vertragsstaat muss jedoch, sofern er nicht den Vorbehalt nach Artikel 33 gemacht hat, ein Rechtshilfeersuchen entgegennehmen, das in französischer oder englischer Sprache abgefasst oder von einer Übersetzung in eine dieser Sprachen begleitet ist.

Ein Vertragsstaat mit mehreren Amtssprachen, der aus Gründen seines innerstaatlichen Rechts Rechtshilfeersuchen nicht für sein gesamtes Hoheitsgebiet in einer dieser Sprachen entgegennehmen kann, muss durch eine Erklärung die Sprache bekanntgeben, in der ein Rechtshilfeersuchen abgefasst oder in die es übersetzt sein muss, je nachdem, in welchem Teil seines Hoheitsgebiets es erledigt werden soll. Wird dieser Erklärung ohne hinreichenden Grund nicht entsprochen, so hat der ersuchende Staat die Kosten einer Übersetzung in die geforderte Sprache zu tragen.

Neben den in den Absätzen 1 bis 3 vorgesehenen Sprachen kann jeder Vertragsstaat durch eine Erklärung eine oder mehrere weitere Sprachen bekanntgeben, in denen ein Rechtshilfeersuchen seiner Zentralen Behörde übermittelt werden kann.

Die einem Rechtshilfeersuchen beigefügte Übersetzung muss von einem diplomatischen oder konsularischen Vertreter, von einem beeidigten Übersetzer oder von einer anderen hierzu befugten Person in einem der beiden Staaten beglaubigt sein.

Artikel 5

Ist die Zentrale Behörde der Ansicht, dass das Ersuchen nicht dem Übereinkommen entspricht, so unterrichtet sie unverzüglich die Behörde des ersuchenden Staates, die ihr das Rechtshilfeersuchen übermittelt hat, und führt dabei die Einwände gegen das Ersuchen einzeln an.

Artikel 6

Ist die ersuchte Behörde nicht zuständig, so wird das Rechtshilfeersuchen von Amtes wegen unverzüglich an die nach den Rechtsvorschriften ihres Staates zuständige Behörde weitergeleitet.

Artikel 7

Die ersuchende Behörde wird auf ihr Verlangen von dem Zeitpunkt und dem Ort der vorzunehmenden Handlung benachrichtigt, damit die beteiligten Parteien und gegebenenfalls ihre Vertreter anwesend sein können. Diese Mitteilung wird auf Verlangen der ersuchenden Behörde den Parteien oder ihren Vertretern unmittelbar übersandt.

Artikel 8

Jeder Vertragsstaat kann erklären, dass Mitglieder der ersuchenden gerichtlichen Behörde eines anderen Vertragsstaats bei der Erledigung eines Rechtshilfeersuchens anwesend sein können. Hierfür kann die vorherige Genehmigung durch die vom erklärenden Staat bestimmte zuständige Behörde verlangt werden.

Anhang C

Artikel 9

Die gerichtliche Behörde verfährt bei der Erledigung eines Rechtshilfeersuchens nach den Formen, die ihr Recht vorsieht.

Jedoch wird dem Antrag der ersuchenden Behörde, nach einer besonderen Form zu verfahren, entsprochen, es sei denn, dass diese Form mit dem Recht des ersuchten Staates unvereinbar oder ihre Einhaltung nach der gerichtlichen Übung im ersuchten Staat oder wegen tatsächlicher Schwierigkeiten unmöglich ist.

Das Rechtshilfeersuchen muss rasch erledigt werden.

Artikel 10

Bei der Erledigung des Rechtshilfeersuchens wendet die ersuchte Behörde geeignete Zwangsmassnahmen in den Fällen und in dem Umfang an, wie sie das Recht des ersuchten Staates für die Erledigung eines Ersuchens inländischer Behörden oder eines zum gleichen Zweck gestellten Antrags einer beteiligten Partei vorsieht.

Artikel 11

Ein Rechtshilfeersuchen wird nicht erledigt, soweit die Person, die es betrifft, sich auf ein Recht zur Aussageverweigerung oder auf ein Aussageverbot beruft,

a) das nach dem Recht des ersuchten Staates vorgesehen ist oder

b) das nach dem Recht des ersuchenden Staates vorgesehen und im Rechtshilfeersuchen bezeichnet oder erforderlichenfalls auf Verlangen der ersuchten Behörde von der ersuchenden Behörde bestätigt worden ist.

Jeder Vertragsstaat kann erklären, dass er ausserdem Aussageverweigerungsrechte und Aussageverbote, die nach dem Recht anderer Staaten als des ersuchenden oder des ersuchten Staates bestehen, insoweit anerkennt, als dies in der Erklärung angegeben ist.

Artikel 12

Die Erledigung eines Rechtshilfeersuchens kann nur insoweit abgelehnt werden, als

a) die Erledigung des Ersuchens im ersuchten Staat nicht in den Bereich der Gerichtsgewalt fällt oder

b) der ersuchte Staat die Erledigung für geeignet hält, seine Hoheitsrechte oder seine Sicherheit zu gefährden.

Die Erledigung darf nicht allein aus dem Grund abgelehnt werden, dass der ersuchte Staat nach seinem Recht die ausschliessliche Zuständigkeit seiner Gerichte für die Sache in Anspruch nimmt oder ein Verfahren nicht kennt, das dem entspricht, für welches das Ersuchen gestellt wird.

Artikel 13

Die ersuchte Behörde leitet die Schriftstücke, aus denen sich die Erledigung eines Rechtshilfeersuchens ergibt, der ersuchenden Behörde auf demselben Weg zu, den diese für die Übermittlung des Ersuchens benutzt hat.
 Wird das Rechtshilfeersuchen ganz oder teilweise nicht erledigt, so wird dies der ersuchenden Behörde unverzüglich auf demselben Weg unter Angabe der Gründe für die Nichterledigung mitgeteilt.

Artikel 14

Für die Erledigung eines Rechtshilfeersuchens darf die Erstattung von Gebühren und Auslagen irgendwelcher Art nicht verlangt werden.
 Der ersuchte Staat ist jedoch berechtigt, vom ersuchenden Staat die Erstattung der an Sachverständige und Dolmetscher gezahlten Entschädigungen sowie der Auslagen zu verlangen, die dadurch entstanden sind, dass auf Antrag des ersuchenden Staates nach Artikel 9 Absatz 2 eine besondere Form eingehalten worden ist.
 Eine ersuchte Behörde, nach deren Recht die Parteien für die Aufnahme der Beweise zu sorgen haben und die das Rechtshilfeersuchen nicht selbst erledigen kann, darf eine hierzu geeignete Person mit der Erledigung beauftragen, nachdem sie das Einverständnis der ersuchenden Behörde eingeholt hat. Bei der Einholung dieses Einverständnisses gibt die ersuchte Behörde den ungefähren Betrag der Kosten an, die durch diese Art der Erledigung entstehen würden. Durch ihr Einverständnis verpflichtet sich die ersuchende Behörde, die entstehenden Kosten zu erstatten. Fehlt das Einverständnis, so ist die ersuchende Behörde zur Erstattung der Kosten nicht verpflichtet.

Kapitel II
Beweisaufnahme durch diplomatische oder konsularische Vertreter und durch Beauftragte

Artikel 15

In Zivil- oder Handelssachen kann ein diplomatischer oder konsularischer Vertreter eines Vertragsstaats im Hoheitsgebiet eines anderen Vertragsstaats und in dem Bezirk, in dem er sein Amt ausübt, ohne Anwendung von Zwang Beweis für ein

Verfahren aufnehmen, das vor einem Gericht eines von ihm vertretenen Staates anhängig ist, wenn nur Angehörige desselben Staates betroffen sind.

Jeder Vertragsstaat kann erklären, dass in dieser Art Beweis erst nach Vorliegen einer Genehmigung aufgenommen werden darf, welche die durch den erklärenden Staat bestimmte zuständige Behörde auf einen von dem Vertreter oder in seinem Namen gestellten Antrag erteilt.

Artikel 16

Ein diplomatischer oder konsularischer Vertreter eines Vertragsstaats kann ausserdem im Hoheitsgebiet eines anderen Vertragsstaats und in dem Bezirk, in dem er sein Amt ausübt, ohne Anwendung von Zwang Beweis für ein Verfahren aufnehmen, das vor einem Gericht eines von ihm vertretenen Staates anhängig ist, sofern Angehörige des Empfangsstaats oder eines dritten Staates betroffen sind,

a) wenn eine durch den Empfangsstaat bestimmte zuständige Behörde ihre Genehmigung allgemein oder für den Einzelfall erteilt hat und

b) wenn der Vertreter die Auflagen erfüllt, welche die zuständige Behörde in der Genehmigung festgesetzt hat.

Jeder Vertragsstaat kann erklären, dass Beweis nach dieser Bestimmung ohne seine vorherige Genehmigung aufgenommen werden darf.

Artikel 17

In Zivil- oder Handelssachen kann jede Person, die zu diesem Zweck ordnungsgemäss zum Beauftragten bestellt worden ist, im Hoheitsgebiet eines Vertragsstaats ohne Anwendung von Zwang Beweis für ein Verfahren aufnehmen, das vor einem Gericht eines anderen Vertragsstaats anhängig ist,

a) wenn eine von dem Staat, in dem Beweis aufgenommen werden soll, bestimmte zuständige Behörde ihre Genehmigung allgemein oder für den Einzelfall erteilt hat und

b) wenn die Person die Auflagen erfüllt, welche die zuständige Behörde in der Genehmigung festgesetzt hat.

Jeder Vertragsstaat kann erklären, dass Beweis nach dieser Bestimmung ohne seine vorherige Genehmigung aufgenommen werden darf.

Artikel 18

Jeder Vertragsstaat kann erklären, dass ein diplomatischer oder konsularischer Vertreter oder ein Beauftragter, der befugt ist, nach Artikel 15, 16 oder 17 Beweis aufzunehmen, sich an eine von diesem Staat bestimmte zuständige Behörde wenden kann, um die für diese Beweisaufnahme erforderliche Unterstützung durch

Zwangsmassnahmen zu erhalten. In seiner Erklärung kann der Staat die Auflagen festlegen, die er für zweckmässig hält.

Gibt die zuständige Behörde dem Antrag statt, so wendet sie die in ihrem Recht vorgesehenen geeigneten Zwangsmassnahmen an.

Artikel 19

Die zuständige Behörde kann, wenn sie die Genehmigung nach Artikel 15, 16 oder 17 erteilt oder dem Antrag nach Artikel 18 stattgibt, von ihr für zweckmässig erachtete Auflagen festsetzen, insbesondere hinsichtlich Zeit und Ort der Beweisaufnahme. Sie kann auch verlangen, dass sie rechtzeitig vorher von Zeitpunkt und Ort benachrichtigt wird; in diesem Fall ist ein Vertreter der Behörde zur Teilnahme an der Beweisaufnahme befugt.

Artikel 20

Personen, die von einer in diesem Kapitel vorgesehenen Beweisaufnahme betroffen sind, können einen Rechtsberater beiziehen.

Artikel 21

Ist ein diplomatischer oder konsularischer Vertreter oder ein Beauftragter nach Artikel 15, 16 oder 17 befugt, Beweis aufzunehmen,

a) so kann er alle Beweise aufnehmen, soweit dies nicht mit dem Recht des Staates, in dem Beweis aufgenommen werden soll, unvereinbar ist oder der nach den angeführten Artikeln erteilten Genehmigung widerspricht, und unter denselben Bedingungen auch einen Eid abnehmen oder eine Bekräftigung entgegennehmen;

b) so ist jede Vorladung zum Erscheinen oder zur Mitwirkung an einer Beweisaufnahme in der Sprache des Ortes der Beweisaufnahme abzufassen oder eine Übersetzung in diese Sprache beizufügen, es sei denn, dass die durch die Beweisaufnahme betroffene Person dem Staat angehört, in dem das Verfahren anhängig ist;

c) so ist in der Vorladung anzugeben, dass die Person einen Rechtsberater beiziehen kann, sowie in einem Staat, der nicht die Erklärung nach Artikel 18 abgegeben hat, dass sie nicht verpflichtet ist, zu erscheinen oder sonst an der Beweisaufnahme mitzuwirken;

d) so können die Beweise in einer der Formen aufgenommen werden, die das Recht des Gerichts vorsieht, vor dem das Verfahren anhängig ist, es sei denn, dass das Recht des Staates, in dem Beweis aufgenommen wird, diese Form verbietet;

e) so kann sich die von der Beweisaufnahme betroffene Person auf die in Artikel 11 vorgesehenen Rechte zur Aussageverweigerung oder Aussageverbote berufen.

Artikel 22

Dass ein Beweis, wegen der Weigerung einer Person mitzuwirken, nicht nach diesem Kapitel aufgenommen werden konnte, schliesst ein späteres Rechtshilfeersuchen nach Kapitel I mit demselben Gegenstand nicht aus.

Kapitel III
Allgemeine Bestimmungen

Artikel 23

Jeder Vertragsstaat kann bei der Unterzeichnung, bei der Ratifikation oder beim Beitritt erklären, dass er Rechtshilfeersuchen nicht erledigt, die ein Verfahren zum Gegenstand haben, das in den Ländern des «Common Law» unter der Bezeichnung «pre-trial discovery of documents» bekannt ist.

Artikel 24

Jeder Vertragsstaat kann ausser der Zentralen Behörde weitere Behörden bestimmen, deren Zuständigkeit er festlegt. Rechtshilfeersuchen können jedoch stets der Zentralen Behörde übermittelt werden.
  Bundesstaaten steht es frei, mehrere Zentrale Behörden zu bestimmen.

Artikel 25

Jeder Vertragsstaat, in dem mehrere Rechtssysteme bestehen, kann bestimmen, dass die Behörden eines dieser Systeme für die Erledigung von Rechtshilfeersuchen nach diesem Übereinkommen ausschliesslich zuständig sind.

Artikel 26

Jeder Vertragsstaat kann, wenn sein Verfassungsrecht dies gebietet, vom ersuchenden Staat die Erstattung der Kosten verlangen, die bei der Erledigung eines Rechtshilfeersuchens durch die Zustellung der Vorladung, die Entschädigung der einvernommenen Person und die Anfertigung eines Protokolls über die Beweisaufnahme entstehen.

Hat ein Staat von den Bestimmungen des Absatzes 1 Gebrauch gemacht, so kann jeder andere Vertragsstaat von diesem Staat die Erstattung der entsprechenden Kosten verlangen.

Artikel 27

Dieses Übereinkommen hindert einen Vertragsstaat nicht,

a) zu erklären, dass Rechtshilfeersuchen seinen gerichtlichen Behörden auch auf anderen als den in Artikel 2 vorgesehenen Wegen übermittelt werden können;

b) nach seinem innerstaatlichen Recht oder seiner innerstaatlichen Übung zuzulassen, dass Handlungen, auf die dieses Übereinkommen anwendbar ist, unter weniger einschränkenden Bedingungen vorgenommen werden;

c) nach seinem innerstaatlichen Recht oder seiner innerstaatlichen Übung andere als die in diesem Übereinkommen vorgesehenen Verfahren der Beweisaufnahme zuzulassen.

Artikel 28

Dieses Übereinkommen schliesst nicht aus, dass Vertragsstaaten vereinbaren, von folgenden Bestimmungen abzuweichen:

a) Artikel 2 in bezug auf den Übermittlungsweg für Rechtshilfeersuchen;

b) Artikel 4 in bezug auf die Verwendung von Sprachen;

c) Artikel 8 in bezug auf die Anwesenheit von Mitgliedern der gerichtlichen Behörde bei der Erledigung von Rechtshilfeersuchen;

d) Artikel 11 in bezug auf die Aussageverweigerungsrechte und Aussageverbote;

e) Artikel 13 in bezug auf die Übermittlung von Erledigungsstücken;

f) Artikel 14 in bezug auf die Regelung der Kosten;

g) den Bestimmungen des Kapitels II.

Artikel 29

Dieses Übereinkommen tritt zwischen den Staaten, die es ratifiziert haben, an die Stelle der Artikel 8 bis 16 der am 17. Juli 1905 und am 1. März 1954 in Den Haag unterzeichneten Übereinkünfte betreffend Zivilprozessrecht, soweit diese Staaten Vertragsparteien jener Übereinkünfte sind.

Artikel 30

Dieses Übereinkommen berührt weder die Anwendung des Artikels 23 der Übereinkunft von 1905 noch die Anwendung des Artikels 24 der Übereinkunft von 1954.

Artikel 31

Zusatzvereinbarungen zu den Übereinkünften von 1905 und 1954, die Vertragsstaaten geschlossen haben, sind auch auf das vorliegende Übereinkommen anzuwenden, es sei denn, dass die beteiligten Staaten etwas anderes vereinbaren.

Artikel 32

Unbeschadet der Artikel 29 und 31 berührt dieses Übereinkommen nicht die Übereinkommen, denen die Vertragsstaaten angehören oder angehören werden und die Bestimmungen über Rechtsgebiete enthalten, die durch dieses Übereinkommen geregelt sind.

Artikel 33

Jeder Staat kann bei der Unterzeichnung, der Ratifikation oder dem Beitritt die Anwendung des Artikels 4 Absatz 2 sowie des Kapitels II ganz oder teilweise ausschliessen. Ein anderer Vorbehalt ist nicht zulässig.

Jeder Vertragsstaat kann einen Vorbehalt, den er gemacht hat, jederzeit zurücknehmen; der Vorbehalt wird am sechzigsten Tag nach der Notifikation der Rücknahme unwirksam.

Hat ein Staat einen Vorbehalt gemacht, so kann jeder andere Staat, der davon berührt wird, die gleiche Regelung gegenüber dem Staat anwenden, der den Vorbehalt gemacht hat.

Artikel 34

Jeder Staat kann eine Erklärung jederzeit zurücknehmen oder ändern.

Artikel 35

Jeder Vertragsstaat notifiziert dem Ministerium für Auswärtige Angelegenheiten der Niederlande bei der Hinterlegung seiner Ratifikations- oder Beitrittsurkunde oder zu einem späteren Zeitpunkt die nach den Artikeln 2, 8, 24 und 25 bestimmten Behörden.

Er notifiziert gegebenenfalls auf gleiche Weise:

a) die Bezeichnung der Behörden, an die sich diplomatische oder konsularische Vertreter nach Artikel 16 wenden müssen, und derjenigen, die nach den Artikeln 15, 16 und 18 Genehmigungen erteilen oder Unterstützung gewähren können;

b) die Bezeichnung der Behörden, die den Beauftragten die in Artikel 17 vorgesehene Genehmigung erteilen oder die in Artikel 18 vorgesehene Unterstützung gewähren können;

c) die Erklärungen nach den Artikeln 4, 8, 11, 15, 16, 17, 18, 23 und 27;

d) jede Rücknahme oder Änderung der vorstehend erwähnten Behördenbezeichnungen und Erklärungen;

e) jede Rücknahme eines Vorbehalts.

Artikel 36

Schwierigkeiten, die zwischen Vertragsstaaten bei der Anwendung dieses Übereinkommens entstehen, werden auf diplomatischem Weg beigelegt.

Artikel 37

Dieses Übereinkommen liegt für die auf der Elften Tagung der Haager Konferenz für Internationales Privatrecht vertretenen Staaten zur Unterzeichnung auf.
  Es bedarf der Ratifikation; die Ratifikationsurkunden werden beim Ministerium für Auswärtige Angelegenheiten der Niederlande hinterlegt.

Artikel 38

Dieses Übereinkommen tritt am sechzigsten Tag nach der gemäss Artikel 37 Absatz 2 vorgenommenen Hinterlegung der dritten Ratifikationsurkunde in Kraft.
  Das Übereinkommen tritt für jeden Unterzeichnerstaat, der es später ratifiziert, am sechzigsten Tag nach Hinterlegung seiner Ratifikationsurkunde in Kraft.

Artikel 39

Jeder auf der Elften Tagung der Haager Konferenz für Internationales Privatrecht nicht vertretene Staat, der Mitglied der Konferenz oder der Vereinten Nationen oder einer ihrer Spezialorganisationen oder Vertragspartei des Statuts des Internationalen Gerichtshofs ist, kann diesem Übereinkommen beitreten, nachdem es gemäss Artikel 38 Absatz 1 in Kraft getreten ist.
  Die Beitrittsurkunde wird beim Ministerium für Auswärtige Angelegenheiten der Niederlande hinterlegt.

Das Übereinkommen tritt für den beitretenden Staat am sechzigsten Tag nach Hinterlegung seiner Beitrittsurkunde in Kraft.

Der Beitritt wirkt nur für die Beziehungen zwischen dem beitretenden Staat und den Vertragsstaaten, die erklären, dass sie diesen Beitritt annehmen. Diese Erklärung wird beim Ministerium für Auswärtige Angelegenheiten der Niederlande hinterlegt; dieses Ministerium übersendet jedem der Vertragsstaaten auf diplomatischem Weg eine beglaubigte Abschrift dieser Erklärung.

Das Übereinkommen tritt zwischen dem beitretenden Staat und einem Staat, der erklärt hat, dass er den Beitritt annimmt, am sechzigsten Tag nach Hinterlegung der Annahmeerklärung in Kraft.

Artikel 40

Jeder Staat kann bei der Unterzeichnung, der Ratifikation oder dem Beitritt erklären, dass sich dieses Übereinkommen auf alle oder auf einzelne der Hoheitsgebiete erstreckt, deren internationale Beziehungen er wahrnimmt. Eine solche Erklärung wird wirksam, sobald das Übereinkommen für den Staat in Kraft tritt, der sie abgegeben hat.

Jede spätere Erstreckung dieser Art wird dem Ministerium für Auswärtige Angelegenheiten der Niederlande notifiziert.

Das Übereinkommen tritt für die Hoheitsgebiete, auf die es erstreckt wird, am sechzigsten Tag nach der in Absatz 2 erwähnten Notifikation in Kraft.

Artikel 41

Dieses Übereinkommen gilt für die Dauer von fünf Jahren, vom Tag seines Inkrafttretens nach Artikel 38 Absatz 1 an gerechnet, und zwar auch für die Staaten, die es später ratifizieren oder ihm später beitreten.

Die Geltungsdauer des Übereinkommens verlängert sich, ausser im Fall der Kündigung, stillschweigend um jeweils fünf Jahre.

Die Kündigung wird spätestens sechs Monate vor Ablauf der fünf Jahre dem Ministerium für Auswärtige Angelegenheiten der Niederlande notifiziert.

Sie kann sich auf bestimmte Hoheitsgebiete beschränken, für die das Übereinkommen gilt.

Die Kündigung wirkt nur für den Staat, der sie notifiziert hat. Für die anderen Vertragsstaaten bleibt das Übereinkommen in Kraft.

Artikel 42

Das Ministerium für Auswärtige Angelegenheiten der Niederlande notifiziert den in Artikel 37 bezeichneten Staaten, sowie den Staaten, die nach Artikel 39 beigetreten sind,

a) jede Unterzeichnung und Ratifikation nach Artikel 37;

b) den Tag, an dem dieses Übereinkommen nach Artikel 38 Absatz 1 in Kraft tritt;

c) jeden Beitritt nach Artikel 39 und den Tag, an dem er wirksam wird;

d) jede Erstreckung nach Artikel 40 und den Tag, an dem sie wirksam wird;

e) jede Behördenbezeichnung, jeden Vorbehalt und jede Erklärung nach den Artikeln 33 und 35;

f) jede Kündigung nach Artikel 41 Absatz 3.

Zu Urkund dessen haben die hierzu gehörig befugten Unterzeichneten dieses Übereinkommen unterschrieben.

Geschehen in Den Haag am 18. März 1970 in englischer und französischer Sprache, wobei jeder Wortlaut gleichermassen verbindlich ist, in einer Urschrift, die im Archiv der Regierung der Niederlande hinterlegt und von der jedem auf der Elften Tagung der Haager Konferenz für Internationales Privatrecht vertretenen Staat auf diplomatischem Weg eine beglaubigte Abschrift übermittelt wird.

Anhang D

Übereinkommen über den internationalen Zugang zur Rechtspflege (25.10.1980)[1]

Die Unterzeichnerstaaten dieses Übereinkommens,

in dem Wunsch, den internationalen Zugang zur Rechtspflege zu erleichtern,

haben beschlossen, zu diesem Zweck ein Übereinkommen zu schliessen, und haben die folgenden Bestimmungen vereinbart:

Kapitel I
Unentgeltliche Rechtspflege

Artikel 1

Angehörige eines Vertragsstaats und Personen, die ihren gewöhnlichen Aufenthalt in einem Vertragsstaat haben, werden zur unentgeltlichen Rechtspflege in Zivil- und Handelssachen in jedem Vertragsstaat unter denselben Voraussetzungen zugelassen wie Angehörige dieses Staates, die dort ihren gewöhnlichen Aufenthalt haben.

Personen, auf die Absatz 1 keine Anwendung findet, die jedoch früher ihren gewöhnlichen Aufenthalt in einem Vertragsstaat hatten, in dem ein gerichtliches Verfahren anhängig ist oder anhängig gemacht werden soll, werden gleichwohl unter den in Absatz 1 vorgesehenen Voraussetzungen zur unentgeltlichen Rechtspflege zugelassen, wenn der geltend gemachte Anspruch mit dem früheren gewöhnlichen Aufenthalt in diesem Staat in Zusammenhang steht.

In Staaten, in denen die unentgeltliche Rechtspflege in verwaltungs-, sozial- oder steuerrechtlichen Verfahren gewährt wird, findet dieser Artikel auf Angelegenheiten Anwendung, die vor die hierfür zuständigen Gerichte gebracht werden.

Artikel 2

Artikel 1 findet auf die unentgeltliche Rechtsberatung Anwendung, wenn sich der Antragsteller in dem Staat aufhält, in dem sie beantragt wird.

---

[1] Stand der Ratifikationen bzw. Beitritte: Bosnien-Herzegowina, Finnland, Frankreich, Kroatien, Mazedonien, Niederlande, Polen, Schweden, Schweiz, Slowenien, Spanien (Stand: 11; 1.1.1996).

Artikel 3

Jeder Vertragsstaat bestimmt eine zentrale Behörde, welche die ihr nach diesem Übereinkommen übermittelten Anträge auf Bewilligung der unentgeltlichen Rechtspflege entgegennimmt und das Weitere veranlasst.

Bundesstaaten und Staaten mit mehreren Rechtssystemen steht es frei, mehrere zentrale Behörden zu bestimmen. Ist die zentrale Behörde, der ein Antrag unterbreitet wird, nicht zuständig, so leitet sie ihn an die zuständige zentrale Behörde in demselben Vertragsstaat weiter.

Artikel 4

Jeder Vertragsstaat bestimmt eine oder mehrere Übermittlungsbehörden, welche die Anträge auf Bewilligung der unentgeltlichen Rechtspflege an die im ersuchten Staat zuständige zentrale Behörde weiterleiten.

Die Anträge auf Bewilligung der unentgeltlichen Rechtspflege werden ohne Beteiligung einer weiteren Behörde unter Verwendung des diesem Übereinkommen beigefügten Musters übermittelt.

Jedem Vertragsstaat steht es frei, einen Antrag auf diplomatischem Weg zu übermitteln.

Artikel 5

Befindet sich die Person, die unentgeltliche Rechtspflege begehrt, nicht im ersuchten Staat, so kann sie ihren Antrag einer Übermittlungsbehörde des Vertragsstaats vorlegen, in dem sie ihren gewöhnlichen Aufenthalt hat; alle sonstigen Übermittlungswege, die ihr zur Einreichung des Antrags bei der zuständigen Behörde des ersuchten Staates offenstehen, bleiben unberührt.

Der Antrag ist nach dem Muster zu stellen, das diesem Übereinkommen beigefügt ist. Ihm sind alle notwendigen Schriftstücke beizufügen; dem ersuchten Staat bleibt vorbehalten, erforderlichenfalls ergänzende Angaben oder Schriftstücke zu verlangen.

Jeder Vertragsstaat kann erklären, dass seine zentrale Empfangsbehörde auch Anträge entgegennimmt, die ihr auf anderem Weg oder in anderer Weise übermittelt werden.

Artikel 6

Die Übermittlungsbehörde ist dem Antragsteller behilflich um sicherzustellen, dass der Antrag alle Schriftstücke und Angaben umfasst, die nach Kenntnis dieser Behörde für seine Beurteilung notwendig sind. Sie prüft, ob die Formerfordernisse erfüllt sind.

Die Übermittlungsbehörde kann die Weiterleitung des Antrags ablehnen, falls sie ihn für offensichtlich unbegründet hält.

Sie ist dem Antragsteller gegebenenfalls beim Beschaffen einer kostenlosen Übersetzung der Schriftstücke behilflich.

Sie beantwortet Anfragen, mit denen die zentrale Empfangsbehörde des ersuchten Staates ergänzende Angaben verlangt.

Artikel 7

Die Anträge auf Bewilligung der unentgeltlichen Rechtspflege, die hierfür beizubringenden Schriftstücke sowie die Mitteilungen auf Anfragen, mit denen ergänzende Angaben verlangt werden, müssen in der Amtssprache oder einer der Amtssprachen des ersuchten Staates abgefasst oder von einer Übersetzung in eine dieser Sprachen begleitet sein.

Ist jedoch im ersuchenden Staat eine Übersetzung in die Sprache des ersuchten Staates nur schwer erhältlich, so nimmt dieser Staat Schriftstücke entgegen, die in französischer oder englischer Sprache abgefasst sind oder von einer Übersetzung in eine dieser Sprachen begleitet sind.

Mitteilungen, die von der zentralen Empfangsbehörde ausgehen, können in der Amtssprache oder einer der Amtssprachen des ersuchten Staates oder in Englisch oder Französisch abgefasst sein. Ist jedoch der von der Übermittlungsbehörde übersandte Antrag in Französisch oder Englisch abgefasst oder von einer Übersetzung in eine dieser Sprachen begleitet, so werden die Mitteilungen der zentralen Empfangsbehörde ebenfalls in einer dieser Sprachen abgefasst.

Übersetzungskosten, die durch die Anwendung der Absätze 1 bis 3 entstehen, werden vom ersuchenden Staat getragen. Kosten für Übersetzungen, die gegebenenfalls im ersuchten Staat erstellt werden, werden von diesem Staat getragen.

Artikel 8

Die zentrale Empfangsbehörde entscheidet über den Antrag auf unentgeltliche Rechtspflege oder veranlasst das Erforderliche, damit die zuständige Behörde des ersuchten Staates über den Antrag entscheiden kann.

Sie leitet Anfragen, mit denen ergänzende Angaben verlangt werden, an die Übermittlungsbehörde weiter und unterrichtet diese über Schwierigkeiten bei der Prüfung des Antrags sowie über die getroffene Entscheidung.

Artikel 9

Hat die Person, die unentgeltliche Rechtspflege begehrt, ihren Aufenthalt nicht in einem Vertragsstaat, so kann sie den Antrag auf dem konsularischen Weg einreichen; alle sonstigen Übermittlungswege, die ihr zur Einreichung des Antrags bei der zuständigen Behörde des ersuchten Staates offenstehen, bleiben unberührt.

Jeder Vertragsstaat kann erklären, dass seine zentrale Empfangsbehörde auch Anträge entgegennimmt, die ihr auf anderem Weg oder in anderer Weise übermittelt werden.

Artikel 10

Alle nach diesem Kapitel übermittelten Schriftstücke sind von der Beglaubigung oder jeder ähnlichen Förmlichkeit befreit.

Artikel 11

Die Übermittlung und die Entgegennahme von Anträgen auf Bewilligung der unentgeltlichen Rechtspflege sowie die Entscheidungen über solche Anträge nach diesem Kapitel sind kostenfrei.

Artikel 12

Die Anträge auf Bewilligung der unentgeltlichen Rechtspflege sind mit der gebotenen Eile zu bearbeiten.

Artikel 13

Ist einer Person unentgeltliche Rechtspflege nach Artikel 1 bewilligt worden, so sind für Zustellungen jeglicher Art, die sich auf das Verfahren dieser Person beziehen und die in einem anderen Vertragsstaat zu bewirken sind, keine Kosten zu erstatten. Das gleiche gilt für Rechtshilfeersuchen und Sozialberichte mit Ausnahme der Entschädigungen, die an Sachverständige und Dolmetscher gezahlt werden.

Ist einer Person nach Artikel 1 in einem Vertragsstaat unentgeltliche Rechtspflege für ein Verfahren bewilligt worden und ist in diesem Verfahren eine Entscheidung ergangen, so erhält diese Person ohne weitere Prüfung der Umstände die unentgeltliche Rechtspflege auch in jedem anderen Vertragsstaat, in dem sie die Anerkennung oder Vollstreckung dieser Entscheidung begehrt.

Kapitel II
Sicherheitsleistung für die Prozesskosten und Vollstreckbarerklärung von Kostenentscheidungen

Artikel 14

Treten natürliche oder juristische Personen, die ihren gewöhnlichen Aufenthalt in einem Vertragsstaat haben, vor den Gerichten eines anderen Vertragsstaats als Kläger oder Intervenienten auf, so darf ihnen allein wegen ihrer Eigenschaft als Ausländer oder wegen des Fehlens eines Wohnsitzes oder Aufenthalts in dem Staat, in dem die Klage erhoben wird, eine Sicherheitsleistung oder Hinterlegung, gleich welcher Bezeichnung, nicht auferlegt werden.

Absatz 1 gilt auch für Vorschüsse, die von den Klägern oder Intervenienten zur Deckung der Gerichtskosten einzufordern wären.

Artikel 15

War eine Person nach Artikel 14 oder nach den im Staat der Klageerhebung geltenden Rechtsvorschriften von der Sicherheitsleistung, der Hinterlegung oder der Vorschusspflicht befreit, so wird eine Entscheidung über die Kosten des Verfahrens, die in einem Vertragsstaat gegen sie ergangen ist, auf Antrag des Gläubigers in jedem anderen Vertragsstaat kostenfrei für vollstreckbar erklärt.

Artikel 16

Jeder Vertragsstaat bestimmt eine oder mehrere Übermittlungsbehörden, welche die in Artikel 15 bezeichneten Anträge auf Vollstreckbarerklärung an die zuständige zentrale Behörde im ersuchten Staat weiterleiten.

Jeder Vertragsstaat bestimmt eine zentrale Behörde, welche die Anträge entgegennimmt und die geeigneten Massnahmen trifft, um eine endgültige Entscheidung über die Anträge herbeizuführen.

Bundesstaaten und Staaten mit mehreren Rechtssystemen steht es frei, mehrere zentrale Stellen zu bestimmen. Ist die zentrale Behörde, der ein Antrag unterbreitet wird, nicht zuständig, so leitet sie ihn an die zuständige zentrale Behörde im ersuchten Staat weiter.

Die Anträge werden ohne Beteiligung einer weiteren Behörde übermittelt. Jedem Vertragsstaat steht es jedoch frei, hierfür den diplomatischen Weg zu benutzen.

Die vorstehenden Bestimmungen schliessen nicht aus, dass der Antrag auf Vollstreckbarerklärung vom Gläubiger unmittelbar gestellt wird, es sei denn, der ersuchte Staat hat erklärt, solche Anträge nicht entgegenzunehmen.

Artikel 17

Dem Antrag auf Vollstreckbarerklärung sind beizufügen

a) eine Ausfertigung desjenigen Teiles der Entscheidung, aus dem die Namen der Parteien und ihre Stellung im Verfahren hervorgehen, sowie der Kostenentscheidung;

b) jede Urkunde, die zum Nachweis dafür geeignet ist, dass gegen die Entscheidung im Ursprungsstaat kein ordentliches Rechtsmittel mehr eingelegt werden kann und dass sie dort vollstreckbar ist;

c) eine beglaubigte Übersetzung dieser Urkunden in die Sprache des ersuchten Staates, sofern sie nicht in dieser Sprache abgefasst sind.

Die zuständige Behörde im ersuchten Staat entscheidet über die Anträge auf Vollstreckbarerklärung, ohne die Parteien anzuhören. Sie beschränkt sich darauf zu prüfen, ob die erforderlichen Schriftstücke vorgelegt worden sind. Auf Ersuchen des Antragstellers bestimmt sie die Höhe der Kosten von Bescheinigungen, Übersetzungen und Beglaubigungen; sie gelten als Kosten des Rechtsstreits. Eine Beglaubigung oder eine ähnliche Förmlichkeit darf nicht verlangt werden.

Die Parteien können gegen die Entscheidung der zuständigen Behörde nur die nach dem Recht des ersuchten Staates zulässigen Rechtsmittel einlegen.

Kapitel III
Registerauszüge und Abschriften gerichtlicher Entscheidungen

Artikel 18

In Zivil- oder Handelssachen können Angehörige eines Vertragsstaats und Personen, die ihren gewöhnlichen Aufenthalt in einem Vertragsstaat haben, in jedem anderen Vertragsstaat unter den gleichen Voraussetzungen wie dessen Staatsangehörige Auszüge aus öffentlichen Registern und Abschriften von gerichtlichen Entscheidungen erhalten und sie, falls erforderlich, beglaubigen lassen.

Kapitel IV
Personalhaft und freies Geleit

Artikel 19

In Zivil- oder Handelssachen darf die Personalhaft als Mittel der Zwangsvollstreckung oder auch nur als Sicherungsmassnahme gegen Angehörige eines Vertragsstaats oder gegen Personen, die ihren gewöhnlichen Aufenthalt in einem Vertragsstaat haben, nur in Fällen angewendet werden, in denen sie auch gegen eigene Staatsangehörige anwendbar wäre. Eine Tatsache, derentwegen ein sich gewöhnlich im Inland aufhaltender eigener Staatsangehöriger die Aufhebung der Personalhaft beantragen könnte, kann von Personen, die Angehörige eines anderen Vertragsstaats sind oder die ihren gewöhnlichen Aufenthalt in einem Vertragsstaat haben, mit derselben Wirkung geltend gemacht werden, selbst wenn die Tatsache im Ausland eingetreten ist.

Anhang D

Artikel 20

Wird ein Zeuge oder Sachverständiger, der Angehöriger eines Vertragsstaats ist oder der seinen gewöhnlichen Aufenthalt in einem Vertragsstaat hat, von einem Gericht eines anderen Vertragsstaats oder von einer Partei mit Genehmigung dieses Gerichts wegen eines dort anhängigen Verfahrens namentlich vorgeladen, so darf er wegen Handlungen oder Verurteilungen aus der Zeit vor seiner Einreise in den ersuchenden Staat dort weder verfolgt noch in Haft gehalten noch einer sonstigen Beschränkung seiner persönlichen Freiheit unterworfen werden.

Der in Absatz 1 vorgesehene Schutz beginnt sieben Tage vor dem für die Vernehmung des Zeugen oder Sachverständigen festgesetzten Zeitpunkt; er endet nach Ablauf von sieben Tagen, nachdem der Zeuge oder Sachverständige durch die Justizbehörden davon unterrichtet wurde, dass seine Anwesenheit nicht mehr erforderlich ist, vorausgesetzt, dass er während der genannten Frist die Möglichkeit hatte, das Hoheitsgebiet zu verlassen, er aber dort geblieben oder nach Verlassen dieses Gebiets freiwillig dorthin zurückgekehrt ist.

Kapitel V
Allgemeine Bestimmungen

Artikel 21

Unter Vorbehalt des Artikels 22 ist dieses Übereinkommen nicht so auszulegen, als schränke es in bezug auf Angelegenheiten, die durch das Übereinkommen geregelt sind, die Rechte einer Person ein, die ihr nach den Gesetzen eines Vertragsstaats oder nach einer anderen Übereinkunft zustehen, deren Vertragspartei dieser Staat ist oder wird.

Artikel 22

Dieses Übereinkommen ersetzt zwischen den Staaten, die es ratifiziert haben, die Artikel 17 bis 24 der am 17. Juli 1905 in Den Haag unterzeichneten beziehungsweise die Artikel 17 bis 26 der am 1. März 1954 in Den Haag unterzeichneten Übereinkunft betreffend Zivilprozessrecht, soweit diese Staaten Vertragsparteien einer dieser Übereinkünfte sind, und zwar auch dann, wenn ein Vorbehalt nach Artikel 28 Absatz 2 Buchstabe c angebracht wird.

Artikel 23

Zusatzvereinbarungen zu den Übereinkünften von 1905 und 1954, die zwischen Vertragsstaaten geschlossen wurden, sind auch auf das vorliegende Übereinkommen anzuwenden, soweit sie mit diesem vereinbar sind, es sei denn, dass die beteiligten Staaten sich auf etwas anderes einigen.

Artikel 24

Jeder Vertragsstaat kann durch eine Erklärung eine oder mehrere andere als die in den Artikeln 7 und 17 vorgesehenen Sprachen bezeichnen, die für die Abfassung oder die Übersetzung der an seine zentrale Behörde gerichteten Schriftstücke verwendet werden können.

Artikel 25

Ein Vertragsstaat mit mehreren Amtssprachen, der aus Gründen seines innerstaatlichen Rechts die in den Artikeln 7 und 17 genannten Schriftstücke nicht für sein gesamtes Hoheitsgebiet in einer dieser Sprachen entgegennehmen kann, bezeichnet durch eine Erklärung die Sprache, die für die Abfassung oder die Übersetzung der Schriftstücke zur Vorlage in bestimmten Teilen seines Hoheitsgebiets verwendet werden muss.

Artikel 26

Ein Vertragsstaat, der aus zwei oder mehr Gebietseinheiten besteht, in denen für die in diesem Übereinkommen behandelten Angelegenheiten unterschiedliche Rechtssysteme gelten, kann bei der Unterzeichnung, der Ratifikation, der Annahme, der Genehmigung oder dem Beitritt erklären, dass das Übereinkommen auf alle seine Gebietseinheiten oder nur auf eine oder mehrere davon erstreckt wird; er kann diese Erklärung durch Abgabe einer neuen Erklärung jederzeit ändern.

Jede derartige Erklärung wird dem Ministerium für Auswärtige Angelegenheiten des Königreichs der Niederlande unter ausdrücklicher Bezeichnung der Gebietseinheiten notifiziert, auf die das Übereinkommen angewendet wird.

Artikel 27

Hat ein Vertragsstaat eine Staatsform, aufgrund derer die vollziehende, die rechtsprechende und die gesetzgebende Gewalt zwischen zentralen und anderen Organen innerhalb des betreffenden Staates aufgeteilt sind, so hat die Unterzeichnung oder Ratifikation, Annahme oder Genehmigung dieses Übereinkommens oder der Beitritt zu dem Übereinkommen oder die Abgabe einer Erklärung nach Artikel 26 keinen Einfluss auf die Aufteilung der Gewalt innerhalb dieses Staates.

Artikel 28

Jeder Vertragsstaat kann sich bei der Unterzeichnung, der Ratifikation, der Annahme, der Genehmigung oder dem Beitritt das Recht vorbehalten, Artikel 1 nicht auf Personen anzuwenden, die, ohne Angehörige eines Vertragsstaats zu sein, ihren gewöhnlichen Aufenthalt in einem anderen als dem den Vorbehalt anbringenden Vertragsstaat haben oder früher dort hatten; dies gilt jedoch nur, wenn zwischen dem den Vorbehalt anbringenden Staat und dem Staat, dessen Angehöriger die unentgeltliche Rechtspflege beantragt, keine Gegenseitigkeit besteht.

Jeder Vertragsstaat kann sich bei der Unterzeichnung, der Ratifikation, der Annahme, der Genehmigung oder dem Beitritt das Recht vorbehalten, folgendes auszuschliessen:

a) die Verwendung des Englischen oder Französischen oder beider Sprachen nach Artikel 7 Absatz 2;

b) die Anwendung des Artikels 13 Absatz 2;

c) die Anwendung des Kapitels II;

d) die Anwendung des Artikels 20.

Hat ein Staat

e) durch einen Vorbehalt nach Absatz 2 Buchstabe a die Verwendung sowohl der englischen als auch der französischen Sprache ausgeschlossen, so kann jeder andere von dem Vorbehalt betroffene Staat gegenüber dem den Vorbehalt anbringenden Staat entsprechend verfahren;

f) einen Vorbehalt nach Absatz 2 Buchstabe b angebracht, so kann es jeder andere Staat ablehnen, Artikel 13 Absatz 2 auf Personen anzuwenden, die Angehörige des den Vorbehalt anbringenden Staates sind oder dort ihren gewöhnlichen Aufenthalt haben;

g) einen Vorbehalt nach Absatz 2 Buchstabe c angebracht, so kann es jeder andere Staat ablehnen, Kapitel II auf Personen anzuwenden, die Angehörige des den Vorbehalt anbringenden Staates sind oder dort ihren gewöhnlichen Aufenthalt haben.

Weitere Vorbehalte sind nicht zulässig.

Jeder Vertragsstaat kann einen von ihm angebrachten Vorbehalt jederzeit zurücknehmen. Die Rücknahme wird dem Ministerium für Auswärtige Angelegenheiten des Königreichs der Niederlande notifiziert. Die Wirkung des Vorbehalts endet am ersten Tag des dritten Kalendermonats nach dieser Notifikation.

Artikel 29

Jeder Vertragsstaat teilt dem Ministerium für Auswärtige Angelegenheiten des Königreichs der Niederlande bei der Hinterlegung seiner Ratifikations-, Annahme-, Genehmigungs- oder Beitrittsurkunde oder zu einem späteren Zeitpunkt die in den Artikeln 3, 4 und 16 vorgesehenen Behörden mit.

Er teilt gegebenenfalls auf gleiche Weise folgendes mit:

a) die Erklärungen nach den Artikeln 5, 9, 16, 24, 25, 26 und 33;

b) jede Rücknahme oder Änderung der vorstehend erwähnten Behördenbezeichnungen und Erklärungen;

c) jede Rücknahme eines Vorbehalts.

Artikel 30

Die diesem Übereinkommen beigefügten Muster können durch Beschluss einer Spezialkommission geändert werden, die vom Generalsekretär der Haager Konferenz einberufen wird und zu der alle Vertragsstaaten und alle Mitgliedstaaten dieser Konferenz eingeladen werden. Der Vorschlag, die Muster zu ändern, wird auf die der Einberufung beigefügte Tagesordnung gesetzt.

Änderungen werden von der Spezialkommission mit der Mehrheit der anwesenden und abstimmenden Vertragsstaaten angenommen; sie treten für alle Vertragsstaaten am ersten Tag des siebenten Monats in Kraft, der auf den Tag folgt, an dem der Generalsekretär die Änderungen allen Vertragsstaaten mitgeteilt hat.

Während der in Absatz 2 vorgesehenen Frist kann jeder Vertragsstaat durch eine an das Ministerium für Auswärtige Angelegenheiten des Königreichs der Niederlande gerichtete schriftliche Notifikation einen Vorbehalt zu der betreffenden Änderung anbringen. Ein Staat, der einen solchen Vorbehalt angebracht hat, wird bezüglich dieser Änderung bis zur Rücknahme des Vorbehalts wie ein Staat behandelt, der nicht Vertragspartei des Übereinkommens ist.

Kapitel VI
Schlussbestimmungen

Artikel 31

Dieses Übereinkommen liegt für die Staaten zur Unterzeichnung auf, die zum Zeitpunkt der Vierzehnten Tagung der Haager Konferenz für Internationales Privatrecht Miglied der Konferenz waren, sowie für Nichtmitgliedstaaten, die eingeladen waren, an der Ausarbeitung des Übereinkommens mitzuwirken.

Es bedarf der Ratifikation, Annahme oder Genehmigung; die Ratifikations-, Annahme- oder Genehmigungsurkunden werden beim Ministerium für Auswärtige Angelegenheiten des Königreichs der Niederlande hinterlegt.

Artikel 32

Jeder andere Staat kann dem Übereinkommen beitreten.

Die Beitrittsurkunde wird beim Ministerium für Auswärtige Angelegenheiten des Königreichs der Niederlande hinterlegt.

Der Beitritt wirkt nur in den Beziehungen zwischen dem beitretenden Staat und den Vertragsstaaten, die innerhalb von zwölf Monaten nach Eingang der in Artikel 36 Ziffer 2 erwähnten Notifikation keinen Einspruch gegen den Beitritt erhoben haben. Ein solcher Einspruch kann von einem Mitgliedstaat auch dann erhoben werden, wenn er das Übereinkommen nach einem Beitritt ratifiziert, annimmt oder genehmigt. Jeder derartige Einspruch wird dem Ministerium für Auswärtige Angelegenheiten des Königreichs der Niederlande notifiziert.

Artikel 33

Jeder Staat kann bei der Unterzeichnung, der Ratifikation, der Annahme, der Genehmigung oder dem Beitritt erklären, dass sich das Übereinkommen auf alle oder auf einzelne der Hoheitsgebiete erstreckt, deren internationale Beziehungen er wahrnimmt. Eine solche Erklärung wird wirksam, sobald das Übereinkommen für den betreffenden Staat in Kraft tritt.

Eine solche Erklärung sowie jede spätere Erstreckung wird dem Ministerium für Auswärtige Angelegenheiten des Königreichs der Niederlande notifiziert.

Artikel 34

Das Übereinkommen tritt am ersten Tag des dritten Kalendermonats nach der in den Artikeln 31 und 32 vorgesehenen Hinterlegung der dritten Ratifikations-, Annahme-, Genehmigungs- oder Beitrittsurkunde in Kraft.

Danach tritt das Übereinkommen in Kraft

1. für jeden Staat, der es später ratifiziert, annimmt oder genehmigt oder der ihm später beitritt, am ersten Tag des dritten Kalendermonats nach Hinterlegung seiner Ratifikations-, Annahme-, Genehmigungs- oder Beitrittsurkunde;

2. für jedes Hoheitsgebiet oder jede Gebietseinheit, auf die es nach Artikel 26 oder 33 erstreckt worden ist, am ersten Tag des dritten Kalendermonats nach der in dem betreffenden Artikel vorgesehenen Notifikation.

Artikel 35

Das Übereinkommen bleibt für die Dauer von fünf Jahren in Kraft, vom Tag seines Inkrafttretens nach Artikel 34 Absatz 1 an gerechnet, und zwar auch für die Staaten, die es später ratifiziert, angenommen oder genehmigt haben oder die ihm später beigetreten sind.

Die Geltungsdauer des Übereinkommens verlängert sich, ausser im Fall der Kündigung, stillschweigend um jeweils fünf Jahre.

Die Kündigung wird spätestens sechs Monate vor Ablauf der fünf Jahre dem Ministerium für Auswärtige Angelegenheiten des Königreichs der Niederlande notifiziert. Sie kann sich auf bestimmte Hoheitsgebiete oder Gebietseinheiten beschränken, auf die das Übereinkommen angewendet wird.

Die Kündigung wirkt nur für den Staat, der sie notifiziert hat. Für die anderen Vertragsstaaten bleibt das Übereinkommen in Kraft.

Artikel 36

Das Ministerium für Auswärtige Angelegenheiten des Königreichs der Niederlande notifiziert den Mitgliedstaaten der Konferenz sowie den Staaten, die nach Artikel 32 beigetreten sind,

1. jede Unterzeichnung, Ratifikation, Annahme und Genehmigung nach Artikel 31;
2. jeden Beitritt und jeden Einspruch gegen einen Beitritt nach Artikel 32;
3. den Tag, an dem das Übereinkommen nach Artikel 34 in Kraft tritt;
4. jede Erklärung nach Artikel 26 oder 33;
5. jeden Vorbehalt und jede Rücknahme von Vorbehalten nach den Artikeln 28 und 30;
6. jede Mitteilung nach Artikel 29;
7. jede Kündigung nach Artikel 35.

Zu Urkund dessen haben die hierzu gehörig befugten Unterzeichneten dieses Übereinkommen unterschrieben.

Geschehen in Den Haag am 25. Oktober 1980 in französischer und englischer Sprache, wobei jeder Wortlaut gleichermassen verbindlich ist, in einer Urschrift, die im Archiv der Regierung des Königreichs der Niederlande hinterlegt wird und von der jedem Staat, der während der Vierzehnten Tagung der Haager Konferenz für Internationales Privatrecht Mitglied der Konferenz war, sowie jedem anderen Staat, der auf dieser Tagung an der Ausarbeitung des Übereinkommens mitgewirkt hat, auf diplomatischem Weg eine beglaubigte Abschrift übermittelt wird.

Anhang E

Europäisches Überei nkommen über die Übermittlung von Gesuchen um unentgeltliche Rechtspflege (27.1.1977)[1]

Präambel

Die Mitgliedstaaten des Europarates, die dieses Übereinkommen unterzeichnen,

in der Erwägung, dass es das Ziel des Europarates ist, eine engere Verbindung zwischen seinen Mitgliedern zu erreichen,

in der Erwägung, dass es wünschenswert ist, die wirtschaftlichen Hindernisse für den Zugang zur Zivilgerichtsbarkeit zu beseitigen und es wirtschaftlich benachteiligten Personen zu ermöglichen, ihre Rechte in den Mitgliedstaaten leichter geltend zu machen,

in der Überzeugung, dass die Einrichtung eines geeigneten Systems für die Übermittlung von Gesuchen um unentgeltliche Rechtspflege dazu beitragen würde, dieses Ziel zu erreichen,

haben folgendes vereinbart:

Artikel 1

Jede Person, die ihren gewöhnlichen Aufenthalt in einem Vertragsstaat hat und in einem anderen Vertragsstaat um unentgeltliche Rechtspflege in Zivil-, Handels- oder Verwaltungssachen ersuchen will, kann ihr Gesuch in dem Staat einreichen, in dem sie ihren gewöhnlichen Aufenthalt hat. Dieser Staat übermittelt das Gesuch dem anderen Staat.

Artikel 2

1. Jeder Vertragsstaat bestimmt eine oder mehrere Übermittlungsstellen, welche die Gesuche um unentgeltliche Rechtspflege unmittelbar der nachstehend bezeichneten ausländischen Stelle übermitteln.

---

[1] Stand der Ratifikationen: Belgien, Dänemark, Finnland, Frankreich, Griechenland, Grossbritannien, Irland, Italien, Luxemburg, Niederlande, Norwegen, Österreich, Portugal, Schweden, Schweiz, Spanien, Türkei (Stand: 17; 1.1.1996).

2. Jeder Vertragsstaat bestimmt ferner eine zentrale Empfangsstelle, welche die aus einem anderen Vertragsstaat kommenden Gesuche um unentgeltliche Rechtspflege entgegennimmt und das Weitere veranlasst.

Bundesstaaten und Staaten mit mehreren Rechtssystemen steht es frei, mehrere zentrale Stellen zu bestimmen.

Artikel 3

1. Die Übermittlungsstelle ist dem Gesuchsteller behilflich, damit dem Gesuch alle Unterlagen beigefügt sind, die nach ihrer Kenntnis für seine Beurteilung erforderlich sind. Sie ist dem Gesuchsteller auch beim Beschaffen der notwendigen Übersetzungen behilflich.
Sie kann die Übermittlung des Gesuches ablehnen, falls es offensichtlich mutwillig erscheint.
2. Die zentrale Empfangsstelle übermittelt das Gesuch der Behörde, die zuständig ist, darüber zu entscheiden. Sie unterrichtet die Übermittlungsstelle über alle Schwierigkeiten bei der Prüfung des Gesuches sowie über die Entscheidung der zuständigen Behörde.

Artikel 4

Alle aufgrund dieses Übereinkommens übermittelten Schriftstücke sind von der Beglaubigung und jeder ähnlichen Formalität befreit.

Artikel 5

Die Vertragsstaaten dürfen für die aufgrund dieses Übereinkommens erbrachten Dienstleistungen keine Gebühren erheben.

Artikel 6

1. Vorbehaltlich besonderer Vereinbarungen zwischen den beteiligten Behörden von Vertragsstaaten sowie der Artikel 13 und 14

a. müssen das Gesuch um unentgeltliche Rechtspflege und die beigefügten Unterlagen sowie alle übrigen Mitteilungen in der Amtssprache oder einer der Amtssprachen der Empfangsstelle abgefasst oder von einer Übersetzung in diese Sprache begleitet sein;

b. muss jeder Vertragsstaat das Gesuch um unentgeltliche Rechtspflege und die beigefügten Unterlagen sowie alle übrigen Mitteilungen auch dann entgegennehmen, wenn sie in Englisch oder Französisch abgefasst oder von einer Übersetzung in eine dieser Sprache begleitet sind.

2. Die Mitteilungen aus dem Staat der Empfangsstelle können in der Amtssprache oder in einer der Amtssprachen dieses Staates oder in Englisch oder Französisch abgefasst sein.

Artikel 7

Um die Anwendung dieses Übereinkommens zu erleichtern, halten die zentralen Stellen der Vertragsstaaten einander über den Stand ihres Rechts auf dem Gebiet der unentgeltlichen Rechtspflege auf dem laufenden.

Artikel 8

Die in Artikel 2 genannten Stellen werden in einer an den Generalsekretär des Europarates gerichteten Erklärung bezeichnet, sobald der betreffende Staat gemäss Artikel 9 und 11 Vertragsstaat des Übereinkommens wird. Ebenso wird jede Änderung der Zuständigkeit dieser Stellen dem Generalsekretär des Europarates mitgeteilt.

Artikel 9

1. Dieses Übereinkommen liegt für die Mitgliedstaaten des Europarates zur Unterzeichnung auf; sie können Vertragsstaaten werden,

a. indem sie es ohne Vorbehalt der Ratifikation, Annahme oder Genehmigung unterzeichnen;

b. indem sie es mit Vorbehalt der Ratifikation, Annahme oder Genehmigung unterzeichnen und später ratifizieren, annehmen oder genehmigen.

2. Die Ratifikations-, Annahme- und Genehmigungsurkunden werden beim Generalsekretär des Europarates hinterlegt.

Artikel 10

1. Dieses Übereinkommen tritt einen Monat, nachdem zwei Mitgliedstaaten des Europarates gemäss Artikel 9 Vertragsstaaten geworden sind, in Kraft.

2. Für jeden Mitgliedstaat, der das Übereinkommen später ohne Vorbehalt der Ratifikation, Annahme oder Genehmigung unterzeichnet oder es ratifiziert, annimmt oder genehmigt, tritt es einen Monat, nachdem er es unterzeichnet oder die Ratifikations-, Annahme- oder Genehmigungsurkunde hinterlegt hat, in Kraft.

Artikel 11

1. Nach Inkrafttreten dieses Übereinkommens kann das Ministerkomitee des Europarates jeden Staat, der nicht Mitglied des Europarates ist, einladen, diesem Übereinkommen beizutreten.
2. Der Beitritt erfolgt durch Hinterlegung einer Beitrittsurkunde beim Generalsekretär des Europarates und wird einen Monat danach wirksam.

Artikel 12

1. Jeder Staat kann bei der Unterzeichnung oder bei der Hinterlegung seiner Ratifikations-, Annahme-, Genehmigungs- oder Beitrittsurkunde das oder die Hoheitsgebiete bezeichnen, für die dieses Übereinkommen gelten soll.
2. Jeder Staat kann bei der Hinterlegung seiner Ratifikations-, Annahme-, Genehmigungs- oder Beitrittsurkunde oder jederzeit danach durch eine an den Generalsekretär des Europarates gerichtete Erklärung den Anwendungsbereich dieses Übereinkommens auf jedes weitere in der Erklärung bezeichnete Hoheitsgebiet ausdehnen, dessen internationale Beziehungen er wahrnimmt oder für das er Vereinbarungen treffen kann. Die Ausdehnung wird einen Monat nach Eingang der Erklärung wirksam.
3. Jede Erklärung nach Absatz 2 kann für jedes darin bezeichnete Hoheitsgebiet durch eine an den Generalsekretär des Europarates gerichtete Notifikation zurückgezogen werden. Der Rückzug wird sechs Monate nach Eingang der Notifikation beim Generalsekretär des Europarates wirksam.

Artikel 13

1. Jeder Staat kann bei der Unterzeichnung oder der Hinterlegung seiner Ratifikations-, Annahme-, Genehmigungs- oder Beitrittsurkunde erklären, dass er die Anwendung des Artikels 6 Absatz 1 Buchstabe b ganz oder teilweise ausschliesst. Ein anderer Vorbehalt zu diesem Übereinkommen ist nicht zulässig.
2. Jeder Vertragsstaat kann seinen Vorbehalt durch eine an den Generalsekretär des Europarates gerichtete Erklärung ganz oder teilweise zurückziehen. Der Vorbehalt wird unwirksam, sobald die Erklärung eingegangen ist.
3. Hat ein Vertragsstaat einen Vorbehalt gemacht, so kann jeder andere Vertragsstaat ihm gegenüber denselben Vorbehalt anwenden.

Artikel 14

1. Jeder Vertragsstaat mit mehreren Amtssprachen kann für die Anwendung des Artikels 6 Absatz 1 Buchstabe a durch eine Erklärung die Sprache bekanntgeben,

in der das Gesuch und die beigefügten Unterlagen abgefasst oder in die sie übersetzt sein müssen, wenn sie in die in der Erklärung bezeichneten Teile seines Hoheitsgebietes übermittelt werden sollen.

2. Die Erklärung nach Absatz 1 wird bei der Unterzeichnung des Übereinkommens durch den betreffenden Staat oder bei der Hinterlegung seiner Ratifikations-, Annahme-, Genehmigungs- oder Beitrittsurkunde an den Generalsekretär des Europarates gerichtet. Die Erklärung kann später jederzeit nach demselben Verfahren zurückgezogen oder geändert werden.

Artikel 15

1. Jeder Vertragsstaat kann, für sich selbst, dieses Übereinkommen durch eine an den Generalsekretär des Europarates gerichtete Notifikation kündigen.

2. Die Kündigung wird sechs Monate nach Eingang der Notifikation beim Generalsekretär wirksam.

Artikel 16

Der Generalsekretär des Europarates notifiziert den Mitgliedstaaten des Rates und jedem Staat, der diesem Übereinkommen beigetreten ist:

a. jede Unterzeichnung ohne Vorbehalt der Ratifikation, Annahme oder Genehmigung;

b. jede Unterzeichnung mit Vorbehalt der Ratifikation, der Annahme oder Genehmigung;

c. jede Hinterlegung einer Ratifikations-, Annahme-, Genehmigungs- oder Beitrittsurkunde;

d. jede Erklärung nach Artikel 8;

e. jedes Inkrafttreten dieses Übereinkommens nach Artikel 10;

f. jede Erklärung nach Artikel 12 Absätze 2 und 3;

g. jeden Vorbehalt nach Artikel 13 Absatz 1;

h. jeden Rückzug eines Vorbehalts nach Artikel 13 Absatz 2;

i. jede Erklärung nach Artikel 14;

j. jede Notifikation nach Artikel 15 und den Tag, an dem die Kündigung wirksam wird.

Zu Urkund dessen haben die hierzu gehörig befugten Unterzeichneten dieses Übereinkommen unterschrieben.

Geschehen zu Strassburg am 27. Januar 1977 in englischer und französischer Sprache, wobei jeder Wortlaut gleichermassen verbindlich ist, in einer Urschrift, die im Archiv des Europarates hinterlegt wird. Der Generalsekretär des Europarates übermittelt jedem Staat, der das Übereinkommen unterzeichnet hat oder ihm beigetreten ist, beglaubigte Abschriften.

Anhang F

Europäisches Übereinkommen betreffend Auskünfte über ausländisches Recht (7.6.1968)[1]

Präambel

Die Mitgliedstaaten des Europarates, die dieses Übereinkommen unterzeichnet haben,

in der Erwägung, dass es das Ziel des Europarates ist, eine engere Verbindung zwischen seinen Mitgliedern herbeizuführen,

in der Überzeugung, dass die Einrichtung eines Systems zwischenstaatlicher Hilfe, das den gerichtlichen Behörden die Beschaffung von Auskünften über ausländisches Recht erleichtern soll, dazu beitragen wird, dieses Ziel zu erreichen,

haben folgendes vereinbart:

Artikel 1 Anwendungsbereich des Übereinkommens

1. Die Vertragsparteien verpflichten sich, einander gemäss den Bestimmungen dieses Übereinkommens Auskünfte über ihr Zivil- und Handelsrecht, ihr Verfahrensrecht auf diesen Gebieten und über ihre Gerichtsverfassung zu erteilen.

2. Zwei oder mehrere Vertragsparteien können jedoch vereinbaren, den Anwendungsbereich dieses Übereinkommens untereinander auf andere als die im vorstehenden Absatz angeführten Rechtsgebiete auszudehnen. Eine solche Vereinbarung ist dem Generalsekretär des Europarates im Wortlaut mitzuteilen.

Artikel 2 Staatliche Verbindungsstellen

1. Zur Ausführung dieses Übereinkommens errichtet oder bestimmt jede Vertragspartei eine einzige Stelle (im folgenden als «Empfangsstelle» bezeichnet), welche die Aufgabe hat:

a) Auskunftsersuchen im Sinne des Artikels 1 Absatz 1 entgegenzunehmen, die von einer anderen Vertragspartei eingehen;

---

[1] Stand der Ratifikationen: Belgien, Bulgarien, Costa Rica, Dänemark, BR Deutschland, Finnland, Frankreich (inkl. übers. Gebiete und Departemente), Griechenland, Grossbritannien (Jersey), Island, Italien, Liechtenstein, Luxemburg, Malta, Niederlande (Aruba), Norwegen, Österreich, Polen, Portugal, Rumänien, Russland, Schweden, Schweiz, Spanien, Türkei, Ukraine, Ungarn, Zypern (Stand: 28; 1.1.1996).

b) zu derartigen Ersuchen das Weitere gemäss Artikel 6 zu veranlassen.

Diese Stelle kann entweder ein Ministerium oder eine andere staatliche Stelle sein.

2. Jeder Vertragspartei steht es frei, eine oder mehrere Stellen (im folgenden als «Übermittlungsstellen» bezeichnet) zu errichten oder zu bestimmen, welche die von ihren gerichtlichen Behörden ausgehenden Auskunftersuchen entgegenzunehmen und der zuständigen ausländischen Empfangsstelle zu übermitteln haben. Die Aufgabe der Übermittlungsstelle kann auch der Empfangsstelle übertragen werden.

3. Jede Vertragspartei teilt dem Generalsekretär des Europarates Bezeichnung und Anschrift ihrer Empfangsstelle und gegebenenfalls ihrer Übermittlungsstelle oder ihrer Übermittlungsstellen mit.

Artikel 3 Zur Stellung von Auskunftersuchen berechtigte Behörden

1. Ein Auskunftersuchen muss von einer gerichtlichen Behörde ausgehen, auch wenn es nicht von der gerichtlichen Behörde selbst abgefasst worden ist. Das Ersuchen darf nur für ein bereits anhängiges Verfahren gestellt werden.

2. Jede Vertragspartei, die keine Übermittlungsstelle errichtet oder bestimmt hat, kann durch eine an den Generalsekretär des Europarates gerichtete Erklärung anzeigen, welche ihrer Behörden sie als gerichtliche Behörde im Sinne des vorstehenden Absatzes ansieht.

3. Zwei oder mehrere Vertragsparteien können vereinbaren, die Anwendung dieses Übereinkommens untereinander auf Ersuchen auszudehnen, die von anderen Behörden als gerichtlichen Behörden ausgehen. Eine solche Vereinbarung ist dem Generalsekretär des Europarates im Wortlaut mitzuteilen.

Artikel 4 Inhalt des Auskunftersuchens

1. Im Auskunftersuchen sind die gerichtliche Behörde, von der das Ersuchen ausgeht, und die Art der Rechtssache zu bezeichnen. Die Punkte, zu denen Auskunft über das Recht des ersuchten Staates gewünscht wird, und für den Fall, dass im ersuchten Staat mehrere Rechtssysteme bestehen, das System, auf das sich die gewünschte Auskunft beziehen soll, sind möglichst genau anzugeben.

2. Das Ersuchen hat eine Darstellung des Sachverhalts mit den Angaben zu enthalten, die zum Verständnis des Ersuchens und zu seiner richtigen und genauen Beantwortung erforderlich sind; Schriftstücke können in Abschrift beigefügt werden, wenn dies zum besseren Verständnis des Ersuchens notwendig ist.

3. Zur Ergänzung kann im Ersuchen Auskunft auch zu Punkten erbeten werden, die andere als die in Artikel 1 Absatz 1 angeführten Rechtsgebiete betreffen, sofern diese Punkte mit denen im Zusammenhang stehen, auf die sich das Ersuchen in erster Linie bezieht.

4. Ist das Ersuchen nicht von einer gerichtlichen Behörde abgefasst, so ist ihm die gerichtliche Entscheidung beizufügen, durch die es genehmigt worden ist.

Artikel 5   Übermittlung des Auskunftsersuchens

Das Auskunftsersuchen ist von einer Übermittlungsstelle oder, falls eine solche nicht besteht, von der gerichtlichen Behörde, von der das Ersuchen ausgeht, unmittelbar der Empfangsstelle des ersuchten Staates zu übermitteln.

Artikel 6   Zur Beantwortung von Auskunftsersuchen zuständige Stellen

1. Die Empfangsstelle, bei der ein Auskunftsersuchen eingegangen ist, kann das Ersuchen entweder selbst beantworten oder es an eine andere staatliche oder an eine öffentliche Stelle zur Beantwortung weiterleiten.

2. Die Empfangsstelle kann das Ersuchen in geeigneten Fällen oder aus Gründen der Verwaltungsorganisation auch an eine private Stelle oder an eine geeignete rechtskundige Person zur Beantwortung weiterleiten.

3. Ist bei Anwendung des vorstehenden Absatzes mit Kosten zu rechnen, so hat die Empfangsstelle vor der Weiterleitung des Ersuchens der Behörde, von der das Ersuchen ausgeht, die private Stelle oder die rechtskundige Person anzuzeigen, an die das Ersuchen weitergeleitet werden soll; in diesem Falle gibt die Empfangsstelle der Behörde möglichst genau die Höhe der voraussichtlichen Kosten an und ersucht um ihre Zustimmung.

Artikel 7   Inhalt der Antwort

Zweck der Antwort ist es, die gerichtliche Behörde, von der das Ersuchen ausgeht, in objektiver und unparteiischer Weise über das Recht des ersuchten Staates zu unterrichten. Die Antwort hat, je nach den Umständen des Falles, in der Mitteilung des Wortlautes der einschlägigen Gesetze und Verordnungen sowie in der Mitteilung von einschlägigen Gerichtsentscheidungen zu bestehen. Ihr sind, soweit dies zur gehörigen Unterrichtung der ersuchenden gerichtlichen Behörde für erforderlich gehalten wird, ergänzende Unterlagen wie Auszüge aus dem Schrifttum und aus den Gesetzesmaterialien anzuschliessen. Erforderlichenfalls können der Antwort erläuternde Bemerkungen beigefügt werden.

Artikel 8   Wirkungen der Antwort

Die in der Antwort enthaltenen Auskünfte binden die gerichtliche Behörde, von der das Ersuchen ausgeht, nicht.

Artikel 9   Übermittlung der Antwort

Die Antwort ist von der Empfangsstelle, wenn die Übermittlungsstelle das Ersuchen übermittelt hat, dieser Stelle oder, wenn sich die gerichtliche Behörde unmittelbar an die Empfangsstelle gewandt hat, der gerichtlichen Behörde zu übermitteln.

Artikel 10   Pflicht zur Beantwortung

1. Vorbehaltlich des Artikels 11 ist die Empfangsstelle, bei der ein Auskunftsersuchen eingegangen ist, verpflichtet, zu dem Ersuchen das Weitere gemäss Artikel 6 zu veranlassen.
2. Beantwortet die Empfangsstelle das Ersuchen nicht selbst, so hat sie vor allem darüber zu wachen, dass es unter Beachtung des Artikels 12 erledigt wird.

Artikel 11   Ausnahmen von der Pflicht zur Beantwortung

Der ersuchte Staat kann es ablehnen, zu einem Auskunftsersuchen das Weitere zu veranlassen, wenn durch die Rechtssache, für die das Ersuchen gestellt worden ist, seine Interessen berührt werden oder, wenn er die Beantwortung für geeignet hält, seine Hoheitsrechte oder seine Sicherheit zu gefährden.

Artikel 12   Frist für die Beantwortung

Ein Auskunftsersuchen ist so schnell wie möglich zu beantworten. Nimmt die Beantwortung längere Zeit in Anspruch, so hat die Empfangsstelle die ausländische Behörde, die sich an sie gewandt hat, entsprechend zu unterrichten und dabei nach Möglichkeit den Zeitpunkt anzugeben, zu dem die Antwort voraussichtlich übermittelt werden kann.

Artikel 13   Ergänzende Angaben

1. Die Empfangsstelle sowie die gemäss Artikel 6 mit der Beantwortung beauftragte Stelle oder Person können von der Behörde, von der das Ersuchen ausgeht, die ergänzenden Angaben verlangen, die sie für die Beantwortung für erforderlich halten.
2. Das Ersuchen um ergänzende Angaben ist von der Empfangsstelle auf dem Wege zu übermitteln, den Artikel 9 für die Übermittlung der Antwort vorsieht.

Anhang F

Artikel 14   Sprachen

1. Das Auskunftsersuchen und seine Anlagen müssen in der Sprache oder in einer der Amtssprachen des ersuchten Staates abgefasst oder von einer Übersetzung in diese Sprache begleitet sein. Die Antwort wird in der Sprache des ersuchten Staates abgefasst.
2. Zwei oder mehrere Vertragsparteien können jedoch vereinbaren, untereinander von den Bestimmungen des vorstehenden Absatzes abzuweichen.

Artikel 15   Kosten

1. Mit Ausnahme der in Artikel 6 Absatz 3 angeführten Kosten, die der ersuchende Staat zu zahlen hat, dürfen für die Antwort Gebühren oder Auslagen irgendwelcher Art nicht erhoben werden.
2. Zwei oder mehrere Vertragsparteien können jedoch vereinbaren, untereinander von den Bestimmungen des vorstehenden Absatzes abzuweichen.

Artikel 16   Bundesstaaten

In Bundesstaaten können die Aufgaben der Empfangsstelle, mit Ausnahme der in Artikel 2 Absatz 1 Buchstabe a vorgesehenen, aus Gründen des Verfassungsrechts anderen staatlichen Stellen übertragen werden.

Artikel 17   Inkrafttreten des Übereinkommens

1. Dieses Übereinkommen liegt für die Mitgliedstaaten des Europarates zur Unterzeichnung auf. Es bedarf der Ratifikation oder der Annahme. Die Ratifikations- oder Annahmeurkunden werden beim Generalsekretär des Europarates hinterlegt.
2. Dieses Übereinkommen tritt drei Monate nach Hinterlegung der dritten Ratifikations- oder Annahmeurkunde in Kraft.
3. Es tritt für jeden Unterzeichnerstaat, der es später ratifiziert oder annimmt, drei Monate nach der Hinterlegung seiner Ratifikations- oder Annahmeurkunde in Kraft.

Artikel 18   Beitritt eines Staates, der nicht Mitglied des Europarates ist

1. Nach Inkrafttreten dieses Übereinkommens kann das Ministerkomitee des Europarates jeden Staat, der nicht Mitglied des Europarates ist, einladen, diesem Übereinkommen beizutreten.
2. Der Beitritt erfolgt durch Hinterlegung einer Beitrittsurkunde beim Generalsekretär des Europarates und wird drei Monate nach ihrer Hinterlegung wirksam.

Artikel 19 Örtlicher Geltungsbereich des Übereinkommens

1. Jede Vertragspartei kann bei der Unterzeichnung oder bei der Hinterlegung ihrer Ratifikations-, Annahme- oder Beitrittsurkunde das Hoheitsgebiet oder die Hoheitsgebiete bezeichnen, für das oder für die dieses Übereinkommen gelten soll.

2. Jede Vertragspartei kann bei der Hinterlegung ihrer Ratifikations-, Annahme- oder Beitrittsurkunde oder jederzeit danach durch eine an den Generalsekretär des Europarates gerichtete Erklärung die Anwendung dieses Übereinkommens auf jedes weitere in der Erklärung bezeichnete Hoheitsgebiet ausdehnen, dessen internationale Beziehungen sie wahrnimmt oder für das sie berechtigt ist, Vereinbarungen zu treffen.

3. Jede nach dem vorstehenden Absatz abgegebene Erklärung kann für jedes darin bezeichnete Hoheitsgebiet gemäss Artikel 20 zurückgenommen werden.

Artikel 20 Geltungsdauer des Übereinkommens und Kündigung

1. Dieses Übereinkommen bleibt auf unbegrenzte Zeit in Kraft.

2. Jede Vertragspartei kann dieses Übereinkommen durch eine an den Generalsekretär des Europarates gerichtete Notifikation für sich selbst kündigen.

3. Die Kündigung wird sechs Monate nach Eingang der Notifikation beim Generalsekretär wirksam.

Artikel 21 Aufgaben des Generalsekretärs des Europarates

Der Generalsekretär des Europarates notifiziert den Mitgliedstaaten des Rats und jedem Staat, der diesem Übereinkommen beigetreten ist:

a) jede Unterzeichnung;

b) jede Hinterlegung einer Ratifikations-, Annahme- oder Beitrittsurkunde;

c) jeden Zeitpunkt des Inkrafttretens dieses Übereinkommens nach seinem Artikel 17;

d) jede nach Artikel 1 Absatz 2, Artikel 2 Absatz 3, Artikel 3 Absatz 2 und Artikel 19 Absätze 2 und 3 eingegangene Erklärung;

e) jede nach Artikel 20 eingegangene Notifikation und den Zeitpunkt, zu dem die Kündigung wirksam wird.

Zu Urkund dessen haben die hiezu gehörig bevollmächtigten Unterzeichneten dieses Übereinkommen unterzeichnet.

Geschehen in London, am 7. Juni 1968, in französischer und englischer Sprache, wobei jeder Wortlaut gleichermassen verbindlich ist, in einer einzigen Ausfertigung, die im Archiv des Europarates hinterlegt wird. Der Generalsekretär des Europarates übermittelt jedem Staat, der das Übereinkommen unterreichnet hat oder ihm beigetreten ist, beglaubigte Abschriften.

Staatsvertragsregister

Die Staatsverträge sind nach ihrer SR-Nummer geordnet. Von der Schweiz nicht ratifizierte Staatsverträge sind nach ihrer möglichen Einreihung in die Systematische Sammlung aufgeführt.

Der Fundort bezeichnet Kapitelnummern (**fett**) und Randziffern; der allfällige Verweis auf eine Fussnote befindet sich in Klammern (*kursiv*).

Multilaterale Staatsverträge

Genfer Abkommen vom 28. Juli 1951 über die Rechtsstellung der Flüchtlinge (SR 0.142.30)

Artikel	Fundort
1 A Ziff. 2	6/91, 6/91 *(105)*
16	6/91
16 Abs. 2	6/91
16 Abs. 3	6/91

New Yorker Übereinkommen vom 28. September 1954 über die Rechtsstellung der Staatenlosen (SR 0.142.40)

Artikel	Fundort
16	6/91

Wiener Übereinkommen vom 24. April 1963 über konsularische Beziehungen (SR 0.191.02)

Artikel	Fundort
5 lit. j	3/178 *(211)*

Haager Übereinkommen vom 1. Juni 1970 über die Anerkennung von Ehescheidungen und Ehetrennungen (SR 0.211.212.3)

Artikel	Fundort
8	1/24 *(32)*
11	5/31

Haager Übereinkommen vom 2. Oktober 1973 über das auf Unterhaltspflichten anzuwendende Recht (SR 0.211.213.01)

Artikel	Fundort
9	5/55 *(61)*, 5/57
10 Ziff. 2	5/54
10 Ziff. 3	5/27 *(35)*
18	5/68 *(73)*

Haager Übereinkommen vom
2. Oktober 1973 über die Anerkennung
und Vollstreckung von Unterhaltsentscheidungen (SR 0.211.213.02)

Artikel	Fundort
1 Ziff. 2	5/58
6	1/24 *(32)*
13	5/27 *(35)*
15–17	6/92
16	6/127
18	5/55 *(61)*
18–20	5/58

Europäisches Übereinkommen vom
24. April 1967 über die Adoption von
Kindern (SR 0.211.221.310)

Artikel	Fundort
4	5/93
5	5/93
6	5/93
7	5/93
8	5/93f., 5/97
9	5/94, 5/97
14	5/26, 5/94, 5/98

Haager Übereinkommen vom
15. November 1965 über die behördliche
Zuständigkeit, das anzuwendende Recht
und die Anerkennung von Entscheidungen auf dem Gebiet der Annahme an
Kindesstatt (SR 0.211.221.315)

Artikel	Fundort
3	5/92
4	5/92
4 Abs. 2	5/92
5	5/92
5 Abs. 2	5/92, 5/99
6	5/97
6 Abs. 2	5/92, 5/98f.
6 Abs. 3	5/92, 5/98f.
7	5/92
8	5/92
9	5/26, 5/92, 5/100
13	5/92 *(88)*

Haager Übereinkommen vom
24. Oktober 1956 über das auf Unterhaltsverpflichtungen gegenüber Kindern anzuwendende Recht
(SR 0.211.221.431)

Artikel	Fundort
1 Abs. 3	5/27, 5/54

Haager Übereinkommen vom 15. April
1958 über die Anerkennung und
Vollstreckung von Entscheidungen auf
dem Gebiet der Unterhaltspflicht
gegenüber Kindern (SR 0.211.221.432)

Artikel	Fundort
1 Ziff. 2	5/27 *(35)*
9	6/92, 6/127

Haager Übereinkommen vom 29. Mai
1993 über den Kindesschutz und die
Zusammenarbeit bei internationalen
Adoptionen (SR -)

Artikel	Fundort
6	5/98
6–11	5/99
6–13	5/95
7	5/95, 5/99
7 Abs. 2	5/100
7 Abs. 2 lit. b	4/46
15 Abs. 2	5/100
16	5/97
16 Abs. 2	5/100
16–21	5/95
17	5/97, 5/99

Europäisches Übereinkommen vom 20.
Mai 1980 über die Anerkennung und
Vollstreckung von Entscheidungen über
das Sorgerecht für Kinder und die
Wiederherstellung des Sorgerechtes
(SR 0.211.230.01)

Artikel	Fundort
3	5/25
3 Abs. 1	5/111 *(113)*, 5/112

3 Abs. 2	**5**/110 *(108)*, **5**/112	7 lit. b	**5**/112
3 Abs. 2 lit. a	**5**/112	7 lit. c	**5**/112
3 Abs. 2 lit. b	**4**/46, **5**/112	7 lit. d	**5**/112
3 Abs. 2 lit. c	**5**/112	7 lit. e	**4**/26, **4**/46, **5**/111 *(110)*, **5**/112
4	**1**/21, **5**/25, **5**/105		
4 Abs. 1	**5**/112	7 lit. e–i	**5**/110 *(108)*
4 Abs. 2	**5**/112	7 lit. f	**5**/112
4 Abs. 3	**5**/109 *(106)*, **5**/112	7 lit. g	**5**/110, **5**/112
4 Abs. 5	**5**/112	7 lit. h	**5**/112
5	**5**/25, **5**/106, **6**/127	7 lit. i	**5**/112
5 Abs. 1	**5**/111 *(112)*,	8	**1**/21, **5**/25, **5**/105, **5**/109 *(104)*
5 Abs. 1 lit. a	**5**/110 *(109)*, **5**/112		
5 Abs. 1 lit. b	**5**/112	8 Abs. 1	**5**/112
5 Abs. 1 lit. c	**5**/112	8 Abs. 2	**5**/112
5 Abs. 1 lit. d	**5**/112	9	**5**/25, **5**/109 *(106)*, **5**/112
5 Abs. 1 lit. e	**5**/111 *(113)*, **5**/112	10	**5**/111 *(110)*, **5**/112
5 Abs. 2	**5**/112	11 Abs. 2	**5**/111 *(113)*, **5**/112
5 Abs. 3	**5**/110 *(107)*, **5**/112, **6**/93, **6**/93 *(109)*	11–15	**5**/111 *(111)*
		12 Abs. 1	**5**/112
5 Abs. 4	**5**/112	12 Abs. 2	**5**/112
6	**5**/109 *(105)*	13	**5**/111
8	**5**/112	15	**5**/112
8 Abs. 2	**5**/112	21	**5**/112
8 Abs. 3	**5**/112	22	**6**/93 *(109)*
8–12	**5**/111 *(112)*	23	**6**/93 *(109)*
9	**5**/112	24	**3**/87 *(120)*, **5**/109 *(105)*
9 Abs. 1 lit. a	**1**/24 *(32)*	25	**5**/110 *(107)*, **5**/112
10	**5**/112	26	**3**/89 *(124)*, **6**/93, **6**/93 *(109)*, **6**/127
11	**5**/112		
13	**5**/109 *(104)*, **5**/112	28	**5**/107 *(102)*
13 Abs. 1 lit. a	**5**/107 *(102)*		
13 Abs. 2	**5**/109 *(105)*		
15	**5**/111, **6**/93 *(109)*		
15 Abs. 2	**3**/89 *(124)*		
15 Abs. 3	**5**/112		
16	**6**/93 *(109)*		

Haager Übereinkommen vom 25. Oktober 1980 über die zivilrechtlichen Aspekte internationaler Kindesentführung (SR 0.211.230.02)

Artikel	Fundort
6	**5**/112
7	**5**/25, **5**/111 *(113)*, **5**/112
7 lit. a	**5**/110 *(109)*, **5**/112

Haager Übereinkommen vom 5. Oktober 1961 über die Zuständigkeit der Behörden und das anzuwendende Recht auf dem Gebiet des Schutzes von Minderjährigen (MSA) (SR 0.211.231.01)

Artikel	Fundort
1	**5**/82
4	**5**/82, **5**/87
4 Abs. 1	**5**/87
5	**5**/87
5 Abs. 2	**5**/87
6	**5**/83, **5**/88
8	**5**/83
9	**5**/83

10	5/88	3 Abs. 1	2/44
11	4/46, 5/26 *(33)*, 5/87	3 Abs. 2	2/7 *(12)*, 2/37, 2/42, 2/44
11 Abs. 1	5/87	3 Abs. 3	2/37
11 Abs. 2	5/89	4	2/45, 2/108
		6	1/45
		6 Abs. 1 Ziff. 1	2/32f., 2/90, 3/78

Haager Übereinkommen vom 2. Oktober 1973 über die internationale Erbschaftsverwaltung (SR -)

Artikel	Fundort
1	5/116
2	5/116f.
3	5/116, 5/118
4	5/116, 5/118
5	5/26 *(33)*, 5/118
6	5/117
9–20	5/116
21–23	5/116
37	5/117

Haager Übereinkunft vom 17. Juli 1905 betreffend Zivilprozessrecht (SR 0.274.11)

Artikel	Fundort
8	3/97
10	3/59
11 Abs. 3	3/151
14	3/145
17	6/127
17–22	6/84
24	7/12

Haager Überkunft vom 1. März 1954 betreffend Zivilprozessrecht (SR 0.274.12)

Artikel	Fundort
1	1/45, 2/29, 2/53
1 Abs. 1	2/23, 2/25, 2/37, 2/44
1 Abs. 3	2/29
1 Abs. 4	1/45, 1/65, 2/31, 2/93
1–7	1/44, 2/22, 2/48, 2/51 *(52)*, 3/119
2	2/28, 2/40
3	1/45

6 Abs. 1 Ziff. 2	2/34, 2/91, 3/78
6 Abs. 1 Ziff. 3	2/35, 2/41, 2/89
6 Abs. 2	2/32, 2/34f., 2/41
7	1/45, 6/88
7 Abs. 1	2/46
8	3/72, 3/97
8–16	1/44, 3/71, 3/90, 3/119
9	1/45
9 Abs. 1	3/75
9 Abs. 3	3/76
9 Abs. 4	1/45, 1/65, 3/77
10	1/45, 3/59, 3/87
11 Abs. 1	3/79
11 Abs. 3	3/82, 3/86, 3/151
11–16	3/79
12	3/86
13	3/86, 4/45
14	3/145
14 Abs. 1	3/79
14 Abs. 2	3/63 *(88)*, 3/80, 3/88
15	3/50f., 3/78
16	1/45, 3/157, 6/88
16 Abs. 1	3/88
16 Abs. 2	3/88
17	1/81, 6/48f., 6/52ff., 6/53 *(61)*, 6/80, 6/85, 6/113, 6/127
17 Abs. 3	6/52
17–19	1/20 *(28)*, 1/44, 6/47, 6/95, 6/115
18	2/29 *(30)*, 6/54ff., 6/62, 6/85
18 Abs. 1	6/57
18 Abs. 2	6/57
18 Abs. 3	6/73, 6/77, 6/82
19	6/54f., 6/58ff., 6/62, 6/85
19 Abs. 4	6/59
20	6/65, 6/89, 6/106
20 Abs. 2	6/66
20–24	1/20 *(28)*, 1/44, 6/47,

	6/95, **6**/120
21	**6**/71 *(79)*, **6**/75
21 Abs. 1	**6**/67, **6**/71
21 Abs. 2	**6**/69
21–24	**6**/67
22	4/45, **6**/70, **6**/75
22 Abs. 1	**6**/70 *(78)*
23	**6**/68, **6**/101
23 Abs. 1	**6**/68
23 Abs. 2	**6**/68
24	**6**/88
25	**6**/89, **6**/95, **6**/118
26	1/44, **6**/95, **7**/13
32	**6**/51

Haager Übereinkommen vom 15. November 1965 über die Zustellung gerichtlicher und aussergerichtlicher Schriftstücke im Ausland in Zivil- und Handelssachen (SR 0.274.131)

Artikel	Fundort
Präambel	3/122
1	**2**/52, **2**/54, **2**/58ff., **2**/67 *(80)*, **2**/69, **2**/71, **2**/102, 3/122f.
1 Abs. 2	**2**/8 *(13)*, **2**/103
2	**2**/55, **2**/83, **2**/88 *(106)*
2–6	**2**/55
3	**2**/85, **2**/99
4	**2**/99, **2**/107
5	**2**/102
5 Abs. 1	**2**/100
5 Abs. 1 lit. b	4/45
5 Abs. 2	**2**/100
5 Abs. 3	**2**/105
5 Abs. 4	**2**/98
6	**2**/97
7	**2**/104 *(123)*
8	**2**/89
8 Abs. 2	**2**/89
9	**2**/88
9 Abs. 2	**2**/7 *(12)*
10 lit. a	**2**/90, **2**/90 *(109)*
10 lit. b	**2**/91, **2**/92 *(113)*
10 lit. c	**2**/91, **2**/92 *(113)*
11	**2**/93
12	**2**/109, **6**/88, **6**/127
13	**2**/108, **2**/108 *(125)*
13 Abs. 1	3/85
13 Abs. 2	3/151 *(186)*
13 Abs. 3	**2**/108
15	1/23, **2**/68, **2**/103
15 Abs. 1	**2**/103 *(121)*
15 Abs. 1 lit. a	**2**/103 *(121)*
15 Abs. 1 lit. b	**2**/67 *(80)*, **2**/103 *(121)*
15 Abs. 2	**2**/108
16	1/23, **2**/68, **2**/103
18	**2**/83, **2**/88 *(106)*
20	**2**/109
21 Abs. 2 lit. a	**2**/92
22	**2**/48
24	**2**/109

Haager Übereinkommen vom 18. März 1970 über die Beweisaufnahme im Ausland in Zivil- und Handelssachen (SR 0.274.132)

Artikel	Fundort
Präambel	3/93, 3/121f.
1	**2**/53, 3/97, 3/121ff., 3/141, 3/179
1 Abs. 1	3/94, 3/100
1 Abs. 2	3/214, **2**/214 *(265)*
1 Abs. 3	3/97 *(133)*, 3/100f.
1–14	3/96, 3/132, 3/166
1–22	3/125
2	3/137f., 3/142
3	3/57, 3/133ff., 3/141
3 Abs. 1 lit. a–d	3/134
3 Abs. 1 lit. e–f	3/135
3 Abs. 1 lit. g	3/134
3 Abs. 1 lit. h–i	3/135
3 Abs. 2	3/154
4	3/141
4 Abs. 1	3/59, 3/156
4 Abs. 2	3/156
4 Abs. 3	3/156
5	3/140, 3/142
6	3/142
7	3/146

8	3/135, 3/146		21 lit. d	3/188
9	3/135		21 lit. e	3/171 *(211)*, 3/215, 3/225
9 Abs. 1	3/143, 3/152		22	3/189
9 Abs. 2	3/63 *(88)*, 3/145		23	3/190, 3/213ff.
10	3/143		24	3/137
11	3/154, 3/171, 3/171 *(211)*, 3/215, 3/225, 4/45		25	3/137
			26	3/158
11 Abs. 1 lit. a	3/154		27	3/124f.
11 Abs. 1 lit. b	3/135, 3/154		27 lit. a	3/138
11 Abs. 2	3/155		27 lit. b	3/169 *(207)*, 3/171, 3/171 *(210)*, 3/222 *(274)*
12	3/141, 3/151			
12 Abs. 1	3/149, 3/151 *(186)*		27 lit. c	3/222 *(274)*
12 Abs. 1 lit. a	3/149		28 lit. a	3/138
12 Abs. 1 lit. b	3/85, 3/150		28 lit. g	3/169 *(207)*
12 Abs. 2	3/150, 3/151 *(186)*		29	3/90, 3/137
13	3/147		32	3/169 *(207)*
14	3/158 *(193)*, 6/88, 6/127		33	3/156
14 Abs. 2	3/158		33 Abs. 1	3/169 *(207)*, 3/174f., 3/179f.
14 Abs. 3	3/159, 3/181			
15	3/50f., 3/54 *(72)*, 3/94, 3/124, 3/174, 3/177, 3/178 *(221)*, 3/184, 3/186		33 Abs. 3	3/169 *(207)*

Haager Übereinkommen vom 25. Oktober 1980 über den internationalen Zugang zur Rechtspflege (SR 0.274.133)

15 Abs. 2	3/169 *(207)*, 3/179		Artikel	Fundort
15–17	3/120, 3/125, 3/185, 3/187		1	2/53, 6/106, 6/109, 6/119
			1 Abs. 2	6/106, 6/109
15–18	3/175		1 Abs. 3	6/100
15–20	3/160		1–6	5/25
15–22	3/96, 3/166		1–13	6/106, 6/120
16	3/50, 3/54 *(72)*, 3/94, 3/177, 3/178 *(221)*, 3/184, 3/186		2	6/100, 6/109
			3	6/99, 6/102, 6/104
			3 Abs. 2	6/104
16 Abs. 1	3/174, 3/179		4	6/102, 6/104, 6/111
17	1/23, 3/54, 3/54 *(72)*, 3/94, 3/124, 3/174, 3/180f., 3/184		4 Abs. 3	6/105
			5 Abs. 1	6/110
			5 Abs. 2	6/110
17 Abs. 1	3/180		5 Abs. 3	6/105
17 Abs. 1 lit. a	3/176		6	4/45, 6/111
17 Abs. 1 lit. b	3/176		6 Abs. 1	6/102
17 Abs. 2	3/176		6 Abs. 2	6/102
18	3/184, 3/187		6 Abs. 3	6/102
19	3/185		7	3/87 *(120)*
20	3/183		7 Abs. 1	6/110
21	3/187			
21 lit. a	3/188			
21 lit. b	3/187			
21 lit. c	3/187			

7 Abs. 2	**6**/110
8	**4**/45, **6**/99, **6**/102, **6**/111
9 Abs. 1	**6**/105
9 Abs. 2	**6**/105
10	**6**/112
11	**6**/112
12	**6**/112
13	**6**/112
14	**1**/20 *(28)*, **6**/113f., **6**/119, **6**/127
14 Abs. 2	**6**/113
14–17	**6**/115
15	**5**/25, **6**/116
16	**5**/25, **6**/99, **6**/103f., **6**/116
16 Abs. 3	**6**/104
16 Abs. 4	**6**/105
16 Abs. 5	**6**/105
17	**6**/116f.
17 Abs. 1 lit. a	**6**/117
17 Abs. 1 lit. b	**6**/117
17 Abs. 1 lit. c	**6**/117
17 Abs. 2	**6**/117
17 Abs. 3	**6**/117
18	**4**/26, **6**/118
19	**1**/20 *(28)*, **7**/13
20	**1**/63 *(75)*, **7**/14
28	**7**/15
28 Abs. 1	**6**/106 *(129)*, **6**/113 *(136)*
28 Abs. 2 lit. a	**6**/110
28 Abs. 2 lit. c	**6**/115

Europäisches Übereinkommen vom 27. Januar 1977 betreffend die Übermittlung von Gesuchen zur Gewährung der unentgeltlichen Rechtspflege (SR 0.274.137)

Artikel	Fundort
1	**6**/121
2	**6**/122
3	**6**/123
3 Abs. 3	**6**/123
4	**6**/124
5	**6**/124
6 Abs. 1 lit. a	**6**/125
6 Abs. 1 lit. b	**6**/125
7	**5**/26 *(33)*, **6**/123
8	**6**/122
13	**6**/125
14	**6**/125

New Yorker Übereinkommen vom 20. Juni 1956 über die Geltendmachung von Unterhaltsansprüchen im Ausland (SR 0.274.15)

Artikel	Fundort
Präambel Abs. 1	**5**/73f.
Präambel Abs. 2	**5**/74
Präambel Abs. 3	**5**/74
3	**1**/21, **5**/25, **5**/45, **5**/49
4	**5**/25, **5**/49f.
6	**5**/25, **5**/46, **5**/50
6 Abs. 1	**5**/51, **5**/62
6 Abs. 2	**4**/46, **5**/51
7 lit. d	**6**/92
9	**6**/127
9 Abs. 1	**6**/92
9 Abs. 2	**6**/92
9 Abs. 3	**3**/89 *(124)*, **5**/66f., **6**/92

Europäisches Übereinkommen vom 7. Juni 1968 betreffend Auskünfte über ausländisches Recht (SR 0.274.161)

Artikel	Fundort
1	**4**/47, **4**/51
1 Abs. 1	**4**/51f., **4**/66
1 Abs. 2	**4**/58, **4**/67, **4**/69
2 Abs. 1	**4**/56, **4**/66
2 Abs. 1 lit. a	**4**/56 *(80)*
2 Abs. 2	**4**/57f.
2 Abs. 3	**4**/56
3	**4**/53
3 Abs. 1	**4**/53
3 Abs. 2	**4**/57
3 Abs. 3	**4**/67, **4**/69
4 Abs. 1	**4**/49, **4**/58
4 Abs. 2	**4**/58
4 Abs. 3	**4**/52, **4**/58
4 Abs. 4	**4**/58 *(82)*

6	4/56, 6/89
6 Abs. 3	4/59, 4/65
7	4/60
7 Abs. 1	4/49
9	4/61
10	4/59
11	4/59
12	4/59
13	4/61
14	4/62
14 Abs. 1	4/63
15	4/64f., 6/89
16	4/56

Zusatzprotokoll vom 15. März 1978 zum Europäischen Übereinkommen betreffend Auskünfte über ausländisches Recht (SR 0.274.161.1 auch SR 0.351.21)

Artikel	Fundort
1	4/50 *(73)*, 4/70, 4/72
2	4/70, 4/72
2 lit. b	4/70
3	4/55, 4/70, 4/72
3 lit. b	4/70, 4/72
4	4/72
5	4/72
5–11	4/72

Europäisches Übereinkommen vom 15.3.1978 über die Informations- und Beweisbeschaffung im Ausland in Verwaltungssachen (CE, Str 100) (SR -)

Artikel	Fundort
20 Abs. 2	3/63 *(88)*

Übereinkommen vom 16. September 1988 über die gerichtliche Zuständigkeit und die Vollstreckung gerichtlicher Entscheidungen in Zivil- und Handelssachen (Lugano-Übereinkommen) (SR 0.275.11)

Artikel	Fundort
27 Nr. 2	1/24 *(32)*, 2/4 *(7)*, 2/12 *(18)*, 2/68

Genfer Abkommen vom 26. September 1927 zur Vollstreckung ausländischer Schiedssprüche (SR 0.277.111)

Artikel	Fundort
2 lit. b	1/24 *(32)*

New Yorker Übereinkommen vom 10. Juni 1958 über die Anerkennung und Vollstreckung ausländischer Schiedssprüche (SR 0.277.12)

Artikel	Fundort
V Abs. 1 lit. b	1/24 *(32)*

Europäisches Übereinkommen vom 5. Juni 1990 über gewisse internationale Aspekte des Konkurses (SR -)

Artikel	Fundort
2	5/122
6–15	5/122
7	5/122
8	5/122, 5/122 *(122)*
9	5/26 *(33)*, 5/112
10 Abs. 1	5/122 *(122)*
10 Abs. 2	5/122

Europäisches Übereinkommen vom 20. April 1959 über die Rechtshilfe in Strafsachen (SR 0.351.1)

Artikel	Fundort
12	**7**/14 *(21)*

Übereinkommen vom 19. Mai 1956 über den Beförderungsvertrag im internationalen Strassengüterverkehr (CMR) (SR 0.741.611)

Artikel	Fundort
31 Abs. 5	**6**/94

Revidierte Mannheimer Rheinschiffahrts-Akte vom 17. Oktober 1868 zwischen Baden, Bayern, Frankreich, Hessen, den Niederlanden und Preussen (SR 0.747.224.101)

Artikel	Fundort
36	**6**/94

Bilaterale Staatsverträge

Verträge der Schweiz mit

Belgien

Übereinkunft vom 9. September 1886 zwischen der Schweiz und Belgien betreffend die gegenseitige Bewilligung des Armenrechts im Prozessverfahren (SR 0.274.181.722)

Artikel	Fundort
1	**6**/75
2	**6**/75
3	**6**/75

Abkommen vom 29. April 1959 zwischen der Schweiz und Belgien über die Anerkennung und Vollstreckung von gerichtlichen Entscheidungen und Schiedssprüchen (SR 0.276.191.721)

Artikel	Fundort
1 lit. d	**1**/24 *(32)*

BR Deutschland

Erklärung vom 30. April 1910 zwischen der Schweiz und Deutschland betreffend Vereinfachung des Rechtshilfeverkehrs (SR 0.274.181.362)

Artikel	Fundort
1	**1**/50
2	**1**/50, **2**/38 *(40)*, **2**/47, **6**/74
3	**1**/50, **6**/74
3 Abs. 2	**6**/74

Abkommen 2. November 1929 zwischen der Schweizerischen Eidgenossenschaft und dem Deutschen Reich über die gegenseitige Anerkennung und Vollstreckung von gerichtlichen Entscheidungen und Schiedssprüchen (SR 0.276.191.361)

Artikel	Fundort
1–4	**1**/24 *(32)*

Staatsvertragsregister

Frankreich

Erklärung vom 1. Februar 1913 zwischen der Schweiz und Frankreich betreffend die Übermittlung von gerichtlichen und aussergerichtlichen Aktenstücken sowie von Requisitorien in Zivil- und Handelssachen (SR 0.274.183.491)

Artikel	Fundort
1	1/54
2	1/54
3	1/54, 2/38 *(41)*
4	1/54
5	1/54, 2/47, 3/89 *(123)*
6	1/54
7	1/54, 2/35 *(37)*

Notenaustausch vom 13. Dezember 1988 zwischen der Schweiz und Frankreich betreffend die Übermittlung von gerichtlichen und aussergerichtlichen Aktenstücken sowie von Requisitorien in Zivil- und Handelssachen (SR 0.274.183.491)

Artikel	Fundort
3	1/55
4	1/56
5	1/57
7	1/55

Griechenland

Niederlassungs- und Rechtsschutzabkommen vom 1. Dezember 1927 zwischen der Schweiz und Griechenland (SR 0.142.113.721)

Artikel	Fundort
5	6/84

Übereinkunft vom 30. März 1934 zwischen der Schweiz und Griechenland über die Regelung der Rechtshilfe in Zivil- und Handelssachen (SR 0.274.183.721)

Artikel	Fundort
1–3	1/77
1 Abs. 1	1/77 *(84)*
4–9	1/77
8	1/77, 6/127
9	1/77

Grossbritannien

Schweizerisch-britisches Abkommen vom 3. Dezember 1937 über Zivilprozessrecht (SR 0.274.183.671)

Artikel	Fundort
2	1/80, 6/80
3	1/80, 6/80, 6/127
3 lit. a	1/81, 6/80
3 lit. b	1/81, 6/80
4	1/80, 6/80
4 Abs. 1	6/80
4 Abs. 2	1/81, 6/80
5	1/80
8 Abs. a, 2. Satz	1/82 *(86)*
9 Abs. a, 1. Satz	1/82 *(87)*

Italien

Protokoll vom 1. Mai 1869 betreffend die Vollziehung der am 22. Juli 1868 in Bern und Florenz zwischen der Schweiz und Italien abgeschlossenen und unterzeichneten Verträge und Übereinkünfte (SR 0.142.114.541.1)

Artikel	Fundort
III	1/59

Abkommen vom 3. Januar 1933
zwischen der Schweiz und Italien über
die Anerkennung und Vollstreckung
gerichtlicher Entscheidungen
(SR 276.194.541)

Artikel	Fundort
1 Ziff. 4	**1**/24 *(32)*
14	**6**/57 *(67)*, **6**/82

Iran

Niederlassungsabkommen vom 25. April
1934 zwischen der Schweizerischen
Eidgenossenschaft und dem Kaiserreich
Persien (Iran); mit Zusatzerklärung
(SR 0.142.114.362)

Artikel	Fundort
2 Abs. 2	**6**/85
4	**6**/85
5	**6**/85

Liechtenstein

Abkommen vom 25. April 1968 zwischen der Schweizerischen Eidgenossenschaft und dem Fürstentum Liechtenstein über die Anerkennung und Vollstreckung von gerichtlichen Entscheidungen und Schiedssprüchen in Zivilsachen (SR 0.276.195.141)

Artikel	Fundort
1 Ziff. 4	**1**/24 *(32)*

Österreich

Vertrag vom 26. August 1968 zwischen der Schweizerischen Eidgenossenschaft und der Republik Österreich zur Ergänzung des Haager Übereinkommens vom 1. März 1954 betreffend Zivilprozessrecht (SR 0.274.181.631)

Artikel	Fundort
1	**1**/61
1 Abs. 3	**1**/62
2	**1**/62, **2**/38, **2**/38 *(40)*, **3**/87
3	**1**/62
4	**1**/62
5	**1**/63
6	**1**/63
7	**1**/62, **3**/89 *(122)*
8	**1**/61

Vertrag vom 16. Dezember 1960
zwischen der Schweizerischen Eidgenossenschaft und der Republik Österreich
über die Anerkennung und Vollstreckung gerichtlicher Entscheidungen
(SR 276.191.632)

Artikel	Fundort
1 Ziff. 4	**1**/24 *(32)*
12	**6**/82

Pakistan

Briefwechsel vom 12. Mai/7. Juli 1960
zwischen der Schweiz und Pakistan über
die Rechtshilfe in Zivilsachen
(SR 0.274.186.231)

Artikel	Fundort
Ziff. V	**3**/89 *(121)*

Polen

Notenaustausch vom 15. März/
18. August 1928 zwischen der Schweiz
und Polen über die Anwendung der
Haager Übereinkunft betreffend
Zivilprozessrecht (SR 0.274.186.491)

Absatz	Fundort
4	**6**/73
5	**6**/74

Schweden

Abkommen vom 15. Januar 1936 zwischen der Schweiz und Schweden über die Anerkennung und Vollstreckung von gerichtlichen Entscheidungen und Schiedssprüchen (SR 0.276.197.141)

Artikel	Fundort
4 Ziff. 5	1/24 *(32)*

Spanien

Vertrag vom 19. November 1896 zwischen der Schweiz und Spanien über die gegenseitige Vollstreckung von Urteilen oder Erkenntnissen in Zivil- und Handelssachen (SR 276.193.321)

Artikel	Fundort
6 Ziff. 2	1/24 *(32)*

Tschechien/Slowakei

Abkommen vom 21. Dezember 1926 zwischen der Schweiz und der Tschechoslowakischen Republik über die gegenseitige Rechtshilfe in Zivil- und Handelssachen (SR 0.274.187.411)

Artikel	Fundort
2	1/69, 2/38 *(41)*
3 lit. a	1/69
3 lit. b	1/69
3 lit. c	1/69, 3/59
5	1/70
5 Abs. 1	1/70, 6/73
5 Abs. 2	6/74
6	1/71, 6/74
8	4/42

Vertrag vom 21. Dezember 1926 zwischen der Schweiz und der Tschechoslowakischen Republik über die Anerkennung und Vollstreckung gerichtlicher Entscheidungen (SR 0.276.197.411)

Artikel	Fundort
1 Ziff. 4	1/24 *(32)*

Türkei

Vertrag vom 1. Juni 1933 zwischen der Schweiz und der Türkei über den Rechtsverkehr in Zivil- und Handelssachen (SR 0.274.187.631)

Artikel	Fundort
1–3	1/74
4–6	1/74
7–9	1/74
10 Abs. 2	3/59
10–15	1/74

Verträge zwischen Drittstaaten

Vertrag vom 11. November 1980 zwischen der *DDR* und *Österreich* über die Rechtshilfe in Zivilsachen und über Urkundenangelegenheiten

Artikel	Fundort
18	4/40 *(59)*

Vertrag vom 7. Dezember 1962 zwischen *Österreich* und der *CSSR*

Artikel	Fundort
27	4/41 *(61)*

Gesetzesregister

Der Fundort bezeichnet Kapitelnummern (**fett**) und Randziffern; der allfällige Verweis auf eine Fussnote befindet sich in Klammern (*kursiv*).

Schweiz / Bund

BV-Vorentwurf 1978

Artikel	Fundort
43	**6**/46 *(52)*

BV-Verfassungsentwurf 1995

Artikel	Fundort
36	**6**/46 *(52)*

Bundesverfassung der Schweizerischen Eidgenossenschaft vom 29. Mai 1874 (BV) (SR 101)

Artikel	Fundort
4	**6**/14 *(19)*, **6**/32, **6**/36, **6**/37ff., **6**/37 *(48)*, **6**/53, **7**/4, **7**/8
8	**3**/67
60	**6**/36, **6**/42f.
61	**1**/29
64 Abs. 1	**4**/10
64 Abs. 2	**4**/10
64 Abs. 3	**4**/10, **6**/27
102 Ziff. 8	**3**/67

BG vom 26. März 1931 über Aufenthalt und Niederlassung (NAG) (SR 142.20)

Artikel	Fundort
2	**4**/11
2 Abs. 2	**4**/2, **4**/11
32	**4**/11

Asylgesetz vom 5. Oktober 1979 (AsylG) (SR 142.31)

Artikel	Fundort
3a	**6**/91
25	**6**/91

V vom 9. Mai 1979 über die Aufgaben der Departemente, Gruppen und Ämter (SR 172.010.15)

Artikel	Fundort
7 Ziff. 2 lit. a	**4**/33
7 Ziff. 2 lit. b	**4**/33
7 Ziff. 2 lit. i	**4**/33

V vom 28. März 1990 über die Zuständigkeit der Departemente und der ihnen unterstellten Amtsstellen zur selbständigen Erledigung von Geschäften (Delegationsverordnung) (SR 172.011)

Artikel	Fundort
10 Abs. 1	**4**/33
10 Abs. 3	**4**/33

BG vom 20. Dezember 1968 über das Verwaltungsverfahren (VwVG) (SR 172.021)

Artikel	Fundort
65	**6**/66 *(75)*

BG vom 16. Dezember 1943 über die Organisation der Bundesrechtspflege (OG) (SR 173.110)

Artikel	Fundort
18	*1/29 (35)*
29 Abs. 4	*1/36*, **2**/19
149	**6**/28 *(38)*,
150	**6**/28, **6**/28 *(38)*
150 Abs. 1	**6**/33, **6**/33 *(47)*
150 Abs. 2	**6**/34
152	**6**/33, **6**/65
152 Abs. 1	**6**/35
153	**6**/28
153a	**6**/28
159 Abs. 1	**6**/6 *(7)*

Reglement des schweizerischen diplomatischen und konsularischen Dienstes vom 24. November 1967 (SR 191.1)

Artikel	Fundort
24	**4**/36
30	**4**/36

Schweizerisches Zivilgesetzbuch vom 10. Dezember 1907 (ZGB) (SR 210)

Artikel	Fundort
8	**3**/5 *(6)*, **3**/6, **3**/6 *(7)*, **3**/45
9	**3**/5 *(6)*, **3**/6, **3**/25, **3**/25 *(39)*
10	**3**/5 *(6)*
11	**7**/9
32	**3**/5 *(6)*
105	**5**/35
106ff.	**5**/35
158	**3**/5 *(6)*
254	**3**/5 *(6)*
264a	**5**/93
265	**5**/93
265a	**5**/93
268	**5**/93
268g	**5**/93
289	**5**/77
289 Abs. 2	**5**/56 *(63)*
290	**5**/37, **5**/54 *(60)*, **5**/56 *(63)*
294	**5**/37
307ff.	**5**/37
326	**5**/44
551	**5**/36
552–559	**5**/36

Zivilstandsverordnung vom 1. Juni 1953 (ZStV) (SR 211.112.1)

Artikel	Fundort
137	**3**/27 *(40)*,
148ff.	**5**/35
168–170	**5**/35

BG vom 30. März 1911 betreffend die Ergänzung des Schweizerischen Zivilgesetzbuches (Fünfter Teil: Obligationenrecht) (OR) (SR 220)

Artikel	Fundort
42	**3**/5 *(6)*
110	**5**/77
204	**3**/5 *(6)*
216	**3**/30
222	**3**/5 *(6)*
274d	**6**/9 *(16)*
343	**6**/9
400	**3**/31
418k	**3**/31
541	**3**/31
600	**3**/31
819	**3**/31
1043	**3**/5 *(6)*

BG vom 19. Dezember 1986 gegen den unlauteren Wettbewerb (UWG) (SR 241)

Artikel	Fundort
13	**6**/9 *(16)*

BG vom 4. Dezember 1947 über den Bundeszivilprozess (BZPO) (SR 273)

Artikel	Fundort
10	**1**/29 *(35)*
10 Abs. 3	**1**/36, **2**/19,
11	**1**/29 *(35)*, **2**/13
36	**3**/8
39	**3**/65
43	**1**/29 *(35)*
47	**1**/29 *(35)*
65	**3**/8
69	**6**/5 *(6)*, **6**/6 *(7)*

Konkordat vom 5./20. November 1903 betreffend Befreiung von der Verpflichtung zur Sicherheitsleistung für die Prozesskosten (SR 273.2)

Artikel	Fundort
1	**1**/33, **6**/44
2	**1**/33, **6**/44

Konkordat vom 26. April, 8./9. November 1974 über die Gewährung gegenseitiger Rechtshilfe in Zivilsachen (SR 274)

Artikel	Fundort
1	**1**/2 *(1)*, **1**/34
3	**1**/34
4	**1**/34
5	**1**/34
6	**1**/34
7	**1**/34
8	**1**/34
9	**1**/2 *(1)*, **1**/34
9 Abs. 2	**1**/34

BG vom 11. April 1889 über Schuldbetreibung und Konkurs (SchKG) (SR 281.1)

Artikel	Fundort
38ff.	**6**/61, **6**/116
66 Abs. 3	**2**/19
66 Abs. 4	**2**/19
69	**6**/61
74	**6**/61
81 Abs. 3	**6**/62, **6**/116
88	**6**/61
151	**6**/61
159	**6**/61
219	**5**/39

IPRG Vorentwurf 1978

Artikel	Fundort
15	**7**/2 *(2)*
183–189	**1**/37, **2**/21, **3**/70, **6**/46
183	**3**/70
184	**3**/70
185	**3**/70
188	**6**/46
189	**6**/46
190	**7**/2 *(2)*

BG vom 18. Dezember 1987 über das internationale Privatrecht (IPRG) (SR 291)

Artikel	Fundort
11	**1**/37, **1**/84, **1**/86, **3**/68, **3**/70, **3**/70 *(102)*, **3**/80, **3**/80 *(114)*, **5**/38
11 Abs. 1	**3**/3 *(3)*, **3**/68
11 Abs. 2	**3**/63, **3**/68
12	**2**/21, **5**/38
16	**4**/9 *(17f.)*, **4**/13, **4**/15, **4**/38
25–27	**2**/81
27 Abs. 2	**1**/24, **2**/68
27 Abs. 2 lit. a	**2**/4 *(7)*, **2**/12 *(18)*
29 Abs. 1 lit. c	**2**/4 *(7)*
31	**3**/29 *(43)*
32	**3**/29 *(43)*
35	**3**/21 *(35)*, **7**/10
36	**7**/10
42	**3**/29 *(43)*
74	**3**/29 *(43)*
89	**5**/36

90 Abs. 2	**5**/36	
96	**3**/29 *(43)*	
154	**7**/10	
155 lit. c	**7**/10	
166	**5**/39	
166–175	**5**/38, **5**/122	
170	**5**/39	
170ff.	**5**/33	
173	**5**/39	
184 Abs. 2	**4**/55	

Schweizerisches Strafgesetzbuch vom 21. Dezember 1937 (StGB) (SR 311.0)

Artikel	Fundort
162	**3**/68, **3**/155
163	**4**/52
165	**4**/52
217	**4**/52
220	**4**/52
271	**1**/2 *(3)*, **2**/2 *(5)*, **2**/5 *(8)*, **2**/45, **3**/51 *(64)*, **3**/54 *(73)*
273	**1**/2 *(3)*, **2**/45, **2**/108 *(125)*
276–295	**4**/52
296–317	**4**/52
321	**3**/155

BG vom 6. Oktober 1978 über das Schweizerische Institut für Rechtsvergleichung (SR 425.1)

Artikel	Fundort
2	**4**/37
3	**4**/37f.
3 Abs. 1 lit. c	**4**/38
3 Abs. 3	**4**/38
4	**4**/37

V vom 19 Dezember 1979 über das Schweizerische Institut für Rechtsvergleichung (SR 425.11)

Artikel	Fundort
4	**4**/38

BG vom 8. November 1934 über die Banken und Sparkassen (BankG) (SR 952.0)

Artikel	Fundort
47 Ziff. 4	**3**/23 *(37)*

Schweiz / Kantone

Kantonale Gerichtsorganisationsgesetze

BL	§	43	**1**/28 *(33)*
		43 Abs. 2	**1**/39 *(45)*, **1**/40, **3**/66 *(94)*, **3**/66 *(97)*
FR	Art.	116	**1**/28 *(33)*
		120	**1**/39 *(45)*, **3**/66 *(94)*, **3**/66 *(96)*
NW	Art.	51	**6**/28 *(38)*
		57	**1**/28 *(33)*
SG	Art.	73	**1**/28 *(33)*
		74 Abs. 1 lit. b	**1**/39 *(50)*
SZ	§	71	**1**/28 *(33)*
		73	**1**/31 *(37)*
		74 Abs. 3	**1**/40, **3**/66 *(97)*
		75	**1**/40
		75 Abs. 3	**1**/39 *(45)*, **1**/39 *(47)*, **3**/66 *(94)*, **3**/66 *(95)*
		110	**1**/28 *(33)*
		114	**1**/28 *(33)*
		119	**1**/28 *(33)*
		140	**1**/28 *(33)*
ZG	§	51 Abs. 2	**1**/28 *(33)*

		52	**1**/40			17	**1**/40, **3**/66 *(96)*
		52 Abs. 1	**3**/66 *(94)*, **3**/66 *(95)*			57ff.	**6**/4 *(3)*
		52 Abs. 2	**1**/39 *(45)*			77	**6**/12
		86	**1**/28 *(33)*			102	**1**/28 *(33)*
		86 Abs. 3	**1**/39 *(45)*			102–112	**1**/39 *(46)*
ZH	§	112	**1**/28 *(33)*			103	**1**/28 *(33)*
		113	**1**/31 *(37)*			108	**2**/3
		114	**1**/31 *(37)*			109	**2**/3
		114 Abs. 2	**3**/69, **3**/69 *(99)*			110	**1**/28 *(33)*
		115	**1**/31 *(37)*			112	**1**/28 *(33)*
		116	**1**/40, **3**/66 *(97)*			157	**4**/1 *(2)*
		117	**3**/80 *(114)*			234	**3**/27
		118	**1**/39 *(45)*, **1**/40,	FR	Art.	6	**4**/4 *(7)*
			3/66 *(94)*, **3**/66 *(95)*			19	**1**/28 *(33)*
		177	**1**/28 *(33)*			21	**1**/28 *(33)*
		180	**1**/28 *(33)*			28	**1**/39 *(45)*,
		183 Abs. 1	**1**/28 *(33)*				**1**/39 *(48)*, **1**/40
		183 Abs. 2	**1**/39 *(46)*			29	**1**/28 *(33)*
		187	**1**/28 *(33)*			78	**1**/28 *(33)*
						82	**1**/39 *(45)*
Kantonale Zivilprozessordnungen						107ff.	**6**/4 *(3)*
						192	**3**/5 *(6)*
AG	§	40	**1**/28 *(33)*			211	**3**/9 *(18)*
		45	**1**/31 *(38)*	GE	Art.	10	**1**/28 *(33)*
		92	**1**/28 *(33)*			15	**1**/31 *(38)*,
		93 Abs. 1	**1**/39 *(45)*, **1**/39 *(49)*				**1**/39 *(48)*, **1**/40
		93 Abs. 2	**1**/28 *(33)*, **1**/39 *(50)*			16	**1**/28 *(33)*
		94	**1**/28 *(33)*			102	**6**/31
AR	Art.	46 Abs. 1	**1**/39 *(50)*			223	**3**/19 *(31)*
		68	**1**/28 *(33)*, **1**/39 *(46)*			224	**3**/19 *(31)*
		68 Abs. 3	**1**/39 *(45)*	GL	Art.	60 Abs. 1	**1**/28 *(33)*
AI	Art.	79	**1**/28 *(33)*			64	**1**/28 *(33)*
		79 Abs. 3	**1**/39 *(50)*			108 Abs. 2	**3**/66 *(96)*
		80	**1**/28 *(33)*			235	**4**/4 *(7)*
		98	**6**/21 *(29)*			253	**1**/28 *(33)*
		116 Abs. 2	**4**/12	GR	Art.	46	**6**/21 *(29)*
BL	§	63	**1**/31 *(39)*			54	**2**/2
		63 Abs. 2	**1**/39 *(50)*			54 Abs. 2	**1**/28 *(33)*, **1**/31 *(37)*
		64	**1**/28 *(33)*, **1**/39 *(46)*			55 Abs. 1	**1**/28 *(33)*
		65	**1**/28 *(33)*, **1**/39 *(46)*			55 Abs. 2	**1**/39 *(50)*
BS	§	33	**1**/31 *(37)*			161	**1**/28 *(33)*
		33 Abs. 1	**1**/28 *(33)*			185	**1**/28 *(33)*, **3**/66
		33 Abs. 2	**1**/39 *(46)*	JU	Art.	15	**1**/28 *(33)*
		50	**1**/31 *(37)*			16	**1**/28 *(33)*
		51	**1**/39 *(50)*			101	**1**/28 *(33)*
BE	Art.	16	**1**/28 *(33)*			102	**1**/28 *(33)*
						111	**1**/28 *(33)*

LU	§	4	**1**/28 *(33)*			124	**1**/28 *(33)*
		4 Abs. 2	**1**/39 *(45)*, **3**/66 *(94)*			161	**3**/27 *(41)*
		70 Abs. 2	**4**/1 *(2)*	TG	§	58	**1**/28 *(33)*
		74	**1**/28 *(33)*			58 Abs. 3	**1**/28 *(33)*
		75 Abs. 2	2/3			58 Abs. 4	**1**/28 *(33)*
		76	**1**/28 *(33)*			213 Abs. 2	**1**/28 *(33)*
		119ff.	**6**/4 *(3)*	UR	§	3	**1**/28 *(33)*
		131 Abs. 2	6/16			65	**1**/28 *(33)*
		135	**6**/21 *(29)*			66 Abs. 1	**1**/39 *(45)*, **1**/39 *(49)*
		161	**3**/20 *(33)*			67	**1**/28 *(33)*
aLU	§	101 Abs. 2 lit. d	**4**/1 *(2)*	VD	Art.	138 6	**3**/8 *(16)* **4**/4 *(7)*
		145	**3**/27			22 Abs. 2	**1**/28 *(33)*
NE	Art.	59 Abs. 2	**4**/4 *(7)*			24	**1**/28 *(33)*
		87 Abs. 1	**1**/28 *(33)*			31	**1**/31 *(37)*, **1**/39 *(47)*
		92	**1**/28 *(33)*			31 Abs. 2	**1**/39 *(45)*, **1**/40
		92 lit. a	**1**/39 *(45)*			95	**6**/31
		93	**1**/28 *(33)*			160	**3**/5 *(6)*
		228	**1**/28 *(33)*			196	**3**/19
NW	§	27 Abs. 4	**1**/40, **3**/69	VS	Art.	89	**1**/28 *(33)*
		66	**1**/28 *(33)*			95	**1**/28 *(33)*
		137	**3**/8 *(15)*			95 Abs. 2	**1**/28 *(33)*
OW	Art.	22 Abs. 1	**1**/28 *(33)*			100	**1**/31 *(39)*
		23	**3**/66 *(96)*			102	**1**/28 *(33)*
		23 Abs. 2	**3**/69			115	**3**/8
		26	**1**/39 *(45)*, **3**/66 *(94)*, **3**/66 *(95)*			144 Ziff. 6 181	**4**/1 *(2)* **3**/8
		64	**1**/28 *(33)*			214	**3**/19
		119 Abs. 2	**4**/1 *(2)*			219	**1**/28 *(33)*
		142	**3**/8 *(16)*			220	**1**/39 *(48)*, **3**/66 *(96)*
SH	Art.	8	**1**/28 *(33)*, 2/2			241	**3**/40
		9	**1**/39 *(45)*, **3**/66 *(94)*			302ff.	**6**/4 *(3)*
		44	**1**/28 *(33)*			313	**6**/31 *(42)*
		46	**1**/28 *(33)*	ZG	§	153 Abs. 2	**3**/8 *(15)*
SZ	§	29	**1**/39 *(50)*			47	**6**/21 *(29)*
		53	**4**/4 *(7)*	ZH	§	57	**4**/4 *(7)*
		271	**3**/9 *(18)*			64ff.	**6**/4 *(3)*
SO	§	25	**1**/28 *(33)*, 2/2			76	**6**/31
		26 Abs. 2	**1**/39 *(45)*, **3**/66 *(94)*			84	**6**/12
		26 Abs. 3	**3**/66 *(94)*			113	**4**/1 *(2)*
		29	**3**/66 *(95)*, **3**/66 *(96)*			117 Abs. 1	**3**/63 *(90)*
		72	**1**/28 *(33)*			134	**3**/161 *(196)*
		76	**1**/39 *(45)*, **1**/40			146	**3**/8
SG	Art.	3	**1**/28 *(33)*			157	**3**/20 *(33)*
aSG		177 Abs. 2	**4**/12			173	**3**/40
TI	Art.	122	**1**/28 *(33)*				
		123	**1**/28 *(33)*				

Ausland

Ägypten
ZPO Art. 254 **6**/127

Äthiopien
ZPO Art. 200–202 **6**/127

Algerien
ZPO Art. 460 **6**/127

Argentinien
ZPO Art. 348 **6**/127

Australien
Constitution State and Territorial Laws and Records Recognition Act 1901
  sect. 118 **1**/29 *(34)*
  sect. 3 **1**/29 *(34)*

Belgien
Code judiciaire
  Art. 851 **6**/127

Bolivien
ZPO Art. 12 **6**/127

Brasilien
ZPO Art. 67 **6**/127

BR Deutschland
ZPO 91–107 **6**/4 *(4)*
  110 **6**/127
  § 175 **2**/10 *(15)*, **2**/67
  § 181 **2**/13 *(19)*
  § 182 **2**/13 *(19)*
  § 185 **2**/13 *(19)*
  § 293 **4**/7 *(12)*, **4**/17
  § 373–401 **3**/20 *(33)*
  § 407 **3**/42, **3**/42 *(53)*

Zivilrechtshilfeordnung
  § 9 **2**/14 *(20)*
  § 83 Abs. 1 **3**/63 *(89)*

China
ZPO Art. 96 **6**/127

Dänemark
ZPO Art. 323 **6**/127

Ecuador
ZPO Art. 210 **4**/25

Elfenbeinküste
ZPO Art. 4 **6**/127

Frankreich
Cc Art. 11 **7**/9 *(11)*
  Art. 1341 **3**/9, **3**/13, **3**/15f.
NCPC Art. 205 **3**/20 *(32)*, **3**/155
  Art. 235 **3**/42
  Art. 651 **2**/11 *(16)*
  Art. 652 **2**/11 *(16)*
  Art. 653f. **2**/13 *(19)*
  Art. 686 **2**/11 *(16)*
  Art. 687 **2**/11 *(16)*

Gabun
ZPO Art. 111f. **6**/127

Griechenland
ZPO Art. 129 **2**/13 *(19)*
  171 **6**/127
  Art. 379 **3**/37
  Art. 390 **3**/42

Grossbritannien

R.S.C.	Rule 4	**2**/13 *(19)*
	Order 11	**2**/5 *(8)*, **2**/34 *(35)*
	Order 23 Rule 1 (1)	**6**/4 *(4)*
	Order 24	**3**/33 *(47)*
	Order 24 (2)	**3**/198 *(247)*
	Order 24 Rules 1–14	**3**/194 (236)
	Order 24 Rules 1–44	**3**/197
	Order 33	**3**/162 *(201)*
	Order 33 (2)	**3**/198 *(248)*
	Order 34	**3**/162 *(201)*
	Order 34 (3)	**3**/198 *(249)*
	Order 35	**3**/162 *(201)*

Evidence (Proceedings in Other Jurisdiction) Act 1975
    sect. 9 (1)   **2**/74 *(94)*

Statute of Frauds 1677
    sect. 4   **3**/10

Family Law Reform Act 1969
    sect. 20–23   **3**/38 *(50)*

Supreme Court Act 1981
    sect. 84   **3**/194 *(236)*, **3**/197 *(245)*

Judicature Act 1925
    sect. 99   **3**/194 *(236)*, **3**/197 *(245)*

British Maintenance Orders (Reciprocal Enforcement) Act
    Part I, sect. 1–24   **5**/70
    Part II, sect. 25–39   **5**/70

Guatemala

ZPO	Art. 117	**6**/127

Guinea

ZPO	Art. 17	**6**/127

Indien

ZPO	Order 25 S. 1	**6**/127

Irak

ZPO	Art. 200	**6**/127

Iran

ZPO	Art. 218	**6**/127

Irland

R.S.C.	Order 29	**6**/127

Israel

ZPO	Art. 484	**6**/127

Italien

Cc disp. prel.	Art. 16	**7**/9 *(11)*
Cc	Art. 2721	**3**/9, **3**/13
Cprcit	Art. 118	**3**/38
	Art. 139	**2**/13 *(19)*
	Art. 246	**3**/20 *(32)*
	Art. 247	**3**/20 *(32)*
IPRG	Art. 14 Abs. 1	**4**/7 *(12)*

Jordanien

Personenstandsgesetz
    Art. 95   **6**/127

Jugoslawien, Bosnien-Herzegowina, Kroatien, Slowenien

ZPO	Art. 211	**4**/23
IPR-Gesetz	Art. 82 Abs. 1	**6**/127
	Art. 185 Abs. 1	**6**/127

Kuba

ZPO	Art. 533	**6**/127

Liechtenstein

ZPO	§ 57	**6**/127

Luxemburg

CC	Art. 16	**6**/127

Madagaskar

ZPO	Art. 12	**6**/127

Gesetzesregister

Mali

| ZPO | Art. 20 | 6/127 |

Niederlande

| ZPO | Art. 152 | 6/127 |

Österreich

ABGB	Art. 33	7/9 *(11)*
ZPO	§ 45	6/20 *(28)*
	§ 46	6/20 *(28)*
	§ 57	6/127
	§ 103	2/13 *(19)*
	§ 271	4/21
Jurisdiktionsnorm		
	§ 39 Abs. 2	3/63 *(89)*
IPRG	§ 3	4/7 *(12)*
	§ 4	4/7 *(12)*

Pakistan

| ZPO | Order 25 Rule 1 (1) | 6/127 |

Panama

| ZPO | Art. 668 | 6/127 |

Papua-Neuguinea

| District Court Ordinance sect. 273 | | 6/127 |

Paraguay

| ZPO | Art. 86 | 6/127 |

Peru

| ZGB Einleitungstitel Art. XIII | | 4/25 |

Philippinen

| Rules of Court Rule 40 sect. 3 | | 6/127 |

Polen

ZPO	Art. 110	6/127
	Art. 138	2/13 *(19)*
	Art. 139	2/13 *(19)*
	Art. 1143 Abs. 1	4/23

Portugal

| ZPO | Art. 517 | 4/24 |

Schweden

ZPO	Kap. 33 § 8	2/13 *(19)*
Rechtshilfegesetz		
	§ 8 Abs. 2	3/63 *(89)*

Senegal

| ZPO | Art. 110f. | 6/127 |

Singapur

| R.S.C. (1970) Order 23 | | 6/127 |

Somalia

| ZPO | Art. 67 | 6/127 |

Spanien

Código Civil	Art. 12 Ziff. 6	4/7 *(13)*
ZPO	Art. 15	6/127
	Art. 134	6/127

Südamerikanische Staaten

Código Bustamante		
	Art. 409	4/18,
	Art. 410	4/25
	Art. 411	4/25

Tschechei

| IPRG | Art. 53 Abs. 1 | 4/23 |

Türkei

| IPR-Gesetz | Art. 32 | 6/127 |

Ungarn

ZPO	Art. 89	6/127
	Art. 200	4/23

Uruguay

ZPO	Art. 120	6/127

USA

Constitution	Art. III, sect. 2	3/200 *(252)*
	Art. IV, sect. 1	1/29 *(34)*
FRCP	Rule 4	2/13 *(19)*
	Rule 4 (c)	2/34 *(35)*
	Ziff. 2 A	
	Rule 4 (i)	2/1 *(2)*
	Rule 4 (i) E	2/5 *(8)*, 2/34 *(35)*
	Rule 11	6/4 *(5)*
	Rule 11 (c)	3/211 *(260)*
	Rule 23	3/209
	Rule 26	3/204ff.
	Rule 26 (a) Ziff. 5	3/195 *(238)*, 3/204
	Rule 26 (b)	3/33 *(47)*, 3/205, 3/207
	Rule 26 (b) Ziff. 1	3/195 *(238)*, 3/205, 3/205 *(257)*
	Rule 26 (b) Ziff. 2	3/205
	Rule 26 (b) Ziff. 3	3/205
	Rule 26 (b) Ziff. 4	3/205
	Rule 26 (c)	3/195 *(240)*, 3/206f.
	Rules 26–36	3/114
	Rules 26–37	3/195 *(237)*, 3/201
	Rule 28	3/48 *(60)*
	Rule 30	3/38 *(51)*
	Rule 30 (g)	6/4 *(5)*
	Rule 37 (a)	3/195 *(239)*
	Rule 37 (a) Ziff. 3	3/163 *(203)*
	Rule 37 (b)	3/38 *(51)*, 6/4 *(5)*
	Rule 37 (b) Ziff. 1	3/163 *(203)*, 3/195 *(239)*
	Rule 37 (b) Ziff. 2 A–E	3/195 *(239)*
	Rule 37 (c)	6/4 *(5)*
	Rule 37 (d)	6/4 *(5)*
	Rule 38 (a)	3/162 *(200)*
	Rule 39 (a)	3/162 *(200)*
	Rule 39 (b)	3/162 *(200)*
	Rule 41 (d)	6/4 *(5)*
	Rule 44.1	4/7 *(15)*, 4/19 *(29)*
	Rule 51	3/162 *(200)*
	Rule 52 (a)	3/162 *(200)*
	Rule 54 (d)	6/4 *(5)*

Federal Rules of Evidence for the United States Courts and Magistrates

Rule 601	3/20 *(34)*

US-Code, Judiciary and Judicial Procedure

Tit. 28, § 1391	3/200 *(252)*

Venezuela

ZGB	Art. 36	6/127

Sachregister

Der Fundort bezeichnet Kapitelnummern (**fett**) und Randziffern. Mit einem f wird auf ein anderes Stichwort verwiesen, unter dem zusätzliche Informationen gefunden werden können.

A

Abkommen, bilaterale
– mit Griechenland **1**/76 ff.
– mit Grossbritannien **1**/79 ff.
Adoptions-Übereinkommen 5/90 ff.
Alimentenbevorschussung
– New Yorker und Haager Übereinkommen **5**/76
– in der Schweiz **5**/77
Anhörungsrechte 5/99
Augenschein
→ *Beweismittel*
– allgemein **1**/11, **1**/28, **1**/34
– Begriff **3**/34
– Vornahme durch einen Stellvertreter oder Sachverständigen **3**/34
Auskunftsbegehren 4/55
Ausländerkaution 1/33, **6**/114
→ *Haager Übereinkommen über den internationalen Zugang zur Rechtspflege von 1980*
→ *Kostenhilfe*
→ *Haager Übereinkommen über den internationalen Zugang zur Rechtspflege von 1980*
Aussageverweigerung 3/8
→ *Beweis*
Asylanten 6/91
Asylbewerber 6/91

B

Bedürftigkeit 6/68 ff.
Beglaubigungen 1/62, **1**/70
→ *Zusatzabkommen zur Haager Zivilprozess-Übereinkunft von 1954*
Behörden 1/31 f.
→ *Europäisches Übereinkommen betr. Auskünfte über ausländisches Recht*
→ *Haager Adoptions-Übereinkommen von 1993*
→ *Kindesentführungen*
→ *Kostenhilfe*
→ *New Yorker Übereinkommen über die Geltendmachung von Unterhaltsansprüchen im Ausland von 1956*
→ *Rechtsdurchsetzungshilfe*
– zuständige kantonale **1**/55
Behördenverkehr
→ *Zustellung*
– unmittelbarer
    – durch Zusatzvereinbarungen **2**/31
Beweis
– anwendbares Recht **3**/3 f., **3**/11 f.
– Aussageverweigerung **3**/8
– Begriff **3**/45 f.
– durch die Gegenpartei vereitelter **3**/8
– und freies richterliches Ermessen **3**/8
– Gegenstand **3**/1
– Parteiaussagen **3**/8
– Urkundennachweis im anglo-amerikanischen Recht **3**/10
– Zulässigkeit **3**/16
– Zulässigkeit von Beweismitteln **3**/9

343

Sachregister

Beweisaufnahme
→ *Haager Beweiserhebungs-Übereinkommen von 1970*
→ *Haager Zivilprozess-Übereinkunft von 1954*
- anwendbares Recht 3/52
- Arten 3/45 ff.
- als staatliche Aufgabe 1/23
- Aufsicht der örtlich zuständigen schweizerischen Behörde 3/54
- durch schweizerische Auslandvertretungen 3/51
- Commissioners 3/53 ff.
- durch ausländische Diplomaten oder Konsuln auf schweizerischem Gebiet 3/51
- durch gerichtliche Beauftragte
  - und schweizerisches Recht 3/54
  - Voraussetzungen 3/53
- Formen 3/45 ff.
- nach kantonalem Recht 1/28
- Sache der Parteien 1/23
- in der Schweiz 3/54
- Teilnahme von ausländischen Konsuln und Commissioners in der Schweiz 3/54
- im Verkehr mit Common-Law-Staaten 3/160

Beweisaufnahmehilfe 1/7, 1/11, 1/18, 1/25
→ *Haager Zivilprozess-Übereinkunft von 1954*
→ *Konkordate*
→ *Rechtsdurchsetzungshilfe*
→ *Rechtshilfe*
→ *Rechtshilfeweg*
- als persönlicher Anspruch 1/23 f.
- Begriff 3/47
- und Bundesrecht 3/65 ff.
- Durchführung
  - anwendbares Recht 3/62
  - Sprache 3/61
  - Übersetzung 3/61
  - und zweiseitige Vereinbarungen 3/60
- Ersuchensschreiben 1/59, 1/68, 1/69, 1/74, 1/77, 1/80, 3/49

- andersprachige Bezeichnungen 3/55
- Form und inhaltliche Ausgestaltung 3/57 f.
- Formen 3/48 ff
- Gegenstand 3/56
- Sprache 3/59
- Übersetzung 3/59
- des Gerichts 3/47
- und die Haager Zivilprozess-Übereinkunft von 1954 3/71 ff.
- und IPRG 3/68 ff.
- inländische Behörden und ausländisches Urteilsverfahren 5/8
- Ordre Public, schweizerischer 3/110
- punitive damages 3/110
- nach schweizerischem Recht 3/64 ff.
- ordentlicher Rechtshilfeweg 3/60
- nationale Unterschiede 3/62
- als Verfahrensgarantie 1/23 f.
- durch diplomatische oder konsularische Vertreter
  - Voraussetzungen 3/50 ff.

Beweiserhebung 1/6, 1/18, 1/25
→ *Haager Beweiserhebungs-Übereinkommen von 1970*
→ *Kostenhilfe*

Beweisherausgabe
→ *Haager Beweiserhebungs-Übereinkommen von 1970*
- Einreden 3/165
- Recht auf Verweigerung 3/165

Beweislast 3/5
→ *Haager Beweiserhebungs-Übereinkommen von 1970*
- Grundsatz 3/45 f.
- und ausländisches Recht 3/7
- und Bundesrecht 3/6
- und Offizialmaxime 3/46
- Verhalten im Prozess, und 3/8
- und Verhandlungsmaxime 3/46
- Verteilung der 3/8, 3/13

Beweislastregeln
- gesetzliche Vermutung 3/5
- Qualifikation 3/7
- und das verwiesene materielle Recht 3/7

344

Beweismittel
→ *Haager Beweiserhebungs-Übereinkommen von 1970*
− Augenschein **3**/34
− Sachverständige **3**/40 ff.
− Urkundenbeweis **3**/24 ff.
− verschiedene **3**/16 ff.
− Visitation **3**/35 ff.
− Zeugenbeweis **3**/18 ff.

Beweisrecht
→ *Haager Beweiserhebungs-Übereinkommen von 1970*
→ *Zustellung*
− Formrecht, und **3**/9
− Systemkonflikt **3**/129 f.

Beweisverfahren 3/1
− Anordnung und Durchführung **3**/47
− örtliche Begrenzung **3**/47
− Beweisaufnahmeverkehr, grenzüberschreitender zwischen Common-Law und Civil-Law Staaten **3**/164 ff.
− im europäischen Prozess **3**/192
− im US-amerikanischen Prozess **3**/192 f.
− unter der Leitung des Richters **3**/161
− Unterschiede zwischen Civil-Law- und Common-Law-Prozess **3**/161 ff.
− unterschiedliche **3**/191 ff.

Beweiswürdigung
− freie richterliche **3**/20

C

Certificats de coutume 4/18, 4/25

D

Da mihi factum, dabo tibi ius 4/1

E

Effektivität der den Prozess einleitenden Ladung 2/15
Empfangsbehörde 6/102 ff., 6/110, 6/112 ff., 6/116
Empfangsbescheinigung 2/5
Empfangs- und Übermittlungsstelle 4/56
→ *Kindesentführungen*
→ *Kostenhilfe*
→ *New Yorker Übereinkommen über die Geltendmachung von Unterhaltsansprüchen im Ausland von 1956*

Erbschaften
→ *Rechtsdurchsetzungshilfe*
− anwendbares Recht **5**/115

Erbschaftsverwalter
→ *Rechtsdurchsetzungshilfe*
− einheitliche internationale Ausweise **5**/116 ff.
− auf die Ausstellung des Ausweises anwendbares Recht **5**/118
− für die Ausstellung des Ausweises zuständige Behörde **5**/117

Erkenntnisverfahren 1/12
Ersatzzustellung 2/13 ff.
Ersuchungsschreiben
→ *Beweisaufnahmehilfe*
→ *Haager Beweiserhebungs-Übereinkommen von 1970*
→ *Haager Zivilprozess-Übereinkunft von 1954*
  − *Beweisaufnahme*
− anderssprachige Ausdrücke **3**/132

Europäisches Adoptions-Übereinkommen von 1967
− Adressaten **5**/93
− als non-self executing treaty **5**/93 f.
− und die Revision des schweizerischen Adoptionsrechtes **5**/93

Europäisches Übereinkommen betr. Auskünfte über ausländisches Recht
− Anforderungen an Anfrage und Auskunft **4**/49
− Antwort auf Anfrage **4**/49

345

- Antwort auf Auskunftsbegehren
  - Inhalt **4**/60
  - Verfasser **4**/59
- Auskunftsanspruch
  - anwendbares materielles Recht **4**/49
- Durchführung des Auskunftsbegehrens **4**/56, **4**/58 ff.
- Auskunftsbegehren privater Natur **4**/55
- Auskunftsberechtigte **4**/53 ff.
- Bedeutung **4**/48
- Behördenorganisation **4**/56 ff.
- und bilaterale Zusatzvereinbarungen **4**/66 ff.
- und Bundesamt für Justiz **4**/57
- zentrale Empfangs- und Übermittlungsstelle **4**/56
- Erledigungsfrist, formelle **4**/59
- als dispositver Rahmen **4**/66
- Gegenstand **4**/47 f.
- Ausdehnung des sachlichen Geltungsbereichs
  - durch bilaterale Zusatzvereinbarungen **4**/66 f.
  - durch das Zusatzprotokoll **4**/69 f.
- Kosten **4**/59, **4**/63, **4**/64 f., **4**/66, **4**/68
- Ordre Public **4**/59
- Pflicht zur Beantwortung des Auskunftsbegehrens **4**/59
- und Rechtsauskünfte ausserhalb eines hängigen Verfahrens **4**/55
- und Rechts- bzw. Tatfragen **4**/49
- und Rechtsgutachten **4**/49
- und staatliche Rechtshilfe- und Rechtsberatungsorgan **4**/72
- sachlicher Anwendungsbereich **4**/50 ff.
- und private Schiedsgerichte **4**/55
- und die Schweiz **4**/72
- Sprache **4**/62 f., **4**/66, **4**/68
- Übersetzung **4**/62
- Zusatzprotokoll
  - Beweggründe **4**/71
  - Inhalt **4**/72
  - teilweise Übernahme durch Vertragsstaaten **4**/72
- Zustellungsweg **4**/54, **4**/61

Europäisches Übereinkommen betr. Übermittlung von Gesuchen um Kostenhilfe 6/120 ff.
Europarat
→ *Kostenhilfe*

F

Familienrecht 5/14 ff.
Freies Geleit 1/14, 1/20, 1/63
→ *Individualgarantien*
→ *Sachverständige*
→ *Zusatzabkommen zur Haager Zivilprozess-Übereinkunft von 1954*
  - mit Österreich
- Haager Übereinkommen über den internationalen Zugang zur Rechtspflege von 1980 **6**/98
- und die Haager Zivilprozess-Übereinkünfte von 1893 und 1905 **7**/14
- in der zivilen zwischenstaatlichen Rechtshilfe **7**/14

Freier Zutritt zu den Gerichten
- und Freundschafts- und Niederlassungsverträge **7**/4 ff.
- eingeräumte Garantien **7**/6
- und die niederlassungsrechtliche Gleichbehandlungsklausel **7**/7
- und bundesgerichtliche Rechtsprechung zu Art. 4 BV **7**/4
- und allgemeines Völkerrecht **7**/4

G

Gegenrecht 1/4, 1/15, 1/34, 1/40, 1/62
  f *Rechtshilfe*
Gerichtskosten 6/2 f.
Gerichtsverwaltungshilfe 5/10
Gleichbehandlung
→ *Individualgarantien*
→ *Kostenhilfe*
- von In- und Ausländern **1**/14, **1**/46

H

Haager Adoptions–Übereinkommen von 1965
- Anhörungs- und Zustimmungsrechte des Kindes 5/92
- anwendbares Recht 5/92
- Inhalt 5/91
- zuständige Behörde 5/92

Haager Adoptions-Übereinkommen von 1993
- behördliche Zusammenarbeit
    - und Anhörungs- und Zustimmungsrechte der Kindesseite 5/99
    - Bezeichnung der zuständigen Behörde 5/98
    - und Informationsvermittlung 5/100
    - und Konsultation und Kooperation 5/97, 5/99
    - Rechtshilfeweg 5/99
    - und das Wohl des Kindes 5/97
    - zuständige Behörde 5/99
- Inhalt 5/95

Haager Beweiserhebungs-Übereinkommen von 1970 1/18
- Ablehnungsgründe
    - Einrede des nicht echten Ersuchens 3/151
    - faktische Unmöglichkeit der Ausführung des ausländischen Ersuchens 3/149
    - Gefährdung der Hoheitsrechte oder Sicherheit des ersuchten Staats 3/150
    - Ordre Public 3/148, 3/188
    - rechts- und staatspolitisch stossende Situation 3/149
- Abweichung von den Bestimmungen des Staatsvertrages 3/148
- andere gerichtliche Handlungen
    - Definition 3/100
- Anwendung auf Rechtshilfebegehren des öffentlichen Rechts 3/107
- Bedeutung von Art. 27 Bst. b 3/171
- Bestimmungen als Minimalregeln 3/169
- Beweisaufnahme durch Diplomaten, Konsuln oder gerichtliche Beauftragte
    - Anforderungen 3/177
    - Befugnisse 3/178 ff.
    - als völkerrechtliche Befugnis 3/178
    - Beizug eines Rechtsberaters durch den von der Beweisaufnahme betroffenen Personenkreis 3/183
    - Bestellung des Beauftragten 3/181
    - Beweisaufnahme gegen Angehörige des ersuchenden, ersuchten oder dritten Staates 3/186
    - Gegenstand des Beweisaufnahmeverfahrens 3/188
    - Modalitäten der Beweisaufnahme 3/187 ff.
    - Umfang der Beweisaufnahme 3/179 f.
    - vorsorgliche Beweisaufnahme 3/179
    - Einzelfallgenehmigung 3/185
    - Ermächtigung als Sache des Entsendestaates 3/178
    - Freiwilligkeit der Mitwirkung 3/187
    - Garantien zugunsten der Beweisbelasteten 3/182 ff.
    - Genehmigung 3/177
    - Gestaltungsrechte 3/175 ff.
    - Katalog möglicher Auflagen 3/185
    - Kontrolle der ausländischen Beweiserhebungtätigkeit 3/175
    - Ladung 3/187
    - Massnahmen der Beweissicherung für spätere Prozesse 3/179
    - Sprache 3/187
    - Übersetzung 3/187
    - Unterstützung durch die örtlichen Behörden 3/184
    - Verbot von Zwangsmassnahmen 3/184
    - Voraussetzung 3/179
    - generelle Vorbehalte 3/174
    - Vorbehalts- und Gestaltungsmöglichkeiten zugunsten der Vertragsstaaten 3/169
    - Vorteile 3/168
    - Zeugnisverweigerungsrecht
        - Hinweis 3/188
    - Zulässigkeit 3/173 ff.

Sachregister

- Beweisaufnahme
  - durch Commissioners
    - Anforderungen 3/176
    - Genehmigung durch den ersuchten Staat 3/176
  - durch Diplomaten, Konsuln oder gerichtliche Beauftragte 3/160 ff.
    - als hoheitliche Tätigkeit 3/166
    - als zudienende Tätigkeit 3/153
    - Ort und Zeit 3/146
- Verhältnis zwischen rogatorischer und delegierter Beweisaufnahme 3/189
- Beweiserhebung
  - durch Diplomaten, Konsuln oder gerichtliche Beauftragte des ersuchenden Staates 3/168
  - im Verkehr mit Common-Law-Staaten 3/160
- Beweisherausgabe
  - Einreden 3/165
  - Recht auf Verweigerung 3/165
- Beweislast
  - anwendbares Recht 3/128
- Beweismittel
  - Zulässigkeit 3/144
- Beweisrecht
  - anwendbares Recht 3/128
- und Civil-Law-Staaten 3/96
- und Common-Law-Staaten 3/96
- Ersuchungsschreiben
  - Ablehnungsgründe 3/148 ff.
  - bilaterale Vereinbarungen 3/138
  - diplomatischer bzw. konsularischer Weg 3/138
  - Durchführung 3/140 ff.
  - Empfangs- und Vermittlungsstelle 3/137
  - Erledigung
    - anwendbares Recht 3/143
  - gerichtlich ernannter Bevollmächtigter 3/139
  - Informationsaustausch 3/145
  - Inhalt 3/133 ff.
  - Mängel 3/141 ff.
  - Mindestinhalt 3/133 ff.
  - Musterformular 3/133
- Postverkehr 3/139
- Prüfung auf formelle und inhaltliche Richtigkeit 3/140
- Sprache 3/156
- Übermittlung 3/136 ff.
- unmittelbarer Behördenverkehr 3/138
- Weiterleitung von Amtes wegen bei falschem Adressat 3/142
- Zustellungsweg
  - ordentlicher 3/137
  - subsidiärer 3/138 f.
- Faktische Unmöglichkeit der Ausführung des ausländisch Ersuchens 3/149
- Formen der Beweisbeschaffung 3/124
- Formvorschriften für die Erhebung von Beweisen 3/145 f.
- Gegenstand 3/93 ff., 3/97
- Geltungsbereich
  - persönlich-räumlicher 3/94
  - sachlicher 3/95 ff.
- gerichtliches Verfahren
  - Begriff 3/99
- Geschichte 3/118 ff.
- Gestaltungsrechte zugunsten des ersuchten Staates (Art. 27 Bst. b) 3/171
- Kosten 3/157 ff.
- Mitgliedstaaten 3/92
- Pre-Trial-Discovery
  - Ablehnungsgründe 3/217 f.
  - spezifizierte Auskunftsbegehren 3/224
  - und sachgerechte Anwendung des Übereinkommens 3/219
  - als ordentliche Form der Beweisbeschaffung in England und den USA 3/220
  - Einordnung im Verfahren 3/220
  - fehlende Spezifikation von Dokumenten 3/216 f.
  - und fishing expeditions 3/216, 3/224
  - Geschichte 3/214, 3/216
  - und die Herausgabe von Dokumenten 3/216
  - Mitwirkung bei der Urkundenedition 3/216

- sachlicher Umfang des Vorbehalts von Art. 23 **3/215**, **3/219 ff.**
- und die Schweiz **3/218**
- und «pre-trial-discovery of documents» **3/213**
- und unspezifizierte Begehren auf Urkundenedition **3/216**
- US-amerikanische Auslegung des Vorbehalts von Art. 23 **3/223 f.**
- Verweigerungsgründe des nationalen Rechts
  - bei Urkundeneditionsbegehren **3/225**
- Verweigerungsrechte nationale
  - Unterschiede **3/225**
- als zwingendes internationales Recht **3/170**
- Rechtshilfe
  - Ergebnis **3/147**
- Rechtshilfeansprüche für Klagen auf **3/109**
- Rechtshilfebegehren
  - im Rahmen eines Pre-Trial-Discovery-Verfahrens **3/190**
- Rechtshilfeersuchen
  - Ausführung
    - anwendbares Recht **3/152**
- Rechtsprechung
  - Aerospatiale **3/112 ff.**, **3/127 f.**, **3/129**
- als Revision der Zivilprozess-Übereinkunft von 1954 **3/90 ff.**
- und internationale Schiedsgerichtsbarkeit **3/101**
- und Souveränitätsverzicht **3/167**
- Sprache **3/156**
- und staatsvertragliches Soft-Law **3/171**
- als Statuierung von Minimalanforderungen **3/223**
- Systemkonflikt der Beweisrechte **3/129 f.**
- und Zulassung von inter-se-Vereinbarungen **3/170**, **3/107**
- als rechtstechnische Vereinbarung **3/131**
- Verhältnis Übereinkommen/nationales Recht **3/112 ff.**
- Zeugnisverweigerung
  - und Aussageverbote **3/154 f.**
  - und ausländische lex fori **3/153**
  - Verweigerungsgründe
    - anwendbares Recht **3/153 f.**
- Zivil- und Handelssache
  - Begriff **3/98**, **3/102**, **3/104**, **3/106**
  - Berichte der drei Spezialkommissionen **3/104**
  - Grenzbereich zwischen privatem und öffentlichem Recht **3/107**
  - Unterschied zum Zustellungsübereinkommen **3/103**
- zwingender Charakter **3/111 ff.**, **3/120**, **3/121**

Haager Konferenz von 1893 **1/17 f.**, **1/42**, **2/69**

Haager Minderjährigenschutz-Übereinkommen von 1961
- anwendbares Recht **5/84**
- behördliche Zusammenarbeit
  - Garantie der Kontinuität der angeordneten Massnahme **5/88**
  - Informations- und Konsultationspflichten **5/89**
  - Informationspflichten **5/87**
  - Konsultationen **5/88 f.**
  - Meldepflicht **5/89**
  - Rechtshilfeweg **5/89**
  - Verkehrssprache **5/89**
- Gegenstand **5/81**
- Grundzüge **5/81 ff.**
- als sedes materiae des internationalen Minderjährigenschutzes **5/80**
- Verhältnis zwischen Aufenthalts- und Heimatprinzip **5/85**
- zuständige Behörde **5/82 ff.**

Haager Übereinkommen über den internationalen Zugang zur Rechtspflege von 1980 **1/18**
- Abschriften von Urkunden **6/118 f.**
- Anspruchsberechtigte **6/106**
- Ausländerkaution **6/114**
- Ausweitung des Wohnsitzprinzips **6/107**
- Empfangsbehörde **6/102 ff.**, **6/110**, **6/116**
- Form des Gesuches um Kostenhilfe **6/110**

349

Sachregister

- Gegenstand **6**/98 ff.
- Geschichte **6**/95 ff.
- Gewährung der Kostenbefreiung **6**/108
- Inländergleichbehandlung **6**/99
- Kosten **6**/112
- fakultativer Charakter der Kostenbefreiung **6**/115
- Kostenhilfe in zivil- und handelsrechtlichen Streitigkeiten **6**/109
- Kostenhilfegesuche und Verfahrenskautionen **6**/112
- und Prozesskaution **6**/113 ff.
- Prozesskostenhilfe **6**/106 ff.
- Registerauszüge **6**/118 f.
- Übermittlungsbehörden **6**/102 ff., **6**/110 f., **6**/116
- Übermittlungsweg **6**/101, **6**/110
- Vollstreckbarkeitsüberprüfung **6**/117
- Vollstreckung von Kostenentscheiden **6**/116 f.
- Zentralbehörden **6**/101 ff.

Haager Unterhalts-Übereinkommen
- und Anerkennung und Vollstreckung **5**/61
- sachlicher Anwendungsbereich **5**/61
- Gegenstand **5**/42

Haager Zivilprozess-Übereinkunft von 1954 1/18
- Ablehnungsgründe
   - formelle **2**/44
   - materielle **2**/45
- und angelsächsische Staaten **2**/34
- unmittelbarer Behördenverkehr **2**/31
- Beweisaufnahme
   - *siehe auch dort*
   - Ablehnungsgründe
      - Begehren fällt nicht in den Bereich der Gerichtsgewalt **3**/84
      - zweifelhafte Echtheit des Ersuchens **3**/83
      - qualifizierte Eingriffe in den nationalen Ordre Public **3**/85
      - tragende Grundsätze der staatlichen Ordnung **3**/85
   - direkter Verkehr zwischen den beiderseitigen Behörden **3**/77

   - durch akkreditierte Diplomaten und Konsuln **3**/78
   - Ersuchungsschreiben
      - Ausführung
         - anwendbares Recht **3**/79
      - diplomatischer Übermittlungsweg **3**/76
      - Gegenstand **3**/72
      - und unmittelbarer Postverkehr **3**/78
      - konsularischer Übermittlungsweg **3**/75
      - Übermittlung **3**/73 ff.
      - Übermittlungswege **3**/73
      - als Sache der nationalen Prozessgesetze **3**/74
      - Übermittlung **3**/75
- Beweisaufnahmehilfe
   - Ablehnungsgründe
      - nicht abschließende Aufzählung **3**/86
      - örtliche und sachliche Unzuständigkeit **3**/86
      - sensible Bereiche der staatlichen Sicherheit **3**/85
   - Ersuchungsschreiben
      - private Zustellungsvermittlung **3**/78
   - Kosten
      - mittelbare **3**/88
      - unmittelbare **3**/88
      - bilaterale Vereinbarungen **3**/89
   - Sprache **3**/87
   - Übersetzung **3**/87
- bilaterale Zusatzvereinbarungen **2**/38
- Destination der zuzustellenden Schriftstücke **2**/23
- Gegenseitigkeit **2**/23
- Gegenstand **2**/28
- sachlicher Geltungsbereich **1**/44 f.
- Geschichte **1**/42
- Herkunft der zuzustellenden Schriftstücke **2**/23
- Kosten **1**/45, **2**/46 f.
- Kostenhilfe **6**/47 ff.
- Nationalität der Parteien **2**/23
- unmittelbarer Postverkehr **2**/32

350

- zuzustellende Schriftstücke 2/23 ff.
- Sprache
  - der zuzustellenden Schriftstücke 2/36 ff.
  - des Zustellungsbegehrens 2/36 ff.
- Übermittlungsweg 2/28
- Verkehrssprache 1/45, 2/36 ff.
- Vertragsstaaten 1/43
- Zivil- und Handelssache, Begriff 2/25 ff.
- und bilaterale Zusatzabkommen 1/45
- und bilaterale Zusatzvereinbarungen 2/34, 2/38
- Zustellung
  - direkte diplomatische 2/35
  - direkte konsularische 2/35
  - einfache 2/40
  - Formen 2/39 ff.
  - qualifizierte 2/42
- Zustellungsweg 1/45
  - ordentlicher 2/29
  - vereinfachter 2/30 ff.
- private Zustellungsvermittlung 2/34

Haager Zivilprozess-Übereinkünfte von 1905 1/18

Haager Zustellungs-Übereinkommen von 1965 2/48 ff.
- Anwendung auf Ladung zu US-amerikanischen Prozessen 2/79
- Auslandaufenthalt, substantieller, stabiler 2/66
- Auslandzustellung 2/66
- und Begehren mit punitive damages 2/79 ff.
- verbindlicher Charakter 2/58, 3/111 ff.
- Gegenseitigkeit 2/56
- Gegenstand 2/51 f.
- Geltungsbereich
  - räumlicher 2/53 ff.
- Intensität des Auslandbezugs 2/67 f.
- Kosten 2/109
- lex fori 2/67
- Nichtzustellung, Sanktion 2/68
- Ordre Public 2/79 f.
- im Ausland befindliche Personen 2/65
- punitive damages 2/79, 2/81
- Recht
  - des ersuchenden Staates 2/101
  - des ersuchten Staates 2/101
- Rechtsnatur der zuzustellenden Dokumente 2/69
- Rechtsprechung
  - Aerospatiale 2/60
  - Arcolon v. Ramar 2/74
  - Re State of Norway 2/74
  - Segers & Rufa BV v. Mabanaft GmbH 2/63
  - Sheets v. Yahama Motor Corporative 2/63
  - Volkswagenwerk AG v. Schlunk 2/59 ff., 2/64
- Revision der Übereinkunft von 1954 2/48 ff.
- Revisionspostulate 2/49 f.
- Schriftstücke
  - aussergerichtliche 2/69 f.
  - gerichtliche 2/69 f.
- als verfahrensrechtlicher Staatsvertrag 2/56
- Urkunden, notarielle 2/69
- als rechtstechnische Vereinbarung 3/131
- Zivil- und Handelssachen
  - Begriff 2/71 ff.
- Zustellung
  - effektive 2/50
  - fiktive 2/50
  - ordnungsgemässe von Prozessladungen 2/68
  - grundsätzlich nach dem Recht des ersuchten Staates 2/102
  - als Sache des nationalen Rechts 2/101
  - von straf-, verwaltungs- und steuerrechtlichen Schriftstücken 2/72
  - zwischen Vertragsstaaten 2/54 ff.
- Zustellungshilfe
  - Ablehnungsgründe
    - formelle 2/107
    - materielle 2/108
  - zuzustellende Dokumente
    - Rechtsnatur 2/69

Hoheitsrechte, Verletzung von 2/108

351

I

Individualgarantien 1/14, 1/20
- als persönlicher Anspruch 1/20
- und das völkerrechtliche Fremdenrecht 7/3
- und das freie Geleit 7/14 f.
- Geschichte 7/2
- niederlassungsrechtliche Gleichbehandlungsklauseln, praktische Bedeutung 7/7
- und der Grundsatz der Gleichbehandlung zwischen In- und Ausländern 7/5
- und die Meistbegünstigtenklausel 7/5
- und Niederlassungsverträge 7/5 ff.
- und Partei- und Prozessfähigkeit 7/9 f.
- und die Befreiung von der Personalhaft 7/11 ff.
- und nationaler Positivismus 7/2
- und die Befreiung von der Prozesskaution 7/11 ff.
- und das internationale Privatrecht 7/3
- und der Vorbehalt zugunsten des nationalen Rechts 7/5
- und die bundesgerichtliche Rechtsprechung zu Art. 4 BV 7/4
- und die moderne Auffassung vom Rechtsstaat 7/3
- und der freie Zutritt zu den Gerichten 7/4 ff.

Informationsvermittlung 5/100
→ *Rechtsanwendung*

Inländergleichbehandlung 6/99
→ *Kostenhilfe*

Iura novit curia
→ *Rechtsanwendung*

J

Juridiktionsgewalt
- Begrenzung 1/4
- territoriale Begrenzung 1/4

K

Kindesentführungen
→ *Kostenhilfe*
→ *Rechtsdurchsetzungshilfe*
- zentrale Behörden 5/108 ff.
- zuständige Behörden in der Schweiz 5/107
- Vorgehen der ersuchten Behörden 5/106
- Aufgaben 5/108
- Empfangsstellen
- und Auskunftshilfe 5/111
- und Beweisaufnahmehilfe 5/111
- und Prozessführungshilfe 5/111
- und Vollstreckungshilfe 5/111
- Europäisches-Übereinkommen
- Gegenstand 5/103
- Fristen für das Verfahren 5/106
- Haager Übereinkommen
- Gegenstand 5/104
- Übereinkommen
- Grundzüge 5/101 ff.
- Übermittlungsstellen
- Aufgaben 5/109 f.
- und Auskunftshilfe 5/110
- und Beratungshilfe 5/109
- Kostenhilfe 5/110
- Vorbereitung des Rückführungsgesuches 5/109
- und Zustellungshilfe 5/109
- Verpflichtung zur Schaffung nationalen Empfangs- und Übermittlungsstellen 5/105
- und das klassische internationale Vormundschaftsrecht 5/102
- zuständige Behörden in der Schweiz 5/107

Kompetenz der Diplomaten und Konsuln 1/54

Konkordate
- und Befreiung von der Prozesskaution 1/33
- und Beweisaufnahmehilfe 1/34

Konkurs
→ *Rechtsdurchsetzungshilfe*

352

→ *Rechtshilfe*
- internationales Konkursrecht
  - und Europarat **5**/121
  - Befugnisse des Konkursverwalters **5**/122
  - und Rechtsdurchsetzungshilfe **5**/119 ff.
  - und zwischenstaatliche Vereinheitlichung **5**/119

Kontumazialurteil 1/23
Kosten 1/57, **1**/59, **1**/68, **1**/69, **1**/77
- Gebühren **1**/34, **1**/62

Kostenfrage 1/54, **1**/77
Kostenhilfe
→ *Haager Übereinkommen über den internationalen Zugang zur Rechtspflege von 1980*
→ *Rechtsdurchsetzungshilfe*
- und bilaterale Abkommen **6**/76 ff.
- Arten **6**/10 ff.
- und Asylanten **6**/91
- und Asylbewerber **6**/91
- Ausländerkaution **6**/48
  - Befreiung von der
    - personeller Anwendungsbereich **6**/50
    - und das New Yorker Übereinkommen über die Geltendmachung von Unterhaltsansprüchen im Ausland 1956 **6**/92
    - und Niederlassungsabkommen **6**/86
    - Voraussetzungen für die Befreiung von der **6**/52
- Nachweis der Bedürftigkeit
  - Auskunfts- und Erkundigungsansprüche der Behörden **6**/70
  - Rechtshilfewege **6**/68
  - Übermittlungswege **6**/68
  - Übersetzungen **6**/69
  - Urkunden **6**/69
  - zuständige Behörde **6**/67, **6**/70
- und Bundesrecht
  - Art. 4 BV **6**/37 ff., **6**/53
  - Sicherstellung der mutmasslichen Gerichtskosten **6**/33
  - Sicherstellung der Parteikosten **6**/34

- und unentgeltliche Prozessführung **6**/35
- inländische Behörden und ausländisches Urteilsverfahren **5**/8
- für die Durchführung von Beweiserhebungen **6**/88
- Empfangs- und Übermittlungstellen **6**/92
  - bilaterale Abkommen **6**/82
  - Kosten **6**/59
  - Verfahren **6**/57 f.
  - Voraussetzungen **6**/56
- auf nationaler Ebene **6**/9
- und Entschädigung von Sachverständigen **6**/88
- und der Europarat **6**/8
- Formen **6**/10 ff.
- für die Notifikation von Gerichtsurkunden **6**/88
- Gefahr der Privilegierung der Vermögenden **6**/7 f.
- und Genfer Flüchtlingsabkommen von 1951 **6**/91
- Gerichtskosten **6**/2 f.
- Gesuche um Vollstreckbarerklärung von Kostenentscheiden (Schweiz/Estland) **6**/77
- Gleichbehandlung
  - Haager Übereinkommen über den internationalen Zugang zur Rechtspflege von 1980 **6**/99
- und das Haager Übereinkommen betr. Kindesentführungen **6**/93
- und die Haager Zivilprozess-Übereinkunft von 1954 **6**/47 ff., **6**/71
- und bilaterale Zusatzvereinbarungen zur Haager Zivilprozess-Übereinkunft **6**/72 ff.
- Inhalt **6**/10 f.
- Inländergleichbehandlung
  - Schweiz/Grossbritannien **6**/80
  - und das New Yorker Übereinkommen über die Geltendmachung von Unterhaltsansprüchen im Ausland von 1956 **6**/92
- und das IPRG **6**/46
- und Kindesentführungen **5**/110

353

Sachregister

- und das Konkordat von 1903 **6**/42 ff.
- und mittelbare Kosten **6**/88
- und das New Yorker Abkommen über die Rechtsstellung von Staatenlosen von 1954 **6**/91
- Parteikosten **6**/3, **6**/6
- Pflicht zur Gleichbehandlung bezüglich der Befreiung von der Prozesskaution **6**/42 f.
- unentgeltliche Prozessführung
  - Anspruchsberechtigte **6**/12
  - bilaterale Abkommen **6**/82 ff.
  - Geschichte **6**/15
  - Gewährung (Schweiz/Grossbritannien) **6**/80
  - und Haager Zivilprozess-Übereinkunft von 1954 **6**/64 ff.
  - Herleitung des Anspruches **6**/37
  - direkte Herleitung aus Art. 4 BV **6**/37
  - Inländergleichbehandlung
    - Schweiz/Belgien **6**/75
    - Schweiz/Grossbritannien **6**/80
  - Quellen **6**/14
  - Situation in der Schweiz **6**/16 f.
  - und Verwaltungssachen **6**/66
  - Voraussetzungen der Gewährung **6**/13 f., **6**/65
  - örtliche und sachliche Voraussetzungen **6**/32
- Prozesshilfe
  - Ausländerkaution **6**/24
- Prozesskaution
  - Befreiung von der **6**/22 ff., **6**/48 ff.
    - bilaterale Abkommen **6**/82 ff.
    - Schweiz/Grossbritannien **6**/80
    - und Wohnsitz des Klägers **6**/51
  - Grund der Leistungspflicht **6**/24 f.
  - Leistungspflichtiger **6**/23
- Prozesskosten **6**/1 ff.
- nach schweizerischem Recht
  - und Ausländerkaution **6**/31
  - Bundesrecht **6**/28
  - kantonale Zivilprozessordnungen
    - örtlicher Anwendungsbereich **6**/30

- Leistungspflichtige **6**/29
- und Prozesskaution **6**/29
- und unentgeltliche Prozessführung **6**/32
- Quellen **6**/26 ff.
- und Entschädigung von Sachverständigen **6**/88
- und Sicherheitsleistung **6**/31
- kantonales Verfahrensrecht **6**/27 f.
- und multilaterale Spezialverträge **6**/87 ff.
- Sprache (Schweiz/Tschechien/Slowakei) **6**/74
- im Verhältnis zu verschiedenen Staaten **6**/127
- Übermittlung von Gesuchen um **6**/120 ff.
- Übermittlungsweg **6**/101
- unentgeltliche Rechtshilfe
  - und das Haager Unterhalts-Vollstreckungs-Übereinkommen **6**/92
- unentgeltliche Rechtspflege
  - Umfang des Anspruches **6**/37
  - Anspruchsberechtigte **6**/38 ff.
  - Anspruch von Ausländern mit Wohnsitz im Ausland **6**/38
  - bedürftige Partei
  - Begriff **6**/37
  - Umfang und Prüfung der Bedürftigkeit **6**/40 f.
  - Voraussetzung für den Anspruch **6**/37
  - unentgeltlicher Rechtsbeistand
  - Anspruchsberechtigte **6**/18
  - Bestimmung des Rechtsbeistandes **6**/19 ff.
- und internationale Vereinbarungen **6**/8
- Vollstreckbarerklärung für ausländische Entscheide **6**/55
- erleichterte Vollstreckbarerklärung von Kostenentscheiden **6**/54 ff.
- und Auszüge aus Zivilstandsregistern **6**/89

Kostenvollstreckungsbegehren von und nach der Schweiz 6/60 ff.

354

L

Ladung
- → *Haager Beweiserhebungs-Übereinkommen von 1970*
- → *Zustellung*
- gehörige
  - als Anerkennungs- und Prozessvoraussetzung 2/12
  - für eine Gerichtsverhandlung 1/27
- der Parteien 1/34
- der Sachverständigen 1/34
- der Zeugen 1/34

Letztwillige Verfügungen
- anwendbares Recht 5/115

Lex fori 2/67

M

Meistbegünstigtenklausel 7/5
Minderjährigenschutz 5/80
- → *Rechtsdurchsetzungshilfe*

N

Nationalität
- der Schriftstücke 2/57

New Yorker Übereinkommen über die Geltendmachung von Unterhaltsansprüchen im Ausland von 1956
- Anhebung einer Unterhaltsklage 5/63
- Aufgabe 5/45 f.
- Auslegung 5/73, 5/76
- sachlich enge Auslegung durch die Zentralbehörden in der BRD und Österreich 5/72
- Behördenorganisation in der Schweiz 5/47
- nationale Empfangs- und Übermittlungsstellen 5/45
- Empfangsstellen
  - und Auskunftshilfe 5/51
  - und Inkassohilfe 5/51
  - und Prozessführungshilfe 5/51
  - und Vollstreckungshilfe 5/51
- Exequaturverfahren 5/65
- Gegenstand 5/42, 5/44
- räumlicher Geltungsbereich 5/43
- Grundzüge 5/43 ff.
- Organisation der behördlichen zwischenstaatlichen Rechtsdurchsetzungshilfe 5/61
- als Rechtshilfeabkommen im technischen Sinn 5/61
- als Vereinfachung des zwischenstaatlichen Rechtshilfeweges 5/42
- als sedes materiae des internationalen Alimenteninkassos 5/43
- Übermittlung des Gesuches 5/50
- Übermittlungsstellen
  - Aufgaben 5/46, 5/48 ff.
  - und Auskunftshilfe 5/50
  - als Beratungshilfe 5/49
  - und Kostenhilfe 5/50
  - als Zustellungshilfe 5/50
- Verfahren 5/45 ff.
- Vollstreckungsverfahren 5/63

Nichtdiskriminierung
- Grundsatz 1/14

O

Ordre Public 2/79 f., 2/108
- → *Beweisaufnahmehilfe*
- → *Europäisches Übereinkommen betr. Auskünfte über ausländisches Recht*
- → *Haager Beweiserhebungs-Übereinkommen von 1970*
- → *Haager Zustellungs-Übereinkommen von 1965*
- → *Zeugenbeweis*

P

Partei- und Prozessfähigkeit
→ *Individualgarantien*
- Anerkennung der allgemeiner Rechtsfähigkeit von Ausländern **7**/9
- anwendbares Recht **7**/10
- und Art. 11 ZGB **7**/9
- im IPRG **7**/10
- juristischer Personen und Gesellschaften **7**/10
- und Niederlassungsverträge **7**/9
- im Verhältnis zur allgemeinen Rechtsfähigkeit **7**/10

Parteiaussagen 3/8
Parteikosten 6/3, 6/6
Personalhaft 7/11 ff.
→ *Individualgarantien*
- Haager Übereinkommen über den internationalen Zugang zur Rechtspflege von 1980 **6**/98

Postverkehr
- direkter
  - mit Österreich **2**/33
  - schweizerische Erklärung **2**/33

Pre-Trial-Discovery
→ *Haager Beweiserhebungs-Übereinkommen von 1970*
- als ordentliche Form der Beweisbeschaffung in England und den USA, **3**/220
- Einordnung im Verfahren **3**/220
- Gegenstand
  - englisches Recht **3**/196 ff.
  - im US-amerikanischen Recht **3**/195
- und das Haager Beweisaufnahme-Übereinkommen von 1970 **3**/213 ff.
- im englischen Recht
  - Bedeutung **3**/198
- im US-amerikanischen Recht
  - Ablehnung eines Discovery-Begehrens **3**/205
  - sachlicher Anwendungsbereich des Bundesrechts **3**/201
  - Schutz vor Auskunftsbegehren **3**/206 f.
  - Auswirkungen im US-amerikanischen Prozess **3**/208 ff.
  - und Class Actions **3**/209, **3**/212
  - und Derivative Suits **3**/210
  - Umfang der Discovery **3**/204
  - und dreistufiges Gerichtssystem **3**/200
  - sachliche Kompetenzbereiche **3**/200
  - Protective Order **3**/206 f.
  - und Prozesskosten **3**/211
  - US-Bundesrecht **3**/201
  - Verbot oder Einschränkung-Zuständigkeit **3**/206 f.
  - Zivilstreitigkeiten als Sache der Federal Courts **3**/200
  - Zulässigkeit des Discovery-Begehrens **3**/205
  - Zweck des Bundesrechts **3**/202 f.
- Unmittelbarkeitsprinzip **3**/193
- Verhandlungsmaxime **3**/193
- Zweck **3**/194

Prozesshandlungen
- in anderen Kantonen
  - Vornahme durch eine ausserkantonale Behörde **1**/31
  - Vornahme durch die ersuchende Behörde **1**/34
  - Vornahme durch die örtliche Behörde **1**/34
  - selbstständige Vornahme **1**/31

Prozesskaution
→ *Haager Übereinkommen über den internationalen Zugang zur Rechtspflege von 1980*
→ *Individualgarantien*
→ *Konkordate*
→ *Kostenhilfe*
- Befreiung von der **1**/14, **1**/20, **1**/44, **1**/46, **1**/80 f.
- Haager Übereinkommen über den internationalen Zugang zur Rechtspflege von 1980 **6**/98

Prozesskosten 6/1 ff.
→ *Kostenhilfe*
- Kostentragung
  - Grundsatz **6**/4
  - und richterliches Endurteil **6**/5

- unnötigerweise verursachte Kosten **6**/4
Prozesskostenhilfe 6/106 ff.
Prozessladung
- ordnungsgemässe Zustellung **2**/68
Prozessverfahren
- rationelle Gestaltung **2**/16
Punitive damages 2/79, **2**/81
→ *Beweisaufnahmehilfe*
→ *Haager Zustellungs-Übereinkommen von 1965*

Q

Quellen
- der Rechtshilfe
  - interkantonale **1**/29 ff.
  - internationale **1**/35 ff.
  - kantonale **1**/27 f.
- kantonale
  - Gerichtsverfassungsgesetze **1**/27
  - Zivilprozessgesetze **1**/27, **1**/38
- staatsvertragliche
  - Haager Beweiserhebungs-Übereinkommen von 1970 **1**/43
  - Haager Übereinkommen betr. den Zugang zur Rechtspflege von 1980 **1**/43
  - Haager Zivilprozess-Übereinkunft von 1954 **1**/42 ff.
  - Haager Zustellungs-Übereinkommen von 1965 **1**/43

R

Recht
- materielles **5**/1
- Setzung und Durchsetzung **5**/3
Rechtsanwendung
- als Frage der richtigen Anwendung der schweizerischen Kollisionsnorm und des verwiesenen Rechts **4**/10
- Anwendung ausländischen Rechts

- Anwendung ex officio **4**/5
- ausländisches Recht als Tatsache **4**/4
- Hilfsmittel **4**/14 ff.
- Kenntnis des Richters ex officio **4**/5
- Nachweis des ausländischen Rechts durch die Parteien **4**/4, **4**/24
- und Regeln des Beweisrechts **4**/4
- Anwendung ex officio **4**/14
- und juristische Ausbildung **4**/15
- und certificats de coutume **4**/18, **4**/25
- Da mihi factum, dabo tibi ius **4**/1
- und expert witnesses **4**/19
- Feststellung ausländischen Rechts
  - Hilfsmittel **4**/14 ff.
- und wissenschaftliche Gutachten **4**/17
- als richterliche Kompetenz **4**/1 f.
- und Informationsvermittlung **4**/16 ff.
- und IPRG **4**/13
- iura novit curia **4**/2, **4**/4
- und Rechtsanwendungshilfe **4**/20 ff.
- Rechtslage im Ausland
  - Anwendung des ausländischen Rechts ex officio **4**/6 ff.
  - Nachweis des ausländischen Rechts durch die Parteien **4**/7 f., **4**/24
- Rechtslage in der Schweiz
  - kantonale Zivilprozessordnungen **4**/12
  - kantonales Verfahrensrecht **4**/10
  - Legislativkompetenz des Bundes **4**/10
  - Nachweis des ausländischen Rechts durch die Parteien **4**/10
  - NAG **4**/11
- richterliche **4**/1 f.
- und Sachverständige **4**/19
- USA und ex officio Anwendung **4**/19
- und kollisionsrechtlicher Verweisungsbefehl **4**/14
Rechtsanwendungshilfe 1/13
→ *Rechtsdurchsetzungshilfe*
- Begriff **4**/20, **4**/28 f.
- inländische Behörden und ausländische Urteilsverfahren **5**/7
- durch Vermittlung einer in- oder ausländischen (Justiz-)Behörde **4**/20

357

- und das Bundesamt für Justiz
  - Aufgabe 4/33 ff.
  - und Rechtsauskünfte 4/33
- und das BG über das Schweizerische Institut für Rechtsvergleichung 4/31
- und Organisationsrecht der Bundesverwaltung 4/32
- diplomatische Kanäle 4/25
- Haager und Europarats-Übereinkommen von 1980 zur Vermeidung von Kindesentführungen 4/46
- und das Haager Beweiserhebungs-Übereinkommen von 1970 4/45
- und das Haager Minderjährigenschutz-Übereinkommen von 1961 4/46
- und das Haager Übereinkommen über den Kindesschutz und die Zusammenarbeit bei internationalen Adoptionen von 1993 4/46
- und das Haager-Übereinkommen über den internationalen Zugang zur Rechtspflege 4/45
- und die Haager Zivilprozess-Übereinkunft 1954 4/45
- und die Haager Zustellungs-Übereinkommen von 1965 4/45
- und das Schweizerische Institut für Rechtsvergleichung
  - Aufgabe 4/37
  - und Rechtsauskünfte 4/38
- und das IPRG 4/31
- und das New Yorker Übereinkommen über die Geltendmachung von Unterhaltsansprüchen im Ausland 4/46
- Nachweis des ausländischen Rechtes durch die Parteien 4/24
- als staatsvertragliche Pflicht 4/31
- nach schweizerischem Recht
  - Anwendungsfälle 4/30 f.
- und bilaterale Rechtshilfeverträge, 4/39 ff.
- als Teil der Rechtshilfe 4/27 ff.
- multilaterale Übereinkommen 4/43 ff.
- und das Verfahrensrecht von Bund und Kantonen 4/31
- und das Verwaltungsorganisationsgesetz des Bundes 4/31

- und Staatsverträge 4/26

Rechtsdurchsetzungshilfe 1/6, 1/12, 1/20
→ *Rechtshilfe*
- Adoptions-Übereinkommen 5/90 ff.
- als persönlicher Anspruch 1/21
- Art der Tätigkeit 5/23 ff.
- Arten 5/17 ff.
- Begriff 5/1 ff.
- Behördenorganisation 5/29
- inländische Behörden und ausländisches Urteilsverfahren 5/9
- Beweisaufnahmehilfe 5/8
- Eintreibung eines Unterhaltsanspruch im Ausland 1/21
- Erbschaften
  - anwendbares Recht 5/115
  - und Vereinheitlichung des internationalen Erbrechts 5/115
- Erbschaftsverwalter
  - einheitliche internationale Ausweise 5/116 ff.
  - auf die Ausstellung des Ausweises anwendbares Recht 5/118
  - für die Ausstellung der Ausweise zuständige Behörde 5/117
- als Erkenntnisverfahren 1/12
- und Familienrecht 5/14 ff.
- Form letztwilliger Verfügungen
  - anwendbares Recht 5/115
- Formen 5/17 ff.
- Gegenstand 5/1 ff.
- und die Haager Unterhalts-Übereinkommen 5/43 ff.
  - anwendbares Recht 5/54, 5/57
  - Rückerstattung von Bevorschussungen 5/56 ff.
  - Übersicht 5/52 f.
  - die verschiedenen Übereinkommen 5/54 f.
  - und Inkassohilfe 5/54 f.
- und das Recht des internationalen Handels 5/12 f.
- Internationalisierung von Unterhaltssachen 5/54, 5/59
- bei Kindesentführung 1/21
- und das internationale Konkursrecht 5/119 ff.

- in Konkurssachen
  - und der Europarat **5**/121
  - und IRPG **5**/122
  - Befugnisse des Konkursverwalters **5**/122
  - und zwischenstaatliche Vereinheitlichung **5**/119
- und Konventionskonflikte **5**/60
- Koordination der Staatsverträge **5**/60
- Koordinationsprobleme zwischen New Yorker und Haager Übereinkommen **5**/69 ff.
- Kostenhilfe **5**/7
- und Minderjährigenschutz **5**/14 ff.
- im internationalen Minderjährigenschutz
  - Haager Minderjährigenschutz-Übereinkommen von 1961 **5**/81
- die internationale Nachlassverwaltung **5**/115 ff.
- und das New Yorker Übereinkommen über die Geltendmachung von Unterhaltsansprüchen im Ausland von 1956 **5**/43 ff.
- Verhältnis des New Yorker zu den Haager Übereinkommen **5**/60 ff.
- Organisationsformen **5**/28 ff.
- staatliche Pflicht **5**/25 , **5**/30
- Pflicht zur **5**/27, **5**/31
- Realisierung des Unterhaltsanspruches **5**/62 ff.
- nach schweizerischem Recht
  - analoge Anwendung nationalen Rechts **5**/34 ff.
  - als Staatsvertragsrecht **5**/33
  - Durchsetzung des schweizerischen Rechts von Amtes wegen **5**/33
  - und die Eheverkündung **5**/35
  - und das IPRG **5**/38 f.
  - und der Kindesschutz **5**/37
  - und ausländische Konkursentscheide **5**/39
  - und die Nachlassicherung **5**/36
  - Transposition **5**/32
  - Übersicht **5**/32 f.
  - unmittelbar anwendbare internationale Übereinkommen **5**/32
- Rechtsanwendungshilfe **5**/7
- als Rechtshilfetätigkeit **5**/10
- als Teil der allgemeinen Rechtshilfe **5**/5 ff.
- und der Grundsatz der Rechtsstaatlichkeit **5**/16
- und Reflexwirkung **5**/31
- Sachgebiete **5**/18 ff.
- und schiedsgerichtliche Lösung **5**/12
- Schwerpunkte der internationalen **5**/11 ff.
- bei Sorgerechtsentscheidungen **1**/21
- staatliche **5**/12
  - als service public **5**/14
  - als staatliche Tätigkeit **5**/4
  - und kollisionsrechtliche Transposition **5**/31
- Übereinkommen **5**/18 ff., **5**/24, **5**/28 ff.
- Unterhaltsbegehren
  - Rechtslage in der Schweiz **5**/68
- im internationalen Unterhaltsrecht
  - internationale Übereinkommen **5**/40 ff.
- im Unterhaltsrecht **1**/21
- Unterhaltsansprüche
- Geltendmachung in Grossbritannien **5**/71
- im internationalen Vermögensrecht
  - Staatsverträge **5**/113
  - Übereinkommen **5**/113, **5**/115
- Zustellungshilfe **5**/7
- als Zwangsvollstreckung **1**/12

Rechtsfähigkeit
- allgemeine **7**/10
- anwendbares Recht **7**/10
- im IPRG **7**/10

Rechtsgutachten 4/49

Rechtshilfe
- → *Haager Beweiserhebungs-Übereinkommen von 1970*
- → *Kostenhilfe*
- → *Rechtsdurchsetzungshilfe*
- administrativer Charakter **1**/5
- als persönlicher Anspruch **1**/19
- Anspruch auf **1**/19 ff.
- und Art. 61 BV **1**/29
- Arten der Zustellungshilfe **1**/10

359

Sachregister

- Arten der **1**/8 ff.
- mit dem Ausland **2**/2
- Begriff **1**/1 ff., **4**/27
- inländische Behörden und ausländisches Urteilsverfahren **5**/7 ff.
- Beweisaufnahmehilfe **1**/11 f.
- verbindlicher Charakter **1**/17
- als eine heterogene Disziplin **5**/10
- in Freundschafts- und Niederlassungsverträgen **1**/16
- und Gegenrecht **1**/15
- gegenseitige der kantonalen Gerichte **1**/28
- Gegenstand **1**/4 ff.
- als Gerichtsverwaltungshilfe **5**/10
- und Haager Konferenz **1**/18
- als ein dem ausländischen Hauptverfahren zudienende Tätigkeit **5**/10
- als Hilfeleistung **1**/5
- als Sache der Justizverwaltung **1**/19
- interkantonale **2**/2
    - Beweisaufnahme **1**/31
    - und Bundesrecht **1**/29
    - Konkordate **1**/32 ff.
    - lex fori **1**/31
    - und kantonales Recht **1**/31
    - Rechtshilfepflicht **1**/29
    - Zustellung **1**/31
- internationale **1**/3, **1**/5 f.
    - Begriff **1**/3, **5**/5
    - Behörde, zuständige **1**/40
    - für Beweisaufnahme **1**/39
    - Bewilligungen **1**/40
    - Bezeichnungen, anderssprachige **1**/7
    - im Bundesrecht
        - BZPO **1**/36
        - IPRG **1**/37
        - OG **1**/36
    - Gegenstand **1**/4
        - im kantonalen Recht **1**/38
        - Name **1**/6 f.
        - Vermittlung durch Bundesbehörden **1**/40
    - für Zustellungen **1**/39
- kantonale **2**/2
- und Konkurs **5**/13
- Name **1**/6 f.
- private Ebene **5**/12
- durch die Post **2**/2
- Prozesshandlungen für ein ausländisches Verfahren im Inland **1**/39
- als Rechtsdurchsetzungshilfe **5**/10
- Rechtsgebiete der **1**/8
- als Rechtspflicht **1**/26
- und Gesichtspunkte der materiellen Rechtsverwirklichungs- und Rechtsvertretungshilfe **5**/10
- und ausservertragliche Schädigung **5**/13
- Sozialversicherungsrecht **1**/8
- staatliche
    - Bedürfnis **5**/13 f.
- in der Form von Straf- oder Verwaltungsrechtshilfe **5**/13
- als staatliche Tätigkeit **1**/5
- als zudienende Tätigkeit **1**/5
- territorialer Charakter **1**/15
- unentgeltliche **1**/6 f., **1**/14, **1**/20, **1**/44, **1**/46, **1**/65, **1**/74, **1**/80
- als Verfahrensvorgang **1**/5 f.
- im Verhältnis zu einzelnen Staaten und Regionen
    - Ägypten **1**/84
    - Afrika **1**/84
    - Albanien **1**/43
    - Argentinien **1**/84
    - Asien **1**/84
    - Australien **1**/82
    - Bahamas **1**/82
    - Belgien **1**/47, **1**/64 ff.
    - Bulgarien **1**/43
    - Deutschland **1**/47 ff.
    - Domenica **1**/82
    - Fidschi **1**/82
    - Frankreich **1**/47, **1**/53 ff.
    - Griechenland **1**/43
    - Grossbritannien **1**/79 ff.
    - Island **1**/43
    - Israel **1**/84
    - Italien **1**/47, **1**/58 ff.
    - Japan **1**/84
    - Kenia **1**/82
    - Libanon **1**/84
    - Liechtenstein **1**/43, **1**/47
    - Luxemburg **1**/47, **1**/64 ff.

Sachregister

- Marokko **1**/84
- Mittelamerika **1**/84
- Nauru **1**/82
- Neuseeland **1**/82
- Nordamerika **1**/84
- Österreich **1**/47, **1**/60 ff., **1**/86
- Osteuropa **1**/43
- Ozeanien **1**/84
- Polen **1**/47, **1**/66 ff.
- Skandinavien **1**/43
- Slowakei **1**/47
- Südamerika **1**/84
- Swaziland **1**/82
- Tansania **1**/82
- Togo **1**/82
- Tonga **1**/82
- Tschechien **1**/47, **1**/66 ff.
- Türkei **1**/47, **1**/73 f.
- Uganda **1**/82
- Ungarn **1**/47, **1**/66 ff.
- Westeuropa **1**/43
- Verpflichtung zur **1**/15
- und Völkerrecht **1**/17
- und Vollstreckung **1**/25
- in Zivilsachen **1**/8
- als zwischenstaatliche Zusammenarbeit **1**/22

Rechtshilfebegehren 3/190
→ *Haager Beweiserhebungs-Übereinkommen von 1970*

Rechtshilfeersuchen 3/152

Rechtshilfegesuche
- ausländische **1**/40

Rechtshilfehandlung
- anwendbares Recht **1**/40
- im Ausland vorzunehmen **1**/40
- gegenseitige der kantonalen Gerichte **1**/28
  - Vornahme auf dem ganzen Kantonsgebiet **1**/28
- innerkantonale
- Vermittlung **1**/40

Rechtshilfepflicht **1**/29

Rechtshilfetätigkeit 5/10

Rechtshilfeweg 2/17
→ *Beweisaufnahmehilfe*

→ *Haager Adoptions-Übereinkommen von 1993*
- Anspruch auf Einhaltung **1**/24, **1**/52
- Nichteinhaltung **1**/24 f.
- ordentlicher 2/3
  - und Urkundenbeweis 3/33
  - und Beweisaufnahmehilfe 3/60
  - Vernehmung ausländischer Zeugen 3/23

Rechtspflege 6/37 ff., 6/92
→ *Haager Übereinkommen über den internationalen Zugang zur Rechtspflege*

Rechtsschutz
- nationale und internationale Verbesserung 5/4

Rechtsschutzverfahren
- Beweislast 5/2

Rechtsverwirklichung
- im internationalen Verkehr 5/4

Remise au parquet 2/11

Requisitorien **1**/55 f.

Rogatorien **1**/44, **1**/59, **1**/68, **1**/69, **1**/78

S

Sachverständige **1**/11, **1**/14, **1**/34, **1**/57, **1**/62, **1**/63, **1**/77
→ *Beweismittel*
→ *Kostenhilfe*
→ *Ladung*
→ *Rechtsanwendung*
- Pflicht zur Annahme des Amtes 3/42 ff.
- Begriff 3/40
- und freies Geleit 7/14
- und ausländisches Recht 3/41 f.
- Stellung 3/40

Sanktionen
- bei nicht gehöriger Zustellung 2/103

Schiedsgerichte 4/55

Schriftstücke
→ *Haager Zivilprozess-Übereinkunft von 1954*
→ *Haager Zustellungs-Übereinkommen von 1965*
- zuzustellende 2/94, 2/99
  - Abfassung 2/100

361

- Nationalität **2**/57
- Übersetzung **2**/100
- Verkehrssprache **2**/104

Schuldverhaft
- Garantie vor **1**/44, **1**/80
- Sicherheit vor **1**/14, **1**/20

Sicherheit
- Gefährdung von **2**/108

Sorgerechtsentscheidungen 1/21
Souveränitätsrecht
- Verletzung **1**/2

Sozialversicherungsrecht 1/8
Spezialkommission
- von 1977 **2**/70
- von 1978 **2**/73
- von 1989 **2**/75 ff.

Sprache 1/56, 1/77, 2/37
→ *Haager Beweiserhebungs-Übereinkommen von 1970*

U

Übermittlungsbehörde 6/102 ff., 6/110 f., 6/116
→ *Kindesentführungen*
→ *New Yorker Übereinkommen über die Geltendmachung von Unterhaltsansprüchen im Ausland von 1956*

Übermittlungsstelle
→ *Übermittlungsbehörde*

Übersetzung 1/54, 1/57, 1/62, 1/69, 1/77, 2/37, 3/27
→ *Europäisches Übereinkommen betr. Auskünfte über ausländisches Recht*
→ *Haager Beweiserhebungs-Übereinkommen von 1970*

Unmittelbare Rechtsansprüche 1/20
Unmittelbarkeitsprinzip 3/162, 3/193
→ *Pre-Trial-Discovery*

Unterhaltsansprüche
→ *Rechtsanwendungshilfe*
→ *Rechtsdurchsetzungshilfe*
- Eintreibung im Ausland **1**/20
- Geltendmachung in Grossbritannien **5**/71

Urkunden 2/69
Urkundenbeweis
→ *Beweismittel*
→ *Rechtshilfeweg*
- Anerkennung ausländischer Urkunden durch das IPRG **3**/29
- anwendbares Recht **3**/24, **3**/27, **3**/30, **3**/31
- Auszüge aus öffentlichen Registern **3**/25
- und Geheimnisschutz einer Person **3**/32
- und ordentlicher Rechtshilfeweg **3**/33
- ausländische Urkunden **3**/26 ff.
- Beweiswert einer Urkunde **3**/25
- Unterscheidung zwischen Dispositiv- und Zeugnisurkunden **3**/28
- Edition von Urkunden **3**/31 ff.
- öffentliche Urkunde **3**/25, **3**/30
- private Urkunde **3**/30
- Übersetzung **3**/27

V

Verfahren
- Einleitung
  - im anglo-amerikanischen Zivilprozess **3**/162
  - durch Schriftenwechsel **3**/162

Verfahrensgarantien 1/6, 1/14
→ *Beweisaufnahmehilfe*
→ *Zustellungshilfe*

Verfahrensrecht
- Gegenstand **5**/1

Verfolgungsimmunität 1/63
Verhandlungsmaxime 3/162, 3/193
→ *Pre-Trial-Discovery*

Verkehrssprache 1/45, 1/50, 1/54, 1/68, 2/104 f.
- zuzustellende Schriftstücke **2**/104
- Zustellungsantrag **2**/104

Vermögensrecht, internationales 5/113 ff.
Vertragsloser Zustand 1/83 f.
Verweisungsbefehl 4/14

Sachregister

Visitation
→ *Beweismittel*
- anwendbares Recht **3**/39
- Begriff **3**/35
- internationale Bedeutung **3**/35
- Pflicht zur Duldung **3**/36 ff.
- richterliche Erzwingbarkeit **3**/38
- und Integrität einer Person **3**/37
- und Prozessgesetze **3**/36 ff.
- und körperliche Unversehrtheit **3**/37

Völkerrecht 1/17

Vollstreckbarerklärung von Entscheiden
- Anwendung des Haager Vollstreckungs-Übereinkommen **5**/58

W

Wohnsitz
- fehlender im Prozesskanton **1**/33

Writ sub poena 3/33

Z

Zentralbehörden 2/83
→ *Haager Übereinkommen über den internationalen Zugang zur Rechtspflege von 1980*

Zeugen
→ *Ladung*
- und freies Geleit **7**/14

Zeugenbeweis
→ *Beweismittel*
- Beschränkung des **3**/12 f.
- Einvernahme ausländischer Zeugen auf dem Rechtshilfeweg **3**/23
- und Ordre Public **3**/15
- und Prozessrechte **3**/9
- Zeugenfähigkeit **3**/18 ff.
- Zeugnisverweigerungsrecht **3**/18 ff., **3**/21

Zeugnisverweigerung
→ *Haager Beweiserhebungs-Übereinkommen von 1970*
- Recht auf **3**/152

Zivil- und Handelssache 2/24
→ *Haager Beweiserhebungs-Übereinkommen von 1970*
→ *Haager Zivilprozess-Übereinkunft von 1954*
→ *Haager Zustellungs-Übereinkommen von 1965*

Zusatzabkommen zur Haager Zivilprozess-Übereinkunft von 1954 1/47 ff.
- mit Belgien **1**/64 ff.
- mit Deutschland **1**/48 ff.
  - Übersetzungen **1**/50
  - Verkehrssprache **1**/50
  - Zustellungsweg **1**/49
- mit Frankreich **1**/53 ff.
  - Kosten **1**/54
  - Übersetzungen **1**/54 ff.
  - Zustellungsweg **1**/54 ff.
- mit Italien **1**/58 ff.
  - Zustellungsweg **1**/59
- mit Luxemburg **1**/64 ff.
- mit Österreich **1**/60 ff.
  - Beglaubigungen **1**/62
  - Doppel **1**/62
  - freies Geleit **1**/63
  - Gebühren **1**/62
  - Geltungsbereich, sachlicher **1**/60
  - Verfolgungsimmunität **1**/63
  - Zustellungsweg **1**/61 ff.
- mit Polen **1**/66 ff.
  - Kosten **1**/68
  - Sprache **1**/68 f.
  - Zustellung **1**/68
- mit der Slowakei **1**/66 ff.
  - Beglaubigungen **1**/71
  - Übersetzungen **1**/69
  - Verkehrssprache **1**/69
  - Zustellungsweg **1**/69
- mit Tschechien **1**/66 ff.
  - Beglaubigungen **1**/71
  - Übersetzungen **1**/69
  - Verkehrssprache **1**/69 f.

Sachregister

- Zustellungsweg 1/69
- mit der Türkei 1/73 f.
- mit Ungarn 1/66 ff.
- Zustellungsweg 1/72

Zuständigkeit
- ausschliessliche 1/63

Zustellung
- → *Haager Zivilprozess-Übereinkunft von 1954*
- → *Haager Zustellungs-Übereinkommen von 1965*
- → *Prozessladung*
- Ablehnungsgründe
  - formelle 2/44
  - materielle 2/45
- an den Adressaten 2/101
- gerichtlicher Akten an Personen im Ausland 1/39
- Arten 2/1
- durch öffentliche Ausschreibung im Amtsblatt 2/6
- Behördenverkehr, direkter 1/39
- durch öffentliche Bekanntmachung 2/13
- Beleg über die 2/4
- Belege als Prozessakten 2/4
- Belege über erfolgte Zustellung 2/4
- und Beweisrecht 2/7
- diplomatischer Weg 1/39, 2/7
- effektive 2/8 ff., 2/50
  - dem Grundsatz folgende Staaten und Gebiete 2/10
  - deutsch-rechtliches System 2/10
  - Grundsatz 2/10, 2/13
- Effektivität 2/16
- einfache 2/5 ff., 2/40
- Ersatzformen 2/13
- Ersatzzustellung 2/13 ff.
- fiktive 2/11, 2/50
- Formen 2/1, 2/39 ff., 2/51
- ortsübliche Form 2/100
- förmliche 2/3
- formlose Übergabe der Schriftstücke an den Empfänger 2/40
- gesetzliche 2/100
- von Gerichtsurkunden 2/6
- durch den Gerichtsweibel 2/6
- zwischen Vertragsstaaten des Haager Zustellungs-Übereinkommen von 1965 2/54
- als prozessleitende Handlung 2/1
- als Hoheitsakt 2/1, 2/2
- Informationspflicht ausländischer Parteien 2/12
- konsularischer Weg 2/7
- Kosten 2/46 f., 2/109
- Ladungen 1/77
- Modalitäten 2/101 f.
- als Parteisache 2/1
- durch die Post 2/2, 2/6
- als Privatsache 2/34
- und ordnungsgemässer Prozess 2/4
- Prozessdokumente, zustellungsbedürftige 2/3 ff.
- ordnungsgemässe von Prozessladungen 2/68
- rationelle Gestaltung des Prozessverfahrens 2/16
- qualifizierte 1/57, 2/5 ff., 2/37, 2/42, 2/100
- Recht
  - des ersuchenden Staates 2/101
  - des ersuchten Staates 2/101
  - des Urteilsgerichtes 2/3
- nach französischem Recht 2/11
- nach kantonalem Recht
  - Art 1/27
  - Gegenstand 1/27
- als Sache des nationalen Rechts 2/101
- nach dem Recht des ersuchten Staates 2/102
- eines Rechtshilfebegehrens 1/63
- remise au parquet 2/11
- von Rogatorien 1/44
- Sanktionen
  - bei nicht gehöriger Zustellung 2/103
    - Aussetzung des Verfahrens 2/103
    - Wiederherstellung der Frist 2/103
- durch formlose Übergabe 2/100
- Verkehrssprache 2/104 f.
- an einen Vertreter des Adressaten 2/101
- in Zivil- und Handelssachen 2/24

Sachregister

- Anspruch auf qualifizierte Zustellung 2/7
- an einen Zustellungsbevollmächtigten 2/101
- Zustellungsprotokoll 2/6
- Zustellungsvermittlung
  - durch Private 2/91 f.
  - durch Justizbeamte 2/91 f.

Zustellungsadressat 2/98
Zustellungsantrag 2/94 ff., 2/99
- Verkehrssprache 2/104

Zustellungsbescheinigung 2/5, 2/97
Zustellungsbevollmächtigter 2/3, 2/15 ff., 2/101
- Bezeichnung eines 2/17

Zustellungsdomizil 2/3
Zustellungshilfe 1/7, 1/10, 1/22, 1/44, 2/1 ff.
- → *Haager Zustellungs-Übereinkommen von 1965*
- → *Rechtsdurchsetzungshilfe*
- kantonale Prozessgesetze 2/20
- Ablehnungsgründe
  - formelle 2/107
  - materielle 2/108
- als persönlicher Anspruch 1/23 f.
- Arten 1/10
- Bundesrecht 2/19
- inländische Behörden und ausländisches Urteilsverfahren 5/7
- IPRG 2/21
- nach schweizerischem Recht 2/18 ff.
- und Verfahrensgarantien 1/23 f.
- Ziel 2/8

Zustellungsnachweis 2/5, 2/94 ff.
Zustellungsprotokoll 2/5 f.
Zustellungsvermittlung 2/34
- → *Zustellung*
- → *Zustellungsweg*

Zustellungsweg
- → *Haager Zivilprozess-Übereinkunft von 1954*
- → *Zusatzabkommen zur Haager Zivilprozess-Übereinkunft von 1954*
- unmittelbarer Behördenverkehr 2/31, 2/93
- diplomatischer 2/29, 2/88
- Frankreich 1/54 f.
- Griechenland 1/77
- Haager Zivilprozess-Übereinkunft von 1954 1/45
- konsularischer 2/29, 2/88
- Österreich 1/62
- ordentlicher 2/29, 2/82 ff.
- unmittelbarer Postverkehr 2/32 f., 2/90
- subsidiärer 2/86
  - diplomatischer 2/88
  - konsularischer 2/88
- vereinfachter 2/30 ff.
- direkte diplomatische Zustellung 2/35, 2/89
- direkte konsularische Zustellung 2/35, 2/89
- Zustellungsvermittlung
  - durch Justizbeamte 2/91 f.
  - durch Private 2/91 f.
  - private Zustellungsvermittlung 2/34

Zustimmungsrechte 5/99